교실로 간 뮤지엄

뮤지엄 교육 프로그램 이론과 실천

교실로 간 뮤지엄
뮤지엄 교육 프로그램 이론과 실천

2021년 11월 25일 초판 인쇄
2021년 11월 30일 초판 발행

지은이 | 손지현 · 남영림 · 황은경
교정교열 | 정난진
펴낸이 | 이찬규
펴낸곳 | 북코리아
등록번호 | 제03-01240호
주소 | 13209 경기도 성남시 중원구 사기막골로 45번길 14
우림2차 A동 1007호
전화 | 02-704-7840
팩스 | 02-704-7848
이메일 | ibookorea@naver.com
홈페이지 | www.북코리아.kr
ISBN | 978-89-6324-818-9 (93370)

값 25,000원

교실로 간 뮤지엄

뮤지엄 교육 프로그램 이론과 실천

손지현 · 남영림 · 황은경 지음

북코리아

머리말

최근 팬데믹 이후 인간의 삶이 어떻게 바뀔 것인지 전망을 제시하는 논의가 뜨겁다. 4차 산업혁명의 가속화와 초연결사회의 강화라는 세계 속에서 인간이 그간의 라이프스타일과는 전혀 다른 삶을 살게 될 것이라는 전망이 공통점이다. 과거의 팬데믹은 단절을 의미했지만, 이 시대의 팬데믹은 새로운 가능성과 확장을 의미한다는 전망은 우리에게 희망을 준다.

이 새로운 가능성이 교육에 있기에, 우리는 교육자로서 책임을 통감한다. 교육의 핵심은 새로움을 창출하며 더불어 살아갈 수 있는 역량을 지닌 미래형 인재상을 강조하는 것이다. 미래의 인재가 될 역량으로서 학습자가 학교에서 배우는 교과 지식을 알고 있는 것에서 그치지 않고 이 교과 지식을 스스로 활용해 볼 수 있도록 하는 데 교육의 초점을 맞추어야 한다.

우리는 미래형 인재를 위한 교육 산실로서의 공간이 학교와 연계된 뮤지엄이라고 확신한다. 뮤지엄 공간 속에서 학습자들이 교과 지식과 관련하여 뮤지엄 전시물을 만나고, 인지적 · 맥락적으로 지식을 구성하며, 삶의 문제에 관심을 두고, 이 교육내용을 대화, 질문, 탐구, 내러티브, 활동, 온라인 등의 다채로운 참여기회 속에서 경험할 때 우리의 아이들은 포스트 팬데믹 시대의 미래를 개척할 수 있다고 본다.

이러한 동향을 반영하듯 최근 뮤지엄 교육을 다루는 문헌들이나 번역서들이 증가하고 있다. 그런데 학교 연계 뮤지엄 교육 이론을 전체적으로 조망하고 프로그램을 기획하는 방안을 보여주는 책은 부족한 편이다. 그리하여 현직에서 학교 연계 뮤지엄 교육을 실천하고자 하는 교사나 뮤지엄 교육자, 그리고 장차 이러한 역할을 수행하기 위하여 현재 대학원에서 뮤지엄 교육을 수학하고 있는 대학원생들이 활용할 수 있는 서적이 부재하다.

이 책은 이러한 관심사와 필요를 고려하여 뮤지엄 교육에 대한 이론을 소개하고 학교 연계 뮤지엄 교육 프로그램을 기획하는 방안 및 실천에 대해 개괄하는 것을 목적으로 하였다. 이 책의 초점은 학교 연계 뮤지엄 교육 프로그램을 기획하고자 하는 교육자가 뮤지엄 교육에 대한 동시대의 이론적 배경에 대해 쉽게 이해하고 장차 수립할 뮤지엄 교육 프로그램에 이론적 정당성을 덧입혀 볼 수 있도록 하는 것이다. 그리고 뮤지엄 교육 이론과 뮤지엄 교육 실천의 교차 지점에서 교육 프로그램을 기획할 수 있도록 방법론적 토대를 확보하고자 한다.

이 책은 총 3부로 구성되어 있다. 1부에서는 뮤지엄 교육 프로그램 개발을 위한 이론들을 제시하였다. 여기에서는 뮤지엄 교육의 의미에 관해 서술하고, 뮤지엄 교육의 주요 이론을 소개하였다. 1장에서는 뮤지엄 교육의 역사를 개관하고 뮤지엄 교육 패러다임이 변화되어 온 경향성을 살펴봄으로써 뮤지엄 교육이 무엇인지 논의하였다. 그리고 2장에서는 뮤지엄 교육의 주요 이론으로서 전시물에 기반을 둔 뮤지엄 교육, 구성주의에 기반을 둔 뮤지엄 교육, 맥락주의에 기반을 둔 뮤지엄 교육, 사회 반응에 기반을 둔 뮤지엄 교육 이론의 관점을 알아보았다.

2부에서는 뮤지엄 교육 프로그램 개발을 위한 방법론에 대해 다루었다. 여기에서는 교육자가 뮤지엄 교육 프로그램을 설계할 때 방향을 설정하고 방법론을 활용하는 데 초점을 두었다. 1장에서는 전시물 기반 뮤지엄 교육, 구성주의 뮤지엄 교육, 사회 반응 중심 뮤지엄 교육에서 각기 프로그램 기획 시 고려해야 할 핵심요소와 원리를 제시함으로써 뮤지엄 교육 프로그램의 방향을 잡을 수 있도록 하는 데 중점을 두었다. 그리고 2장에서는 뮤지엄 교육 프로그램 개발을 위한 교육 방법론으로서 대화, 질문, 탐구, 내러티브, 활동, 온라인 요소에 초점을 두어 소개하였다.

3부에서는 뮤지엄 교육 프로그램의 실제를 소개하였다. 여기에서는 뮤지엄 교육 프로그램의 요소와 뮤지엄 교육 프로그램 설계의 절차를 소개한 후 유형별 뮤지엄 교육 프로그램의 사례를 소개하였다. 1장에서는 뮤지엄 교육자가 프로그램을 기획할 때 뮤지엄 교육 프로그램의 요소인 전시, 교과, 학습자, 온라인 요소에 초점을 맞추어 살펴보도록 안내하였다. 그리고 2장에서는 뮤지엄 교육 프로그램 설계의 절차로서 ADDIE 모형, 딕과 캐리의 교수체제 설계 모형, 문제중심학습 모형에 대해 소개하고 설계 시 유의할 점은 무엇인지에 대해 서술하였다. 3장에서는 문제중심학습, 메이커 TMSI, 내러티브 중심 방법론, 게이미피케이션을 적용한 교육 프로그램을 소개함으로써 뮤지엄 교육 프로그램의 실제를 보여주고자 하였다.

이 책은 여러분의 도움으로 출간될 수 있었다. 본 프로젝트를 기꺼이 받아주시고 지지해 주신 북코리아 이찬규 사장님께 감사드린다. 그리고 원고가 출판될 때까지 능숙하고 친절하게 절차를 안내해 주시고 섬세하고 주의 깊게 교정 작업을 해 주신 북코리아의 김수진, 정난진 선생님과 관계자분들께 감사를 표하고 싶다.

이 책은 세 유형의 독자들에게 도움이 될 것으로 생각한다. 첫 번째는 일선 학교에서 뮤지엄과 연계하여 교육을 하고자 하는 교사들이다. 두 번째는 뮤지엄에서 교육 프로그램을 기획하고자 하는 뮤지엄 교육자이다. 세 번째는 뮤지엄 교육 전공 대학원생들이다. 아무쪼록 독자들이 처한 상황이나 관심에 따라 이 책의 여러 곳에서 원하는 정보를 발견해 낼 수 있게 되기를 기대한다. 우리는 이 책이 뮤지엄 교육에 대한 이해는 물론 앞으로 더 다양한 논의와 더 진전된 연구를 견인할 수 있기를 희망한다.

2021년 11월

저자 손지현, 남영림, 황은경

CONTENTS

CONTENTS

I

뮤지엄 교육 프로그램 개발을 위한 이론

I

1장

뮤지엄 교육이란

1. 뮤지엄 교육의 역사

1) 뮤지엄과 교육

뮤지엄은 교육 기관이다. 뮤지엄의 기원은 교육이며, 뮤지엄이 지향하는 목적 중의 하나도 교육이다. '뮤지엄museum'이라는 용어는 고대 그리스어 'museion'에서 유래되었다. 무세이온museion은 본래 학예를 관장하는 아홉 명의 뮤즈muse 여신을 위한 신전을 뜻한다. 뮤지엄은 어원상 '예술작품을 보면서 철학적 논의를 하는 기관 혹은 단체'를 의미한다. 이처럼 뮤지엄은 기원부터 예술작품을 수집 · 연구 · 교육했다. 국제박물관협의회International Council of Museum: ICOM는 1946년 창립 이후 시대에 따라 뮤지엄의 정의를 해왔는데, 뮤지엄이 교육 기능을 수행하는 기관임을 명시한 것은 1961년 이후부터였다. 뮤지엄의 정의를 내리는 방식은 지금도 이어진다. 전 세계 뮤지엄 전문가들의 네트워크인 ICOM은 2007년 제22회 오스트리아 빈 총회에서 다음과 같이 정의를 내렸다.

> *[뮤지엄은] 비영리적 · 영구적으로 사회에 대한 봉사와 개발을 하는 단체로 대중에게 개방되어 유 · 무형의 유산, 인문학, 환경을 수집 · 보전 · 연구 · 소통 · 전시하여 교육, 연구, 향유를 목적으로 한다(ICOM, 2007).*

1992년 미국뮤지엄협회도 공적 봉사와 교육에 대한 기여를 가장 우선시하여 언급했다(American Association of Museums, 1992). 뮤지엄이 공적 봉사와 교육을 최우선으로 하는 기관이라는 의미는 "관람자가 탐색, 연구, 관찰, 사색, 대화를 하도록 도움을 줌"을 뜻한다. 국내의 〈박물관 및 미술관 진흥법〉에서도 박물관을 정의하는 데 교육이 주요 기능 중의 하나임을 명시한다(남정은, 2018).

> *"박물관"이란 문화예술학문의 발전과 일반 공중의 문화 향유 증진에 이바지하기 위해 역사 · 고고 · 인류 · 민속 · 예술 · 동물 · 식물 · 광물 · 과학 · 기술 · 산업 등에 관한 자료를 수집 · 관리 · 보존 · 조사 · 연구 · 전시 · 교육하는 시설을 말한다(〈박물관 및 미술관 진흥법〉 제2조, 2007).*

이처럼 뮤지엄 교육은 뮤지엄을 존재하게 하는 기본적 조건이자 뮤지엄의 지향점이 된다. 역사적으로 미국은 유럽보다 뮤지엄 운영을 뒤늦게 시작했지만, 설립 초기부터 뮤지엄에서의 교육에 대해 강조한 흔적이 보인다(Alexander, 1988). 알렉산더 Edward Alexander에 따르면, 초기 미국의 뮤지엄은 영리적 목적과 비영리적 목적을 두는 두 종류로 나뉘었다. 영리적 목적에 우선순위를 두는 뮤지엄은 엔터테인먼트를 추구했고, 비영리적 목적에 우선순위를 두는 뮤지엄은 교육을 추구했다. 1870년대까지 미국 뮤지엄의 전형적 모델은 비영리적이면서 교육에 목적을 두는 방식이었다. 초기 뮤지엄은 이처럼 엔터테인먼트보다는 교육에 관심을 두어 강연이나 세미나뿐 아니라 공연, 영화, 각종 관객 참여 프로그램도 교육 중심으로 기획했다. 로는 뮤지엄이란 이처럼 교육의 과정에서 그 본연의 의미를 찾아야 한다고 한 바 있다(Low, 1942, 2004). 뮤지엄은 공공의 목적을 위해 봉사하기 때문에 학문적 · 연구적 목적에서 더 나아가 '대중을 위한 교육popular education'에 초점을 두어야 한다. 즉, 뮤지엄 교육은 공적 성격을 띤 뮤지엄의 특성상 보통 사람들의 일상적 삶과 밀접해야 한다.

뮤지엄의 교육 기능이 중요하게 인식되기 시작한 것은 사회변화 때문이었다. 뮤지엄교육자 후퍼그린힐은 뮤지엄에서 교육 기능이 인식된 것은 19세기 초반이라고 본다(Hooper-Greenhill, 1999). 이후 교육은 점차 뮤지엄의 특화된 기능 중의 하나로 강조되기 시작했다. 뮤지엄 교육이 부상하게 된 사회적 배경은 산업화에 있었다. 산업화가 진행되면서 도시화가 이루어지자, 중산층과 노동자 계층을 위한 교육이 중시되기 시작했다. 미국 정부는 뮤지엄의 사회적 기능과 교육 기능에 집중하기 시작했고, 뮤지엄은 대중에게 점차 사회적 기관으로 인식되었다. 이러한 사회적 배경에서 1852년 건립된 빅토리아 앨버트 뮤지엄Victoria and Albert Museum, 전신은 사우스 켄싱턴 뮤지엄의 관장이던 콜Henry Cole은 미국 미술관 교육에 큰 영향을 주었다. 콜은 뮤지엄이 공적 기관으로서 대중을 대상으로 한 교육에 참여해야 한다고 보았다. 대중이 뮤지엄 소장품을 감상하면서 교육받음으로써 산업화에 따른 과학기술 습득은 물론 여가도 즐길 수 있었기 때문이다. 빅토리아 앨버트 뮤지엄은 러스킨John Ruskin과 모리스William Morris의 영향을 받아 장식미술을 중시했다. 이러한 경향은 뉴욕, 보스턴, 필라델피아의 미술관 교육에도 영향을 주었다.

2) 뮤지엄 교육의 변천

뮤지엄 교육은 역사적으로 크게 여섯 가지 특징을 띠며 변화해왔다(Buffington, 2007). 첫 번째 특징은 뮤지엄이 산업사회에 대응하기 위해 미술전문가를 대상으로 교육을 시작했다는 점이다. 19세기에 접어들자 '산업혁명'이라는 사회적 변화에 부응하기 위해 미술학교가 등장하게 된다. 당시 미술학교들은 미술관이 화가와 공예가를 훈련하기에 적절하다고 보고 미술관의 소장품을 적극적으로 이용하고자 했다. 미술관 소장품을 이용하는 미술학교가 유행하면서 뮤지엄은 19세기까지 미술전문가 교육을 목적으로 한다. 당시 미술관 소장품은 작가, 장인, 수공예가에게 작업의 영감을 주어 산업화에 활력소가 될 수 있다는 생각이 유행했다. 이러한 시대적 분위기 속에서 보스턴, 뉴욕 등 주요 뮤지엄은 미술전문가를 위한 교육을 강조했다. 예를 들면 1870년 메트로폴리탄 미술관Metropolitan Museum of Art은 미술작품을 연구하여 미술을 응용하고, 지식을 높이는 것을 목표로 성인을 위한 강의를 개설했다(Newsom & Silver, 1978). 같은 해 보스턴 미술관Boston Museum of Fine Arts도 드로잉, 회화, 모델링 등을 가르쳐서 산업적으로 활용하는 것을 뮤지엄의 교육적 기능으로 보았다(Zeller, 1989). 19세기 중반에 유럽의 미술관은 관람자와 전문가를 대상으로 다양한 교육 방법을 시도했다. 이를테면 정보 중심의 라벨 제시, 강의, 학교 연계 교육 프로그램 시행, 교육적 전시 같은 다양한 기획을 시도했다.

두 번째 특징은 뮤지엄 교육이 대중을 상대로 계몽교육을 수행하고자 했다는 점이다. 뮤지엄은 증가하고 있던 중산층과 이민자층의 성인을 대상으로 평생교육을 수행하여 사람들을 계몽하고자 했다. 콜맨(Coleman, 1939)에 의하면, 뮤지엄 교육은 19세기 후반부터 20세기 초반까지 성인교육에서 핵심적 역할을 담당하게 되었다. 평생교육으로서 뮤지엄 교육의 역할이 중시된 것은 당시 여가에 대한 소비 욕구와 아울러 중산층의 교육에 대한 욕구가 맞물려서였다. 이에 부응이라도 하듯 일례로 보스턴 미술관은 일요일에 무료로 관람할 수 있도록 허용함으로써 휴일에 쉬는 노동자의 뮤지엄 관람을 도왔다. 또한 당시 이민자가 증가하면서 여러 언어로 된 교육 프로그램이 활성화되었는데, 이러한 요인도 미술관이 성인교육을 담당하는 주요 기관이 되게 하는 요인으로 작용했다. 한편 스미스소니언 뮤지엄의 관장이던 구드 George Brown Goode는 뮤지엄의 주요 역할은 사람들을 계몽하는 것이라고 생각했다. 그는 1889년 브루클린 연설에서 뮤지엄이 도서관, 대학처럼 문화적 대중을 가르쳐야 한다고 주장했다. 모든 계층의 사람들에게 지적인 활동을 할 수 있도록 자극하는 역할을 뮤지엄이 해야 한다고 믿은 것이다. 따라서 소장품을 체계적으로 정리하고, 라벨을 만들고, 대중에게 강연을 제공하여 비전문적인 관람자를 가르치는 것이 뮤지엄의 임무라고 보았다. 뉴어크 뮤지엄Newark Museum의 관장 대너(Dana, 1917, 2004)도 모든 사람이 여가를 활용하여 교육을 받을 수 있어야 한다고 생각했다. 그는 사용자 중심의 뮤지엄을 주장하고, 뮤지엄은 전문가와 레저를 위해서뿐만 아니라 노동자 계층을 끌어들일 수 있어야 한다고 했다. 뮤지엄은 공적 기관으로서 사람들에게 봉사하는 커뮤니티 중심의 철학을 기반으로 하고 물리적 · 심리적으로도 대중에게 매력적이어야 한다. 그러므로 뮤지엄의 건축, 위치, 전시는 사람들의 편의성과 접근성을 우선 고려해야 하고, 유럽 중심의 전통적 회화작품뿐만 아니라 근대에 대량 생산된 제품까지 전시하여 사람들이 일상에서 미를 즐겨야 한다고 믿었다. 실제로 그는 일상의 미를 위해 1912년 독일 응용미술작품을 최초로 전시하고, 매년 미국의 응용미술을 전시한 바 있다. 지역사회에서 뮤지엄이 차지하는 공적인 역할이 커지면서 뮤지엄에서 행해졌던 교육적 실험들은 좀 더 체계화되고 정착되기에 이르렀다.

세 번째 특징은 뮤지엄 교육이 공적인 교육 내용을 전달하는 데 강조점을 둔 점이다. 뮤지엄은 한때 전시물의 정확한 정보를 대중에게 전달하는 것을 교육적 사명으로 여겼다. 이에 따라 1907년 도슨트가 보스턴 미술관에서 처음 고용되어 관람자에게 작품에 대한 정보를 전달하는 투어를 이끌기도 했고, 애호가 클럽이나 특정 계층 또는 학생들을 위한 강의 중심의 교육 프로그램을 활성화하기도 했다(Burnham & Kai-Kee, 2011). 또한 미술관에서는 주요 소장품 연구를 토대로 강의식 교육 프로그램을 제공했다. 이러한 강의는 뮤지엄이 전시물에 대한 공적 해석을 제공하는 교육적 역할을 하게 되었음을 의미한다.

네 번째 특징은 뮤지엄 교육이 뮤지엄 교육자와 교사 간 협업으로 학교 교육과정 구현에 부응하고자 하는 시도가 활성화된 점이다. 공립학교 운동이 일어나면서 아동은 드디어 노동에서 벗어나 학교에 다니게 되었다. 그러면서 뮤지엄은 교육적 기관으로 인식되기 시작했고, 20세기가 되자 학생들을 위한 의미 있는 교육 프로그램 개발에 앞장서게 되었다(Coleman, 1939). 대너는 학교 뮤지엄을 세워서 교사가 교육에 활용할 소장품을 준비하는 데 도움을 줄 수 있어야 한다고 주장했고, 파크Arthur Park는 뮤지엄이 전시 소장품을 많이 갖고 있느냐의 문제보다는 소장품을 갖고 무엇을 하느냐가 중요하다고 보았다(Zeller, 1989). 이러한 이론가들의 공통적 주장은 뮤지엄이 학교 교육과정에 맞추어 교육 프로그램을 개발함으로써 학교의 요구에 부합하고자 한 점이다. 1960~1970년대에는 뮤지엄 내에서 교육부서가 새롭게 신설되기도 하면서 학교 연계 프로그램이 많이 생겨났다. 특히 초등학교 연계 프로그램을 비롯한 투어, 강의, 활동이 활성화되었다. 1974년 NEANational Endowment for the Arts의 지원을 받아 발표된 보고서에 따르면, 1966년 이후 미술관의 50% 이상에 학교 프로그램과 어린이를 위한 프로그램이 있었다고 한다(National Endowment for the Arts, 1974). 한편 비주얼 리터러시를 1970년대 뮤지엄 교육의 목표로 삼았던 흔적도 엿보인다(Newsom & Silver, 1978). 이러한 입장의 지지자들은 리터러시 교육이 문자에만 치중된 것을 비판하며, 학교와 함께 지속적인 뮤지엄 방문을 통한 비주얼 리터러시를 교육해야 한다고 보았다. 이에 따라 뮤지엄은 교사를 대상으로 교육 프로그램을 제공하는 연수를 기획하고, 학교와의 파트너십을 활성화하게 된다. 이러한 뮤지엄 아웃리치 프로그램은 학교와의 협업을 통해 학교 교육과정에 맞춘 교육 프로그램을 제공하고 관람자의 확대를 이끌게 되었다.

다섯 번째 특징은 뮤지엄이 뮤지엄 이론과 연구에 대한 부족을 극복하고 구성주의에 기반한 관람자 연구 등을 통해 뮤지엄 교육 실천을 향상시키고자 했다는 점이다. 1970년대에 많은 교육 프로그램이 시행되었지만, 여전히 뮤지엄의 교육적 시도는 이론과 연구적 뒷받침이 부족한 상태였다(Newsom, 1975). 뉴섬은 미술관에 대한 학문적 연구가 제대로 이루어지지 않는 문제점을 지적했다. 이론적 기초 없는 실행과 전문적 지식 없는 프로그램은 과거의 실수를 반복하고 성찰이 이루어지지 않아 발전을 도모할 수 없다. 1978년 뮤지엄과 시각예술 이사회에서 뮤지엄 실천과 정책에 관해 보고한 〈교육자로서의 미술관Art Museum as Educator〉에서도 뮤지엄 연구가 전반적으로 부족하며, 뮤지엄 교육 전문가를 위한 양성 프로그램이 부족하다고 지적했다(Williams, 2001). 특히 뮤지엄 교육에서 전문적인 훈련을 받은 사람들이 많지 않은 문제점이 지적되었다. 1980년대까지 뮤지엄 교육은 미술사 전공자가 주로 담당했으며(Dobbs & Eisner, 1987), 학예사가 미술사에서 훈련받은 방식을 그대로 답습하는 경우가 많아서 주로 소장품 중심의 교육을 실행하는 경향이었다. 그러므로 이들은 관람자에 대한 이해나 이를 바탕으로 한 교육 실천에 다소 미흡한 예도 있었다. 뮤지엄 이론과 연구의 필요성이 부상함에 따라 자연스럽게 관람자를 이해해야 한다는 관점이 우세하게 되었다. 여기에는 구성주의가 이바지하게 된다. 구성주의 관점에 따라 관람자가 자신의 선행 지식과 경험을 동원하여 전시를 보아야 한다는 견해가 확산되었다(Hein, 1998). 그 결과 과거의 전시물 중심에서 현대의 전시물을 둘러싼 맥락 중심으로 교육 접근법이 변화하게 되었다. 이는 뮤지엄 연구의 방법론을 바꾸게 되어 뮤지엄이 공적 서비스를 하는 데 고려해야 할 요소로 관람자의 반응, 피드백, 개입을 중시하게 되었다(Roberts, 1997). 이에 따라 관람자를 좀 더 이해하고, 관람자의 작품 해석 과정을 향상하고, 뮤지엄과 다른 교육 기관과의 협업과 네트워킹을 독려하며, 커뮤니티와 사회에서 공헌하도록 교육을 위해 뮤지엄 부서가 함께하기 시작했다.

마지막 특징은 뮤지엄 교육이 테크놀로지를 활용하고자 하는 경향이 증가하고 있다는 점이다. 최근 다수의 뮤지엄 교육 프로그램이 온라인으로 이루어지는 경우가 늘고 있다. 뮤지엄은 웹사이트에 기초적 정보와 소장품을 전달할 뿐 아니라 교육 프로그램도 온라인으로 시행하고 있다. 이를 위해 뮤지엄 교육에서 온라인 토의 포럼, 모바일 디바이스, 교육적 웹사이트, 학생용 워크시트 등 테크놀로지가 다채롭게 적용되고 있다. 디지털 시대에 들어서면서 뮤지엄의 소장품을 제시하는 방식부터 소통하는 방식까지 크게 변화한다. 디지털 테크놀로지의 발전으로 뮤지엄의 소통 방식뿐 아니라 뮤지엄 모습 자체도 변화시켰다. 테크놀로지 기반 가상 뮤지엄virtual museum의 모습은 세 가지로 나누어 살펴볼 수 있는데, 디지털 아카이브, 학습 양식의 변화, 소통 방식의 변화다(강인애 외, 2011). 디지털 아카이브로서 가상 뮤지엄은 전시물을 실제와 비슷하면서도 생생하고 구체적인 경험을 제공하려는 방안을 모색하고 있다. 또한 정보 관리 측면에서 전시물에 관한 정보 데이터를 통합 운영하는 방안에 대한 논의가 더욱 활발해지고 있다(강인애 · 설연경, 2010). 박물관 운영 정보부터 소장품 정보까지 멀티미디어를 활용하여 관람자의 접근성을 높이려 한다. 또한 가상 뮤지엄은 교수-학습 환경에도 변화를 주어 교사와 학생에게 다양한 교육 콘텐츠를 제공하여 교수-학습을 돕고 있다. 예를 들어 교사에게 다양한 교과 연계 지도안을 온라인 환경에서 제공하고, 학생들에게 고화질의 실사, 비디오, 오디오, 애니메이션 자료를 제공하여 자유로운 탐구 학습을 돕고 있다. 마지막으로 테크놀로지의 발달로 인해 달라진 최근 동향은 온라인 커뮤니티라 할 수 있다. 가상 뮤지엄은 태깅tagging, 팟캐스트Podcast, 유튜브Youtube 동영상, 트위터Twitter 등의 지원으로 개개인에게 특화된 맞춤형 서비스를 제공할 수 있어서 관람자 간의 정보 공유, 뮤지엄과 관람자 간의 상호작용, 관람자와 전문가의 소통이 더욱 활발해지게 되었다. 이에 따라 관람자의 참여 공간은 확대된다. 관람자는 전문가의 개인 블로그, 트위터, 블로그 등을 통해 대인 관계를 맺을 수 있고, 전시물에 대한 기술적 · 내용적 서비스를 찾아 자기주도적 학습을 할 수 있게 되었다.

뮤지엄은 소수를 위한 소장품 수집 기능을 담당하던 기관에서 공익적 기능과 사회적 역할을 담당하는 기관으로 그 개념이 확대되었다. 뮤지엄 교육의 양상은 시대의 요구에 따라 달라지며, 그 범위도 점차 확대되는 경향을 보인다. 뮤지엄은 교육적 역할이 증대될수록 학교와 긴밀한 관계를 맺고 교사와의 협업을 강조해야 할 것이다. 또한 뮤지엄 교육자의 전문성을 강화하고 좋은 프로그램을 개발하여 그 역할을 다해야 할 것이다.

2. 뮤지엄 교육 패러다임의 변화

뮤지엄 교육은 크게 전시물 중심에서 관람자 중심, 그리고 사회적 반응 중심으로 변화해왔다고 볼 수 있다(Klechka, 2018). 이는 뮤지엄이 지향하는 교육적 동향이 전시물을 우위에 두는 관점에서 점차 관람자를 중심에 두고 관람자의 의미 만들기를 강조하는 관점으로 변화함을 의미한다. 최근에는 뮤지엄 교육의 초점이 사회적으로 반응하는 경향으로 변화해가고 있다. 이를 도식화하면 다음과 같다.

전시물 중심 ⟶ 관람자 중심 ⟶ 사회 반응 중심

[그림 1-1] 전시물 중심에서 사회 반응 중심으로의 뮤지엄 실천

출처: Klechka, 2018, p. 301.

1) 전시물 중심 뮤지엄 교육

(1) 전시물 기반 인식론

박물관학에서 전시물은 다음과 같은 특징을 가지는 것으로 논의되고 있다. 첫째, 전시물은 진정성 있는 참조물authentic references이 되어 그 사회의 역사와 발전을 보여주는 일종의 증거가 된다. 둘째, 전시물은 보존되고 소장되어 전시된다. 셋째, 전시물은 선택 · 구입 · 보존되어 그 의미가 해독된다. 넷째, 전시물은 사회적, 지적, 문화적 그리고 과학적 작업의 소산으로 대중에게 의미를 소통한다. 또한 연구를 통해 그 사회의 새로운 인지적 관점을 제공하기도 한다(Schreiner, 1988: 5; van Mensch, 1990 재인용). 이처럼 전시물은 인간과 인간을 둘러싼 물리적 환경의 소산으로, 뮤지엄의 핵심

적 요소다.

19세기 후반부터 시작된 전시물 기반 인식론은 전시물을 지식의 원천이라고 본다. 대표적으로 콘Steve Conn은 《뮤지엄과 미국인의 지적 삶Museums and American Intellectual Life, 1876~1926》에서 전시물 기반 인식론object-based epistemology을 주장했다. 그는 전시물 기반 인식론에서 "전시물은 정확하게 의미가 명백하지는 않지만, 그렇다고 완전히 그 의미가 불명확하지도 않다. 깊이 연구하고 관찰하는 사람에게 전시물은 그 의미를 전달할 것이다"(Conn, 1998: 4)라고 했다. 이처럼 전시물은 그 자체로 의미를 지니기에 자연스럽게 소통된다. 뮤지엄에서 전시물 기반 인식론은 두 가지 요인이 결합하여 조직된다. 첫째는 전시물 자체의 인식론이고, 둘째는 전시물이 위치한 체계에 의한 인식론이다. 즉 "전시물은 내재적으로 의미를 지니지만, 그 의미는 뮤지엄 전시에서 재현된 방식에 의해서만 표출된다"(Conn, 1998: 23). 따라서 전시물이 속한 맥락에 맞게 체계적으로 전시함으로써 진정한 의미를 전달한다고 볼 수 있다.

지식 생성의 기반으로서 전시물은 글과 마찬가지로 의미를 담고 있다. 전시물은 의미를 전달하기 위해 책처럼 관람자에게 지식을 설명해야 한다(Conn, 1998). 전시물은 단지 외양을 보여주기 위함이 아니라 사실을 보여주고 개념을 설명해야 한다. 곤충 표본이든 도자기든 모두 언어의 '환유'처럼 자연과학이나 인류학의 대표적 지식을 보여줄 수 있도록 전시되어야 한다. 수사학에서 환유가 일부를 통해 전체를 설명하듯이, 전시물을 통해 인류의 중요한 지식을 접하게 된다. 따라서 전시 기획자는 숙의를 거쳐 수장고에서 소장품을 꺼내 유리 케이스에 넣어 전시장에 배치한다. 콘은 이러한 과정을 책에 비유하여 설명했다. 전시물을 선택하여 전시하는 과정은 마치 글쓰기에서 작가가 정교하게 단어를 선택하고, 글의 흐름을 숙고하듯 깊이 있는 연구와 반성적 성찰로 실현된다. 이에 따라 전시물의 의미는 전시장에서 총체적으로 구성되어 전시물 자체에 존재한다.

1800년대 후반 뮤지엄은 전시물 중심의 인식론을 기저로 삼고 전시물에 대한 전문 지식을 갖춘 큐레이터의 주도로 교육을 수행했다. 뮤지엄 큐레이터는 전시물에 대한 지식을 바탕으로 전시를 기획하고 전시물을 조직하는 사람으로 간주되었다

(Conn, 1998). 전시물에 내재된 지식은 중립된 성격을 띠며, 큐레이터에 의해 관람자에게 그대로 전달된다. 비전문적인 관람자는 해당 전시물에 대한 지식이 없기에 전문 큐레이터로부터 전시물과 관련된 지식을 전달받아야 한다. 전시물 중심 인식론에 따르면, 전시 대상이 가진 지식은 중립적이며, 뮤지엄 전문가는 지식을 해석하여 관람자에게 전수해주는 역할을 한다.

(2) 전시물 기반 담론

전시물 기반 담론은 전시물의 본질이 그 자체에 내재하기보다는 맥락에 달려 있다는 주장이다. 전시물 기반 담론을 펼치는 연구자들은 과거 전시물 기반 인식론에서 중시하는 전시물의 객관성과 진실성에 도전한다. 전시물 기반 담론에 따르면, 지식은 사회적으로 구성되며 개인의 특정 관심과 가치에 따라 형성된다. 이 관점에 따르면, 전시물은 맥락에 따라 다수의 스토리와 의미를 지니며, 이러한 다수의 스토리와 의미가 모두 유효하다. 전시물 기반 담론에서 지식은 전수되는 것이 아니라 관람자에 의해 생성되는 것이다(Roberts, 1997).

20세기 후반 뮤지엄은 전시물 자체가 아니라 관람자와 전시물의 관계에 점차 주목하게 된다. 이 입장에서는 관람자의 문화사와 삶의 역사에 전시물이 참여한다고 가정하며, 이들의 내러티브를 중시한다. 이는 '전시물 기반 담론object-based discourse' 또는 '내러티브'라 할 수 있다(Evans, Mull & Poling, 2002). 전시물 기반 인식론에서 관람자의 역할이 배제되어 있다면, 전시물 기반 담론에서는 관람자의 문화, 역사와 그들의 생생한 삶을 중시한다. 전시물 기반 담론은 관람자의 생생한 삶과 문화적 역사에 함께 참여하는 전시물에 관심을 둔다.

전시물은 제시 방식에 의해 전시물의 실재성reality을 드러낸다. 로버츠(Lisa Roberts, 1997)는 전시물은 스스로 말하는 것이 아니라 일종의 기호로서 작용하므로 전시에서 매개되는 방식을 떠나서는 그 의미를 말할 수 없다고 했다. 이를테면 폴리네시아 마을을 재현한 전시물을 관람할 때, 우리는 장식물을 보면서 당시에 쓰였을 장식물이나 생활용품을 떠올린다. 라벨, 설명 텍스트 등이 일종의 기호가 되어 우리는 폴리네시아 마을을 떠올리고 그 '의미'를 해석해본다. 비록 진품이 아니더라도 관람자는 전시물을 실재로서 경험하고, 전시 맥락에서 빠진 부분이 있더라도 이를 회복시켜 그 의미를 구성하여 이해한다.

전시 디자이너는 관람자의 관점을 염두에 두면서 전시물과 관람자 간의 대화를 촉진하는 방법을 고민하게 된다. 예를 들어 전시물을 보는 관람자를 고려하여 전시물 라벨을 정교하게 만드는 식이다. 전시물 기반 담론을 지지하는 견해는 전시물 관련 언어를 최소화하고 정보보다는 시각적 경험을 비중 있게 다룬다(Roberts, 1997). 나아가 전시에서 대화를 도입하고자 하고, 전시물과 관람자의 관련성을 부각하고자 한다. 예컨대 식물을 전시할 때 전통적인 라틴어 학명이 아니라 사람, 문화와의 연계

[그림 1-2] 전시물 기반 담론을 반영한 전시 사례

뮤지엄은 동시대 유물을 함께 전시할 뿐 아니라 뮤지엄의 자연 채광을 적극 활용하여 관람자가 전시물인 이집트 덴두르 신전의 맥락을 깊이 이해하도록 한다(미국 뉴욕 메트로폴리탄 뮤지엄).

성 속에 두는 방식이다. 그리하여 특정 기존에 살던 땅을 떠나 다른 지역에서 서식하게 되는 디아스포라diaspora로 연결 지어 아프리카에서 요리로 사용된 식물이라는 방식으로 관람자의 실제 삶과 연결 짓는다(Roberts, 1997). 이러한 라벨은 식물 자체의 분류학적 지식뿐 아니라 전시물을 자체의 맥락 속에서 존재하게 하고, 관람자의 삶과 연계시켜 의미를 구성하는 데 도움이 된다.

특히 전시물 기반 대화는 뮤지엄 교육의 초점을 관람자 중심의 관점으로 이동하게 하는 데 촉매 역할을 한다(Gurian, 1999; Roberts, 1997). 거리언Gurian은 전시물에 대해 다음과 같이 말했다.

> *전시물과 관리의 엄청난 중요성을 폄하하고자 하는 것이 아니라 전시물이란 마치 훌륭한 연극에서의 소품과 같이 꼭 필요한 존재라고 가정한다. 화려한 디스플레이가 필요하지만, 그것만으로 충분하지는 않다고 생각한다. 이 글에서 우리가 전시물에서 항상 직관적으로 알고 있는 것을 얘기하기도 하지만, 뮤지엄 스토리와 스토리텔링 방식도 더 중요한 이슈로 생각해보아야 한다. 전시 관련자들은 전문가가 전시물을 연구하여 신중하게 분석할 때, 전시물 자체를 감각적으로 이해하는 유형성tangibility 측면에 대한 논의뿐 아니라 전시물이 유발하는 관람자의 기억이란 무엇이며 누구의 기억이 통제되고 있는지 생각해보아야 한다(Gurian, 1999: 2).*

전시물을 감각적으로 이해하는 전시물 유형성tangibility 논의는 전시물에서 나온 지식이 인식론적 측면에서 어떻게 관람자와 관련되는가의 문제다. 즉, 전시물을 보고 의미를 이해한다는 것은 어떤 의미일까? 전시물에서 관람자가 스토리를 읽는다면 그 때 스토리의 의미는 무엇일까? 또한 그 스토리의 주인공은 과연 누구일까에 대해 질문을 던져야 한다. 이처럼 관람자의 스토리를 생성하는 것이 관람자 중심 담론이라면, 여기서 전시 기획자는 다양한 측면을 고려해야 한다. 뮤지엄은 적절한 환경을 제공해서 사람들이 자신의 스토리를 형성할 수 있도록 하고, 다양한 목소리와 관점을 가질 수 있도록 도와야 한다.

관람자가 전시물과 대화하여 의미를 형성하도록 하는 과정에서 에듀케이터는 소통자의 역할을 해야 한다(Roberts, 1997). 에듀케이터는 관람자가 오브제의 의미를 스스로 발견하도록 해야 한다. 또한 해석적 행위를 통해 전시물과 관람자의 삶을 연계하도록 돕는다. 마치 책에서 한 페이지를 추가하듯, 에듀케이터는 전시물에 의미를 주입할 수 있다. 많은 전시가 하나의 이야기를 떠오르게 하거나 관람자 스스로의 이야기를 만들게 해준다. 로버츠는 내러티브를 제공해서 관람자가 다양한 목소리와 관점을 가질 수 있도록 뮤지엄이 자신의 문을 개방하는 것이 필요하다고 했다. 이러한 내러티브 구성은 비형식적 학습에서 중요한 전시물의 교육적 역할이라고 했다.

후퍼그린힐은 뮤지엄에서 소통은 상징에 의한 의미생성의 과정이라고 했다(Hooper-Greenhill, 1999). 그에 따르면, 현실은 생산 · 유지 · 수정 · 변형되는 과정이다. 전시물에 담긴 가치, 신념은 문화적 상징(글, 지도, 모형)의 형식이다. 우리는 전시물의 상징을 해석해가고, 그 현실은 지속적으로 수정되고 변화해간다. 따라서 '해석의 공동체'나 의미를 협상하는 체계 내에서 전시물의 의미는 정의되고 또다시 재정의된다.

전시물 기반 담론은 큐레이터, 디자이너, 에듀케이터의 서로 다른 목소리가 각자 전시물과 관람자의 관점을 대표하려고 할 때, 이 과정에서 관점들이 어떻게 정착되어가는지를 다룬다. 이러한 충돌되는 관점들이 서로 그 의미를 나누고 협상하며 공유하는 데 뮤지엄의 미래가 달려 있다고 할 수 있다.

최근의 연구는 뮤지엄에서 권위적인 하나의 목소리는 없다고 본다. 전시물, 전시 방식, 관람자 그리고 환경 등 전시물과 관람자의 대화를 강조한다(Falk & Dierking, 1992, 1995; Gruian, 1999; Roberts, 1997). 전시물 기반 인식론의 소통 방식이 한 방향이었다면, 전시물 기반 담론의 소통 방식은 전시물을 바라보는 관람자가 관여하면서 여러 방향이 된다.

2) 관람자 중심 뮤지엄 교육

뮤지엄에서 관람자를 중시하기 시작한 것은 전시물의 해석에 대한 관점의 변화 때문이다. 유물, 작품 같은 전시물 자체보다 의미를 읽는 독자를 중시하게 된 것이다. 미술사를 통해 서술해본다면, 1970년대 신미술사 운동을 비롯한 미술사 접근 방식이 확장되는데, 특히 기호학의 상호텍스트성intertextuality 이론이 미술사에서 해석에 대한 연구 방법을 변화하게 했다. 기호학자 롤랑 바르트의 '저자author' 개념을 통해 텍스트를 읽는 독자의 중요성을 강조하게 된다. 예컨대 기호학을 적극적으로 도입한 미술사가 브라이슨Norman Bryson과 발Mieke Bal은 해석의 문제에 다르게 접근했다(Mayer, 2005). 브라이슨과 발은 기호학을 미술사에 도입하면서 작가, 맥락, 관람자에 의한 의미 형성과정을 논했다. 후기구조조의가 미술사에도 도입되어 이미지를 보는 주체로서 감상자가 중시되었다. 즉 텍스트의 의미를 결정하는 것은 저자가 아니라 독자이며, 텍스트의 의미는 독자에 따라 변화한다. 이처럼 1970년대에서 1990년대의 후기구조주의를 비롯한 포스트모던 이론은 뮤지엄 교육 이론에서 관람자 중심의 접근을 가능하게 했다.

본격적인 관람자 중심의 실천은 1990년대 중반 뮤지엄교육자 하인George Hein, 후퍼그린힐Eilean Hooper-Greenhill, 포크John Falk와 디어킹Lynn Dierking 등에서 볼 수 있다. 이들은 뮤지엄 교육에서 전시물 자체보다는 관람자가 전시물을 어떻게 체험하도록 조력할 것인가에 초점을 두었다. 즉, 뮤지엄은 전시물의 의미를 제시하는 것이 아니라 관람자가 스스로 의미를 만들어 앎으로 나아가는 과정을 중시해야 한다는 것이다. 따라서 전시장에 오기 전에 관람자가 이미 갖고 있는 지식, 감성, 방문 동기, 선행 경험 등을 포괄적으로 고려해야 한다는 견해가 확산되었다.

따라서 전시물 해석을 관람자 개인에 의한 의미 형성으로 보고 새로운 접근을 제안했다. 하인은 구성주의 뮤지엄 이론을 주장하며, 관람자는 작품과 만나 자신의 선행 경험과 개인의 학습 선호에 따라 의미를 구성한다고 했다(Hein, 1998). 구성주의 이론은 학습이 개인적이면서 동시에 사회적 속성을 지니며, 뮤지엄에서의 의미는 해석 공동체에 의해 생성된다고 본다(Hooper-Greenhill, 2007). 후퍼그린힐에 의하면, 오브제를 보고 의미를 생성하는 것은 협상 과정과 같으며 개인 또는 커뮤니티에 의해 이루어진다. 해석 공동체interpretive communities는 미디어 연구 등에서 제안된 개념으로, 텍스트 해석에서 집단 안에서의 해석 전략을 공유하는 특징을 지닌다. 즉 관람자가 해석자로서 의미를 구성하여 만들어갈 때, 의미 구성은 역동적인 관계성에서 생성된다. 관람자는 그들 간의 기대 · 가정 · 평가 · 결론을 공유하여 의미를 구성하는데, 이는 단순히 기술적인 과정의 의미가 아니다. 해석 공동체로서 관람자는 의미 구성 전반에 서로 관여한다고 할 수 있기에 관람자의 의미 만들기 과정은 개인적이면서도 집단적이다(Hooper-Greenhill, 2000). 이처럼 해석 공동체 개념을 통해 관람자는 해석적 전략을 공유하여 자신의 의미를 만들고, 궁극적으로는 역사와 문화 내에서 같은 틀을 서로 참조하게 된다. 이처럼 해석 과정을 통해 학습은 사회적인 특성을 갖게 된다(Hooper-Greenhill, 2000). 만약 역사박물관에서 전시물에 대해 해석 공동체로 의미를 해석하게 된다면, 관람자는 특정 전시물에 대한 서로의 기대를 확인하고 가정을 검토하며 평가하고, 자신의 의미를 구성하게 될 것이다.

뮤지엄에서 해석 공동체는 구성원에 따라 생성되는 의미가 달라진다. 어떤 지식 체계를 가지고 있는가, 어떤 존재론적 · 인식론적 관점을 견지하는가에 따라 의미가 달라져서 뮤지엄에서 의미생성 경험은 차이가 있을 것이다. 이는 미묘할 수도, 클 수도 있다. 따라서 해석 공동체는 어떤 사회적 네트워킹, 자원, 그리고 이러한 매트릭스에 접근할 수 있는 상위의 매트릭스를 갖고 있는가에 따라 다른 접근방식을 갖게 될 것이다. 포크와 디어킹은 관람자 중심의 관점에 기반하여 뮤지엄에서 전시물 내용, 전시 방식, 디자인보다는 관람자가 더 중요하며, 관람자 개인이 가진 뮤지엄에 대한 기대, 요구, 가치에 따라 다양하다고 했다. 그들의 이론은 세 가지 요소, 즉 관람자가 뮤지엄에 오면서 관람자의 개인적 맥락, 관람자가 뮤지엄에서 상호작용하는 사람들과의 사회적 맥락, 그리고 관람자가 경험하는 공간 및 공간을 구성하는 물리적 맥락에 따라 뮤지엄에서 학습이 일어난다고 했다(Falk & Dierking, 1992, 2013).

새미스와 마이클슨(Samis & Michaelson, 2017: 64)은 관람자 중심 뮤지엄의 특성을 다음 여섯 가지로 볼 수 있다고 했다. 첫째, 형성적 관람자 연구formative audience research, 둘째, 통합된 갤러리 해석의 다양성varied forms of integrated gallery interpretation, 셋째, 커뮤니티 연계community connection, 넷째, 관람자 중심의 미션a visitor-centered mission, 다섯째, 미션을 수행하기 위한 강력한 리더십strong leadership in service of that mission, 여섯째, 팀워크의 새로운 형태new forms of teamwork다. 관람자 중심 뮤지엄은 관람자가 경험하는 과정에 대해 질적 연구를 수행하여 형성적 관람자 연구를 한다. 관람자가 다양하게 해석하여 통합적인 해석 경험을 할 수 있도록 다양한 형식의 해석 매체를 개발한다. 뮤지엄 실천은 뮤지엄 자체의 목표뿐 아니라 커뮤니티를 함께 고려하고, 관람자 중심의 미션을 부가하는 방향을 추구한다. 마지막으로 강력하고 혁신적인 리더십과 실천가들의 팀워크는 이러한 관람자 중심의 뮤지엄을 실현하는 데 필수다.

제2차 세계대전 이후 양산된 뮤지엄은 공적 서비스를 목표로 표방하면서 관람자를 중심에 둔 교육에 초점을 두기 시작했다. 예컨대 1997년 미국박물관협회가 출간한 핸드북에서 뮤지엄 인증 조건은 과거와 차별화되었다. 뮤지엄의 목표가 컬렉션 자체가 아니라 컬렉션을 활용한 교육 프로그램의 개발과 전시 여부였다(AAM, 1997; Weil, 1999 재인용). 웨일은 "뮤지엄 전시는 무엇에 관한 것(전시물 중심)에서 누군가를 위한 것(관람자 중심)으로 나아가야 한다"라고 주장하며(Weil, 1999: 247), 뮤지엄 교육에서 패러다임 전환을 논의했다. 뮤지엄은 개인의 성장과 커뮤니티의 요구에 반응하는 기관으로서 관람자 중심으로 가야 하고, 전시물을 수집 · 보존 · 연구 · 해석하여 개인의 삶과 커뮤니티의 복지에 부합해야 한다(Weil, 1999). 이처럼 관람자 중심 뮤지엄은 전시물 자체에 있던 권위를 관람자에게로 이동시키고 관람자의 의미 형성을 기대한다.

관람자 중심의 뮤지엄은 전통적인 뮤지엄의 기능을 수집, 보존, 연구, 전시, 교육의 다섯 가지로 보는 관점에서 보존, 연구, 소통의 세 가지로 보는 멘치(Mensch, 1990)의 모델과도 맥을 같이한다. 여기서 소통은 기존의 뮤지엄 모형에서 다섯 가지 기능 중 전시와 교육을 아우르는 개념이다. 뮤지엄에서 의미의 소통과 교육이 이루어지기 위해 뮤지엄은 관람자 자신이 가진 해석적 전략과 레퍼토리를 활용하고 확장하도록 초대하고, 기존의 지식을 활용하도록 해야 한다(Hooper-Greenhill, 2007). 이를 위해 큐레이터, 에듀케이터, 전시 개발자가 함께 협력하여 수행해야 한다. 멘치의 소통communication은 전시와 교육을 통합하여 관람자 중심으로 나아가도록 한다는 점에서 의미가 있다.

이는 뮤지엄에서 전시와 교육이 함께 이루어져야 한다는 것으로, 관람자 중심의 전시는 큐레이터와 에듀케이터가 함께 협업함으로써 가능하다. 빌뇌브와 러브는 관람자 중심의 뮤지엄을 '에듀큐레이션edu-curation'이라는 모형으로 제시한다. "기존에는 전시물과 전시 기획 아이디어가 먼저였다면, 관람자 중심 모형에서는 관람자의 관심, 필요, 요구, 학습 선호가 전시의 최종 목적이 되어야 한다."(Villeneuve & Love, 2017: 11) 이에 따라 기존 전시의 계획과 개발이 큐레이터만의 작업이었다면, 에듀큐레이션에서는 전시의 계획과 개발에 에듀케이터가 참여한다. 뮤지엄 교육 실천자는 관람자의 인풋in-put과 평가를 해석하여 전시의 계획뿐 아니라 전시와 프로그램 전반에 걸쳐 협업해야 한다. 여기서 관람자의 관심, 평가를 해석하는 데 에듀케이터의 역할이 중요하게 된다. 에듀큐레이션은 "직업 준비과정에서 큐레이터에게 요구되는 전문 지식이나 에듀케이터에게 요구되는 폭넓은 지식에 대한 대안적 접근이 될 수 있다. 이러한 협업적 접근은 큐레이션을 개인의 기능에 의존하여 특권적이거나 권위적인 역할로 하기보다는 팀원의 책임"으로 함께한다(Villeneuve & Love, 2017: 17). 이와 같은 개념은 전시에서 해석적 전시 기획interpretive planning을 통해 관람자의 해석을 어떻게 유도할 것인가를 최우선으로 한다. 다양한 사람과 협업을 통해 관람자의 관점을 통합하는 것의 중요성을 강조하고, 의사 결정에서 관람자 경험을 체계적이고 논리적으로 반영한다. 나아가 전시 기획에 관람자의 관점을 포함하는 것을 의미한다. 뮤지엄에서 관람자의 연구 결과를 추가하고, 뮤지엄 전체 부서가 함께하는 전시를 기획하여 전시 주제에서 빅 아이디어를 중심으로 작품 해석 전략을 함께 수립한다. 이에 따라 전시는 큐레이터, 에듀케이터, 디자이너, 마케팅 담당자, 행정가 등이 팀을 이루어 기획부터 평가까지 함께 참여하며, 외부 인력인 교사 또는 해당 분야 전문가를 초대하여 함께한다(Wells et al., 2013).

조력적 해석Supported Interpretation: SI은 또 다른 형태의 협력적, 관람자 중심 큐레이션이라 할 수 있다. SI는 큐레이터팀을 큐레이터, 교육, 설치 등 관련 있는 뮤지엄 부서뿐 아니라 커뮤니티의 구성원인 교사, 예술가를 초대하여 기존에 소외된 사람들의 관점을 도입한다.

> *SI는 전시를 하나의 인터페이스이며, 뮤지엄과 관람자 간 상호작용의 관점으로 본다. 큐레이터팀은 관람자가 알고 싶어 하는 것을 예상하여 다양한 학습 자료를 제공한다. 대부분 설명이나 관점이 권위적이 아니라 관람자가 자유롭게 선택하도록 하며, 개인이 의미 만들기를 하는 데 도움이 되도록 포용적이며, 하나보다는 다수의 반응을 가치 있게 생각한다(Villeneuve & Love, 2017: 17).*

이처럼 조력적 전시에서는 뮤지엄 밖의 커뮤니티 관점을 도입하여 해석적 전시를 기획함으로써 관람자가 자신의 관심과 흥미에 따라 전시와 관련된 활동을 선택하여 학습을 자유롭게 한다. 관람자가 기대하는 지식이나 관심을 반영하여 글쓰기, 그리기 활동, 시 창작 등을 제공하여 관람자의 참여와 의미 만들기 경험을 제공한다(Love, 2018). 이때 교사나 예술가 커뮤니티 같은 실천가는 관람자로서 자신들의 흥미, 기대, 학습 수준에 대해 조언한다.

전시물 중심이 아닌 관람자 중심 뮤지엄 실천은 뮤지엄에서 구성원 간의 협력을 기초로 뮤지엄의 목표를 공적 서비스로, 교육에 우선순위를 둠을 의미한다. 이처럼 뮤지엄 관람자를 이해하는 것을 뮤지엄 실천의 핵심으로 본다(Samis & Michaelson, 2016). 관람자에게 관심을 두면서 관람자 연구의 관점과 질적 변화가 이루어지기 시작했다. 초기에는 관람자가 어떤 전시를 좋아했고, 얼마나 시간을 보냈는지 등 통계적 · 양적 연구가 주를 이루었다. 이처럼 관람자의 행위에 기초하여 이루어지다가 1980년대 들어 관람자 연구는 점차 이론적으로나 뮤지엄 실천에 관심을 두게 되면서 총괄평가 같은 결과 중심의 평가보다는 관람자가 경험하는 과정 중심의 형성 평가와 질적 연구를 통한 심층적 연구 방향으로 진행되었다(Wells et al., 2013). 관람자 연구는 관람자를 전시에 참여하는 주체로 보는 관점으로 발전하게 되었다. 관람자가 전시에 대해 이해하는 것을 측정하는 데서 전시에서 관람자가 어떻게 의미를 형성했는지와 의미 있는 학습을 연구하는 방향으로 변화되었다. 이러한 관람자 연구는 뮤지엄이 어떻게 의미 있는 학습을 구성하기 위해 촉진자로서 역할을 할 것인가를 고민하게 해준다.

관람자와 뮤지엄의 정의도 지속적으로 변한다. 따라서 관람자 중심 뮤지엄 교육의 의미도 유동적이라 할 수 있다. 뮤지엄에서 관람자 중심 패러다임의 기본 전제는 관람자가 어디에서 왔는지를 이해하는 것이 핵심이며, 모든 사람이 의미 있는 대화에 참여하도록 돕는 것이다(Samis & Michaelson, 2016). 새미스와 마이클슨에 따르면 '관람자 중심'이라는 용어에서 관람자에 대한 전제는 듣기보다는 말하는 것을 더 좋아하며, 뮤지엄과 관람자의 양방향 소통은 관람자에게 더욱 가치가 있다는 것이다. 그렇다고 '관람자 중심'이라는 의미가 전시를 기획하거나 교육 프로그램을 개발한 뮤지엄을 모두 배제하라는 것은 아니다. 뮤지엄 전문가인 큐레이터, 에듀케이터, 디자이너 등의 전문성을 존중하면서 실천의 중심을 함께 고려함을 뜻할 것이다.

뮤지엄에서 이제 관람자는 전문가의 지식을 받아들이는 수용자에서 더 나아가 자신의 의미를 구성하는 참여자가 된다. 그렇다면 관람자 중심 뮤지엄은 관람자가 해석하기 위해 무엇이 필요한지 관람자의 의미 형성 과정을 자세히 주목하게 될 것이다. 따라서 뮤지엄 모델은 더 이상 권위를 가진 강연자가 아니라 관람자가 관심을 가지는 대화에 함께하면서 커뮤니티에 참여하는 파트너로 변해야 한다(Czajkowski & Hill, 2008: 255). 이제 관람자는 지식의 소비자 같은 수동적 존재가 아니라 지식의 구성자로서 능동적 참여자로 간주되어야 한다.

3) 사회 반응 중심 뮤지엄 교육

"사회적으로 반응하는 뮤지엄은 공적 참여와 대화를 통해 뮤지엄 소장품, 직원, 지역 커뮤니티가 함께 커뮤니티의 중요한 이슈에 반응"하는 뮤지엄을 의미한다(Klectchka, 2018: 300). 사회적으로 반응하는 뮤지엄을 구축하기 위해 이론적 · 철학적 체계를 고려하고, 제도로서의 뮤지엄이 취할 수 있는 모델과 교육적 전략을 수립하며, 관람자를 함께하는 동반자로서 설정해야 한다.

포스트 뮤지엄post-museum은 후퍼그린힐이 설명한 개념으로, 모더니즘 뮤지엄의 주요 기능과 교육을 보는 관점을 확장하는 성격을 띤다. 이는 사회적으로 반응하는 뮤지엄이 추구하는 가치와 통한다. 모더니즘 뮤지엄이 소장품 수집과 보존을 중심으로 지식의 전파를 목적으로 교육한다면, 포스트 뮤지엄은 소장품의 활용과 유 · 무형의 문화적 유산을 중심으로 지식의 생성을 추구한다. 또한 모더니즘 뮤지엄이 주로 전시에 중점을 두었다면, 포스트 뮤지엄은 전시 전후에 이루어지는 '이벤트'에 관심을 기울인다. 포스트 뮤지엄 기획가는 커뮤니티를 염두에 두고 일련의 이벤트를 계발한다. 이벤트는 파트너십, 교육 프로그램, 작가 · 과학자 · 예술가 등의 참여를 통해 이루어지는 토론, 워크숍, 공연, 춤, 식사 등을 포함한다. 이 과정에 다수의 목소리와 관점이 수용되고, 지식은 구성원들의 다양한 견해, 경험, 가치의 총합이 된다. 이상과 같이 포스트 뮤지엄은 서로 간의 "반응성을 협상하며, 상호 파트너십의 육성을 격려하고, 다양성을 축하하는 이벤트"라 할 수 있다(Hooper-Greenhill, 1999: 153). 포스트 뮤지엄 지지자들의 관점에서 보면 관람자는 특정한 사회적 맥락에 위치한 존재다. 그리고 전시물을 해석하는 것은 고립된 개별 과정이 아니라 다양한 해석 공동체에 참여하는 과정에서 생성되는 사회적 · 문화적 과정이 된다.

비판적 관점이 반영된 뮤지엄 교육 이론은 관람자의 개인적 경험을 되돌아보고, 뮤지엄의 관행에 영향을 주는 제도적 요소와 맥락을 검토한다. 비판 이론은 뮤지엄의 제도적 목적과 관점을 바라볼 수 있는 틀을 제공하고 전시를 비롯한 다양한 환경을 문화적 맥락에서 보도록 한다. 이를 통해 특정 관점을 인식하고, 사회에 내재된 모순과 역설을 찾아 드러내며, 논의할 수 있는 길을 제안한다. 예컨대 린도어(Lindauer, 2006)는 2003년 피닉스의 허드 뮤지엄Heard Museum에서 비판적인 뮤지엄 관람자가 되어 네이티브 인디언의 도자기 전시 〈제작의 혁명: 마리아와 줄리안 마티네즈의 도자기〉

를 분석한다. 관람자는 전시에서 다음과 같이 자문하면서 개인적 경험을 비판적으로 성찰하여 이론화한다. '전시의 단어, 문구, 이름은 당신에게 어떤 의미를 주는가?', '왜 특정 전시를 선택했는가?', '당신의 관심이나 취미인가?', '가족이나 손님에게 추천할만한 곳인가? 같이 가겠는가?', '과제라면, 전시의 어떤 면이 끌렸는가?' 관람자는 방문 전부터 전시에서 미적 개념, 문화적 현상, 역사적 이벤트가 어떻게 권력의 사회적 관계성을 형성하는지 살펴보게 된다. 이에 따라 뮤지엄 건축의 위치, 건물, 전시물, 전시 방식을 기호학적으로 면밀하게 검토한다. 이를 통해 전시에 담긴 의미를 텍스트로 해석한다. 그 결과 어떤 전시물이 전시되었는지, 어떤 방식으로 그리고 어떤 목적으로 전시되었는지, 무엇이 전시되지 않았고, 누구의 목소리가 소외되었는지를 생각해본다.

포스트크리티컬 뮤지올로지Postcritical Museologies는 비숍(Clair Bishop, 2005)의 급진적 뮤지엄 실행radical museum practice 개념을 기초로 한다. 듀드니 외(Dewdney et al., 2013)의 〈테이트 엔카운터Tate Encounter〉 프로젝트에 기반하여 공적 기관으로서 뮤지엄의 재현에 대한 문제를 지적한다(Klectchka, 2018). 〈테이트 엔카운터〉 프로젝트는 예술인문학연구기금의 펀드로 조성되어 디아스포라, 이민, 정체성의 문제를 다루었으며, 2007년 4월에 시작하여 3년간 이루어졌다. 프로젝트에 따르면, 뮤지엄은 문화의 매개자로서 존재해왔다. 뮤지엄의 공적인 내러티브가 개인을 재현하는 방식은 개인의 정체성에 영향을 준다. 개인이 뮤지엄에 속한다고 느끼게 하고 긍정적으로 재현된다면 개인의 정체성은 시간과 역사를 통해 지속적으로 확인되고 강화될 것이다. 뮤지엄이 개인을 인식하지 않는다면, 개인은 비주체성non-subjectivity과 자신을 대신할 매개체가 부족한 상태로 남겨져 있다고 생각할 것이다(Hooper-Greenhill, 2007). 또한 개인의 존재가 능동적이며 공정하게 사회와 함께하지 않는다고 믿게 된다. 뮤지엄에서 개인, 인종, 민족이 소외되고 그들의 목소리를 대신할 매개체가 없다면 학습은 일어날 수 없을 것이다. 이처럼 뮤지엄이 가진 문화적 영향력을 지적해온 비판적 목소리는 뮤지엄의 역사에서 오랫동안 계속되어왔다. 베넷(Tony Bennett, 1995)은 뮤지엄의 공적 내러티브는 다양한 사람들을 상징으로 표현하는 데 소홀해왔다고 지적한다. 베넷에 따르면, 내러티브는 사회의 위계에 따라 젠더화되고 인종화되어왔다. 19세기 말 이후부터 진화론적 뮤지엄은 모더니즘의 개념에 따라 화석, 암석, 도자기 등 과거의 오브제를 해석할 때, 시간의 흐름에 따른 진보의 한 방향으로만 해석한다. 특히 고고학에서는 원주민을 진화의 역사 사다리에서 가장 뒤처진 것으로 상정해놓았기 때문에 원주민의 농경, 기구, 철기, 도자기 등의 유물을 발굴하지 못한 경우, 서구의 역사적 관점에서 뒤처지고 미개한 것으로 간주한다. 식민지가 된 원주민의 유물은 서구의 관점과 같이 고대의 것으로 보는 것이 아니라 미개한 것으로 간주되었다. 베넷은 원주민의 문화를 보는 데 원주민의 역사가 아닌 서구의 역사적 관점에서 과거를 보는 문제점을 지적했다. 후퍼그린힐은 이와 같은 보편적 뮤지엄universal museum 개념이 과연 타당한지 질문하며, 뮤지엄 실천을 비판적 관점에서 보아야 한다고 주장한다(Bennett, 1995; Hooper-Greenhill, 1999). 인간의 권리와 윤리라는 관점에서 뮤지엄 수집품 과정이 이루어진 약탈의 역사를 언급해야 한다.

비판적 박물관학Critical museology은 뮤지엄 연구에서 사회적 · 정치적 영역의 중요성을 주장한다(Bennett, 1995; Hooper-Greenhill, 1999). 특히 뮤지엄에서 실천을 관람자를 중심으로 한 교육 과정으로 보고, 연구 방법으로 심리학, 교육학, 사회학 같은 사회과학, 문화 연구 등을 적용한다. 후퍼그린힐은 이를 비판적 뮤지엄 페다고지critical museum pedagogy라 하여 "뮤지엄에서 지식의 구성에 대해 제도적 권력의 영향력"에 대해 질문한다(1999: 4). 예컨대 테이트 뮤지엄Tate Museum은 1897년 건립되어 공적 정책 요구로서 다양한 문화를 재현해야 하는 기관이다. 그렇지만 1990년대 흑인, 아시아 미술가들의 작품은 지속적으로 배제되어왔다는 비판 속에서 국립뮤지엄관장협회는 인종 배제 문제를 해결하기 위해 정책적 노력을 계속해왔다. 하지만 큐레이터의 지식curatorial knowledge은 미술작품을 정치적 논리와 분리한 미학적 관점으로 보고 전시를 기획해왔기에 정책과 실천의 괴리가 있었다. 비판이론, 문학, 사회과학 같은 이론과 아울러 젠더, 페미니즘, 성 정체성 같은 이론적 배경을 부정한다. 예컨대 테이트의 〈동방의 유혹Lure Of East〉 전시는 뮤지엄 실천에서 서로 간 괴리의 관점을 보여준다. 관장은 정책적으로 소외된 인종의 전시를 추진하고, 뮤지엄 에듀케이터는 전시의 이론을, 그리고 큐레이터는 작품을 선정하는 데 서로 간의 갈등을 보여준다(Dewdney et al., 2013).

이처럼 사회적으로 반응하는 접근은 미술작품을 정치적 · 이론적 전통과 분리하는 미학적 전통을 주장하는 큐레이터의 작품 수집과 전시의 정치성의 문제점을 지적한다. 또한 뮤지엄은 소외된 관점을 반영하여 다양한 작가의 작품을 통해 커뮤니티의 정체성을 재현해야 한다고 본다. 미술가와 작품, 예술기관뿐 아니라 사회 각계에서도 그동안 다루어지지 않았던 민족, 인종, 작가의 미술작품에 대한 투자에 관심을 두고, 그들의 작품과 아이디어를 지지해야 한다. 이를 통해 뮤지엄은 공적 기관이자 교육의 주체로서 다양한 목소리를 반영한 전시를 기획하고 작가를 발굴하여 사회적 통합을 추구할 수 있다.

2장

뮤지엄 교육의 이론

1. 전시물 기반 뮤지엄 교육

1) 전시물 읽기와 비주얼 리터러시

(1) 텍스트로서의 전시물

뮤지엄에서의 전시물은 일반적으로 '오브제object'로 칭해지는 개별 전시물을 뜻하거나, 뮤지엄이 구성한 소장품 컬렉션을 이른다. 그러나 슐레레스(Thomas Schlereth, 1984)에 따르면 뮤지엄의 총체를 전시물로 바라볼 수도 있다. 이때 뮤지엄은 단순히 전시 장소가 아니라 해석의 가치가 있는 물질문화의 아상블라주assemblage*다. 따라서 이와 같은 관점에서 바라볼 때, 개별 전시물, 전시 그리고 뮤지엄은 모두 그 자체로 전시물이자 해석이 필요한 텍스트text다. 본래 텍스트는 제한적으로 언어 혹은 문자를 매개로 한 의미와 소통을 의미했지만, 오늘날 언어학 이론에서는 의미가 발생하고 소통이 작용하는 모든 현상을 '텍스트'라 칭한다. 이는 후기구조주의에 기반한 것으로, 뮤지엄 전시물 또한 언어적 텍스트와 비언어적 텍스트가 혼재된 상태인 '혼합된 텍스트'(De Beaugrande & Dressler, 1981, 1995)라고 칭해질 수 있을 것이다.

그렇다면 텍스트로서의 전시물은 어떻게 해석하고 읽어내야 할까? 이 질문에 대한 답으로 로(Shawn Rowe, 2002)는 기호학자 로트먼(Yu Lotman, 1988)의 기능적 이원론 관점을 바탕으로 전시물과 이에 대한 전시물 기반 교육이 가지는 의미를 분석했다. 그에 따르면, 전시물이라는 텍스트의 첫 번째 기능은 정확한 재현과 정보의 전달이며, 두 번째 기능은 새로운 의미의 산출이다.

> *첫 번째 기능은 발화자와 청자의 코드가 가장 완벽하게 일치하며, 그 결과로서 텍스트가 가장 명료할 때 가장 잘 충족되었다 할 수 있다. … 두 번째 기능은 새로운 의미를 산출하는 것이다. 이 관점에서 텍스트는 화자와 청자 사이의 즉각적 정보만을 전달해주는 수동적 연결체로서 기능하고 소멸할 뿐이다. 첫 번째 기능에서 의미의 불일치는 그 자체로 소통의 결함이나 시스템상 기술적 결함을 의미한다면, 두 번째 기능에서 이러한 불일치는 '사고 장치thinking device'로서의 텍스트 기능의 정수라 할 수 있다(Lotman, 1988: 36).*

첫 번째 기능을 뮤지엄의 맥락에 적용한다면, 뮤지엄 전시물은 뮤지엄에서의 다양한 종류의 정보들(전시물에 대한 지식, 내러티브상 전시물의 위치, 과학적 개념, 전시물을 어떻

* 철학자 들뢰즈와 가타리가 정의한 개념으로 다양한 개체가 관계를 맺음으로써 하나의 전체를 형성한 것을 말한다. 이때 개체들의 관계는 계속적으로 변하며, 그들이 형성한 전체 또한 역동적으로 변화한다.

게 감상해야 하는지 등)을 학습자들에게 오롯이 전달할 수 있다. 또한 전시물을 통한 정보 전달의 성공 여부는 사실상 학습자가 그 메시지를 이해했는지에 달려 있다. 따라서 첫 번째 기능에 따르면, 뮤지엄 교육은 학습자에게 메시지 해독을 가르치는 것과 같다. 결국 이 과정에서 뮤지엄 또는 큐레이터의 목소리로 대변되는 표준 혹은 옳은 해석 방법만이 권위를 가진다(Rowe, 2002).

한편, 두 번째 기능에서 전시물은 스스로 권위를 가지는 것이 아니라 오히려 학습자가 마음껏 활용할 수 있는 의미를 그 스스로 제공하되, 이를 적절한 범위로 제한한다. 이를 통해 뮤지엄은 각 기관의 특징에 맞는 다양한 역할을 지닌다. 이를테면 역사박물관에서 전시물은 학습자에게 텍스트와 내러티브를 제공함으로써 학습자가 과거를 기억하고 정체성을 강화하게끔 한다. 한편, 미술관에서 전시물은 학습자의 개인적 감각을 신장하고, 그들의 문화적 자본을 인지하게 한다(Bourdieu, 1989). 이처럼 뮤지엄 교육은 학습자에게 전시물 자체뿐 아니라 전시물과 전시물이 선사하는 경험에 대한 다양하고 상충적인 해석과 대면할 수 있는 공간을 제공한다는 의의가 있다.

교육학 영역에서 사회적 구성주의자 비고츠키(Lev Vygotsky, 1978) 또한 이와 같은 의미의 생성과 다양한 소통에 기반을 둔 인지과정의 중요성을 주장했다. 비고츠키의 삼각 모델에 따르면, 인간의 인지발달은 ① 주체, ② 대상, ③ 매개 수단이라는 세 축이 상호적으로 기능하며 함께 진화해왔다. 이때 매개 수단은 주체가 세계를 이해하기 위해 필요한 모든 인간, 사회, 문화, 기호, 지식, 물질적 환경 등을 의미한다. 따라서 이러한 비고츠키의 관점에서 인지과정이란 주체와 주체 주위의 도구, 기호, 언어, 지식 그리고 타인 등과의 상호작용 시스템 전체 속에 있다(박지연 · 이병준, 2009). 이처럼 뮤지엄의 전시물 또한 다양한 상호작용 관계하에 존재할 뿐 아니라 학습자가 그 관계를 인지하는 방식에 따라 의미가 다양화될 수 있다(Roberts, 2014).

이와 같은 다의적 텍스트로서 전시물의 개념을 '상호텍스트성intertextuality'이라는 기호학적 성질에도 유사하게 적용할 수 있다. 상호텍스트성은 문학비평가 크리스테바(Juila Kristeva, 1986)가 창안한 용어로, '하나의 텍스트는 현재 및 기존의 역사 속 다른 여러 가지 텍스트와 긴밀한 연관성을 지닌다'라는 의미다. 크리스테바는 사회 속에서 정치, 경제, 문화, 이데올로기 같은 다양한 텍스트가 상호적으로 연결되고, 관계 맺고 있음을 강조하며 언어학자 바흐친(Mikhail Bakhtin, 1981)의 주장을 기반으로 상호텍스트성의 개념을 발전시켰다. 바흐친 주장의 핵심은 하나의 텍스트가 단순히 독창적인 의미만을 담고 있지 않으며, 한 텍스트는 다른 텍스트를 흡수하고 변경하는 과정을 통해 일종의 모자이크처럼 구성되어 있다는 것이다. 이에 더 나아가 크리스테바는 텍스트 속 아이디어가 완결되거나 소모 가능한 제품이 아니라 독자가 직접 그 의미생성 과정에 뛰어들도록 독려하는 형태임을 강조했다(Allen, 2000).

따라서 이러한 관점들을 기반으로 전시물을 다의적 텍스트로 바라본다면, 우리는 전시물이 단순히 작가나 제작자가 의도한 초기의 의미뿐 아니라 기존의 문화를 기반으로 한 이전의 텍스트들과 그 기호들을 모두 포함하고 있음을 알 수 있다. 무엇보다 이러한 전시물을 해석하고 소통하는 과정에서 학습자가 자신의 문화적 배경을 바탕으로 새로운 의미를 만들기 때문에 사실상 전시물에 고정된 의미는 존재하지 않는다.

(2) 의미 만들기

위에서 제기한 바와 같이 전시물을 '텍스트', 전시 관람을 상호텍스트성을 기반으로 한 '해독'이라 한다면, 뮤지엄 교육에서 학습자의 주체적인 의미 만들기는 큰 중요성을 가진다. 발견학습을 주장한 교육학자 브루너(Jerome Bruner, 1986)에 따르면 의미 만들기meaning-making는 문화를 바탕으로 이루어지는 행위이며, 교육 역시 학습자의 의미 만들기를 위한 장이라 할 수 있다.

> *문화는 그 구성원에 의해 해석되고 재협상되는 과정을 통해 끊임없이 재창조된다. 이러한 관점에서 문화는 의미를 협상하고, 재협상하는 일종의 포럼이다. 사실 문화는 이처럼 포럼 같은 요소를 강화하기 위해 특별한 기관이나 행사를 유지해오고 있다. … 교육이야말로 그 기능을 수행하기 위한 가장 기초*

적인 포럼 중 하나다(Bruner, 1986: 123).

이는 뮤지엄 교육 영역에서도 마찬가지다. 슐레레스(Schlereth, 1984)는 일찍이 뮤지엄에서 학습자의 역할을 해석자interpreter로 칭하며, 개인의 삶을 기반으로 전시물을 해석하고 나아가 전시물 지식object knowledge을 개발해야 한다고 주장했다. 뮤지엄 교육학자 로버츠(Roberts, 2014)는 뮤지엄과 학습자의 의미 협상이야말로 뮤지엄 교육의 정수라 평가했다. 한편, 로(Rowe, 2002)는 뮤지엄 교육의 목표가 학습자를 의미 만들기 경험에 초대하는 것이며, 전시물 혹은 전시물 주변 맥락과의 다양한 상호작용을 통해 대안적 의미를 이끌어낼 수 있도록 돕는 것이라고 주장했다. 이처럼 뮤지엄에서의 전시물은 단순히 지식만을 전수하는 것이 아니라 학습자들이 자신의 내러티브를 기억하거나 새로운 내러티브를 만들 수 있도록 촉진하고, 궁극적으로는 학습자 자신만의 의미를 생성할 수 있도록 이끈다.

이러한 학습자의 의미 만들기에 필요한 핵심 요소는 '기억'이다. 학습자들이 기억을 균형 있게 조절하는 것은 현재의 맥락을 기반으로 과거의 일을 기억하고, 둘을 연결 짓는 방식을 스스로 결정하기 때문이다. 기억은 학습자에게 존재하는 기존의 인식 규범, 지식, 기대, 삶 속 사건과 상황을 모두 포괄한다. 학습자들은 기억을 매개로 한 의미 만들기를 통해 개성과 공동체라는 인간의 필수적 요소를 모두 고려한다(Roberts, 2014). 한편, 의미 만들기는 개인의 내면에서만 이루어지는 것이 아니라 사회적으로 발생하기도 한다. 이러한 사회적 의미 만들기는 집단 내에서 지식 혹은 문화적 자본을 쌓는 과정을 의미한다. 뮤지엄을 함께 방문하는 가족이나 친구, 학교 같은 학습자 집단이 그 예다. 일례로 가족 단위 학습자는 서로 각자의 경험을 형성하는 데 도움을 줄 뿐 아니라 차후의 의미 만들기 과정을 통해 공유된 지식자원을 함께 쌓는다(Borun et al., 1996). 사회적 의미 만들기는 학습자들의 대화 속에서 더욱 잘 드러난다. 대화의 주제(그들이 무엇을 이야기하는지), 대화의 구조와 활동(그들이 말하는 것에 대해 어떻게 말하는지) 모두를 통해 의미 만들기의 양상을 확인할 수 있다(Rowe, 2002).

끝으로 우리는 학습자의 의미 만들기를 정의할 때 단순히 전시물과의 관계만을 포함해서는 안 되며, 교육 기관이자 총체적 텍스트로서 뮤지엄과의 관계 또한 포함해야 한다. 뮤지엄 교육학자 최성희(2006)에 따르면 뮤지엄 및 뮤지엄이 기반으로 하는 사회적 배경을 전시물 해석의 기반으로 삼는다면 관람자는 자신의 삶을 아우르는 의미 만들기를 경험할 수 있다.

> *뮤지엄에서 미술작품의 해석은 ① 현재라는 사회문화적 배경에서 ② 특정한 박물관에서 ③ 특정한 작품을 보고 있는 ④ 특정한 관심 및 경험과 배경지식을 가진 관람자라는 네 가지 요소가 만들어낸 매트릭스 위에서 행해져야 한다. 이것이 가능할 때 관람자는 박물관 경험을 통해 모더니즘의 보편 법칙 위에서 정의 내려진 예술작품의 의미를 해체하면서 그들 자신의 의미 만들기를 경험할 수 있을 것이다(최성희, 2006: 126).*

위와 같이 학습자가 주도적으로 뮤지엄 내에서 의미를 생성하는 행위의 중요성이 증대됨에 따라 일부 학자들은 뮤지엄이 더 이상 전통적 관점에서 전시물 중심의 기관이 아니라고 주장하기도 한다. 뮤지엄 내의 전시물이 그 이면의 아이디어와 경험을 전달해준다는 점을 제외한다면, 최근의 뮤지엄은 사실상 아이디어나 경험 그리고 내러티브 기반의 기관이라는 것이다(Roberts, 2014). 하지만 전시물이 뮤지엄에서 학습자들의 의미생성과 아이디어 산출을 촉진하는 중심적 매개라는 점을 고려한다면 뮤지엄은 여전히 전시물과 불가분의 관계다. 따라서 전시물과 뮤지엄이라는 텍스트를 읽어내는 학습자의 리터러시 증진 및 전시물 읽기에 대한 교육은 필수다.

(3) 뮤지엄에서의 비주얼 리터러시

최근 뮤지엄 교육에서는 학습자의 전시물 읽기 및 의미 만들기 능력을 향상하기 위한 노력으로 학습자들의 다양한 리터러시를 신장하는 방법을 모색하고 있다.

이 항목에서는 뮤지엄에서 활용될 수 있는 비주얼 리터러시visual literacy*를 그 예로 소개하고자 한다.

① 비주얼 리터러시의 정의

비주얼 리터러시는 미국의 데베스(John Debes, 1969)에 의해 처음 정의된 개념으로 '보는 것을 바탕으로 다른 감각들과 그 경험을 통합시킬 수 있는 시각 능력'을 뜻한다. 한편 하이니히 외(Heinich et al., 1989)는 비주얼 리터러시의 정의에서 '기호화encoding'와 '해독decoding'의 의미를 강조하며, 비주얼 리터러시가 시각적 메시지를 정확하게 해독하고 창조하는 능력이라고 주장했다. 그 후에도 많은 연구자가 비주얼 리터러시를 연구해왔으며, 연구자들에 따라 그 개념의 정의와 범주는 다소 차이가 있다. 하지만 대체로 비주얼 리터러시를 시각 이미지가 내포하는 메시지를 이해하고, 해석 및 분석하여 적용할 수 있는 능력으로 정의했다. 또한 과거와 달리 대중매체 같은 다양한 시각적 미디어 활용이 높아짐에 따라 미디어를 통한 시각적 정보를 이해하고 평가하는 능력 또한 포괄적인 맥락에서 비주얼 리터러시라고 칭해진다(International Visual Literacy Association: IVLA, 1968). 다음 〈표 1-1〉은 황연주(2001)가 분석하여 종합한 다양한 비주얼 리터러시의 개념 정의다.

뮤지엄 에듀케이터는 위와 같이 다양화된 비주얼 리터러시의 정의와 범주에 유의하여 뮤지엄 교육을 계획해야 한다. 또한 단순히 신장해야 할 능력으로서의 비주얼 리터러시만을 강조하는 것이 아니라 전시물 기반 교육과의 유기적 연결을 통해 학습자 스스로 뮤지엄의 전시물을 통한 시각적 메시지를 해독하고, 새로운 의미를 창조하며, 나아가 전시물의 시각적 요소와 활발하게 상호작용할 수 있도록 계획해야 한다.

---

* 국내에서는 '시각적 문해력'으로 칭해지기도 한다. 그러나 이 책에서는 '비주얼 리터러시'라는 용어를 사용하여 독자가 다음 장의 VTS 교육과 비주얼 리터러시 간 연관성을 이해하기 쉽도록 하고자 한다.

〈표 1-1〉 비주얼 리터러시의 개념 정의

학자 또는 기관	비주얼 리터러시의 정의
오즈번과 오즈번 (Ausburn & Ausburn, 1978: 293)	비주얼 리터러시는 타인과의 의사소통을 위해 시각적인 생산물을 이해하고 그것을 활용하는 것을 개인에게 가능하게 하는 일련의 숙련된 능력으로서 정의된다(Patterson, 1994: 217).
하이니히, 몰렌다와 러셀 (Heinich, Molenda & Russell, 1989: 62)	비주얼 리터러시는 시각적 메시지를 정확하게 해독하고 그러한 메시지를 창조하는 학습된 능력이다(Seels, 1994: 104).
컨시딘 (Considine, 1986: 40)	비주얼 리터러시는 효과적으로 의사소통하기 위해 다양한 미디어의 그림을 이해하고 구성하는 능력과 관계한다(Patterson, 1994: 219).
레이시 (Lacy, 1987: 46)	비주얼 리터러시는 시각적 메시지를 인식하고, 분석하고, 평가하고, 생산하는 능력으로서 정의될 수 있다(Patterson, 1994: 219).
커티스 (Curtiss, 1987: 3)	비주얼 리터러시는 어떠한 미디어에서도 시각적인 진술의 커뮤니케이션을 이해하는 능력이며, 적어도 한 시각적인 미디어로 자기 자신을 표현하는 능력이다. 그것은 작품을 생산하는 문화적인 문맥상에서 주제 내용과 의미를 이해하고, 작품의 구문론적인 구성과 문체상의 원리들을 분석하고, 작품에 대한 숙련된 미적인 장점들을 평가하며, 직관적으로 형태를 이해하고 또한 작품의 상호작용적이고 상승작용적인 성질을 파악하는 능력을 수반한다(Seels, 1994: 104).
IVLA (1968)	IVLA는 공식적으로 비주얼 리터러시를 다음과 같이 정의했다. 1. 비주얼 리터러시는 다른 감각적인 경험들과 관련해서 보는 것을 통해 한 인간을 발달시킬 수 있는 시각적 능력들에 대한 일련의 그룹이다. 2. 비주얼 리터러시는 시각적인 상징들, 즉 그림들과 함께 커뮤니케이션을 해석하고, 시각적인 상징들의 도움으로 메시지를 생산하는 습득된 숙련된 능력이다. 3. 비주얼 리터러시는 구두 언어에서 이미지적인 것을 번역하고 또는 그 반대로 이미지적인 것을 구두 언어로 번역하는 숙련된 능력이다. 4. 비주얼 리터러시는 시각적 미디어에 있어서 시각적인 정보들을 이해하고 평가하는 숙련된 능력이다.

출처: 황연주, 2001, 145쪽.

② 뮤지엄에서의 비주얼 리터러시 교육: 시각적 사고 전략

전시물을 기반으로 한 어느 뮤지엄에서든 주된 기능으로서 비주얼 리터러시를 교육할 수 있다. 비주얼 리터러시는 미래교육의 핵심 역량으로서 오늘날의 교육자들은 디지털 리터러시, 미디어 리터러시 등 다양한 종류의 비주얼 리터러시를 연구 및 발전시키고 있다. 뮤지엄에서의 대표적인 비주얼 리터러시 교육의 예는 뉴욕 현대미술관의 예나윈Philip Yenawine과 인지심리학자 하우젠Abigail Housen이 개발한 시각적 사고 전략Visual Thinking Strategies: VTS이다. 예나윈(Yenawine, 2013, 2019)은 비주얼 리터러시에 대한 정의를 '시각적 이미지를 이해하며, 의미를 생성하기 위해 적절한 전략을 활용할 수 있는 보편적 인지능력'으로 규정했다. 또한 그는 영상 등 다양한 시각 매체를 비판적으로 수용하고 적절히 활용 및 창조하는 능력을 포함했다. 예나윈과 하우젠은 VTS를 통해 학습자의 비주얼 리터러시와 사고력, 의사소통 기술 신장을 목표로 했고, 실제 연구를 통해 VTS가 학습자의 감상 기술 및 증거 기반 추론 능력을 신장할 수 있다는 결과를 얻었다.

예나윈은 VTS의 과정을 다음과 같이 정리했다. 먼저 교사는 주의 깊게 이미지를 선택하여 학생들에게 잠시 조용히 바라보라고 한다. 다음으로 학생들에게 구체적이되 정답이 정해지지 않은 몇 가지 질문에 대답하도록 한다. 그 질문은 아래와 같다.

- *이 그림에서 무슨 일이 일어나고 있나요?*
- *무엇을 보고 그렇게 말했나요?*
- *또 무엇을 더 찾을 수 있나요?*

첫 질문으로 학습자들은 시각을 활용해 정교한 사고를 하고 어휘를 학습한다. 이 과정에서 학습자들은 관찰한 것을 말로 표현하고 공유함으로써 사고력이 높아진다. 또한 두 번째 질문을 통해 학습자들은 자연스럽게 추론을 통해 이미지에 기반하여 해석하고 근거를 제시한다. 그 과정에서 학습자들은 시각과 사고를 함께 사용해 추론하며, 서로의 시각과 사고의 차이점을 점차 이해한다. 마지막으로 세 번째 질문에서는 학습자들이 좀 더 오랫동안 집중해서 전시물을 살펴봄으로써 의미 만들기 과정을 더욱 심화할 수 있다. 이러한 주요 질문들을 통해 학습자들은 자신의 사고를 확장하고 사회에 유연하게 대처하는 능력도 기를 수 있다. 예나윈에 따르면, 이 과정에서 에듀케이터는 오로지 학생이 말하는 것을 듣고, 그들이 언급한 것을 가리키고, 각각의 의견에 반응하고, 모든 학생의 생각을 다른 표현으로 바꾸어 말한다. 학습자들이 토의를 통해 스스로 의견을 모으는 동안 에듀케이터는 학습자의 토의가 매끄럽게 진행되도록 돕는 촉진자로서 역할을 다한다. 이때 에듀케이터는 자신의 의견을 더하거나 학습자의 의견을 정정해서는 안 되며, 특정한 방향으로 학습자들의 관심을 유도해서도 안 된다. 대략 15~20분 정도의 토의 이후 에듀케이터는 "여러분은 무엇을 배웠다고 생각하시나요?" 같은 질문을 학습자에게 건네며 토의를 마무리해야 한다. 위 교육과정에서 유념해야 하는 기본 요소는 〈표 1-2〉와 같다.

이와 같은 기본 요소를 통해 VTS 교육은 학습자들이 전시물을 주의 깊게 바라보고, 관찰한 것에 대해 이야기할 때 근거를 가지고 자기 생각을 뒷받침하도록 촉진한다. 또한 동료 학습자와 대화하는 과정을 통해 다른 사람의 관점을 듣고 생각하고, 다양한 해석을 받아들이며 토의하는 방법을 습득할 수 있도록 한다.

이와 같은 VTS 교육은 1991년부터 현재까지 20여 년간 뮤지엄, 학교, 도서관 등 다양한 교육 기관 및 교육 영역에서 연구되어왔으며, 현재까지도 다양한 국가의 교육 기관에서 활발히 활용되고 있다. 대표적인 예로는 '예술적 시민성 프로젝트Artful Citizenship Project'와 '예술을 통해 생각하기Thinking through Art' 연구를 들 수 있다. 공립학교 및 뮤지엄을 배경으로 이루어진 본 연구들은 연구 과정에 VTS 교육 방법을 적극적

〈표 1-2〉 VTS 교육을 위한 기본 요소

기본 요소	설명 및 유의점
그룹	다양한 특성을 지닌 충분한 인원으로 그룹을 구성하되, 토의를 효과적으로 실행하기 위해 그룹 내 학습자의 발달 단계와 사전 지식은 비슷해야 한다.
토의 주제로서의 미술작품	미술작품은 토의 참여를 유도하는 연결고리다. 다양한 소재, 주제 및 기법이 담긴 미술작품을 통해 이미지를 해독하는 감각과 깊이 있게 관찰하는 능력을 신장시킬 수 있어야 한다.
대화 전 조용히 바라보기	교사는 본격적으로 토의하기 전에 1분 정도 미술작품을 조용히 감상할 시간을 제공한다.
좋은 질문	적절한 질문을 활용해 학습자들의 탐구와 의사소통을 촉진해야 한다.
교사의 촉진	교사는 촉진자로서 학생들의 활발한 토의를 조력한다.
수업 정리 및 마무리	교사는 토의 내용에 대해 요약하지 않고, 적당한 고마움의 표시 및 학생들에게서 배운 것을 나누며 마무리해야 한다.

출처: Yenawine, 2013, 2019 재구성.

으로 도입한 끝에 VTS를 통해 학습자들의 시각적 사고력과 비판적 사고 능력, 타인에 대한 관용의 자세 등을 신장할 수 있었다(Yenawine, 2013, 2019). 이 연구들은 후에 하버드 교육대학원이 프로젝트 제로Project Zero를 통해 VTS를 기반으로 한 시각적 사고 교육과정VTS Curriculum: VTC을 개발하는 초석이 되었다. 이들 중 뮤지엄의 맥락에 VTS를 적용하여 연구한 '예술을 통해 생각하기Thinking through Art'를 아래에서 간략히 살펴보고자 한다.

'예술을 통해 생각하기' 연구는 2003년 미국 보스턴의 이자벨라 스튜어트 가드너 뮤지엄Isabella Stewart Gardner Museum을 배경으로 이루어진 교육 연구다. 이 연구는 미국 교육부의 지원을 받아 3년간 이루어졌으며, 미술관이라는 특수한 환경에서 어떻게 학습자의 비판적 사고 능력이 길러질 수 있는지 밝혀내고자 했다(Burchenal & Grohe, 2007). 이 연구는 기존의 이자벨라 스튜어트 가드너 뮤지엄이 오랫동안 실행해온 지역사회 내 다섯 학교와의 협업 프로그램The Gardner's School Partnership Program: SPP을 기반으로 계획 및 실행되었다. 기존 협업 프로그램이 가지고 있던 커리큘럼을 VTS를 기반으로 바꾸고, 학습자의 개별 학년 특성 및 학교 교육과정과의 연관성을 적극적으로 반영함으로써 뮤지엄과 학교 간 연결성을 강화했다. 연구자들은 VTS 교육을 뮤지엄의 미술작품 중점으로 개발했으며, 뮤지엄의 모든 전시물보다는 학습자의 특성에 맞는 일부 미술작품에 초점을 맞추어 학습자들이 깊이 있게 감상할 수 있도록 했다. 학습자들은 학급 단위로 뮤지엄에 방문하되, 한 학급을 6개의 집단으로 나누어 집단별로 교육에 임했다. VTS 교육에서 학습자들은 각 집단 내에서 뮤지엄의 에듀케이터와 함께 감상기법을 활용해 두 미술작품을 감상하고, 나머지 한 작품을 독립적으로 감상하며 VTS 질문에 대한 응답을 작성했다. 또한 일회성 교육에 그치는 것이 아니라 며칠 뒤 다시 뮤지엄에 방문하여 동료 학습자들과 다시금 미술작품을 감상하고 그 작품에 대해 논의했다. 이후에는 스튜디오 환경에서 그룹에서 논의한 내용을 바탕으로 다양한 핸즈온hands-on 미술 프로젝트를 실시하고, 미술작품을 창작했다. 연구자들은 이와 같은 교육 프로그램을 지속적으로 실시함으로써 학습자들이 단순히 미술작품을 감상하고 해석하는 능력뿐 아니라 비판적 사고 능력을 신장했고, 자기 생각을 주장할 때보다 명확한 근거를 제시했음을 발견했다. 또한 프로젝트에 참여한 교사들이 뮤지엄과 학교 간 협력의 중요성을 인식할 수 있었다는 교육적 의의를 발견했다.

이처럼 VTS 교육은 학습자의 비주얼 리터러시만을 신장하는 것이 아니라 뮤지엄에서의 전시물을 기반으로 학습자의 다양한 사고 능력까지 신장할 수 있다는 점에서 큰 확장성을 보인다. 예나윈(Yenawine, 2013, 2019) 또한 자신의 저서를 통해 뮤지엄 환경뿐 아니라 영어, 수학, 역사, 과학, 문학 등 다양한 교과 내에서 초 · 중 · 고등학생들이 질문을 활용하여 토의를 진행하거나 직접 글을 작성하는 활동에 VTS를 효과적으로 적용할 수 있다고 주장했다. 최근 다른 연구에서도 VTS가 미술 교육뿐 아니라 자연과학(Genovesi, 2011)이나 의학(Reilly et al., 2005), 간호학(Moorman & Hensel, 2016) 등 다양한 영역에서 다양한 연령의 학습자에게 교육적 효과가 있음이 밝혀지고 있다. 또한 VTS를 통해 학습자가 자신의 정체성과 마주하고, 인종차별로 인한 트라우마를 언어적으로 치유해나갈 수 있다는 연구(Gardner, 2017) 등 정체성과 관련된 학습에도 유의미한 효과를 보인다. 비록 위 상당수 연구는 뮤지엄이 아닌 다양한 사회적 교육 기관들을 배경으로 하고 있으나, 다양한 연령 및 교육 영역에 대한 열린 가능성을 보여주었기 때문에 뮤지엄에서의 VTS 교육에도 폭넓게 적용될 수 있을 것이다.

2) 전시물 기반 교육의 특징 및 효과

(1) 전시물 기반 교육의 정의와 특징

전시물 기반 교육은 뮤지엄의 전시물을 중심으로 학습자들의 전시물 기반 학습object-based learning을 촉진하는 교육을 이른다. 여기서 전시물 기반 학습이란 "전시물을 기반으로 학습자가 스스로 의미를 구성하는 학습"을 의미한다(강인애 · 설연경, 2009; Borun, 2002; Bunce, 2016). 뮤지엄 전시물의 의미는 개인과의 상호작용 속에서 구현되며,

전시물의 의미와 가치는 개인 또는 시대적 배경에 따라 변화한다(양지연, 2006). 학습자는 전시물 기반 교육을 통해 이러한 전시물과 소통함으로써 전시물이 가진 맥락을 학습자 스스로의 경험과 지식으로 재구성하고 의미를 구축한다. 이처럼 전시물 기반 교육에서 뮤지엄이라는 장소는 다양한 방식의 사회적 상호작용 및 전시물과의 소통을 가능하게 하는 특별한 학습환경이다. 이러한 학습자의 사회적 상호작용과 학습 대상에 대한 의미 협상은 학교 같은 기존의 형식적 학습환경에서는 명시적 혹은 암묵적으로 오랫동안 금지되었던 것이기 때문이다(Rowe, 2002). 이 때문에 전시물 기반 교육은 학습자의 선경험을 기반으로 한 사회적 상호작용을 강조하는 사회적 구성주의와도 긴밀한 연관성이 있다(Chatterjee & Hannan, 2015). 또한 전시물 기반 교육은 에듀케이터와 학습자 간 협업을 통해 더욱 상호적이고 민주적인 지식 생성이 가능하게 한다(Willcocks, 2015). 이를 통해 학습자는 비판적 사고력 같은 기능들을 습득할 수 있다(Hannan et al., 2013; Willcocks, 2015).

한편, 전시물 기반 교육에서는 다양한 감각을 활용하여 전시물과 학습자 간 소통을 증진하고자 한다. 비록 위에서 살펴본 비주얼 리터러시처럼 전시물과의 시각적 소통을 강조하는 교육이 중점적으로 연구되어온 것은 사실이지만, 최근에는 학습자의 오감과 다양한 매체를 활용하여 전시물과 다양한 방법으로 소통하는 방법에 대한 연구 또한 활발히 이루어지고 있다. 뮤지엄 교육학자 번스(Louise Bunce, 2016)에 따르면, 뮤지엄에서 다양한 정보를 포함한 실제적 전시물과 소통할 때 학습자의 호기심과 학습 참여도가 높아진다. 따라서 좀 더 효과적인 전시물 기반 학습을 위해서는 뮤지엄 전시와 교육 프로그램이 학습자와 전시물 간의 대화 및 학습자 간 대화가 활발히 이루어질 수 있도록 촉진하고 조력(Morrissey, 2002)할 뿐 아니라 새롭고 다양한 소통을 증진할 수 있도록 전시물의 실재성을 높여야 한다. 나아가 학습자가 교육에 참여할 때 다양한 오감과 매체를 활용할 수 있도록 새로운 전시물 기반 교육 방법을 지속적으로 탐구해야 한다.

(2) 전시물 기반 교육의 효과

① 구체적인 경험을 통해 학습자가 추상적인 개념을 효과적으로 이해하도록 돕는다

뮤지엄에서의 전시물 기반 교육은 실험적인 학습의 이론을 적용하여 뮤지엄 전시와 교실을 연결한다. 특히 학습자가 개별적 전시물을 자세히 살펴보고, 핸즈온 활동이나 신체적 상호작용을 통해 개별 전시물을 구체적으로 경험해볼 기회를 제공한다(Schultz, 2018). 이를 통해 학습자들은 이해하기 어려운 추상적인 개념도 자신의 경험을 통해 효과적으로 이해할 수 있다.

② 학습자의 호기심과 배움에 대한 동기와 욕구를 신장시킨다

전시물을 중심으로 한 뮤지엄 학습은 학습자가 전시물을 탐구하는 과정에서 더 깊은 탐구와 학습에 대한 동기를 이끌어낼 수 있다(Bunce, 2016; Schultz, 2018). 특히 뮤지엄 교육학자 후퍼그린힐(Hooper-Greenhill, 1999: 21)에 따르면, "개별 전시물이 각각 가지고 있는 물질성은 그 자체로 학습자의 호기심을 자극하고, 나아가 이러한 전시물에 대해 더욱 깊이 배워보고자 하는 영감을 제공하는 좋은 매개"다. 따라서 전시물 중심 학습에서 단순히 시각적 체험만을 강조하는 것이 아니라 개별 전시물의 물질성을 다양한 감각으로 탐구할 수 있는 핸즈온 활동은 전시물 중심 교육의 좋은 접근 방법 중 하나다.

③ 배움을 촉진하는 질문, 아이디어 교환, 그리고 학습자 간 논의를 활발하게 한다

뮤지엄에서의 전시물 중심 교육은 단순히 도슨트 또는 에듀케이터와 학습자 간 일방적인 강의나 전수 형식이 아니라 학습자 중심의 구체적 체험과 감상에 기반을 둔다. 이는 전시물 기반 교육이 대체로 비고츠키의 구성주의, 듀이의 탐구학습 등을 모티프로 하고 있기 때문이다. 따라서 뮤지엄에서의 자기주도적인 전시물 기반 학습을 통해 학습자들은 다양한 질문을 스스로 생성하고, 이에 대해 동료 학습자 또는 에듀케이터와 대화하며, 다양한 논의를 이끌어낼 수 있다. 교육 연구자 뒤스(Rosalind Duhs, 2010)는 전시물과의 상호작용이 학습자 간 상호작용도 촉진함을 밝히며, 이처럼 학습을 촉진하는 질문과 아이디어의 교환이 개인의 학습을 증진시킬 뿐 아니라 학습 과정에서 전반적인 전시물 및 전시에 대한 논의를 활발하게 한다고 주장했다.

④ 학습자의 오개념을 바로잡고, 다양한 지식의 관계 짓기 및 기억을 촉진한다

뮤지엄에서의 전시물 교육은 단순히 전시물에 관련된 지식만을 대상으로 하지 않는다. 학습자들은 대화, 탐구, 논의 등을 통해 전시물 또는 전시 이외의 지식과 전시물을 관계 짓는 활동에 참여한다. 이를 통해 학습자들은 자신의 오개념을 스스로 바로잡고, 다양한 지식 간 교섭을 통해 어려운 주제들을 학습할 수 있다. 이 과정에서 학습자들은 자신의 이해력 및 문화적 배경을 바탕으로 자신의 학습을 해석하고 기억하며, 나아가 자신의 기억과 의미 있는 방법으로 새로운 지식을 통합하고 교섭한다(Tiballi, 2015).

⑤ 선지식에 도전하고, 비판적 사고력을 신장한다

학습자들은 뮤지엄에서의 전시물 기반 교육을 통해 전시물을 세심하게 읽어낼 수 있을 뿐 아니라 전시물 이외의 다양한 증거를 시험하고, 그 결과를 자신의 학습 과정에서 활용할지를 스스로 결정한다. 이 과정에서 학습자들은 기존의 선지식에 도전하고, 잘못된 신념들을 타파한다. 또한 나아가 자신 혹은 사회가 기반으로 하고 있는 문화적 편견도 발견할 수 있다(Willcocks, 2015). 이러한 비판적 사고력의 신장은 뮤지엄의 전시 및 전시물과 세계 사회 속 문제들을 연결 지어 사회적 책임에 대한 윤리적 사고를 이끌어낼 수 있어 시민성 교육에도 큰 효과를 낼 수 있다(Altman, 2015).

3) 전시물 기반 교육의 예시: 3 ONs 교육

뮤지엄에서의 3 ONs 교육은 전시물 기반 교육의 다양한 특징을 보여주는 좋은 예 중 하나다.

① 3 ONs 교육의 정의

3 ONs는 지성, 감각, 마음으로 대변되는 인지교육, 체험교육, 감성교육의 개념을 통칭한다. 이때 마인즈온minds-on은 인지교육, 핸즈온hands-on은 체험교육, 하츠온hearts-on은 감성교육과 각각 연결될 수 있다. 이러한 3 ONs 교육은 1960년대 이후 융복합 교육을 위한 세 가지 교육 방법의 조합 이론으로 주로 제시되었으며, 교육학자 슈타이너Rudolf Steiner와 페스탈로치Johann Pestalozzi가 언급한 3HHead, Hand, Heart와도 이론적 연관이 있다(정영근, 2012). 좀 더 구체화된 교육 프로그램으로는 미국 농업부의 4HHead, Hand, Heart & Health 프로그램을 기반으로 하고 있으며, 또한 미국의 매사추세츠 공과대학교Massachusetts Institute of Technology: MIT에서 중점을 둔 인지와 체험의 원칙과 인지, 체험, 감성을 위한 정신건강 프로그램과도 깊은 연관이 있다(Brubaker et al., 2019). 3 ONs 교육은 다양한 오감을 활용하는 체험교육을 주요 요소로 기반하고 있기 때문에 단순히 학교와 교실 상황에 국한하여 적용되지 않는다. 그 대신 뮤지엄, 도서관 같은 다양한 비형식적 교육 기관으로 3 ONs 학습이 확장 적용되고 있으며, 최근 메이커교육 등 다양한 체험형 융합교육의 발전으로 그 가치가 새롭게 입증되고 있다. 한편 국내에서는 이현민과 강인애(2016)가 3 ONs 학습에 사회적 실천을 강조하는 액츠온acts-on을 더한 4 ONs 학습 또한 새로운 교육이론으로서 발전적으로 제시한 바 있다.

② 3 ONs 학습의 구성요소

융복합 교육에 중점을 둔 3 ONs의 구성요소와 내용은 다음과 같다. 먼저, 인지교육으로 대변되는 마인즈온은 학습자들의 인지적인 영역을 기반으로 한 교육을 강조한다. 이에 독서, 강의, 토의 등 인지적 발달을 촉진할 수 있는 교육 방법을 통해 학습자가 자발적으로 참여하고 비판적으로 사고할 수 있게 돕는 교육이다. 두 번째로, 체험교육을 뜻하는 핸즈온은 학습자들이 직접 자신의 감각을 활용하여 교육 활동에 참여하고 실제로 시도해보며 학습하는 것이다. 그리기, 만들기, 연기하기 등 감각기관을 활용한 체험적 활동이 이에 속한다. 이는 발견학습에서 교육학자 듀이(John Dewey, 1938)가 주장한 '행함에 의한 학습learning by doing'과도 연관된다. 마지막으로 감성교육인 하츠온은 학습자들의 흥미나 감성을 중심으로 적극적으로 참여하며, 자신의 지식과 인지구조를 형성하는 것이다(Inan & Inan, 2015). 그 과정에서 학습자들은 자신이 속한 공동체와의 연결성을 경험하고, 자기 주변과 소통함으로써 사회 내 다양한 가치를 성찰하고 이러한 가치와 자신의 관련성을 깊이 성찰하게끔 하는 교육이다. 이러한 교육은 학습자들이 새로운 교육 내용과 가치들을 반성하고 내면화할 수 있게끔 한다(Skamp, 2007).

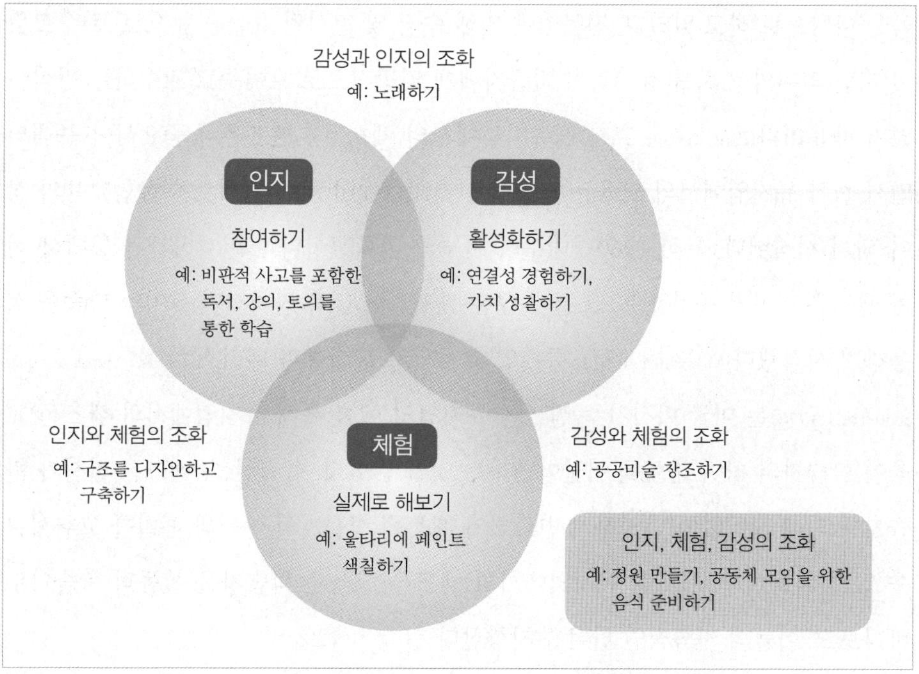

[그림 1-3] 3 ONs 구성요소 조합의 예시

출처: Sipos et al., 2008, p. 75.

3 ONs 학습의 구체적인 구성요소 조합과 예시는 [그림 1-3]에서 확인할 수 있다. 비록 이 예시는 Minds, Hands, Hearts의 구성이 아닌 Head, Hand, Heart를 기반으로 하고 있지만, 3 ONs의 정신을 거의 유사하게 반영하고 있다. 위의 예시를 통해 알 수 있듯 인지, 체험, 감성을 뜻하는 Minds, Hands, Hearts는 각각의 고유 영역에서 강점을 보인다. 이러한 요소들을 융합하여 뮤지엄 교육에 적용한다면 더욱 큰 교육적 효과의 상승을 기대할 수 있을 것이다.

③ 뮤지엄에서의 3 ONs 학습

일부 뮤지엄에서의 3 ONs 학습 연구를 제외하면, 명시적으로 3 ONs 학습이 뮤지엄에 적용되고 있음을 밝히는 사례는 많지 않다. 그러나 오늘날 많은 뮤지엄은 3 ONs 학습의 원리가 적용된 융합적 학습을 적극적으로 교육 활동에 도입하고 있다.

본래 전통적인 뮤지엄에서의 학습은 인지적 학습에 중점을 둔 마인즈온 교육을 바탕으로 하고 있었다. 전문가에 의해 수집 및 전시된 유물을 눈으로 보며 그것이 지닌 의미와 가치를 뮤지엄이 학습자에게 일방적으로 보여주고 교수하는 방식이었기 때문이다(Paris, 2002). 그러나 뮤지엄에서의 체험, 즉 핸즈온의 중요성이 증대되면서 점차 뮤지엄에서의 교육은 전통적 인지교육에서 벗어나 새로운 융합교육의 장이 되기 시작했다. 특히 1960년대부터 서구의 과학관이나 어린이박물관 등에서 점차 핸즈온 전시가 증가했고, 그 결과 많은 뮤지엄이 더욱 참여적인 뮤지엄 학습을 적용하기 시작했다(Moussouri, 1997). 뮤지엄 교육학자 헨더롱과 패리스(Jennifer Henderlong & Scott Paris, 1996)는 미국 미시간주 핸즈온 뮤지엄의 예를 통해 뮤지엄에서의 핸즈온 교육이 학습자의 참여 문화를 이끌어낸다는 것을 밝혔다. 뮤지엄 속 핸즈온 전시가 학습자에 의해 끊임없이 다양하게 변화하기 때문에 학습자의 동기와 흥미를 고취시킬 수 있기 때문이다. 이처럼 뮤지엄에서의 핸즈온 교육은 학습자를 활동적 학습자로 바라보고, 이들의 지속적인 참여를 지향한다.

한편 오늘날의 뮤지엄 교육 연구에서 명시적으로 '하츠온'이라는 용어에 대해 연구된 바는 적지만, '정동affect' 또는 '감정emotion'이라는 용어를 통해 뮤지엄에서의 하츠온 교육의 중요성이 활발하게 연구되고 있다(Dudley, 2002; Edwards et al., 2006). 특히 뮤지엄 전시물을 통해 학습할 때 학습자는 적절한 감정적 참여로 학습에 큰 효과를 얻을 수 있다는 점이 다양한 연구에서 밝혀졌다. 예를 들어, 역사박물관에서 학습자들은 전시물과 전시물이 포함하는 역사적 내러티브에 깊이 공감함으로써 역사를 깊이 이해할 수 있다(Spalding, 2012). 이에 뮤지엄은 좀 더 다양한 학습자가 전시물과 그 속에 담긴 함의를 이해하고 공감할 수 있도록 다양한 관점과 내러티브를 제공해야 한다(Savenije & Bruijn, 2017). 한편, 뮤지엄 인류학자 더들리(Sandra Dudley, 2002)는 뮤지엄에서 학습자가 전시물을 통해 정동을 가짐으로써 더욱 효과적으로 학습하고, 장기적으로 기억될만한 경험을 한다고 주장했다. 정동이란 개인의 목소리나 표정, 몸짓 등으로 드러나는 개인의 정서와 감정뿐 아니라 무의식적인 심리 상태와 기분 등을 넓은 범위로 포괄하는 것이다. 더들리는 특히 이러한 뮤지엄에서의 정동이 단순히 개인적인 감정과는 구분됨을 밝히며, 전시물이 가지는 신체적 물질성과 불가분의 관계라고 강조했다. 즉 학습자는 핸즈온 활동 같은 전시물의 물질성에 대한 탐구를 동반하여 전시물을 느끼고, 이를 통해 감정과 느낌을 명확히 하고 정동을 느껴 더 효과적으로 학습할 수 있다는 것이다. 이와 같은 더들리의 주장은 마인즈온, 핸즈온, 하츠온을 적절하게 융합하여 학습해야 한다는 뮤지엄에서의 3 ONs 교육과도 깊은 연결성을 지닌다.

이처럼 뮤지엄에서의 3 ONs 교육은 비록 연구자들마다 그 이름을 달리 칭하고 있지만, 결과적으로 뮤지엄 교육 내에서의 인지, 감성, 체험의 조화가 중요하다고 주장하는 공통점이 있다. 따라서 이러한 3 ONs 교육을 뮤지엄에 적용하기 위해서는 에듀케이터가 전시물 외에도 뮤지엄이라는 교육 환경에서 학습자에게 실제 정보뿐 아니라 전시물과 관련된 다각적 자극 및 다양한 내러티브를 제공해야 한다. 또한 에듀케이터는 인지적 학습뿐 아니라 다양한 체험과 공감에 학습자가 자기주도적으로 참여할 수 있도록 함으로써 학습자와 전시물 간 자유로운 소통을 증진해야 함을 알 수 있다.

2. 구성주의 뮤지엄 교육

1) 구성주의와 뮤지엄 교육

교육의 영역에서의 구성주의는 인간의 지식 형성 과정에 대한 하나의 새로운 사고 틀이다. 구성주의는 인간이 자신에게 내재된 경험을 바탕으로 지식을 구성한다는 신념을 담고 있다(김판수, 2016). 이러한 구성주의의 철학적 토대는 상대주의적 인식론으로, 피아제와 비고츠키의 심리학적 관점을 중심으로 한다(Hyslop-Margison & Strobel, 2007). 이들은 개인이 경험하는 실재 세계가 그 개인이 스스로 부여하는 의미에 의해 성립한다고 주장한다(Wood, 2012).

구성주의의 특성은 연구자에 따라 개념과 해석이 상이하지만, 기존의 객관주의 인식론과 대비되는 구성주의 인식론의 주요 특성을 정리하면 아래와 같다(김판수, 2016; Resnick, 1983; von Glasersfeld, 2013; Wood, 2012).

- *개인은 경험을 통해 스스로 지식과 의미를 구성한다.*
- *지식은 경험적 실재의 재구성이기 때문에 상대성을 지닌다.*
- *지식은 반성적 추상화reflective abstraction을 통해 계속적으로 발달한다.*
- *지식은 사회 속 개인의 개별적 해석과 의미 부여이기 때문에 사회적 협상의 산물이라 할 수 있다.*

따라서 구성주의에서 배움이란 일종의 활동적인 과정으로, 학습자들이 새로운 아이디어나 개념들을 그들의 현재와 과거의 지식을 기반으로 구축해나가는 것이다(Bruner, 1960). 제프리클레이(Kodi Jeffery-Clay, 1998)에 따르면 뮤지엄에서의 구성주의 학습 과정에서 학습자는 의식적으로 새로운 지식과 기존의 지식을 연결하는 의미 만들기에 활동적으로 참여한다. 그는 선지식과 의미 만들기의 관계를 다음과 같이 지적했다.

> *구성주의 이론은 선지식을 가장 기초적인 중요성이라고 주장한다. 학습자들은 정보가 부어질 수 있는 '빈 그릇empty vessel'이라기보다는 오히려 이미 정돈된 충분한 양의 지식을 갖추고 있다. 따라서 학습자는 기존의 지식 구조 위에 새롭게 알게 된 정보를 매달아 그들이 이미 알고 있는 지식과 새로운 연결성을 창조한다(Jeffery-Clay, 1998: 3).*

뮤지엄 교육학자 하인(Hein, 1991) 역시 배움이 곧 의미의 구성이며, 의미 만들기가 구성주의의 핵심적인 부분이라고 주장했다. 이러한 의미 만들기는 일종의 협상 과정을 통해 이루어지며, 사회적 · 문화적 관념, 태도 그리고 가치에 영향을 받기도 한다(Silverman, 1995: 161). 이는 뮤지엄 교육에도 동일하게 적용할 수 있다. 뮤지엄 학습자는 뮤지엄 관람을 통해 전시물을 개별적으로 해석하고 의미를 부여하며, 이를 기반으로 자신의 지식을 계속적으로 재구성하기 때문이다. 뮤지엄 교육학자 디어킹과 포크(Dierking & Falk, 1992: 114)는 뮤지엄이 풍부하고 다양한 감각의 경험을 제공하기 때문에 학습자의 유의미한 학습을 위한 훌륭한 장소라고 주장했다. 최근의 뮤지엄이 학습자들을 위한 촉진자 역할을 충실히 수행해왔다는 것을 고려할 때, 구성주의 철학은 뮤지엄 교육 시 반드시 염두에 두어야 하는 교육적 요소다(Hooper-Greenhill, 1999).

2) 하인의 구성주의 뮤지엄 교육이론

하인(1998, 2015)은 그의 저서 《박물관 교육론Learning in the Museum》을 통해 교육이론의 중요성을 역설하며, 구성주의 철학에 기반한 '구성주의 뮤지엄 교육이론'을 개발했다. 또한 이를 위한 토대로 그의 저서에서 지식에 대한 이론과 학습에 대한 이론을 논의하고, 그러한 이론들이 어떻게 실천에 적용되는지 실제로 논의했다. 이는 뮤지엄 교육이론이 어떻게 인식론과 학습이론으로 긴밀하게 이루어져 있는지 지적하는 새로운 시도다. 따라서 그가 개발한 구성주의 뮤지엄 교육이론을 이해하기 위한 이론적 기초로서 아래와 같이 지식이론, 학습이론, 교육이론 그리고 교수이론에 대한 하인의 주장을 각각 살펴보고자 한다.

(1) 지식이론(인식론)

하인(1998, 2015)은 지식이론의 근간이 되는 질문을 '무엇이 앎인가?'라고 명시한다. 이 질문을 기반으로 오랜 역사 동안 지식에 대한 철학적 논의가 이어져왔다. ① 지식이 개인과 떨어져 외부에 존재하는지 혹은 사람의 마음에만 존재하는지, ② 외재적인 앎을 사람이 어떻게 알게 되는지, ③ 지식이 사람의 마음속에만 있다면 이를 사람들이 어떻게 공유할 수 있는지 같은 논의가 그 예다. 하인은 이러한 논의에 대한 견해가 학자마다 모두 달랐기 때문에 '객관주의'와 '관념주의'를 양극단에 상정하고, 나머지 주장을 양극단의 스펙트럼 안에 배치할 수 있다고 주장했다.

먼저 객관주의는 사고로부터 독립된 실재 세계가 외부에 존재함을 주장한다. 전통적 객관주의 관점은 플라톤의 사상에서 비롯된 것으로, 세계에 대한 지각이 실제 아이디어에 대한 불충분한 모방이며 대화와 이성을 통해서만 실제 세계를 이해할 수 있다는 것이다. 따라서 이러한 객관주의는 지식의 실재주의를 주장하며, 지식의 주관성을 주장하는 구성주의를 비판한다. 한편, 최근에는 절충적 객관주의자들의 연구도 점차 증가하고 있다. 과학교육에서 오스본(Jonathan Osborne, 1996)은 구성주의가 추구하는 상대주의적 지식의 가능성을 인정하면서도 과학적 탐구 대상인 실재적 지식의 가치를 강조한다.

다음으로 관념주의는 자연의 법칙이 존재할 수 없음을 주장하며, 지식은 사람의 머릿속에 있고 그것을 주장하는 사람의 마음만이 존재할 뿐이라고 주장한다. 영국의 철학자 버클리(George Berkeley, 1881) 또한 물리적 사물 같은 절대적인 존재는 없으며, 감각은 오직 인간의 마음에만 의존한다고 주장한 바 있다. 이러한 관념주의를

[그림 1-4] 하인의 지식이론 관점

출처: Hein, 1998, 2015.

바탕으로 급진적 구성주의를 주장하는 폰 글라저스펠트(Ernst von Glasersfeld, 2013)는 존재의 의미가 오로지 경험적 세계의 영역에서만 규정할 수 있음을 지적하며, 존재론적으로는 규정이 불가능하다고 말한다.

하인은 위와 같은 객관주의와 관념주의의 대비를 강조하며, 지식이론의 관점이 각 박물관에서의 전시 방향을 결정지을 수 있다고 주장했다. 먼저, 객관주의적 관점을 지향하는 뮤지엄은 그들이 학습자에게 교육하고자 하는 '전시 대상'의 구조에 초점을 맞춘다. 하인은 전 세계의 유구한 과학박물관들이 자신들이 생각하는 과학의 '진리'를 상정하고, 이를 전달하기 위해 지식의 구조에 기반해 전시를 설계했다는 역사적 사실들을 그 근거로 들었다. 실제로 미국 하버드대학교의 비교동물박물관Harvard Museum of Comparative Zoology은 다윈의 진화론에 반대하며, 박물관이 생각하는 자연의 '진짜 모습'을 보여주고자 했다. 이처럼 하인은 객관주의적 관점이 뮤지엄 전시에서도 종종 적용되어왔다고 지적한다. 그에 따르면, 많은 역사박물관은 특정 국가나 사회에서 널리 '진실'이라고 여겨지는 역사를 기반으로 각 전시관을 구성해 학습자에게 보여주고자 하며, 미술관 또한 작품들을 배치할 때 '미술 사조'에 따라 작품 위치를 구획한다. 이는 모두 역사 혹은 미술사라는 구조로서의 지식을 강조하고자 한다. 한편, 관념주의적 관점을 지향하는 뮤지엄은 전시 속에 사회가 내포하는 다양한 관점을 두루 보여준다. 또한, 객관주의적 뮤지엄과 달리 전시물이 속해있는 지식적 위계나 분류를 전시에 적극적으로 반영하기보다는 전시물 간의 상대적 관계성, 전시물과 공간 또는 전시물과 사회가 가지는 일시적 관계성, 학습자의 해석 등에 더 중점을 두어 전시를 구성한다. 이와 같은 관념주의적 전시들은 결국 필연적으로 학습자의 자발적 학습과 다양한 해석을 옹호하고 있다는 점에서 구성주의적 관점과 유사하다.

따라서 뮤지엄, 큐레이터 그리고 에듀케이터가 기반으로 하는 지식이론에 따라 뮤지엄 교육의 내용과 방향은 크게 달라질 수 있다. 이에 때로는 주제의 본성을 강조하는 실재주의적 관점에서 뮤지엄 교육이 기획되기도 하고, 관념주의적 뮤지엄 교육을 통해 하나의 전시물이 내포하는 다양한 관점을 구현하거나 학습자들이 전시 및 뮤지엄과의 상호작용을 통해 다양한 결론을 이끌어내도록 촉진하기도 한다.

(2) 학습이론

학습이론은 학습자가 학습하는 방식에 대한 이론이다. 전달-흡수 이론을 주장하는 사람들은 학습자가 자신에게 옮겨지는 정보를 흡수하는 방식으로 학습한다고 주장한다. 즉, 전달-흡수이론에서 학습이란 빈 용기vessel 같은 학습자에게 점진적으로 지식을 가득 채우는 것이다.

한편, 위의 전달-흡수 이론을 반대하는 사람들은 능동적 발달학습을 주장한다. 이들은 학습자가 정신의 능동적 참여를 통해 지식을 구성해간다고 주장한다. 학습이 단순히 머릿속에 지식을 추가하는 것이 아니라 학습자의 능동적 역할을 통해 스키마가 변해가는 과정이자 현상을 통해 이를 이해하는 과정이라는 것이다.

전달-흡수 이론을 바탕으로 한 뮤지엄은 주로 관람자에게 전달할 내용에 집

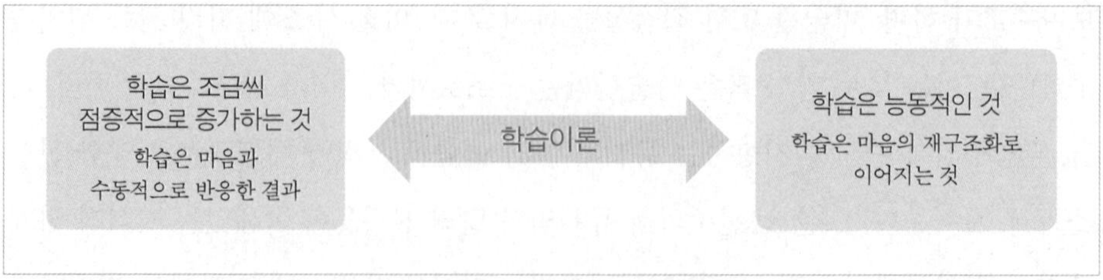

[그림 1-5] 하인의 학습이론 관점

출처: Hein, 1998, 2015.

중하며, 학습에 적합한 내용의 '단위'를 보여주는 데 초점을 맞춘다. 점증적 증가를 위해 학습 내용을 작은 단위로 나누고 학습 요소도 세세하게 단계별로 배열해야 하기 때문이다.

한편, 능동적 발달학습 이론에서는 전시내용의 지식 요소 및 단위보다 학습자에게 더 많은 관심을 가진다. 학습자의 본질에 초점을 맞추는 다양한 학습자 유형 분류체계가 교육계에서 많은 관심을 끌고 있다는 것은 이러한 능동적 발달학습 이론을 뒷받침한다. 현재 많은 뮤지엄에서 다양한 관람자 연구를 통해 관람자를 분류하고 연구하는 것 또한 이런 이유에 기반한다.

(3) 교육이론

하인(1998, 2015)은 위의 지식이론과 학습이론의 연속체가 서로 연관성이 없음을 지적한다. 인식론적 관점과 무관하게 각각의 학습이론을 수용할 수 있기 때문이다. 따라서 하인은 두 관점을 조합하여 새로운 이론으로 분류하는 것이 필요하다고

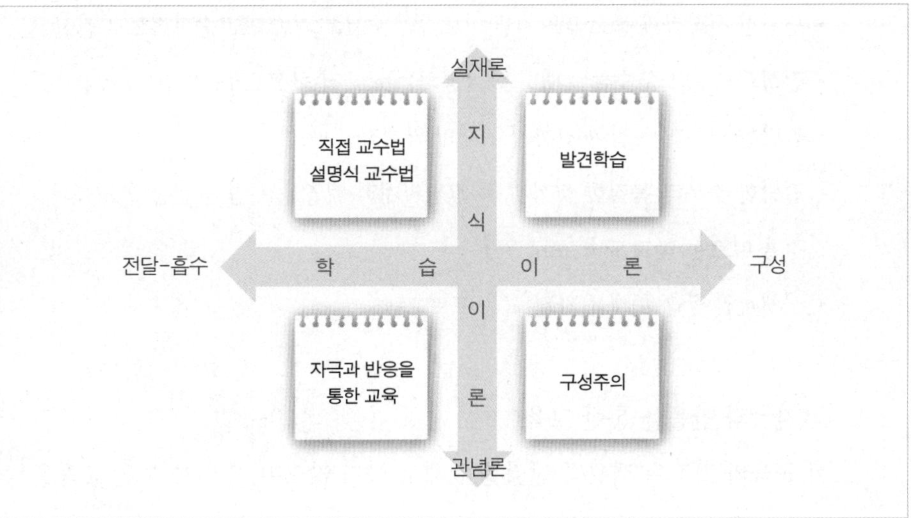

[그림 1-6] 하인의 교육이론

출처: Hein, 1998, 2015.

강조했다. [그림 1-6]은 하인이 박물관 교육을 네 가지 교육학적 이론으로 분류한 결과다.

위 그림에서 보듯 한 축은 학습이론을, 다른 한 축은 지식이론을 나타냈으며 각 사분면에는 직접 교수법과 설명식 교수법, 자극과 반응을 통한 교육, 발견학습, 구성주의라는 박물관 교육의 네 가지 양상이 드러난다. 이와 같이 하인은 지식이론과 학습이론이라는 두 축을 조합하여 다양한 형태의 교육 방법이 기반으로 하는 이론들을 명확하게 밝히고자 했다.

① 직접 교수법 및 설명식 교수법

직접 교수법과 설명식 교수법은 교사가 해당 과목의 구조에 기반을 두고 수업을 조직하여 학생들을 가르치는 방법이다. 이들은 특정 사회 구성원들이 변치 않는 진리라고 믿는 지식을 교육 내용으로 하여 그 내용을 하위 요소로 나누고 배열하며 반복적으로 가르친다. 하인(1998, 2015)은 뮤지엄 교육에 적용할 수 있는 직접 교수법과 설명식 교수법을 다음과 같이 제시했다.

- *명확한 시작점과 종료점을 지닌 의도적인 순서를 기반으로 순차적으로 전시*
- *전시회로부터 학습하는 내용을 설명하는 교훈적 구성요소(예: 라벨, 패널 등)*
- *간단한 것부터 복잡한 것까지 주제의 위계적인 배열*
- *간단한 것부터 복잡한 것까지 주제의 위계적 배열을 포함한 전통적 교육과정을 따르는 학교 교육 프로그램*
- *구체적인 학습 주제를 가진 교육 프로그램*

② 자극과 반응을 통한 교육

이 교육의 입장은 객관적 진리를 전제로 하지 않으며, 훈련을 통한 교육을 중시함으로써 교육 내용보다는 방법에 주목한다. 이러한 학습관은 초기 행동주의 심리학의 핵심 내용이기도 하다. 하인은 이러한 이론에 따른 뮤지엄은 교훈적이며 설명적 전시의 특징을 지닌다고 제시했다.

- *전시에서 학습할 교수 요소(예: 라벨, 설명 패널)*
- *시작과 끝이 분명한 순차적 전시와 교육적 목적에 따라 의도적 순서로 이루어진 전시*

위와 같은 행동주의적 전시는 학습자에 대해 자극과 반응에 대한 적절한 보상 반복을 강조한다. 그러나 이러한 행동주의적 접근은 학습자에게 진리를 제시하기보다는 적극적으로 주입하게 된다. 따라서 하인은 이러한 교육이론을 고수하는 뮤지엄은 거의 드물다고 했다. 그럼에도 형식적인 교육이 필요하다는 사회적 압력으로 인해 일부 뮤지엄은 이러한 행동주의적 방향으로 프로그램을 설계하기도 한다. 그 경우, 뮤지엄들은 종종 객관적 진리 전달의 소홀, 정치적 권력 및 패권의 재생산을 이유로 이데올로기의 대척점에 있는 이들로부터 비판받곤 한다.

③ 발견학습

발견학습은 위의 두 교육이론과 다르게 교육 내용보다는 학습자에 초점을 맞추고 있다. 발견학습에서 학습은 적극적인 과정이며, 이를 단순히 흡수하는 것이 아니라 근본적으로 학습 내용과 상호작용하며 학습한 만큼의 변화를 경험한다. 발견학습에서 학습자는 학습을 통해 그 역량을 확대한다. 특히 학습자에게 능동적인 참여를 요구한다는 점에서 아래 구성주의 학습에도 적용할 수 있는 형태이기도 하다.

그러나 협소한 의미에서의 발견학습은 학습자가 활동에 몰입함으로써만 의도된 교육 내용을 섭렵할 수 있음을 내포한다. 이러한 상황에서 의미 있는 학습은 정해진 결과에 도달하게끔 구조화된 과제를 통해서만 이루어질 수밖에 없다. 이에 발견학습을 옹호하는 연구자들은 발견학습을 위해 조화롭게 구조화된 내용을 제시해야 학습자들이 전통적 개념에 대한 심층적 이해를 할 수 있다고 주장한다. 이에 하인은 이러한 학습 내용이 학습자의 수준에 맞지 않을 때 결코 의도된 학습 결과에 도달할 수 없음을 지적하며, 발견학습을 통해 학생들이 스스로 이러한 일반화에 도달할 수 있다고 기대하기 어렵다는 단점이 있다고 주장한다.

한편, 발견학습은 학습자들이 주어진 상황이나 내용에서 자신들이 새롭게 배워야 하는 것이 무엇인지를 스스로 파악하게 해야 한다. 따라서 발견학습은 학습자들이 그 맥락에 대한 지식을 접하고, 이를 바탕으로 연관성을 찾아낼 수 있도록 학습을 구조화하여 설계해야 한다. 그러나 하인은 과연 정답에만 이르도록 설계된 실험이 과연 진정한 '발견'의 가치를 지닌다고 말할 수 있을지 미지수라고 의문을 제기한다. 실제 과학 실험은 다양한 실패와 실수를 동반하고, 이를 통해 새로운 지식을 발견해나가기도 하기 때문이다.

이러한 비판에도 학습자가 학습 상황에 몰입할 수 있다는 장점이 있는 발견식 교육은 뮤지엄 교육에 다음과 같이 적용될 수 있다.

- *전시 요소들을 보고 또 되돌아보는 등의 탐색 활동을 허용하는 전시*
- *다양한 범위의 능동적 학습 양식*
- *학습자들이 스스로 의미를 찾도록 질문하고 유도하는 교훈적인 도구(라벨, 패널)*
- *관람자 스스로 전시물에 대한 통상적인 해석에 비추어 자신의 해석을 평가할 수 있는 전시 요소*
- *학습자들을 정해진 결론으로 이끌어줄 수 있는 학교 프로그램 활동의 제공*
- *다양한 형태의 자료와 전문가의 의견을 숙고함으로써 학습자들의 이해를 증진할 수 있는 성인 워크숍 기회 제공*

이때 발견학습을 기반으로 한 전시는 그 시작과 종료 시점이 분명한 선형적 방식으로 기획될 수도 있고 그렇지 않을 수도 있다. 만약 전시가 의도하는 학습 내용이 있다면 전시물의 적절한 배치를 통해 학습자를 인도할 수 있으며, 공간에 따라 그 주제가 다르다면 다양한 동선을 제공하여 학습자의 발견을 가능케 한다.

④ 구성주의

기존의 구성주의 교육에 대한 연구는 하인 이전에도 방대하게 이루어져왔음에도 인식론적 측면과 학습이론적 측면 모두 반영되어야 함을 주장한 연구는 드물다. 급진적 구성주의자들은 지식의 개인적인 구성에만 측면을 맞추고, 반면 다른 학자들은 피아제나 비고츠키와 같이 구성주의적 학습 측면을 강조하는 인지발달이론에 주목해왔기 때문이다. 따라서 하인은 구성주의적 학습 상황 기획에 필요한 두 가지 요소를 다음과 같이 주장했다.

> *첫째, 학습을 위해서는 학습자의 능동적 참여가 필수라는 인식이 필요하다. … 둘째, 학습 결과의 타당성은 객관적 진위를 바탕으로 결정되지 않는다. 학습자가 내린 결론의 타당성은 외부의 현실과 얼마나 일치하는지에 따라 결정되지 않는다. 오히려 구성주의 학습에 필요한 것은 바로 그러한 결론의 타당성이 학습자가 스스로 구축한 현실에 얼마나 부합하는지에 따라 결정된다는 인식이다. … 전통적 교육학자들이 주장하는 학습자들의 오개념misconception이 구성주의적 관점에서는 개인적 개념personal conception으로 간주된다는 점이 그 예다(Hein, 1998, 2015: 34).*

이처럼 뮤지엄의 맥락에서 구성주의 교육이 다른 교육이론과 가장 다른 점은 학습자가 배우는 방식과 그리고 지식의 본성 그 자체다(Black, 2005).

하인은 현대의 학습이론에 따라 구성주의적 학습이론이 뮤지엄 환경에서 필연적으로 수용될 수밖에 없음을 지적한다. 학습자가 이론적 판단이 아닌 경험으로부터 스스로 의미를 구성하는 것은 자연적인 현상이기 때문이다. 따라서 구성주의 뮤지엄 전시는 발견학습에서와 마찬가지로 학습자들이 스스로 그 지식을 구성할 수 있도록 기회를 마련해야 한다. 또한, 동시에 전시 기획자의 의도와 관계없이 학습자 스스로 자기 생각이 적절한지 확인할 수 있어야 한다. 하인은 구성주의 전시 기획에서 유의해야 할 사항을 다음과 같이 제시했다(Hein, 1998, 2015: 35).

- *시작과 종료 지점이나 정해진 순서 없이 다양한 진입 통로를 마련한다.*
- *넓은 범위의 능동적 학습 방법을 제공한다.*
- *다양한 관점을 제시한다.*
- *학습자들이 자신의 선경험을 활용하는 다양한 활동과 경험을 통해 전시물과 연결될 수 있도록 한다.*
- *경험과 자료를 제공하여 학습자들이 실험, 추측 및 결론 도출까지 경험하도록 한다.*

만약 위와 같은 구성주의적 교육이론이 뮤지엄 교육환경에 적용된다면, 큐레이터들은 학습자의 상호작용 및 그들의 고유한 의미 구축에 가장 중점을 둘 것이다. 또한 에듀케이터들은 학습자들의 선지식이나 이해 정도 등을 고려하여 전시의 교육 내용을 이해하기 쉬운 방식이나 매체로 전달하고자 할 것이다. 하인은 이 과정에서 뮤지엄 교육이 구성주의 교육으로서 구현되려면 교육 내용이 단순한 사실이라기보다 일종의 '개념'이어야 한다고 주장한다. 학습자들의 새로운 의미 구축을 위해서는 사실이라는 단순한 부분들뿐 아니라 개념이라는 전체의 맥락이 필요하기 때문이다. 이를 통해 학습자들은 전체의 맥락 속에서 부분들 또한 더 잘 이해할 수 있다(Black, 2005).

한편, 구성주의적 교육이론은 뮤지엄 교육의 영역에서 학습자 특징의 중요성 또한 증대시켰다. 학습자의 마음이 교육의 과정에서 능동적으로 참여하며, 이에 연관된 개인의 경험, 문화, 소질 그리고 발달이 학습에 영향을 끼친다는 점을 강조하기 때문이다. 그리하여 학습자의 성향, 학습 양태, 마음 그리고 지능 등에 관한 복수의 분석과 분류가 점차 증가하는 결과를 낳았다(Hein, 2006). 이를 통해 우리는 구성주의 뮤지엄 교육에서의 학습자 이해의 중요성을 다시 한번 알 수 있다.

(4) 교수이론

하인은 인식론과 학습이론이 모두 교육적 이론에 필수 요소이지만, 교육적 활동의 실천 방법에 대한 계획인 교수이론 또한 반드시 필요하다고 주장했다. 또한 이러한 교수이론 역시 학문적 배경을 바탕으로 교수적 전략을 수립해야 한다고 주장했다. 이에 하인은 교수이론 또한 네 가지 방식으로 분류하여 제시했다. 이는 설명식 교육, 자극과 반응을 위한 교육, 발견학습을 위한 교수법, 구성주의 교수법이다. 각 교수법의 자세한 내용은 아래와 같다.

① 설명식 교육

설명식 교육은 교과 내용을 가장 중시한다. 인식론에서 비롯된 교육적 과제는 교과의 핵심 구조를 알아내는 일이며, 학습이론에서 비롯된 과제는 가장 쉽게 배울 수 있는 개별 단위를 찾는 것이다. 따라서 설명식 교육은 특정한 주제를 분석하여 제시함으로써 학습자를 교육한다. 역사적으로 실험심리학은 설명식 교육이론을 강조하며 그 교수법에 대해 연구해왔다.

② 자극과 반응을 위한 교육

자극과 반응을 위한 교육은 교육 내용과 학습 결과의 일치보다는 교육 방법을 강조한다. 이는 이러한 교수법이 행동주의적 접근에 기반을 두고 있기 때문이다. 행동주의 접근은 학습 내용의 가치 문제는 중시하지 않으며, 학습 방법에 주안점을 둔다. 이 때문에 행동주의 접근은 종종 교화 또는 세뇌로 비판받곤 한다.

뮤지엄 교육에서도 이러한 교육은 인식론과 관계없이 모든 영역에 일반화하여 적용이 가능한 프로그램에 주안점을 둔다. 또한 전시물을 선형적 · 계열적으로 구조화하고 학습목표와 이에 대한 강화모델을 분명히 하는 경향을 보인다. 학습 내용이나 그 맥락을 고려하지 않고, 교수 방법론을 중시한다는 점에서 행동주의적 관점이라 할 수 있다.

③ 발견학습을 위한 교수법

발견학습은 학습자들이 스스로 조작 · 탐색 · 실험할 기회를 반드시 제공해야 한다고 주장한다. 그러나 더욱 중요한 점은 그 활동들이 학습자를 능동적으로 참여시키고, 새로운 생각을 가질 수 있도록 자극할 수 있어야 한다는 것이다. 또한 발견학습은 학습자가 도달해야 할 바람직한 목표 지점을 상정하고 있기 때문에 학습자 스스로 발견할 수 있는 충분한 개방성을 제공하되, 학습 상황을 정확하게 구조화해야 한다. 이를 위해서는 교수법에 가르쳐야 할 지식과 개념에 대한 기준이 반드시 포함되어야 한다.

④ 구성주의 교수법

구성주의 교수법은 학습자들의 지적 호기심을 자극하고 탐구 동기를 유발하는 경험이 무엇인지 탐색하는 것을 중요한 교육적 과제라고 주장한다. 또한 학습환경은 학습자가 자신과의 연관성을 찾을 수 있는 장소가 되어야 한다. 이러한 구성주의 교수법은 뮤지엄 환경에서 독특한 견해를 취한다. 교육자원으로서의 뮤지엄은 교과서 같은 나열식 모델이 아니라 백과사전이나 카탈로그처럼 관람자가 직접 원하는 주제나 내용을 선택할 수 있기 때문이다.

이러한 대표적인 예가 바로 뮤지엄의 오디오 투어다. 과거 뮤지엄의 오디오 투어는 선형적인 전시 경로로 기획되어 관람자는 뮤지엄이 정한 순서에 따라 오디오 해설을 들을 수 있었다. 그러나 최근 과학기술의 발달 덕분에 관람자는 자신이 원하는 순서에 따라 전시를 관람하고, 해설을 들을 수 있게 되었다. 이처럼 구성주의 이론은 뮤지엄에서 관람자가 동선의 순서를 반드시 고수해야 한다는 고정관념을 깨뜨렸다.

물론, 극단적 구성주의자들은 교수 행위 없이도 학습이 일어나며 경험이 가장 훌륭한 교사라고 주장한다. 그러나 하인은 구성주의가 학습을 조력하기 위한 환경을 풍부하게 조성할수록 교수 행위에 대한 요구가 늘어난다고 주장했다. 일례로 뮤지엄 교육학자 빌뇌브와 에릭슨(Pat Villeneuve & Mary Erickson, 2012)은 과연 학습자들의 선지식이 언제나 그들 개인에게 만족스러운 의미를 생성하는지에 대한 의문을 제기했다. 그들은 뮤지엄 내 학습자의 학습을 보조하기 위해 '유도된 상호작용'을 추가로 제시하여 구성주의 교수법을 보완해야 한다고 주장했다.

하인은 위와 같은 지식이론과 학습이론, 교육이론, 그리고 교수이론을 통해 전통적인 교육이론과 구성주의 교육이론이 뮤지엄 교육에 대해 대조적 견해를 보인다는 점을 지적했다. 따라서 뮤지엄 학습에 대해 연구하고 평가하며 목표를 설정하는 것은 이들 중 어떤 이론을 선택하느냐에 따라 그 외연이 변화할 수 있음을 알 수 있다.

하인은 구성주의 교육이론 채택이 뮤지엄에서의 바람직한 학습을 구현할 수 있음을 시사했다. 실제로 후퍼그린힐(Hooper-Greenhill, 1999)은 이러한 구성주의 뮤지엄 교육이론을 통해 일반적인 대중 학습자가 점차 새로운 활동적 학습자active audience로 새롭게 정의되었다고 지적한다. 이와 같이 학습자를 자신의 지식을 스스로 구성하는 주체적 역할로서 정의하는 것은 결국 뮤지엄 교육 패러다임의 전환이라 할 수 있다. 뮤지엄 전시의 의미와 결론이 학습자의 선지식과 신념을 바탕으로 학습자의 마음 속에서 구성될 수 있다는 하인(1998, 2015)의 제안은 포스트 뮤지엄에서 강조하는 '하향식 모델'로서의 뮤지엄 교육을 뜻한다(Hellin-Hobbs, 2010). 또한 이처럼 관찰과 경험을 통해 얻은 지식이 사회적 · 문화적으로 중재되어 구성될 수 있다는 하인의 이론은 다양한 상호 작용적interactive 뮤지엄 경험을 증진하는 데도 유용하게 적용할 수 있다(Witcomb, 2006).

그러나 구성주의 교육이론과 개인의 의미 만들기는 때때로 뮤지엄에서 효과적으로 실행되지 못하기도 한다. 실버맨(Lois H. Silverman, 1995: 165) 또한 이러한 현실을 다음과 같이 지적한 바 있다.

> *관람자가 의미를 만드는 가장 개인적이고 주관적인 방법들 — 예를 들어 삶의 경험, 의견, 상상, 기억 그리고 환상 — 은 뮤지엄에서 그저 순진하고 부적절한 것으로 여겨진다. 그리하여 그 방법들은 종종 틀린 것으로 치부되거나*

잘해봐야 무시당하곤 한다.

따라서 바람직한 구성주의 교육의 실행을 위해 뮤지엄은 교육이론에 대한 충분한 이해를 바탕으로 교수이론을 정비해야 한다. 나아가 이를 통해 학습자가 자신의 지식을 능동적으로 구성할 수 있는 상호 작용적 뮤지엄 교육 프로그램을 지속적으로 실행해야 한다.

3. 맥락주의 뮤지엄 교육

뮤지엄이란 비형식적 교육 기관으로, 관람자는 자유 선택 학습을 할 수 있다. 뮤지엄은 "미술, 역사를 비롯한 과학관, 어린이 · 자연사 뮤지엄, 동물원, 식물원, 역사적 기념관, 해석적 공간인 국립공원, 안내센터, 아카이브" 등 학습과 여가를 보낼 수 있다(Falk & Dierking, 2000: 25). 포크와 디어킹은 뮤지엄에서의 학습을 인간과 뮤지엄 환경과의 상호작용으로 본다. 사람들은 뮤지엄을 방문하여 보고, 느끼고, 만지고, 체험하고, 생각하는 등 복합적인 경험을 한다. 포크와 디어킹의 모형은 관람자 중심 관점으로, 뮤지엄에서 전시하는 '내용'보다는 뮤지엄 관람자와 뮤지엄 종사자들의 상호작용적 경험을 중심으로 한다.

1992년 포크와 디어킹(Falk & Dierking, 2000)은 '상호적 경험 모형Interactive Experience Model'이라고 불렀다가 이후 '맥락주의 학습 모형Contextual Model of Learning'으로 수정하여 발전시켰다. 뮤지엄에서 경험은 개인적 맥락, 사회문화적 맥락, 물리적 맥락으로 구성된다. 뮤지엄 경험에서 개인적 맥락은 개인의 발달 정도와 선호하는 학습 양상을 포함한다. 개인의 흥미, 태도, 방문 동기 등으로 개인이 추구하는 자기충만감, 뮤지엄 방문의 필요성, 방문 시 개인이 가진 자원, 기대치다. 개인적 맥락은 사람들이 왜, 어떻게 뮤지엄을 방문하는지 개인의 내러티브를 형성하고, 무엇을 기억하고, 배워가는지를 이해하는 데 유효하다.

사회문화적 맥락은 관람자와 뮤지엄에 있는 사람들과의 맥락 내에서 이해해야 한다. 첫째 관람자 자체의 맥락이란 문화적 영향을 받아 개인이 가진 공유된 신념, 가치, 관습, 언어, 사고다. 이는 인종, 사회문화적 상태, 국가적 맥락에서 관람자가 뮤지엄에 대해 가진 인식으로 문화에 따라 달라진다. 뮤지엄에 대한 문화적 가치와 신념이 관람자에게 어떻게 작용하는가다. 다음으로 뮤지엄에 있는 사람들과의 맥락이란 관람자가 그룹이건 개인이건 뮤지엄에 들어오면서부터 발생한다. 입장권을 구입할 때의 직원부터 안내자, 전시를 해설하는 도슨트, 에듀케이터를 비롯하여 함께 온 가족, 친구, 동료 등과의 상호작용이다.

물리적 맥락이란 건축과 관람자가 느끼는 뮤지엄 건물부터 시작하여 뮤지엄 공간 내에 있는 전시물을 의미한다. 물리적 맥락은 사람들이 뮤지엄에서 어떻게 움직이고, 무엇을 보았고, 무엇을 경험하는가에 강하게 영향을 미친다. 전시공간에서 휴식을 취할 수 있는 의자, 뮤지엄 건축물 디자인은 전시물을 보거나 이동하면서 피로감과 경험에 관련된다. 전시 대상의 배치, 라벨, 조명 등을 포함한다. 뮤지엄 방문 전이나 방문 후 TV 소개나 인터넷, 책, 잡지 등의 뮤지엄 관련 내용도 물리적 맥락에 해당한다.

마지막으로 시간이다. 이는 맥락에 해당하는 것은 아니지만 모형의 네 번째 영역에 해당하는 것으로, 뮤지엄 경험은 시간에 따라 변화된다(Falk & Dierking, 2000). 맥락적 모형은 구체적 상황에 따라 다르고, 각 구성요소는 서로 영향을 주어 다이내믹하다. 뮤지엄 경험은 개인에 따라 독특하여 함께 뮤지엄에 왔더라도 관심을 갖고 보는 것이 다르며, 방문 시마다 다르다. 이처럼 뮤지엄에서 상호작용은 개인적 · 사회문화적 · 물리적 맥락에서의 하위 요소에 따라 다르다. 또한 관람자의 경험이 지속적으로 축적되면서 기억과 학습으로 연계된다. 맥락적 학습 모형에서 중첩되는 층의 원들은 이러한 시간의 흐름에 따란 경험의 누적을 뜻한다. 이 층위들은 서로 간에 영향을 주고 상호작용하여 고리처럼 연결된다.

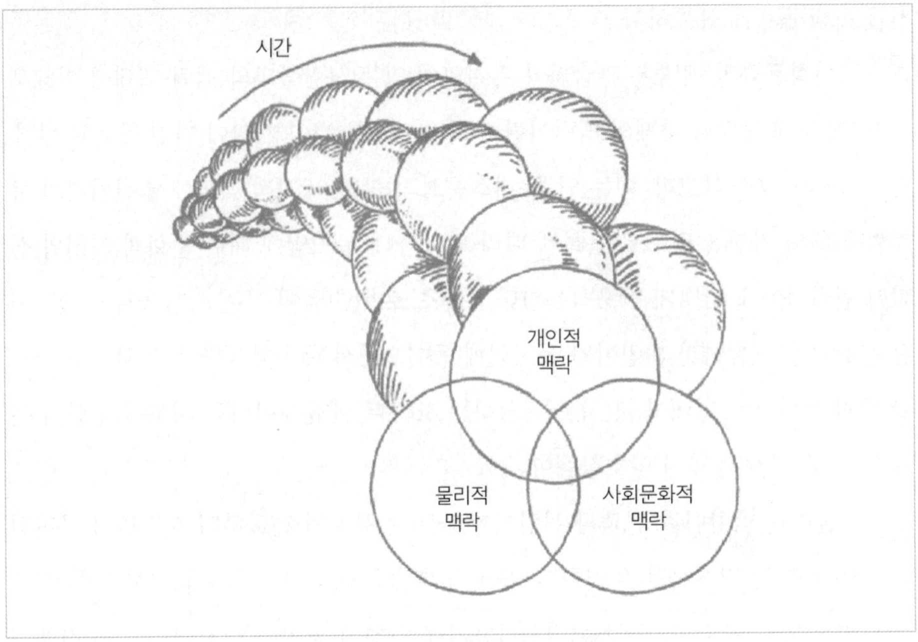

[그림 1-7] 맥락주의 학습 모형

출처: Falk & Dierking, 2000, p. 12.

이 세 가지 맥락은 분리된 것이 아니라 서로 연결되어 있고 복합적으로 영향을 주며 통합적으로 축적되어 뮤지엄 경험을 구성한다. 최근에는 관람자 중심의 뮤지엄 교육 담론이 보편화되고 있다. 포크와 디어킹의 모형은 관람자 중심의 학습을 맥락적으로 이해하여 경험이 상황에 따른 복합적 양상을 갖고 보는 데 도움을 준다. 이 책에서는 포크와 디어킹의 저서 《박물관에서의 학습Learing from museum》을 중심으로 맥락주의 요소를 각각 설명한다.

1) 개인적 맥락

개인적 맥락personal context은 개인의 학습 경험에 영향을 미치는 학습자를 둘러싼 개인적 특성을 말한다. 개인적 맥락은 '동기', '흥미', '정서', '몰입', '지식의 구성',

'맥락의 중요성'을 의미한다.

첫째, 동기는 뮤지엄을 방문한 관람자가 가진 개인적 관심이다. 동기에는 정서적 측면과 인지적 측면이 함께 관여하는데, 학습은 우리가 관심을 갖고 정서적으로 좋아할 때 정보를 받아들이기 때문이다. 또한 동기에는 내재적 동기와 외재적 동기가 있는데, 내재적 동기가 학습자 자신에게서 나온다면, 외재적 동기는 학습자 외부에서 나오는 것이다. 내재적 동기는 사람들 내부에서 나오는 것으로 취미나 휴일에 뮤지엄을 가는 것과 같이 자신이 선택하는 경우다. 반면에 외재적 동기는 성적을 잘 받기 위해, 숙제를 하기 위해, 벌을 피하기 위해, 상을 받기 위해 등과 같이 어떤 행위 선택의 이유가 자기 내부보다는 외부에 의한 것이다. 내재적 동기는 전시에서 학습으로 이어지게 하는 핵심적 요소가 된다. 패리스(Paris, 1997)의 연구에 따르면, 사람들은 전시를 보면서 자신의 개인적 경험을 구성하고, 정교화하고, 새롭게 발견한다. 전시물에서 영감을 받아 자신에 대해 알게 되고, 자신을 통찰하게 된다. 사람들은 전시에서 뭔가 자기충만의 감각을 느끼면서 그 전시의 맥락에서 의미를 발견하기 때문에 과거의 기억을 떠올리고 기억을 재조합하여 개인적 의미를 발견할 것이다. 동기에서 중요한 요소는 자신에 대한 의식이다. 자신이 조절하고 관리할 수 있다는 성공감은 높은 자존감과 성취로 이어진다. 뮤지엄에 가는 동기는 이처럼 자신에 대한 발견과 개인적 의미로 이루어져 지속적인 학습으로 연계된다.

둘째, 흥미, 정서, 몰입은 뮤지엄 학습에서 개인이 가진 역사와 관련된다. 만약 자동차에 관심이 있다면, 자동차를 전시하는 디자인 뮤지엄 전시에 가게 될 것이다. 흥미는 개인의 경험과 역사에 근거한다. 또한 흥미는 단지 누가 좋아하거나 좋아하지 않는 것을 의미하는 것이 아니다. 여기서 흥미는 심리학적 의미로 집중하고 어떤 과업에 지속성을 보이면서 계속적으로 호기심을 갖는 것을 의미한다. 정서는 내재적 동기와 관련된다. 전시에서의 느낌, 태도, 감정이다. 만약 파충류를 싫어한다면 파충류 전시에 가지 않을 것이다. 뮤지엄 학습은 자유 선택 학습이므로 내재적 동기와 같이 개인이 가진 정서적 흥미에 따라 학습이 일어날 수도, 그렇지 않을 수도 있다. 몰입은 칙센트미하이가 가져온 개념으로 전시를 보면서 집중하여 시간이 가는지도 모르면서 즐기는 순간이다(Csikszentmihalyi, 2007). 한 연구에 따르면, 초등학생들은 미디어로 재현된 전시에 몰입하면서 시간이 지남을 못 느끼고, 감각적 · 인지적 · 정의적 영역의 체험에 빠져들어 시간 감각의 왜곡, 자기목적적 경험을 했다(조연지, 2018). 뮤지엄을 방문하는 사람들은 방문 자체에 흥미를 갖고, 즐거움을 느끼며, 몰입하면서 무엇인가를 배운다는 충만감을 느낀다.

셋째, 지식의 구성은 과거의 지식을 연계하여 지금 방문하고 있는 전시에서 발견하는 경험을 떠올리고, 상기하면서 이루어진다. 만약 사회 시간에 조선 시대 도자기에 대해 배웠다면, 이를 박물관에 가서 실물을 보게 되면서 기존에 갖고 있던 기억을 활성화하게 된다. 전시장에서 본 생생한 실물을 보면서 기존의 지식을 떠올린다. 이처럼 전에 책이나 말로만 듣던 것이나 사진으로만 보았던 것을 실제로 마주하면서 기존의 지식과 연결하여 구성하고 이는 장기기억으로 간다. 연구에 따르면, 아메리칸 역사박물관전을 방문한 1/3의 참여자는 히스패닉, 아메리칸 인디언의 문화에 대해 새로 배웠다고 했지만, 그 외 대다수는 전에 알고 있던 것을 실제로 보고 확인하게 되었다고 답했다(Falk & Holland, 1994). 이처럼 학습은 지속적인 축적과 변형이라는 정신적 작용에 의해 이루어진다. 뮤지엄을 방문하면서 접하게 되는 실물의 생생함은 기존의 지식을 확인하고, 우리가 갖고 있던 개념적 틀을 확장하여 학습을 견고하게 한다.

넷째, 맥락의 중요성이다. 뮤지엄 학습은 우리가 갖고 있던 지식에 맥락을 제공하여 학습을 의미 있게 한다. 예컨대 사회 교과서에서 조선 시대 자기에 대해 배우고, 박물관에서 자기의 실물과 아울러 가마터를 복원한 재현물을 보게 된다면, 기존의 지식은 하나의 전체적인 인식으로 발전하게 된다. 책이나 설명으로 들었던 정보의 조각들은 그 퍼즐이 맞추어지면서 자기가 제작되는 지형에 대한 지도, 환경과 아울러 실물을 보면서 하나의 기억으로 발전하게 된다. 이처럼 학습은 지속적인 결합과 조직이 필요한데, 어떤 개별 사건에 대한 지식은 사건이 일어나게 된 맥락과 함께 이해하게 되어 전체적으로 의미가 더욱 와 닿게 된다. 포크와 디어킹(Falk & Dierking, 2000)은 맥락은 두 가지 변하지 않는 것이 있는데, 우선은 삶과 같이 항상 변한다는 것이고, 다음으로는 사람과 상관적이다. 따라서 학습이 사람마다 다르게 구성되는 과정이기에 맥락을 고려하지 않고 학습을 이해한다는 것은 불가능하다고 했다.

따라서 뮤지엄에서 개인적 맥락은 이상과 같은 개인의 특성을 의미한다. 개인에 따라 다른 동기를 갖고 뮤지엄에 들어서며, 뮤지엄 학습 경험은 학습자의 흥미, 정서, 몰입과 관련된다는 것을 이해한다. 또한 선행 지식을 기초로 지식을 구성하는 과정이며, 나아가 학습한 것을 적절한 맥락에서 표현할 기회가 제공되어야 한다.

개인적 맥락에서 정체성과 관련된 연구는 여러 연구에서 이루어졌다. 2009년 개인의 정체성은 다섯 가지로 제시되다가 2012년에는 두 가지가 추가되어 일곱 가지로 제시된다. 관람자의 정체성은 관람자의 뮤지엄 방문 동기를 설명하며, 뮤지엄에서 관람자 서비스와 관람자의 의미 형성과 학습을 이해하는 데 활용된다. 다섯 가지로는 탐험가explorer, 촉진자facilitator, 전문가/취미추구자professioioals/hobbists, 경험 추구자experience seeker, 충전자recharger다(Falk & Dierking, 2013: 47-48). 첫째, 탐험가는 호기심을 갖고 자신의 관심사를 찾으려 뮤지엄에 가서 학습하는 사람이다. 둘째, 촉진자는 다른 사람들을 뮤지엄에 가서 학습하도록 격려하는 것으로 자녀를 데리고 과학관에 가서 포유동물에 대해 관찰하는 경우가 해당한다. 셋째, 전문가/취미추구자는 자신의 직업이나 취미와 관련되는데, 디자인을 전공하는 학생이 미술이나 디자인 전시를 찾는 경우다. 넷째, 경험 추구자는 즐거운 경험을 하고자 도시에 여행할 때 뮤지엄을 방문하는 경우다. 다섯째, 충전자는 뮤지엄에서 명상이나 정신적 충만감을 느끼는 경우와 같이 외부와는 분리된 공간에서의 영적 · 정신적 충전을 추구하는 경우다. 이후 정체성인 숭배하는 순례자respectful pilgrims, 공동체 추구자affinity seeker의 두 가지가 추가된 연구가 있다(Bond & Falk, 2012). 숭배하는 순례자는 종교적 목적이나 현충원, 전쟁기념관, 홀로코스트 뮤지엄처럼 어떤 역사적 의식 또는 의례 행사로 방문하는 경우다. 공동체 추구자는 개인보다는 개인이 소속된 좀 더 '큰 범주로서의 나Big I'에 대한 정체성을 발견한다. 특정 전시나 문화적 유산으로 자신의 인종, 문화유산, 커뮤니티의 공통점을 발견하는 경우로 아시아 역사박물관을 가는 경우다. 정체성은 유동적 개념으로 단순한 재미와 흥미에서 나아가 자신이 속한 민족, 인종 등의 규범이나 문화적 유산을 찾는 행위로까지 연결될 수 있다. 이러한 정체성과 관련된 동기 이론은 개인이 뮤지엄을 방문하여 즐기고, 무엇인가를 배우는 데까지 연계되는 중요한 개념이라고 할 수 있다.

2) 사회문화적 맥락

인간은 사회적 존재로 다른 사람과 대화하거나 동작을 관찰하고 정서를 느끼고 반응하며 살아간다. 사람과의 상호작용으로 사회적 신념, 가치, 규범을 배우고, 문화적 · 사회적으로 구성된 도구, 기호, 상징체계를 활용하여 소통한다. 사회문화적 맥락sociocultural context은 '문화', '사회적 인지', '사회문화적 접근', '학습자의 커뮤니티', '내러티브의 역할', '모델링' 등이다.

첫째, 문화는 우리가 사는 세상에서 집단적으로 공유하는 경험, 신념, 관습이다. 포크와 디어킹은 생태학적 접근을 취해 문화란 '개인이 적응하고 개인이 살게 하는 사회의 메커니즘'으로 설명한다. 문화는 사회의 일원으로 살아가는 개인의 마음을 형성하여 문화가 요구하는 필수적인 것을 충족하도록 한다. 태어나면서 갖고 있던 본능적 특성은 점차 주변 사람들의 반응과 행위를 관찰하면서 익혀나간다. 딸을 데리고 간 엄마는 뮤지엄에서 대화하면서 딸이 어떻게 동물 표본을 서로 비교하면서 관찰해가는지 보여준다. 이처럼 뮤지엄은 문화적 기관으로서 그 사회가 공유하는 가치, 지식을 제공한다. 만약 뮤지엄에서 전시를 예로 든다면, 전시 기획자와 관람자 간의 공유하는 문화, 즉 가치, 믿음, 개념이 있어야 학습이 가능할 것이다.

둘째, 사회적 인지는 개인이 성장하면서 갖는 기능과 아울러 자신과 타인에 대한 지식이다. 인간은 타인과의 관계 속에서 자신과 타인을 이해하며 개념화한다. 다른 사람에 대한 성격, 정체성이 다른 사람을 관찰하면서 발달한다. 다른 사람과의 상호작용에서 타인의 생각, 느낌을 파악하고 관점을 이해하면서 배우게 된다.

셋째, 사회문화적 접근은 학습에서 가장 중요한 요소로 사회문화적으로 형성되는 인지, 과정, 의미 형성이다. 특히 심리학자 비고츠키에 따르면, 개인은 가족 같은 소수 그룹의 사회적 상호작용을 통해 학습한다(Vygotsky, 1986). 가족, 친구, 직장 내의 사람들은 서로 간의 언어적 · 비언어적 상호작용을 통해 의미 만들기 과정을 거치며, 이를 통해 서로의 생각을 교환하고 배운다. 비고츠키에 따르면, 고도의 정신적 작용은 이처럼 사람 간에 이루어지고, 그런 다음 개인의 내부에서 이루어진다. 인지발달은 특히 언어를 매개로 이루어지는데, 특히 어린이들은 자기통제적 방식으로 자기 행동을 언급하고, 계획하고, 관찰하기 위해 자신에게 이야기한다. 비고츠키는 이를 '개인적 이야기'라고 했으며, 이를 사고의 도구라고 했다. 비고츠키가 언급한 '근접 발달 영역Zone of Proximal Development'은 학습자가 실제 자신의 능력과 타인의 도움으로 이룰 수 있는 성장 구간의 차이를 말한다. 이는 자신보다 능력 있는 성인이나 동료에게 언어적으로 도움을 받아 문제를 해결하면서 발달하는 것이다. 성인이나 또래로부터 적절한 도움을 받는 것을 비계(飛階, 건축 공사장에서 사용하는 임시 발판), 즉 스캐폴딩scaffolding이라고 한다. 비고츠키는 다른 사람으로부터 도움을 받아 아이디어나 과정을 형성하는 것을 '인터멘탈intermental'이라 했다. 다음으로는 자신이 도움을 받은 것을 바탕으로 내재화하는 것을 '인트라멘탈intramental'이라 했다. 이처럼 근접 발달 영역은 상호작용을 기초로 인터멘탈 과정과 인트라멘탈 과정을 통해 이루어진다. 특히 가족 간의 뮤지엄 방문에서 부모가 자녀에게 적절한 스캐폴딩을 제공하여 전시물을 이해하도록 돕는 것을 볼 수 있다.

넷째, 학습자의 커뮤니티는 좀 더 확장된 집단에 소속되어 문화적 지식을 배운다. 인간의 역사는 공유된 가치, 생각, 관습을 갖는데, 이는 개인이 집단으로부터 이처럼 공유된 지식을 배우기 때문이다. 이러한 지식은 사회문화적 상황에 기반하여 전수된다(Lave et al., 1991). 이러한 실천 공동체란 공동의 관심사와 참여를 통해 공동체에서 지식과 경험을 공유하는 것을 의미한다. 실천 공동체에서는 별개의 활동보다는 사회적 상호작용을 통해 학습이 이루어진다고 본다. 학습이란 특정 커뮤니티에 구성원이 되어 문화에 참여하면서 서로가 멘토링을 하면서 이루어진다. 뮤지엄에서 이루어지는 메이커 활동이나 교사 연수 활동은 이와 같은 학습 커뮤니티의 일종이라고 할 수 있다.

다섯째, 내러티브의 역할이다. 정보는 내러티브나 스토리 형태로 구성되어 특정 문화의 생활방식을 표현한다. 공연, 연극, 영화, TV 프로그램, 인터넷의 동영상, 이벤트는 일종의 내러티브로 재현되어 이를 통해 사회와 문화를 배운다. 특히 어린이들은 놀이나 게임을 통해 사회적 역할을 배우고, 사회에서 소통되는 상징, 기호를 익힌다. 우리는 삶의 가치와 신념을 내러티브화하여 스토리텔링, 놀이, 게임에 참여함으로써 사회적 역할과 소통 방법을 배운다.

여섯째, 모델링이다. 사람들은 다른 사람을 관찰하고 모방하면서 학습한다. 개인은 모델링을 통해 대화 방식, 식사, 예절을 포함한 광범위한 행동을 배운다. 반두라(Albert Bandura, 1977)는 어린이가 특정 행위를 배우고 수정하는 데 중요한 학습 양식을 '모델링'이라고 했다. 예컨대 반두라의 설명을 적용한다면, 부모가 뮤지엄에 입장할 때, 티켓을 사고 오디어 가이드를 사는 일련의 행위를 관찰한다면, 어린이도 나중에 오디오 가이드를 들으며 감상할 가능성이 클 것이다. 또한 모델링은 행위뿐만 아니라 태도와 정서에까지 영향을 미친다. 어린이는 다른 사람의 모델링을 통해 정서적으로 교감하고 상대를 존중하는 태도를 배울 수 있을 것이다.

3) 물리적 맥락

뮤지엄에서의 체험은 특수한 공간에서 일어나기에 공간 자체는 물론 그 공간을 구성하는 여러 도구, 설치, 설비, 분위기, 디자인, 전시물 등을 포함한다. 첫째, 행위 배경behavior setting은 공간에 따라 기대되는 행동이다. 개개인은 환경에 따라 다른 행동을 한다는 이론이다. 예컨대 뮤지엄, 병원, 도서관에 들어간다면, 사람들은 개인의 생각보다는 공간이 요구하는 규칙에 따라 행동한다. 조용히 하거나 줄을 서는 등 공간이 우리의 행동을 정하기도 한다. 일단 공간에서 어떤 행동을 하게 되는지 학습하게 되면, 공간의 다른 특성에도 주목하게 된다. 뮤지엄에 처음 방문한 사람은 길 찾기

나 다른 사람의 행동을 보고 환경에 익숙해지려 하지만, 뮤지엄에 자주 온 사람은 좀 더 전시 관람에 집중하게 된다.

둘째, 물리적 환경의 중요성은 건물의 재료, 건물 내의 인테리어나 전시물 같은 물질적 특성뿐 아니라 건물에서 느끼는 기분까지 포함된다. 물리적 맥락physical context은 건물뿐 아니라 건물 안에 있는 다양한 사물에 대한 느낌까지 해당한다. 뮤지엄은 전시물과 전시환경 외에도 위치, 주차 같은 접근성뿐 아니라 실내의 카펫, 벤치, 조명 등도 관람자의 경험에 영향을 준다. 점차 학습에서 물리적 환경의 중요성이 인식되고 있는데, 뮤지엄 체험에서 물리적 환경은 특히 심미적 체험으로서 그 중요성이 강조된다.

셋째, 상황에 따른 인지다. 학습에서의 전이나 삶의 실제 상황에서의 문제해결은 높은 수준의 사고력이다. 학교에서 추상적 개념을 배웠더라도 이를 실제 다양한 문제에서 해결하지 못하는 것은 상황에 따른 인지가 활성화되지 않기 때문이다. 개념적 정보를 뮤지엄에서 구체물이나 특정한 물리적 환경이 가능해지면 전이가 가능해진다. 학생들이 학교에서 배운 것을 뮤지엄에 와서 학제적으로 긴밀하게 연결하면 그 효과가 더 높아지게 되는데, 이처럼 상황 인지의 활성화로 가능해진다.

이처럼 맥락주의 뮤지엄 교육이론은 학습에서 일어나는 다양한 변인 중 개인적, 사회문화적 그리고 물리적 맥락의 요소를 기초로 일어나는 학습에 대한 관점이다. 뮤지엄 학습 경험은 개인적 · 사회문화적 · 물리적 맥락 간 끊임없는 상호작용과 유기적 소통을 통해 이루어지며, 일회성 학습이 아닌 지속적이며, 박물관 전후의 학습을 통해 강화된다는 것을 강조한다.

4. 사회 반응 중심 뮤지엄 교육

뮤지엄은 태동 때부터 지금까지 기능상의 중점에 있어 변화를 겪어왔다. 미술품과 학문적 성과물을 보존하던 무세이온Museion 시기부터 미술품과 발굴품을 보관하던 스투디올로Studiolo 시기, 지배층의 전시공간이던 갤러리Gallery 시기, 공적 재산이 된 문화적 산물을 국민이 향유할 수 있도록 한 근대의 미적 향유 시기, 그리고 뉴 뮤지엄New Museum 시기까지 전시물의 종류나 잠재적으로 상정하는 관객의 유형 등에 있어 눈에 띄는 변화를 겪어왔다. 최근 뮤지엄은 사회와의 연결과 사회에 대한 반응을 모색하고 있다. 이에 따라 최근 뮤지엄 교육의 방향도 사회적으로 반응하는 뮤지엄 교육으로 나아가고 있다. 사회적으로 반응하는 뮤지엄 교육은 커뮤니티의 중요한 이슈에 대해 뮤지엄 컬렉션, 뮤지엄 직원 및 커뮤니티가 공적 참여와 대화를 통해 반응하게 하는 실천중심의 성격을 띤다고 할 수 있다(Kletchka, 2018). 여기서는 뮤지엄 교육을 사회와의 관련성 속에서 생각한 입장들에 대해 살펴보고, 사회 반응 중심 뮤지엄 교육의 교육 양상에 대해 파악해보도록 하자.

1) 뮤지엄 교육과 사회

(1) 듀이의 뮤지엄 교육

듀이John Dewey에 의하면 이상적인 학교는 교육이라는 유기적 시스템에서 학습 네트워크의 일부인 뮤지엄과 서로 떨어질 수 없는 유착 관계에 놓여야 한다. [그림 1-8]에서 볼 수 있듯 학교(A)는 가정(1), 정원과 공원(2), 기업(3), 대학(4)과 상호작용하는 가운데 대학이 소유한 도서관이나 뮤지엄과도 상호작용해야 한다.

듀이는 학교가 사회와 연결되는 방법에 대해 [그림 1-9]와 같이 설명한다. 학교는 [그림 1-8]에서 언급한 바와 같이 가정, 자연환경, 기업, 대학과 연대하는 가운

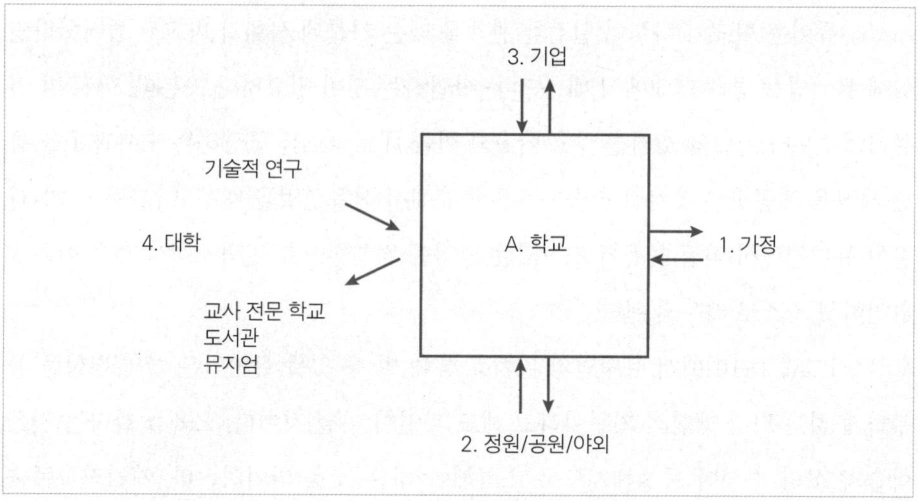

[그림 1-8] 듀이가 본 학교-뮤지엄 간 관계

출처: Dewey, 1900; Hein, 2004, p. 416 재인용.

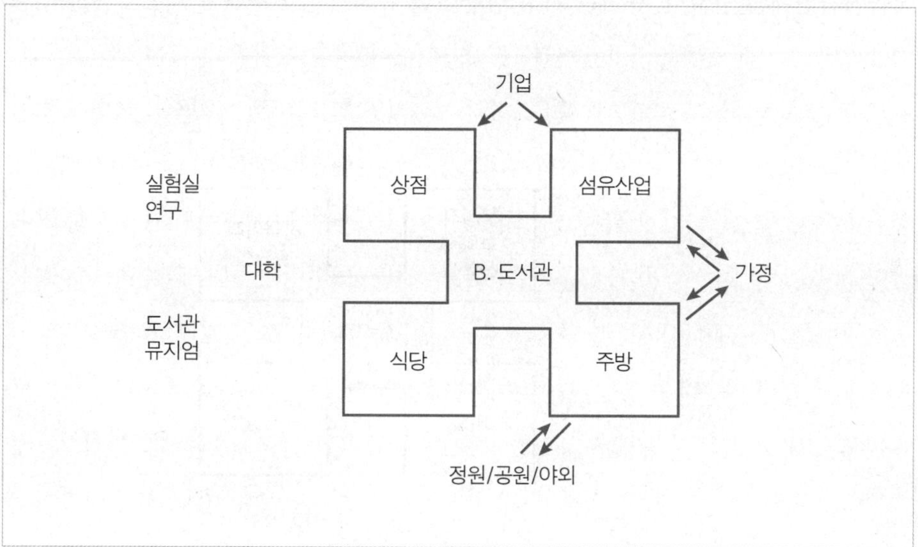

[그림 1-9] 듀이가 본 학교-사회 간 연결 방식

출처: Dewey, 1900; Hein, 2004, p. 417 재인용.

데 학교 밖과 만난다. 이를테면 학교 안에 있는 주방에서는 학교 밖 커뮤니티의 자연 환경에서 얻은 재료들을 구해 교실로 들여온 후 아이들에게 식물이 자라나는 데 필요한 요소들을 가르치게 된다.

듀이는 학교가 사회와 밀접한 관계를 맺는 가운데 사회가 학교로 들어왔다면 이제 뮤지엄을 통해 학교에서 배운 것을 확인하는 것이 필요하다고 본다. 학교 밖 커뮤니티로부터 학습의 소재를 얻고 학교와 학습 네트워크를 구성하는 도서관(B)을 통해 지식을 제공받는 것처럼 학습자들은 학교에서 섬유산업을 배우고 [그림 1-10]과 같이 뮤지엄에서 직접 섬유가 조직되는 방식을 경험함으로써 학교에서 배운 이론을 확인하고 스스로 배우게 된다.

[그림 1-10]에서 뮤지엄의 위치를 통해 알 수 있듯 뮤지엄은 삶의 경험을 풍부하게 하는 가장 핵심적 기관이라고 해도 과언이 아닐 것이다. 교육을 한다는 것은 학습자 삶의 경험이 풍성해지도록 조력해야 하는 것을 의미하는바, 지리적 · 예술적 · 문학적 · 과학적 · 역사적 측면에서 풍성한 삶의 경험을 부여할 수 있는 필수 기관 중의 하나인 뮤지엄은 학습자들이 개인적으로 즐길 수 있고 자주 방문할 수 있는 교육기관임에 틀림없다. 듀이는 가장 바람직한 뮤지엄은 교육을 목적으로 사용되며

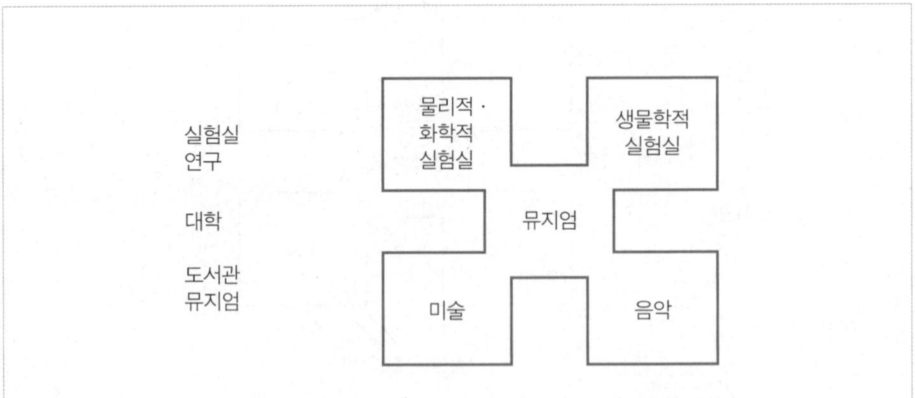

[그림 1-10] 듀이가 본 학습 네트워크상 뮤지엄의 위상

출처: Dewey, 1900; Hein, 2004, p. 418 재인용.

뮤지엄 외부의 삶의 활동과 관련이 있는 것이라고 보았다(Hein, 2004: 419). 구소련을 방문하고 나서 듀이는 이렇게 썼다.

> *내가 본 페다고지적 목적을 위한 최고의 자연사 뮤지엄과 사회자료 뮤지엄은 레닌그라드 외곽 지방에 있는 것으로, [이 뮤지엄은] 지역의 동물군, 식물원, 광물학 등의 완벽한 전시물, 현지 유물, 역사를 바탕으로 건축되었고, 교사의 지시에 따라 학습자들의 여행으로 이루어졌다(Dewey, 1928; Hein, 2004: 419 재인용).*

인용문은 듀이가 뮤지엄의 강점이란 학교 외부에 있는 지역의 삶을 반영하고, 사람들이 살아온 경험의 결과를 조직하고 분석하는 데 있다고 믿었음을 보여준다(Hein, 2004: 420). 뮤지엄은 전체적으로 학습자들이 사는 배경으로부터, 혹은 배경에 부합하는 오브제를 전시하고 학습자들을 맞는다. 그런데 책에 있는 지식과 마찬가지로 뮤지엄 방문 자체로서는 완전한 삶의 경험이 될 수 없다. 학습자들은 뮤지엄 교육자들의 조력을 바탕으로 뮤지엄 체험이 뮤지엄 밖의 삶과 어떻게 연결되어 있는지, 그리고 그들이 지닌 이전 지식과는 또 어떻게 연결되어 있는지 등 전문적인 경험을 하게 된다. 이는 뮤지엄 교육자들이 관람자에게 성찰과 탐구 기회를 마련하고 새로운 문제해결의 기회를 조직화해주기에 가능하다. 학습자는 뮤지엄 방문 경험을 해석하고 확장하며, 이때 삶의 경험과 통합하게 된다. 뮤지엄 체험으로부터 도출된 즉각적인 결과는 다시 삶과 연관시키는 쪽으로 나아간다.

뮤지엄이 학습자들의 삶, 혹은 커뮤니티에서 출발하고, 또 그들의 삶으로 환류되어야 함에도 오랫동안 뮤지엄은 그러하지를 못했다. 듀이는 전통적 뮤지엄이 삶과 유리되어왔다고 토로한다. 듀이는 대중이 생각하기에 뮤지엄은 먼지 쌓인 물건들이 깔끔하게 분류되어 있는 곳이고 지식을 움직이는 상호작용이 없는 곳이라고 인식한다고 보았다(Hein, 2004: 420). 듀이가 보기에 이렇게 된 데는 예술이 삶으로부터 괴리되었기 때문이다. 그리고 하인(2004: 421)이 지적하듯 예술과 삶의 분리로 인해 뮤지엄 전시와 대중 교육 간에 격차가 생기게 되었기 때문이다. 1909년에 설립된 당시부터 1929년까지 뉴어크 뮤지엄Newark Museum에서 감독으로 재직한 대너John Cotton Dana도 듀이의 생각과 유사하다. 대너는 당시 뮤지엄이 엘리트주의적 성격을 지닌다고 언급하며, 엘리트주의적 관점에서 뮤지엄에 전시하는 전시물은 10만 달러인 데 반해 커뮤니티로부터 나온 전시물과 인건비는 상대적으로 헐값이고, 더욱이 전자는 커뮤니티의 삶에 크게 도움이 되지 않지만 후자는 그렇지 않다고 지적한다. 그러므로 뮤지엄이 지역사회에 기반하고, 또 지역사회를 위해 봉사할 필요가 있다고 역설한다. 뮤지엄에서 생성한 것이 사회생활과 연결될 수 있도록 노력해야 한다고 보아서 이민자 구역의 노동자가 만든 평범한 사물들로부터 학습자들이 배우게 할 것을 강조했다. 이때 찍은 야외 활동사진이나 뉴어크 뮤지엄이 후원하는 직조 관련 사진을 보면 아동을 위한 뮤지엄의 양상이 정원에서 일하거나 시카고의 실험실 학교와 연계한 직물 가게에서 일하는 아동의 사진과 유사함을 알 수 있다(Hein, 2004: 422). 공교육 기관인 뮤지엄에서 소외되는 사람들이 없도록 뮤지엄 교육이 사회와의 관계성을 중요하게 고려할 필요가 있다.

(2) 신박물관학

신박물관학New Museology은 1980년대 말 버곡Peter Vergork이 만든 용어로 1985년 국제 신박물관학 운동International Movement for a New Museology을 통해 유산 사용과 관련하여 반성과 실천의 필요성을 요구하면서 일어났다(오명숙 · 윤여각, 2019: 47). 그러나 신박물관학의 태동은 그 이전부터여서 아도베티Stanisls Adoveti가 1971년 열린 제9회 국제박물관협의회 총회에서 "근대박물관은 급격하게 변화하거나 현재의 권리를 잃거나 사라지게 될 것"이라고 언급한 데서부터 찾아볼 수 있다는 의견도 있다(박소현, 2011; 윤병화, 2015). 그 후 1972년 칠레에서 유네스코UNESCO가 주최한 '오늘날 라틴아메리카에서의 박물관 역할' 좌담회에서 나온 산티아고 선언은 신박물관학의 시발점이 되었다고 평가받고 있다(박소현, 2011; 오명숙 · 윤여각, 2019; 윤병화, 2015). 산티아고 선언은 뮤지엄을 다음과 같이 정의했다.

> 박물관은 사회의 통합적인 부분으로서 그것이 속한 공동체의 자각을 높이는 데 참여하는 일에 주안점을 두고 사회에 봉사하는 제도다. 박물관은 현재의 문제들을 명확하게 드러내는 역사적 틀 내에 박물관 활동을 위치지[움]으로써 과거와 현재를 연결시키고 현재 진행 중인 구조적 변화에 참여하며 각국이 처한 현실 속에서 다른 변화들을 촉발시킴으로써 행동하는 공동체들의 사회적 참여에 기여해야 한다(Santos, 2010; 박소현, 2011: 228 재인용).

산티아고 선언 이후 뮤지엄은 지역과 함께해야 하는 기관이고, 사회문제해결과 공동체의 발전을 도모하는 사회적 역할을 수행해야 하는 기관이라는 인식이 대중의 공감을 얻은 것으로 보인다. 국제박물관협의회International Council of Museum는 1974년 뮤지엄을 "인류와 인류 환경의 물적 증거를 연구 · 교육 · 향유할 목적으로 이를 수집 · 보존 · 조사연구 · 상호교류(교육과 전시)하는 비영리적이며 항구적인 기관으로서 대중에게 개방되고 사회발전에 이바지"하는 기관으로 정의 내린바(홍보라매, 2015: 4), 신박물관학적 조류가 당시의 전시물 수집과 전시라는 뮤지엄의 주요 기능에 대한 인

〈표 1-3〉 구박물관학과 신박물관학의 비교

	구박물관학	신박물관학
수집 범위	물질적 유물	비물질적 문화유산 포함
주요 대상	유물 중심	사람 중심
접근 방법	과거 지향적 단일학문	미래 지향적 학제적
조직	전문 인력	지역 시민 및 각계 전문가
교육	근대 시민의 교화	교육 기관으로서의 박물관
재정	정부 지원	지역 단체 및 개인 후원
시선	제국주의적, 식민주의적 민족주의적, 남성중심적	탈식민주의적, 지역주의적 여성주의적

출처: 이명진, 2013; 윤병화, 2015, 12쪽 재인용.

식을 사회에서의 반성과 실천 같은 인식으로 옮겨가는 데 영향을 미쳤음을 추측할 수 있다.

신박물관학은 뮤지엄이 사회봉사를 위한 교육적 도구가 되게 하는 데 관심이 있었으며, 일상생활과 예술이 분리되지 않게 하는 데 관심을 두었다. 이는 전통적 박물관학이 선택받은 대중을 대상으로 맥락으로부터 분리된 전시물을 통해 문화나 역사에 대한 지식을 전달하고 심미감을 고양하는 데 관심을 두었던 것과 대비된다.

신박물관학적 관점에서 보는 뉴 뮤지엄New Museum은 뮤지엄이 가지고 있는 설립목적에 사회와 집단이 지닌 공동 기억을 연계한다. 전통적인 뮤지엄이 미학적이거나 역사적 가치가 있는 자료를 전시와 교육을 통해 뮤지엄 내 전문 인력에 의해 전달하던 방식으로 주로 진행된 데 반해, 뉴 뮤지엄은 폐쇄적이고 독점적인 전시가 아닌 지역과 환경을 아우르며 이용자의 다채로운 체험과 상호소통, 참여, 실천, 사회와의 연결을 유도하며 뮤지엄의 설립목적을 달성하고자 한다. 뉴 뮤지엄은 과거 뮤지엄이 소수의 엘리트 그룹에게 열려 있었던 것에서 벗어나고자 한다는 점에서 '박물관의

〈표 1-4〉 뉴 뮤지엄의 특성

범주	내용
이용자	• 뮤지엄 활동에 각종 의사결정권을 행사하는 뮤지엄의 주체 • 뮤지엄 내에서 회원, 자문위원, 해설사, 자원봉사자 등의 역할을 담당 • 뮤지엄의 자체 평가 및 개선에 이용자의 의견이 중요하게 반영됨
수집 및 보존	• 지역 및 주민의 생활을 바탕으로 한 (비)물질적 분야 수집 • 지역민에게 본래의 맥락을 유지하면서도 현 상황에 맞게 수집물을 제공하여 지역민들이 보존해 갈 수 있게 함
전시 및 교육	• 공공의 기억과 동시대의 요구사항을 연계한 프로젝트로 전시 및 교육을 기획, 이용자와 커뮤니케이션 기회를 늘리고자 함
경영	• 이용자의 흥미를 바탕으로 뮤지엄을 특성화하고, 보존 중심이 아닌 교육 중심, 지역의 문화발전을 위한 네트워크 구축
조직	• 상호보완적인 소수로 구성된 팀이 목표를 중심으로 책임을 공유하고 문제를 해결해가는 수평적 구조 지향
공간	• 수장고 및 전시공간 외에도 교육 및 휴식을 위한 기타 공간 조성 확대 • 뮤지엄 내·외부의 연계를 통한 새로운 공간 조성
예산	• 시민, 기업 및 공공 기관들로부터 재원 확보

민주화'를 실현한다고 평가받기도 한다(최병식, 2010). 뉴 뮤지엄의 좀 더 구체적인 특성을 정리해보면 〈표 1-4〉와 같다(윤병화, 2015: 13-15).

뉴 뮤지엄의 종류로 에코뮤지엄Ecomuseum이나 오픈에어 뮤지엄Open Air Museum 등이 국내에서 자주 언급되고 있다. 에코뮤지엄은 생태학Ecology과 뮤지엄Museum의 합성어로, 여기서 환경은 자연환경뿐만 아니라 한 지역 안의 다양한 문화, 유·무형의 지역유산, 산업 시설 등을 모두 포함한다(최병식, 2010: 224). 따라서 에코뮤지엄은 지역민과 지역민을 둘러싼 환경과의 관계에 관심을 가진다고 볼 수 있다. 에코뮤지엄의 이러한 특성은 에코뮤지엄의 기원과도 관계가 있다. 에코뮤지엄은 1960년대 프랑스에서 농촌의 문화시책으로 탄생했다. 이것이 1980년대에 도시지역으로 확대되면서 유·무형의 자원과 인간의 관계성을 총체적으로 바라보고 생태계를 회복하고자 하는 새로운 형태로 발전하게 되었다(윤병화, 2015: 15). 바랭Hugues de Varine은 전통적인 뮤지엄이 소장품, 건물, 관람자 중심이나 에코뮤지엄은 문화유산, 지역, 주민 중심이라고 말한다. 그리고 보이런Patrick J. Boylan은 에코뮤지엄이 지역, 역사적 문화 유적지, 학제적 조직, 지역 공동체 관람자, 커뮤니티 기반 운영을 특징으로 한다고 본다(Boylan, 1992; 최병식, 2010: 225 재인용).

〈표 1-5〉 보이런이 본 뮤지엄과 에코뮤지엄의 비교

분류	뮤지엄	에코뮤지엄
범위	건물	지역
주요 보존물	소장품	역사적 문화 유적지
접근방식	학문적	학제적
주요 관람자	관람자	지역 공동체
정책적 통제	뮤지엄과 뮤지엄 운영 기관	지역 공동체와 지역 공동체 운영 기관

신박물관학이 뮤지엄과 사람, 지역사회의 정체성 형성과 개발에 관심을 가지니만큼 에코뮤지엄도 이런 특성을 담지한다.

> *에코뮤지엄은 한 장의 거울이다. 주민은 자신을 인식하기 위해 그 거울에 스스로의 모습을 반영해낸다. 에코뮤지엄은 인간과 자연의 표현이다. 인간은 그 자연환경에서 해석된다. 또한, 시간과 공간의 박물관이라는 개념을 갖고 연구소, 보존 기관, 학교 등의 기능을 갖는다(Giraudy & Rivière, 1996; 최병식, 2010: 227 재인용).*

한편 오픈에어 뮤지엄도 뉴 뮤지엄의 또 다른 종류로 자주 언급되고 있다. 유럽오픈에어뮤지엄협회The Association of European Open Air Museums에 의하면, 오픈에어 뮤지엄이란 비영리로 대중에게 개방되는 뮤지엄으로 "한정된 지역의 야외에 하나의 총체로서 제시된 건물, 생활과 경제 패턴을 설명하는 수집품들을 과학적으로 계획하고 운영하는 박물관"을 가리킨다(International Committee of Museums, n. d., 최병식, 2010: 213 재인용). 오픈에어 뮤지엄은 오픈 뮤지엄Open Museum과 혼용되어 소장품을 외부에 전시하는 형태의 뮤지엄을 일컫기도 한다. 오픈에어 뮤지엄은 19세기 후반 스칸디나비아, 노르웨이의 오슬로, 스웨덴 등에서 본격화된 야외 박물관에 기원하고 있으며, 1960년대 이후 본격화되었다. 이 뮤지엄은 프랑스의 에코뮤지엄이나 미국의 이웃박물관Neighbourhood Museum과 비슷한 구조를 띤다. 오픈에어 뮤지엄은 소장품 수집, 보존, 전시는 물론 소멸되어가는 지역의 역사와 생활, 사람들과 그들이 사는 환경을 둘러싼 유 · 무형의 유산, 오래된 건물 재건, 과거 환경의 재창조 등을 바탕으로 한다(최병식, 2010).

오픈에어 뮤지엄과 에코뮤지엄은 모두 야외에 있고, 도시화로 인해 급격히 황폐화되어가는 농촌의 흔적을 보호하고자 하며, 현장 체험을 위주로 운영한다는 점에서 '벽이 없는 뮤지엄', '살아있는 뮤지엄'으로 불리는 등 유사한 부분이 많다(최병식, 2010).

(3) 포스트크리티컬 뮤지올로지

포스트크리티컬 뮤지올로지Postcritical Museology는 비숍이 급진적 뮤지엄 실행에 대한 선언문에서 "우리의 역사적 순간에 결부된 좀 더 정치적 참여"라고 언급한 것과 관계되며, 실질적으로는 영국의 테이트 뮤지엄에서 3년 동안 수행한 연구 프로젝트에서 영국의 특정한 정치적 · 사회적 · 지리적 · 재정적 · 학문적 리얼리티를 반영하면서 대두된 이론이다. 그리고 뮤지엄에서의 실행과 뮤지엄 관련 학계의 연구 간 공동연구 가능성을 타진하는 질문에 대한 응답의 결과였다(Kletchka, 2018). 영국 정부는 문화 부문에서 흑인과 소수민족에 대해 문화적 다양성cultural diversity과 사회적 포용social inclusion을 의무화하고 있다. 이 구조는 영국의 뮤지엄을 대학과 동등한 연구 생산자로 지목하는데, 정작 뮤지엄에서 실행되는 교육, 해석, 큐레이션, 등록 및 관리의 일상적인 관행은 학계의 연구 결과와 크게 분리되어 있었다. 이에 대해 월시Victoria Walsh는 학계와 뮤지엄 간 분리되어온 역사 때문이라고 본다. 이러한 현상은 비단 영국에만 국한된 것은 아니어서 대체로 많은 나라에서 미술관, 미술관 교육, 큐레이션에 대한 학문적 연구들이 대다수 뮤지엄 직원의 일상적 실행에 극소의 영향을 미치고 있다. 포스트크리티컬 뮤지올로지는 뮤지엄 관련 학문적 논의와 실제의 분리를 극복하고자 한다.

포스트크리티컬 뮤지올로지는 커뮤니티 구성원들의 삶을 형성하는 사회적 조건을 알고, 뮤지엄이 커뮤니티에 민감하며, 커뮤니티에 기여하는 등 커뮤니티에 반응하도록 장려한다. 포스트크리티컬 뮤지올로지를 한마디로 정리한다면 '사회적으로 반응하는 실천'이라고 할 수 있을 것이다. 클레치카(Kletchka, 2018: 307)는 포스트크리티컬 뮤지올로지의 관람자 기반 인식론의 특징 중 일부를 다음과 같이 정리했다.

- *관람자가 예술사와 전문 지식에 의해 형성된 특정 내러티브를 받고 있다고 가정하지 말고, 관람자가 배우고 있음을 보여주는 데이터를 수집하고 분석하여 기관적인 권위와 큐레이터적인 권위를 탈중심화하기*
- *관람자를 연령이나 가족 상태에 기반해서 전형적인 그룹에 속하는 것으로 예단하지 않음으로써 관람자와 그들의 학습경험의 다양성을 인식하고, 갤러리에서 다양한 관람자에게 다가갈 수 있는 프로그램을 만들어 다층화된*

경험을 생성해내기

- 페다고지적 커넥터나 의도적 도발을 광범위하게 사용해보기. 예를 들어 관람자가 벽지 색부터 갤러리의 가구까지를 선택해보게 한다든가 예술사적인 운동이나 장르가 아니라 주제별로 좌석, 지도, 그림 그리기, 음악, 대화 게시판 및 갤러리를 구성해보게 하기
- 제도적 틀로서 미술사나 사물보다는 창의성 채택하기. 창의성이라는 틀은 새로운 아이디어를 개발(상상력)하는 과정, 아이디어들을 종합 및 평가(비판적 사고)하는 과정, 결과로 가치 있는 무언가를 하는(창의력) 과정을 포함하는 특징을 띰
- 개인이 아니라 팀으로 전시와 설치 작업 수행하기. 더 이상 큐레이터의 권한을 독점화하지 말고 교육자, 큐레이터 및 기타 이해관계자로 구성된 새로운 팀이 정보를 제공하고 연결하는 전시회를 제작하게 하고 책임을 공유하게 하기
- 뮤지엄 운영과 선언의 최전선에 다양성과 포용성을 두면서 커뮤니티의 다양성을 대표하는 사람과 아이디어에 대해 급진적 포용을 목표로 하기. 급진적 포용이란 모든 사람, 특히 전통적으로 사회의 가장자리에서 살았던 사람들을 의도적으로 포용하는 것을 말함

2) 사회 반응 중심 뮤지엄 교육

(1) 다문화 교육 기반 뮤지엄과 뮤지엄 교육

다문화 교육은 1960~1970년대 미국에서 시민권 운동Civil Rights Movement의 하나로 등장한 이래 반세기가 넘는 시간 속에서 다양한 형태로 발전해가고 있다. 다문화 교육은 "다양한 인종, 민족, 성, 사회적 배경을 가진 학생들이 공평한 교육 기회를 가

질 수 있도록 하고, 자신과 다른 사람의 문화에 대해 긍정적 태도와 인식을 가지도록 하는 데 목적을 둔 교육개혁 운동"이다(류재만 · 손지현, 2017: 57). 뱅크스(James A. Banks, 1993, 2004)는 변혁적 다문화 교육 모델transformative multicultural education model에서 다문화 교육이 다음 다섯 가지 차원을 서로 연결할 것을 제안했다. 첫째, 표준 커리큘럼에 다양한 문화에 대한 정보 포함하기. 둘째, 교과에 내재한 암묵적인 문화적 가정이나 편견이 지식을 구성하는 방식에 대해 이해하고 조사하도록 하기. 셋째, 교실에서 차별이나 편견에 대한 대화 조력하기. 넷째, 다양한 배경, 학습 스타일, 세계관에 주의를 기울일 수 있는 교육 전략 구안하기. 다섯째, 학교 및 기타 기관과 관련된 구조적 이슈들에 대해 관심 갖기다. 슬리터와 그랜트(Christine Sleeter & Carl Grant, 1989)는 다문화적 · 사회재건주의자적 접근을 통해 교육자와 학습자들이 집단 내에서 억압과 불평등 이슈에 참여하기를 기대한다. 즉 사회를 재건하여 시민의 삶을 개선하고, 다른 피부색을 지닌 사람, 가난한 사람, 여성, 성적 소수자, 장애인 등의 요구를 충족시키기를 원하게 되는 그런 시민이 되도록 준비해야 한다고 본다(Sleeter & Grant, 1989, 1994, 2007). 이 접근법은 전적으로 변혁적인 커리큘럼을 만드는 데 초점을 두는 것이라기보다는 교실 밖에서 변화를 활발히 할 수 있도록 하는 데 힘을 실어주고 있다. 그 외 니에토Sonia Nieto도 다문화 교육을 통해 불평등을 다루기를 기대하고 있다. 최근의 다문화 교육은 다문화주의에 내재된 권력의 문제나 문화적 예속 문제를 비판적으로 분석하는 비판적 다문화 교육Critical Multicultural Education의 경향을 띠어가고 있다. 이 입장은 이를테면 토착민이나 경제적으로 넉넉하지 못한 학습자가 누구인지에 대해 부족하게 보여준다고 보고, 그들을 불리하게 하는 인종적 · 제도적 정책에 대해 비판적인 입장을 취하고 있다. 비판적 이론가들은 문화가 단순히 무언가에 대해 가르칠 수 있는 고정된 개념이라는 입장에 회의를 품고 권력의 복잡성에 대해 질문하고 면밀히 살펴보기를 희망하고 있다(Acuff & Evans, 2014: xxii). 이제 다문화 교육은 교육적 평등의 목표를 공유하는 다양한 커리큘럼 및 교육적 실천을 의미한다(Acuff & Evans, 2014: xix; Sleeter & Grant, 1989).

다문화 교육적 관점에서 보았을 때 전통적인 뮤지엄 교육은 엘리트주의적 성격을 띠고 다름을 간과한다. 전통적으로 뮤지엄은 수집, 보존, 연구, 그리고 인간과 관련된 중요한 물건을 보여주고 자연사, 전통, 예술 그리고 지식을 전시해왔다(Jung, 2010). 1900년대에 미국과 유럽 뮤지엄의 경영진들과 감독들은 후원자들을 단순히 "예술을 봄으로써 세계에 대해 교양을 쌓고 교육을 받게 되는 사람들"이라고 보았다(Hein, 2000). 따라서 뮤지엄에서 할 일은 대중이 예술작품을 볼 수 있도록 기회를 마련하고, 누군가의 '취향'이라는 것이 무엇이고, '삶의 질'이 무엇인지에 대해 통일되고 고립된 개념을 갖게 하는 것이었다. 자연히 대중이 이러한 미학적 경험으로부터 '학습'하게 되는 것은 '더 나은 취향과 개선된 삶의 질'이 무엇인지에 대해 알게 되는 것이었다(Acuff & Evans, 2014). 이러한 입장에서 보았을 때 전통적인 뮤지엄 교육을 뒷받침하는 교육 철학은 "인류의 대다수 대중을 단일의, 조화롭고, 균일하게 흠집이 없는 전체"로 병합하면서 관람자의 차이를 흡수했다(Hein, 2000: 44).

다문화 교육적 입장에서 보았을 때 전통적인 뮤지엄 교육은 다수의 사람을 배제하는 경향이 있었으므로 사회적 배제social exclusion를 사회적 포용social inclusion으로 바꾸는 것이 중요하다. 유럽의 경우 1990년대 이후 사람들은 뮤지엄이 개인과 공동체의 삶에 긍정적으로 기여할 수 있다고 믿으며 사회적 포용 어젠다에 관심을 가졌다(Black, 2012: 204). 이들은 "사회적 배제는 누구에게나 일어날 수 있긴 하지만, 특정 요소들을 가진 사람들은 불균형적으로 사회적 배제에 어려움을 겪을 가능성이 있다"라고 보았다. 주요 특정 위험 요소는 저소득, 가족 갈등, 돌봄 상태, 학교 문제, 전과자, 소수민족 출신, 소외 지역 거주, 정신건강 문제, 나이 및 장애를 포함한다(Cabinet Office, 2001; Black, 2012: 204 재인용). 미국 뮤지엄의 대다수도 20세기 후반부터 동시대에 이르기까지 계급, 나이, 인종, 능력, 성별, 민족에 관계 없이 모든 사람이 접근 가능한 '문화적 유산'을 소비할 권리가 있다는 민주적인 입장을 공표해오고 있다(Acuff & Evans, 2014). 플레밍(David Fleming, 2002)은 뮤지엄 계급주의museum classism를 말하면서 '뮤지엄이 사회경제적으로 불행한 사람들의 집단을 계획적으로 배제'했다고 주장한다. 전통적인 뮤지엄 교육은 자본을 가진 사람들을 대상으로 '교양' 교육을 하며, 특정한 삶의 방식과 관련된 고상한 소유물을 구입하고 유지하기 위해 실시된 탓에 '뮤지엄이 다양한 차이를 없애는 민주적이고 포괄적인 조직이 아니라 사회적 배제의 주체'가 되었다는 것이다. 구조적으로 볼 때 이는 뮤지엄이 재정적으로 지원받기 위해 식자층, 중산층, 경제적으로 힘 있는 사람들의 요구와 관심사를 충족시키는 데 관심을 기울일 수밖에 없고, 또한 뮤지엄이 엘리트주의적 소수에 의해 운영되었기 때문에 뮤지엄이 수집했던 것이나 뮤지엄이 관리되는 방식, 프로그램의 선정과 조직에 엘리트주의적 영향력이 불가피했기 때문이다(Jung, 2010). 최근의 다문화 교육 경향을 기반으로 한 뮤지엄교육자들은 뮤지엄에서 일어나는 배제를 포용으로 전환하고자 하는 데 관심을 증대해가며, 기존의 뮤지엄에서 주 관람자층으로 간주되지 않은 이들을 포용해서 뮤지엄 타깃 그룹으로 간주하고 교육을 기획하고 있다.

그런데 교육 및 소득의 백분위 수가 높지 않은 사람들이 속한 사회적 분류를 사용하는 것은 종종 문제를 야기한다. 예를 들어 영국은 뮤지엄이 포용적인 문화를 생산하도록 더 많은 관객의 다양성을 확보할 수 있는 방법을 찾도록 장려하는 것을 문화정책으로 삼은 바 있다. 뮤지엄에 접근하는 데 오랫동안 장벽이 있었던 사람들을 대상으로 그 장벽을 무너뜨린다면 관객은 변할 것이라는 믿음으로 청중의 다양성을 높이고자 했다. 이렇게 해서 아프리카계 사람들과 소수민족 그룹Black and Minority Ethnic: BME이 타깃이 된 적 있었다(Dewdney et al., 2013). 그러나 테이트 뮤지엄이 보여준 오랜 기간의 이러한 타기팅 조치는 핵심적인 청중 인구 통계를 변경하는 데 거의 영향을 미치지 않았음이 밝혀졌다(Dewdney et al., 2013). 예를 들어 테이트 브리튼에서 프레젠테이션과 워크숍을 통해 〈테이트 엔카운터 — 영국성과 시각문화: 흑인과 아시아인의 정체성Tate Encounters: Britishness and Visual Culture: Black and Asian Identities〉이라는 프로젝트를 시작했을 때, 인종화된 문화다양성 정책을 재생산하는 것이라는 생각을 안겨주면서 적대감과 저항을 받게 되었다. 이는 사회적 배제에 대해 고려하면서 누가 사회적으로 배제되고 있는지를 분석할 때 접합 혹은 연결성에 대해 고려해야 함을 시사한다(남영림, 2015; Black, 2012). 한 측면을 해결하려는 시도로는 충분하지 않을 수 있다. 예를 들어 앞서 언급한 위험 요소 중에서 이를테면 빈곤 같은 빈번한 요인 하나에 초점을 맞추기보다는 관련된 요인들의 범위를 이해하는 것이 중요하다. 이에 테이트 뮤지엄은 박물관 전문가 및 학습자 참가자들과 이야기하여 현장조사에 기초하고, 현장조사를 전반적으로 가로지르면서 BME 접근의 장벽을 더욱 심층적으로 이해하고 정책을 세우는 것이 문화정책의 목표를 실현하려는 시도라는 예비 결론에 도달한 바 있다(Dewdney et al., 2013). 다문화 뮤지엄 교육자들은 〈테이트 엔카운터〉 연구 프로젝트가 내린 결론에 동의하고 있다.

최근의 다문화 교육 경향을 기반으로 한 뮤지엄 교육자들은 뮤지엄을 '사회정의를 궁극적 지향점으로 사회를 변화시키는 역할을 담당할 수 있는 공간'이라고 본다. 19세기 후반에서 20세기 초에 획기적인 뮤지엄 교육을 주창했던 대너는 공립교육을 위한 뮤지엄이 도덕과 가치에 관해 가르칠 수 있는 사회적 기관이라고 인정한 바 있다(Acuff & Evans, 2014). 에이커프와 에반스(Joni B. Acuff & Laura Evans, 2014) 또한 뮤지엄이 궁극적으로 사회 변화를 가져오는 데 강력한 역할을 할 수 있다고 본다. 많은 사례가 있지만, 그중 하나로 로어이스트사이드 공동주택박물관Lower East Side Tenement Museum을 빼놓을 수 없다. 이 뮤지엄은 사회활동가인 아브람Ruth Abram이 디렉터로서 뉴욕의 아파트에 세운 뮤지엄으로, 커뮤니티의 주요 구성원들이던 이민자의 역사를 전시했다(Hein, 2016: 185). 아브람은 관람자뿐만 아니라 뮤지엄 직원들도 뮤지엄의 내용과 프로그램에 표현되는 이민자의 사회적 조건과 역사적 과거의 관계를 이해해야 한다고 생각했다. 뮤지엄은 아브람의 지시에 따라 이민자를 위한 정기적인 영어 수업 시리즈를 제공하고, 이민 예술가들의 작품을 보여주었으며, 이민자를 교육자로 고용하여 관람자에게 프로그램을 안내하도록 했다. 이 전시가 사회정의를 위한 변화에 한 걸음 다가가게 하는 백미는 1인칭과 3인칭 가이드 투어 후 주방에 모여 작품에 대해 대화한 시간일 것이다. 가이드는 관람자가 우리 삶에 연관된 과거의 조건들이나 오늘날 이민자의 삶에 대해 토의하도록 가이드 투어를 보완하는 토론 프로그램을 제시했다. 과거 이민자가 거주했던 레바인Levine의 이 아파트에서 관람자들은 때로 세상에 존재하는 불의에 대해 이야기하는 데 불편해했지만, 주방 대화에 참여했던 관람자 사이에서 서로 간에 벽을 허물고 전화번호를 교환하게 되었다고 한다. 이는 이민자 그룹과 비이민자 그룹 간에 놓인 장벽이 허물어지고 있음을 보여준다.

(2) 포스트 뮤지엄과 뮤지엄 교육

포스트 뮤지엄은 후퍼그린힐(Eileen Hooper-Greenhill, 2000)이 모더니스트 뮤지엄 이후의 뮤지엄으로 제안한 용어다. 후퍼그린힐(Hooper-Greenhill, 2000: 152-153)이 밝힌 포스트 뮤지엄의 몇 특징을 보면 첫째, 뮤지엄의 초점이 바뀌게 된다. 모더니스트 뮤지엄은 사물을 수집하는 데 집중했지만, 포스트 뮤지엄은 사용과 무형유산에 관심을 기울인다. 포스트 뮤지엄도 사물을 보관하고 관리하지만, 더 많이 축적하는 데 관심을 쏟기보다는 사용에 더 집중하게 된다. 그리고 문화의 과거와 미래를 구현하는 기억, 노래, 문화적 전통 같은 무형유산에 관심을 갖는다. 둘째, 뮤지엄 커뮤니케이션의 수단이 바뀌게 된다. 모더니스트 뮤지엄은 전시가 커뮤니케이션의 주요 형태였지만, 포스트 뮤지엄에서는 전시를 다른 많은 형태의 커뮤니케이션 중 하나라고 보고 전시보다는 다양한 커뮤니케이션이 가능한 이벤트에 주목한다. 이러한 이벤트에는 커뮤니티 구축과 조직의 파트너십 구축이 포함될 수 있다. 교육 프로그램 중에는 특정 커뮤니티 그룹이 자신들의 방식으로 뮤지엄 공간을 사용하도록 하는 시간을 마련해준다든지, 작가, 과학자 및 예술가를 레지던스residence에 있게 한다든지, 선술집과 상점에 위성을 설치한다든지 하는 식이다(Hooper-Greenhill, 2000). 이러한 이벤트가 진행되는 동안 토론, 워크숍, 퍼포먼스, 춤, 노래 및 식사가 이루어진다. 셋째, 뮤지엄을 관장하는 목소리 수가 증대된다. 모더니스트 뮤지엄에서는 단단히 짜여서 하나로 나타날 수 있는 전문가의 단일 목소리가 반영되었지만, 포스트 뮤지엄에서는 다수의 목소리와 관점이 반영된다. 포스트 뮤지엄은 다양한 견해, 경험 및 가치를 나타내는 목소리가 공동으로 이벤트와 전시를 수행하게 된다. 넷째, 포스트 뮤지엄의 공간이 달라진다. 모더니스트 뮤지엄은 물리적 건물로 그려졌지만, 포스트 뮤지엄은 과정이나 경험으로 상상될 수 있다. 포스트 뮤지엄은 많은 건축 양식을 취하면서도 자체 벽에 국한되지 않고, 뮤지엄 공간의 포인트를 뮤지엄 커뮤니티들이 가진 관심사 공간이 되게 하고 이 관심사에 대해 나누게 하는 과정으로 보도록 하는 데 초점이 있다. 다섯째, 뮤지엄의 여성화가 재현된다. 모더니스트 뮤지엄은 객관성, 합리성, 질서, 거리에 가치를 두어왔다. 그러나 포스트 뮤지엄은 반응성을 서로 나누고 상호 양육, 파트너십을 장려하며 다양성을 축하하는 방향으로 나아가게 된다.

포스트 뮤지엄 교육은 몇 가지 개념을 중핵으로 한다. 첫째, 포스트 뮤지엄 교육은 해석학과 의미 만들기를 기반으로 한다. 포스트 뮤지엄의 페다고지는 리얼리티가 구축되고, 유지되며, 수정되고, 확장된다고 보는 해석이론과 의미 만들기 이론에 기반을 두고 있다(Hooper-Greenhill, 2000: 116-117). 해석이론적 관점에서 무언가를 이해한다는 것은 사람들이 보고 듣는 것을 그들이 이미 경험해서 저장해둔 행동들의 그룹화와 연결을 짓는 과정으로, 이해한다는 것은 곧 해석한다는 것을 의미한다(MacLachlan & Reid, 1994; Hooper-Greenhill, 2000: 116 재인용). 해석은 세부 사항과 전체 간의 대화적 관계를 통해 작업의 의미를 밝히는 것을 목표로 한다. 즉 작품 전체는 개별 단어와 그 조합으로 이해될 수 있지만, 세부 사항의 완전한 이해는 전체에 대한 이해를 전제로 한다(Dilthey, 1976; Hooper-Greenhill, 2000: 116 재인용). 가다머Hans-Georg Gadamer는 이에 대해 "우리는 전체를 부분에 대해 이해해야 하고, 부분을 전체에 대해 이해해야 한다"라고 하여 이해의 과정을 전체로부터 세부로 보는 과정이고 되돌아가는 과정이라고 설파했다(Gadamer, 1976; Hooper-Greenhill, 2000: 117 재인용). 의미를 만드는 과정은 대상의 전체와 부분, 그리고 현재와 과거 사이를 이동한다. 동시에 지속적으로 확인하고 재확인하고, 아이디어를 수정하고, 새로운 것을 시도하고, 작동하지 않는 것들을 거부한다. 부연컨대 해석이 가지는 이러한 순환 작용(해석학적 순환)에 의해 작업 전체와 부분 사이에서 지속적으로 대화적dialogic 움직임이 나타나고 이를 통해 이해가 발전한다. 가다머는 텍스트 같은 경험, 사물 및 다른 재료들은 우리 자신의 역사에 의해 주어진, 그가 선입견이라고 부른 것, 혹은 사전 지식이라고 부른 것, 그리고 특정 개방성을 통해 접근된다고 제안한다. 이 오브제들에 대한 수용성은 선입견과 개방성 사이에 균형 또는 변증법을 만든다. 이 변증법은 더 큰 '진실'을 향한 선입견의 수정을 허용한다. 하지만 이 진리는 여전히 상대적이고, 역사적이며, 사회적으로 결정되어 있다. 해석학적 순환에서 더 많은 관계가 발생함에 따라 의미가 지속적으로 수정된다. 텍스트나 예술작품의 진정한 의미에 대한 발견은 절대 끝나지 않는다. 그것은 사실상 무한한 과정이다.

둘째, 포스트 뮤지엄 교육은 복합 · 유동적 정체성에 관심을 기울인다. 포스트 뮤지엄의 페다고지는 개인들, 그룹들, 커뮤니티들의 리얼리티가 젠더, 인종, 계층 경험의 접합intersecting에 의해 형성된다고 본다. 개인들의 정체성은 복합적 요인들의 접합에 의하고, 역동적이고 지속적으로 변화하므로 포스트 뮤지엄 교육자는 이를 고려해야 한다. 예를 들어 과거 영국의 경우 소수민족 양태를 보자면 서아프리카, 카리브해, 남아시아에서 이주민이 전쟁을 피해 대거 이동해왔다. 그러나 최근 글로벌리즘 환경에서는 이주의 분포와 패턴이 확장되고 다양해졌다. 말레이시아, 방글라데시, 라트비아, 우크라이나, 노르웨이, 핀란드, 폴란드, 스페인, 나이지리아, 가나 등 이주의 범위가 EU와 아프리카 내에서는 물론 세계적으로도 확장된 모습을 보여주고 있다. 그리고 소수민족이 질적인 교육 수혜를 위해서나 출세를 위해 이주해와 과거에 비해 이주의 이유도 달라졌다. 이는 현 글로벌 경제에서 비단 영국만의 특수한 상황은 아닐 것이다. 따라서 포스트 뮤지엄 교육가는 이주 경험에 의해 만들어진 사람들이 누구이고, 현재 어떤 문화적 배경에서 살고 있는지 정체성의 유동성을 인식할 필요가 있다. 예를 들어 테이트 뮤지엄이 문화다양성 정책 차원에서 아프리카계 사람들이나 소수민족을 대상으로 한 뮤지엄 교육을 하고자 했을 때 초기에 보여준 에피소드는 사회적으로 이미 구축되어 있던 아프리카계 사람들이나 소수민족에 관한 사회적 범주와 담론을 바탕으로 했기 때문에 이들의 저항을 불러온 경우를 보여준다 (Dewdney et al., 2013).

셋째, 포스트 뮤지엄 교육은 커뮤니케이션이 문화 (재)생산에 관여한다고 본다. 문화이론과 의사소통 이론가들은 의사소통이 리얼리티가 생산되고 변혁되는 과정과 상징으로 잘 이해된다고 본다(Hooper-Greenhill, 2000). 예술은 상징적 시스템으로서 어떤 경험에 대한 태도와 해석을 구성 · 표현하고 의사소통하게 한다. 문화로서 의사소통의 관점은 해석학 및 구성주의의 일부 아이디어와 연결될 수 있다. 해석학은 이해가 어떻게 달성될 수 있는지에 관한 것이며, 해석이 대화적이고 관계적이라는 것을 암시한다. 구성주의 학습이론은 학습이 개인적이고 사회적이어서 의미는 해석 공동체를 통해 중재된다고 본다. 예술과 관련한 존재론적 또는 인식론적 관점, 문화적 또는 민족적 차이는 경험에 대한 해석이 다른 그룹과 차별화된 공동체를 만든다. 의사소통에 대한 이 접근법에서 초점은 사회적 네트워크 내에서 활동적인 개별적 행위주체에 의해 사회적 삶을 통해 의미가 어떻게 구성되는지에 둔다. 의미는 인지적 틀, 해석 전략 및 해석 공동체를 통해 협상되는 것이고, 복수적, 우연적, 도전감을 줄 여지가 있다. 이러한 접근방식에서 의사소통자는 촉진자 역할을 한다. 뮤지엄에서 큐레이터, 교육자 및 전시 개발자 같은 커뮤니케이터들의 임무는 기존의 해석 전략 및 레퍼토리를 배포하고 확장하여 관람자가 의미를 만들도록 초대하는 경험을 제공하는 것이다(Gunther, 1999; Hooper-Greenhill, 2000: 139-140 재인용). 이 일은 관람자가 이미 알고 있는 것을 사용하여 학습자와 사회적 주체로서 새로운 지식과 새로운 자신감을 쌓을 기회를 만드는 것이다.

포스트 뮤지엄에서 이루어질 수 있는 교육에 대해 '흑인의 목숨도 소중하다 Black Lives Matter: BLM' 시위*를 빌려 서술해본다면(Kletchka, 2018: 302), 컬렉션에 있는 BLM 관련 예술작품들에 주의를 환기시키는 교훈적인 자료와 프로그램을 만드는 것일 수 있다. BLM 관련 예술작품들이란 이를테면 미국의 복잡한 인종사, 아프리카계 미국인 예술가의 작품, 시민의 불안을 다루는 것들일 수 있다. 이때 퍼거슨Ferguson에 대한 예술가의 진술, 학습자의 목소리, 그리고 국가의 반응을 전시에 포함할 수 있다. 또한 포스트 뮤지엄에 있는 직원들은 상설 소장품 전시와 특별 전시를 통해 전달되는 메시지도 평가해볼 수 있다. 예를 들어 그들은 아프리카계 미국인의 몸을 묘사하는 전시물을 면밀히 검토하고 다른 오브제 및 주제와 병치되는 방법을 고려하거나, 유색 예술가의 작품이 같은 예술사 시대에 작업한 다른 작품과 공간적으로나 개념적으로 분리되지 않도록 검토할 수 있다.

* 2014년 미국 미주리주 퍼거슨Ferguson에서 무장하지 않은 10대 청소년 브라운Michael Brown이 억울하게 죽은 사건이 있었다. 이에 대해 여러 곳에서 액션이 취해졌는데, 펜실베이니아 주립대학교 대학생 80여 명은 'Black Lives Matter'라는 주제로 45분 동안 학교의 학생회관 1층에 조용히 누워 있는 퍼포먼스를 수행했다.

(3) 재창조된 뮤지엄과 뮤지엄 교육

앤더슨Gail Anderson은 동시대 뮤지엄이 변화하는 세상에서 연관성을 유지하고 생존하기 위해 고군분투하고 있다고 보았다(Kletchka, 2018). 앤더슨이 전통적 뮤지엄과 차별화된 동시대 뮤지엄을 생각하면서 재창조된 뮤지엄Reinvented Museum의 특성으로 꼽은 경향은 〈표 1-6〉과 같다(Kletchka, 2018: 303).

클레치카(Kletchka, 2018: 302-303)는 앤더슨이 설명한 재창조된 뮤지엄의 이론적 기틀인 제도적 가치, 관리 전략, 거버넌스, 의사소통 이데올로기라는 네 가지에 대해 각각 다음과 같이 설명한다. 제도적 가치는 뮤지엄의 모든 활동, 전시, 결정을 형성하는 핵심 가치를 말한다. 뮤지엄에서 일하는 모든 구성원, 이를테면 이사회부터 자원봉사자에 이르기까지 이 기관의 가치에 따라 과업을 수행하게 되어 있다. 재창조된 뮤지엄의 직원들은 뮤지엄이 공공 관객과 어떠한 관련성을 띠는지에 대해 관심을 갖고, 과업을 수행한 결과에 대한 평가와 평가에 대한 분석을 바탕으로 의사결정을 하거나 우선순위를 정한다. 둘째, 거버넌스는 이사회가 지닌 철학적 기원을 바탕으로 나오는 리더십이라고 볼 수 있다. 재창조된 뮤지엄은 장기적 활력과 지속 가능성을 보장하면서 공공서비스를 할 수 있도록 뮤지엄 자원을 적절하고 윤리적으로 관리하도록 전략적 방향을 정하고, 신탁(信託) 관리하고, 리더십을 발휘하는 이사회가 주재한다. 셋째, 관리전략은 뮤지엄을 관리하는 전략을 말한다. 재창조된 뮤지엄은 시장에 나타나는 트렌드에 대해 관심을 갖고, 해당 뮤지엄에서 가능한 것에 대해 혁신적으로 접근하며, 현실성 있는 기대치를 갖는다. 그리고 대중과 관계를 맺는 것에 대해 관심을 갖는다. 그 외에 뮤지엄의 책임에 대한 평가 등 기존에 평범하게 이루어졌던 의사결정에 대해 신중하게 심의한다. 넷째, 의사소통 이데올로기란 관리 전략을 구현하는 데 수반되는 가치체계다. 재창조된 뮤지엄의 관리전략을 구현하려면 의사결정을 투명하게 하고, 지위 고하를 막론하고 모든 직원과 관련 정보를 공유하며, 개별 직원과 그들이 기관에서 수행하는 역할을 존중하는 의사소통 이데올로기가 필요하다. 수용, 신뢰, 상호존중, 책임은 재창조된 뮤지엄의 조직문화와 커뮤니케이션 철학

〈표 1-6〉 전통적 뮤지엄과 재창조된 뮤지엄의 비교

전통적 뮤지엄	재창조된 뮤지엄	전통적 뮤지엄	재창조된 뮤지엄
제도적 가치		관리 전략	
보조로서의 가치 —	핵심적 주의(主義)로서의 가치	뮤지엄 내적 지향 —	이해당사자에게 반응
기관적 관점 —	전 지구적 관점	다양한 활동 —	전략적 우선순위
배타적 사회 —	시민적 참여	판매 —	마케팅
사회적 활동 —	사회적 책임	소비 주체에 대한 가정 —	소비 주체에 대한 지식
수집 중심 —	관람자 중심	계층적 구조 —	학습조직
제한된 표현 —	폭넓은 표현	단독 의사결정 —	공동 의사결정
[기관의] 내부 시점 —	커뮤니티 참여자	제한적 접근 —	개방적 접근
습관적 실천 —	반성적 실천	분리 기능 —	통합 작전
용인된 실재 —	탐구의 문화	구획적 목표 —	전체론적, 공유된 목표
권위 있는 목소리 —	다중의 관점	현상(現狀) —	통보된 위험 부담
정보 제공자 —	지식 조력자	자금 조성 —	창조적 기업
개별적 역할 —	공동의 책임	개별 활동 —	협력 작업
과거에 대한 몰입 —	현 삶에의 관련성 및 미래지향	고정적 역할 —	전략적 위치설정
유보하는 —	고통으로부터 해방시키려는		
거버넌스		의사소통 이데올로기	
문서로서의 미션 —	미션 주도	특권적 정보 —	접근하기 쉬운 정보
배타적 —	포용적	억눌린 차이 —	환영받는 차이
반응적 —	선(先)조치적	논쟁/논의 —	대화
민족 중심적 —	다문화적	강제적 지시 —	상호작용을 하는 선택
내부 초점 —	광범위한 관점	단방향 의사소통 —	양방향 의사소통
개별적 시야 —	기관적 시야	지식 보유소 —	지식 거래소
선견지명 있는 단일 리더 —	공유된 리더십	공적 전달적인 —	조력적인
의무적인 감독 —	영감을 받은	2차원적 —	다차원적
추정되는 가치 —	획득 가치	아날로그 —	가상
좋은 의도 —	공적 책임	방어적인 —	따뜻이 맞이하는
공적으로 드러낼 수 없는 —	투명한		
존경할만함 —	겸손함		
관리인 —	종사원		
경영 —	관리		
안정성 —	지속성		

의 중심이라 할 수 있다. 그리고 이러한 특성은 직원과의 커뮤니케이션뿐만 아니라 대중과의 커뮤니케이션에서도 확장되어 재창조된 뮤지엄의 핵심적 철학인 대중과의 관계 맺기를 달성하는 중요한 기제 중의 하나가 된다.

재창조된 뮤지엄에서 이루어질 수 있는 교육에 대해 앞서 언급한 BLM 시위를 빌려 서술해본다면(Kletchka, 2018: 303), 뮤지엄의 직원들이 BLM에 대해 어떤 이벤트를 할 수 있을지에 대해 논의해본다든지, 지역사회에 미치는 영향을 파악해본다든지, 그리고 큐레이토리얼적이고 교육적인 노력을 통해 대응할 계획을 수립해보는 방식으로 반응할 수 있다. 반응하는 유형은 기관에 따라 다양하겠지만, 주제별로 관련 전시회 큐레이팅하기, 아프리카계 미국인 예술가의 작품 해석을 강조하고 촉진하기, 또는 미술관 소장품 중 인종 및 인종주의를 다루는 예술가의 작품 보여주기 등이 있다. 덧붙여 해당 지역에서나 다른 지역에서 학자와 강연자를 초청해 커뮤니티의 사람들이 사물 및/또는 커뮤니티의 다른 구성원들로부터 학습할 기회를 만들 수 있다.

(4) 분산 뮤지엄과 뮤지엄 교육

분산 뮤지엄distributed museum은 인터넷의 기술적technical이고 개념적conceptual 네트워크를 통해 포스트 뮤지엄과 재창조된 뮤지엄의 비전을 확장한다(Dewdney et al., 2013; Kletchka, 2018). 기술적 네트워크라는 것은 "미술관의 전체 자료, 소장품 및 건물이 유지, 확장, 재현 및 재생산되는 과정과 조직적 배열"을 의미하고, 개념적 네트워크라는 것은 이러한 자료 및 공간 컬렉션이 수많은 구성요소와 작업자로 구성된 서로 다른 조직 및 작업 영역에서 구성되는 방법을 말한다(Kletchka, 2018: 304-305). 뮤지엄이 무엇인지와 뮤지엄이 무엇을 하는지 둘 다를 고려할 때, 수많은 구성요소와 작업들로 이루어진 여러 조직적 영역 및 작업적 영역에 걸쳐 구성되는 복잡한 관계들의 네트워크가 나타나게 되는바 이것이 분산 뮤지엄이다. 그간 뮤지엄은 단 하나의 경계 지워진 기관으로 확고하게 자리 잡고, '뮤지엄이 무엇을 하는가?'보다는 '뮤지엄이 무엇인가?'를 가장 중요하게 생각했다. 이러한 뮤지엄은 보통 물리적 장소를 점하는 장소이며, 사물들을 수집, 보존, 큐레이션하는 전문가 그리고 관람자로 구성된다고 여겨졌다. 그러나 뮤지엄이 하는 일을 고려할 때 뮤지엄의 전체 자료와 공간적 컬렉션, 뮤지엄 공간이 유지, 확장, 재현 그리고 재생산되는 과정 및 조직적 구성에 더 주의를 기울이게 된다.

분산 뮤지엄의 특징을 정리해보면 다음과 같다(Kletchka, 2018: 305). 첫째, 끊임없이 유동적인 뮤지엄 관람자의 주관성을 고려한다. 분산 뮤지엄은 관람자가 지닌 현저한 특성이 시간이 지남에 따라 변할 수 있으며 인종, 계급, 젠더, 성적 기원, 이민 상태, 능력 같은 범주가 분리되지 않고 상호 연관되어 있다고 본다. 둘째, 글로벌적 배경에 놓인 뮤지엄과 대중 사이의 관계를 재고한다. 모더니티 사회에서 세계의 모습을 정의해온 주요 언어, 문화 및 국가의 우세가 거부되고 현재 뮤지엄은 힘이 분산되고, 경제가 교류되는 국제 시스템의 글로벌적 배경에 놓였다. 그러므로 분산 뮤지엄은 뮤지엄과 대중 사이의 관계를 다시 생각할 필요가 있다고 본다. 셋째, 테크놀로지적 측면에서 기존과 다른 커뮤니케이션과 재현 방식을 고려한다. 분산 뮤지엄에서는 수집, 해석 및 참여의 실천양상이 테크놀로지 시대에 수정될 수 있다고 본다. 테크놀로지 시대는 역사적으로 의존해온 인간 커뮤니케이션에 컴퓨팅을 적용하는 것으로 묘사되는 뉴 미디어 측면에서, 그리고 네트워크화된 커뮤니케이션을 통해 생성되는 사회적 관계의 모델 측면에서 커뮤니케이션과 재현에 대해 근본적으로 다른 가능성을 제공한다. 넷째, 문화적 가치와 권위의 불안정화 속에서 관객의 행위능력과 뮤지엄 경험 방식의 중요성을 인식하고 이를 증대한다. 분산 뮤지엄은 뮤지엄의 문화적 가치와 권위가 불안정화됨에 따라 개인, 소비자, 집합체로서의 관객이 지닌 복잡성과 행위 주체, 그리고 관객이 뮤지엄을 경험하는 방식이 점점 더 중요해질 것이라고 본다. 다섯째, 뮤지엄에서 동시대적 실천으로부터 나오는 문제와 관련된 연구를 뮤지엄 내에서, 뮤지엄과 함께, 그리고 뮤지엄의 반성적인 방법론적 모드에 있는 확장된 협업자들 속에서 수행한다.

분산 뮤지엄에서 이루어질 수 있는 교육에 대해 앞서 언급한 BLM 시위를 빌려 서술해본다면(Kletchka, 2018: 306), BLM 시위는 특정 커뮤니티의 구성요소와 다른 지역문화적local cultural 및 교육적 기관과 관련하여 특히 뮤지엄의 역할에 대해 더 넓은 커뮤니티에서 지속적으로 대화하는 방식으로 전개될 수 있다. 나아가 이 과정에서 체계적으로 일어나는 억압에 대해 대화할 수 있다. 수집, 전시 방식, 프로그램, 봉사 활동 및 해석 전략에 대한 대화와 아프리카계 미국인 커뮤니티에 대한 이야기를 구체화하거나 방해하는 방식이 지역사회 전역은 물론 이를 넘어 모든 직원, 비판적 인종 학자, 문화 단체, 그리고 가장 중요한 학생 시위자들에 의해 일어날 것이다. 분산 뮤지엄의 리더십은 직원들이 개발한 퍼거슨 관련 행사에 대한 기관적 입장을 대중에게 분명하게 발표할 것이다. 큐레이토리얼적이고 교육적 반응은 지역사회 구성원, 비판적 학자, 활동가들이 함께 공동으로 개발하게 된다. 이때 정의, 투쟁 같은 여러 관련 주제에 대한 전시를 포함할 수 있다. 즉 공공 프로그램은 커뮤니티 구축, 대화 촉진 및 다양한 관점 존중에 맞춰질 것이다.

II

뮤지엄 교육 프로그램 개발

1장

뮤지엄 교육 프로그램 설계의 방향

1. 전시물 기반 뮤지엄 교육의 설계

미래사회에서 요구되는 능력은 자신의 분야에 대한 전문성 및 비판적 사고력, 창의적 문제해결력, 의사소통 능력 등 핵심역량과 다양성에 대한 포용과 도전정신 등일 것이다. 뮤지엄은 이러한 역량을 기르는 데 학교 교육에서 다룰 수 없는 고유한 강점을 갖고 있다. 왜냐하면 뮤지엄에서 관람자는 3차원적인 실물을 실제로 만날 수 있기 때문이다. 인쇄물, 영상물과 같이 오브제를 재현하는 이미지도 전시물을 보충하는 중요한 매체이긴 하지만, 뮤지엄 교육의 가장 중요한 특징은 전시물의 입체적인 특성을 직접 만난다는 것이다(Belcher, 2006). 전시물과 전시환경에서 만나 감각을 동원하여 직접 체험하는 전시물 기반 학습object-based learning은 글이나 이미지로만 만나던 매체의 한계를 극복하고, 새로운 교육적 경험을 제공할 수 있다.

1) 핵심 요소의 이해

(1) 전시물을 통한 체험

전시물은 보통 박물관의 유물이나 미술관의 작품들을 지칭하지만, 그 외 다양한 시각적 산물도 포함해 실물 또는 원본을 보충적으로 보여주는 재현적 전시물도 가리킨다. 전시물은 오브제object, 유물artifact, 표본specimen 등 뮤지엄의 성격과 특성에 따라 달라진다(Burcaw, 2001). 오브제는 물질적이고 3차원 형태를 가진 물체이며, 유물

[그림 2-1] 재현적 전시물의 모범적 전시 사례

뮤지엄은 재현한 공룡 뼈 등을 실감나게 전시하여 학습자에게 즐거운 경험을 선사한다(미국 피츠버그 카네기 자연사박물관).

이란 수공으로 제작된 오브제 또는 인간이 의도적으로 선택하여 가공한 자연물을 의미한다. 표본이란 샘플이나 견본의 의미를 함축하며, 예를 들어 퇴적암 전시의 석회암 표본 같은 경우다.

뮤지엄에서 전시물과의 만남을 통해 관람자는 경외감을 품게 되고, 전시물에 강하게 끌려 교감하는 상호작용을 한다. 관람자는 전시물을 직접 만나 놀라거나 감동하면서 전시물과 자신의 관련성을 구축한다(Watson & Werb, 2013). 실물과 만나는 체험은 뮤지엄이 지닌 핵심적 가치로서 관람자가 호기심을 자극받고, 전시에 참여하면서 몰입하게 하는 요체가 된다.

전시물과 관람자가 소통하기 위해 전시에서 전시물은 다음과 같이 세 가지 방식으로 다뤄진다(Belcher, 2006: 217). 첫째, 가장 간단하게는 전시물의 정체를 확인해 주고, 둘째, 전시물에 대한 정보를 제공하며, 셋째, 전시물을 해석하도록 돕는다. 사실 전시물이 위치한 뮤지엄은 원래의 환경이 아닌 인공적으로 만들어진 곳이다. 일단 전시되면 평범한 오브제도 조명과 진열장에서 예술품처럼 가치 있게 보이는데, 이는 수집가나 큐레이터 또는 관람자를 위해 전시물이 독립적으로 제시되기 때문이다. 여기에 관람자가 전시물을 이해할 수 있도록 해당 전시물이 무엇인지 정보가 제공된다. 전시물의 정체 자체가 명확하여 관람자에게 즉각 이해될 수도 있겠지만, 라벨과 아울러 전시물에 대한 정보와 해석을 도와주는 여러 장치가 부가되기도 한다.

전시물 기반 학습의 가정은 아마도 전시물 자체가 가진 영향력일 것이다. 전시물을 텍스트, 그림, 사진, 영상, 디오라마 등 다양한 매체를 통해 재현물로 대체하는 것이 가능하겠지만, 전시물 자체의 진정성은 재현물이 갖추지 못하는 힘을 갖고 있다. 연구에 따르면, 자연사박물관의 관람자가 토끼 박제와 토끼 골격 같은 전시물을 실물로 인식할 경우와 그렇지 않은 경우의 관람 행위는 확연히 다른 것으로 나타났다(Bunce, 2016). 실물이라고 믿는 경우 관람자는 전시물에 호기심을 갖고 참여 engagement 정도가 활발해진다. 또한 전시물에 대해 질문하면서 탐구하기에 사고력이 활성화된다. 이러한 사실은 유아부터 성인 그룹까지 광범위하게 해당하는 것으로 나타났다.

뮤지엄을 체험의 직접성이 가능한 공간으로 본 듀이는 유기체와 환경 간의 상호작용을 통한 학습을 중시했다(김연희, 2012). 지식에 대한 전통적 관점이 체험을 개인적 주관성으로 본 반면, 듀이는 '체험'을 주관성과 객관성이 통합적으로 작용한다고 보았다. 진품과 모조품, 여러 크기의 모형과 그래픽 등의 오감을 활용하는 전시는 기억에 남고 즐거운 경험을 제공한다. 관람자, 전시물을 포함한 전시환경과의 상호작용적 경험은 의미 있는 온전한 '하나의 경험'으로 발전할 가능성이 크다. 이처럼 뮤지엄은 감각을 활용하여 체험할 수 있는 직접성을 가진 공간으로 관람자에게 살아있는 학습을 제공한다.

뮤지엄에서 이루어지는 체험교육은 전시물에 대한 관찰, 탐색 및 후속 활동이 어우러져 전시물에 관련된 주제에 대해 조작적hands-on 활동을 하도록 한다. 박물관에서 유물을 관찰하고 드로잉을 하거나 느낀 점을 이야기하거나 글을 쓰는 활동은 상호작용적 특성을 갖는다(강인애 · 김명기, 2016). 또한 전시물에 대한 관찰, 탐색, 창작 등은 실생활과 연계되는 기능을 활용하거나 정신 활동이 된다. 근본적으로 자기 삶과의 연계와 아울러 실천적 측면을 강조한다. 포크와 디어킹은 뮤지엄에서의 학습을 개인적 · 사회적 · 물리적 맥락 안에서 정보를 융합하는 능동적인 과정으로 설명하며, 이때의 학습을 통해 우리의 정신구조가 구성되어 새로운 정보를 받아들이게 된다고 했다. 이러한 뮤지엄에서의 학습에서 다루게 되는 정보는 개인적 · 사회적 · 물리적 맥락 측면에서 독특한 특징을 띠게 된다(Falk & Dierking, 2008).

전시물을 기반으로 하는 뮤지엄 교육에서 체험의 목표는 블룸의 인지적 · 정의적 · 심동적psychomotor 목표로 나눌 수 있다(Bloom, 1956; 강인애, 2010: 147 재인용). 최근에는 블룸의 목표가 수정되어 신교육목표분류학에서 논의되는데, 이 책에서 전시물 체험과 관련지어 간략히 살펴보면 다음과 같다.

첫째, 인지적 목표에서 종축인 지식 차원은 '사실적 지식factual knowledge', '개념적 지식conceptual knowledge', '절차적 지식procedural knowledge', '메타인지 지식meta-cognitive knowledge'이라는 4개의 주요 유형으로 구분되며, 유형별로 하위 유형을 포함하고 있다(Anderson et al., 2005). 횡축인 인지과정 차원은 '기억하다', '이해하다', '적용하다', '분

지식 차원	인지과정 차원					
	기억하다	이해하다	적용하다	분석하다	평가하다	창안하다
사실적 지식						
개념적 지식						
절차적 지식						
메타인지 지식						

석하다', '평가하다', '창안하다'라는 6개의 유목이 있다(Anderson et al., 2015: 32).

예를 들어 과학관에서 '생명의 진화'에 대해 전시한다면, 생명의 기원에 대한 이론을 주장한 사람과 학설을 '기억'하는 것에서 시작하는 6개의 유목에 대한 프로그램을 설계할 수 있다. 이때 뮤지엄 교육 프로그램 설계자는 과거의 생물에 대한 전시물, 현재의 생물에 대한 전시물에 관한 용어를 관람자가 '기억'하는 것에서 지질 시대의 환경 변화와 생물군의 변화를 배경으로 진화를 '이해'하여 문제에 '적용'해보도록 하는 목표를 세울 수 있다. 또한 관람자가 인류의 진화에 대한 모형과 패널을 보면서 예전 사람의 모형 사진과 현재 자신의 사진을 비교 '분석'해보거나 합성해보도록 체험하는 프로그램을 설계할 수 있다. 마지막으로 관람자가 이해한 생명의 진화에 대한 지식을 바탕으로 의견의 논리적 결함을 '평가'하거나, 자신이 사는 지역사회의 특정 상황에 맞게 문제해결책을 제안하는 '창안'을 할 수 있도록 프로그램을 설계할 수 있다. 관람자는 이러한 체험 활동을 통해 생명의 진화에 관한 개념을 토대로 인류의 발생과 도구, 질병 등 환경과의 관련성을 복합적으로 이해하게 될 것이다.

둘째, 정의적 목표는 가치관이나 신념, 태도 등과 같은 행동 특성이 강조된다. 정의적 목표는 정서적으로 개인에게 내면화되는 정도에 따라 주의receiving, 반응responding, 가치화valuing, 조직화organization, 인격화characterization 등으로 분류되며 각 단계의 내용은 다음과 같다(Krathwohl et al., 1967). 만약 과학관에서 생명의 연속성과 관련된 주제로 전시를 기획하는 경우, 뮤지엄 교육 프로그램 설계자는 관람자가 생물의 분류와 생식, DNA 관련 전시물을 토대로 생명 현상에 '주의'하게 하고, 관심을 갖고 '반응'하며, 과거와 현재 그리고 미래로 이어지는 진화의 현상에 대한 '가치'를 함양하도록 전시 스토리텔링을 계획할 수 있을 것이다. 이러한 가치가 상황에 따라 다른 경우, 이를 체계적으로 조직화하여 분류한다. 가치가 일관성 있게 내면화되어 관람자가 일상생활에서 지속적으로 나타나면 '인격화'라 할 수 있다.

셋째, 심동적 영역의 교육목표의 경우 해로(Harrow, 1972)의 분류에 따르면 관찰observing, 모방imitating, 연습practicing, 적응adapting의 네 단계로 구성되며 각 단계의 내용은 다음과 같다(Harrow, 1972; 이정은, 2014 재인용). 예컨대 국립현대미술관(서울관)의 무한상상실 아트 팹랩에서 보여준 3D 프린터기를 활용한 예술과 과학의 융합 방식에 대한 체험교육의 경우, 학생들은 3D 프린터의 원리를 구체물을 통해 '관찰'하고, 그 원리에 따라 프린터 작동 방법에 따라 '모방'하고 '연습'하면서 자신이 설계한 조명을 제작하기 위해 주변 환경에 '적응'하여 활동할 수 있다. 학교 교육과 연계하여 뮤지엄 교육 프로그램을 구안함에 있어 심동적 영역에 대해 고려한 사례로는 뉴욕 과학관의 메이커 교육인 '디자인-만들기-놀기Design-Make-Play: DMP'에서 볼 수 있다. 이 프로그램은 미국 과학교육 교육과정 표준안을 뮤지엄에 적용하여 메이커의 핵심 가치인 만들기를 중심으로 심동적 영역을 포함했다(손지현 · 황은경, 2018).

전시물 기반 학습에서 체험을 촉진하기 위해서는 질문을 활용한 통합적 접근이 필요하다. 뮤지엄 교육 프로그램 기획자는 전시물을 해석해야 하는 상징체로서 간주하고 관람자에게 질문해볼 수 있도록 조력할 필요가 있다. 이를테면 피어스Susan Pears의 유물 연구 모형에 질문을 가미함으로써 관람자가 유물 해석을 통합적으로 할 수 있도록 조력할 수 있다. 구체적으로 보건대 피어스는 유물 연구에 유용한 모형을 제공한 바 있다(Pears, 1986; Pears, 1992: 272 재인용). 그의 모형은 고고학과 인류학에 근거한 학제 간 접근으로, 전시물의 재료적 특성에서부터 출발하여 역사적 환경에 따른 장소, 그리고 문화적 중요성까지 고려한 특징을 지닌다.

피어스의 유물 연구 모형에 다음과 같은 질문을 부가해 통합적 접근을 시도

	오브제는 재료, 역사, 환경, 중요성을 갖고 있다.	
1	재료: 구성과 장식	물리적 기술, 관련 자료
2	재료: 디자인, 오브제 자체, 장식	유형학적 조건에서 제작된 다른 유물과의 비교
3	재료: 특징 ⅰ. 기원 ⅱ. 산업적 기법	다른 예시나 유물과의 비교
4	역사 ⅰ. 자체의 역사 ⅱ. 관련 역사 ⅲ. 실용적 기능	연도, 기법 등 다른 문헌적 연구
5	환경-맥락 ⅰ. 미시적 ⅱ. 거시적	현장 기록, 연구
6	환경-위치 ⅰ. 지역적 ⅱ. 지역 유형	지역과 지정학적 연구
7	중요성	선택된 철학적 · 심리학적 체계
8	해석: 사회 기관에서의 역할	기존 연구, 문화적 지식체와 분석적 기법의 요약

[그림 2-2] 유물 연구 모형

할 수 있다(Pears, 1986; Belcher, 2006: 224 재인용). 아래의 16가지 질문은 유물 해석 과정에서 활용할 수 있다.

① 무엇인가?
② 언제 만들어졌는가?
③ 어떤 재료로 만들어졌는가?
④ 누가 만들었는가?
⑤ 어떻게 만들어졌는가?
⑥ 어디서 만들어졌는가?
⑦ 기능이나 목적은 무엇인가?
⑧ 중요성은 무엇인가?
⑨ 크기, 무게 등의 통계 수치는 무엇인가?
⑩ 스타일의 특징은 무엇인가?
⑪ 도해적 특징은 무엇인가?
⑫ 전시물의 역사 · 사회 · 경제적 환경은 무엇이었는가?
⑬ 전시물에 수반된 역사는 무엇이었는가?
⑭ 유사한 동시대의 예와 어떻게 비교되는가?
⑮ 과거의 예와 후대의 예와는 어떻게 비교되는가?
⑯ 금전적인 면에서 얼마나 가치가 있는가?

자연사 표본에 대한 질문은 물질적 유물에 대한 질문과는 다르며 다음과 같다.

① 무엇인가(보통 이름-그리고 국내, 국외 전문가들을 위한 라틴 이름)?
② 과 또는 그룹, 형태는 무엇인가?
③ 어디서 사는가(서식지와 위치)?
④ 무엇을 먹는가?
⑤ 크기, 무게, 수명 등의 통계 수치는 무엇인가?
⑥ 생활 형태는 어떠한가?
⑦ 성별은 어떻게 다른가? 어린 것과 성숙한 것의 예/계절적 모습은?
⑧ 가장 중요한 특기사항은 무엇인가(희귀성 또는 특이한 표본의 역사 등)?

한편 후퍼그린힐(1994)은 전시물 체험을 위해 제작, 재료, 디자인, 기능, 의미, 연계, 기타로 나누어 가능한 질문을 분류한 바 있다. ① 제작은 언제, 어디서, 누가, 누구를, 그리고 왜 만들었는지에 대한 질문을 할 수 있다. ② 재료는 어디에서 온 어떤 재료로 활용했는지, 대용할 재료가 있는지 등 자연이든 인공이든 재료의 출처를 묻는 것이다. ③ 디자인은 장식, 기능, 양식, 스타일 등에 관한 것이다. ④ 사용은 언제 쓰였으며, 누구를 위해, 어떤 이유에서 이용되었으며, 이로 인한 변화는 어떤 것이 있었는지에 대한 질문이 가능하다. ⑤ 의미는 생산자 · 소비자 측면에서 어떤 의미인지, 오늘날 관람자 및 문화권에는 어떤 의미가 있는지에 관한 것이다. ⑥ 연계는 개인, 사회적 연계성에서 그리고 시간의 흐름에서 다른 문화권과의 연관성에 관한 것이다. ⑦ 기타는 관련된 책, 사진, 유물, 비디오와 영상물, 기록물 등에 관련된 질문이다(백령, 2005: 92).

학습자들이 뮤지엄에서 통합적 체험을 할 수 있도록 돕기 위해 뮤지엄 교육 프로그램 설계자는 전시물에 기반한 체험 프로그램을 설계할 때 전시물에 대한 재료적 · 물리적 특성에 대한 탐구에서 점차 철학적 · 문화적 탐구로 보이지 않는 상징과 정신을 탐구하는 방향으로 진행한다. 탐구를 위한 질문 목록은 무수히 많을 것이다. 전시물의 종류, 학습자들이 체험하게 될 뮤지엄 환경, 학습자의 발달 수준과 선행 경험이나 지식에 따라 다를 것이다. 전시물 기반 학습은 이처럼 학습자의 오감을 활용하여 지적 · 정서적 · 심동적 영역이 충족할 수 있도록 개발되어야 할 것이다.

(2) 전시물을 통한 리터러시

전시물은 텍스트로 볼 수 있다. 전시물에서 의미를 읽고, 관람자 자신의 의미를 만들어가는 리터러시 개념은 뮤지엄 교육의 역사 초기부터 볼 수 있지만, 용어를 사용하는 사람마다 다르게 그리고 폭넓게 사용되었다. 텍스트는 기호학을 근원으로 한다. 기호는 의미를 담고 있는 일종의 상징으로 우리 주변에서 다양하다. 글자, 사진, 소리, 음악, 제스처 등이 어떤 의미를 담고 있어서 기호적 작용에 의해 커뮤니케이션이 이루어지는 경우가 많다. 만약 길거리의 신호등이 '빨간 불'로 바뀌어 '멈춘다'면 기호로서 작동하는 것이다. 이처럼 기호는 사회적 · 문화적 체제 안에서 공유하는 이해가 있을 때 소통하는 원리다.

하지만 기호학에서 의미는 고정된 것이 아니라 사회, 문화, 개인의 젠더, 인종, 계층에 따라 다르게 볼 수 있다. 바르트Roland Barthes의 경우 기호를 커뮤니케이션뿐 아니라 다양한 문화체계로 확장하여 적용했다. 바르트는 어린 흑인 소년이 프랑스 군복을 입고 경례하고 있는 사진에서 그 의미는 '경례' 외에도 '충성', '군국주의' 등 사진에서 읽을 수 있는 무수한 기호의 의미를 논의했다(Barthes, 1999). 프랑스의 식민주의라는 시대적 배경을 고려해서 흑인 소년이 경례하는 장면은 제국주의하에서 군사적 야욕과 침략 등이 팽창되고 있는 '프랑스', '흑인 소년' 등이 기호로서 의미를 전달하여 복합적이며 함축적인 메시지를 전달할 수 있다. 텍스트로서 문학에서 읽기는 '저자'의 의도를 수동적으로 받아들이는 것이 아니라 '독자'가 의미를 생성하는 것으로 본다. 바르트는 "텍스트는 수많은 문화의 온상에서 온 인용들의 짜임"이며, 저자에 의해 절대적 의미를 가진 것이 아니라고 보았다(Barthes, 1997; D'Alleva, 2015 재인용). 여기서 독자 반응reader-response 이론에 따르면 의미는 이미 정해진 텍스트의 구성요소로서 존재하는 것이 아니라 읽기를 통해 생겨난다. 독자는 텍스트를 지나 나아가면서 연결을 만들고, 빈틈을 메우며, 추론을 끌어내고 가설을 수립하여 의미를 생성한다. 독자의 능동적인 참여 없이는 어떤 텍스트도 없을 것이다(D'Alleva, 2015).

만약 뮤지엄의 전시를 '텍스트'로 본다면, 관람자는 능동적으로 의미를 만들어갈 수 있는 존재로서 상정된다. 뮤지엄 교육에서 구성주의 모델은 소통을 '전달하는 것'으로 이해하던 전통적인 방식, 즉 뮤지엄에서 보자면 '전시를 통해 정보를 전달하는 모델'에서 벗어나 자기만의 목적, 선행 지식, 동기 등을 가진 관람자 하나하나가

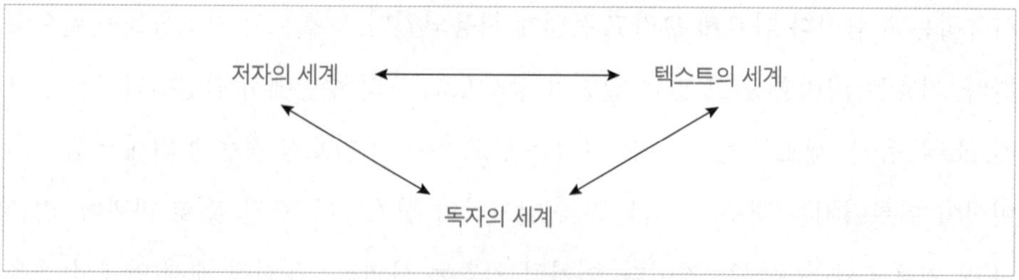

[그림 2-3] 독자 반응 이론

출처: D'Alleva, 2015, p. 171.

의미를 만드는 것이 더 중요하다고 본다. 하인은 뮤지엄이 단 하나의 '메시지'를 가져야 한다는 생각을 거부하는 구성주의 시각을 소개하며, 뮤지엄이 다양한 시각을 받아들일 수 있어야 한다고 했다(Hein, 1998).

전시를 감상하는 관람자의 이해를 돕기 위해 다양한 매체가 활용된다. 전시물은 여러 형태의 텍스트로 구성된다. 텍스트에는 언어적 · 비언어적 · 모방 텍스트 등이 있다(Marzano & Simms, 2017). 언어적 텍스트는 전시장의 월 텍스트, 라벨 등 언어로 이루어진 텍스트다. 비언어적 텍스트는 차트, 그래프, 맵 등이며, 모방 텍스트는 시각 예술작품이나 전시물을 설명하는 삽화 같은 그래픽이 해당한다. 이처럼 전시의 의미를 해석하기 위한 텍스트는 전시물뿐 아니라 전시를 둘러싼 물리적 · 공간적 환경까지 포함된다.

전시물을 상징체이며 의미를 전하는 일종의 언어로 보는 관점은 뮤지엄 교육에서 초기부터 자리 잡았다. 뮤지엄에 있는 전시물은 그 사회가 가진 문화, 즉 행위 규범을 상징하는 존재로 여겨졌기에 뮤지엄 교육은 공적 특성을 갖는다. 따라서 부르디외Pierre Bourdieu, 그레이번Nelson Graburn 등이 강조한 바와 같이 뮤지엄은 사회적 제도이자 기관으로서 존재하기 때문에 특정 집단이나 계층은 뮤지엄 리터러시 교육을 강조했다(Stapp, 1984). 부르디외에 따르면, 마치 언어 습득과 같이 뮤지엄은 문화적으로 학습한 행위를 반영하므로 특정 계층만이 그 언어의 복합성과 정련된 특성에 노출되고 학습하게 된다. 과거 상위 계층만이 누릴 수 있었던 문화적 가치와 교육이 이제는 공적 기관으로서 뮤지엄을 통해 가능하기 때문에 사회학적 관점에서 뮤지엄 리터러시는 대중적 역량 강화와 연계된다. 스탭Carol Stap은 뮤지엄 리터러시를 뮤지엄에 친숙해짐으로써 습득하는 역량으로 설명한다. 공적 기관으로서 "뮤지엄 리터러시는 관람자가 전시물의 언어를 마스터하고 하나의 제도이자 기관institution으로서의 뮤지엄에 친숙해져서" 문화적 소양을 기를 수 있는 역량이다(Stapp, 1984: 3). 뮤지엄에 있는 전시물을 관찰하고 전시물의 언어와 체제에 익숙해지면서 사회가 추구하는 대중에 대한 가치에 접근하게 된다. 뮤지엄의 전시물은 물리적 존재로서의 가치뿐 아니라 그것이 보여주는 개념과 사회의 가치, 이에 대한 참조 체제를 반영하기 때문이다.

이러한 텍스트로서의 전시를 어떻게 이해하고 교육으로 끌어들일 것인가. 윌리엄스Patterson Williams에 따르면 뮤지엄 리터러시는 관람자가 전시물을 통해 자신에게 유용하게 활용할 수 있는 능력이다. 즉 "뮤지엄 전시물과의 개인적으로 의미 있는 경험"을 하는 것을 뜻한다(Williams, 1984: 118). 이를 위해 뮤지엄은 관람자에게 권한이 부여되도록 하고, 전시물과 중요한 경험을 갖도록 지원해야 한다. 따라서 뮤지엄 리터러시는 뮤지엄이 아니라 관람자의 가치 시스템visitor's value system을 근본적 출발점으로 해야 한다.

1980년대 윌리엄스는 뮤지엄 리터러시를 논의하면서 뮤지엄을 일종의 텍스트로 가정하고 전시물에 대한 소통의 언어에 익숙해져야 한다고 주장했다. 그는 뮤지엄 리터러시를 활성화할 수 있는 방안을 세 단계로 요약하여 제안한다(Williams, 1984). 첫째, 뮤지엄 정보를 저장하고 인출의 시스템을 이용할 수 있는 능력을 길러야 한다. 이러한 능력에는 뮤지엄 환경에 익숙할 뿐 아니라 뮤지엄이라는 시스템을 활용할 수 있는 언어 능력을 포함한다. 둘째, 뮤지엄은 관람자가 전시물과 맥락이라는 언어를 이해하도록 도와야 한다. 특히 관람자 개인의 맥락보다는 뮤지엄 기관의 맥락적 이해를 도와주어야 한다. 셋째, 관람자 개인의 경험을 근거로 한 뮤지엄 리터러시가 되어야 한다. 여기서 쟁점은 뮤지엄 리터러시의 주체가 관람자가냐 아니면 큐레이터이냐다. 때로는 관람자의 경험에 근거한 전시물 읽기가 전시를 기획한 큐레이터의 지식과 다르더라도 관람자 자신의 개인적 경험에서 비롯된 읽기를 옹호한다. 결국 윌리엄스의 견해와 같이 뮤지엄 리터러시는 뮤지엄 자체의 언어뿐 아니라 관람자의 의미 읽기를 추구한다는 점에서 관람자 중심의 접근을 중시한다.

1990년대 후반의 전시에서 관람자 중심의 리터러시가 강화되어 뮤지엄 교육 현장에서 관람자가 전시의 내러티브를 형성하도록 기획 · 전시 · 교육의 총체적 노력이 중시되어야 한다는 생각이 확산되었다(Roberts, 2014). 예를 들어 전시에서 관람자에게 자신의 내면을 들여다보도록 권하는 해석을 시도하여 덴버 미술관은 "나는 ~해서 이 작품을 좋아한다", "나는 ~해서 이 작품을 좋아하지 않는다"와 같은 전시 라벨을 개발하기도 했다. 라이스Daniel Rice는 전시물 메시지 읽기를 강조하여 다음과 같이 주장했다.

> *전시는 지식 생산에 더 이상 같은 조건으로 참여하지 않는다. 전시의 기능은 이제 더 이상 전시물을 보여주기 위한 것이 아니다. 전시는 이제 전시물에 있는 메시지에 의해 움직인다. 이는 의미를 보여주는 매개물이다. 전시물의 의미는 해석과 전시에 관한 의사결정에 따라 달라진다. 문학비평가는 이런 관점에서 기호는 기호가 지시하는 방식에 따라 달라진다고 했다. 전시물이 갖는 '내재적인' 의미에 따라 메시지가 따르는 것이 아니다. 메시지는 이제 전시물에 의미를 부과한다(Roverts, 1992: 128 재인용).*

관람자는 전시물에 내재된 지식과 동일한 지식을 읽을 수 없다. 왜냐하면 뮤지엄 리터러시는 전시물의 쇼케이스 자체를 통해서만 기능하는 것은 아니기 때문이다. 많은 전시물의 메시지가 자체로 존재하긴 하지만, 전시물은 하나의 수단으로서 전시물의 의미는 결국 전시물이 어떻게 전시되고, 해석되는가와 같은 복합적인 의사결정에 따라 이루어지기 때문이다. 즉, 메시지는 전시물 자체의 '내재적' 의미를 따르지 않는다(Roberts, 2014). 이는 어떤 큰 틀 속에서 맞추어서 모든 현상을 정돈하고 분석해내려고 하는 전시물이 절대적인 의미를 가진 거대 담론에 대한 회의와 불신을 나타내는 포스트모던 사유와 통한다. 리요타르는 거대 담론은 하나의 틀 안에서 다양한 차이를 억압한다고 보았다(이주영, 2018). 따라서 소서사 양식의 전시물 읽기가 중시되어야 할 것이다. 큐레이터에 의해 전시 의도를 읽힐 수 있도록 하는 뮤지엄 리터러시뿐 아니라 관람자에 의한 개인 소서사는 뮤지엄을 더욱 풍부한 의미 공간으로 재탄생하게 할 것이다.

이처럼 뮤지엄 리터러시는 관람자가 '기호'로서 전시물을 어떻게 읽을 것인가의 문제다. 큐레이터가 기획한 전시 의도뿐 아니라 기호sign로서 전시물을 어떻게 볼 것인가와 관련된다. 관람자의 해석, 즉 관람자의 전시 읽기로 전환되는 듯하다. 만약 전시에서 관람자의 위치가 배제되어 오브제의 의미 형성과정에 참여하지 못한다면, 일반 관람자는 뮤지엄을 다시 방문할 이유를 찾지 못할 것이다. 전시물을 관람하는 것을 뮤지엄 리터러시의 관점에서 본다는 것은 뮤지엄 교육에서 관람자의 의미 형성을 우선시하면서 뮤지엄 내의 의사결정에서 큐레이터가 해석한 것을 받아들이는 것이 아니라 관람자를 이해하는 에듀케이터의 역할과 아울러 교육이 강조되는 힘의 구조 변화를 의미하기도 한다. 뮤지엄 리터러시와 실천에서 쟁점 중 하나는 관람자가 전시에서 자신을 위한 지식을 생성하지 못할 뿐 아니라 때로는 전시 기획자가 의도하는 것과 상반적 지식을 가질 수도 있다는 점이다(Roberts, 2014). 초기는 큐레이터의 해석을 이해하도록 하여 대중의 '계몽enlightenment'을 추구했지만, 점차 뮤지엄이 관람자의 대중적 접근을 추구함에 따라 사회적 기관으로서 문화적 평등성을 추구하게 되었다(Dana, 1917; Stapp, 1984 재인용). 이에 따라 뮤지엄은 폭넓어진 대중적 요구에 맞게 리터러시를 통한 관람자의 역량을 어떻게 강화하도록 할 것인가를 고민하면서 더욱 교육적인 기관으로서 고민하게 된다. 뮤지엄의 기본 원칙을 관람자에게 권한을 부여하는 쪽으로 세우게 됨에 따라 이제 전시물에 관한 "관련 정보를 제공하는 것은 2차적이며", 오히려 관람자의 "지적 참여를 촉발할 수 있도록 하여 전문가가 즐기는 경험의 수준을 대중에게 제공"하는 것이 뮤지엄 리터러시에서 중시된다(Stapp, 1984: 4). 따라서 뮤지엄 교육자는 관람자 개인에게 의미 있는 지식과 해석의 행위를 경험하도록 해야 할 것이다.

전시물의 의미를 읽는다는 뮤지엄 리터러시 개념은 책을 읽는 것처럼 관람자의 다중적 의미 읽기를 지향한다. 뮤지엄에서 전시물의 의미를 읽는 것은 텍스트를 읽는 것처럼 전시물을 맥락적이고, 콘텐츠의 특성을 반영하며 읽는 것을 의미한다(Van Kraayenoord & Paris, 2002: 230-234). 이때 전시물 읽기의 의미는 전시물을 둘러싼 맥락과 전시물 자체의 콘텐츠를 어떻게 이해하고, 활용하며, 이 과정에서 의미 만들기에 어떻게 참여하는가의 과정이 된다. 전시물 읽기는 다음과 같이 다섯 가지로 분류된다. 첫째, 전시물 의미의 해독decoding objects이란 전시물이 가진 물리적 · 상징적 특성들을 언어화하는 지각적 분석 과정이라 할 수 있다. 예컨대 관람자가 작품의 조형적 · 감각적 특성을 지각하면서 초보적으로 인식하여 언어화하는 과정이라고 할 수 있다.

둘째, 전시물 이해making sense of objects란 전시물의 라벨을 읽으면서 전시물이 표현하고 있는 개념을 관람자가 전시물과 연계시키는 과정이다. 박물관, 미술관, 과학관 등의 전시물은 특정 학문적 틀보다는 유연한 접근이 필요하다. 따라서 전시물은 내러티브로서 맥락에 따라, 관람자에 따라 생성될 수 있는 방식으로 보아야 한다. 셋째, 전시물 스토리 읽기reading the stories of objects란 전시물이 가진 특정한 역사나 계층 등을 고려하며 의미를 읽어야 한다는 것이다. 전시물은 자체가 가진 제작 의도를 포함한 사회적 · 물리적 환경을 갖고 있다. 또한 전시를 준비한 기획자의 의도와 관람자가 처한 사회적 · 문화적 환경에 따라 다를 수 있다. 따라서 전시물 자체의 속성뿐 아니라 전시물을 둘러싼 다양한 맥락을 참조하여 전시물에서 발견할 수 있는 스토리를 읽을 필요가 있다. 네 번째는 공유된 전시물 읽기shared reading of objects로 전시물은 관람자의 반응이나 관람자 간의 상호작용을 유발한다. 마치 텍스트와 같이 전시물은 이를 바라보는 사람들에게 어떤 반응을 유발하며, 서로 간에 대화, 토의, 논쟁뿐 아니라 정서적 반응을 일으킨다. 마지막으로 다섯째는 탐구 대상으로 전시물이 유발하는 끝없는 스토리로 보아야 한다. 전시물 읽기는 비판적 읽기critical literacy로서 하나의 지배적 목소리보다는 전시공간을 둘러싼 다층적인 맥락을 고려해야 한다. 따라서 전시물에 대한 하나의 절대적인 '읽기'보다는 해석 공동체에서 끝없이 제기되는 질문과 새로운 읽기로 스토리가 새롭게 형성된다고 보아야 할 것이다. 전시물 읽기는 제작자의 의도를 파악하는 것뿐 아니라 관람자의 지식, 기능, 세계관을 반영하며, 시대와 공간에 따라 다르게 읽힐 수 있는 복합적 과정이다. 전시물의 의미가 중립적이거나 보편적일 수 없다는 것을 전제로 하여 전시물이 위치한 특정 맥락, 즉 사회적 · 정치적 · 경제적 · 문화적 의미를 포괄적으로 고려함이 필요하다. 이러한 맥락에서 전시물의 의미 읽기는 전시물 자체의 물리적 속성뿐 아니라 관람자가 전시장에서 발견하는 지각적 · 심미적 · 정서적 · 인지적 과정 및 누구의 내러티브가 지배할 수 있는지에 대한 비판적 읽기가 필요하다.

애버크롬비와 롱허스트(Abercrombie & Longhurst, 1998)는 미디어(텍스트)와 독자(관람자)의 관계에 대해 세 가지로 설명한다. 이는 관람자 연구의 패러다임이 변화하면서

〈표 2-1〉 관람자 연구의 패러다임

	행동주의적 패러다임	통합 저항 패러다임
독자	(사회적 차원의) 개개인	사회적 구조(예: 계층, 젠더, 인종)
매체	외부로부터의 자극(메시지)	텍스트
사회적 결과	기능/불능, 선전, 영향력, 사용, 효과	이념적인 차원의 통합과 저항
접근법	효과 모델 이용자 만족 모델	기호화와 해독

출처: Abercrombie & Longhurst, 1998; Sandell, 2020, p. 134 재인용.

전시물을 '텍스트'라는 매체로 간주하면서 기호화와 해독을 중심으로 보는 것이다(〈표 2-1〉 참조). 관람자 연구에서 전시물 읽기는 제시된 의미를 그대로 받아들이는 관점에서 점차 능동적으로 의미를 읽어 저항적 관점까지 읽는 것으로 본다.

세 가지 단계로 제시하는데, '효과', '이용자 만족', '기호화 해독'이다. 첫째 '효과'는 '전시에서 관람자가 무엇을 배웠는가?', '전시의 의도대로 메시지를 받아들였는가?'와 같이 관람자의 인지를 강조한다. 전통적 관점으로 관람자는 외부로부터의 자극인 메시지를 소비하므로 전시의 메시지가 어떤 효과를 가져오는가에 관심을 둔다. 둘째 '이용자 만족'은 관람자가 전시를 어떻게 활용하며, 무엇을 하느냐에 관심을 둔다. 앞서 '효과' 모델이 뮤지엄이 주체가 되어 메시지가 어떤 효과를 주는가를 본다면 '이용자 만족' 모델은 관람자가 주체가 되어 전시에서 메시지를 어떻게 이용하고 무엇을 하느냐에 관심을 둔다. 셋째 '기호화 해독'은 전시에서 '관람자가 메시지를 어떻게 수용하는가?'라는 수동적 존재가 아니라 새로운 의미를 해독하여 전시 기획과 "완전히 다른 의미를 재생산할 수 있는 존재"로 떠오른다(Sandell, 2020: 133). 이처럼 관람자와 전시물 관계에 대한 리터러시 패러다임은 고정된 의미를 수동적으로 받아들이는 행동주의 관점에서 텍스트로서 기호화된 가변적인 의미를 능동적으로 해독하는 관점으로 변화한다. 이에 따라 전시물 기반 뮤지엄 교육 프로그램은 전시를 텍스트로 상정하고, 관람자를 주체적으로 자기 자신만의 의미를 구성하고, 주어진 메시지를 해독할 뿐 아니라 '새로이 독해해서' 처음 만들어졌을 때와 완전히 다른 의미를 재생산해낼 수 있는 존재로 떠오르게 되었다(Sandell, 2020: 129-134).

이처럼 전시를 통한 관람자의 리터러시 향상은 전시장의 텍스트를 직설적으로 이해하고 그 환경에 익숙해지는 것에서 더 나아가 전시를 둘러싼 사회적 구조 안에 위치한 독자로서 거대 담론을 해체하고 전시라는 텍스트를 해독할 수 있는 방향으로 전환하고 있음을 알 수 있다.

2) 핵심 원리의 이해

전시물 기반 뮤지엄 교육 프로그램을 설계하는 데 교육자가 가장 우선적으로 고려해야 할 요소 중의 하나는 전시물objects일 것이다. 전시물에 접근하기 위해서는 전시물과 관련된 배경지식 등의 맥락이 필요하다. 그리고 전시물에 대해 확장된 개념을 견지하고, 전시물을 보는 관람자마다 다른 선행 지식, 경험 등을 고려해야 할 것이다. 또한 교과서를 넘어 지적 · 정서적 · 심동적 목표를 반영해내는 주제 및 내용을 선정해 프로그램을 구성해야 한다.

첫째, 전시물 기반 뮤지엄 교육의 설계는 전시물의 맥락적 이해를 전제로 한다. 만약 전시물이 맥락적으로 전시된다면, 전시물을 둘러싼 원래의 환경을 재현하는 것이다. 즉 가사 도구가 전시된다면 방을 재현하는 것이고, 자연사 표본이 디오라마에 담긴다면 서식지를 재현하는 것이다. 미국 피닉스에 있는 악기박물관의 경우 세계의 악기를 다양하게 보여주면서 소품props을 활용했다. 다양한 악기가 연주될 때 사람들이 입고 있는 의상과 연주 환경을 소품과 함께 진열했다. 즉, 세계 여러 나라의 악기라는 오브제의 문화적 맥락을 보여준다. 전시물의 맥락과 조합은 유물을 함께 진열하는 집합을 통해 형성될 수 있다. 전시 기획자가 세계의 지역과 기후, 다른 자연문화적 환경에 따라 다른 여러 악기의 상관관계를 보여줌으로써 관람자는 악기의 맥락을 이해하게 된다. 전시물의 맥락적 이해를 위해 특정 전시물과 다른 전시물과의 위치, 선택, 비교를 통해 전시물 간의 관계와 관계 간의 암시를 파악할 수 있도록 해야 한다.

전시물의 맥락이란 전시물과 관람자를 중심으로 한 통합적 접근을 의미한다. 만약 전시물이 스스로 "말한다"고 할 수 있다면, 그 이유는 관람자에게 어떤 공유된 지식과 역사뿐 아니라 개인적 반응을 떠오르게 하기 때문일 것이다(Roberts, 2014: 104). 만약 전시물과 관람자의 소통이 이루어져 전시물의 진정성을 느끼고, 강력한 반응을 하게 된다고 가정하자. 로버츠에 따르면, 이는 전시물이 가진 표시mark를 인지하거나 해석하기에 가능하다(Roberts, 2014). 우리가 전시물에서 깊은 감동과 지적인 영감을 받는다면, 이는 전시물에서 드러난 흔적이나 상징 같은 것을 발견했기 때문일 것이다. 예를 들어 박수근미술관의 기념전시관은 안경, 연적 등 작가의 손때가 묻어나는 유품, 사진, 작가가 자녀들을 위해 직접 그린 동화책 등 전시물을 진열한다. 전시물이 가진 유사한 형태, 기능, 소유자의 동일성 여부, 기술, 장소 등 전시물 간의 상관관계 및 시사점을 보여주는 텍스트는 관람자에 의한 맥락적 이해의 기회를 부여한다(Belcher, 2006). 작가의 유품 중 유사한 형태끼리 관련짓거나, 작업 과정 중에 기능끼리, 또는 편지나 동화책 등 가족을 위한 오브제 등으로 관련지은 전시물은 작품 세계를 보여주는 하나의 표시가 된다. 따라서 전시물에 기반하여 교육 프로그램을 기획하고자 하는 뮤지엄 교육자는 학습자가 뮤지엄에 가서 작품이나 관련 오브제들을 보면서 맥락적 이해가 가능하도록 설계해야 한다.

둘째, 전시물 기반 뮤지엄 교육의 설계는 전시물에 대한 확장된 개념을 바탕으로 한다. 뮤지엄에서 전시물의 전통적 개념은 20세기 산업화 사회의 대량 생산에 의한 시뮬레이션된 오브제simulated objects에 의해 도전받는다(Roberts, 2014). 연구에 따르면, 뮤지엄에 방문하는 많은 관람자는 전시물이 원본인지 아닌지에 관심이 많으며, 이에 따라 관람자 스스로 전시물에 갖게 되는 질문이나 경험이 달라지는 것으로 나타났다(Bunce, 2016). 예컨대 디자이너 라시드Karim Rashid의 전시에서 의자, 테이블, 소품 등의 전시물은 유일성 같은 진품의 아우라보다는 시대와 생활문화에 부응하는 창의적 발상으로서 가치가 있다. 하나뿐인 독창적 가치만이 아니라 예술에 대한 대중적 가치의 존중이라는 변화하는 패러다임이 공장에서 생산된 오브제를 전시물로 보게 하는 것이다. 한편 대학이나 학교의 뮤지엄으로부터 소장품을 빌려 가서 전시하는 대여 전시loan exhibition의 경우, 훼손의 우려가 있어 복사본이나 모형인 경우가 많다. 가령 역사적 유물의 경우 복제품과 함께 지도, 고문서, 삽화 등의 복사물을 제공하여 학습을 돕는다. 이 경우 전시물의 목적은 교육이며, 뮤지엄이 아닌 교육 기관에 대여되어 전시하여 전시물의 개념이 확장된 경우라 할 수 있다.

이처럼 전시물을 보는 관람자는 어떤 문화적 전통과 역사를 받아들일 것인가의 문제를 고려해야 한다. 후퍼그린힐은 사람들이 오브제를 보게 되는 위치position에 따라 오브제의 의미가 구성된다고 했다(Hooper-Greenhill, 2000). 전시물을 보는 주체의 이해에 따라 전시물의 어떤 특정 측면에 초점을 둔다. 따라서 전시 주제를 이해하는 시선, 즉 관람자 개인이 전시물을 어떻게 볼 것인가에 따라 전시물의 개념은 다를 수 있기에 전시물에 대한 확장된 개념을 바탕으로 프로그램을 기획해야 한다.

셋째, 전시물 기반 뮤지엄 교육의 설계 방향은 관람자의 선행 지식prior knowledge과 선경험을 활성화시켜야 한다. 학습은 선행 지식을 기초로 새로운 지식이 누적되면서 정신구조가 변형되는 것이다(Bruner, 1990; Falk & Dierking, 2007: 46 재인용). 뮤지엄 관람자는 자신이 가진 기존 지식을 활용하여 전시물을 지각하고 체험하며, 전시물에 대한 이해를 심화한다. 뮤지엄 교육 프로그램 기획자가 이 과정에서 관람자의 선행 지식을 고려하지 않는다면, 전시의 기획과 의도는 본래의 목적을 이루기 어려울 것이다. 관람자가 가진 선행 지식은 개인이 가진 정신적 구조schemata로, 뮤지엄 학습을 진행하고 활성화하기 위한 일종의 원료raw material로 보아야 한다(Falk & Dierking, 2008: 47; 2008: 170). 예를 들어 미국 국립항공우주박물관Smithsonian National Air and Space Museum 관람에서 1903년 개발된 세계 최초의 동력 비행기 '라이트 플라이어Wright Flyer'를 관람할 때 학교나 책에서 읽은 비행기에 대한 선행 지식이나 비행기에 관한 선경험에 따라 학습은 다르게 이루어질 것이다. 1900년대라는 시대적 배경이나 과학기술에 대한 이해, 비행기를 타보거나 가까이서 실물을 보았는가 하는 선행 지식과 경험은 전시물에 대한 관심과 해석에 차이를 줄 것이다. 만약 구체적 조작기인 초등학교 저학년 단계라면 비행기 장난감이나 모형 조작 활동 같은 경험을 상기하도록 프로그램에 접근해야 할 것이고, 고학년의 추상적 사고가 가능한 고학년 시기라면, 비행기의 물리적 형태뿐 아니라 과학적 작동 원리 등 지식을 동원하도록 접근해야 할 것이다. 이처럼 전시물 기반 학습에 토대를 두고 뮤지엄 교육을 기획하고자 하는 교육자는 관람자의 선행 지식과 선경험을 이해하고 현재의 도식을 수정 · 추가하고 세련화할 수 있는 뮤지엄 학습 경험으로 유도해야 할 것이다.

넷째, 전시물 기반 뮤지엄 교육의 설계는 통합교육방식interdisciplinary approach으로 구성되어야 할 것이다. 전시물에서 학습할 지적 · 정서적 · 심동적 목표들을 중심으로 교과의 틀을 넘어서는 통합적 관점이 필요하다. 전시물, 즉 오브제가 중심이 되어 이루어지는 특성을 가진 박물관, 미술관 교육에서 전통적으로 활발하게 사용하고 있는 통합교육방식으로 특정 주제, 기술, 태도, 가치 등을 함양할 수 있도록 방향을 세워야 한다(강인애 · 설연경, 2009; 양지연, 2006). 전시물은 학생들의 통합적 감각을 다루기에 학교 교육과정에서도 제한점을 극복할 수 있는 대안으로 인식되고 있다. 전시물 기반 학습에 토대를 두고 뮤지엄 교육을 기획하고자 하는 교육자는 학습자가 특정 사물에 대한 상세한 관찰을 기반으로 관련 학문들과 연결을 지을 수 있고 관람자 간에 상호작용이 활발하게 이루어지는 활동으로 프로그램을 기획해야 할 것이다.

결론적으로 전시물 기반 학습 설계에서 뮤지엄 교육 프로그램 기획자는 학습자들이 전시물을 체험하고 읽을 수 있게 접근해야 할 것이다. 또한 전시물 기반 뮤지엄 교육의 설계는 전시물의 맥락적 이해, 전시물에 대한 확장된 개념과 아울러 관람자의 선행 지식과 선경험을 활성화시켜야 하며 통합교육방식으로 구성되어야 할 것이다.

2. 구성주의 뮤지엄 교육의 설계

구성주의적 뮤지엄 교육 프로그램을 설계하기 위해서는 구성주의의 기본적인 철학을 반드시 포함해야 한다. 교육학자 윌리스(Jerry Willis, 2000)는 구성주의 교육은 저마다 모두 다른 개별적 맥락과 환경에서 이루어지고 있으며, 상대주의적 인식론을 바탕으로 하기 때문에 모든 교육 현장을 아우르는 일반화된 구성주의 교육 프로그램 모델을 설계하기는 어렵다고 지적한다. 그 대신 그는 좀 더 탄력적인 설계지침을 통해 교육 프로그램의 바람직한 설계를 도울 수는 있을 것이라고 제안했다. 윌리스(Willis, 2000: 9-12)의 주요 설계 지침은 아래와 같다.

- *반복적이고 비선형적인 교육 방향의 설계*
- *반성적 설계*
- *참여적 설계*

한편, 뮤지엄 교육학자 하인(Hein, 2002)은 뮤지엄 교육의 관점에서 오늘날 뮤지엄 에듀케이터들이 구성주의 뮤지엄의 실체적이고 전형적인 구성요소를 제시하지 못하고 있음을 지적했다. 이에 그는 구성주의 뮤지엄 교육의 복합적 구성요소와 이를 설계하는 데 반드시 고려해야 할 구성요소를 함께 소개했다. 그중 가장 근간이 되는 것은 바로 아래와 같은 기본적 질문이다.

- *지식이 학습자의 마음속에서 형성된다는 사실을 인식시키기 위해 무엇을 해야 하는가?*
- *어떻게 학습 자체가 능동적으로 이루어질 수 있는가?*
- *학습자의 참여를 독려하기 위해 무엇을 해야 하는가?*
- *물리적 · 사회적 · 지적 상황을 어떻게 설정해야 학습자에게 다가갈 수 있는가?*

따라서 이 책에서는 위의 기본적 질문을 근간으로 하인이 주장한 구성주의 뮤지엄 설계에 필요한 핵심 요소와 핵심 원리를 살펴보고자 한다.

1) 핵심 요소의 이해

(1) 사전 경험과의 관련성

구성주의의 근본적 특성은 학습자가 자신의 사전 지식과 학습 내용을 연관시킬 수 있어야 한다는 것이다. 이때, 사전 지식prior knowledge이란 "학습자가 어떤 상황에 가져오는 모든 생각과 개념"을 의미하며, 일어날 수 있는 모든 학습을 중재하는 주요 요인이다. 하인(2002)은 친숙한 범주의 사실들을 연계시키지 않고 학습을 이행하기란 거의 불가능하다고 지적한다. 에듀케이터가 사전 지식의 중요성을 간과하면, 학습 의도가 학습 내용에 잘 반영되었다 할지라도 학습자로부터 그 의도와 상반되는 결과를 얻을 수 있기 때문이다(Roschelle, 1995: 37). 따라서 구성주의적 뮤지엄 교육 프로그램을 설계할 때 반드시 학습자의 사전 경험을 고려하고 이를 세심하게 연계해야 한다. 그중 뮤지엄의 속성을 바탕으로 충분히 고려해야 할 요소들은 아래와 같다.

① 장소와의 관련성

뮤지엄의 건물, 위치, 외양 그리고 전반적 분위기는 학습자와 뮤지엄 간 최초의 연결고리를 생성한다. 이러한 뮤지엄의 특징들은 주로 뮤지엄의 성격과 그들이 내포하고 있는 내용의 중요성도 드러낸다. 따라서 하인(2002)은 뮤지엄이 알맞은 건축적 이미지를 지녀야 하며, 학습과 즐거운 여가를 위해 바람직한 장소가 될 수 있도록 해야 한다고 주장한다. 또한 그는 학습자를 위해 내부 환경을 충분히 접근 가능하고 편안하게 느끼도록 만들어야 한다고 주장했다. 이를 통해 학생은 교육 프로그램에 앞서 뮤지엄이라는 장소와 충분한 사전 교감을 하고, 유의미한 경험을 생성할 수 있다.

② 방향성

구성주의 뮤지엄은 학습자의 방향성orientation을 학습 환경에서의 근본적 요소로 간주한다. 방향성은 학습자가 지닌 요구이자 지향점으로, 학습자가 자신의 현 위치와 뮤지엄 서비스의 현주소와 도착점이 어디인지 스스로 알게 함으로써 자신의 두려움과 불확실성을 극복하도록 돕는다.

따라서 뮤지엄은 교육 프로그램 내 학습자의 방향성을 고려하여 상징, 지도, 색깔 코드, 눈에 띄는 그래픽 및 표의문자 등의 여러 자료를 개발하고, 이들을 뮤지엄에 명시적으로 구성해야 한다(Hein, 2002). 또한 공간과 조직에 관한 일상적 질문들을 학습자에게 설명하고 해석하여 대답해줄 수 있는 인력 확보 또한 중요하다. 이를 통해 학습자들은 뮤지엄 환경을 더욱 편안하게 느끼고, 긍정적 사전 경험을 구축하며, 나아가 교육 프로그램에 더 효과적으로 집중할 수 있다.

③ 개념적 접근성

학습자는 전시 및 교육 내용에 대해 지각적 편안함을 가져야 한다. 따라서 접근성을 높이기 위해서는 두 가지 방법이 필요하다. 첫째는 익숙한 것을 연관시키는 것, 두 번째는 평범하고 그 결과가 잘 알려진 것이 박물관 전시물의 중심점이 되도록 확장하는 것이다. 이러한 접근 방식들은 서로 분리되기보다 다채로운 박물관 경험을 위해 다양한 방식으로 교차적으로 활용되어야 한다. 따라서 뮤지엄 교육 프로그램을 설계할 때도 학습자의 사전 경험을 고려하여 이를 전시 내용과 연계시키고, 학습자의 학습 수준에 알맞은 전시물들을 교육 내용으로 선정하여 학습자가 좀 더 편안하게 교육에 임하도록 해야 한다(Hein, 2002). 이를 통해 학습자들은 점차 전시의 주요 개념에 접근할 수 있다.

④ 익숙한 사물과 알려진 것의 전시

학습자와 전시물을 연계하기 위해 교육 프로그램을 설계한다면, 전시물이 학습자들에게 익숙한 것인지 확인해야 한다. 만약 학습자들에게 익숙하지 않은 요소들이 있다면, 이를 설명하기 위해 익숙한 것을 제공해야 한다. 이를 통해 구성주의 뮤지엄 교육은 학습자의 이해 범위를 확대하고, 스스로 옛것과 새것을 서로 연결하도록 유도해야 한다. 이는 더 넓은 학습자들에게 전시물 접근을 허용하고, 그들의 해석적 역할의 확장을 가능하게 한다. 하인(2002)은 뮤지엄이 학습자들의 개인적 연결을 고려해야 함을 지적하며, 지속적인 학습자 연구를 통해 그들의 경험을 예상하고 이를 전시 계획에 반영해야 한다고 주장했다.

(2) 학습 양상 및 시간

구성주의 뮤지엄 교육 프로그램은 학습 양상의 범위를 다양하게 구성하여 많은 학습목표를 달성할 수 있다. 이에 하인(2002)은 아래와 같이 학습 양상의 범위를 다양화할 때 고려할 수 있는 요소들을 제시했다.

① 접근성

뮤지엄 교육 프로그램 설계에서 학습자의 다양한 지적 유형과 수준을 고려해야 한다. 그러나 이와 같은 접근성의 고려는 시간, 예산, 공간 같은 제약으로 인해 제한된다는 한계가 있다. 하인이 제시한 뮤지엄에서의 접근성 확장의 예는 다음과 같다.

- *다양한 범주의 학습자를 위해 설계한 계층화된 텍스트layered text 추가*
- *문자뿐 아니라 청각적 자극을 활용한 라벨*
- *그 외 정적인 갤러리에 드라마 또는 동영상 해석 패널 추가*
- *참고 도서, 멀티미디어 자료 같은 자료의 추가 혹은 전시회 주위 배치*

특히 하인이 제시한 것은 구성주의 뮤지엄의 필수 불가결한 요소인 유니버설 디자인universal design이다. 이때, 유니버설 디자인이란 "모든 학습자의 학습과 즐거움의 기회를 제공하는 환경과 프로그램을 창조하는 것이다"(Burda, 1996: 24). 즉, 더 넓은 범위의 학습자를 수용하는 전시를 이를 뿐 아니라 그 과정에서 모든 학습자의 경험을 증진시키는 것을 이른다.

따라서 뮤지엄 교육 프로그램을 설계할 때도 위와 같이 물리적 · 지적 접근성을 고려하여 뮤지엄의 전시 요소를 활용하고, 이러한 전시 요소의 접근성이 미비할 경우에는 이를 프로그램 내의 다른 요소를 통해 보완할 방법을 충분히 고안해야 한다.

② 박물관의 연극 및 드라마

연극(Hughes, 1993)과 드라마(Hayes & Schindel, 1994)는 학습자의 뮤지엄 전시 내용에 대한 접근성을 확장하는 것을 돕는다. 드라마는 1인 해설자 같은 연극 기술을 사용하여 학습자를 적극적으로 참여시키며, 연극은 대본과 프로덕션을 활용하여 학습자를 정서적이고 지적인 방식으로 참여시키기 때문이다. 이처럼 연극과 드라마는 학습자를 장면 속으로 끌어들여 전시물에 대한 연관성을 생성하고, 학습자가 자신의 상상력을 통해 전시물과 충분히 교감할 수 있도록 촉진하는 매체다.

하인은 뮤지엄에서의 학습자가 전시에 일정 시간 이상 참여해야 비로소 유의미한 학습을 할 수 있기 때문에 편안한 환경을 제공함으로써 전시 참여 시간을 증가시켜야 한다고 주장한다. 뮤지엄 전시실 내에 설치되어 관람에 편안함을 제공하는 의자 등이 그 예다.

(3) 협업과 사회적 상호작용

하인은 구성주의적 뮤지엄 교육을 위해 도서관, 학교 등 다른 교육 기관과의 협업 가능성을 적극적으로 제시했다. 구성주의 뮤지엄은 이들과의 열린 소통, 상호보완적 전시, 그리고 협력적 관계 결연을 통해 다양한 소재와 전시 자료를 학습자에게 제공할 수 있다.

또한 하인은 언어를 통한 사회적 상호작용이 학습에서 중심 역할임을 지적하며, 학습자 간 사회적 상호작용이 그들의 개인적 경험을 넘어 지식 또는 학습 능력을 확장할 수 있다고 주장한다. 따라서 교육 프로그램을 설계할 때도 타 기관과의 협업 가능성을 모색할 뿐 아니라 개별적 학습자들이 타인과의 대화를 통해 교육 결과를 자유롭게 소통하고, 이를 통해 더욱 풍부한 학습이 이뤄질 수 있도록 사회적 상호작용을 촉진해야 한다.

(4) 발달상의 적절성과 지적 도전

구성주의 뮤지엄 교육은 단순히 '성인', '아동' 같은 포괄적 분류뿐 아니라 사회적으로 중재된 넓은 범위의 발달 단계를 포함하여 학습자의 발달을 고려해야 한다. 이를 위해 일부 뮤지엄은 성인, 노인, 아동, 전문가를 위한 다양한 전시 장소를 각각 개별적으로 제공하고 있다. 또한 같은 전시 내에서도 라벨의 높이를 달리하거나 다양한 범주의 전시 자료를 통합적으로 제공함으로써 각 학습자의 필요에 맞게 활용할 수 있도록 하는 것도 학습자의 발달을 고려한 예가 될 수 있다. 만약 공간 및 물리적 전시 요소의 개별화가 어렵다면, 모두에게 접근이 가능한 성격의 전시 개발에 초점을 맞추어 최대한 다수의 학습자가 접근할 수 있도록 전시 및 교육 프로그램을 설계할 수 있다. 이러한 접근성의 확장은 학습자들의 학습 능력 및 의지를 촉진할 수 있다(Hein, 2002).

또한 때로는 뮤지엄 교육이 학습자에게 불편한 상황을 제시함으로써 그들에게 적절히 지적 도전을 제공해야 한다. 이를 통해 학습자가 근접 발달 지대에 접근하여 자신의 지식을 재구성할 수 있을 뿐 아니라 교육 프로그램 이후 추가적인 회상이나 경험을 통해 점차 새로운 이해에 도달할 수 있기 때문이다.

2) 핵심 원리의 이해

하인(Hein, 2002)은 구성주의 전시 기획에서의 유의 사항을 아래와 같이 제시했다. 이는 전시를 계획하는 뮤지엄 종사자들을 위한 지침이지만, 뮤지엄에서의 교육을 기획하는 맥락에서도 핵심 원리로서 동일하게 적용할 수 있으며 중요한 의미를 지닌다. 아래는 구성주의 전시 기획의 핵심 원리와 내용이다.

(1) 전시 관람 시 시작과 종료 지점이나 정해진 순서 없이 학습자를 위한 다양한 진입 통로를 마련한다

오늘날의 뮤지엄 전시공간은 그 시작과 종료 지점이 정해져 있지 않고, 학습자가 다양한 통로를 통해 자유롭게 관람하는 동선을 채택하는 경우가 많다. 이는 전시물 공간에서 자신이 원하는 대로 자유롭게 이동하고 싶어 하는 학습자의 욕구를 존중하기 위함이다. 전시 관람뿐 아니라 뮤지엄 교육의 실행에서도 이러한 자유 동선은 핵심적인 요소다. 이는 구성주의적 수업에서 중시하는 학습자의 자율성과 관계성과도 깊은 연관이 있다. 또한 이처럼 학습자가 자신의 자율성을 기반으로 전반적인 동선 및 전시의 시작과 종료 지점을 스스로 결정하는 경험이 늘어날수록 전시공간에서 편안함과 능숙함 등을 느끼는 빈도가 늘어난다. 이를 통해 학습자는 자신의 활동에 대해 충분한 안정감과 통제감을 지니고, 학습을 주도할 수 있게 된다. 결과적으로 이러한 자율성은 학습자의 적극적인 감각운동 및 정신적 활동을 증진시켜 더욱 효과적인 학습에 이를 수 있게끔 한다. 학습자는 학습에 대한 스스로의 책임감 또한 증진시킬 수 있을 것이다(김판수, 2000). 따라서 뮤지엄 교육을 계획할 때는 학습자가 스스로 동선을 선택하고 자유롭게 재구성할 수 있도록 다양한 진입 통로를 마련하고 제공해야 한다.

(2) 다양한 활동 기회를 마련한다

구성주의적 뮤지엄 교육에서의 활동은 학생들이 교육의 목표에 도달하거나 새로운 개념을 학습할 수 있도록 돕는 일종의 조력적 장치라 할 수 있다. 그러나 이

때 주의할 점은 다양한 활동이 단순히 도달해야 하는 목표나 개념만을 명백하게 내보이는 것이 아니라 그 과정에서 학생들이 스스로 반성하고 추상할 기회를 제공할 수 있어야 한다는 점이다(김판수, 2000). 따라서 뮤지엄은 교육 목표 또는 개념과 연관성이 깊으면서도 다양한 상황이나 경험을 학습자가 스스로 체험할 수 있는 활동들을 폭넓게 제공해야 한다. 따라서 뮤지엄 에듀케이터는 활동을 제시하여 지식의 원천이 아닌 다양한 정보의 통로를 제공해주는 안내자로서의 역할을 수행해야 한다(Strommen & Lincoln, 1992). 학습자는 이러한 활동에 참여함으로써 자신만의 의미를 문화적 맥락에 적용하여 점진적으로 구축해나갈 수 있다. 또한 학습자의 선호 학습 형태가 저마다 다르다는 점을 고려한다면, 이처럼 다양한 활동의 제시는 다양하게 구성된 학습자의 동기를 유발할 수 있어 지속적인 학습을 가능하게 한다. 따라서 뮤지엄 교육은 학습자가 뮤지엄 및 뮤지엄과 관련된 시공간적 배경에서 실행할 수 있는 여러 종류의 활동을 제공하여 개별 학습자가 스스로 핵심 교육내용을 발견할 수 있도록 조력해야 한다(Jeffery-Clay, 1998).

(3) 다양한 해석을 제시한다

뮤지엄에서의 구성주의 교육은 전통적 교육이 강조하는 성취 지향적 결과보다는 장기간의 이해력을 중시하는 학습을 더욱 강조한다. 즉, 학습자가 구성하는 지식의 맥락성과 전체로서의 지식을 중시한다. 이때, 학습자는 학습한 내용을 다중적인 조망을 통해 다각도로 검토할 수 있어야 한다(Burnham & Kai-Kee, 2011). 따라서 뮤지엄 교육은 필연적으로 학습자에게 다양한 해석을 제시해야 할 책무를 지닌다. 또한 이렇게 다양한 해석을 제시하는 과정에서 나타날 학습자의 다양한 반응을 최대한 수용하고, 점차 그 의미를 확장하거나 초점화해나가야 한다. 결과적으로 뮤지엄 교육은 누구나 자신의 위치와 관점을 기반으로 생산된 해석 또는 의견을 존중할 수 있는 공간적 가능성을 내포하고 있어야 한다.

(4) 삶에서 우러나오는 경험과 연관 지을 수 있도록 한다

구성주의 교육에 따르면, 학습자가 직접 자신의 문제를 발견하고 학습을 통해 발견을 지식으로 확장해나가기 위해서는 개인의 삶 속의 경험을 조망하는 것이 중요하다. 이는 위 구성주의의 요소 중 사전경험과도 큰 연관성이 있다. 학습자들은 구성주의 맥락에서 자신의 경험과 관련된 것을 더 잘 기억하고, 실질적인 문제해결에 자신의 경험을 적극적으로 반영한다. 따라서 뮤지엄 학습의 시작부터 자신의 경험에서 비롯된 문제들을 토대로 학습의 전 과정에서 학습자가 지닌 삶의 경험을 계속해서 연관 짓는다면, 학습자들은 더욱 실질적인 맥락에서 오랫동안 기억에 남는 유의미한 학습을 할 수 있다. 따라서 뮤지엄은 학습자가 친숙하게 여길 수 있는 경험적 요소들을 다양하게 제시하며 학습을 촉진해야 한다(Villeneuve & Erickson, 2012). 그 과정에서 학습자와 뮤지엄은 경험을 기반으로 하여 상호 간 이해와 존중을 쌓아나갈 수 있다.

(5) 실험과 추측 그리고 결론 유추까지 경험할 수 있도록 한다

구성주의 교육의 본질은 학습자 스스로 자신의 문제를 발견하고, 그 문제들을 제기하며, 그 결과를 학습자가 생성한 다른 결과들에 비추어 해석까지 할 수 있도록 이끄는 것이다. 따라서 구성주의 뮤지엄 교육은 학습자 스스로 자신만의 가설을 세우고 이를 다양한 사례와 활동을 통해 추측 · 확인하고 나아가 전반적인 결론까지 유추하여 도출하는 것을 목표로 해야 한다. 구성주의 뮤지엄에서의 학습자들은 이러한 탐구의 전 과정을 통해 자신의 학습 과정과 결과를 반성하고, 이를 통해 학습 전략을 이해하며, 나아가 자신의 새로운 인지구조를 구성할 수 있다(Lankford, 2002). 또한 학습자들은 결론 단계까지 나아가는 과정에서 자신의 동료 혹은 교사 등을 통해 구성주의가 강조하는 사회적 상호작용을 경험한다(Burnham & Kai-Kee, 2011). 특히 학습자들은 집단을 단위로 이루어지는 뮤지엄 교육 상황에서 사회적 협의 과정을 통해 자신들의 추측을 정리하고, 공통적인 결론을 도출한다. 이러한 사회적 상호작용은 타인의 관점을 이해하고, 사회적 협의를 통해 자신의 관점을 다양한 각도에서 다시 살펴보게 한다. 따라서 학습자들은 실험, 추측, 결론 유추까지의 전 과정에 지속적으로 참여함으로써 좀 더 적극적으로 뮤지엄 교육에 참여할 수 있다.

뮤지엄 교육자는 지금까지 살펴본 하인(2002)의 주장을 바탕으로 구성주의 뮤지엄의 해석적 역할을 수용하고, 전시물에 대한 다양한 해석 가능성을 염두에 두어 뮤지엄 교육 프로그램을 설계해야 한다. 이를 위해서는 교육 대상과 연관 있는 학습자 연구를 바탕으로 학습자의 의미 형성 과정 및 반응 범위를 예상하고, 이를 교육 프로그램의 내용과 방법에 반영하여 설계해야 한다. 한편, 교육 프로그램의 실행 결과는 추후 뮤지엄과 뮤지엄 교육을 위한 학습자 연구의 좋은 자료가 될 수 있음을 고려하며, 교육 프로그램의 실행 결과가 적절히 환류될 수 있도록 프로그램을 설계해야 한다.

3. 사회 반응 중심 뮤지엄 교육의 설계

동시대 뮤지엄 교육은 뮤지엄을 둘러싼 주체들의 사회적 반응을 지향해가고 있다. 여기서는 사회 반응 중심 뮤지엄 교육 설계를 위해 생각해보아야 할 요소들 및 원리들에 대해 살펴보기로 하자.

1) 핵심 요소의 이해

(1) 사회에 대한 반응

최근 뮤지엄은 해당 뮤지엄이 보유하고 있는 자원을 활용하여 사회와 연결되어야 하는 기관임을 공적으로 표명하고 있다. 뮤지엄이 사회와 연결되어야 한다는 것은 뮤지엄에 대해 정의를 내리는 방식에서 확연히 드러난다. 이를테면 영국 뮤지엄협회Museum Association는 1999년 다음과 같이 뮤지엄에 대해 정의하여 뮤지엄이 사회적 역할을 담당해야 함을 명시했다(Lang et al., 2006/2011: 47).

> *박물관은 사람들에게 영감과 학습, 즐거움을 위해 소장품을 탐구하도록 해준다. 박물관은 사회적 신뢰를 가진 유물과 표본을 수집 · 보관하며 접근 가능하도록 하는 기관이다.*

이러한 정의는 뮤지엄을 "대중을 위해 증거 자료와 관련된 정보를 수집 · 기록 · 전시 · 해석하는 기관"이라고 보며 뮤지엄의 기능적 측면에 초점을 맞춘 기존의 정의와 비교해보았을 때 큰 변화가 아닐 수 없다(Lang et al., 2006/2011: 47). 뮤지엄에 대한 영국의 1990년대 말 정의와 유사하게 아래 국제박물관협의회ICOM의 2002년 정의도 뮤지엄이 사회와 연결되어야 함을 보여주고 있다.

> *[뮤지엄은] 비영리를 추구하고, 사회와 사회 발전을 위한 서비스 기관으로 대중에게 개방[되어] 있으며, 연구 · 교육 · 즐거움의 목적을 위해 인간과 환경의 물질적 증거를 획득 · 보존 · 연구 · 소통하고 전시하는 영구 기관이다(Lang et al., 2006/2011: 47).*

미국의 경우도 비슷하다. 미국박물관협회American Alliance of Museums: AAM 산하 교육

위원회는 뮤지엄 교육이 접근성, 책무성, 옹호를 필요로 한다고 보는데, 이 중 접근성의 개념을 밝히는 기준 1과 원칙 1에서 뮤지엄이 사회적 책임을 지닌다는 것을 드러내고 있음을 발견할 수 있다(오명숙 · 윤여각, 2019: 41-46). 접근성이란 뮤지엄이 어디에 있어야 하고, 왜 있어야 하는지에 대해 기술한다. 즉 뮤지엄은 아래 기준 1과 원칙 1에서 보여지듯 관람자와 커뮤니티를 위해 존재하며, 관람자의 삶을 변화시키고 관계를 가치 있게 하기 위해 존재한다.

- *기준 1: 관람자와 커뮤니티에 집중*
  박물관 교육가는 박물관 관람자에 대한 지식을 갖추고 이들을 존중해야 한다. 그들은 변화하는 사회에서 박물관의 폭넓은 공공서비스 역할을 촉진한다.
- *원칙 1: 지역을 포함하고 박물관의 관람자에 봉사하라.*
  - *커뮤니티의 다양한 조직체, 학교, 문화기관, 대학, 다른 박물관, 그리고 일반 대중과의 건전한 관계를 개발하고 유지하라.*
  - *변화하는 사회의 요구와 복합성을 반영하라.*
  - *적절한 이슈들과 연관하여 내용과 해석을 구성하고 폭넓은 대화를 창출하라.*

이상에서 볼 수 있듯 동시대에 뮤지엄들은 뮤지엄의 개념 변화를 불사하면서까지 사회적 책임을 강조하는 방향으로 나아가고 있다. 그리고 이것이 궁극적으로 지향하고자 하는 지점은 '정직하고 공정한 사회'다(Sandell, 2020: 26).

그렇다면 뮤지엄이 어떤 주제 혹은 쟁점들을 다룸으로써 사회적 책임을 다하는 교육을 하는지 궁금하지 않을 수 없다. 뮤지엄은 지역사회의 필요와 쟁점에 관심을 함께하고, 문화적 차이를 받아들이며, 잘못된 재현을 해체하고, 다양한 방식으로 불평등에 맞서고, 편견을 줄이고자 한다. 이러한 것들을 보여줄 사례들은 헤아릴 수 없이 많을 것이다. 그중 몇 가지만 보면, 지역사회에 존재하는 인종차별주의에 맞서고자 했던 오스트레일리아 애들레이드시 이민박물관의 전시와 교육 프로그램, 아브람Ruth Abram의 주도로 이민자를 대상으로 영어 교육 및 필요한 정보를 지원한 미국 뉴욕시의 공공주택뮤지엄 프로그램, 도드Jocelyn Dodd의 주도로 10대의 임신 문제와 HIV/AIDS 등 지역 보건 상태의 불평등을 드러낸 영국 노팅엄 박물관 프로그램, 뮤지엄을 치료의 장소로 변모시킨 미국 인디애나주 블루밍턴 사례 등이 있다.

사회가 변화됨에 따라 다양한 집단을 생각하는 방식에서 변화가 요구되고 있다. 이에 대해 베넷Tony Bennet은 다음과 같은 대안을 제시한다(Bennet, 2003; Sandell, 2020: 29).

- *뮤지엄 내 및 뮤지엄 간의 관계에서 사회 모든 부문의 이익을 추구하는 것을 우선순위로 해야 함*
- *뮤지엄의 전시는 문화적 차이를 존중하는 방식으로 이루어져야 하고, 다양한 문화에 동등한 가치를 부여해야 함*
- *논의의 대상이 되는 집단에 대한 충분한 이해와 독특한 관점을 기반으로 전시를 기획해야 함*

(2) 다양성

학자들은 다양성diversity의 개념 및 다양성을 구성하는 요소들에 대해 다양한 의견을 피력하고 있다. 퍼드맨과 딘(Bernardo M. Ferdman & Barbara R. Deane, 2014: xxiv)은 다양성을 "특정 조직 또는 작업 그룹에서 복수의 정체성 그룹들과 이 복수의 정체성 그룹들 문화의 재현"이라고 말한다. 거프(Gough, 2002: 102)는 다양성을 "모든 인종, 국적, 종교, 신체적 능력과 정신적 능력, 성적 기원 및 소득 수준의 범위를 아우르면서 모든 젠더, 민족 또는 연령의 사람들을 포함"하는 것이라고 본다. 차머스(Graeme Chalmers, 1996: 1)는 다양성을 "민족, 젠더, 성적 기원, 연령, 지리적 위치 및 이동, 소득, 직업, 교육 및 기타 요인들"로 본다. 학자들은 차이에 주목하면서 범주화하고, 다양성을 구성하는 요소들을 병렬화하면서 다양성에 대해 정리했다.

로덴Marilyn Loden은 전술한 학자들과 유사하게 다양성을 구성하는 요소들을 가정하면서도 전술한 학자들과 다르게 다양성을 기본적 차원과 보조적 차원으로 위계화했다. 기본적 차원에는 인종, 민족적 유산, 성적 기원, 연령, 젠더 및 정신적 · 육체적 능력과 특성이 포함되고, 보조적 차원에는 작업 스타일, 커뮤니케이션 스타일, 조직에서의 역할 및 지위, 근무 경력 및 군대를 포함한 작업 관계 등이 포함되었다(Cañas & Sondak, 2014). 로덴이 다양성을 기본적 차원과 보조적 차원으로 구분한 기준은 정체성을 구성하는 중요도 여부와 가시성에 있었다. 기본적 차원에 있는 요소들은 개인이 지닌 정체성의 핵심이고(Cañas & Sondak, 2014), 변경이 쉽지 않으며, 일반적으로 다른 사람들에게 보인다. 이에 비해 보조적 차원에 있는 요소들은 변경이 가능하고, 다른 사람들에게 잘 보이지 않는 특성을 띤다. 로덴이 가정한 다양성 요소들과 그 위계는 아래 [그림 2-4]와 같이 다양성 바퀴Diversity Wheel 모형으로 가시화될 수 있다.

카냐스와 손닥(Kathryn Cañas & Harris Sondak, 2014: 11)은 다양성과 관련하여 다음

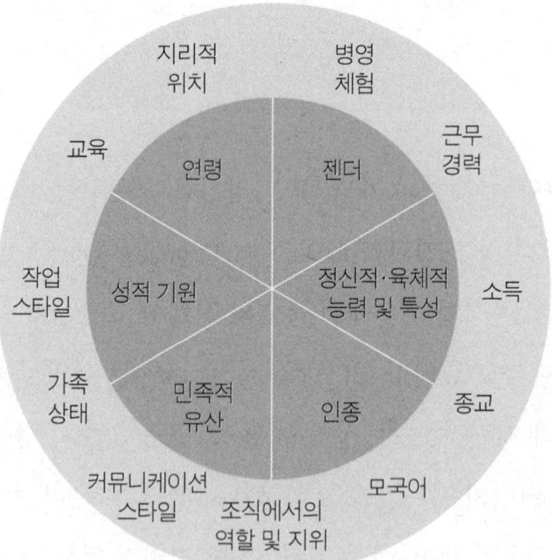

[그림 2-4] 로덴의 다양성 바퀴 모형

출처: Cañas & Sondak, 2014, p. 8.

다섯 가지 원칙을 제시한다. 첫째, 다양성이 광범위하긴 하지만, 경계가 없는 것은 아니다. 로덴의 다양성 바퀴에 존재하는 다양성의 요소를 경계로 간주하고 개인을 바라보아야 개인이 어떤 특성을 가졌는지를 다른 개인들과 구별하여 설명하거나 이해할 수 있다. 둘째, 다양성은 유동적이고 역동적이다. 다양성은 개인적 상황과 조직적 상황, 국가의 환경과 세계 상황과도 관련되기 때문에 복잡할 뿐만 아니라 항상 변화하기 마련이다. 셋째, 다양성은 차이와 유사성 모두를 기반으로 한다. 다양성을 논의할 때 자칫 유사성에 대해 간과하기 쉬운데, 유사성에 대해 고려했을 때 다양성의 장점이 더욱 실현될 수 있음에 유의할 필요가 있다. 넷째, 다양성은 비본질주의적 사고에 기반한다. 본질적인 사고는 사람들을 범주 속의 구성원으로 분류하고 이들의 특성을 범주적 특성에 기반하여 일반화하는 경향이 있다. 비본질주의적 접근은 개인이 속한 범주의 특성을 가정하거나 개인의 외부 특성을 기반으로 개인을 일반화하는 대신 각 개인을 고유한 정체성으로 고려하는 것을 말한다. 다섯째, 다양성은 하나의 접근법이 어떻게 작용하는가와 직접적으로 관련이 있다. 다양성으로 인해 뮤지엄에서 직원들이나 관람자 등 사람들이 어떤 상황에서 하는 행위들이 독특성을 띠게 된다.

다양성의 개념은 뮤지엄 관계자들에게 과제를 남긴다. AAM이 제시한 기준 2와 원칙 2에 의하면 뮤지엄은 다양성, 곧 다양한 맥락과 시각을 포용해야 한다(오명숙 · 윤여각, 2019: 41-46).

- *기준 2: 관점의 다양성*
  박물관 에듀케이터는 관람자의 이해에 도움이 되는 다양한 문화적 · 과학적 · 미학적 관점을 인정하는 해석적 실천을 도입한다.
- *원칙 2: 관점의 다양성을 도입하고 언급하라.*
  - 다양한 해석적 관점(문화적 · 과학적 · 역사적 · 미학적 측면에서의)이 더 깊은 이해와 참여를 유도할 수 있다는 것을 인정하라.
  - 지적 · 물리적 · 문화적 · 개인적 그룹, 세대 간의 다층적인 수준과 상황을 내용에 반영하라.

- 다양한 지역의 구성원들이 박물관의 컬렉션과 해석에 그들 자신의 관점을 제공할 수 있도록 참여시켜라.

뮤지엄 교육자들은 계층, 성/젠더, 세대 등을 아울러 다양한 해석의 다양성을 상호 인정할 수 있는 프로그램적 요소를 고려해야 한다.

(3) 유동문화주의

유동문화주의Transculturalism는 1965년 오티즈Fenando Ortiz가 처음 제시한 용어로, 동시에 발생하는 두 단계의 합성과 관계된다. 즉, 유동문화주의는 현재와의 결합으로 과거의 문화를 탈문화화하는 것, 새로운 공통 문화의 새로운 재창조를 의미한다(Cucioletta, N. D., Okpadah & Ogunmekan, 2019: 170 재인용). 유동문화주의는 종종 다문화주의Multiculturalism와 혼용되는데, 문화적 표시markers가 섞이는 것을 유동문화주의라고 볼 수 있다면 주류 문화에 대한 여러 가지 뚜렷한 기여를 모으는 것을 다문화주의라고 볼 수 있다(Grosu, N. D., Okpadah & Ogunmekan, 2019: 169 재인용). 유동문화주의는 상호문화주의Interculturalism와도 혼용되는 경향이 있는데, 두 용어를 구별 짓는 서로 다른 두 접두사의 의미로 그 의미 차를 확인할 수 있다. 즉 상호문화주의는 접두사 'inter'의 의미를 통해 유추할 수 있듯 다른 문화적 배경을 가진 개인들이 지배적 문화 환경에서 서로 혼합, 적응, 제외 또는 통합하며 상호작용하되 다소 정적이고 제한된 공간을 전제한다. 반대로, 유동문화주의는 'trans'의 의미가 그러하듯 더 역동적인 의미를 가지면서 안정화 또는 불안정화 효과, 사회적 결합, 역사적 조건, 집단 · 문화 · 힘의 통합 또는 분해를 전제한다.

유동문화주의는 다음과 같은 특색을 띤다(Okpadah & Ogunmekan, 2019: 169-170). 유동문화주의는 다른 데서 자신을 보는 것일 뿐만 아니라 다양한 신념 체계와 규범이라는 문화적 교류의 결합이다. 그것은 다양한 전통이 만나는 장소이며, 다양한 문화 환경에 있는 사람들 사이에서 공통의 가치를 공유, 수용 및 채택하는 과정process이다.

점진적으로 경계와 가장자리가 무너지는 코스모폴리탄cosmopolitan으로 간다고 보는 국제주의이고, 전 지구적이고 지역적인 과정의 결합이다. 요컨대 유동문화주의는 문화가 일정한 유동flux 상태에 있다는 사실에서 비롯된다.

유동문화주의는 동시대 뮤지엄 관계자들에게 과제를 안긴다. 뮤지엄 관계자들로서는 모던 뮤지엄에서 흔히 가능했던 문화적 범주에 속하는 사람들이나 그룹들을 타기팅하여 진행하는 전시에 대해 종종 공격받을 여지를 갖게 된다. 동시대 많은 사람이 국경을 넘어 이주하고 있고, 이들 혹은 이들의 후손은 점점 더 스스로 자신들의 자국 민족, 인종, 성적 이데올로기 및 기타 문화적 한계에서 벗어났음을 발견하게 되기 때문이다. 그러면서도 다른 한편으로는 그들이 태어난 문화, 전통 및 관습은 유지하고 있다고 느낀다. 뮤지엄 교육자들은 이들을 대상으로 과연 민족 문화에 대해 어떻게 접근해야 하는지에 대한 과제를 안게 된다.

2) 핵심 원리의 이해

(1) 포용의 페다고지 실천

최근 뮤지엄 교육자들은 어떻게 하면 뮤지엄 교육이 주류 그룹이 주재하는 문화적 엘리트들이나 그들의 가치만을 반영하는 것이 아니라 문화적 소장품에 직간접적으로 관련된 모든 사람이 의미 만들기에 참여하도록 독려할 수 있는지, 곧 포용의 페다고지를 실현할 수 있는지에 대해 고민하고 있다. 포용의 페다고지를 실현할 수 있는 전략 중의 하나는 뮤지엄 교육을 커뮤니티에 기반하여 수행하는 것이다. 2001년 영국 정부는 뮤지엄들의 위원회에 영국 지역 뮤지엄이 사회적 포용을 가장 잘 지원할 방법을 정의하도록 요청한 바 있다. 그 결과 이를테면 타인 앤 웨어 뮤지엄Tyne & Wear Museums과 국립리버풀뮤지엄National Museums Liverpool 같은 주요 기관들은 그들의 임무와 조직 구조를 커뮤니티 중심으로 전환한 바 있다. 포용의 페다고지를 실현할 수 있는 또 다른 전략은 이용자 중심으로 접근성을 높이는 것이다. 데이빗슨과 스미스(Davidson & Smith, 2014)는 포용성 실천을 위해 적극적인 경청, 선택과 다중모드multi-modal, 다감각 학습 기회 제공, 상호작용, 순간에 존재하기, 개인적인 경험과 내러티브를 통해 연결 구축하기 같은 전략을 채택하고 있다.

(2) 반담론적 공간 설계

최근의 다문화 교육 경향을 견지하는 뮤지엄 교육자들은 뮤지엄 교육이 반담론적counterdiscursive 공간을 마련하는 방향으로 나아가야 한다고 본다(Acuff & Evans, 2014). 반담론적 공간은 반내러티브counternarratives나 반이야기counterstories와 유사한 방식으로 작동해서 비주류권에 속하는 사람들의 관점이나 경험이 부각된다. 반내러티브는 여러 역사적 · 사회학적 · 개인적 · 일화적 · 가족적 원천으로부터 진리의 개념을 종합하는 세상에 대한 이야기라는 성격을 지닌다. 이는 다시 말해 반내러티브가 현 상태status quo를 거부하고 리얼리티에 대해 다양한 인식을 보여줌을 함의한다. 에이커프와 에반스(Acuff & Evans, 2014)에 따르면 변화란 새로운 반담론적 요소가 제도의 정체성 형성을 변혁시키기 시작할 때만 일어날 수 있다. 최근의 다문화 교육 경향에 경도된 뮤지엄 교육자들은 표면적 다문화주의에 머무르기보다는 권력과 특권의 중심지에 거의 접근할 수 없는 '담화의 언더그라운드'에 귀를 기울이고자 하고 있다(Fine & Weis, 1993; Acuff & Evans, 2014: xxvi 재인용).

반담론적 공간 혹은 반담론적 공간의 작동 요소가 있는 뮤지엄은 다음과 같이 미시적이고 거시적인 차원에서 매우 구체적인 구조적 세부 사항을 다룬다(Acuff & Evans, 2014: xxviii).

- *문화적 아이템들의 위치 및/또는 전시가 어떻게 타자성otherness을 배치하거나 또는 문화적 불감증을 보여주는가?*
- *뮤지엄들은 문화적 자율성을 어떻게 포용 및/또는 장려하는가?*

- *뮤지엄들은 다름의 공동체들과 협력의 공동체들을 어떻게 인식하는가?*

반담론적 공간을 염두에 두면서 뮤지엄을 교육적인 기관으로 변모시키기 위해 선행되어야 할 기본적인 사항은 뮤지엄이 지닌 힘에 대해 인식하는 것이다. 즉 뮤지엄은 누가 혹은 무엇이 소중하게 간주되는지에 대해, 어떻게 문화가 정의되고 유포되는지에 대해, 그리고 어떻게 뮤지엄의 전반적인 결정이 의심할 여지 없이 사람들이 세상을 바라보는 방식을 변혁시키는지에 대해 통제하는 힘이 있다는 것을 인식해야 한다(Acuff & Evans, 2014: xxvi). 최근의 다문화 교육적 입장에 선 뮤지엄 교육자들은 반담론적 공간을 구축함으로써 뮤지엄이 다문화에 대해 인식하고, 교육적 평등을 향하게 될 것이라고 믿는다.

(3) 도덕 · 윤리 고려

연구자들은 비판적인 다문화 교육의 입장에서 뮤지엄 교육의 윤리에 대해 주목하고 있다. 이들은 뮤지엄이 중요한 공적 교육의 장소이자 비판적 숙고의 대화 공간이 되어야 한다고 믿는다(Eichstedt, 2006). 따라서 뮤지엄은 학습자들로 하여금 누구의 삶이 특정 재현으로 풍성해졌고, 누구의 삶은 손상을 입었는지 같은 문제에 대해 다루어야 한다고 본다. 이를 위해 아이크스테트(Eichstedt, 2006)는 뮤지엄이 다음을 질문하기를 권한다.

- *커뮤니티로서 '누가' 그려졌는가?*
- *어떤 사람들의 삶이 긍정적으로 영향을 받아오고 있는가?*
- *교육적 측면에서 사람들에게 무엇을 '위해' 교육해야 하는가?*
- *사람들은 왜 다양한 경험을 해야 하고, 또 다양한 경험에 노출되어야 하는가?*
- *[이 모든 노력이] 더 나은 사람들, 더 나은 시민을 만들기 위한 것인가?*

- *[이 모든 노력이] 어떤 면에서 더 좋은가? 어떤 궁극적 지향점을 향해서 필요 한가?*

(4) 평등 및 사회정의 지향

사회반응주의적 뮤지엄 교육자들은 뮤지엄에서 오랫동안 존재해온 여러 형태의 차별에 대해 토로하며 평등교육을 추구하고, 사회정의를 지향하고 있다. 이들은 이러한 불평등이 뮤지엄 내에서는 물론 뮤지엄을 둘러싼 관련 분야에서 구조적으로 광범위하게 일어나고 있다고 본다. "과거 불의의 현재적 표현"을 수정하지 않으면 이 규범을 계속 유지하게 될 것이고, 그렇게 되면 뮤지엄에서 변화가 일어날 가능성은 낮아질 것이므로 비판적 시각을 요구한다(Crenshaw, 1988; Reid, 2014: 22 재인용). 예를 들어 아이크스테트(2006)는 동료와 함께 1997년부터 2001년까지 미국 남부에 있는 130여 개의 농업 뮤지엄과 관련해 조사하면서 노예가 된 사람들의 인종화된 재현에 대해 살펴보았다. 연구 결과에 의하면, 백인 노예들의 삶은 확대되어 묘사된 반면 아프리카계 노예들은 상징적으로 전멸되고 지워졌다. 그리고 아프리카계 사람들이 겪는 고통은 사소한 것으로 취급되거나 굴절된 반면, 백인 노예들은 도덕적이고 근면한 것으로 프레이밍되고 있었다. 또한, 노예가 된 사람들의 지식이 분리되고 주변화되고 있었다. 더욱이 아프리카계 사람들의 삶이 백인의 삶의 이야기로 상대적으로 통합되고 있었다. 연구자들은 비판적인 다문화 교육의 입장에서 불평등과 불의가 과거에서부터 현재까지 어떻게 관행적으로 영향을 미쳐왔는지 그 방식에 대해 인식할 것을 촉구하며 사회정의를 지향하고 있다.

(5) 해석 지향

사회 반응 중심 뮤지엄 교육 프로그램을 기획하고자 하는 교육자는 관람자가 주체가 되어 전시물을 해석할 수 있도록 고려할 수 있다. 이를 위해서는 첫째, 뮤지엄에서 참여자의 역할과 목표를 구체적으로 제시하도록 한다. 둘째, 학습자들이 협력하도록 설계한다. 기획자는 누구를 참여자로 선정할 것이고, 어떻게 프로그램을 구성할 것이며, 최종적으로 무엇을 산출할 것인지 기획해야 한다. 셋째, 사회적 관계망으로서 참여를 장려하여 개인적으로 콘텐츠를 소비하는 것을 넘어 집합적으로 네트워크를 구성해보도록 한다(오명숙 · 윤여각, 2019; Simon, 2015). 관람자는 해석의 결과로 통찰을 얻게 된다. 통찰은 일종의 깨달음으로 몰입경험과 균형 잡힌 사고를 통해 가능하게 된다. 통찰력은 "사물을 넓고 깊게 보는 능력, 인간관계의 본질을 꿰뚫어보는 능력, 정치적 · 사회적 세계의 이면을 파악하는 능력, 어떠한 말이나 글의 핵심적 내용을 간단하게 요약하는 능력, 직관력, 미래를 내다보는 능력"을 말한다(정선경, 2008; 오명숙 · 윤여각, 2019: 186 재인용). 통찰은 "시간의 맥락에서 공간을 점유하면서 경험한 제도와 관습, 기억들을 재해석하는 지각과정"으로서 "관람자[가] 시각이 달라지고 관점이 변형되어 새로운 인식에 이르게 된 상태"의 성격을 띤다(오명숙 · 윤여각, 2019: 187). 학습자로 하여금 통찰을 경험하게 하기 위해서는 통찰을 구성하는 "공감적 이해, 철저한 사고 습관과 균형적 사고를 통한 고찰, 공동체의 바람직한 변화를 위한 책임 있는 의사결정"을 경험시킬 필요가 있다(오명숙 · 윤여각, 2019: 187). 뮤지엄 교육자는 학습자가 상상력, 사고력, 의사소통 능력이 가미된 직접 체험 프로그램을 기획함으로써 통찰을 이룰 수 있도록 프로그램을 개발할 필요가 있다. 이를 위해 이야기 구조를 지닌 전시를 기획할 때 해석기준으로서 두 가지를 고려해볼 수 있다(오명숙 · 윤여각, 2019). 첫번째는 전시물을 인과관계로 구성하는 것이다. 학습자들은 놀이 속에서 인과관계를 경험할 때 전시를 분절적으로 경험하지 않고 전시물과 놀이 스토리를 하나의 놀이경험으로 통합하여 경험한다. 둘째, 학습자가 전시를 체험하는 과정에서 가치를 판단하게 하는 지점을 마련한다. 이때 학습자는 사고 습관으로서의 공감적 의사결정과정을 수반하고, 나-너의 관계망에서 새로운 역할을 경험하여 반성적 사고를 경험할 수 있게 된다.

(6) 토론 지향

사회 반응 중심 뮤지엄 교육 프로그램을 기획하고자 하는 교육자는 쟁점이 될 만한 토론 주제를 설정하고 학습자가 다양한 맥락에서 검토하게 함으로써 인식의 확장과 전환을 꾀할 수 있다. 토론하기란 다시 말해 논증하기로, 논증은 다음 다섯 가지 틀로 구성된다(오명숙 · 윤여각, 2019: 293).

- *주장: 핵심이 무엇인가?*
- *이유: 내가 왜 그 주장에 동의해야 하는가?*
- *근거: 어떤 사실에 기초하여 그런 이유를 내세우는가?*
- *전제: 이렇게 주장하는 논리는 무엇인가?*
- *인식과 대응: 당신과 다른 견해를 인식하고 있는가? ~한 경우에 대해서는 생각해보았는가?*

뮤지엄 교육 프로그램 기획자는 사회적 쟁점이나 이슈에 대해 학습자들이 주장을 내세우고 여기에 대해 이유, 근거, 전제, 반대의견에 대한 방어에 대해 논할 수 있도록 해야 한다.

(7) 참여 지향

전통적으로 뮤지엄 교육은 관람자에게 콘텐츠를 제공하여 소비하게 하는 방식으로 이루어졌다. 사회 반응 중심 뮤지엄 교육을 위해서는 참여적 설계로 교육을 기획해야 한다. 뮤지엄은 플랫폼으로서 기능하며 서로 다른 사용자가 콘텐츠 창작자, 배급자, 소비자, 비평가, 협력자로 활동할 수 있게 하는 방안에 대해 고려해야 할 것이다(Simon, 2015). 참여가 성공적으로 이루어진 경우 기관, 관람자, 비참여적 관계자 모두에게 새로운 가치를 생성해내게 된다. 성공적인 참여 프로젝트가 되게 하는 두

〈표 2-2〉〈나에게서 우리로〉 설계

단계	원칙	내용	비고
1단계	개인의 콘텐츠 소비	관람자에게 자신이 찾는 콘텐츠에 접근하게 하기	
2단계	개인의 콘텐츠와의 상호작용	관람자가 행동하고 질문할 기회 제공하기	
3단계	개별 상호작용의 집합적 네트워킹	관람자의 관심과 행동이 더 큰 기관의 관람자 집단에 어떻게 포함되는지를 알 수 있게 하기	나
4단계	개별 상호작용의 사회적 활용을 위한 네트워킹	관람자가 특정 인물, 즉 운영자나 타 관람자와 연결되어 콘텐츠와 활동에 대한 관심을 공유하게 하기	↓ 우리
5단계	개인의 다른 이와의 사회적교류	뮤지엄 전체가 사회적 장소처럼 여겨지게 하며 잠재적인 흥미와 도전, 풍부한 의미를 가진 다른 사람들과의 만남이 있는 곳이 되게 하기	

출처: Simon, 2010/2015, p. 64 재구성.

가지 설계 원칙은 첫째, 제약을 설정해 참여가 지속되게 하는 것이다. '참여자들이 참여를 지속하는 것은 제약이 있을 때'라는 보고가 있다. 그러므로 참여자들에게 자기표현을 위한 개방적 기회를 주기보다는 제약을 가해야 한다. 예를 들어 사이먼(Simon, 2010/2015)에 의하면 덴버 미술관Denver Art Museum의 〈사이드 트립Side Trip〉 전시에서 음악 포스터 만들기 활동의 경우, 투명 필름이 부착된 클립보드를 주고 실제 록음악 포스터를 복제해 자른 그림 더미를 비치해두었을 때가 어떤 재료나 설명도 주지 않았을 때보다 성공적 참여를 유도했다고 한다. 둘째, 사회성 경험으로 나아가게 하는 것이다. 이는 참여자가 개인적인 진입 경로를 통해 낯선 사람과 협력하게 하는 것인데, 사이먼(2015)은 〈나에게서 우리로〉 설계를 제공한다. 이 설계는 다른 사람과의 상호작용을 통해 관람자의 경험을 향상시킨다. 이는 뮤지엄 같은 문화기관이 개인적인 경험에서부터 시작해 집합적 · 사회적 참여로 나아가게 하는 설계다. 현재 대부분의 뮤지엄이 설계하는 관람자 경험은 단계 1, 2에 국한되는 경향이 있는데, 경험이 확대되어야 할 것이다. 이때 가이드가 있으면 더 높은 단계의 경험을 하기가 수월해지겠지만, 사이먼(2015)은 가이드가 없어도 윗단계로 진입할 수 있도록 프로그램을 기획하는 것이 필요하다고 말한다. 이를 위해서는 상호작용을 돕는 물리적 공간을 설계해서 사회적인 관계를 형성할 가능성을 높이는 것도 하나의 방법이 될 수 있다.

2장

뮤지엄 교육 프로그램 개발을 위한 교육 방법론

뮤지엄 교육의 목적은 학습자가 전시물에 대한 해석을 추구하도록 돕는 것이라고 해도 과언이 아닐 것이다(Burnham & Kai-Kee, 2011). 해석은 대화를 통해 이루어질 수 있는데, 전시물에 대해 서로의 생각을 공유하면서 이루어진다. 비고츠키를 중심으로 한 사회적 구성주의의 관점은 대화를 통한 학습이 상호작용을 통해 해석을 공유하고 전시물에 대한 의미를 형성해간다고 본다. 대화를 통해 개인과 그룹은 의미 만들기의 공동체로서 성장하게 된다.

1. 대화 중심 방법론

1) 가다머의 해석학과 대화

가다머Hans-Georg Gadamer의 해석학은 뮤지엄에서 대화로 작품을 이해하고 해석하는 방법에 대해 이론적 기초를 마련해준다. 가다머는 위대한 작품과 만나는 것은 풍성한 대화를 갖는 것과 같다고 했다. 가다머는 "대화란 두 사람이 서로를 이해하게 되는 과정"이며, 서로의 의미가 상대편의 맥락에서 번역되는 것이라고 했다(1989: 347). 우리는 보고 이해한 것을 말로 표현하면서 서로 공통의 언어를 찾아간다. 가다머(1989: 345)는 예술작품에 대한 대화는 서로 "빠지게" 되고, 서로에게 "점차 관여하게 되는 것"이라고 설명한다. 대화는 서로의 관점을 받아들이는 자연스러운 과정이다. 미술작품에 대한 탐구는 대화의 형식으로 이루어질 수 있다. 작품을 보고 대화하는 과정에서 서로가 이해한 것을 공유하며, 작품에 대한 탐구가 가능하다. 가다머는 "작품에 관한 대화는 우리가 본 것을 언어로 표현하면서, 질문하고 답하는 일련의 과정으로 이어져 마치 끝없이 이어지는 소통의 과정과 같다"라고 했다(Gadamer, 2004; Burnham & Kai-Kee, 2011: 61 재인용).

가다머에 따르면, 이해는 해석의 과정으로 세부와 전체의 관계를 파악하는 대화적 특성을 갖는다. 따라서 전시물의 이해는 부분에서 시작하여 부분들을 결합해가며 점차 전체를 포괄하게 된다. 작품의 "부분과 전체를 보는 과정은 반복되며, 이때의 작품은 전체 사회의 한 부분으로서 그리고 과거와 현재를 반영"하는 것으로서 다루어져야 한다(Hooper-Greenhill, 2000: 117). 가다머의 대화를 통해 관람자는 부분과 전체를 보면서 함께 작품을 공유하고 과거와 현재의 시간을 함께한다.

가다머는 대화에서 이원적binary, 삼원적tertiary 이해를 설명했다. 가다머에 따르면, 이원적 이해란 어떤 사람이 무엇인가를 이해하는 것이다. 대화하더라도 각자 작품을 이해한다. 삼원적 이해는 어떤 사람이 다른 사람과 함께 무엇인가에 대한 이해에 도달하여 양자 모두 이해하게 되는 것이라고 했다(Gadamer, 1989; Eiserman, 2001). 이원적 이해와 삼원적 이해의 차이는 누군가와 함께한다는 공동체 의식이 있느냐에 달려 있다. '대화'라는 단어의 어원상 혼자가 아닌 다른 사람과 함께한다는 전제를 갖기에 공동체 의식이 중요하다(Eiserman, 2001). 이야기를 나누는 행위는 타자의 존재를 가정해야 가능하므로 함께한다는 의식이 필수다.

가다머의 관점에 따르면, 작품의 의미는 상호주관적 의사소통을 통해 이루어진다. 관람자가 서로 대화하면서 생성되는 작품의 해석은 작품의 지평 위에 나타나듯 관람자의 지평 위에 나타난다. 이때 '지평horizon'이란 특정 경험, 지식, 기대, 역사 등을 의미한다. 지평이란 관점으로 특정 시각에서 볼 수 있는 모든 것을 의미하며, 여기서 관점이란 가까이에서 보는 것뿐 아니라 보는 것을 넘어서서 파악할 수 있는 무엇인가를 의미한다(Gadamer, 1989: 302). 지평은 고정되거나 정지한 것이 아니라 개인적이고 문화적인 삶 내에서 이동하기도 하며 변화하기도 한다. 대화를 통해 개인 간에 서로의 지평이 만나 융합된다. 가다머는 서로 대화하면서 우리 자신뿐 아니라 다른 사람의 특정 관점을 극복하고 고양된 어떤 보편성universality을 갖게 된다고 했다.

해석학의 전제는 작품의 해석이 작가의 의도에 있는 것이 아니라 작품 자체에 있다는 것이다. 그렇기에 감상자의 다양한 해석이 가능하다. 가다머는 대화에서 내가 '너'에게 하는 질문은 '나'의 지평에서 나온 것임을 전제하고, 대화 이전의 '나'의 지평은 '너'와의 대화를 통해 변화되고 끊임없이 확장되며 나아감을 전제한다(김경미 · 김봉석, 2020). 작품을 볼 때, 우리의 시야에 들어오는 것만 볼 수 있듯 자신의 지평 안에 속한 것만 이해할 수 있다. 서로의 대화는 이처럼 상호주관적 이해에 도달하게 된다. 따라서 뮤지엄을 해석학적 상황으로 본다면, 우리는 '전시물'이라는 텍스트를 향해 우리 자신의 지평에서 나온 질문을 하게 된다.

작품 자체의 존재 세계는 늘 감상자에게 말을 걸어오기 때문에 감상자는 작품의 세계로 들어가 작품의 존재와 만나는 것이 중요하다(신응철, 2008). 가다머는 예술작품의 해석을 통해 이해가 가능하며, 이때의 이해는 감상자 모두가 공유할 수 있는 보편성을 확보하게 된다고 설명한다. 작품의 존재에서 보편성은 개인의 생물학적 ·

문화적 결정주의와 추상성을 부정한다. 개인이 가진 고유한 특성을 대화로 가져오면서 서로의 지평이 만나 보편성을 갖게 된다.

따라서 해석학적 보편주의 관점에서 예술작품은 해석의 대상으로 간주되며, 작품에 대한 해석과 이해 행위는 고정되지 않고 항상 유동적이다. 이처럼 작품에서 해석의 다양성과 이해의 변화 가능성을 해석학적 보편주의의 특징이라고 한다. 해석의 교정 가능성corrigibility은 우리가 이해하는 것이 종종 틀릴 수 있고, 새로운 이해가 등장하면 재해석되고 대체될 수 있다. 가다머에 따르면, 이해란 어떤 것을 지향하고, 대상을 특정 방식으로 보기 때문에 관점적이다. 이때의 관점은 가다머가 말하는 '지평'의 개념에서 파생한 것이다. 지평이란 곧 시계(視界)다. 시계를 갖지 못하면 포괄적으로 보지 못하고 일부분만 본다(이윤아, 2006). 텍스트를 이해한다는 것은 텍스트의 부분과 전체를 관련지어 함께 이해함이다. 이는 순환적 과정이다. 가다머는 작품에 대한 지평에서 해석이 교정되고 재해석되는 것을 '해석학적 순환hermeneutic circle'이라고 부른다(Gadamer, 2004; Burnham & Kai-Kee, 2011: 61 재인용). 번햄과 카이키는 뮤지엄에서 해석학적 순환은 감상자가 서로 침묵하고, "성찰하기 위한 멈춤과 동의consensus의 순간"에 이루어진다(Burnham & Kai-Kee, 2011: 61). 뮤지엄 대화에서 우리는 작품에 관한 이야기에 귀 기울이고, 때로는 멈추고 침묵하고 성찰하며, 서로의 새로운 관점을 수용하고자 한다.

가다머는 전시물과의 경험은 텍스트 이론과 같이 열린 것이라고 설명한다. 전시물에 대한 우리의 이해는 편견prejudice, 앞으로 가질 선견foreknowledge, 우리 자신의 역사성에 따라 달라진다. 이러한 의미에서 우리의 해석은 텍스트 이론과 같이 열린 상태다. 우리가 가진 편견의 인정과 이에 대한 개방성을 통해 작품에 대한 재해석이 가능하다. 따라서 작품이 가진 진실이라는 존재는 절대적 객관성이 아니라 여전히 상대적일 수 있다. 또한 시간의 흐름 속에서 작품의 진실이 지속된다는 측면에서 역사적이며 사회적으로 결정된다(Hooper-Greenhill, 2000).

뮤지엄 교육자는 참여자들의 대화에 대한 방향을 감지해야 한다. 서로의 의견을 듣고 다른 사람의 견해에 대해 자기 생각을 멈추고, 들어주려는 노력을 기울이고, 그 순간들은 누적된다. 가다머가 설명한 해석학적 순환이 이루어진다. 해석학적 순환에서 작품 세계에 대한 서로의 견해들은 심도 있고, 그 폭은 넓어지게 된다. 이처럼 작품에 대한 이해는 끝없는 가능성을 포함한다고 할 수 있기에 미술관에서 교수자는 작품에 대한 새로운 해석과 의미가 계속될 수 있다는 것을 알려주는 것이 필요하다(Burnham & Kai-Kee, 2011). 이처럼 대화를 통해 작품의 지평은 넓어지고, 새로운 가능성을 지향하여 유동적이라 할 수 있다. 따라서 작품은 결코 완성되는 것이 아니라 사람들이 어떻게 보는가에 따라 만나게 되는 어떤 불연속성을 갖게 된다(이윤아, 2006). 작품은 한 번에 완성되는 것이 아니라 우리의 해석학적 대화가 순환함에 따라 끝없이 이루어지는 과정이라 할 수 있다.

가다머는 예술작품에 대한 해석을 존재론적으로 분석한다. 예술작품은 미적 대상이 아니라 감상자에 의해 변화하고 확대되는 세계이해의 지평이다. 작품의 세계에 대한 새로운 눈뜸의 지평으로 확대되어 단지 하나의 대상으로 보는 데 그치는 것이 아니라 세계를 이해하는 지식이 확장됨을 의미한다. 따라서 자신의 세계 지평이 넓어지면서 새로운 빛 안에서 세계를 보면서 자기이해가 깊어진다(이윤아, 2006). 이해로서의 미적 경험은 자신을 세계의 일원으로 보는 경험이다. 이는 감상자 스스로 작품이 존재하는 과거와 작품이 존재하는 현재라는 관계 속에서 이해하는 것이다(Eiserman, 2001). 미적 경험은 이 2개의 순간을 가져와서 현재라는 순간에 지속적으로 살아있도록 하는 것이다.

대화를 통한 미적 경험은 우리가 속한 세계에 하나의 공동체로서 소속된 경험을 함께 나누는 것이다. 미술관에서 작품에 관한 대화를 나누면서 작품 세계에 대한 이해가 깊어진다. 관람자는 대화에서 작품의 요소, 감각, 특정 측면을 감지하고, 작품 전체로서의 의미를 형성하면서 작품에 참여하게 된다.

2) 뮤지엄에서 이루어지는 언어적 상호작용

언어적 상호작용에 의해 뮤지엄에서 의미 만들기가 일어난다. 번햄과 카이키는 뮤지엄에서 이루어지는 말로 이루어지는 상호작용을 세 가지, 즉 '담화, 대화, 토론'으로 나누어 설명한 바 있다(Burnham & Kai-Kee, 2011).*

'담화conversation'는 대화나 토론보다 좀 더 느슨한 구조이며, 편안한 분위기의 이야기 나누기로 상대방과 미술작품에 대한 정서, 관찰, 의견, 아이디어를 교환한다. 이에 비해 '대화dialogue'는 둘 이상의 사람이 주제를 탐구하거나 의견을 정하기 위해 서로의 생각이나 의견을 교환하는 것으로, 담화보다는 좀 더 목적성이 있는 경우다. 마지막으로 '토론discussion'은 교수자가 의도하는 주제를 갖고 의견을 나누면서 작품에 대한 원리를 적용하여 문제를 해결하거나 이해를 돕는 목적이 있다(Burnham & Kai-Kee, 2011).

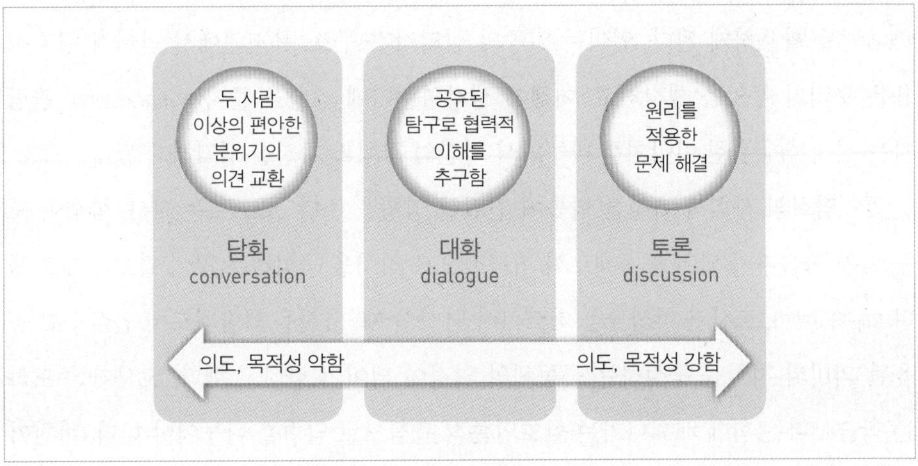

[그림 2-5] 뮤지엄의 언어적 상호작용

* 영어 단어 'conversation', 'dialogue'는 모두 '대화'로 번역하기도 하지만, 단어의 구별에 따라 다른 뉘앙스로 번역한다. 사실 두 단어는 일반적으로 차이가 없다고 인식되지만, 여기서는 번햄과 카이키의 구분에 따라 살펴본다.

(1) 담화

사람들은 뮤지엄의 담화 과정에서 다른 사람과 작품에서 떠오르는 것이나 관련된 경험을 나눈다. 때로는 그룹투어에서 서로의 의견에 대해 질문하면서 전시물에 대해 편하게 이야기한다. 미술관에서 일어나는 담화는 작품에 대한 것에서 출발해서 점차 자신의 삶에 대한 통찰로 나아간다. 이를 두고 번햄과 카이키는 담화란 "균형equilibrium과 포용inclusiveness"을 추구한다고 했다(Burnham & Kai-Kee, 2011: 81). 즉, 담화에서는 모두가 참여하여 서로 격려하고, 모두의 의견을 존중한다. 교수자가 작품의 정보나 의견을 일부 제공하면서 사람들은 자연스럽게 의견을 나눈다.

담화는 편한 과정으로, 담화 속에서 사람들은 함께 경험을 나누며 즐기게 된다. 비고츠키는 인간의 사고가 근원적으로 사회적이며, 문화적 도구와 상징sign을 활용하여 상호작용적으로 이루어진다고 했다(Vygotsky, 2018). 비고츠키는 상징을 통해 사고 및 행동하며, 상징에는 말, 글, 미술작품같이 상태나 조건을 기술하는 설명자descriptor를 활용하게 된다. 언어는 일종의 심리적 도구로, 뮤지엄에서 언어적 상호작용은 우리가 무엇을 생각하고, 어떻게 생각하는가에 영향을 준다(Wertsch, 1997). 관람자는 전시물에 관한 이야기를 나누면서 자신의 경험과 자신을 생각하게 된다.

담화의 사회적 속성은 학습에 긴밀한 영향을 준다. 로고프는 교사, 학생이 모두 함께 학습자가 되어 공동체로서 협력적으로 지식을 구성하는 것이 필요하다고 했다(Rogoff, 1990). 교사가 학생들을 가르치며 담화할 때, 자신을 학습자로서 인식하고 공유된 의미의 지식을 구성하는 공동체의 입장이 되어야 한다고 했다. 교사가 주도하는 학습보다는 함께 배워나가는 상호의존적 관점으로 담화를 나누어야 한다. 마찬가지로 뮤지엄에서 전시물을 보면서 나누는 담화의 경우에도 교수자는 서로의 관점을 공유하면서 기존의 지식을 활용appropriation하여 새로운 지식을 만들어가는 과정에 참여하게 된다. 로고프는 '안내된 참여guided participation'라는 개념을 통해 개인들이 사회문화적으로 가치 있는 어떤 활동에 참여하는 과정에서 사람들 간 참여의 체계와 과정을 설명한다. 여기서 안내란 문화적 · 사회적으로 가치 있는 방향으로 함께 참여하고, 의견을 소통해가는 과정이다. 참여란 어떤 활동에 관여하는 것뿐 아니라 관찰하는 것을 의미한다(Rogoff, 2008). 이처럼 안내된 참여는 학습의 사회적 속성을 의미한다. 뮤지엄에서 참여자들은 전시물을 관찰하고, 문화적 · 사회적으로 가치를 공유하며, 전시물을 이해한다.

담화를 학습으로 간주하는 관점은 담화를 학습의 도구와 증거로 본다. 담화를 통해 학습하기도 하고, 담화에서 학습하고 있는 요소가 나타나기도 한다. 이 둘은 상호 연관된다고 볼 수 있다(Perry, 2012). 그룹에서 담화를 나눌 때, 담화는 참여자의 학습이 나타나는 증거일 뿐 아니라 사회적으로 형성되는 사고의 도구가 된다. 구성원들은 그룹에서 이야기를 나누는 사이에 뮤지엄 방문의 목표를 이루게 된다. 라인하르트와 크롤리(Leinhardt & Crowley, 1998)의 연구에 따르면, 사람들이 나누는 담화 형식의 이야기에는 뮤지엄에서의 경험적 요소가 주로 나타나며, 기획이나 의사결정 같은 요소는 나타나지 않는다. 뮤지엄에서의 담화를 분석해보면, 사람들은 개인적 정체성, 뮤지엄의 물리적 환경, 뮤지엄 전시나 전시물에 관한 설명을 하면서 이야기에 참여하는 속성을 보여준다고 한다. 여기서 관람자가 어떤 사람이고 어떤 경험과 기대, 동기를 가졌느냐가 정체성이며, 뮤지엄에서 전시물, 라벨, 텍스트 같은 해석물 등이 물리적 환경에 해당한다. 또한 담화가 일어날 때 경험에 대해 참여자들이 어떤 방식으로 설명하는가와 같은 설명적 참여 속성이 있다(Leinhardt & Knutson, 2004). 이처럼 뮤지엄에서 일어나는 담화는 관람자의 과거 경험이 현재의 활동에 합쳐지는 주요 수단이다. 사회적 상호작용 속에서 관람자는 전시물과 연관된 자신의 역사를 함께 나누게 된다. 또한 담화는 관람자가 미래에 뮤지엄에 방문할 것인가에 영향을 준다.

뮤지엄에서 이루어지는 담화적 정교화conversational elaboration에는 네 가지가 있다(Abu-Shumays & Leinhardt, 2003; Leinhardt & Crowley, 1998). 첫째, '나열listing'은 전시물을 찾아서 이름을 확인하고, "무엇일까?"라는 질문에 답하는 것이다. 라벨을 읽고 전시물을 확인해보거나 전시물을 관찰하여 구성된 요소를 찾아본다. 예컨대 목걸이를 보고 재료가 유리구슬, 나무, 곡물 등으로 이루어진 것을 발견하고 이야기한다면, 이는 나열이다. 다음으로 '분석analyzing'은 전시물의 특성이나 질을 설명하거나 해당 전시물이 "무엇과 같은가?"라는 질문에 답한다. 전시물의 물리적 특성을 이야기해보거나 어떤 기능을 갖는지 추측해본다. 셋째, '종합synthesizing'은 특정 전시물이나 전시물의 특징을 다른 전시물과 비교하는 것이다. 비교하는 대상은 같은 전시에 있거나 관람자가 이미 다른 전시에서 경험한 것이다. 이 전시물은 어떤 면에서 다른 것과 비슷하거나 차이가 있는가다. 이를테면 의식에 쓰는 지팡이를 언급하면서 다른 전시에서 보았던 이집트 시대의 지팡이를 떠올리는 것이다. 마지막으로 '설명explanation'은 전시물에 관한 일관되고 만족할만한 설명이 이루어지는 것이다. 예컨대 "왜 이것은 여기에 있는가?", "저것은 어떻게 작동할까?" 같은 질문에 스스로 답하면서 전시물에 관한 일관된 설명을 해나가는 것이다.

나열, 분석, 종합, 설명으로 갈수록 담화 내용은 점차 풍부하고, 복합적이며, 세련되어간다. 분석은 단순히 라벨에서 본 것을 다시 말해보고 확인하는 '나열'보다 전시물과의 관계가 깊어지는 것이다. 종합은 나열보다 정교화된 것이지만, 분석보다 반드시 높은 수준은 아니다. 종합은 분석을 포함할 수 있지만, 때로는 현재의 전시물을 이전에 보았던 전시물과 단순히 비교할 수도 있다. 그렇지만 설명은 나열, 분석, 종합하는 것을 활용하여 이루어질 수 있기에 좀 더 정교화된 담화라고 할 수 있다. 관람자는 전시물을 보면서 비형식적이고, 의식하지 않은 상태로 네 가지 종류의 담화를 해나갈 수 있다. 모든 전시물에 대한 담화가 네 가지 요소로 이루어지는 것은 아니지만, 전시물에 대한 담화에서 이러한 네 가지가 가능하다.

(2) 대화

번햄과 카이키는 뮤지엄에서 이루어지는 구어로 이루어지는 상호작용 중 두 번째 형식으로 대화를 제시했다(Burnham & Kai-Kee, 2011). 대화dialogue는 의도나 목적성의 측면에서 담화와 토론의 중간 정도에 위치한다. 대화는 담화와 같이 개방적이고 즉흥적으로 이루어지기는 하지만, 좀 더 교수자의 역할이 강조된다. 교수자는 안내하고 담화를 구성하여 이끌어간다. 하지만 토의처럼 미리 계획되어 정해진 것이 아니라 함께 협력적으로 작품에 대한 이해를 추구한다(Burnham & Kai-Kee, 2011).

대화는 참여자의 호기심과 발견으로 진행된다. 서로 간에 의견을 개진하면서 때로는 대화 중에 서로의 의견이 변형되고, 서로 간의 관점이 풍부해지면서 지식을 공유하며 함께 알아간다. 번햄과 카이키는 윌리엄 아이작의 대화 모델에서 네 가지 역할을 뮤지엄에 적용하여 설명했다(Burnham & Kai-Kee, 2011). 네 가지 역할은 진행자mover, 추종자follower, 방관자bystander, 반대자opposer다. 진행자는 대화를 이끌어가는 사람으로, 교사나 뮤지엄의 도슨트가 된다. 처음 열어가고, 관람자가 관찰한 것이나 생각한 것, 또는 질문하는 역할을 한다. 또는 대화가 무르익어가면서 적극적으로 의견을 내는 사람이 진행자가 되기도 한다.

추종자는 함께 대화를 이루어가는 역할을 한다. 질문에 답하거나, 동의하거나, 자기 생각을 표현한다. 교사나 도슨트는 관람자가 전반적으로 추종자라고 생각되면, 전체적으로 나온 이야기를 정리하거나 자신의 이야기에 동의를 구하거나 다른 가능성이 있는지 점검해본다.

방관자는 가장 수동적인 역할을 하는 사람으로 자신이 확신하기까지 의견을 듣고, 판단을 연기하면서 다른 사람의 의견을 들으면서 성찰하기도 한다. 다른 사람들이 말하는 것을 들으면서 "아, 사람들이 색에 대해 얘기하는 걸 들으니 그런 것도 같네"라는 식으로 메타인지적으로 다른 사람을 관찰하거나 자신에 대해 생각하기도 한다.

반대자는 다른 관점에 대해 적극적으로 반대의견을 내고 그룹에 동의하지 않는다. 다른 사람들이 그룹에서 의견을 따르고 예의를 표하는 데 반해 다른 의견을 내어 때로는 대화가 열띤 공방을 띠게 된다. 하지만 그룹과 다른 의견을 냄으로써 대화가 더 활발해지고, 다른 사람들도 생생하게 기억할 수 있게 한다.

(3) 토론

토론discussion은 사전적 의미로 주장에 대한 검토나 조사를 통해 서로 간의 의견을 논증하는 것을 일컫는다. 이는 담화보다 목적성이 더 강하며, 질문하고 반론하는 과정을 통해 설득력을 갖는 의견을 정하는 데 강조점을 둔다. 뮤지엄에서 토론은 강의, 세미나룸, 갤러리 등에서 미술작품의 의미나 가치를 논하기 위해 다양한 방식으로 펼쳐진다. 원리를 전달하는 것이 강의라면, 토론은 이러한 원리를 적용하여 어떤 문제를 해결하는 창의적 과정이라 할 수 있다. 토론은 미리 계획되어 설계되어야 한다. 질문은 교수자가 미리 정해서 제시하고, 가능한 답안을 예상해 준비해야 한다. 작품의 의미나 전시물에서 중요한 주제를 정해서 토론의 주제를 정할 수 있는데, 예컨대 "아프리카 미술에서 권위의 표현" 또는 "잭슨 폴록의 추상표현주의" 같은 주제로 토론할 수 있다.

다음으로 찬반 토론을 통해 서로 다른 관점으로 논쟁하도록 한다. 두 가지 상반된 입장으로 그룹에 역할을 주고 정해진 그룹의 역할에 따라 다른 입장의 논지를 펼칠 수 있다. 다음에 소개하는 토론 사례는 메트로폴리탄 미술관에서 이루어진 것이다. 뮤지엄 교육자는 조르주 쇠라George Seurat의 작품 〈서커스 사이드쇼Circus Sideshow, 1887~1888〉에 대해 당시 비평가가 쓴 비평문의 한 부분을 제공한다(Vatsky, 2018). 당시 비평가 하이즈먼즈Jois-Karl Huysmans는 쇠라의 작품에 대해 색칠한 벼룩 같은 그의 인물 표현을 벗겨보듯 분석해보면, 거기에는 아무것도 없다. 사고도 영혼도 아무것도 없다(Labedzki, 2009)고 혹평했다. 비평문을 소개하고 그룹은 둘로 나뉘어서 비평가의 부정적 판단에 찬성하는 견해와 반대하는 견해로 나눈다. 이러한 입장을 지지하는 시각적 증거를 워크시트에 적도록 하여 그룹의 의견을 결정한다. 각 관점을 판단하는 데 준거 렌즈가 되도록 워크시트에 하위 항목을 제공한다. 예컨대 인물의 표현, 색채, 붓자국, 구성 등이 항목으로 제시된다. 각 그룹에서 한 사람씩 논쟁을 풀어가면, 다른 그룹에서 반대되는 주장을 편다. 이처럼 토론은 주제에 대해 관점을 갖고 논쟁하면서 특정 문제에 대한 견해를 갖게 된다.

이상에서 논한 담화, 대화, 토론은 뮤지엄에서 언어적 상호작용을 통해 얻을 수 있는 교육적 방법론이라 할 수 있다. 이때 교수자는 자신이 생각한 감상 수업의 목표에 맞게 세 가지 형태를 고려해야 할 것이다. 세 가지 방법은 엄격히 구분되는 것이 아니라 목적에 따라 함께 쓸 수도 있다. 처음에는 담화로 시작하다가 미술작품에 관련된 특정 주제에 맞춰 토론할 수도 있고, 마지막으로 작품의 의미가 무엇인지 해석하면서 대화할 수도 있다.

3) 대화의 세 가지 형태와 교수 방법

갤러리에서 이루어지는 대화는 미술관 교육에서 핵심적인 역할을 담당해왔다. 관람자는 대화를 통해 점차 작품의 미묘한 특성을 감지하고, 서로 간의 해석을 나누면서 견해를 수정하거나 정교화하고, 새로운 의미를 추가하여 심화해간다. 또한 그룹으로 의미 만들기 과정을 통해 서로의 관점을 심화 · 확장하고, 서로 복합적으로 견해를 발전시키며 작품의 이해를 도모해가게 된다(Hubbard, 2010).

미술작품에 대해 그룹으로 이루어지는 대화는 학생들이 작품에서 의미를 형성하는 데 도움이 된다(Burnham & Kai-Kee, 2005; Hooper-Greenhill, 1999; Housen, 2002). 허버드에 따르면, 버블스(Burbles, 1993)는 본래 계획된 대화와 해석적 대화를 논하다가 주제적 대화를 추가하여 세 가지 대화 형식을 설명했다. 한편 해석적 대화는 주제적 대화와 열린 대화로 나뉜다(Hubbard, 2010). 주제적 대화란 작품에 관한 이야기를 하다가 일련의 주제에 따라 구조화되는 형식의 대화다. 관람자가 자유롭게 나누는 열린 대화에서는 대화의 방향이 정해진 것이 아니라 그룹에서 진행되는 구성원의 이야기에 따라 자유롭게 흘러간다. 이 세 가지 대화는 엄격히 분리되는 것이 아니라 실제로는 함께 나올 수 있다. 이를테면 주제적 대화에서 계획된 대화가 나오거나 열린 대화 내에 주제적 대화가 나올 수 있다. 다음에서 좀 더 살펴보기로 하자.

(1) 계획된 대화predetermined dialogue

계획된 대화는 객관주의objectivism 철학에 근거하여 작품과 관련된 미술 사조나 학계 지식에 관한 질문을 중심으로 작품의 특성을 찾아가도록 추동한다. 예컨대 입체파 작품이라면, 교수자가 입체파의 특징인 시점, 형태의 파편화에 관한 작품의 특징을 찾는 질문을 미리 준비하고 이에 대해 대화하도록 한다. 계획된 대화는 학생들이 특정 사실에 대한 정보를 이해하도록 한다. 교수자는 학생들이 알아야 할 개념을 선정하여 이와 관련된 질문을 제시한다. 계획된 대화는 이처럼 작품의 개념을 통해 대화가 수렴적이 되도록 하는 것이 목적이다.

예를 들어 보치오니Umberto Boccioni의 〈웃음laugh〉이라는 작품에서는 관람자가 미래주의 작품의 특징인 '움직임', '활력'이라는 특징을 이해하도록 작품의 붓놀림, 공간을 구분하는 대각선의 빛, 대상이나 인물의 기하학적 선과 형태, 중첩되는 요소, 밝은 색의 병치를 감지하도록 하는 질문을 준비할 수 있다(Hubbard, 2010). 이때, 처음과 중간에 VTSVisual Thinking Strategies* 질문을 함께 활용한다. 처음에 "이 작품에서 무슨 일이 일어나는가?"라는 질문을 하여 학생들이 대답하면, 다음으로 준비한 '역동주의'를 이해할 수 있도록 다음과 같이 질문한다. "이 작품에 여러분이 들어가 있다면 어떤 느낌이 들겠는가?", "작품에서 공간을 어떻게 묘사할 수 있겠는가?", "작품의 인물과 대상은 어떻게 구성되어 있는가?" 그런 다음 VTS 질문으로 "무엇을 보고 그렇게 생각했는가?"라고 물어본다. 다음과 같은 세부 질문들이 가능하다. "그의 작품에서 선, 형태, 색채에 대해 여러분이 발견한 것은 무엇인가?", "여러분이 이 작품을 그리고 있다면, 움직임을 어떻게 묘사하겠는가?", "작품의 느낌을 표현하기 위해 여러분의 붓놀림과 색채의 영향을 어떻게 표현하겠는가?", "이러한 작가의 전략을 활용한다면, 여러분의 작품에서 움직임이라는 주제를 어떻게 다루겠는가?" 이상과 같은 질문을 통해 학생들은 작품에서 움직임, 에너지를 감지하기 위해 짧은 붓 자국, 적극적인 붓놀림, 작품의 인물과 대상을 분절하는 기하학적 형태, 다층화된 요소가 합쳐지고 오버랩된 형식, 밝은 색채의 병치 등을 찾아 대화하게 된다.

---

* VTS란 시각적 사고력을 높이기 위해 예나윈과 하우젠이 개발한 세 가지 질문으로 이루어진 방법이다(Yenawine, 2019). "작품에서 무슨 일이 일어나는가?", "무엇을 보고 그렇게 생각했는가?", "작품에서 또 무엇을 더 찾을 수 있을까?"라는 세 가지 질문을 기초로 함께 대화하면서 감상한다.

계획된 대화에서는 사실 도달하려고 하는 개념이 있기에 대화 중에서 이러한 방향에 맞지 않는 대답에 대해 교수자가 어떻게 대응할 것인가가 어려운 문제다. '맞는' 대답에는 긍정적인 반응을 하고, '틀리는' 답에 대해 무시하거나 거부하는 듯한 인상을 주지 않도록 주의해야 한다. 자칫 질문하는 교수자의 의도를 드러내고 이에 맞추기 위한 답을 찾도록 유도하여 올바른 탐구가 일어나지 않을 수 있기 때문이다. 또한 학생들의 대화가 다른 방향으로 나가면 이에 대한 방향을 다시 잡기 어려우므로 이 문제도 교사가 어떻게 대응해야 할지에 대해 사전에 숙고해두어야 한다. 중요한 것은 그룹에서 탐구에 참여한 모든 사람이 미술작품이 가진 복합성을 이해하고, 다양한 관점을 제안한 모든 사람의 의견이 모두 중요하다는 점을 염두에 두는 것이다.

계획된 대화에서 VTS가 추구하는 요소인 관찰과 추론 능력을 통해 미술에 대한 개념이나 지식을 갖게 되면, 감상자의 지식은 지속성이 강해진다. "과거에 작가는 어떻게 특정 표현을 하기 위해 도전했는가?" 같은 미술사의 양식 문제라든가 "뮤지엄에 있는 이 오브제의 본래 기능은 무엇일까?" 같은 문화적 지식이 필요한 경우에도 계획된 대화를 할 수 있다. 사실 미술작품은 하나의 답이 가능한 것이 아니라 무수히 많은 단서와 답을 이끌 수 있으므로 계획된 대화를 이끌기 위해 대화의 목적이 되는 개념에 대해 명백해야 한다. 이를 위해 그룹의 관점들을 어떻게 관련지어 소통할지 고민하고, 하위 질문들을 미리 준비해두어야 한다.

(2) 해석적 대화interpretive dialogue

해석적 대화는 전시물에 관한 공동이해를 추구하기 위해 의견을 교환한다. 구성주의 철학에 근거하여 전시물이나 맥락에 관한 지식 전달이 아니라 지식 구성에 대한 가능성을 염두에 둔다. 즉, 관람자가 다중적이고 복합적으로 작품의 의미를 찾아가도록 하는 대화다. 해석적 대화는 두 가지로 나눌 수 있는데, 주제를 좀 더 정해주는 대화인 '주제적 대화thematic dialogue'와 전적으로 학생들이 작품에서 발견한 것을 중심으로 대화하는 '개방형 대화open dialogue'로 분류된다. 해석적 대화에서 관람자는 작품의 의미가 하나에 고정되는 것이 아니라는 가다머의 해석적 견해에 따라 대화에 참여한다. 뮤지엄에서 그들의 대화는 점차 진화하며, 한편 작품의 의미는 새롭게 드러난다. 따라서 해석적 대화는 하나로 수렴되어야 하는 것이 아니라 확산적이다(Burbules, 1993). 왜냐하면 작품에는 복수의 의미와 복합적이며 모호한 암시로 인해 많은 의미가 연합할 가능성이 크기에 하나의 개념으로 좁히기보다는 가능성을 열어놓는다. 작품에서 서로가 추구하는 어떤 '의미'의 목표가 있다면, 이러한 목표는 함께 만나서 다양해진다. 대화 중에 서로 간의 목표가 함께 만나면서 다양한 가능성이 존재하게 된다.

① 주제적 대화

뮤지엄 교육 프로그램에서 주제는 프로그램을 진행하는 방향성을 결정하게 된다. 이는 작품을 선정하는 기준이 되고, 감상자는 주제에 따라 다양한 작품을 만나게 된다. 주제에는 문학적 양식, 음악적 양식, 모더니스트적 양식, 창조적 양식이 있다. 문학적 양식이란 작품에서 전달되는 빅 아이디어로, 문학작품에서 다루는 삶, 사회에서 다루는 인간 문제, 즉 정체성, 혁명, 전쟁과 폭력 등이 될 수 있다. 음악적 양식이란 음악에서의 요소로 변형되거나 반복되는 멜로디, 구 같은 요소다. 사람, 장소, 사물 같은 요소가 어떻게 변형되거나 반복되는가에 관심을 둔다. 모더니스트적 양식이란 색, 반복, 형태, 공간과 같이 작품의 조형 요소나 원리가 된다. 추상표현주의 같은 모더니스트 관점의 비평에서 작품은 형태나 선 등의 조형적 특성이 본질이라고 보기에 작품에 어떤 '의미'를 부여하는 것을 부정한다. 창작적 양식의 주제는 작가가 작업한 재료, 미디어나 작업 방식이 주제가 되는 경우다.

문학적 양식의 주제는 초 · 중 · 고등학교에서 주제 중심의 교육과정을 구성할 때 주로 활용한다. 전쟁이라는 주제로는 피카소의 〈게르니카〉를 중심으로 제2차 세계대전이라는 사회과의 역사, 전쟁을 다룬 문학작품 등을 다룰 수 있다. 음악적 양식의 주제는 좀 더 어린 학생들에게 적합하며 작품에 드러난 사람, 인물과 같이 인지하기 쉬운 요소를 중심으로 인물이나 동물, 사물이 어떻게 표현되고 변형되는지에 대해 대화할 수 있다. 모더니스트 양식의 주제는 색채, 공간 등과 같은 형식적 요소를 다루면서 학생들이 미술 시간에 했던 활동을 연상하거나 형식적 요소가 유발하는 개인적 느낌, 경험을 이야기할 수 있다. 창조적 양식의 주제는 작가의 작업 방식을 학생들의 창작 작업에서 느꼈던 경험과 연관시킬 수 있다(Hubbard, 2015).

주제는 작품에 대한 대화에 초점을 제공하여 참여자들이 작품의 특정 요소에 대해 집중하도록 한다. 예컨대 비어든Romare Bearden의 〈조각보Patchwork Quilt〉라는 작품에서 주제를 '패턴과 리듬'으로 선정한 경우, 학생들은 작품의 퀼트, 콜라주 요소에서 놀이성, 패턴에서 재즈 음악의 리듬을 찾아가면서 대화했다. 그러나 다른 의미로의 탐구는 진행되지 않았다. 이처럼 주제는 감상자들이 작품의 특정 요소로 집중하는 데 장점이 되지만, 작품에 대한 다른 읽기나 설득력 있는 다른 의미는 생성되지 않는다. 대화를 진행하는 교수자가 다른 방향으로 유도하지 않는 한 대화가 주제를 확인하는 방향으로 이루어지는 경향이 있다. 따라서 만약 시간이 허락한다면, 같은 작품에 대한 개방적 대화와 주제적 대화가 함께 이루어지는 것도 고려할 만하다(Hubbard, 2010).

이처럼 주제는 겉으로 보기에 다양한 작품을 분류할 수 있는 일종의 '개념'이 될 수 있으며, 뮤지엄 방문과 학교 교육과정을 연계할 수 있는 요소가 된다. 주제는 대화에서 해석을 심층적으로 할 수 있으면서도 어느 정도 방향성을 갖고 진행될 수 있게 하는 장점이 있다. 그러기 위해서는 작품과 삶의 주제가 학생들과 관련이 있어야 하며, 보편적이어서 교육과정의 주제가 될 수 있어야 한다.

② 개방적 대화

해석적 대화 중 두 번째인 개방적 대화는 '작품은 하나의 주제가 아니라 다양하다'라는 전제에서 출발한다. 사람들이 이야기하는 작품의 의미를 분석해보면, 다면적인 영역에 위치한다. 때로는 그 안에서 층위가 다르고, 층위 간에도 연결성이 나타나고 상호보완적일 수도 있으며, 때로는 서로 충돌할 수 있다. 개방적 대화에서 작품의 의미는 여러 가지이며, 이를 읽는 감상자에 따라 달라질 수 있다는 수용주의 미학에 부합한다. 개방적 대화는 대화에 참여하는 사람들의 반응에 따라 탐구가 달라진다. 예를 들어 몬드리안의 〈브로드웨이 부기우기〉 작품을 보고 "여러분이 이 작품에서 발견한 중요한 점은 무엇일까?"라는 질문을 할 수 있다. 그러면 "어떤 학생은 어떤 리듬을 갖는 듯해서 흥겹다"라고 말한다면, 작품의 어디에서 그런 면을 발견했냐고 물어볼 수 있다. 그렇다면 "네모가 반복되지만, 색채가 다르고 크기가 조금씩 달라서 리듬감이 느껴진다"라고 답한다. 또는 "이 작품에서 놀라운 점은 무엇일까?"라고 질문한 후, 나온 답변을 중심으로 좀 더 심층적으로 작품의 의미를 읽도록 격려한다. 참가자들에게서 나온 반응 중 작품에서 발견한 것을 좀 더 정교화해보도록 요청한다. 만약 다른 작품에서 인물의 표정에 대한 언급이 나왔다면, 이를 "좀 더 자세히 설명하거나 좀 더 깊게 살펴보자" 또는 "다른 대안적 해석은 무엇일까?"라는 방식으로 탐구를 격려한다. 이 경우 에듀케이터는 촉진자가 아니라 동료 탐구자가 된다. 학생들은 작품에서 느낌, 감정, 동세에 관해 이야기하기도 한다. 그러면 작품의 조형 요소 또는 원리를 언급하거나 이런 조형적 특징이 작품에 대한 우리의 정서나 내러티브에 주는 영향을 감지하게 되기도 한다. 이처럼 개방적 대화에서 탐구는 하나의 방향이 아니라 여러 방향으로 자연스럽게 일어나고 유기적으로 서로 관련되기도 한다. 이 경우 교수자의 역할이 모호하기는 하지만, 학생 자신에게 작품이 의미하는 중요한 것을 탐구하도록 격려하고 대화를 통해 여러 사람 간의 집단적 이해를 돕게 될 것이다.

허버드는 개방적 대화는 관찰-질문-관찰-지식-추론-질문-관찰-지식-결론 순으로 이루어진다고 했다(Hubbard, 2010). 함께 작품을 관찰하다가 참여자 중 누군가가 "작품에 있는 것이 색칠한 것인가, 아니면 다른 종이를 붙인 것인가?" 같은 질문을 하게 되면, 모두 다시 관찰하게 된다. 그리고 다른 사람이 자신이 색칠한 것으로 보는 이유를 찾아 근거를 이야기하면, 다른 사람도 자신이 색칠로 보는 이유를 찾아서 발견한 것을 지식으로 제공하게 된다. 이 과정에서 서로 자신이 관찰한 것이나 지식을 근거로 추론하고, 다른 사람이 질문하면 관찰하는 방식으로 진행된다. 결국은 누군가 발견한 것을 알려주면서 어느 정도 결론을 내리는 방식이 된다. 물론 대화에서 결론은 하나가 아니라 다수가 되기도 한다.

또한 개방적 대화는 은유, 유추를 활용한 탐구가 이루어지기도 한다. 예를 들어 몬드리안의 〈브로드웨이 부기우기〉에 대한 대화에서 관람자는 어떤 의미로 이 작품에서 추상적인 형태가 있는지 이야기한다. 작품에서 어떤 부분의 형태가 암시하는 것이 방향을 지시하는 것 같다고 하다가 작품의 제작 방법에 대해 궁금해할 수도 있다. 이런 과정에서 다양한 주제가 다루어진다. 수직선과 수평선에서 경직된 느낌을 받을 수도 있고, 인생의 방향성과 연관을 짓거나 어렸을 때 갖고 놀았던 장난감이나 퍼즐을 연상하면서 작품을 삶이나 어릴 때의 기억으로 체화하기도 한다.

이처럼 허버드(2015)는 개방적 대화의 양상이 웹web이나 리좀Rhizome과 같이 어느 방향에서도 의미 전개가 심화될 수 있기에 이야기의 진행을 예측하기 어렵다고 했다. 따라서 교수자는 대화 중에 언급된 요소들에 대한 탐구를 격려하기 위해 기존에 나온 요소들을 연계시키거나 요소 간 차이점을 서로 알 수 있도록 도와주어야 한다. 자칫 무질서해 보이기도 하지만, 개방된 대화에서의 탐구는 모든 가능성을 열어두고 모든 의견에 가치를 둔다는 점에서 가치가 있다. 하지만 이때 교수자의 가장 중요한 역할은 다양한 견해에서 나오는 것을 최대한 수용하고, 이를 염두에 두어 그룹의 역동성을 고려하면서 이전에 나온 해석을 적절하게 연결하는 것이다. 이처럼 대화의 가능성을 수용하여 대화가 성장하고 복합적이 되도록 한다(Burnham & Kai-Kee, 2011).

교수자는 개방적 대화에서 작품에 대한 해석과 가능성에 대해 준비하지만, 실제 대화는 달라질 수 있으므로 진행하는 데 높은 수준의 능력이 필요하다. 개방적 대화를 통해 사고의 연결고리를 형성하여 아이디어를 발전시키고, 서로의 생각을 관련시키고 대조하며, 어떻게 생각이 발전되고 있는지 알려주는 것이 필요하다(Yenawine, 2019).

지금까지 뮤지엄에서 관람자 간의 대화를 계획된 대화, 해석적 대화로 나누고, 해석적 대화를 주제적 대화와 개방적 대화로 나누어 살펴보았다. 세 가지 대화는 개념적인 구분으로서 현실에서는 구분이 반드시 명확하지는 않다. 이상의 대화 유형 중 2개를 섞어서 진행할 수도 있다. 계획된 대화를 먼저 하여 지식을 쌓도록 하고, 그런 다음 주제적 대화나 개방적 대화를 할 수 있다.

4) 대화에서 정보를 제공하는 방법

교수자가 작품에 대한 대화를 하면서 맥락적 정보를 줄 것인가, 아니면 학생들이 자신의 개인적 의미를 형성하도록 할 것인가에 대해 여러 논쟁이 있어왔다. 어떤 학자들은 대화에서 적절한 정보를 제공하는 것이 필요하다고 생각한다(Burnham & Kai-Kee, 2011; Hubbard, 2015). 작품에 대해 처음부터 정보를 제공하면 작품에 대한 하나의 답이 있는 것처럼 생각해서 해석이 진전되지 않는다. 또한 작품에 대해 감상자들이 충분히 대화한 후 맨 나중에 작가나 맥락적 정보를 제공해서 감상자들의 대화와 상충된 결론이 나오게 한다면 그것도 참여자들이 틀렸다고 생각하게 되므로 좋지 않다. 작품에 관한 대화에서 정보를 제공하는 것은 타이밍이 중요하며, 작품에 대한 참여자들의 대화와 함께 적절한 순간에 조금씩 엮어가면서 제공해야 한다(Burnham & Kai-Kee, 2011).

에코Umberto Eco는 두 가지 견해를 유연하게 설명한다(1990). 그에 따르면, 작품이란 그 자체로 완결된 닫힌 형태다. 이는 작품 자체가 균형을 가진 완결된 유기적인 하나의 존재라는 것이다. 다른 한편으로 에코는 작품이란 무수한 다른 해석을 받아들일 수 있다는 측면에서 개방적이라고 했다(Eco, 1989: 3-4). 에코에 따르면 작품이 일단 세계에 공개되면, 해석은 작가의 의도를 넘어서서 다른 차원으로 나아간다. 작품이 세상에 나오면 작가의 의도 맞추기가 작품의 해석이 아니라 때로 작가와는 다른 해석이 작품을 더 풍부하게 할 수 있다는 것이다.

작가에 대한 심리학적 접근은 대화에서 탐구를 제한할 수 있다. 뮤지엄에서 단시간에 관람자와 대화할 때 심리학적 접근은 한계가 있을 수 있다. 때로는 작품의 해석을 제한할 수 있다. 고흐가 자신의 귀를 자른 사건이나 잭슨 폴록이 알코올 중독이라거나 프리다 칼로가 남편과 갈등이 있었다거나 그리고 젠틀레스키Artemisia Gentileschi

가 강간을 당한 사건 등은 작가나 작품에 대한 부정적인 시각이 강렬하게 작용하여 작품의 다른 면을 못 보게 할 수 있다. 특히 작가의 스캔들 같은 정보는 흥미를 끌 수 있지만, 관람자가 작품의 의미를 깊이 있게 탐구하는 데 도움이 안 될 수 있다.

작가의 창작 방법이 관람자가 인식할 수 있는 정도라면, 관찰하게 유도하는 것도 필요하다. 예컨대 박수근의 〈빨래터〉에서 질감을 관찰해서 논의한다면, 이를 섬세히 관찰하도록 한다. 한편 작가의 제작 방법을 창작 과정에서 우연히 발견하게 되었다든지, 아니면 의도적인 것인지를 서로 이야기하다가 작업 과정을 함께 생각해 보고, 여기에서 작품의 의미를 해석하는 데 도움이 되는 정보를 제공할 수 있다. 예컨대 인물들이 단순한 선으로 간결하지만, 색조를 미묘하게 다르게 하고, 색채에 공업용 안료를 표면에 두껍게 쌓아 올려가며, 마치 화강암 같은 질감을 창조했다는 정보를 제공할 수도 있다.

중요한 점은 작품에 대해 관찰하고 자신만의 해석을 하도록 한다. 작품에 대한 맥락을 미리 알려주면 작품 해석은 이루어지지 않는다. 만약 박수근의 〈빨래터〉에서 지금은 쉽게 보지 못하는 빨래하는 다양한 인물의 자세와 의복을 관찰한다면, 당시 사회에서 이루어지던 세탁은 기계가 아니라 손으로, 이렇게 밖에 나와서 이루어졌다는 시대적 배경을 이야기할 수 있다. 이 같은 정보를 단서로 제공하면, 작품에서 또 다른 흥미로움을 발견하고, 빨래터의 소음이나 아낙네들의 수다와 웃음 등을 상상할 수 있다. 감상자가 작가의 생각이나 당시 사회를 아는 것은 작품을 더 풍부하게 보는 데 도움이 될 정도만 조금씩 제공하고, 섬세한 관찰로 자신의 해석을 찾아가도록 한다. 자신만의 해석을 하게 하고, 그룹에서 다른 사람들의 생각을 공유한다. 그런 다음 작가의 생각을 알려주어 작품과 연결 짓도록 한다. 작가의 생각을 넘어서서 작품의 의미를 생각하는 것이 작품에 관한 대화이며, 작품을 더 풍부하게 해줌을 이해하도록 한다. 감상자의 역할은 작품의 의미를 해석하는 것이 어떤 것인지를 대화하면서 느낄 수 있다. 때로는 작가의 생각이나 문화를 모르는 것이 오히려 생각하지도 못한 신선한 해석을 낳기도 한다.

그러나 작품에 담긴 상징적 의미의 문화적 맥락은 알려주어야 한다. 예컨대 박수근의 〈빨래터〉를 보고 그 당시의 빨래하는 모습을 전혀 모르는 경우, 관람자는 '들에서 일하는 것 같다' 또는 '망을 보는 것 같다' 등의 해석이 나올 수 있다. 흐르는 물이 절제된 질감으로 표현되어 이를 빨래터의 물이 아니라 다른 장면으로 볼 수 있기 때문이다. 또는 이중섭의 〈물고기와 노는 세 아이〉에서 어린 학생들은 다음과 같은 이야기를 나누었다. "아저씨들이 술을 먹어서 얼굴이 빨게요", "옷을 안 입고 있잖아요. 어른들이 아니에요", "애들이 물고기를 껴안고 좋아하는 그림?", "처음엔 아저씨들이 낚시하고 있다고 생각했는데, 아저씨들이면 옷을 안 입고 있는 건 말이 안 돼요"와 같이 나름대로 추론해갔다.

감상에서 중요한 것은 정보만 제공하는 것이 아니다. 다른 사람들이 이미 작품에 관해 해석해놓은 상태에서 비전문가인 관람자는 작품을 보고 해석하려는 시도가 조심스러울 수밖에 없다. 그래서 예나윈의 경우에는 학생 중심의 대화와 토의를 하기 위해 정보를 제공하지 않는다(Yenawine, 1998). 정보제공은 정답이 있다고 생각하기에 대화에 대한 참여를 주저하게 하고, 작품에 대한 관람자의 개인적 관계를 형성할 기회를 빼앗을 수 있다고 했다. 하지만 허버드의 경우 적절하고도 맥락적인 정보제공이 필요하다고 생각한다(Hubbard, 2007). 정보를 제공하는 것은 관람자 스스로 지각하거나 대화를 막을 수 있고, 개인적으로 의미를 형성할 기회를 멀어지게 한다.

많은 사람이 작품에 대한 정보를 잘 듣고 박물관이나 미술관에서 나오지만, 시간이 얼마 안 돼서 들은 정보에 대한 기억이 잘 나지 않음을 경험했을 것이다. 정보를 적절하게 받지 않으면 전시물에 대한 신중한 관찰과 깊이 있게 탐구할 기회를 얻지 못할 수도 있다. 따라서 예나윈이 주장한 것처럼 관람자는 충분히 관찰하고, 서로 대화를 나누면서 탐구할 수도 있고, 적절하게 정보를 제공받으며 서로 대화하고 탐구할 수도 있을 것이다.

뮤지엄에서 본 정보가 기억과 탐구로 이어지게 하려면 어떻게 해야 할까. 스스로 깊이 있게 관찰하고 대화해보고 탐구해볼 때, 이는 진정한 학습으로 이어질 것이다. 이처럼 작품에 관한 대화에서는 정보 자체가 문제가 아니라 정보를 어떻게 활용하느냐가 중요하다. 예나윈의 설명처럼 정보 없이도 충분히 관찰하고 대화한다면 깊이 있는 탐구가 일어날 수 있다. 또한 어떤 전시물은 반드시 정보가 필요할 수 있다. 그런 경우 관람자는 적절한 맥락적 정보를 받아서 대화나 탐구를 진행할 수 있다. 이처럼 교수자는 뮤지엄에서 정보제공에 대한 관점을 이해하고, 자신의 상황에 맞게 이를 활용하면서 대화와 탐구를 도와줄 수 있을 것이다. 만약 정보를 제공하는 경우 맥락적 정보를 통째로 줄 것이 아니라 관람자의 인지적 · 정서적 · 신체적 발달 정도나 상황을 파악하면서 조금씩 단서를 주고 대화와 해석을 조심스럽게 관찰할 수 있을 것이다. 교수자는 관람자 개인이나 그룹의 대화와 해석이 진행되도록 도울 수 있다.

2. 질문 중심 방법론

질문은 오랜 역사를 가진 교육적 방법으로서 소크라테스의 문답법과 같이 교육에서 중요한 방법으로 자리 잡아왔다. 질문에 관한 교육적 연구가 행해진 초기에는 학교급별 또는 과목별로 교사의 질문 빈도와 학업 성취 간 상관성에 관한 관심이 컸다(Marzano & Simms, 2017). 하지만 점차 질문은 학생의 사고력 향상과 관련지어 연구되었다. 이처럼 뮤지엄에서의 질문 역시 전시 환경, 전시물, 관람자의 변인을 중심으로 정서적 측면뿐 아니라 맥락적 측면을 고려할 수 있다.

1) 작품 감상과 질문

작품 감상은 여러 방법으로 가능하나 언어를 중심으로 살펴본다면, 비평적 과정critical process이라는 연속체로 가정할 수 있다(Mittler, 1980). 감상이 이루어지는 교육적 상황에서 질문은 중요한 역할을 한다. 톤턴Taunton은 시작 질문과 후속 질문을 통해 비판적 사고능력을 계발할 수 있다고 설명한다. 휴잇(Hewett, 1987) 역시 미술비평 학습을 할 때 교사의 질문을 '시작하는 질문Initiating Questions'과 '계속적인 질문Continuing Questions'의 두 종류로 나누고, 시작하는 질문의 경우 질문의 난이도에 따라 그 종류를 세분화하고, 계속적인 질문의 경우 질문이 수행하는 기능에 따라 제시했다. '시작하는 질문'은 감상 활동을 시작할 때 주제에 관한 정보를 질문할 때 사용되며, '계속적인 질문'은 감상 과정 중에 그 주제에 관한 심도 있는 조사를 위해 사용된다. 이처럼 고등 사고를 돕는 질문은 관람자의 관찰과 생각을 유도한다. 질문을 통해 관람자는 관찰하고, 느끼고, 추측하고, 비교하고, 연상할 수 있게 된다.

질문에 대한 관람자의 첫 반응을 보고 이어지는 후속 질문을 할 경우, 다음 논의에서 그 답변에 영향을 미칠 수 있다. 따라서 교수자는 더욱 깊은 생각을 유도하기 위해 다음과 같은 후속 질문, 즉 탐문probing을 할 수 있다. 탐문의 유형에는 '명료화', '입증하기', '재초점화', '촉진하기'가 있다. '명료화clarifying' 탐문이란 교수자의 질문에 관한 관람자의 첫 반응에 대해 교수자가 다시 질문하는 경우다. 관람자는 자기 반응을 되돌아보고, 불명료한 부분을 설명하며, 본인의 사고를 깊이 이해하게 된다. 명료화 탐문은 추가적 의미가 아니라 관람자 자신이 생각하는 정보를 보충한다. '입증하기verifying' 탐문이란 관람자가 자신의 대답 속에 담긴 생각이나 정보에 대한 증거를 제시하여 정보의 정확성을 한층 높인다. 관람자가 생각하는 정보의 원천, 관련된 경험, 전문가의 언급, 정보를 예시하는 일반화 등을 포함한다. '재초점화refocusing' 탐문이란 관람자의 답이 교수자가 제시하는 질문의 핵심에서 벗어날 때 초점을 바로잡아준다. 관람자는 이미 알고 있는 다른 주제와 연결하여 사고가 더 깊어진다. 마지막으로 '힌트 주기providing prompt'* 탐문은 교수자의 어휘가 어렵거나 질문이 모호하여 관람자가 답하지 못할 경우 질문에 구체적 요소를 추가한다. 말하자면 학생의 생각을 격려하는 것이다. 이를 통해 학습자의 생각은 깊어진다. 다음은 탐문 유형과 특징이다(Taunton, 1983; 손지현 · 김수진, 2012: 191 재인용).

* 본래 '촉진'이라 했으나, 좀 더 부드러운 표현으로 '힌트 주기'로 변경한다.

〈표 2-3〉 탐문 유형과 특징

탐문 유형	특징
명료화	더 많은 정보와 의미를 찾도록 한다. 예: 작품의 어떤 점 때문에 그렇게 생각했나요?/작가가 사용한 다양한 형태의 이름은 무엇인가요?
입증하기	관람자가 자신의 답변에 대해 타당한 이유를 찾도록 한다. 예: 작가가 이 사람을 좋아하길 원했다고 생각한 이유는 무엇인가요?/ 다른 사람들은 이 작품을 좋아할까요 아니면 다른 작품을 더 좋아하는 관람자도 있을까요?
재초점화	좋은 답변이 나온 경우 고려해야 하는 사항에 그룹 전체가 집중하도록 한다. 예: 그것으로 인해 우리가 처음에 본 작품에 대해 다르게 생각하게 되었나요?/이 가면의 용도를 떠올려보건대, 왜 제작자는 이런 재료를 사용했을지 추측해볼까요?
힌트 주기	모르겠다는 답변 후 작품에 대한 힌트를 제공한다. 예: ~라는 지역을 우리가 잘 모른다면, 이곳은 매우 건조하고 덥습니다/이 작품의 색과 연결 지어볼까요?

이처럼 작품에 관한 대화에서 교수자의 질문은 관람자의 탐구를 이끈다. 탐구의 각 단계에서 의미를 형성하도록 도우며, 질문은 작품을 관찰 및 해석하는 과정에서 관람자의 사고를 유도하고 이를 언어화하도록 한다.

2) 뮤지엄 교육에서 활용되는 질문

윌리엄스Patterson Williams는 강의 중심 뮤지엄 교육에 대한 대안으로 질문법을 제안한 바 있다. 질문법은 1980년대 당시 교육개혁의 일환이던 파이데이아 제안** 에서 제기된 것으로, 오늘날과 달리 대중적이지 않은 교수-학습 방법이었다. 윌리엄스는 미술관에 적용하기 위해 질문을 활용한 교육의 중요성을 강조했다(Williams, 1985). 소크라테스적 문답법에 기반하여 작품을 감상하는 데 질문법을 적용한다. 당

** 파이데이아 제안은 미술작품을 통한 교육이 관찰력과 비판적 사고 같은 지적 기능 신장에 도움이 되기에 코칭 같은 기술을 도입한 교육 방법을 적용할 것을 권고했다.

시 이는 혁신적인 방법으로, 뮤지엄뿐 아니라 공립학교 교육에 공헌했으며, 당시 유행하던 강의식 교수와 코칭 방식에 의미 있는 보완 요소가 되었다(Williams, 1985).

> 소크라테스식 문답법은 관람자의 아이디어 생성을 돕는다. 또한 질문하고, 토의하고, 좀 더 전시물을 이해하고 감상하게 한다. 다른 한편으로는 관람자의 읽기, 쓰기, 말하기, 듣기 등의 기능을 이끌어내어 좀 더 명료하고, 비판적이며, 반성적 사고를 돕는다. 이는 참여자가 다른 사람의 생각뿐 아니라 자신을 분석하도록 한다. 다시 말해 관람자는 훈련된*disciplined* 대화에 참여하게 된다(Adler, 1982: 29-30; Williams, 1985: 110).

이처럼 질문법은 교육 프로그램에 핵심적 역할을 할 가능성을 갖고 있었다. 질문법은 당시 뮤지엄 교육자가 고민하던 교육 방법의 개발뿐 아니라 나아가 전시를 포함한 뮤지엄 교육 개혁에 영감을 줄 수 있게 되었다.

뮤지엄 교육에서 질문은 다양하게 활용된다. 박물관, 과학관 등에서의 질문은 전시 주제로 나타나기도 하고, 교육 프로그램을 이끌기도 하며, 프로그램 참여자 간 대화 속에 포함되기도 한다. 전시장에서 볼 수 있는 명시적 텍스트로, 전시장 해석 텍스트나 워크시트에 질문이 포함된다. 여기서는 뮤지엄 교육에서 활용되는 질문군으로 전시물에 관한 사고력을 촉진하는 질문과 예술작품에 대한 비평을 돕는 질문을 설명하고, 각각의 특징에 대해 예시를 중심으로 살펴보기로 한다.

(1) 사고력을 촉진하는 질문

시각적 사고력을 촉진하기 위한 방법인 VTSVisual Thinking Strategies는 질문을 활용했다. VTS에서는 유아부터 초 · 중 · 고등학생을 대상으로 미술품뿐 아니라 다양한 텍스트 자료에 관한 질문을 하여 학생 스스로 관찰하고, 관찰한 것을 이야기하고, 근거를 들어 자기 생각을 뒷받침하도록 한다. 세 가지 질문을 활용하는데, 질문은 “이 작품에서 무슨 일이 일어나고 있나요?", "무엇을 보고 그렇게 말했나요?" 그리고 "무엇을 더 찾을 수 있나요?"다. 첫 번째 질문인 "이 작품에서 무슨 일이 일어나고 있나요?"는 작품의 의미에 관해 탐구하게 한다. 단순히 무엇을 그렸는지가 아니라 작품이 어떠한 내용을 전달하는지에 관한 질문이다. 모든 종류의 답이 가능한 일종의 열린 질문으로서의 성격을 갖는다. 이 질문은 감상자가 묘사한 전시물에서 이야기를 찾아내고, 보이는 것 이상을 관찰하여 숨겨진 현상을 밝혀내도록 한다. 두 번째 질문인 "무엇을 보고 그렇게 말했나요?"는 관람자를 자연스럽게 추론으로 이끈다. 관람자는 이미지를 기반으로 해석의 근거를 제시한다. 같이 보는 사람들은 서로 같은 작품을 보면서도 미묘한 차이가 추론의 근거가 된다는 것을 알게 된다. 예를 들어 어떤 사람은 작품에서 보이는 두 마리의 개를 보고 한 마리는 작고 기운차고, 다른 한 마리는 크고 온순하다고 한다. 그 이유를 찾아 서로 대화하면서 크기와 아울러 개의 특성에 대해 관찰과 추론으로 두 마리의 개가 서로 다르다는 것을 이해한다. 세 번째 질문인 "무엇을 더 찾을 수 있나요?"를 통해 의미 만들기 과정이 심화된다. 이 질문에서는 대화에서 나오지 않은 내용을 발견하여 이야기하면서 더욱 꼼꼼하게 관찰하게 된다. 참여하는 그룹에 따라 다르겠지만, 대화 내용이 달라진다. 따라서 의미를 찾는 과정은 공동의 과정으로 이어지게 된다. 질문 기반의 대화는 서로의 관점을 공유하고 되도록 다양한 해석을 도출할 기회를 제공한다(Yenawine, 2019).

뮤지엄 교육에서 사고 과정 촉진과 이를 돕는 질문의 예는 하버드 교육대학원에서 진행한 프로젝트 제로Project Zero에서 찾아볼 수 있다. 이 중 여기서는 〈예술적 생각〉에서 〈생각 루틴〉을 살펴본다. 〈예술적 생각〉은 미시간주에 있는 공립학교들과 프로젝트 제로가 상호협력하여 진행되었고, 예술을 초등 교육의 중심에 두어 학생들의 학업 성취도를 향상시키고자 했다(김수진, 2019). 각 단계의 활동에서 질문을 중심으로 루틴이 이루어진다. 〈예술적 생각〉의 6개 상위 〈생각 루틴〉 중에서 질문과 조사 중심의 루틴을 살펴보면 다음과 같다(Tishman & Palmer, 2006), 첫 번째는 〈보기/생각하기/궁금해하기〉 루틴이다. 여기서는 작품에 대한 탐구를 촉진하며 다음과 같은 질문을 시도할 수 있다.

- 무엇이 보이나요(What do you see)?
- 그것에 대해 어떻게 생각하나요(What do you think about that)?
- 무엇이 궁금한가요(What does it make you wonder)?

이 루틴은 관람자가 관찰과 해석을 하도록 돕고, 작품에 대한 호기심과 탐구를 촉진한다. 첫 번째 질문에서는 관찰하게 하고, 두 번째 질문에서는 해석하게 하고, 이유와 함께 추론하게 한다. 세 번째 질문에서는 해당 작품이나 관련 주제에 대해 궁금해하는 것을 좀 더 탐구하도록 한다.

다음은 〈생각하기/알아맞히기/탐구하기〉 루틴이다. 이 루틴은 선행 지식을 연결하여 관람자에게 호기심을 갖도록 하고, 향후 좀 더 알아볼 수 있도록 한다.

- 이 작품이나 주제에 대해 알고 있는 것은 무엇인가요(What do you think you know about this artwork or topic)?
- 어떤 질문이나 궁금한 점이 있나요(What questions or puzzles do you have)?
- 작품이나 주제에서 탐구하고 싶은 것은 무엇인가요(What does the artwork or topic makes you want to explore)?

마지막 루틴은 〈창의적 질문〉이다. 여기서는 작품이나 주제를 보고 질문을 생성하도록 한다. 흥미로운 질문 리스트를 생각할 수 있도록 다음과 같은 표현이 들어간 질문을 예시로 든다.

• 왜 …?	• 만약 …한다면 어떻게 달라질까?
• …한 것은 무슨 이유일까?	• …한다고 가정한다면 어떨까?
• 만약 …한다면?	• 우리가 …한 것을 안다면 어떻게 될까?
• …한 목적은 무엇일까?	• 만약 …하다면 어떻게 변할까?

질문 리스트를 작성한 후, 흥미로운 질문을 선택한다. 그런 다음 이에 대해 함께 답해

본다. 마지막으로 이렇게 질문을 생성해서 토의해본 것이 작품이나 주제에 대해 어떤 새로운 생각을 해보게 했는지 성찰한다.

(2) 예술작품 비평을 돕는 질문

펠드먼Edmund Feldman, 브라우디Harry Broudy, 앤더슨Tom Anderson 등의 학자는 미술비

〈표 2-4〉 미적 정사에서 단계별 질문의 핵심 및 예시

단계	질문의 핵심 및 예시
1. 감각적 특성	작품에 나타난 조형 요소 읽기 • 선: 선이 굵은가, 가는가? 수직선인가, 수평선인가? • 형태: 자연스러운가, 장식적인가? 기하학적인가, 유기적인가? • 명암: 어두운가, 밝은가? 다채로운 톤인가, 모노 톤인가? • 질감: 부드러운가, 거친가? 사실적인가, 암시적인가? • 색: 따뜻한가, 차가운가? 격렬한가, 잔잔한가? 단조로운가, 다양한가? • 공간: 포지티브한가, 네거티브한가? 깊이가 있는가, 얕게 보이는가?
2. 형식적 특성	작품이 구성된 조형 원리와 형식 읽기 • 강조: 작품 속 어떤 조형 요소가 강조되고 있는가? • 변화: 변화를 이루는 요소는 어떤 것인가? • 균형: 작품이 비정형적 균형을 이루는가, 정형적 균형을 이루는가? • 동세: 동적인 감각이 느껴지는가? 어느 방향으로 흐르는가?
3. 기술적 특성	작품에 쓰인 재료, 도구, 기법 읽기 • 어떤 재료가 사용되었는가? • 어떤 도구와 장비가 사용되었는가? • 어떤 기법이 사용되었는가? • 사용한 재료와 기법이 작품에 어떤 영향을 미쳤는가?
4. 표현적 특성	작품에 대한 자기 생각과 느낌 정리하기 1) 심적 상태의 언어 - 슬픔 혹은 기쁨을 느끼게 하는가? - 대담함 혹은 소심함을 느끼게 하는가? - 잔잔함 혹은 요란함을 느끼게 하는가? 2) 감정적 상태 - 긴장감 혹은 이완감을 느끼게 하는가? - 충돌 혹은 조화를 느끼게 하는가? 3) 개념적 혹은 이념적 언어 - 상징성/사회적 개념과 가치를 나타내는가? - 심리적 혹은 정치적 가치를 나타내는가?

평을 교육적으로 제안하기 위해 질문을 제시했다. 이 과정에서 질문을 통해 작품을 관찰하고 생각을 독려한다. 예를 들어 펠드먼에 따르면, '해석' 단계에서 작품에 대한 이해는 질문을 기초로 한 작품에 대한 기술description과 분석이 가능하다. "마치 소크라테스의 문답법과 같이 학생들은 자신이 관찰 · 분석한 것을 토대로 자신이 생각하는 것을 말하고, 질문하며 대화"한다(Feldman, 1973: 56). 브라우디의 미적 정사(aesthetic scanning) 단계도 질문을 활용할 때 효과적이다(Hewett, 1985). 관찰과 발견을 이끌어내는 질문들은 관람자에게 작품을 세심하게 보게 하고, 스스로의 지각을 통해 자발적으로 정보를 찾는다. 특히 관람자의 참여도가 높을 때 서로 더 많이 배울 수 있다. 브라우디의 미적 정사 단계를 고려하여 가능한 질문을 살펴보면 〈표 2-4〉와 같다(Broudy, 1994; 손지현 · 김수진, 2012: 193-194).

앤더슨도 미술비평 교육에서 질문이 중요한 역할을 한다고 보았다. 앤더슨은 '반응', '기술', '해석', '평가'로 이루어진 미술비평 단계를 제시했다. 각 단계는 질문과 함께 작품을 만나고 주목하고 언어화하며, 맥락을 고려하여 작품의 의미를 발견하도록 한다. [그림 2-6]은 앤더슨이 제시한 교육적 미술비평 단계에 따라 가능한 질문의 특성을 보여준다. 예컨대 '반응'에서는 "작품에서 어떤 느낌이 떠오르는가?", "무엇이 생각나는가?" 같은 질문을 하고, '기술'에서는 "두드러지는 이미지는 무엇인가?", "어떤 색, 감촉이 느껴지는가?", "무엇이 지배적으로 보이는가?", "왜 그렇다고 생각하는가?", "작품은 무엇에 초점을 두고 있는 것 같은가?" 등의 질문을 토대로 분석적으로

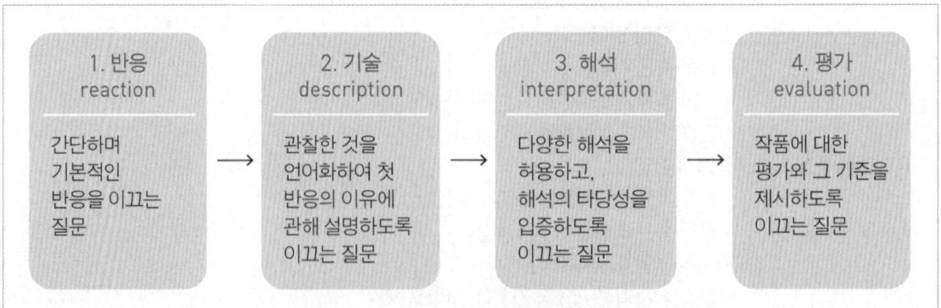

[그림 2-6] 교육적 미술비평의 단계별 질문 방법

〈표 2-5〉 교육적 미술비평의 단계별 질문 예시

단계	세부 단계	질문 예시
1. 반응		• 작품을 보고 가장 먼저 떠오른 것은 무엇인가? • 연상되는 생각이나 느낌은 무엇인가?
2. 기술	명백하게 주제와 관련되어 보이는 형식적 · 기교적 특성들	• 어떤 모양이 보이는가? • 비일상적인 이미지가 있다면 무엇인가? • 그 외에 보이는 것은 무엇인가? • 이 작품은 어떻게 만들어졌을까?
	형식과 이미지 간의 형식적 관계	• 이미지에서 선/색깔/모양/질감은 어떠한가? • 어떤 조형 요소나 원리가 작품에서 움직임을 느끼게 하는가? • 인물들이 어디를 보며, 어디를 향해 기대며, 어디를 가리키고 있는가? • 이 작품에서 초점은 어디인가? 초점이 하나인가?
	형식적 특성	• 왜 이 작품은 사실주의적/형식주의적/표현주의적인가? 혹은 이들을 합친 것인가? • 배경이 다른 색이었다면 어떨까? • 과장되지 않고 사실적이었다면 어떨까?
	맥락의 검토: 역사적 · 문화적 맥락	• 작품에 반영된 미술가의 의도와 중심 생각은 무엇인가? • 이 작품이 실용적 목적을 가지거나, 가졌던 적이 있는가? • 이 작품의 제작에 영향을 준 것은 무엇인가?(사회적 맥락, 다른 예술, 테크놀로지) • 이 작품은 후대의 작품이나 사회에 어떤 영향을 주었는가? • 이 작품은 해당 작품을 만들고 사용한 사람들에 대해 무엇을 말해주는가?
3. 해석		• 이 작품은 무엇을 의미한다고 생각하는가? • 이 작품은 무엇을 생각나게 하는가? • 여러분이 작가라면 이 작품에 어떤 제목을 붙이겠는가? 왜 그런가?
4. 평가	개인적 경험	• 이 작품을 비평하면서 무엇을 경험했는가? • 비평하면서 작품에 대한 지각/감정이 변화했는가? • 이 작품을 소유하고 싶은가?
	미적 판단	• 이 작품은 관점을 명확하게 드러내고 있는가? • 전반적으로 이 작품은 그 자체로 미적이며, 시각적으로 즐겁게 하며, 완성도가 높은가?
	맥락적 판단	• 이 작품은 인간의 중요한 문제나 요구에 대해 잘 말해주고 있는가? 그렇다면 어떤 방식으로 스토리텔링하는가?/그렇지 않다면, 왜 그렇게 판단했는가? • 이 작품은 사회적으로 중요하다고 판단되는가?
	최종 판단	• 제작 가치가 있는 작품이라고 생각하는가? • 궁극적으로 이 작품은 탐구할 가치가 있었는가? 왜 그런가?/왜 그렇지 않은가?

접근하도록 한다. 작품에서 관찰한 것을 바탕으로 의미를 생각하고, 가치를 평가하게 된다(Anderson & Milbrandt, 2007). 앤더슨이 제시한 교육적 미술비평 단계에 따른 좀 더 구체적인 질문 예시는 〈표 2-5〉와 같다(Anderson & Milbrandt, 2005; 손지현 · 김수진, 2012: 192-193). 표의 질문 예시는 작품에 따라 달라질 것이다.

3) 질문의 전략과 방법

질문은 생각을 돕고, 그 생각을 뒷받침하도록 한다. 질문은 개방적 방식으로 하여 열린 답이 나오도록 한다(Schmidt, 2004: 94). 단답형이 아니라 가정과 상상할 수 있는 방식으로 질문하도록 한다. "만약 ~했다면 어떨까?", "어떻게 생각하는가?" 같은 뉘앙스의 질문은 탐구가 진행되도록 한다. 관람자는 여러 가지 가능성이 존재한다고 느끼고, 다양한 가능성을 생각한다. 예컨대 자연사박물관이나 미술관에서는 다음과 같은 질문이 가능하다. 개방적 질문은 아래와 같이 관람자의 관찰을 유도하고, 관찰한 바를 자신의 언어로 묘사해보고, 상상함으로써 인지적 작용을 활성화한다.

탐구할 수 있도록 하는 질문은 다음과 같다. 첫째, 시작하는 질문을 하라. 둘째, 그다음에 뒤따르는 질문을 하라. 뒤따르는 질문은 학생들의 반응에 대해 명백하게 포인트를 찾아보도록 하는 질문이 되어야 한다. 또한 자신이 그런 반응이나 생각을 할 때, 내재한 가정은 무엇인지 생각해보도록 한다. 셋째, 핵심 포인트에서 정보를 제공하라. 탐구란 학생들이 아무것도 없는 데서 하는 것이 아니라 기존의 지식에서

〈표 2-6〉 강의식 질문과 개방적 질문

강의식 질문	개방적 질문
이 잎은 어떤 형태인가요?	이 잎에서 발견한 것은 무엇인가요?
이 도구의 사용법은 무엇일까요?	이 도구를 어떻게 사용했을까요? 누가 사용했을까요?
이것은 어떤 색일까요?	이 색은 어떻게 설명할 수 있을까요?

무엇인가를 발굴하는 것이다. 이를 기초로 새로운 개념을 쌓아가도록 한다. 작품과 관련된 이야기, 작가의 편지, 사진, 일기 등의 정보를 제공하고 탐구를 촉진하는 질문을 해야 한다(Schmidt, 2004).

그 밖에 질문은 관람자의 참여를 촉진한다. 사이먼은 참여적 박물관을 위해 관람자에게 전시에 관한 질문을 던지는 이유는 기본적으로 세 가지라고 했다(Simon, 2015: 212).

- *특정 전시물에 깊이 있게, 그리고 개인적으로 몰두하도록 장려하기 위해*
- *특정 전시물이나 생각에 관해 사람들의 대화를 유도하기 위해*
- *운영자가 전시물이나 전시에 관한 반응이나 도움이 될 정보를 얻기 위해*

좋은 질문은 해석과 깊이 있는 사고를 유도할 수 있다. 답이 명확하거나 즉시 대답이 나오는 질문은 좋지 않다. 예컨대 "작품에서 인물은 몇 명인가?" 같은 질문은 관찰을 유도할 수는 있지만, 깊은 사고를 유도하지는 않는다. 작가의 의도에 관해 질문할 때는 사용하는 언어에 유의하고 정답이 있는 질문을 해서는 안 된다. 따라서 "작가는 왜 이 색을 썼을까?"보다는 "왜 작가가 이 색을 선택했을지 상상해보자"와 같이 가능성을 열어두는 질문이 좋다. "작가는 작품을 제작하면서 어떤 생각을 했을까?" 또는 "작가는 인물을 표현하면서 어떤 생각을 했을까?"와 같이 생각과 상상을 유도하는 질문이 좋다.

좋은 질문은 개방적이고 다양한 반응을 유도할 수 있다. "작품에서 가장 눈에 띄는 것은 무엇인가?", "작품에서는 무슨 일이 일어나고 있는가?"와 같이 VTS 기법의 기본적인 세 가지 질문을 좀 더 정교화하여 "작품에서 분위기에 초점을 두어 무슨 일이 일어나는지 살펴볼까요?", "인물들을 묘사해볼까요?" 같은 질문이 가능하다. 이어서 작품에 대한 해석이나 추론의 증거를 제공하도록 질문한다. "작품에서 그 생각을 뒷받침하는 증거는 무엇이 될까요?"라는 질문도 사고를 유도한다. VTS 기법에서 세 가지 질문은 고정된 것이 아니라 질문의 기본 취지를 이해하고, 대화의 상황에 맞게 활용할 수 있다.

좋은 질문은 전시물과의 사회적 연결을 위한 시작점이 된다(Simon, 2015). 이를 위해 개방적 답변을 추구하는 질문이어야 한다. 한편 관람자의 다양한 답변을 이끌어내려면 개인적인 질문을 한다(Simon, 2015). 정해진 답을 유도하거나 뮤지엄에서 제공한 지식을 얼마나 이해했는지를 확인하기보다는 관람자가 자신의 지식에서 질문의 답을 찾도록 유도할 필요가 있다. 이를 위해 뮤지엄 교육자는 관람자가 전시물과 자신의 경험을 연결할 수 있도록 도와야 한다. 예를 들어 덴버 미술관의 록음악 포스터 전시인 〈사이드 트립Side Trip〉에서는 관람자에게 "당신이 본 첫 번째 콘서트는 무엇인가요?" 같은 질문을 했는데, 이는 전시 주제와 관련되면서도 관람자의 개인적 경험과 연관되어 다양한 반응을 이끌어냈다. 다음으로 상상적 질문을 하는 것이다

[그림 2-7] 전시 내 개인적 질문의 모범 사례

"당신은 화가 날 때 어떤 행동을 하나요?"라는 개인화된 질문을 통해 전시 내용과 학습자의 개인적 경험과 감정을 효과적으로 연결한다. 또한 학습자가 직접 자신의 경험을 기록하여 공유할 수 있도록 하여 학습자 참여의 기회를 넓힌다(미국 피츠버그 어린이박물관).

(Simon, 2015). "만약에 ~"라는 질문은 사물을 직관적으로 관찰하고 상상력을 발휘하도록 한다. 예를 들어 파워하우스박물관의 〈오디토리움Odditoreum〉이라는 전시에서는 신기한 물건들을 전시하여 자세하게 관찰한 뒤 그것이 무엇일지를 상상해보게 한다. 이후 상상한 내용을 바탕으로 라벨을 작성하도록 했다.

이상으로 뮤지엄 교육에서 질문 중심 방법론을 활용하기 위해 질문에 대해 개괄하고, 활용 가능한 질문으로 전시물에 대한 사고력을 촉진하는 질문과 예술작품에 대한 비평을 돕는 질문을 살펴보았다. 그리고 뮤지엄에서 활용할 수 있는 좋은 질문을 생성하기 위한 전략과 방법을 소개했다. 뮤지엄 교육에서 질문은 작품을 비롯한 전시물의 특성, 관람자의 동기와 관심, 선행 지식에 따라 다를 것이다. 질문은 정답을 찾아가는 방식에서 점차 관람자의 사고를 확장하고, 전시물과 개인적 경험을 연결하여 해석을 추구하는 방식으로 변화하고 있다. 뮤지엄 교육자는 관람자의 경험에 귀 기울이고, 전시와 사회 및 문화를 매개하는 현장의 최전선에 있다는 의식을 가져야 할 것이다.

3. 탐구 중심 방법론

1) 배경

교육학자 듀이(Dewey, 1938)는 교육을 삶의 경험life experience이라고 칭한다. 그에게 경험이란 한 개인과 환경의 상호작용 결과다. 특히 그 상호작용이 참여와 의사소통을 매개로 이루어지며 변화할 때, 경험을 상호작용의 결과로 간주한다. 또한 경험은 그 자체로 상호작용에 대한 표식이며, 보상이기도 하다. 따라서 듀이는 교육적 경험이 계속성의 원리를 통해 인간의 지속적인 성장에 기여할 수 있어야 하며, 상호작용의 원리를 통해 학습자의 외부뿐 아니라 내부의 변화도 이끌어낼 수 있어야 한다고 주장했다. 뮤지엄 교육학자 하인(Hein, 2004) 또한 경험에 대한 듀이의 정의가 단순히 실질적인 순간의 경험이나 행위뿐 아니라 행동의 이전과 결과까지 모두 포함한다는 점에 주목했다.

듀이는 학습의 시작점으로 '문제적 경험problematic experience'을 제시했다. 그에 따르면, 학습자는 자신의 선지식으로 해결할 수 없는 문제적 경험들을 통해 당황할 뿐 아니라 이에 대응할 수 없는 상태를 경험한다. 그리고 이러한 경험을 해결하고자 하는 노력으로 탐구를 시작한다. 탐구는 인지, 생각 그리고 행동의 반영적 변화로서 여러 경험을 더욱 만족스러운 총체로서 통합한다. 따라서 필연적으로 탐구는 심리적, 신체적 그리고 사회적 상호작용을 수반하며 개인에게 새로운 이해를 가져다준다. 따라서 듀이는 교육자가 바람직한 경험을 설계함으로써 학습자가 자신의 흥미와 능력에서 점차 더욱 안정되고 구조화된 교수 내용으로 이동해갈 수 있도록 도와야 한다고 주장했다. 따라서 학습자가 탐구에 참여할 수 있도록 조력하며 탐구를 안내하는 것은 교육자의 책임이라 할 수 있다(Roschelle, 1997).

이에 듀이는 학습 방법으로서 탐구학습inquiry learning을 제시했다. 학습자는 탐구학습을 통해 자신이 직면한 문제들에 대해 반성적 사고를 하고, 이를 기반으로 하나의 '완결된 경험'을 할 수 있기 때문이다. 이 과정에서 학습자는 사고 같은 인지적 요소뿐 아니라 동기, 흥미 같은 정서적 요소 또한 필요로 한다. 또한 탐구학습은 열린 질문을 추구하며, 학습을 위한 실제적 맥락과 활동이 중요하다는 인식에 기반한다. 실제적인 활동들은 학습자에게 새로운 지식을 얻고자 하는 동기, 선지식에 새로운 지식을 통합하는 관점, 그리고 지식을 적용할 기회를 제공해주기 때문이다(Edelson et al., 1999).

2) 뮤지엄에서의 탐구

탐구학습은 전통적인 학교가 아닌 뮤지엄 환경에서 학습자의 발견을 독려하고, 경험을 확장하는 좋은 교육 방법이 될 수 있다. 뮤지엄 교육의 주요한 특징이 바로 전시물 중심의 탐구, 탐색, 성찰, 질문 등의 탐구 기반 활동이기 때문이다(강인애 · 박정영, 2014). 로셸(Roschelle, 1997)은 뮤지엄이 선지식, 실제적인 전시물, 사회적 상호작용, 그리고 탐구를 위한 요소들을 도입함으로써 탐구를 증진하고, 관람자의 다양한 반응을 촉진할 수 있다고 주장했다. 이와 같은 맥락에서 뮤지엄 교육학자 빌뇌브와 러브(Villeneuve & Love, 2007)에 따르면, 뮤지엄에서의 탐구는 해석적 과정에 대한 관람자의 참여를 독려하고, 다양한 관람자의 목소리를 위한 장을 제공한다. 또한 오늘날과 같이 복잡하고 빠르게 변화하는 시대에 관람자가 독립적이고, 열정적이며, 전체 일생에 걸치는 학습자가 되도록 한다. 학습자들의 비판적 탐구는 그들의 뮤지엄 리터러시museum literacy 신장에도 중대한 영향을 미친다(Gilbert, 2016).

그러나 오늘날 일부 뮤지엄은 여전히 전시물의 가치와 안전을 이유로 학습자에게 자유로운 탐구학습을 제공하지 않는다. 또한 전시물의 현실성만이 탐구를 시작하는 데 최선이라고 여기며 탐구를 중점으로 한 교육 방법에 대해서는 충분히 고려하지 않는 기관들도 있다. 그러나 전시물이 그 역할을 충실히 한다고 하더라도 지속적인 탐구를 위해서는 교육 프로그램, 가정 배부 자료, 워크숍, 뮤지엄랩 또는 타 기관과의 상호 협동적 프로그램 등을 통해 관람자의 탐구를 계속해서 이끌어나가야 한다(Ansbacher, 1998).

따라서 이 책에서는 뮤지엄에서의 탐구 중심 교육 방법에 대한 듀이와 하인, 굿윌과 앨런의 주장을 통해 뮤지엄에서 탐구학습의 의의와 바람직한 교육 방안에 대해 알아보고자 한다.

(1) 듀이와 하인의 탐구학습

듀이(Dewey, 1938)는 관람자가 뮤지엄에서의 경험을 기반으로 탐구를 수행하고, 이를 통해 성장할 수 있다고 주장했다. 뮤지엄은 학습자의 문제적 경험을 해결하기 위한 지적, 신체적 그리고 사회적 자원들을 제공할 수 있기 때문이다(Rochelle, 1997). 뮤지엄에서의 경험은 탐구를 통해 새로운 문제나 관심사로 확장되고, 관람자는 이를 다시 탐구함으로써 실제적인 삶의 경험을 제공 받으며, 나아가 탐구 결과를 자신의 삶에 적용할 기회를 얻는다. 따라서 듀이는 뮤지엄의 경험이 더욱 풍부하고 실제적인 삶의 경험과 함께 이루어져야 한다고 주장했다.

구성주의 교육학자인 하인 또한 이와 같은 듀이의 관점에 동의하며, 이에 기반한 뮤지엄에서의 교육적 모델 등을 개발했다. [그림 2-8]은 구성주의 뮤지엄을 주장한 하인(2004: 424)이 듀이의 교육적 관점을 바탕으로 뮤지엄에서의 교육적 순환을 나타낸 모델이다.

먼저, 관람자는 삶에서 자신이 얻은 선지식을 기반으로 뮤지엄을 경험한다. 특히 관람자는 현실 상황의 맥락과 관련된 오브제를 통해 뮤지엄 경험이 현실 상황

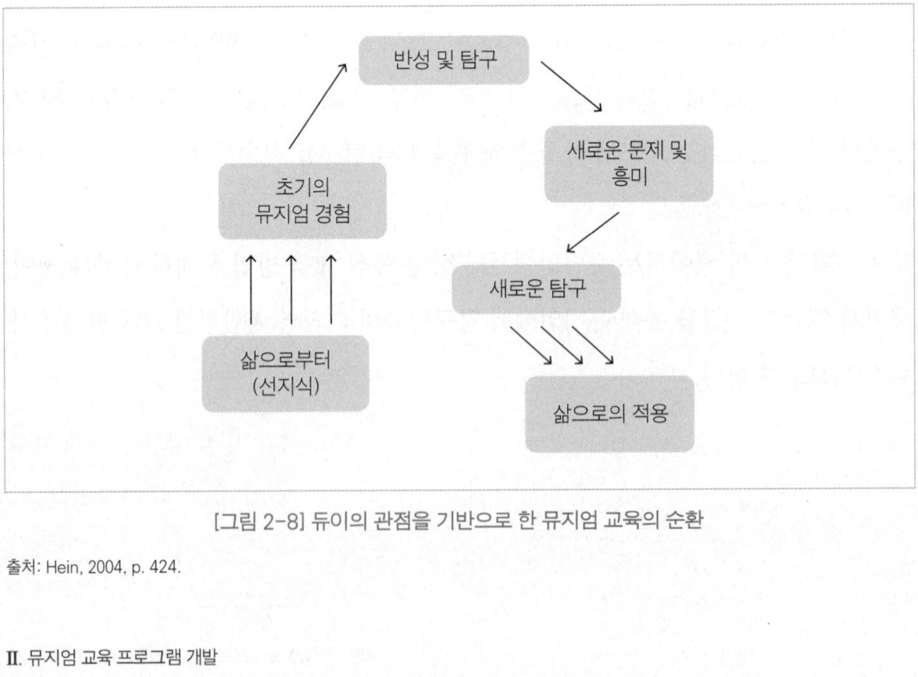

[그림 2-8] 듀이의 관점을 기반으로 한 뮤지엄 교육의 순환

출처: Hein, 2004, p. 424.

및 자신의 선지식과 어떻게 긴밀하게 연결되어 있는지 인식할 수 있다(Hein, 2004). 그런 다음 관람자는 반영과 탐구를 통해 뮤지엄에서의 경험을 해석한다. 이 과정이 바로 탐구학습이다. 그러나 관람자는 이러한 탐구에서 그치는 것이 아니라 탐구를 통해 새로운 문제와 흥미를 접하게 된다. 이렇게 접하게 된 새로운 문제는 곧 관람자의 새로운 탐구로 이어진다. 궁극적으로 관람자는 이처럼 탐구와 새로운 문제에 대한 접근이라는 순환적 과정을 통해 자신의 삶에 적용할 수 있는 바람직한 경험을 얻게 된다.

하인은 듀이의 관점에서 오늘날 뮤지엄의 난제가 관람자의 탐구를 이끌어내면서도 탐구 결과가 관람자의 실제 삶에 적용될 수 있도록 이끌어내는 것임을 지적했다. 즉, 단순히 관람자의 참여만을 증진하는 것은 뮤지엄에서의 교육적 경험을 완전하게 이루어낼 수 없다는 것이다. 따라서 뮤지엄은 관람자의 논의를 증진하고, 그들에게 질문을 제시하며, 학습자의 관심사들과 연결성을 만들고, 뮤지엄 바깥세상에 적용할 수 있도록 안내하는 통합된 학습 환경을 제공해야 한다(Hein, 2004). 또한 관람자의 뮤지엄 경험의 결과 역시 충분히 검토하고, 장기적으로 연구해나가야 한다(Hein, 2012).

실제로 오늘날의 뮤지엄들은 단순한 핸즈온 전시가 아니라 관람자의 탐구를 증진하는 여러 방법을 도입하고 있다. 또한 일부는 관람자가 탐구의 전 과정에 참여할 수 있도록 하는 전시를 창조하기도 한다. 그러나 하인에 따르면, 듀이의 '경험'이라는 개념에서 가장 중요한 요소는 뮤지엄에서 경험한 결과를 삶에 연결하는 능력일 것이다. 이는 탐구학습 문제의 조건에 대한 듀이의 주장에도 드러난다.

> *그 문제는 현재 경험의 조건을 넘어서면서도 학습자들의 능력하에 있어야 한다. … 또한 그 문제는 새로운 생각의 생산과 정보를 위한 활동적 탐구를 학습자 내부에 불러일으켜야 한다. … 그리고 그 결과로 새로운 생각과 아이디어들은 다시 미래의 새로운 문제들을 통해 얻을 경험을 위한 바탕이 된다* (*Dewey, 1934: 75*).

따라서 탐구학습을 뮤지엄에 적용한다면, 전시와 교육 프로그램들은 반드시 이와 같은 인식을 바탕으로 관람자의 흥미와 사고력을 고려하여 개발되어야 한다. 실제로 이러한 듀이의 교육관은 오늘날 뮤지엄의 실천에 상당수 반영되고 있다. 그러나 하인(2012)은 뮤지엄 교육에서 개인의 경험에 영향을 미치는 사회문화적 요소가 여전히 소외되고 있음을 지적한다. 교육이란 그 사회의 문화를 전승하는 도구이기 때문에 새로운 사회구성원이 정치적 목적에 따라 사회화하는 과정이기도 하다. 따라서 하인은 뮤지엄 교육에서 필연적으로 사회적 이슈들 — 때로는 논쟁적인 것일지라도 — 을 논의해야 하고, 이를 통해 대화와 지속 가능성을 증진해야 한다고 주장한다. 또한 이러한 사회 · 정치적 목적을 포함한 논란의 여지가 있는 사회 이슈들에 관람자를 초대해야 한다고 제안한다. 이를 통해 관람자가 실생활과 연관된 문제들을 탐구하고, 더욱 강력한 민주주의 사회를 건설하기 위한 공동체 의식의 필요성을 인식할 수 있기 때문이다(Hein, 2012).

(2) 굿윌과 앨런의 과학관 탐구학습

미국 샌프란시스코 익스플로라토리움 과학관Exploratorium의 에듀케이터인 굿윌과 앨런(Gutwill & Allen, 2010)은 과학관을 사례로 들며, 비형식 교육기관인 뮤지엄이 일반 학교와는 다른 특성을 지녔기 때문에 탐구학습에 더욱 효과적이라고 주장했다. 그 이유는 다음과 같다.

첫째, 다양한 현상을 전시 형태로 직접 접근할 수 있게 제공한다는 점

둘째, 뮤지엄의 관람자가 자신의 의지에 기반한 실제적 탐구에 참여하고, 외부 보상이 아니라 개인의 흥미로 인해 지속적으로 참여한다는 점

셋째, 뮤지엄에서의 학습이 일종의 사회적 경험으로서 다양한 세대의 그룹이 참여하고, 그 속에서 전시와 상호작용하며 개인의 흥미와 특기를 끌어낸다는 점

마지막으로, 핸즈온hands-on 전시를 통한 상호작용과 놀이식 탐험을 강조함으로써 스스로 뮤지엄의 주제에 관심이나 지식이 있다고 생각하지 않는 다양한 관람자를 초청한다는 점

그와 동시에 굿윌과 앨런(2010)은 오늘날 탐구를 중심으로 한 교육을 도입하는 뮤지엄의 관람자조차 상당수는 더욱 심도 있고 확장된 탐구에는 참여하지 못하고 있음을 밝혔다. 그저 전시 속 활동에 참여하고, 보기만 할 뿐 실질적으로 탐구를 통해 결론을 도출해내지 못한다는 예(Randol, 2005), 혹은 예측이나 메타인지 기능을 수행하는 대화가 현저히 드물다는 예(Allen, 2002)가 그것이다. 또한 많은 연구는 뮤지엄 관람자가 상호 소통적 전시를 1분 혹은 그 미만으로 짧은 시간 동안만 활용하고 있으며, 뮤지엄 종사자들이 활용 시간을 늘리기 위한 방법을 고안하고 있다는 점(Diamond, 1986; Gutwill, 2005) 역시 탐구학습이 바람직하게 실천되지 못하고 있는 현실을 보여준다. 이에 굿윌과 앨런(2010, 2012)은 탐구 게임inquiry game을 통해 과학관의 가족 단위 학습자와 학교 단위 학습자의 학습을 증진하는 방안을 고안했다. 이러한 탐구 게임의 구조에는 탐구 순환 모형과 탐구 기술이 적용되었다.

① 탐구 순환 모형

굿윌과 앨런(2010: 713)은 일반적인 교육 영역에 널리 쓰이는 탐구 기반 교육과정(Champagne, Kouba & Hurley, 2000; Songer, 2004) 등을 바탕으로 고안된 탐구 순환 모형을 제시했다. 이들이 주장한 탐구 순환 모형은 위와 같다.

위의 탐구 순환 모형은 ① 행동의 제안Proposing Actions: PA, ② 실험, ③ 결과의 해석Interpreting Results: IR이라는 단계를 기반으로 하는 순환적 모형이다. 굿윌과 앨런은 이 모형에서 행동의 제안과 결과의 해석이라는 두 기술의 습득을 목적으로 함을 분명히 밝힌다. 먼저, 행동의 제안은 계획을 작성하거나 조사 시작 단계에서 질문하는 역량을 말한다. 한편, 결과의 해석은 관찰하는 역량, 결론 도출 역량, 조사 도중 또는 이후에 예시를 들 수 있는 역량을 뜻한다. 이러한 두 기술은 간단하므로 다양한 학습자가

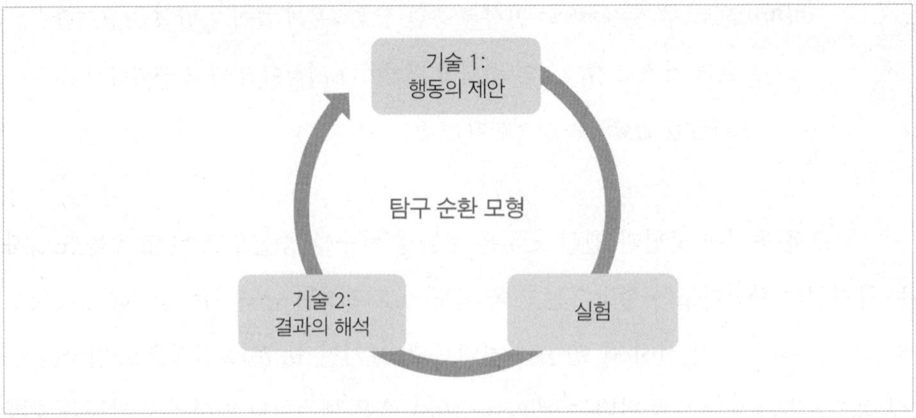

[그림 2-9] 탐구 순환 모형

출처: Gutwill & Allen, 2010, p. 713.

쉽게 이해하고 기억할 수 있어 접근성이 높다. 또한 학습자들의 공개적인 질문과 탐구를 유발하고, 이를 동료 학습자와의 관계를 통해 발전시켜나간다는 특징이 있다. 굿윌과 앨런은 위와 같은 기능이 점차 사례 구축, 가설 검증 같은 기능으로 나아가는 일종의 관문이 될 수 있을 것이라 주장한다.

② 탐구 게임의 구체적 사례

굿윌과 앨런은 뮤지엄 전시에 사용할 수 있는 구체적 탐구 게임 활동들을 개발했다. 이러한 게임들은 위에서 밝힌 탐구 기능과 밀접하게 관련되어 있으며, 다양한 질문을 통해 전시의 맥락을 탐구하고, 학습자의 흥미와 동기를 북돋울 수 있다는 장점이 있다.

⊙ 홍미로운 질문 게임Juicy Question Game

소집단 학습자들이 촉진자의 진행을 기반으로 함께 협동하여 간단한 질문에 대해 조사하고, 그 답을 탐색하는 게임이다. 보통 가족 단위 학습자들이 많이 참여할 수 있는 게임이다. 진행 단계는 아래와 같다.

특히 이 게임은 탐구학습을 위한 기능을 조언하는 PA 카드와 IR 카드를 활용하여 참가자들을 조력하는 촉진자 역할이 중요하다. 처음에는 뮤지엄 교육자가 촉진자 역할을 맡지만, 점차 가족 내 어른들이 그 역할을 담당하게 된다. 굿윌과 앨런의 연구(Gutwill & Allen, 2010)에서는 사전 과학관 방문 이후 서로 다른 두 전시에서 뮤지엄 에듀케이터와 함께 이 게임을 실행하며, 학습자의 사후 방문 시에도 에듀케이터 없이 스스로 이 게임을 실행할 수 있도록 했다.

〈표 2-7〉 흥미로운 질문 게임의 단계

단계	세부 내용
전시 감상하기	동료 참가자들과 함께 전시를 감상하고 질문을 떠올린다.
질문 공유하기	전시를 감상하며 각자 떠올린 질문을 동료 참가자들과 공유한다.
질문 선택하기	공유한 질문 중 초점화할 하나의 질문을 선택한다.
실험하기	선택한 질문의 답을 찾기 위해 동료 참가자들과 함께 조사하고, 검증을 위해 실험한다.
반성 및 공유하기	탐구와 실험을 통해 무엇을 발견했는지 반성해보고, 모든 참가자가 다 끝났다고 생각할 때까지 자신이 발견한 아이디어들을 공유한다.
확장하기	탐구 과정에서 새롭게 발견한 질문들로 다시 관심을 확장한다.

출처: Gutwill & Allen, 2010, p. 714 재구성.

⊙ 손 떼기 게임Hands Off Game

비형식적이고 선택 기반인 뮤지엄 환경에서 즐길 수 있는 탐구 중심 게임이다. 위의 '흥미로운 질문 게임'이 좀 더 구조화되어 있는 형태로 공동 계획에 기반한 게임이라면, 이 게임은 좀 더 즉흥적이고 개인적인 게임이라 할 수 있다. 이 게임은 누구나, 언제든 "손 떼!Hands off!"라는 말을 시작으로 참여할 수 있다. 누구든 "손 떼!"를 외치면, 다른 사람들은 모두 자신이 탐색하던 것을 멈추고 외친 사람의 제안에 귀 기울여야 한다. 외친 사람은 자신이 원하는 탐구 방향이나 전시에서 자신이 발견한 사실들을 공유한 다음 다시 "손 올려!Hands on!" 하고 외침으로써 이 게임을 마무리 지을 수 있다. 이 게임은 사실 하우젠과 예나윈(Housen & Yenawine, 2001)의 VTS 기법에서 착안한 것으로, 소집단 학습자들이 재미있는 현상에 주목하고 자발적으로 참여할 수 있도록 한 것이다. 이 게임을 통해 학습자들은 전시에 대해 공통의 이해를 가질 수 있다.

3) 탐구 중심 방법론의 전략

탐구 중심 방법론의 전략은 뮤지엄의 성격, 전시 특징과 내용, 그리고 탐구 분야나 방향에 따라 크게 달라질 수 있다. 그러나 우리는 이처럼 다양한 전략에서도 공통된 학습에 대한 인식론, 학습 요소 등을 발견할 수 있다. 이에 과학관과 미술관의 맥락에서 사용할 수 있는 탐구 중심 방법론의 전략들을 아래에 소개한다.

(1) 과학관에서의 탐구를 위한 전략

과학관에서의 탐구학습은 학교 기반 과학 교과교육과 기초적 원칙을 상당수 공유하고 있다. 이에 굿윌과 앨런(2010)은 탐구 게임의 예를 통해 아래와 같이 과학관에서의 탐구학습을 증진하기 위한 원칙 및 전략들을 소개하고 있다.

① 학습자의 사전경험을 기반으로 하기

굿윌과 앨런은 과학관에서 학습자들이 자신의 사전경험을 기반으로 전시를 탐구하며, 점진적으로 자신들의 질문에 도달해야 한다고 주장한다. 이를 위해서는 학습자들이 선경험을 기반으로 정보를 탐구하는 목표지향적인 사람으로서의 자아상을 점차 확립해야 한다(Bransford et al., 2003). 이에 굿윌과 앨런은 학습자들이 학습해야 할 절대적 내용을 상정하기보다는 학습자의 경험과 나이 등을 고려하여 적절하게 내용을 구성하여 자신의 경험에서 비롯된 질문을 탐구할 수 있도록 도와야 한다고 주장한다.

② 모델링, 스캐폴딩, 그리고 사라짐을 통해 가르치기

학습자들의 인지적 학습을 돕기 위해서는 우드(Wood, 2001)가 주장한 인지적 비계cognitive scaffolding을 활용해야 한다. 이에 교사들은 질문과 지시, 그리고 구조화된 상호작용을 통해 학습자들의 확장된 탐구를 조력해야 한다(Samarapungavan et al., 2008). 그런 다음 학습자들이 점차 자발적 학습을 할 수 있도록 교사는 점진적으로 사라져야 한다(Collins et al., 1989; Vygotsky, 1978). 뮤지엄에서의 가족 학습에서 처음에는 교사가 촉진자 역할을 하지만, 시간이 갈수록 다른 성인 학습자가 그 역할을 맡을 수 있게 한 후 점차 가족 학습자들이 자발적 학습을 할 수 있도록 사라져주는 것이 그 예다.

③ 학습할 기능들을 구체적으로 명명하기

과학 학습에 관련한 연구에 따르면, 학습자는 자신들이 새롭게 학습할 기능들을 교사가 구체적으로 언급하고 설명해줄 때 더욱 효과적으로 학습할 수 있다(Brown et al., 1984; Labudde et al., 1988; White & Frederiksen, 1998). 따라서 교사는 과학관에서 학습자들이 탐구를 통해 배울 수 있는 특정한 기능이나 기술들을 구체적으로 알려주고, 그 목적과 단계를 분명하게 명시하는 것이 바람직하다.

④ 메타인지 조력하기

메타인지란 학습자가 자신의 능력을 살피고, 이를 다시 자신의 학습에 반영하는 과정으로 탐구학습의 핵심 요소라 할 수 있다(Bransford et al., 2003; Brown, 1980). 따라서 교사는 학습자가 스스로에게 질문하고, 탐구 과정에서 무엇을 배웠는지 반영하는 과정을 통해 자신의 지식 및 새로운 지식으로 인한 변화를 살펴볼 기회를 제공해야 한다.

⑤ 협동 조력하기

학습자는 그룹 학습을 통해 자신의 성취뿐 아니라 학습 동기를 신장시킬 수 있다(Tobin, 1993). 이에 교사는 학습자 사이에 좀 더 활발한 협력이 일어날 수 있도록 협동에 알맞은 교육 내용을 개발하고, 학습 과정에서 학습자 간 원활한 협동이 일어날 수 있도록 조력해야 한다.

⑥ 내재적인 동기를 촉진할 활동 만들기

학습자가 학습 부담 없이 자신의 내재적 동기에 기반하여 자발적으로 학습할 수 있도록 학습자의 동기를 고려하여 과학관에서의 활동을 계획해야 한다(Paris, 1997). 10~15분 내외의 짧은 활동으로 구성하는 방법, 학습자의 만족도를 쉽게 관찰할 수 있는 교육 방법을 적용하는 것 등이 이에 해당한다. 특히 동기를 유발하기 위해서는 학습자의 호기심, 자신감, 도전 의식, 통제, 놀이 그리고 소통 같은 다양한 요소를 고려해야 한다.

⑦ 인지적 부담 줄이기

학습자가 인지적 학습에 대해 큰 부담을 갖지 않으면서도 과학관에서 학습한 기능을 오랫동안 기억할 수 있도록 적은 양의 내용으로 학습을 계획해야 한다. 그 예로 '흥미로운 질문 만들기 게임'에서 굿윌과 앨런(2010)은 2개 정도의 기능에 집중하여 학습 내용을 구성했다. 또한 이들은 학습자가 언제든 탐구 기능을 참고할 수 있도록 핵심 문장과 아이콘 등을 활용한 요약카드를 학습자에게 제공하여 인지적 부담 없이 과학관에서의 학습에 참여할 수 있도록 도운 바 있다.

⑧ 학습자의 학습 주제 조력하기

학습자는 저마다 자신만의 관심사를 가지고 뮤지엄에 방문하기 때문에 이들의 고유한 관심사가 학습과 연결될 수 있도록 배려하고 조력해야 한다. 따라서 과학관에서의 전반적인 교육 방향을 저해하지 않는 선에서 다양한 학습을 위한 융통성을 제공하여 가족 단위 관람자가 스스로 자신만의 고유한 관심사를 적극적으로 도입할 수 있도록 조력했다. 이러한 조력은 또한 추후 가족들이 자발적으로 탐구 기능을 활용하여 학습에 참여할 기회를 제공해준다는 점에서 큰 의의가 있다.

⑨ 개인의 자발성 존중하기

학습 환경에서 개인이 자신의 선택에 따라 자발적이고 즉흥적인 참여가 이루어질 수 있도록 과학관 학습 구성 시 개인의 자발성과 개인적 선택에 초점을 두어 계획해야 한다. 이를 통해 학습자들은 과학관에서 자기주도적 학습을 경험할 수 있다.

(2) 미술관에서의 탐구를 위한 전략

많은 교육학자는 탐구학습에서 주목해야 할 공통적 학습 요소로 질문을 꼽는다(Biddulph et al., 1986; Fisher, 2005; Schwab, 1960). 학습자가 스스로 탐구하는 과정에서 질문이 생성되는 것은 필연적인 결과이기 때문이다. 이에 빌뇌브와 러브(2007)는 뮤지엄에서의 탐구 중심 학습을 실천함으로써 구성주의적 교육이론이 뮤지엄 환경에 더 잘 구현될 수 있게끔 하고자 했다. 이는 기존의 학자들이 뮤지엄에서 구성주의적 능동 학습이 이루어지는 절차에 대한 연구가 부족하다는 지적(Hein, 1994; Lankford, 2002)에 대한 대응이기도 하다. 일례로 뮤지엄 교육학자 랭크포드(Lankford, 2002)는 오늘날 뮤지엄에서 관람자 간 대화dialogue가 부족하다는 점을 지적하며, 필연적으로 사회적 상호작용이 저하되어 있음을 주장했다. 이에 켈러, 에릭슨 그리고 빌뇌브(Keller, Erickson & Villeneuve, 2004)는 질문할 수 있는 능력이야말로 탐구의 기반이라는 전제임을 주장하며, 학습과 발견이 학습자의 질문과 탐구에 달려있음을 아래와 같이 밝혔다.

> *질문할 수 있는 능력은 탐구의 기반이다. 학습자가 스스로 질문을 생성하고 발음할 때, 자신의 이해를 책임질 수 있다. … 그리고 결과적으로 학습자가 발견하는 정보와 지향하는 방향은 결국 그들의 질문에 달려있다. … 예술은 학습자가 자신, 타인 그리고 자신들이 사는 세계에 대한 새로운 발견을 이끌어낼 수 있다(Keller, Erickson & Villeneuve, 2004: 155).*

이러한 인식을 기반으로 빌뇌브와 러브는 미술관에서 적용 가능한 미술 기반 탐구학습을 위한 질문들을 개발했다. 이들은 에릭슨(Erikson, 2005)이 개발한 미술작품에 대한 네 가지 질문(미술작품에 대한 질문, 맥락적 질문, 해석의 관점에 대한 질문, 미술작품 간 연결성에 대한 질문)을 기반으로 두 가지 질문(학제 간 질문, 메타인지적 질문)을 더했다. 이에 미술 기반 탐구학습을 위한 질문들을 살펴봄으로써 그 질문들이 미술관에서의 탐구에 대해 어떤 전략을 함의하고 있는지 아래와 같이 살펴보고자 한다.

미술작품에 대한 질문은 작품 속 시각적 요소들에 대한 학습자의 관찰을 북돋운다. 또한 미술작품의 맥락, 의미 그리고 연관성에 대한 질문에 답하기 위해서는 학습자의 추가적인 탐구와 연구가 필요하다. 학제 간 질문과 메타인지적 질문은 학습자 스스로 자신의 학습을 숙고할 기회를 준다. 또한 다른 주제영역에서 그들의 선지식을 확인하고, 이를 현재의 영역으로 옮겨올 수 있도록 자극한다. 빌뇌브와 러브는 미술작품에 대한 탐구가 시작 단계에서 단순히 시각적 요소뿐 아니라 자유로운 주제하에서 시작될 수 있다고 주장했다. 또한 교육자의 질문 생성도 바람직하지만,

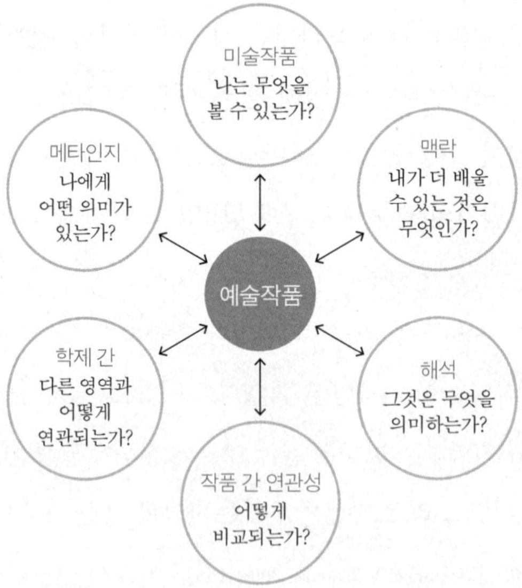

[그림 2-10] 미술 기반 탐구학습을 위한 질문 모델

출처: Villeneuve & Love, 2007, p. 196.

학습자 스스로 생성한 탐구는 더욱 심도 있는 학습을 가능하게 한다고 주장했다. [그림 2-10]은 각각의 질문과 실제 미술관에서의 탐구의 예시다.

① 미술작품에 대한 질문: 나는 무엇을 볼 수 있는가?

이 질문들은 비록 작품에서 비롯된 증거에 기반해 사실을 수집하는 형태이지만, 작품 감상 경험이 많은 학습자가 경험이 부족한 학습자를 이끌어줄 수 있다. 구체적 질문 예시는 아래와 같다.

- *주제: 미술작품은 어떤 사람, 장소 그리고 사물들을 보여주는가?*
- *기술적 요소: 작가는 어떤 도구, 재료 그리고 과정을 활용했는가?*
- *시각적 요소: 미술작품에서는 어떠한 시각적 요소들이 드러나는가?*
- *구성요소: 미술작품을 정돈하기 위해 작가는 어떠한 디자인 원칙을 사용했는가?*
- *재생산: 미술작품이 그것의 복제품과 어떻게 다른가?*
- *보존: 미술작품을 안전하게 보존하기 위해 뮤지엄은 어떻게 전시해왔는가?*

② 맥락적 질문: 내가 더 배울 수 있는 것은 무엇인가?

맥락적 질문은 작품과 작가의 삶, 시간, 유용성, 환경 그리고 문화에 대해 묻는다. 학습자는 작품을 사회역사적 관점으로 바라보며 개인적 관찰을 축적해간다. 비록 작품을 역사적 근거에 기반하여 관찰하지만, 동시에 학습자는 그 과정에서 근거에 대한 해석과 타당성 검토를 위해 고차원적 사고 기술을 사용하게 된다는 의의가 있다. 구체적 질문 예시는 아래와 같다.

- *예술가의 생애: 예술가의 삶의 경험과 배경은 무엇인가?*
- *자연 및 인공적 환경: 미술작품이 만들어진 자연 및 인공적 환경은 무엇인가?*
- *기능: 미술작품은 어떤 기능을 하는가?*

- *예술세계 맥락: 예술가에게 영향을 미친 예술에 대한 교육, 전통, 아이디어 그리고 기대는 무엇인가?*
- *문화적 맥락: 미술작품이 만들어진 문화권 사람들은 무엇을 생각하고, 믿었는가? 또 어떤 행동을 했는가?*

③ 해석의 관점에 대한 질문: 그것은 무엇을 의미하는가?

해석을 요구하는 질문들은 미술작품의 안팎에서 정보를 탐색하게 된다. 이 과정에서 학습자는 예술 전문가들이 의미를 해석하는 방식과 특정 사회 또는 문화가 의미를 해석하는 방식처럼 다른 사회적 관점과 예술세계를 접한다. 구체적 질문 예시는 아래와 같다.

- *작가의 의도: 작가는 왜 미술작품이 그런 방식으로 보여지기를 원했는가?*
- *전문가들의 이해: 미술 세계의 전문가들은 미술작품에 대해 어떻게 이해했는가?*
- *문화적 이해: 미술작품은 창작된 문화적 배경에서 어떻게 이해되었는가?*
- *개인적 관점: 사람들의 개인적 경험이 미술작품을 이해하는 방식에 어떤 영향을 미쳤는가?*

④ 작품 간 연관성에 대한 질문: 어떻게 비교되는가?

학교와 뮤지엄의 교육자들은 학습자의 심층 탐구를 위해 한 주제나 한 예술가의 작품에 기반하여 작품들을 비교하도록 이끌고자 한다. 작품 및 다른 문맥적 요소에 대한 관찰은 학습자들이 비교 과정에서 분석, 종합, 평가 같은 고차원의 사고력을 사용할 수 있게 한다. 구체적 질문 예시는 아래와 같다.

- *스타일: 이 작품은 같은 작가 또는 다른 작가의 작품들과 어떤 점이 비슷한가?*

- *예술적 영향: 어떤 작품들이나 작가들이 이 작가에게 영향을 미쳤는가?*
- *연관되는 주제: 이와 유사한 주제를 담고 있는 다른 작품들은 무엇인가?*

⑤ 학제 간 질문: 다른 영역과 어떻게 연관되는가?

학제 간 접근방식은 다른 과목 영역에서 습득한 지식의 구축을 촉진하고, 이를 새로운 상황에 적용한다. 학습과 관련한 더 많은 질문은 친숙한 내용과 작품 사이의 의미 있는 연관성에서 발생한다. 이에 학제 간 질문은 아래와 같은 질문 모델을 기반으로 개별적으로 생성된다. 구체적 질문 예시는 아래와 같다.

- *미술작품과 '다른 교수 내용'은 어떤 연관성이 있는가?*

⑥ 메타인지적 질문: 나에게 어떤 의미가 있는가?

메타인지적 질문은 학습자가 자신의 사고 과정에 대해 스스로 생각하도록 돕는다. 이러한 질문은 학습자가 자신의 경험을 반성하고 배운 것을 명확히 하도록 장려한다. 메타인지적 질문에 대한 응답은 대화 도중 또는 이후의 반성으로 포착될 수 있다. 또한, 이러한 질문은 학습자에게 학습에 대한 책임이 있다는 것을 전달함으로써 추후에도 탐구할 수 있는 장을 마련한다. 실제로 학습자는 뮤지엄에서의 탐구에 폭넓은 반응을 보이며 미술에 대한 강의를 듣는 것보다 더 의미 있고 기억에 남는다고 평했다. 구체적 질문 예시는 아래와 같다.

- *사고와 관련된 생각: 이 미술작품을 통해 내 생각은 어떻게 변화했는가?*
- *개인적 의미: 이 작품은 내게 어떤 의미인가?*
- *후속 탐구: 내가 좀 더 알고 싶은 것은 무엇인가?*

빌뇌브와 러브는 이상의 여섯 가지 유형의 질문을 통해 관람자의 미술관에서의 탐구와 학습을 확장할 수 있다고 주장했다. 이들은 미술관에서의 탐구가 구성주의 뮤지엄에 알맞은 학습 방법임을 지적하며, 학습자 스스로 선지식에 대해 숙고하고 이를 스스로 조정하여 새로운 의미를 구축할 수 있게 북돋운다고 주장했다. 또한 이 과정에서 탐구는 사회적 상호작용과 협동학습collaborative learning을 활성화하여 학습자의 학습을 흥미롭게 변화시킬 수 있을 것이다.

4. 내러티브 중심 방법론

거리언(Elaine Heumann Gurian, 1999)은 뮤지엄이 전통적으로 희귀하고 특이한 물체를 수집 · 보존 · 전시하는 데 관심을 가졌는데, 이제 관심을 말하는telling 이야기stories, 이야기에서 사물의 역할, 말하는 이유 등 이야기를 다루는 방향으로 전환해야 한다고 주장한다. 여기서는 내러티브를 중심으로 하는 뮤지엄 교육 방법론에 대해 살펴보자.

1) 배경

(1) 내러티브의 개념

내러티브의 의미는 크게 두 가지 측면에서 서술할 수 있다. 첫째, 내러티브는 사고 양식을 의미한다. 사고 양식으로서의 내러티브란 "인간의 마음과 삶에 관한 문제를 다루며, 인간의 내면 세계를 실제적이거나 실제 같은 이야기로 표출하는 인지 작용"을 말한다(조인숙, 2013: 25). 브루너(Jerome Bruner, 1986: 11-13)에 의하면 인간이 세계를 이해하고 구성하는 데는 두 가지 사고 양식이 있다. 하나는 패러다임적 사고 양식이고, 다른 하나는 내러티브적 사고 양식이다. 이 둘은 실재reality를 구축하는 방식과 경험을 조직하는 방식에서 구별되는 특성을 지닌다. 패러다임적 사고는 진실 중의 하나를 확신시키고자 공식적 · 경험적 증거를 수립하기 위한 절차에 어필함으로써 정당화하려고 한다. 내러티브적 사고는 삶이 무엇과 같은지를 생동감 있게 확신시키기 위해 진실성을 수립하고자 한다. 전자는 보편적 진리를 추구하는 탐구를 이끌고, 후자는 사건 간의 특별한 연결고리를 찾고자 한다. 패러다임적 모드를 상상력 있게 적용하면 이성적인 가설에 의해 좋은 이론, 치밀한 분석, 논리적 증거, 건전한 주장, 경험적 발견이 도출된다. 내러티브적 모드를 상상력 있게 적용하면 좋은 이야기, 흥미진진한 드라마, 믿을 수 있는 역사적인 설명이 도출된다. 패러다임적 사고는 세계를 일관되고 검증 가능하게 묘사하는 데 목표가 있고, 내러티브적 사고는 이야기를 창조하고 의미를 만드는 데 목표가 있다. 각 사고 모드의 검증을 위해 전자는 확실성, 신뢰성, 확증, 적합성 같은 기준이 필요하고, 주어진 진술이 참인지 거짓인지를 밝히는 게 중요하다. 후자는 사람이 살고 경험하는 세계를 묘사할 수 있는 능력이 필요하고, 가능성을 평가하는 것이 중요하다. 검증 기준이 다른 이유는 패러다임적 모드가 재현하는 세계는 외부의 리얼리티이고, 내러티브적 모드가 재현하는 세계는 심리적 리얼리티이기 때문이다. 요컨대 사고 양식으로서의 내러티브는 인간의 마음과 삶의 문제를 이야기로 표출하는 인지 작용으로서 삶을 구성하는 사건 간의 관계를 살피면서 의미를 만들고, 삶을 구성하는 경험을 생동감 있게 구사할 수 있는 성격을 지닌다. 사고 양식으로서의 내러티브는 인간 삶에서 어떤 행위에 대해 그 행위가 일어나는 이유나 의도를 해석함으로써 그 행위나 마음은 물론이고, 그 개인이 살고 있는 공동체의 문화를 이해하고, 나아가 문화를 변화시킨다.

둘째, 내러티브는 인물, 사건, 배경으로 구성되고 구성상 일련의 체계를 통해 주제를 전달하는 이야기를 의미한다. 내러티브적 사고 양식은 이야기를 구축하는데, 이때 내러티브는 모든 이야기 혹은 단순히 사람들이 일상에서 하는 말과는 구분된다. 우리는 어떤 개인이 임의의 상황에 대한 해석을 바탕으로 사건들을 의미체계 속에서 구성해 이야기를 만들어내게 되었을 때를 '내러티브'라고 부른다. 다시 말해 내러티브는 발화자에 의해 어떤 인물이 공간 속에서 어떤 경험, 즉 시간적 존재인 사건을 배열하는 작업을 의미한다. 인물, 사건, 배경으로 이루어지는 이야기는 어떤 주제를 담게 되고, 구성상 도입, 전개, 절정, 결말에 이르는 체계를 갖추게 된다. 내러티브는 반드시 현실을 반영하는 것은 아니어서 허구의 사건들과 상황도 다룬다. 이야기로서의 내러티브는 내러티브적 사고가 어떤 등장인물들을 내세우고, 이들의 규준화된 삶의 모습에서 다소간 이탈하여 벌어지는 사건들을 순차적으로 나열함으로써 줄거리를 만들고 이 인물들에 대해 제스처나 표정, 억양, 소리 등을 입혀 표현한 것을 의미한다. 이야기로서의 내러티브를 더욱 깊이 있게 이해하기 위해서는 그 이야기를 창출한 발화자의 개인적 경험이나 개성, 발화자가 살고 있는 문화에 대해 이해해야 한다.

(2) 내러티브와 스토리텔링

내러티브와 자주 혼용하여 쓰이는 용어로 스토리텔링이 있다. 대체로 내러티브는 포괄적인 삶에 대한 이야기이고, 스토리는 그것을 구성하는 짧은 이야기로 볼 수 있다(손지현, 2021; Lauritzen & Jaeger, 2007). 스토리텔링은 스토리story와 텔링telling의 합성어로 스토리는 메시지, 갈등, 등장인물, 플롯으로 구성된다.

- *메시지: 스토리텔러가 스토리를 통해 전하고자 하는 주제*
- *갈등: 스토리를 생동감 있고 재미있게 표현하기 위한 매개체*
  수용자들을 스토리에 몰입하게 하는 요인
  갈등 해소를 통해 메시지를 전달하는 기능 담당
- *등장인물: 스토리 내에서 일정 역할을 담당하는 캐릭터*
  주요 등장인물, 우호적 등장인물, 적대적 등장인물 등으로 구성
  등장인물 간에 일어나는 갈등과 갈등 해소를 통해 메시지 전달
- *플롯: 일종의 의도. 스토리를 구성하고 등장 요소 간의 관계를 엮는 근간*

스토리텔링은 복합성, 상호작용성, 비선형성을 특징으로 한다(김연희, 2012; 김은형, 2017: 13 재인용). 복합성이란 스토리텔링이 언어적 표현과 비언어적 표현을 포괄하는 복합적 정보를 담고 있음을 말한다. 상호작용성이란 청자의 반응에 따라 화자가 이야기의 내용이나 전달방식을 변화시키는 성격을 말한다. 비선형성이란 선적 관계 속에서 이야기가 하나의 순서에 따라 이루어지는 것이 아니라 화자와 청자의 상호작용에 따라 자유로운 순서로 이루어지는 것을 말한다.

내러티브가 발전해간 역사적 흐름을 떠올려볼 때, 내러티브는 스토리텔링과 구분된다. 류은영(2009: 16-17)에 의하면 내러티브는 서술성에 초점을 두고, 스토리텔링은 재현성에 초점을 둔다. 내러티브는 말하기telling와 보여주기showing의 기원을 가진다. 플라톤Plato의 《국가》 제3권에 의하면 내러티브는 디에게시스diegesis, 미메시스mimesis, 디에게시스와 미메시스의 혼합으로 구분되어 서술되고 있다. 디에게시스는 시인이 자신의 목소리로 말하는 서정시를, 미메시스는 등장인물들이 재현하는 극을, 혼합양식은 시인이 영웅의 업적 등에 대해 말하는 서사시를 가리켰다. 이것이 아리스토텔레스Aristotle의 《시학》에 이르면, 미약하기는 하지만 서정시로서의 디에게시스와 극과 서사시로서의 미메시스로 대별된다. 이 중 서사시는 근대에 소설로 발전한다. 서사시가 원래 고대의 디에게시스와 미메시스, 즉 '순수한 서술'과 '재현적 모방'이 혼합된 방식을 계승하는 과정에서 결과적으로 재현성보다 서술성을 기반으로 '글로 서술하기'라는 내러티브의 전형을 정립하게 된 것이다. 이 과정에서 내러티브는 서술성을, 스토리텔링은 재현성을 중심 특징으로 삼는 것으로 나뉘게 되었다.

미학적 측면에서 볼 때 내러티브는 소설 등 문학의 양식을 근간으로 하는 반면, 스토리텔링은 구술이나 게임의 양식으로 소통을 근간으로 하게 되었다. 전달 방식적 차원에서 내러티브는 화자가 청자에게 이야기를 일방적으로 전달하는 방식을 취하나 스토리텔링에서는 화자와 청자가 이야기를 주고받는 방식을 취한다. 20세기 말이 되면서 내러티브는 스토리텔링에 비해 상대적으로 결말이 닫힌 선형적 구조를 띠게 되었다. 그리고 내러티브는 사실적이거나 허구적인 사건을 인과성과 시간 순서에 따라 이야기 형식으로 서술하는 양식으로 발전하게 되었다. 상대적으로 스토리텔

〈표 2-8〉 내러티브와 스토리텔링의 비교

	내러티브	(디지털) 스토리텔링
미학적 근간	형식(문학의 전형적 양식)	소통(구술, 게임의 전형적 양식)
전달 방식	일방성	양방성/상호작용성
결말구조	(결말이 닫힌) '선형적' 완결구조	(결말이 열린) '비선형적' 개방구조
특성	(서술적) 시간성, 인과성, 형식성	(재현적) 시공간성, 다감각성, 상호작용성
콘텐츠	만화, 영화, 애니메이션 등 닫힌 이야기 콘텐츠 포괄	구술 및 다감각, 인터랙티브 콘텐츠 포괄

출처: 류은영, 2009, 19쪽 재구성.

링은 사실적이거나 허구적인 사건을 청자에게 전달하거나 청자와 소통하기 위해 시각이나 청각 등의 감각을 활용하여 실시간으로 재연하는 재현성에 더욱 강조점을 두게 되었다. 서술성을 기반으로 하는 내러티브는 구성적 시간성, 논리적 인과성, 심미적 형식성을 주요 특징으로 하게 된다. 그리고 재현성을 기반으로 하는 스토리텔링은 실시간적 시공간성, 재연적 다감각성, 소통적 상호작용성을 주요 특징으로 삼게 된다. 내러티브는 심미적 형식을 추구하는 만화, 영화, 애니메이션을 콘텐츠로 포함하고, 스토리텔링은 대화, 연설 같은 구술과 만화, 영화, 애니메이션, 극 같은 다감각 콘텐츠, 게임 같은 인터랙티브 콘텐츠를 포함한다.

비록 내러티브와 스토리텔링 간에 구별이 가능하지만, 종종 내러티브와 스토리텔링이 혼용되는 경우가 있다. 기존에 '내러티브적'이라고 칭하던 분야에서도 '스토리텔링적'이라는 평가가 내려지고 있다. 이는 점차 매체들이 인과적인 서술성을 띠는 내러티브적 요소와 다감각적 재현성을 띠는 스토리텔링적 요소를 상호보완적으로 활용하는 방향으로 나아가고 있기 때문이라고 볼 수 있다.

2) 뮤지엄에서의 내러티브

뮤지엄은 오랫동안 대중과 소통하는 방법으로 내러티브를 취해왔다. 로폴라

Tiina Roppola는 전시 디자인의 역사를 아래와 같이 7개의 강령acts으로 서술했는데, 이들의 특징을 살펴보면 내러티브가 뮤지엄에 지속적이고 다양한 방식으로 존재해왔음을 알 수 있다(Sitzia, 2016: 3-4).

- *강령 1: 호기심 마련*
- *강령 2: 새로운 뮤지엄 질서*
- *강령 3: 넋을 잃게 만드는 세계*
- *강령 4: 참여적 목록*
- *강령 5: 포용 (탈)구축*
- *강령 6: 경험 촉진*
- *강령 7: 네크워크화된 세계의 무대 진입*

강령 1 '호기심 마련'에서 전시는 지식의 권위를 보여주고 관람자를 위해 세계를 축소해 재현한다. 이곳에서 뮤지엄은 전지전능한 내레이터처럼 이야기를 제시하고, 스토리는 전시와 기호체계를 통해 관람자에게 전달된다. 강령 2 '새로운 뮤지엄 질서'에서 뮤지엄은 현재까지 발전해온 순서대로 사물을 배열하고, 보편적인 지식과 조직을 보여준다. 로폴라는 그러한 전시 디자인이 특정한 이데올로기를 가지고 있고, 국가 만들기 운동에서 일정 역할을 했다고 주장한다. 여기서도 뮤지엄의 내러티브는 권위가 있다. 전시의 순서와 함께 제공되는 기호체계는 일종의 공정하고 독립된 것으로 보이는 내러티브를 투영하여 사물, 예술가, 국가 및 역사의 전기를 만들어낸다. 강령 3 '넋을 잃게 만드는 세계'에서 로폴라는 관람자를 다른 시간과 장소로 이동시키는 시대실과 디오라마 개발, 진정성을 통해 내러티브가 은밀한 힘을 발휘했다고 설명한다. 이러한 몰입형 디자인은 관람자에게 환상을 주고 공간에 내러티브를 연출함으로써 뮤지엄의 내러티브를 강화한다. 강령 4 '참여적 목록'에서 로폴라는 실습hands-on, 참여 및 관람자 중심 뮤지엄 개발을 설명한다. 발견학습을 기반으로 한 이러한 모델들은 얼핏 보면 내러티브를 기반으로 하지 않는 것 같아 보인다. 그러나 이러한 전시를 통한 내러티브 생성은 비록 해석의 여지는 있어도 관람자가 여전히 '올바른' 결론에 도달할 것을 가정한다. 강령 5 '포용 (탈)구축'에서 로폴라는 내러티브와 관련하여 뮤지엄의 목표가 이제 새롭고 잘 표현되지 않았던 내러티브를 수집하고 포함해야 하는 방향으로 나아가야 하고, 그것과 더 잘 의사소통하기 위해 관람자의 사전 지식과 기존 개인 내러티브를 사용해야 하는 방향으로 이동해야 한다고 말한다. 뮤지엄은 이제 내러티브 수집가, 분석가 및 발표자의 위치에 서게 된다. 강령 6 '경험 촉진'에서 로폴라는 뮤지엄이 관람자의 경험을 촉매하는 극장 역할을 한다고 본다. 내러티브는 관람자의 경험에 초점을 두면서 그간 기호체계와 공간에서의 배치에 둔 관심을 관람자의 몸으로 옮기게 된다고 본다. 이러한 체화된 내러티브는 해석하기 어려운 상황을 제공하나 개별 관람자의 경험을 우선으로 두는 의미를 지니게 된다. 강령 7 '네크워크화된 세계의 무대 진입'에서는 새로운 모바일 기술 개발, 소셜 미디어 및 크라우드 소싱이 고려된다. 이 단계에서의 내러티브는 뮤지엄의 내러티브라기보다는 관람자의 내러티브가 된다.

(1) 뮤지엄에서 내러티브의 의미

① 전시 내러티브

뮤지엄은 하나의 기호체계로 볼 수 있다. 뮤지엄 내에 존재하는 모든 시설물들은 기호, 텍스트이고, 전시를 기획하는 것은 기호를 만드는 것이 된다. 그러므로 전시 기획은 전시의 주체가 전달하고자 하는 메시지인 기의를 기표와 결합하는 기호작용 행위로 볼 수 있다. 전시를 기획한다는 것은 주제와 메시지를 이야기 형식으로 서술하고, 관람자, 전시물, 건축, 재정 등의 여러 요인을 고려해 매체화한 후 공간에 표현한다는 것을 의미한다. 전시는 이런 차원에서 주제화 · 서술화 · 매체화 · 공간화 과정을 거치게 된다(박진호, 2016). 이 중 주제화는 내용 형식으로, 서술화 · 매체화 · 공간화는 표현 형식으로 나누어볼 수 있다. 내러티브에 있어 내용 형식이란 임의의 이야기가 전시로 수용되는 형식적 체계로서 이야기가 전시에 수용되는 관념적 방법을 말한다. 그리고 표현 형식이란 전시 스토리를 실질적으로 구성하는 방법을 말한다. 전시 내러티브란 내용 형식과 표현 형식으로 이루어진 기호체인 전시에서 다양한 이야기가 만들어지게 될 때, 이 이야기를 전달하는 방식 일체를 말한다.

전시 내러티브가 의미를 전달하는 방식을 살펴보기 위해 전시 내러티브가 구축되는 과정을 살펴보기로 하자. 전시 내러티브를 기획할 때, 기획자는 내용 형식으로서 주제화를 상정하게 된다. 주제화는 전시의 주제와 메시지를 개념화하는 과정으로서 주제화에 의해 전시 의도가 스토리에 전달된다. 주제화는 추상적이고 개념적인 과정의 성격을 띤다. 전시에서 전시의 내용은 전시를 할 수 있는 유 · 무형의 다양한 질료들이다. 이 질료들은 전시주제에 의해 스토리가 전개되고 메시지가 형성되는 형식으로 구조화된다. 이 질료들은 사건적 요소와 사물적 요소들로 나타난다. 주제화는 뮤지엄의 건립 때부터 작용한다고 볼 수 있으며, 일종의 뮤지엄의 정체성을 이어나가는 것이기도 하다.

서술화는 전시주체가 전시의 시나리오를 계획하는 과정이다. 전시주체는 전시목적, 주제, 메시지 등을 염두에 두며 시나리오로 구성, 내러티브를 구조화한다. 전시주체는 서술화 과정에서 전시 시나리오 작업을 하는데, 전시 시나리오란 전시의 기본적 이념이나 목적, 전시 자료, 방법 등과 같은 개념적 요소들을 문장화하는 작업을 말한다. 전시 시나리오 작업은 전시 스토리라인 작업과 전시 원고 작업으로 구성된다. 전시 스토리라인 작업은 전시 주제와 메시지에 따라 전시 내용을 서술하며 주제의 맥락적 흐름을 짚어가는 것을 목적으로 한다. 전시 원고 작업은 전시 스토리라인에 따라 공간배치나 연출 등에 대해 구체적으로 적는 것을 목적으로 한다.

서술화 과정에서 전시 시나리오 작업만큼이나 중요한 것은 내러티브를 구조화하는 것이다. 뮤지엄의 전시 내러티브는 기-승-전-결의 구성체계에 따라 사건의 도입, 발단, 전개, 절정, 결말을 거치면서 메시지를 전달한다. '기'는 일종의 도입단계로 전시에 대해 소개하고 주제와 사건을 암시하는 단계로서 상징성이 강하다. '승'은 전개단계로 인과관계에 의해 배경과 사건에 대한 정보를 구체적으로 드러내는 단계다. '전'은 절정에 해당하는 단계로 사건의 과정을 인과관계에 의해 구체적으로 나타

〈표 2-9〉 전시 시나리오 구조의 시각화 예시

<table>
<tr><th>존zone</th><th>코너</th><th>구성 형식</th><th colspan="3">연결방식</th></tr>
<tr><td rowspan="3">1</td><td>1-1</td><td rowspan="3">기</td><td rowspan="6">병렬</td><td rowspan="9">인과</td><td rowspan="12">유추 · 해석</td></tr>
<tr><td>1-2</td></tr>
<tr><td>1-3</td></tr>
<tr><td rowspan="3">2</td><td>2-1</td><td rowspan="3">승</td></tr>
<tr><td>2-2</td></tr>
<tr><td>2-3</td></tr>
<tr><td rowspan="3">3</td><td>3-1</td><td rowspan="3">전</td><td rowspan="6"></td></tr>
<tr><td>3-2</td></tr>
<tr><td>3-3</td></tr>
<tr><td rowspan="3">4</td><td>4-1</td><td rowspan="3">결</td><td rowspan="3"></td></tr>
<tr><td>4-2</td></tr>
<tr><td>4-3</td></tr>
</table>

내는 단계다. '결'은 결말에 해당하는 단계로 관람자가 주제나 메시지를 확인하게 하는 단계다. 한편 극에서 복선이라든가 암시가 사용되듯 뮤지엄의 전시 시나리오에서도 유추와 해석, 병치, 병렬, 비교 등과 같은 장치들이 사용되는데, 전시 내러티브의 구성체계는 이러한 장치들로 연결된다.

서술화 과정에서 사건적 요소를 구성하는 플롯plot 배치도 고려할 필요가 있다. 플롯은 어떤 이야기 속에서 사건들을 다양하게 배열하는 방식과 관련된다. 플롯은 반드시 시간적 순서를 따라야 하는 것은 아니어서 내러티브는 이야기 자체의 시간과 플롯 구성을 통해 이야기가 만드는 시간을 포함한다. 플롯에는 직선적 플롯, 단속적 플롯, 피카레스크 플롯 방식이 있다. 직선적 플롯은 가장 일반적인 구조로서 하나의 주제를 따르는 사건들이 인과관계를 맺으며 순차적으로 배열되는 구조다. 예를 들어 임의의 어떤 사건이 사건 흐름의 순서 속에서 이어지는 사건의 원인이 되는 방식이다.

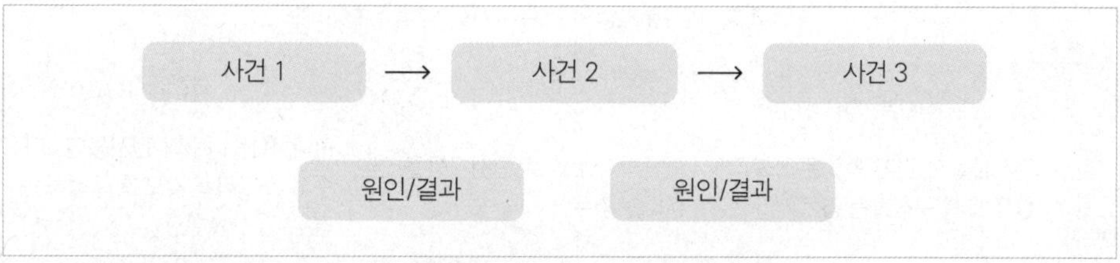

[그림 2-11] 직선적 플롯의 형식

단속적 플롯 형식은 사건과 사건 사이에 다른 종류의 사건이 개입되는 구조다. 예를 들어 어떤 사건이 전개되고 나서 이 사건과 관계가 없어 보이는 또 다른 사건이 끼어드는 형식인데, 각 사건이 유기적으로 관계를 맺으면서 결말에 이르러 보면 하나의 주제를 향해 수렴해가게 되는 형식이다.

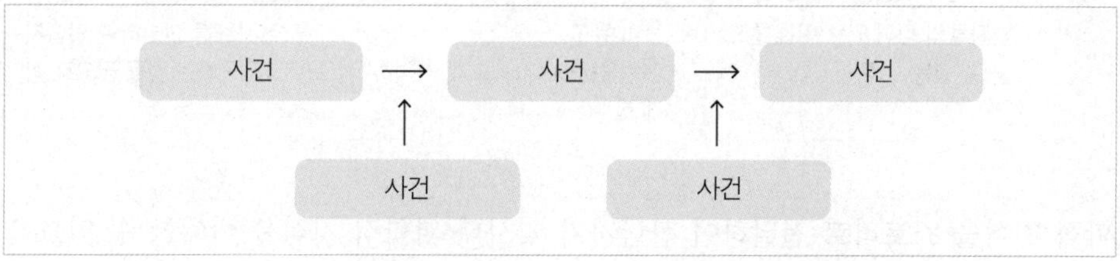

[그림 2-12] 단속적 플롯의 형식

피카레스크 플롯 형식은 독립된 이야기들이 하나의 주제를 중심으로 특정 사건을 매개로 하여 연결되나 각각의 사건들 상호 간에는 유기적 관계를 찾기 힘든 일종의 옴니버스 형식으로 볼 수 있다.

[그림 2-13] 피카레스크 플롯의 형식

이 외에 전시 기획자들은 뮤지엄의 전시물들을 활용, 역사적 사건들이나 과

〈표 2-10〉 뮤지엄의 스토리텔링 방식 유형

	독립형	연결형	복합형
의미	전시물들이 각기 독립된 스토리를 갖도록 구성하는 경우	하나의 스토리로 전시물들을 연결하는 경우	하나 혹은 다수의 전시물이 다수의 스토리를 갖도록 구성하는 경우
시각화	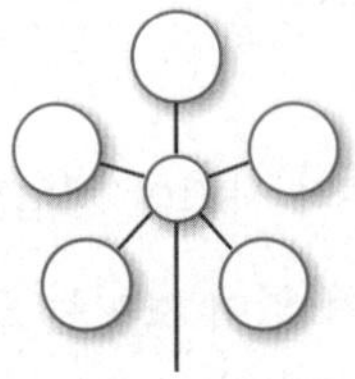	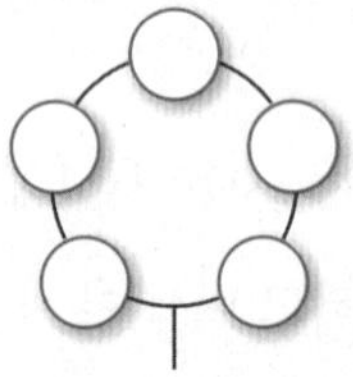	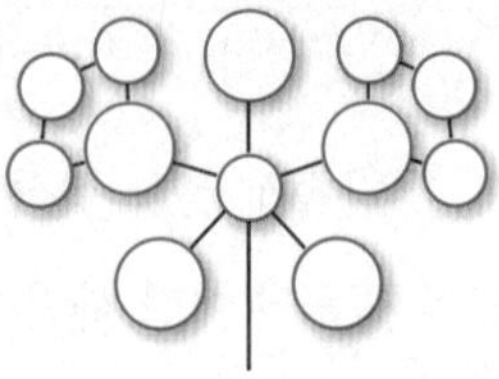
특징	• 뮤지엄에 적용하기가 비교적 용이함 • 전시물에 맥락을 부여하여 학습자들의 깊이 있는 이해를 도울 수 있음	• 전시물들이 스토리의 구성 요소로서 역할을 함 • 전시물들에 입힌 스토리들 간 순차적 구성을 통해 관람자의 흥미 유도 • 전시물들에 대해 오래 기억하게 함	• 전시 스토리를 쉽게 파악하기가 어려움 • 프로그램의 목표를 명확히 한 후 전시물을 선별하여 학습자에게 제공하는 것을 필요로 함

학적 지식을 스토리로 전달하여 관람자가 역사나 과학적 지식을 이해할 수 있도록 할 때 독립형, 연결형, 복합형으로 스토리를 구성하기도 한다(김연희, 2012; 양지영, 2015).

한편, 표현 형식의 두 번째인 매체화 과정에서는 서술화 과정에서 개념적으로 구조지워놓은 스토리를 구체적인 매체를 활용하여 구조짓고, 관람 형태를 분석하여 전시 정보를 전달하고자 한다. 매체는 다각도에서 범주화가 가능하므로 기획자는 각 범주에서 매체의 활용도를 고려해볼 필요가 있다. 예를 들어 매체는 정보와 의미를 전달하는 형태에 따라 단순형, 정보형, 재현형, 복합형으로 구분될 수 있다. 단순형은 실물을 가져다놓는 경우이고, 정보형은 시청각 매체를 활용해 정보를 전달하는 방식이며, 재현형은 사건을 재현하거나 사물을 복제해서 전시하는 경우를 가리킨다. 그리고 복합형은 다양한 매체를 접목하는 경우를 말한다. 또 다른 범주로 매체를 정보전달 방식에 따라 재현형, 은유/상징형, 실물형, 설명형, 체험형으로 나눌 수 있다. 또한 수용감각기관에 따라 시각형, 청각형, 촉각형, 시청각형, 촉지공감각형 매체로

〈표 2-11〉 전시연출매체의 종류

대분류	중분류	소분류	내용
유물자료	실물	실물유물	[실물]
	복제	복제유물	실물크기복제/ 대형, 축소 복제
사인매체	그래픽	설명패널	실사출력/ 커팅시트/ 실크인쇄
		이미지그래픽	유도 사인
		이미지그래픽	실사출력/ 실크인쇄
		입체패널	실사출력/ 아크릴연출/ 특수소재
		특수그래픽	LED 패널/ 광섬유 패널/ 와이드칼라
입체매체	모형	일반모형	설명모형/ 축소모형
		인물모형	점토모형/ 화이트모형/ 동모형
		디오라마	GRC모형/ FRP모형
		세트모형	현장연출(금속/목재/소품 등)
작동매체	기계작동	특수시설	4D/ 5D 체험
		라이드시설	이동 라이드 시설
		작동연출	관람자 작동체험
영상매체	일반영상	정지영상	슬라이드/ 멀티 슬라이드
		동작영상	LED/ LCD/ 프로젝트
		특수영상	매직미러/ 홀로그램/ 홀리비전/ 슬라이드 비전
		대형영상	아이맥스/ 옴니맥스
	특수영상	디지털영상	디지털 장비 영상/ 블루 스크린 영상
		가상현실	정보검색/ 사이버박물관, 몰입형 가상 시스템/ VR
음향매체	음향	효과음향	세트모형 및 디오라마, 효과 연출용
		설명음향	설명용 내레이션

출처: 이승용, 2018, 55쪽.

나눌 수도 있다. 이 외에도 매체의 물리적 성격과 전시 기능에 따라 정보그래픽, 모형, 영상, 쇼케이스, 프로그램, 퍼포먼스로 나눌 수도 있다. 전시 매체는 전시물과 관람자 사이에서 전시의 내용을 전달하는 데 도움을 주는 의사소통 도구의 성격을 띤다. 종종 전시 매체들은 단독적이라기보다 복합적으로 활용된다.

〈표 2-12〉 인지적 측면에서 본 전시공간의 지각요소

전시공간 지각요소	개요	세부항목	개념이미지	개념	속성
공간의 형태	공간의 스케일과 영역성 지정/ 평면, 입면상 공간의 형태와 바닥, 벽, 천장의 연결방식	사변형	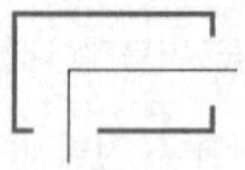	평면과 입면에서 보여지는 공간의 모습이 대체적으로 반듯한 사변형	전시물 배치에 있어 공간 활용도와 공간의 인지효과가 높음
		원형 (타원형)		평면상 보여지는 공간의 모습이 원형이나 타원형	공간 내 전시의 집중도가 높아 전시의 도입이나 마무리 공간에 적용하는 경우가 많음
		기하직선/ 다각형	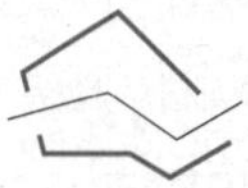	평면과 입면에서 보여지는 공간의 모습이 기하직선이나 불규칙한 다각형	공간을 통해 전시물에 대한 시선을 다양하게 분할하고 공간의 가시영역을 조절하는 효과
		자유 곡면형		평면과 입면에서 보여지는 공간의 모습과 평면과 입면의 연결 등이 곡선이나 비정형	공간을 통해 전시의 모티프나 주제적 이미지를 전달하는 효과, 전시물의 배치 및 사용에 제한적
		오픈 개방형	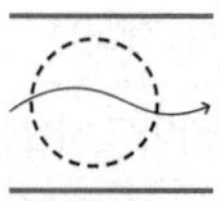	단위공간의 형태가 벽체가 없는 오픈형 공간 유지	전시물의 배치가 자유로우며 시선이 닿는 면이 넓게 형성되어 벽면의 연출적 디자인이 중요시됨
공간의 연결	순차적 질서 (주공간, 부공간) 부여, 동선방식 결정 / 단위공간과 단위공간의 연결방식	병렬형	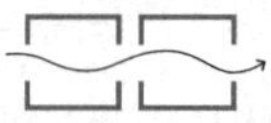	공간이 나란히 늘어서 있거나 연결되어있는 구조	순차적 강제동선, 병렬적 시나리오 구조와 의미적으로 연계
		관입형	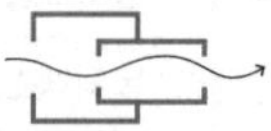	공간이 다른 공간에 관입되어 연결되어 있는 구조	공간의 전이, 넘나듦의 효과. 하나의 주제가 마무리되는 등의 영역에 대해 주로 적용
		내포형	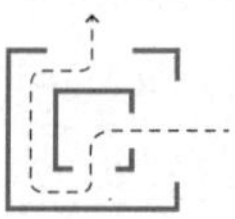	공간이 다른 공간 내에 완전히 내포되어 있는 구조	공간 내에서 특정 주제나 전시물을 강조하고자 할 경우, 또는 연출적 제약에 따라 공간을 분리해야 하는 경우 적용
		개방 공간의 병치형	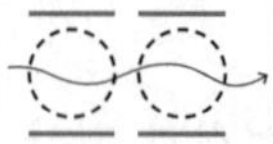	벽체가 없이 오픈된 단위공간들이 늘어선 연결구조	공간의 영역구분이 무의미하거나 체험전시 등을 위해 넓은 공간이 필요한 경우, 또는 전시실 전체에 걸쳐 전시물의 연속성이 강하게 드러나야 할 경우 적용

전시공간 지각요소	개요	세부항목	개념이미지	개념	속성
공간의 운영	근접성, 유사성의 요인을 통한 부분단위 아이템 결합, 단위공간별 매체 지정 / 공간과 공간 내 내포된 전시물의 관계	벽부형		전시물이 벽면에 밀착되거나 하나의 매스로 혼합	동선의 흐름에 따른 관람이 용이, 전시물의 규모가 작거나 입체감이 상대적으로 덜한 경우 적용
		아일랜드형	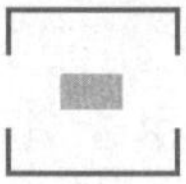	전시물이 벽면에서 분리되어 공간 내에 존재	입체적인 관람을 요구하거나 공간 내 대표성을 요구하는 전시물의 경우
		벽부. 아일랜드형		벽부형과 아일랜드형의 전시물이 연결된 방식	시선을 차단하기 위한 효과, 또는 시나리오의 흐름상 반전 등이 이루어지는 경우
		개방형	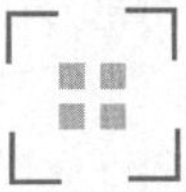	다른 공간에서 전시물의 시각적 인지가 가능한 개방적인 공간	가시성과 접근성을 높이는 효과, 체험전시, 로비홀의 특별전시 등
		부분 개방형		가벽체 조성 등으로 다른 공간에서 전시물의 시각적 인지가 어려운 공간	시나리오의 흐름상 일정 위치에서만 보여져야 하거나 인위적으로 시선의 차폐를 요구하는 경우
공간조명 이용방식	공간조명과 전시물 집중조명의 사용	전반조명중심		공간조명과 연출조명이 혼합되어 전시물과 함께 공간의 형태가 쉽게 인지	전시물의 기능이 빛과 크게 관계 없거나 공간의 조도를 통해 의미 전달을 요구하는 경우
		연출조명중심		공간 내 전시물에 집중된 조명의 사용	유물을 통한 전시가 중심을 이루거나 영상 등의 매체적 간섭이 이루어지는 경우, 기타 특이한 공간연출을 요구하는 경우
공간의 배색	강조색과 기본색의 대비관계	기본색 + 강조색		공간의 기본배색 외에 전시물, 주제 등과 연관된 강조색의 적용	강조색을 통해 공간의 주제적 의미전달을 요하는 경우 또는 색채를 통한 단위공간의 인지적 분리를 요구하는 경우
		단일기본배색		바닥, 벽 등 바탕을 이루는 기본배색만 적용	공간과 재현적 연출 등의 연속성이 중요시되거나 유물에 더욱 집중하는 연출을 요구하는 경우

출처: 박진호, 2016, 104-105쪽.

마지막으로, 공간화 과정에서는 전시를 표현하고 연출하게 된다. 공간화 과정은 관람자가 의미를 만드는 데 기여하도록 시각화하는 작업이라고 볼 수 있다. 관람자는 일반적으로 전시 공간의 형태, 연결, 운영, 조명, 배색에 반응을 보이며 전시공간을 지각할 수 있게 되므로 기획자는 이 요소들을 고려하여 전시 내러티브를 조직할 필요가 있다.

이제까지 전시 내러티브가 구축되는 과정을 살펴보았다. 전시 내러티브는 뮤지엄 교육자가 담당하는 학생들이나 뮤지엄 교육자 본인을 위해 교육현장에서 활용되고 있다. 이를테면 학년 수준이 높은 학습자들을 교육 대상으로 하는 뮤지엄 교육자는 학습자들로 하여금 서술화, 매체화, 공간화를 거쳐 전시를 기획해보게 한다든

〈표 2-13〉 전시 내용 분석 시 주안점 및 전시 표현과의 관계

<table>
<tr><th colspan="2">내용(스토리)</th><th colspan="2">서사적 분류</th><th>사례분석의 주안점</th><th>전시 표현과의 관계</th></tr>
<tr><td rowspan="7">형식</td><td>박물관/
전시명</td><td colspan="2">뮤지엄/
전시(관)명 등</td><td>사례조사의 대상</td><td>존(zone)별 주제적 의미가 함축된 대전제로서 표현에 대한 궁극의 방향성 지시</td></tr>
<tr><td>전시
주제</td><td colspan="2">대 · 중 · 소
주제</td><td>사례조사의 대상</td><td>공간과 매체의 표현양상을 파악하는 지표
시나리오 구조의 전후 연결관계를 파악하는 지표</td></tr>
<tr><td rowspan="4">스토리</td><td rowspan="2">사건</td><td>중핵
사건</td><td rowspan="2">시나리오의 구조 및 전시주제와 조사된 내용의 사건적 요소들과의 관계를 통해 파악, 주제와의 관계와 뒤이어지는 시나리오 구조에 대한 파급효과 등에 의해 핵심사건과 주변 사건으로 구분</td><td rowspan="2">공간의 가시성분석을 통한 표현면 요소들의 관계와 공간, 매체, 시나리오 구조의 주제적 의미전달과정을 파악하는 단서로서 작용</td></tr>
<tr><td>주변
사건</td></tr>
<tr><td rowspan="2">사물</td><td>사물</td><td>사례조사의 대상</td><td rowspan="2">연출매체와 공간의 디테일(위치, 스케일, 음영) 및 연속성과 관련
공간과 매체, 매체와 시나리오 간 주제적 의미전달 양상을 파악하는 단서로서 작용</td></tr>
<tr><td>배경</td><td>특정 주제 내에서 전시스토리가 다뤄지는 시간적 · 공간적 배경</td></tr>
<tr><td>메시지</td><td colspan="2">전시관람의
의미</td><td>전시 시나리오(스토리)와 주제의 관계, 즉 주제 내 스토리 전개양상을 통해 파악</td><td>전시 시나리오의 구조 파악. 표현면 요소들의 주제적 의미전달 과정을 파악하는 단서</td></tr>
</table>

출처: 박진호, 2016, 120쪽.

지 혹은 이 과정을 거친 전시가 어떻게 다양한 의미를 드러내는지에 대해 생각해보도록 하고 있다. 혹은 뮤지엄 교육을 수행하고자 하는 교육자로서 본인이 관심 있는 뮤지엄 전시장이 어떤 내러티브를 구현하고 있는지를 스스로 분석해보기도 한다. 이를 위해 서술화를 녹인 매체화와 공간화에서 의미를 읽어내기 위해 다방면으로 접근하고 있다.

전시 공간에서 의미를 읽어내기 위해서는 전시 내용의 형식에 대해 분석하기, 전시 표현의 형식에 대해 분석하기, 의미전달과정에 대해 분석하기에 대해 생각해볼 필요가 있다. 우선, 전시 내용의 형식에 대한 분석에서는 전시 주제를 살펴보고, 사건적 요소와 사물적 요소로 구성된 스토리가 어떻게 전시주제적 관점에서 이야기되고 있는지를 파악해본다. 이 과정을 통해 전시의 궁극적인 메시지가 도출될 수 있다. 특히 스토리의 경우, 중핵사건과 주변사건에 대해 분석하기 위해서는 시나리오의 구조 및 전시 주제와 조사된 내용의 사건적 요소들 간의 관계를 살펴보는 것이 필요하다. 그리고 사물과 배경은 공간상의 위치, 조명, 스케일 등을 살펴보도록 한다.

다음으로, 전시 표현의 형식에 대한 분석에서는 공간적 구성, 매체적 연출, 시나리오 구조를 분석해보도록 한다. 공간적 구성에 대해 분석하기 위해서는 공간의 형태, 연결, 운영, 조명, 배색에 대해 살펴볼 수 있다. 매체적 연출에 대해 분석하기 위해서는 매체의 유형, 복잡도, 정보전달방식, 수용 감각기관 등에 대해 살펴볼 수 있다. 전시스토리를 구성하는 주제들의 흐름을 의미하는 시나리오의 구조에 대해 분석하기 위해서는 인과 · 선형적, 유추 · 해석적, 병치 · 병렬적 구조 여부에 대해 살펴볼 수 있다.

마지막으로, 전시의 의미 전달 과정에 대한 분석에서는 전시 내러티브의 내용과 표현을 분석 대상으로 삼는다. 내용을 담게 되는 표현의 형식, 곧 공간, 매체, 시나리오 구조를 분석함으로써 전시의 의미가 어떻게 전달되고 있는지에 대해 논하는 것이 핵심이다. 분석의 기준으로 첫째, 공간, 매체, 시나리오 구조라는 의미전달 요소들의 기능적 전개 양상, 둘째, 의미전달 요소들에 의한 주제적 의미 전달 양상, 셋째, 의미전달 요소들의 상호관계를 삼을 수 있다(박진호, 2016). 이 외에도 전시를 누가(기획

〈표 2-14〉 전시 표현 분류 및 분석의 주안점

표현(담론)		인지적 분류	분석의 주안점	사례분석의 범위	내러티브 해석을 위한 주안점
형식면	공간적 구성	공간형태	평면상 공간의 형태/바닥, 벽, 천장의 연결방식	사변형, 원형(타원형), 기하직선/다각형, 자유곡면형, 오픈개방형	공간의 스케일과 영역성 지정
		공간연결	단위공간과 단위공간의 연결방식	병렬형, 관입형, 내포형, 개방공간의 병치형	순차적 질서(주공간, 부공간) 부여, 동선방식 결정
		공간운영	공간과 공간 내 내포된 전시물의 관계	벽부형, 아일랜드형, 벽부/아일랜드형, 개방형, 부분개방형	근접성, 유사성의 요인을 통한 부분단위 아이템 결합, 단위공간별 매체 지정
		공간조명	공간조명과 전시물 집중조명의 사용 여부	전반조명중심, 연출조명중심	공간의 연속성 측면, 전시물의 기능적 측면
		공간배색	강조색과 기본색의 대비관계	기본색과 강조색, 단일기본배색	공간을 통한 주제적 의미 전달 여부
	매체적 연출	매체유형	전달개념의 계층적 이해를 통한 매체구성방식 결정	일반편집영상물, 내레이션/음향, 특수영상물, 정보검색S/W, 탐색형S/W, 정보그래픽, 모형/고정설치물, 작동모형, 쇼케이스, 시연/실험	공간 내 매체의 인지적 효과, 연출적 기능 등
		복잡도	주제의 위계와 정보량에 따라 매체조합의 방향설정	단일, 단순복합, 다중융합	시나리오 구조와 매체 연출 적합성의 비교
		정보 전달방식	연출의 방향성과 관람자의 관람행위 지정	재현형, 은유/상징형, 실물(복원, 복제)형, 설명형, 체험형	주제와의 부합성, 공간의 매체운영방식과의 비교
		수용 감각기관	전시내용의 위계에 따른 인지 방식	시각, 청각, 촉각, 시청각, 촉지공감각	공간 내 매체의 인지적 효과, 연출적 기능 등
	시나리오의 구조	인과, 선형적	나열식, 원인과 결과가 분명, 단순명료한 주제, 메시지 전달		공간 및 매체적 구성방식과 의미전달의 연결성, 연속성
		유추, 해석적	상상력 자극, 인과관계의 반전, 논리적 결과물		
		병치, 병렬적	다양한 주제, 메시지 전달, 체험전시 등을 통한 흥미유발		

출처: 박진호, 2016, 121쪽.

자), 언제(전시일정), 무엇을(전시내용), 어디에서(전시공간), 왜(전시목적), 어떻게(전시방법)에 대해 고려해봄으로써 전시에 내재된 또 다른 의미를 읽는 것도 가능하다(남영림, 2015).

② 학습자 내러티브

학습자 내러티브는 학습자가 내러티브적 앎을 활용하여 의미를 만드는 과정 또는 결과를 가리킨다. 뮤지엄에서 내러티브적 앎은 이를테면 사물이 어떤 역사를 지녔고 사물이 어떻게 사용되었는지와 관련해서 학습자들이 스토리텔링하게 한다든지 학습자와 사물 간의 관계에 대해 학습자가 스토리텔링하게 하는 활동 등이 포함될 수 있다.

학습자들의 내러티브를 통해 공감과 이해를 도모할 수 있다. 문화는 인간의 발달단계와 각 발달단계 동안 발생하게 되는 사건들, 이를테면 교육, 결혼, 출산 등에 영향을 준다. 이러한 '삶의 스크립트'(Bernsten & Rubin, 2004)는 학교 및 직장 생활 같은 문화적 매개 활동, 소설 및 연극 같은 문화적 산물, 졸업 및 결혼과 같은 문화적 의식으로 구현되고 구체화된다. 특정 문화에 들어감으로써 각 개인은 문화적 스크립트와 관련된 삶의 내러티브를 형성하면서 이러한 문화적 측면들을 내면화하고, 삶과 자아에 대해 개별화된 재현을 만든다(Fivush, 2008). 클랜디닌(Jean Clandinin, 2013)이 내러티브를 탐구한다는 것은 개인의 경험을 만드는 것뿐만 아니라 개인의 경험이 구성되(었)고, 형성되(었)고, 표현되(었)고, 제정되(었)던 사회적 · 문화적 · 가족적 · 언어적 · 제도적 내러티브를 탐구하는 것이라고 본 것도 이런 맥락에서다. 문화적 내러티브는 개인의 경험이 그 개인에게 무엇을 의미하는지를 조명할 사람의 관점에 대해 깊은 통찰력을 제공할 수 있으며, 같은 경험에 대한 그들의 해석을 비교하고 대조하게 할 수 있다. 그리고 멀렛 외(Judy Mullet et al., 2013)는 우리가 개인적인 이야기를 말하고, 그 개인적인 이야기를 다시 말하는 것으로부터 새로운 의미를 만들기 때문에 학습자들은 나이에 상관없이 우리 자신과 우리가 세상을 보는 방법에 대해 새로운 이해를 할 수 있게 된다고 보았다. 그러므로 내러티브를 공유하는 것은 스토리를 말하는 것 이상이다.

예를 들어 스미스소니언에서 실행한 〈오늘 나는 여기에 있다Today I am here〉 프로젝트는 개인의 삶에서 중요하고 의미 있는 이야기를 하도록 하는 데 초점을 맞추었다. 이 프로젝트는 '자기반성', '공유와 인증', '자신을 더 크고 역동적인 커뮤니티의 일부로 보게 하기'로 구성되었다. '자기반성' 단계에서 학습자들은 가족의 이야기와 관계를 보고, 책을 만들면서 중요한 신념과 기억을 탐색했다. 이러한 자기반성 과정은 개인적 내러티브와 자아self 이해에 중요하다. 이 단계에서 참가자들은 피드백을 줄 수 있는데, 이것은 자기반성의 과정이 학습자들로 하여금 그들 자신의 과거를 이해하는 것뿐만 아니라 미래를 이해하도록 하는 데 도움을 줄 수 있다. 다음 '공유와 인증' 단계에서 학습자들은 이야기를 공유하고, 이를 인증하는 활동을 했다. 이 활동은 개인의 자아감과 공동체 의식에 영향을 줄 수 있다. 학습자들은 자신의 가족 역사에 대해서는 익숙하지만, 대체로 급우와 커뮤니티 구성원의 다양하고 흥미로운 이야기에는 익숙하지 않다. 노크나스Martha Norkunas는 개인적인 이야기를 나누면 다른 문화권 사람들이 무엇을 경험하는지, 그들이 생각하는 것 또는 그들에게 중요한 것은 무엇이고 왜 그것이 중요한지, 그리고 아직도 많은 사람이 사람들과 직접적으로 의미 있게 참여하는 것을 잘하지 못하고 있다는 사실에 대해 많이 알지 못한다는 사실을 깨닫게 해주므로 중요하다고 말한다. 이야기 공유를 통한 인증 단계를 거치면서 학습자들은 자연스럽게 '자신을 더 크고 역동적인 커뮤니티의 일부로 보게 하기' 단계를 밟게 된다. 학습자들은 다른 사람들에 대해 배우는 것 외에도 학교 커뮤니티를 넘어 더 큰 커뮤니티에서 자신들의 이야기를 공유하고 이 큰 커뮤니티의 부분으로서 자신들을 보게 될 기회를 가지게 된다.

3) 뮤지엄에서 내러티브와 교육

손지현(2021)에 의하면 내러티브 교육과정에서 말하는 내러티브는 첫째, 우리의 리얼리티와 사건들을 구성하여 의미를 부여한다. 내러티브 교육과정을 통해 학습자는 역사 속 특정 개인/집단의 경험을 배우게 된다. 둘째, 내러티브는 인지과학적 관점에서 볼 때 뇌에 작용하여 정보를 조직하고 축적할 수 있게 한다. 내러티브는 인간의 행동, 사건들을 계열성을 띤 순서로 조직하면서 의미를 만드는 인지 작용이자 사고 양식이다. 셋째, 내러티브는 문화적 관점에서 볼 때 경험의 조직이며 문화를 통해 내러티브를 이해할 수 있다.

뮤지엄 교육에서 내러티브를 사용하는 이유는 인간이 내러티브에서, 내러티브를 통해 생각하고, 내러티브에서 기억하며, 내러티브를 통해 정체성과 리얼리티를 구성하기 때문이다(Sitzia, 2016: 4-6). 인간은 내러티브에서 내러티브를 통해 생각한다. 인간은 특정 패턴이나 구조를 사용할 때 이 구조를 이해하고자 한다. 이는 학습자가 내러티브와 관련되는 방식에 영향을 미친다. 예를 들어 내러티브는 시작, 중간, 끝이 있다. 이는 뮤지엄 내러티브의 수용자가 도입, 전개, 갈등, 절정, 결말을 기대한다는 것을 의미하는데, 뮤지엄 관람자는 특정 역사적 사건을 통시적인 방식으로 제시하는 전시에서 이러한 유형의 내러티브가 사용되는 것을 발견하게 된다. 학습자는 내러티브의 이러한 패턴과 구조를 통해 이해할 수 있게 되므로 뮤지엄은 내러티브를 사용할 필요가 있다. 다음으로 인간은 내러티브에서 기억한다. 영Kay Young과 세이버Jeffrey Saver는 이야기story를 이야기하는telling 것은 기억을 되찾을 수 있는 기억 구조를 만들게 하므로 기억은 스토리텔링에 의존한다는 것을 보여주었다. 그리고 기억을 떠올리는 행위는 기억 원본을 검색하는 것이 아니라 내러티브를 재창조하는 것이라고 말한 바 있다(Young & Saver, 2001; Sitzia, 2016: 6 재인용). 학습자가 내러티브를 통해 학습한 내용을 기억하기 때문에 뮤지엄 교육에서 내러티브적인 방법론을 활용할 필요가 있다. 마지막으로 내러티브는 우리의 정체성과 리얼리티를 구성한다. 내러티브는 인간의 정체성을 정의하고, 자기 내레이션을 통해 정체성을 만들며, 자아와 연결되게 한다(Sitzia, 2016: 6). 브루너(Bruner, 2004)는 내러티브를 통해 리얼리티를 이해할 뿐만 아니라 내러티브를 사용하여 리얼리티를 구축한다고 했다. 그러므로 몰입적이고 담론적인 전시에서 내러티브를 활용할 필요가 있다.

교육과정에서 내러티브적 설계를 한다는 것은 내러티브를 수업의 소재, 전달 수단, 수업 내용, 인식의 도구로 삼는다는 것을 의미하며 다음 세 가지 원리를 기반으로 한다(손지현, 2021). 첫째, 리얼리티는 내러티브에 의해 형성되는 의미 구성의 산물이어서 교수자와 학습자 간의 내러티브적 사고나 대화를 통해 해석적으로 구성된다. 따라서 교육은 학습자가 삶의 맥락에서 해석하고 의미를 구성할 수 있도록 계열화하는 것이다. 둘째, 내러티브는 의미를 구성하는 사고 양식으로서 교육과정 설계 시 스토리를 구성하는 사건들 사이의 관련성에 초점을 둔다. 셋째, 내러티브는 학습자의 경험을 구조화하는 기제로 교육과정에서 제시되는 내러티브를 통해 학습자가 개인적으로 겪은 사전 경험과 지식을 바탕으로 학습 내용과 탐구 방향을 결정하게 한다.

4) 내러티브 중심 뮤지엄 교육 방법론

(1) 전시 내러티브로부터의 변혁

전시공간은 가상이든 현실이든 스토리를 전달한다(Keifer-Boyd & Maitland-Gholson, 2010). 전시공간은 내러티브를 조직해 스토리를 드러냄으로써 사람들에게 어떤 믿음이나 가치, 관습을 지각하고 정서를 느끼며 행동하게 한다. 전시의 내러티브적 측면에서 보았을 때 전시 내러티브는 전시의 정치적인 측면을 드러내는 과정과 관계를 맺는다. 정치란 한정된 재화 속에서 누가 권력을 가지며 어떻게 분배되는가의 문제와 관계되며, 공동체가 공동체 구성원들의 조화로운 삶을 위해 사람들을 통치하는 방법을 의미하기도 한다. 전시에서는 이미지/대상과 이 이미지/대상이 놓인 맥락과의 관계를 통해 특정 집단의 힘에 대해 논의하는 식으로 정치적 측면이 나타난다.

전시 내러티브적 측면에서 뮤지엄 교육 방법론은 학습자들이 전시가 정치성을 드러내는 데 활용되는 전략들을 파악함으로써 전시의 정치성에 대해 조사하도록 할 수 있다. 전시가 정치적 특성을 드러내는 데는 병치, 부재된 공간, 겹치기, 집중조명, 재배치 전략 등이 사용된다(Keifer-Boyd & Maitland-Gholson, 2010). 병치(나란히 놓기)란 표면상 관계없어 보이는 두 오브제가 함께 놓이는 것을 말한다. 부재된 공간이란 무엇인가가 부재하도록 표현되는 것을 말한다. 겹치기란 친숙한 대상이나 이미지에 다른 의미가 겹쳐 표현되는 것을 말한다. 집중조명이란 과소평가되는 이미지가 강조됨으로써 기존의 생각에 의문을 제기하도록 표현하는 것을 말한다. 재배치란 인종, 성별, 사회적 지위, 연령, 전통적 역할들이 역으로 표현되는 것을 말한다. 학습자에게 맥락에 따라 이미지 혹은 대상의 의미가 어떻게 바뀌는지를 조사해보게 하거나, 이미지는 잠재적인 타깃 독자들을 누구로 삼고 있고 그리하여 어떤 가치관을 지지하고 있는지 등 권력과 특권에 대해 문제를 제기하도록 할 수 있다. 전시의 정치성은 전시물은 물론 전시회나 전시공간에서도 고려해볼 수 있다. 또한 학습자에게 전시회에서 어떤 작품이 전시되고 어떤 가치가 표현되고 있는지 생각해보게 할 수 있다. 예를 들어 전시된 이미지가 재현적인지 표현적인지 혹은 입장을 표명하는지 생각해보게 한다든가 전시에서 다뤄지지 않는 작가나 예술 형식에 대해 생각해보게 할 수 있다. 요컨대 작품 감상자들에게 시각적 조작 전략들에 대해 관심을 갖게 하여 권력, 특권 혹은 불평등 등에 대해 생각해보게 하는 등 전시가 지닌 정치적인 면에 대해 비평하도록 할 수 있다.

학습자의 역량을 강화하기 위해 표현, 대화, 역할극 등 다양한 방법을 활용해볼 수 있다. 우선 미술관이나 작품 이미지의 일부를 사용하여 이미지를 조작해보는 표현활동을 생각할 수 있다. 예를 들어 민속박물관, 현대미술관, 빅토리안 스타일의 미술관에 전시된 작품 이미지들을 잘라내 각기 다른 뮤지엄에 배치해보도록 하거나 전술한 시각적 조작 전략을 사용하여 전시장을 조작해보도록 할 수 있다(Keifer-Boyd & Maitland-Gholson, 2010: 173). 전자의 경우 뮤지엄들은 각기 특성이 있는데, 이를테면 민속박물관은 작품의 재료나 이국적 특성이 강조되고, 현대미술관은 중립성이 강조되며, 빅토리안 스타일의 뮤지엄은 정교한 특성들이 부각된다. 이런 곳에 전시되어 있던 작품들을 다른 환경에 배치해봄으로써 작품들이 맥락에 따라 어떻게 그 의미가 바뀌는지에 대해 생각해보도록 할 수 있다. 후자의 경우, 전시장 이미지를 이미지 조작 프로그램을 활용하여 바꾸어보거나 3차원적 디오라마diorama를 만들어 뮤지엄 큐레이터와 다른 관점으로 전시장을 꾸며볼 수도 있다. 다음으로 온라인상에서 캐릭터에 맞게 대화/토론을 하고, 이 과정에서 파생하는 대화를 출력하고 공유해 학습자들이 대화 속 중요사항을 확인하여 자신의 정치적 견해를 파악하고, 자기 믿음의 변화 유무나 확장 여부에 대해 숙고하도록 할 수 있다. 블로그 같은 온라인 환경에서의 토론 수업은 학습자들이 연구를 주도하며 개인적이거나 공유된 시각 혹은 다양한 시각을 경험해보도록 하여 구성주의적이고, 시각문화에 대한 지식의 기반을 확장시킬 수 있다. 마지막으로 역할극의 경우는 사회에 영향을 미친 작가나 인물에 대해 사전에 조사해보도록 할 수 있다. 이때 취할 수 있는 단계와 조사할 내용은 다음과 같다(Keifer-Boyd & Maitland-Gholson, 2010: 174).

- *1단계: 선택한 인물에 대해 조사하기*
  - 사회에 대한 비판 의식을 포함한 인물들의 미술 창작 목적과 제작 과정
  - 작가의 자전적인 배경
  - 작가가 살았던 사회적 상황에 대한 정보
- *2단계: 초기 조사에서 드러난 사안들을 중심으로 주제 목록 작성하기*
- *3단계: 다른 인물을 조사한 학습자와 팀을 이루어 두 가지 목록에 있는 주제들과 이 주제들에 관련된 대조적인 견해를 다루는 대화 구성하기*
- *4단계: 팀원 각자가 조사한 인물들이 특정한 주제에 초점을 두고 대화를 나누는 대본 작성하기*

대화 주제에는 검열, 예술의 목적, 작품 제작 자금 지원, 보존, 접근성, 판매 또는 표현의 자유 등이 있다.

전시가 지닌 정치적 특성에 대해 능동적으로 재고하는 수업을 수행하기 위해서는 학교급별 수준을 고려할 필요가 있다(Keifer-Boyd & Maitland-Gholson, 2010). 유치부 아동의 경우는 구체적인 대상을 좋아하고 세계를 있는 그대로 받아들이는 경향이 있다. 이 시기 아동은 구체적인 대상을 여러 다른 장소에 배치해보면서 대상이 위치하는 맥락에 기반하여 대상에 대한 이야기를 만들어내는 것을 즐긴다. 스토리보드 형식을 사용하여 자신들의 이야기를 시각적으로 전달하게 함으로써 대상을 존재하게 하는 맥락이 대상을 해석하는 데 미치는 영향을 이해하도록 할 수 있다. 초등부 아동의 경우는 또래집단기에 속하므로 또래들의 평가에 민감하다. 따라서 일반적이지 않은 생각을 가진 학습자들이 부담을 덜 가질 수 있도록 역할극을 하게 하거나 블로그 같은 온라인 환경에서 익명성을 활용해 표현해보도록 할 수 있다. 중등부 청소년의 경우는 지역사회의 전시공간을 사진 찍어와 포토샵 등과 같은 이미지 조작 프로그램을 활용하여 전시장을 재창조하거나 각자 연구한 인물이 되어 온라인에서 대화를 나눈 후 이 대화를 출력해 스스로 보게 할 수 있다.

전시의 정치성에 대해 다루는 커리큘럼은 삶, 인간, 역사, 세계, 예술에 대한 숨겨진 가정을 드러내고 문제를 제기하는 데 목표를 둔다. 그러므로 전시의 정치성에 대해 평가하는 준거를 정할 때는 학습자들의 비판적인 사고와 대화를 다소 감안해야 할 것이다.

(2) 학습자 내러티브의 활성화

내러티브적 앎을 활용하는 뮤지엄 교육은 학습자에 의해 만들어지는 개인적 의미시스템을 활용하는 것을 특징으로 한다. 학습자가 만들어내는 의미들은 객관적인 설명에 의해서가 아니라 주관적인 역사, 경험, 믿음에 의해 힘과 진실성을 담보 받게 된다. 내러티브적 앎을 활용하는 뮤지엄 교육은 이와 같이 본성상 대체로 과학적인 큐레이터의 해석과 대조적인 지식을 포함하는 학습자의 해석을 우위에 두는 교육이라고 할 수 있다. 뮤지엄이 전달하는 스토리를 학습자들이 그들의 경험에 기반하여 이해하고, 상상한 내용을 다시 스토리텔링해봄으로써 역사적 사실 등에 대해 깊이 있는 이해를 할 수 있다.

학습자들을 전시 내러티브의 수동적인 해석자의 역할에서 벗어나 좀 더 능동적이고 비판적인 감상자로 변모시키기 위해 권력을 부여하는 공간을 만들어보게 한다든가 동영상을 제작해보게 할 수 있다(Keifer-Boyd & Maitland-Gholson, 2010). 우선, 권력을 부여하는 공간을 만들어보도록 하는 것은 학습자가 시각 환경에 의해 스스로 무력하게 느낀 것에 직면하고 그것을 바꾸어보게 하는 것이다. "무력하게 느꼈던 상황을 변화시키는 시각화"를 주제로 아래와 같은 전략을 활용할 수 있다(Keifer-Boyd & Maitland-Gholson, 2010: 195).

- *1단계: 특정 사건에 집중하기*
  - *개인적으로 무력하게 느낀 특정 사건이나 경험 떠올리기*
  - *이 경험 속에서 상실, 배제, 결핍, 원하지 않은 방식으로 상황을 변화시킨 사람이나 사물이 있었는지 생각해보기*
- *2단계: 구체적인 질문을 통해 경험의 세세한 특징 밝히기*
  - *당신은 어디에 있는가? 마음속으로 주변을 둘러보라.*
  - *당신은 몇 살인가?*
  - *주변에는 어떤 일이 벌어지고 있는가?*
  - *다른 사람들도 있는가?*
  - *사람들은 무엇을 입고 있는가?*
  - *그곳은 조용한가? 아니면 시끄러운가? 무슨 소리가 들리는가?*
  - *누군가 이야기를 하고 있다면 어떤 말을 하고 있는가?*
  - *당신은 무엇을 하고 있는가?*
  - *앉아있는가? 서있는가? 아니면 돌아다니고 있는가?*
  - *그 상황에서의 기분은 어떤가?*
  - *다른 사람들도 당신처럼 느끼고 있는가?*
  - *권력을 박탈당한 이 상황에서 느낀 점은 무엇인가?*
- *3단계: 변화를 위해 구상하기*
  - *개인적으로 무력하게 느낀 특정 사건이나 경험을 편안하고 본인에게 힘*

을 주는 경험, 비록 그 상황에 존재하지는 않더라도 개인의 회상으로부터 도움을 받을 수 있는 사람들과 나눌 수 있는 경험으로 바꾸어보기

- 자신과 타인에게 힘을 줄 수 있는 경험을 예술작품으로 표현하기 위해 구상하기

• 4단계: 제작 준비하기

- 학습자들에게 '나는 이 믿음을 고수한다'라는 글귀가 쓰인 유인물을 나누어주고 그 위에 그림이나 글로 개인적 믿음을 표현하도록 함으로써 권력을 시각화하기

• 5단계: 공간 만들기

- 학습자들이 개인적이거나 공유된 권력의 스토리를 전달하는 공간을 디자인하고 구성하도록 하기
- 학습자들이 모둠원으로서 다음 질문들에 대해 답해보도록 하기
  ◦ 어떤 공간이 사적인 공간이고, 어떤 공간이 공적인 공간이라고 할 수 있는가? 어떤 공간에서 당신은 사회적이 되기를 요구받았고, 어떤 공간에서 개인적인 시간을 보낼 수 있었는가?
  ◦ 공간이 공유된 혹은 개인적인 권력의 인식을 어떻게 전달할 수 있는가?

학습자들의 개인적 경험과 가치를 높이 평가하면서 환경 속에서 자기결정력을 높이도록 하는 교수는 전 학령기의 아동을 대상으로 가능하다. 유치원생의 경우 뮤지엄 장소에 대한 스토리를 구성하도록 어디에서 그 일이 일어났고, 누구에게 일어났으며, 일련의 사건이 절정에서 결말로 가는 이야기 구성에 대해 살펴보게 하고, 이야기의 궁극적인 의미를 기술하도록 함으로써 배경, 등장인물, 플롯, 주제를 구성해보도록 할 수 있다. 다음으로 초등학생의 경우 공간에 대한 스토리를 게임으로 제작해보게 함으로써 게임에서 드러나는 힘의 유형을 비판적으로 분석하고 힘의 역학관계를 전환해보도록 할 수 있다. 중 · 고등학생의 경우 장소에 대해 하이퍼미디어 스토리를 만들고 웹 편집을 하도록 할 수 있다. 무료 게임 제작 소프트웨어나 사이버

게임 제작 프로그램을 활용하도록 한다.

학습자들에게 장소에 대해 스토리를 만들도록 지도할 때는 다음에 유의한다. 첫째, 연습에 소요하는 시간을 제한한다. 이를테면 장소에 대해 체험하는 데 30분을 정하는 식이다. 이는 학습자들에게 과제에 집중하게 하고, 활동의 요점이 스토리를 만드는 결과보다 과정에 있음을 알게 한다. 둘째, 참여자들에게 자신들의 스토리가 공유될 것임을 지각하게 한다.

다음으로, 학습자들에게 소그룹별로 3~5분 정도의 동영상을 제작하도록 함으로써 능동적이고 비판적인 감상자가 되도록 할 수 있다. 학습자들은 영화를 제작하듯 장면을 선택하고 촬영하여 편집한 후 음향을 삽입할 수 있다. 영화는 사전 제작, 제작, 후반 작업으로 구성되는바, 각 과정에서의 핵심활동을 정리해보면 아래와 같다(Keifer-Boyd & Maitland-Gholson, 2010).

- *사전 제작 단계: 시나리오(대사, 세트, 조명, 촬영 유형) 작업, 트리트먼트* 작성*
- *제작 및 비디오 그래픽 단계: 시나리오/촬영대본과 트리트먼트를 바탕으로 이야기 전달에 필요한 장면 촬영*
- *후반 작업 단계: 편집, 음향 효과 삽입*

편집하기 위해서는 우선 모든 이미지와 그 이미지들을 찾을 수 있는 장소를 기록하는 일지를 만들어두도록 한다. 다음으로는 편집 대본을 만든다. 여기서는 장면들을 선택하여 순서대로 정리하고, 각 시각적 이미지에 적합한 사운드트랙을 연결한다. 정보를 시각적으로 조직할 때는 연속 편집과 몽타주 편집 방식 중 취사선택할 수 있다. 연속 편집continuity editing은 시간순으로 사건이 연속되게 보여주는 것이고, 몽타주 편집montage editing은 사건을 시간순서와 관계없이 제작자의 생각을 전달하는 이미지 순서로 나열하는 방식이다. 그 외에 순간 편집과 전환 편집이 있다. 순간 편

* 영화에 대한 기초적 설명, 영화의 목적 및 목표, 영화의 시작, 중간, 결말에 대해 개요를 잡는 것을 말한다.

집quick cuts은 한 이미지에서 다른 이미지로 바로 이어지게 하는 기법이고, 전환 편집 transition edit은 서로 다르지만 연결된 이미지로 전환시키는 기법이다.

동영상에서 내러티브의 효과를 극대화하기 위해서는 시각적으로 보이는 특성을 고려하여 디자인해야 한다(Keifer-Boyd & Maitland-Gholson, 2010).

- *시각적 특성: 명암, 밝기, 색상, 음영, 수평선 · 수직선 · 대각선 같은 시각적 특성에 따라 시각적으로 독특한 분위기를 이끌어냄*
- *시점: 관람자가 화면을 보는 시선의 위치로 화면 내 배우들의 눈높이를 기준으로 이보다 위, 수평 혹은 아래 등에 둘 수 있음*
- *카메라 샷: 카메라의 위치는 관람자의 시점을 만듦. 직사각형 카메라 프레임의 네 면을 각각 삼등분하는 수직선과 수평선이 교차하는 지점 중 하나에 초점을 두어 역동적이고 만족스러운 구도를 잡도록 함*

동영상 제작도 학년 수준에만 적합하게 접근한다면 전 학령기에서 지도할 수 있다. 유치부의 경우, 디지털 편집 프로그램과 디지털카메라를 제공하고 학습자 스스로 녹화하도록 도울 수 있다. 초등의 경우, '만약/그러면' 같은 상황들이 이어지다가 만족스럽게 해결되는 이야기를 활용한다거나 플립북flipbook, 읽기 단원에서 배운 허구적인 이야기를 바탕으로 동영상을 제작해보게 할 수 있다. 교사가 도와준다면 간단한 편집 기능이 장착된 기기를 활용하여 소규모 비디오 프로젝트를 수행할 수도 있다. 중등의 경우는 광고 등 동영상을 무난히 제작할 수 있다.

학습자의 내러티브를 통해 의미를 구축하게 하는 방법론은 학습자들이 다른 학습자들을 만나게 하고, 그들의 삶에 대해 물어보게 하고, 그들이 하는 말을 듣게 하고, 개인과 개인이 속한 그룹이 개인의 주변 환경에 긍정적인 영향을 미칠 방법을 보게 하는 것으로 볼 수도 있다. 뮤지엄 교육자는 학습자가 사는 세상에 지속적인 영향을 미칠 수 있는 프로젝트와 관계를 만드는 것이 필요하다.

5) 내러티브 중심 뮤지엄 교육 방법론의 전략

(1) 내러티브 기반 교육 모형

로리젠과 재거(Carol Lauritzen & Michael Jaeger, 2007)는 내러티브 교육과정 이론을 정초하면서 내러티브 교육과정에 관심있는 교육자가 교육과정을 기획하는 일련의 과정을 맥락, 탐구질문, 목표필터, 탐구조사, 완성 및 정리, 평가로 제안한 바 있다. 여기서는 각 단계의 의미에 대해 살펴보고, 신윤복의 '월하정인(月下情人)' 작품을 예로 들어 내러티브 교육과정을 기획하는 방법에 대해 살펴보기로 하자.

① 맥락

내러티브 교육과정 설계 모형에서 맥락context이란 학습이 일어나는 전체적인 상황으로 선정하는 내러티브라고 볼 수 있다. 뮤지엄 교육자는 교육과정과 연계된 단원의 초점 목표를 염두에 두면서 맥락을 선정해보도록 한다. 다시 말해 맥락은 다양한 학문의 개념이나 과정을 포함하고 초점 목표와 상호작용할 수 있어야 한다. 그리고 맥락은 장면, 인물, 행위, 갈등, 해결, 매력적 주제 요소들이 지니는 다음의 성격들을 충족해야 한다(Lauritzen & Jaeger, 2007).

선비는 중치막을 꺼내 입은 후, 넓은 갓이 혹 비뚤어지지는 않았는지 한 번 더 고쳐 써보아요. 선비는 자신이 오늘따라 더욱 멋지게 보인다고 생각하며 어깨를 으쓱해보고는 깨끗이 닦아둔 앞코와 뒤쪽이 옥색인 가죽신을 신어봅니다. 이제 드디어 그녀를 만나게 된다고 생각하니 가슴이 뛰는군요.

마당에 내려서자 눈썹달 모양으로 변해가는 달이 처마 끝에서 침침하게 비추네요. 선비는 불현듯 오늘 달의 모양이 조금 특이하다는 생각을 해봅니다. 분명히 오늘이 보름인데 어제보다 많이 어둡고, 눈썹 모양으로 누워있는 초승달은 본 적이 없다는 생각이 들기 때문이지요.

- 중치막의 디자인은 어떤 특징이 있는가? 중치막은 어떤 옷이고, 누가 입었는가?
- 선비의 옷차림과 신발을 통해 보건대 선비는 어느 시기, 어떤 계급의 사람이었다고 생각할 수 있을까?
- 달 모양이 변하는 이유는?
- 보름달이 눈썹 모양으로 변할 수 있을까? 달 모양이 눈썹 모양인 이유는 무엇일까?
- 왜 달이 하늘에 있지 않고 처마 끝에 있을까?
- 보름에 뜬 달이 왜 어두울까?

- 작가가 이 작품을 제작하던 당시에 눈썹달이 실제로 존재했을까? 어떤 자료를 통해 알 수 있을까?

역시 거리에는 사람의 흔적이라고는 찾을 수 없습니다. 선비는 약속 장소로 바삐 발을 옮깁니다.

- 왜 거리에 사람이 한 명도 없을까?

앗! 그런데 그때였어요, 저쪽 골목 끝에서 한 사내가 마치 쫓기기라도 하듯이 사력을 다해 뛰어가는 것이 아니겠어요? 막다른 곳에 이르러 더 이상 갈 곳이 없자 사내는 오른쪽에 있는 낮은 돌담을 넘으려 하는군요. 어이쿠! 담을 넘는 게 쉽지 않은 듯 사내는 몇 번이나 뛰다 내동댕이쳐지네요. 심기일전한 듯 담에서 멀리 떨어져서는 도움닫기를 크게 하더니 드디어 힘겹게 담을 넘네요. 여기까지 보고 선비가 눈을 한 번 깜박했을까요. 포졸 두 명이 나타났어요. 포졸들이 고개를 양옆으로 돌리고 우왕좌왕 왔다 갔다 하는 것으로 보아 아까 그 사내를 찾으려 하는 것 같아요. 인기척을 찾을 수 없자 이내 선비가 있는 쪽으로 걸어옵니다.

허걱! 선비의 등에서 한 줄기 땀이 흐릅니다. 얼른 호롱불을 끄고는 숨을 죽이고 담에 한껏 몸을 밀착시켜봅니다. 지금 이 시각에 포졸들에게 발각되었다가는 곤장을 면치 못할 것이라 생각하니 끔찍합니다. 제발 이쪽으로 오지 말기를 소원하며 서 있는데, 입안은 바짝바짝 마르고 호롱불을 잡은 오른손은 땀으로 흥건히 젖을 지경입니다. 선비는 그나마 보름달이 휘영청 뜨지 않고 오히려 어제보다 조금 더 침침해서 다행이라는 생각을 해봅니다. 얼마나 지났을까요. 두 눈을 꼬옥 감고 있다가 눈을 떠보니 포졸들의 모습이 보이지 않는군요. '후유~' 선비는 안도의 숨을 깊게 내쉬어봅니다. 그리고 걸음을 재촉하기 시작하네요.

- 관아의 포졸들은 야밤에 왜 거리를 다닐까?
- 왜 포졸들에게 발각되면 곤장을 면치 못할까?

담 모퉁이를 돌자 한 여인이 보여요. 선비가 찾던 그 여인이 맞을까요? 눈썹달의 두께가 아까보다 많이 얇아져서 잘 보이지 않네요. '호로록~' 하며 선비가 호롱불을 켜자 옥색 쓰개치마에 소매 깃과 끝동이 자줏빛인 저고리, 그리고 옥색 치마에 진자줏빛 가죽신을 신은 아리따운 선녀가 서 있습니다. 아, 선비가 찾는 그녀가 맞아요!

- 여인의 옷차림과 신발을 통해 보건대 여인은 어느 시기에 살던 어떤 계급의 사람으로 볼 수 있을까?

여인은 약속 시간보다 조금 늦어서야 나타난 선비가 야속하다는 듯 약간 뾰로통해서는 새침하군요. 여기에 오기까지 있었던 일에 대해 자초지종을 말하며 선비는 그녀에게 마음을 보여주고자 품속을 더듬어 준비해온 선물을 꺼내봅니다.

서로가 서로를 안타까워하는 마음을 두 사람이 각각 어찌 모를 리가 있겠어요. 그저 잠깐 실랑이를 벌이는 것일 뿐이지요.

- 선비와 여인은 왜 서로를 안타까워할까?

잠깐의 만남을 뒤로하고 다시 헤어져야 할 시간이에요. 선비는 아쉬움을 뒤로하고 여인을 바래다주는 발걸음을 옮깁니다. 발길을 재촉해야 하겠습니다. 지체하다가는 포졸들의 눈에 띌 것이니까요. 여인도 선비를 따라 발걸음을 옮기네요. 아쉬움을 뒤로하는 두 남녀의 마음을 표현하기라도 한 것일까요. 담 한쪽에는 다음 글귀가 적혀 있군요.
"月沈沈夜三更 달도 침침한 밤 삼경 두 사람 속은 두 사람만 알지"
눈썹달이 지그시 사랑하는 두 남녀를 내려다보고 있습니다.

- '삼경'으로 볼 때 그림에서 묘사하는 시간은 언제일까? 선비와 여인은 왜 이 시각에 만나야 했을까?

[그림 2-14] '월하정인(月下情人)' 내러티브의 맥락

- 주목할 만한 주제가 있는 이야기
- 흥미롭거나 실제로 있을법한 장면
- 독자의 관심을 끄는 등장인물
- 해결해야 할 딜레마나 갈등
- 독자의 관심을 끄는 행위
- 독자가 등장인물과 함께 해결책을 찾는 데 참여할 수 있게 하기

'맥락' 단계에서 뮤지엄 교육자는 [그림 2-15]와 같이 이야기 지도에 이야기의 배경, 문제, 목표, 행동, 해결을 적어보는 것이 좋다. 이야기 지도는 이야기를 구성하는 요소들에 근거하여 우리의 생각이 이야기가 될 수 있는지를 판단하게 하고 필수적인 탐구질문을 이야기의 핵심에 두게 한다. 그리고 내러티브 필터로 작용하여

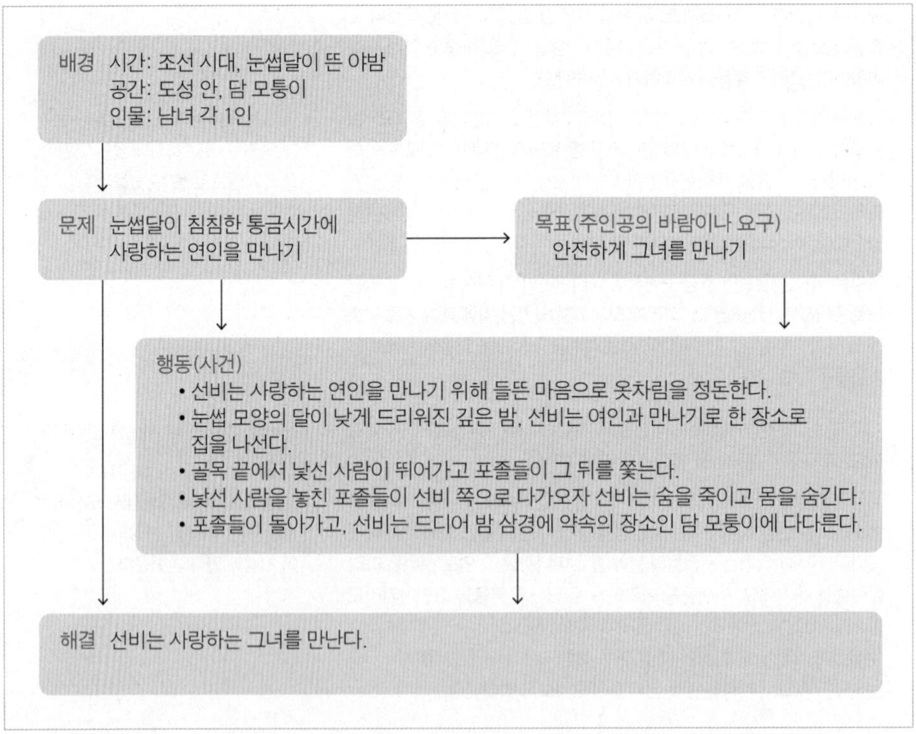

[그림 2-15] '월하정인'의 이야기 지도

주제를 포함한 중심적인 이슈와 부수적인 이슈에 대해 구별할 수 있게 해주고 이야기에서 관심 가질 만한 것들을 모아주는 기능을 하므로 유용하다.

뮤지엄 교육자는 '이야기 지도'를 작성한 후 이야기를 요약하여 맥락에 해당하는 내용을 적어보도록 한다. 이때 탐구조사를 해볼만한 잠재적 가치가 있는 중요한 아이디어에는 밑줄을 그어두는 것이 좋다([그림 2-14]의 분홍색 어구 참조). 그리고 뮤지엄 교육자는 텍스트를 다시 읽고 가능한 한 긴 목록의 질문을 만들고, 각각의 질문들을 검토해보도록 한다. 뮤지엄 교육자는 맥락이 야기할 수 있는 무수한 질문들에 대해 다음 세 가지 사항을 고려하며 탐구질문을 선정해보도록 한다. 하나는 잠재적인 탐구질문과 탐구조사가 맥락에 근거하는지를 검토하는 것이다. 다른 하나는 뮤지엄 교육자가 선택한 텍스트의 맥락과 탐구질문이 학습자들의 관심사에 부합할 것인지를 검토하는 것이다. 마지막 하나는 학습자들이 탐구질문을 토대로 탐구할 때 과연 그들이 이 질문들을 가지고 예술이나 천문학 등과 같은 학문적 경험에 접근하게 할 수 있을는지를 검토하는 것이다.

맥락을 위한 준거
1. 그것은 구조상 내러티브인가? 우리는 이야기의 주요한 요소를 찾을 수 있는가? 그것은 중요하고 근본적인 주제를 가지는가? 2. 잠재적인 탐구질문 및 탐구조사는 맥락에 근거한 것인가? 3. 그것은 학습자의 관심과 부합하는 매력적인 맥락인가? 당신은 학습자들 사이에서 이 이야기에 대한 관심을 끄집어낼 수 있는가? 4. 학문에 접근할 기회가 있는가?

[그림 2-16] 맥락을 위한 준거

출처: Lauritzen & Jaeger, 2007, p. 202.

② 탐구질문

'탐구질문' 단계에서는 맥락의 중요한 측면들로부터 탐구질문, 곧 "진리, 정보 혹은 지식을 추구"할 수 있게 하는 질문을 제시한다(Lauritzen & Jaeger, 2007: 203). 뮤지엄 교육자가 탐구질문을 기획할 때 고려해야 할 사항은 다음과 같다. 첫째, 교육자는 학습자의 관점에서 텍스트를 조사하고, 학습자들이 관심을 가지고 질문하게 될 사항들과 교육자 본인이 생각하기에 중요하다고 생각되는 사항들, 그리고 실제 학습자들이 제기하는 질문들에 기반해 질문을 만들어보도록 한다. 교육자는 학습자들에게 '~처럼 사고'할 것을 요청하고 이 관점으로부터 그들이 알고 싶은 것을 말하거나 질문하도록 할 수 있다. 예를 들어 학습자들에게 '월화정인' 내러티브에 등장하는 달 영상을 보여주면서 학습자들이 스스로 천문학자가 되어보도록 할 수 있다. 이 경우에 학습자들은 전문가 역할을 부여받고 해당 전문가라면 중요하다고 생각하는 선행지식이 무엇인지를 고려하며 다양한 질문을 만들 수 있게 된다. 둘째, 과학, 사회문화, 미술 등 다양한 학문 분야가 내러티브에 접근하는 방법이나 질문으로부터 탐구질문을 제기함으로써 탐구질문의 폭과 깊이를 확장한다. 탐구질문은 학습자들이 학문적 관점을 연습하도록 도와야 한다.

뮤지엄 교육자는 내러티브로부터 탐구질문을 만든 후에 아래 준거에 비추어 탐구질문을 검토해볼 필요가 있다.

탐구질문에 대한 준거
1. 텍스트의 주요한 본질과 직접적으로 관련되는 질문인가? 2. 학습자들이 맥락을 더 잘 이해하도록 도와줄 해결책을 제시하는 질문인가? 그 질문은 학습의 순환적인 특징을 지원하는가? 3. 그 질문은 특정 학문의 발견법을 존중하는가? 4. 여러분은 학생들로부터 제시되는 질문을 고려했는가?

[그림 2-17] 탐구질문에 대한 준거

출처: Lauritzen & Jaeger, 2007, p. 208.

③ 목표 필터

앞서 살펴보았듯 내러티브 교육과정을 기획하며 맥락을 선정할 때 맥락과 공조하며 동시에 만들어지는 것으로 '목표'가 있었다. 목표는 이론적인 설명을 제공하는 근거가 되며 교육과정에 의거해서 만들어진다. 내러티브 교육과정 기반 프로그램 기획자는 '목표 필터' 단계에서 단원의 초점 목표를 떠올리며 탐구질문과 탐구질문이 이끌어낼 탐구조사가 적절한지에 대해 판단해보도록 한다. 다시 말해 '목표 필터'

목표 필터	
기본 목표	• 문제를 해결하라 • 과학, 사회 · 문화, 미술적 지식을 사용하라 • 비판적이고 창의적으로 사고하라 • 의사소통하라 • 정량화하라 • 자기주도적으로 학습하라 • 협동/협력하라
적용	• 과학 지식 이해하기 • 사회문화적 배경에 따른 다양성 이해하기 • 과학, 사회 · 문화, 미술의 관계 고찰하기 • 인간의 경험을 해석하고 이해하기

모든 가능한 탐구질문	목표를 촉진하기 위한 잠재성을 가진 탐구질문
• 중치막의 디자인은 어떤 특징이 있는가? 중치막은 어떤 옷이고, 누가 입었는가? • 선비의 옷차림과 신발을 통해 보건대 선비는 어느 시기에 어떤 계급의 사람이었다고 생각할 수 있나? • 여인의 옷차림과 신발을 통해 보건대 여인은 어느 시기에 살던 어떤 계급의 사람으로 볼 수 있나? • 달 모양이 변하는 이유는? • 보름달이 어두워지며 눈썹 모양으로 변해갈 수 있을까? 달 모양이 눈썹 모양인 이유는? • 왜 달이 하늘에 있지 않고 처마 끝에 있을까? • 작가가 이 작품을 제작하던 당시에 작품에서 보이는 모양을 한 달이 실제로 존재했을까? 어떤 증거로 알 수 있을까? • 왜 거리에 사람이 한 명도 없을까? • 관아의 포졸들은 야밤에 왜 거리를 다닐까? • 왜 포졸들에게 발각되면 곤장을 면치 못할까? • '삼경'으로 볼 때 그림에서 묘사하는 시간은 언제일까? • 선비와 여인은 왜 서로를 안타까워할까?	• 선비는 어느 시기, 어떤 계급의 사람일까? • 여인은 어느 시기, 어떤 계급의 사람일까? • 보름달이 눈썹 모양으로 변하는 이유는 무엇인가? • 왜 달이 처마 끝에 낮게 떠 있을까? • 작가가 이 작품을 제작하던 당시에 작품에서 보이는 모양을 한 달이 실제로 존재했을까? 어떤 자료를 통해 알 수 있을까? • 왜 거리에는 포졸들만 다닐까? • '삼경'으로 볼 때 그림에서 묘사하는 시각은 언제쯤일까? 선비와 여인은 왜 이 시각에 만나야 했을까? • 선비와 여인은 왜 서로를 안타까워할까?

[그림 2-18] 목표 필터를 통한 질문 분류 예시

단계에서는 이미 설정해두고 있었던 목표를 염두에 두고 목표를 필터로 삼아 진정한 탐구질문을 선택해본다든지, 제기된 여러 탐구질문을 바탕으로 하는 탐구조사의 내용에 대해 예견해보도록 한다.

예를 들어 [그림 2-18]에서와 같이 과학지식이나 사회문화적 배경에 따른 다양성 이해를 초점 목표로 상정해둔 경우, 이 목표를 필터로 '모든 가능한 탐구질문'들로부터 특히 '보름에 달이 눈썹 모양을 띠는 이유'나 '조선 시대의 사회 · 문화 제도' 등에 대해 탐구할 질문들을 각기 선택할 수 있다. 학습자들은 탐구질문에 대해 실험하고 자료들을 조사함으로써 자기주도적 학습력이나 문제해결력이라는 기본 목표를 달성하게 될 것이다. 그리고 발견된 결과에 대해 언어로 발표해본다면 의사소통 능력도 키우게 될 것이다. 목표는 이후 실험, 예술적 해석 등과 관계된 탐구조사를 선정, 촉진하고 학습자들이 상호소통 속에서 해결책을 제시하도록 하는 데 중요한 기반이자 안내자 역할을 하게 된다.

목표 필터가 맥락과 탐구질문을 선정하는 데 작용하도록 하기 위한 준거를 제시해보면 [그림 2-19]와 같다.

목표에 대한 준거
1. 맥락은 학교 교육의 목표를 촉진시키는 데 잠재성을 가지고 있는가? 2. 맥락에 부가된 목표는 나타날 탐구조사와 가능한 탐구질문에 명확하게 관련되는가? 3. 부가된 목표는 의도된 수업에 중심이 되는가? 혹은 활동이 선정된 이후에 고려되는가?

[그림 2-19] 목표에 대한 준거

출처: Lauritzen & Jaeger, 2007, p. 214.

④ 탐구조사

'탐구조사' 단계는 학습자들이 탐구질문에 대한 답변을 발견하기 위해 관련 영역을 찾아보고 끊임없이 검토하는 과정이다. 탐구조사를 설계할 때는 발견학습에 기반하여 목표와 각 학문 분야가 요구하는 앎의 방식을 고려하는 것이 중요하다. 뮤지엄 교육자는 탐구조사가 문제를 해결하는 것이라고 보기보다는 문제를 해결해나가는 과정이라고 보고 학습자들에게 교육매체를 활용해보도록 격려한다. 그리고 구성주의적 접근에 기반해 탐구조사 내에서 학습자들의 선수 지식을 활성화하고, 학습자들이 다른 사람들과 새 경험을 공유하며, 그러한 경험으로부터 의미를 만들어볼 기회를 가지도록 한다. 교육자는 학습자들의 탐구조사가 가능할 수 있도록 도구, 전략, 자료 및 재료 등의 교육환경을 마련해주어야 하겠다.

탐구조사를 위해 뮤지엄 교육자가 고려할 사항들은 다음과 같다.

탐구조사를 위한 준거
1. 탐구조사는 학습자들의 질문에 대한 해결책을 결정하도록 하는가? 2. 탐구조사는 학습자들에게 제기된 질문과의 직접적인 관련성을 제공하는가? 다시 말해 만약 설계된 탐구조사를 계속 진행한다면, 그것은 내러티브에 피드백과 질문에 대한 통찰을 제공할 것인가? 3. 탐구조사는 우리가 수업 단원에 부여했던 목표를 촉진하는가? 예를 들어, 만약 당신이 템플릿에서 "협동적이고 협력하는 학습"이라는 목표를 정했다면, 탐구조사는 직접적인 방식으로 그러한 목표를 촉진시킬 것 같은가? 4. 탐구조사는 학습자들이 새로운 처리 기능을 획득하거나 이전에 학습했던 것을 세련[되게 할] 기회를 제공하는가? 5. 이런 탐구조사는 학문의 전문가가 열중할 만한 것인가?

[그림 2-20] 탐구조사를 위한 준거

출처: Lauritzen & Jaeger, 2007, p. 222.

⑤ 완성 및 정리

학습자들의 탐구조사는 완성 및 정리로 귀결된다. 이 단계에서 뮤지엄 교육자는 학습자들이 각자 배운 것은 무엇이고 그것의 가치는 무엇인지에 대해 급우는 물론 외부인들과 의사소통하고 공유하도록 조력한다.

완성과 평가를 위한 준거
1. 완성을 위한 준거 - 완성은 진술된 질문에 대해 반성적인 진정한 사회적 상황에서 학습자들에게 학습의 산물을 공유할 기회를 제공하는가? - 학습자의 학습 결과는 진술된 목표와 직접적으로 관련되고, 학습자들이 그러한 목표를 향한 과정을 진행하고 있는지 아닌지를 결정하도록 도울 수 있는가? 2. 적절한 평가를 위한 준거 - 학습의 과정과 산물은 어떻게 평가될 것인가? 즉, 탐구조사 자체의 지속적인 과정은 학습의 결과가 될 것인가 혹은 탐구조사의 최종 산물은 중요해질 것인가? - 그것을 이해했을 때 우리가 추구하는 것은 무엇이고, 어떻게 인식할 것인가?

[그림 2-21] 완성과 평가를 위한 준거

출처: Lauritzen & Jaeger, 2007, p. 227.

⑥ 평가

'평가' 단계에서 뮤지엄 교육자는 학습자들의 최종 산물에 대해 평가를 기획한다. 최종 산물에는 시험, 실험, 구두 보고 등이 있다. 최종 산물을 평가할 때는 학습자들이 최종 산물에 투입한 기능, 성취 및 능력은 물론 과정에 대한 평가를 포함하도록 한다. 평가는 목표에 기반하도록 해서 설정해두었던 탐구질문과 탐구조사가 목표를 촉진시키는지, 학습자들이 내러티브 교육과정에 기반하여 생산해낼 산출물이 목표와 직접적으로 관련되는지 등을 검토해보도록 한다.

이제까지 논의한 내용을 종합하여 최종적으로 이루어지게 될 교수-학습의 과정 및 내용을 보면 [그림 2-22]와 같이 구조화될 수 있다.

기본 목표
- 문제를 해결하라
- 과학, 사회 · 문화, 미술적 지식을 사용하라
- 비판적이고 창의적으로 사고하라
- 의사소통하라
- 정량화하라
- 자기주도적으로 학습하라
- 협동/협력하라

적용
- 과학 지식 이해하기
- 사회문화적 배경에 따른 다양성 이해하기
- 과학, 사회 · 문화, 미술의 관계 고찰하기
- 인간의 경험을 해석하고 이해하기

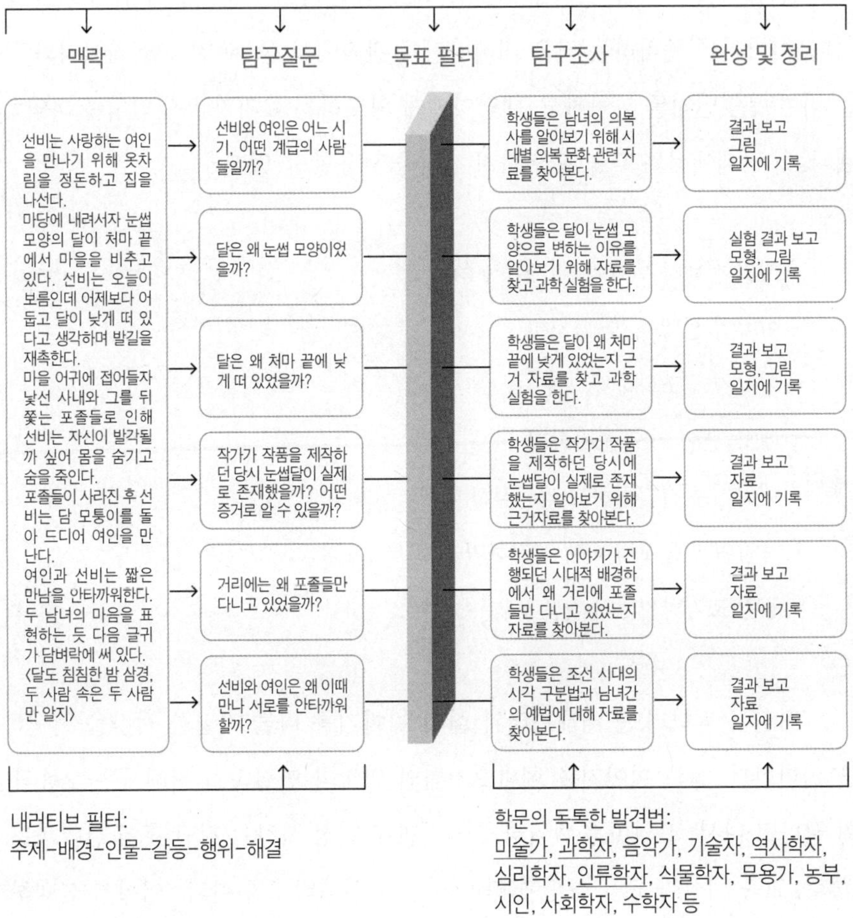

[그림 2-22] 내러티브 교육과정 템블릿 완성본 예시

(2) 내러티브 촉진 전략

① 사례 1: 삶에 대한 내러티브

라부아와 블랑쉐(Constance Lovoie & Patricia-Anne Blanchet, 2018)는 교실에서 내러티브를 실행하는 방안으로 '삶 내러티브'를 제안하고, 이러한 삶 내러티브를 실행할 때 계획전략planning strategies, 구현전략implementation strategies, 통합전략integration strategies이 필요하다고 제안한다.

계획전략은 내러티브할 순간을 정하고, 내러티브를 준비하기 위해 필요한 전략이다. 이야기를 준비하는 것은 내레이터의 관점에서 볼 때 전송할 메시지와 목적하는 바가 무엇인지를 파악하고, 대담자에게 의도하는 효과가 무엇인지를 파악하는 단계다. 이 단계에서는 다음 일곱 가지 전략을 사용할 수 있다.

- *시간 선택하기(이른 아침/늦은 오후)*
- *이야기 선택하기(내용, 노하우, 목적)*
- *이야기 구조화하기(내러티브 조직)*
- *메모, 단어 카드 준비하기*
- *이야기를 시각화하고 리허설하기*
- *움직임과 몸짓에 대해 생각하기*
- *공간 조직하기(코너, 원형, 조명)*

'시간 선택하기'는 내레이터가 삶의 이야기를 나눌 적절한 시간을 선택하는 것을 의미한다. 삶의 이야기를 페다고지적인 의도와 연결하기 위해서는 모종의 사건이 끝나고 나서 그 의미를 파악하게 되기까지 일정 시간이 지난 후에 선택하는 것이 좋다. 교육 대상과 교육 상황에 따라 시간을 선택하도록 한다. '이야기 선택하기'는 내레이터가 수업 주제를 염두에 두면서 삶 내러티브를 선택하는 것이다. 이때 내레이터는 이야기를 통해 교육적으로 무엇을 의도할 것인지, 그리고 대담자에게 의미 있게 이야기를 만들기 위해서는 어떻게 해야 하는지에 대해 생각해본다. 내레이터들은 이야기하고 싶은 삶에 대한 이야기의 범위, 문화적 가치, 관련성을 결정하는 방법을 알아야 한다. 후속 활동에서 삶의 내러티브가 줄 수 있는 강화 방안에 대해서도 생각해본다. 이를테면 이 이야기가 긴장을 풀게 하는 데 좋은지, 회상하게 하는 데 좋은지, 참여하게 하는 데 좋은지, 아니면 반성을 유도하는 데 좋은지에 대해 생각해볼 수 있다. 페다고지적 측면에서 볼 때 학습자에게 도전감을 주고 자기성찰을 자극하는 이야기가 효과적이므로 이를 고려하도록 한다. '이야기 구조화하기'는 내러티브의 짜임새를 구조화하는 것을 말한다. 비록 구조화가 필요하긴 하지만, 삶의 내러티브를 이야기함으로써 학습자들에게 어떤 통찰이나 성찰의 기회를 줄 계기는 때로 어떤 상황이나 사건이고, 순간이다. 따라서 현재의 순간에 주의를 기울이는 것도 중요하다. 그럼에도 경험이 많지 않은 내레이터는 이야기를 어떻게 전달할지에 대해 계획을 세워야 한다. 이를테면 작은 카드를 준비하고, 내러티브 시 기억해두면 좋을 내용에 대해 약간의 메모를 작성해보도록 한다('메모, 단어 카드 준비하기'). 그리고 내러티브를 하기 위해 내러티브를 시각화하고 리허설을 해본다든지('이야기를 시각화하고 리허설하기'), 의사소통의 의도를 고려하면서 원하는 효과에 맞는 제스처나 신체적 몸짓을 계획해본다('움직임과 몸짓에 대해 생각하기'). 제스처를 계획하는 것은 불필요한 모션을 최소화하는 전략이기도 하다. 그리고 원활한 상호작용을 가능하게 하는 공간에 대해 고려해본다('공간 조직하기'). 내레이션에 참가하는 사람들이 동등하다는 의식을 갖고 타인의 삶에 대한 존중감을 배태하기 위한 형태로는 주로 원형이 선호된다.

다음으로 구현 단계에서 필요한 전략은 아래와 같다. 구현 단계는 크게 보면 루틴 및 개시제 실행하기와 공유의 두 범주로 나뉜다.

- *열린 루틴 및 개시제initiators 사용하기(사물, 음악)*
- *구절을 바꿔 말하기 또는 반복하기*
- *모방하기(소리, 단어, 움직임)*
- *비유 창조하기(동물, 오브제 등)*

- *청중 참여시키기*(질문, 반복, 소리, 움직임)
- *리듬 다양화하기*(호흡, 묵음 등)
- *드라마틱한 효과 첨가하기*(음성변조, 표현 등)
- *몇몇 에피소드를 건너뛰거나 응축하기*
- *기대나 피드백 창조하기*(시간적 멈춤)
- *형식과 듣기 체크하기*
- *액션을 길게 늘이기*
- *각 사람과 눈 맞추기*

우선 루틴 및 개시제 실행하기와 관련하여 '열린 루틴 및 개시제 사용하기'가 있다. 여기서는 청중의 관심을 끌어 청취를 촉진하기 위해 루틴을 만들고, 연령대에 적합하게 의미 있는 사물로 개시제를 사용한다. 청중의 적극적인 반응을 촉진할 수 있도록 마음을 편안하게 하는 루틴을 만드는 데 사용되는 전략으로는 시작을 알리는 핵심 문구나 노래, 청중 참여시키기 등이 있고, 개시제에는 오프닝 음악이라든가 배경 음악, 곰 인형, 사진 등이 있다. 다음으로 공유전략으로서 내레이터는 '구절 바꿔 말하기 또는 반복하기', '모방하기', '비유 창조하기'를 사용하여 순간을 되새긴다. 이 외에도 '청중 참여시키기'를 통해 제스처를 반복하거나, 소리를 내거나, 질문에 답변하도록 요청함으로써 대담자를 내레이션 과정에 참여시킨다. '리듬 다양화하기'에서는 리듬을 변화시킴으로써 청중이 주의를 유지하게 하고 삶의 내러티브에서 다양한 점을 표시하는 데 도움을 준다. '드라마틱한 효과 첨가하기'에서는 호흡, 긴 침묵, 드럼을 사용해 동작을 나눈다. 이는 이야기에서 특정 강도를 불러일으키는 극적인 효과를 창출한다. '몇몇 에피소드를 건너뛰거나 응축하기', 들었는지를 확인하는 '형식과 듣기 체크하기', '기대나 피드백 창조하기' 전략들은 대담자가 더욱 활발히 대화할 수 있도록 하기 위해 활용할 수 있다. 이를테면 교사가 침묵하는 경우 이것이 학습자에게는 질문하게 하는 계기를 마련해줄 수 있기 때문이다. '액션을 길게 늘이기'는 대담자들이 내러티브 구절에 큰 관심을 보였을 때, 묘사나 달리 말하기를 통해 행동을 확장하는 전략을 말한다. '각 사람과 눈 맞추기'는 스캔 속도를 너무 빠르게 하기보다는 한눈에 힐끗 보아서 개인화하는 것이 좋다. 학습자가 불편함의 징후로 고개를 끄덕이거나 시선을 피할 때까지 눈을 마주치는 것이 중요하다.

삶의 이야기에 대한 종결전략으로서 통합전략은 다음 내용들을 포함한다.

- *경의 또는 인정*
- *반성 및 해석 유도*(그룹, 원탁, 팀, 짝, 단독)
- *강화 활동*(드로잉, 공예, 역할놀이, 다시 말하기)
- *학습자들의 내러티브 반복 장려하기*

'경의 또는 인정'은 학습자들이 이야기를 들려준 내레이터에게 감사를 표한다거나 내레이터가 학습자들에게 들어준 것에 대해 감사를 전하는 것을 의미한다. '반성 및 해석 유도'는 내레이터가 내러티브의 해석에 대한 토론을 유도하는 것을 말한다. 학습자들에게 삶의 내러티브에 대해 반성해보게 하는 것은 배움을 정착하는데 중요하다. '강화 활동'에서 교사는 학습자들에게 관련 이야기를 공유해보게 함으로써 학습자들이 내러티브의 소유권을 취해보게 하거나 관련된 역할놀이를 감독해보게 하거나 반성적인 예술 프로젝트를 제안해보게 한다. '학습자들의 내러티브 반복 장려하기'는 가정에서 학습자들에게 삶에 대한 내러티브를 실행해보도록 하거나 역으로 학습자들이 그들의 가족 중 삶의 내러티브를 해줄 수 있는 연장자에게 삶의 내러티브에 대해 질문해보게 한다.

② 사례 2: 치유를 위한 내러티브

멀렛 외(Mullet et al., 2013)는 치유하는 방안으로서 '스토리의 틀 다시 잡기story reframing'를 제안하고, 스토리 리프레이밍에 이르는 세 가지 과정을 서술한다. 첫 번째 과정은 갇힌 이야기에 대한 대안으로 다른 이야기를 인식하게 하는 것이다. 이 단계에서 이야기 치료사들은 내담자들이 고통스러워하거나 괴로워하는 이야기들 같은 갇힌 이야기들에서 긍정적이지만 관련이 있는 이야기를 떠올리도록 조력한다. 두 번째 과정은 마술적 질문을 해결하게 하는 단계다. 개인은 이야기 속에서 희망과 안전한 애착을 인식할 때 그것들을 자신의 삶에서 가능한 것으로 연결하게 되고, 미래를 상상하고 계획하게 된다. 그러므로 이 단계에서 카운슬러는 내담자가 그러한 기억과 기술을 준비하도록 돕기 위해 다음과 같은 '기적의 질문'을 한다(deShazer, 1988; Mullet et al., 2013: 75 재인용).

- *오늘 아침에 일어나서 문제가 사라졌다고 상상해보세요. 어떻게 행동하시겠어요? 어떻게 생각하세요?*
- *이 문제가 발생하기 전 시간을 상상해보세요. 당신은 무엇을 했나요? 무엇에 대해 생각했나요?*
- *현재 상상한 것 중 일부를 어떻게 하고 있나요? 오늘이나 내일 어떻게 할지 상상한 것보다 더 많은 것을 할 수 있나요? 지금부터 할 수 있나요?*

세 번째 과정은 다중 관점으로 이야기하게 하는 단계다. 사건을 여러 관점에서 볼 때 새로운 통찰력도 나타난다. 이 과정을 돕는 질문에는 다음과 같은 예시들이 가능하다.

- *외부 관찰자는 그 상황에서 어떤 이야기를 할까요?*
- *그 사람이 당신의 이야기와 어떻게 다르게 볼 수 있을까요?*
- *그들 이야기의 어떤 요소들을 새로운 이야기에 포함할 수 있나요? 이것이 당신의 삶에서 어떤 차이를 만들까요?*
- *당신의 이야기에 대해 3인칭으로 쓴 다음 1인칭 스토리에 무엇이 포함될 수 있는지 알아보세요.*

(3) 뮤지엄 기반 내러티브의 종류

프라이크먼(Frykman, 2009)은 사례연구를 통해 뮤지엄에서 사용되는 내러티브의 종류로 아래와 같이 다양한 방법이 있음을 소개했다.

① 시간여행/역사기행 및 문제해결

이 전략은 역사박물관이나 자연사박물관 등에서 학습자들이나 학습자들을 대동한 교사 등에게 시대 의상 등을 마련해주고, 이들에게 현재가 아닌 다른 시간대로 이동하여 당시의 인물로서 특정 역할을 수행하게 하는 방식이다. 학습자들이 역할을 수행하는 도중 어떤 일이 발생하게 되는데, 참가자들만 알게 되는 이러한 문제 상황에서 참가자들은 문제를 경험하고 이를 해결하게 된다. 이 문제가 내러티브 사건의 흥미진진한 스토리 측면을 담게 된다.

② 사실에 대해 숙고

이 전략은 과학관 등에서 설명적이고 사실에 기반한 텍스트를 개인적이고 의사소통적인 스타일로 내러티브하면서 뮤지엄 참가자에게 통찰을 경험해보게 하는 방식이다. 예를 들어 뮤지엄 교육자는 태양에너지에 대해 다루는 전시회에서 딱딱하게 설명하기보다는 문학과 관련을 찾는다든가 하는 방식을 취해 개인적이고 의사소통적인 방식으로 내레이팅해보도록 한다. 중요한 것은 이러한 내러티브 방식이 들어간 텍스트에 때로 참가자들이 당연하게 여겨서 간과한 것에 대해 질문하도록 한다. 이 질문을 매개로 해서 참가자들은 질문에 대해 답을 생각해보게 된다.

③ 자기표현

이 전략은 참가자들에게 임의의 사실 정보 중 일부분이 빠진 사물 등을 제공한 후 상상력을 발휘하여 그 사물들과 자신과의 관계를 생각해보면서 시각적 내러티브로 표현해보게 하는 것이다. 예를 들어 자연사박물관에서 학습자들에게 화석을 쥐어보도록 하고 나서 그 생명체에 대해 상상하는 바를 그림으로 그리게 할 수 있다. 후퍼그린힐(Hooper-Greenhill, 1999; Frykman, 2009: 308 재인용)의 주장에 의하면 이는 의미를 만드는 맥락에 필요하다. 뮤지엄 교육자는 이때 참가자들이 상상력을 발휘하여 표현할 수 있도록 구체적으로 상상을 도울 수 있는 질문을 제기해주도록 한다. 이를테면 생명체의 전체 모양은 어떠했을지, 그 동물은 어떤 종류였고, 어느 시기에 살았으며, 생활방식은 어떠했고, 환경은 어떠했는지, 가정생활의 양태나 군집성 유무, 동물의 소리, 동물에 대한 흥미로운 사실 등을 물을 수 있다.

④ 재미

이 전략은 뮤지엄이 만화 같은 캐릭터를 내세워 참가자들에게 전시 주제나 사물에 대해 생생하고 유쾌하게 소개하고, 참가자들을 전시물과 관련하여 체험하도록 독려하는 것과 관계있다. 이때 캐릭터는 진시 주제나 사물에 대해 사실에 기반해 정보를 주면서도 참가자들을 개인적으로 초대하고 대화하는 방식을 취함으로써 재미를 유도한다.

⑤ 리서치 및 발표

이 전략은 학습자들이 뮤지엄 체험을 마치고 학교로 돌아와 관심 있는 특정 주제에 대해 집중하게 하고, 발견한 내용을 급우들 앞에서 발표하게 하는 것과 관련된다. 뮤지엄은 학습자들에게 비디오 제작, 광고 캠페인 디자인, 영화, 3차원적 표현 등을 통해 발표하도록 안내할 수 있다. 진지한 메시지를 유머러스하고 객관적인 방식으로 영화나 비디오를 활용해 전달하는 것도 많이 사용되는 내러티브 방식이다. 이를테면 유명 영화의 한 부분을 가져와 전시 주제와 관련해 영화의 캐릭터 간에 대화하게 할 수 있다.

⑥ 드라마와 판타지

이 전략은 학습자들을 리서치 과제와 관련해서 시공간을 달리하는 드라마틱하고 판타지적인 상황으로 안내하는 방법이다. 물론 이때 시공간을 달리하는 장소는 뮤지엄에 세팅되어 있다. 이 속에서 학습자들은 특정 역할을 맡아 연기하면서 과제를 연구하게 된다. 예를 들어 자연사박물관에서 은하계에 사는 참가자들이 지구를 방문하여 생명이 기능하는 방식이나 환경, 서식지를 연구한 후 은하계로 돌아와 이러한 생명체를 소개하고 새로운 자연환경을 개발하는 것이다.

⑦ 일기

이 전략은 이를테면 뮤지엄이 역사적 인물에 대해 전시하고 있는 경우 해당 역사적 인물이 쓴 일기를 전시하고, 학습자들에게 일기를 바탕으로 인물과 자신의 삶에 대해 돌아보게 하는 방식과 관련된다. 학습자들이 역사적인 인물이 쓴 일기에서 관심 있게 보았거나 흥미롭게 생각한 단어 등을 뽑아보고 왜 이 어구에 관심이 있는지에 대해 생각해보게 할 수 있다. 학습자들에게 이러한 어구를 기반으로 인물을 둘러싼 사람들과 인물의 삶에 대해 일종의 생애사로서 관심을 갖게 할 수 있다. 그리고 나아가 자신의 삶이나 경험을 기록하는 텍스트를 작성해보게 할 수 있다. 여기에 덧붙여 학습자료는 더욱 흥미롭게 만드는 데 사용될 수 있는 언어나 테크닉을 가르치는 가이드가 될 수 있다.

⑧ 개인 인터뷰

이 전략은 생애사 주제와 관련하여 뮤지엄 참가자에게 다른 사람을 인터뷰하여 문제를 해결하도록 하는 방식이다. 예를 들어 기후 문제와 관련하여 다른 세대를 인터뷰해보게 함으로써 과거에는 기후가 어떠했고, 지금과는 어떻게 다른지, 과거와 지금의 삶의 모습이 어떻게 달라졌는지를 여러 각도에서 볼 수 있도록 하는 인터뷰를 유도할 수 있다. 다른 사람들이 말하는 것을 듣고, 그들의 반응을 적고, 다른 사람들의 경험에 공감하고, 그들의 관점을 이해하고, 더 넓은 관점을 통해 오늘날 일어나고 있는 일을 이해하게 하는 데 포인트가 있다.

⑨ **리듬, 동작, DIY**do-it-yourself**, 실습**hands-on

이 전략은 내러티브가 텍스트 그 이상이라는 차원에서 뮤지엄이 참가자들에게 동작, 일러스트레이션, 실습 등을 하게 하는 것이다. 이는 메시지를 전달하기 위해 실험을 수행하고 상상력을 활용한다. 아동에게 물품을 설계하여 설명하게 한다든지, 간단히 실험이나 실습을 해보게 하는 것이 여기에 속한다.

⑩ **상상력 활용**

이 전략은 상상력을 자극하고 자연의 신비를 직접 실험하게 하는 것도 내러티브 판타지를 장려한다는 생각에 기인한다. 뮤지엄 교육자는 학습자들에게 어떤 설치물을 보게 하고, 질문이 포함된 어떤 발췌문을 보면서 설치물에 대해 상상력을 발휘하며 탐색하게 할 수 있다.

5. 활동 중심 방법론

1) 배경

뮤지엄 교육의 활동 중심 방법론은 1960년대부터 시작된 창의성과 문화적 실험 반영의 조류에서 비롯되었다. 이때부터 뮤지엄 교육에도 기존의 전통과 권위를 거부하는 교육활동들이 점차 도입되었으며, 활동 중심 방법론 또한 그중 하나였다. 1960년대 이후 뮤지엄에서의 활동 중심 교육은 학습자들의 지적 영역뿐 아니라 신체와 감정까지 뮤지엄 경험에 참여하도록 하고자 했다(Kai-Kee et al., 2020). 이러한 경향은 이후 1970년대까지도 지속되어 미국의 뮤지엄 에듀케이터들은 점차 학습자 중심 접근에 무게를 두었고, 활동 중심 교육에 대한 의미 있는 시도를 이어나갔다. 뮤지엄 교육에 다양한 게임 활동을 도입하여 어린이 학습자들이 이를 즐길 수 있게 한 솔린스(Susan Sollins, 1972)의 실행연구가 그 예다. 그러나 당시의 뮤지엄 교육은 여전히 언어적 수단만을 매개로 하는 활동 위주 교육에 그쳤다는 한계가 있다.

그 후 활동 중심 방법론은 미약하게나마 그 명맥을 꾸준히 유지해왔으며, 1980년대 후반부터 점차 다양한 활동을 기반으로 연구되기 시작했다(Kai-Kee et al., 2020). 활동 중심 교육이 단순히 학습자의 흥미를 증진하는 데 그치지 않고, 학습자가 전시물과의 상호작용 과정에서 그들의 감정과 신체를 참여시킨다는 점이 밝혀져왔기 때문이다. 인지철학자 노아(Alva Noë, 2009)는 시각적 능력이 스스로의 신체적 움직임과 어떻게 연관되는지에 따라 시각적 인지도 결정된다고 했다. 즉, 시각적 인지 능력 또한 신체와의 상호작용을 통해 개발해나갈 수 있는 일종의 기술이라는 것이다. 따라서 뮤지엄 전시 관람 과정 동안 신체적 움직임과 관련된 활동을 도입한다면, 학습자의 시각적 인지 능력을 신장할 수 있다. 또한 이 과정에서 학습자들은 자신의 이성적 사고 이외의 다양한 과정을 통해 반응을 자유롭게 표현(Hubbard, 2007)하는 부수적 효과도 거둘 수 있다. 이에 오늘날 뮤지엄에서는 활동 중심 교육론을 기반으로 한 다양한 학습자 활동을 뮤지엄 교육에 적극적으로 도입하고 있으며, 학습자와 에듀케이터 모두 더욱 활동적인 관점으로 전시물과 전시에 다가가고 있다(Kai-Kee et al., 2020).

활동 중심 방법론이 뮤지엄 교육에 적극적으로 활용되는 또 다른 이유는 바로 학습자의 적극적인 놀이와 참여를 촉진하기 때문이다. 뮤지엄에서의 활동은 학습자들이 자신의 호기심과 흥미에 기반하여 활동의 목적을 형성해나가는 경험을 제공한다(Hennes, 2002). 바로 이러한 활동들은 일종의 탐구와 탐험이라는 점에서 놀이와 같다고 할 수 있다. 철학자 가다머(Gadamer, 1986)는 놀이가 일종의 반복적인 움직임 형태를 띤다는 점을 강조하며, 뮤지엄에서의 미적 경험 또한 전시물과 학습자 간 반복되는 움직임으로서의 상호작용을 의미할 수 있다고 주장했다. 학습자가 미적 경험을 통해 참여하는 놀이는 '예술 되기'라는 형태로, 이러한 놀이를 통해 학습자는 전시물을 이해할 수 있다는 것이다. 또한 언어적 형식 외에도 신체적인 활동, 이를테면 게임이나 그림 그리기 등 역시 전시물에 대한 반응 형태이자 놀이 형태가 될 수 있다. 뮤지엄 교육학자 포크와 디어킹(Falk & Dierking, 2000) 역시 학습자들이 뮤지엄에서의 학습을 일종의 놀이나 유흥과 유사하다고 여기며 학습과정이 덜 강압적으로 느낀다고 지적했다. 한편, 몰입 이론을 주장한 교육학자 칙센트미하이(Csikszentmihalyi, 1990)는 학습자의 신체를 통한 활동 참여를 더욱 강조하며 신체 활동이야말로 학습자들의 몰입을 위한 필수 조건이라고 했다. 이는 윌리엄스(Patterson Williams, 1976)가 어린이들이 뮤지엄에서 '무언가를 행함'으로써 그 경험을 구성해야 한다고 주장한 것과 같은 맥락이다. 그는 학습자들이 뮤지엄에서 시각적으로 인지한 것들을 더 다양한 감각을 이용해 활동적으로 탐색하고 경험해야 한다고 주장했다.

놀이가 단순한 행위가 아니라 문명의 발전을 이끌어내는 생활 속 주요 문화로서 기능한다는 하위징아(Huizinga, 1938, 2018)의 관점에서 볼 때, 활동 중심 방법론에서의 구체적 활동들은 큰 의의를 지닌다. 활동들은 그 자체로 경험이자 놀이이며, 나아가 뮤지엄의 문화로서 기능할 수 있기 때문이다. 따라서 이러한 활동 중심 교육은 뮤지엄에서 학습자들이 발견한 새로운 관점을 활동에 연계하고 산출함으로써 뮤지엄 교육이 통합적 교육으로 도약할 수 있게끔 한다(백령, 2005).

최근의 뮤지엄들은 활동 중심 방법론을 도입하여 이를 통한 학습자들의 상호작용 증진에 큰 관심을 기울이고 있다. 미국의 뮤지엄 에듀케이터 사이먼(Simon, 2010)은 자신의 저서《참여적 박물관participatory museum》을 통해 다양한 뮤지엄이 학습자의 참여를 독려해야 함을 주장하며, 구체적 실행 방안들을 제시했다. 사이먼(2010)은 특히 학습자들이 전시물에 반응하며 그 반응을 직접 실제 공간에 덧붙이는 상호작용적interactive 기법을 강조했다. 이러한 기법을 기반으로 학습자들은 뮤지엄에서 구체적인 콘텐츠를 창작하고, 이를 다른 학습자들과 활발하게 공유함으로써 서로를 연결해나갈 수 있다고 주장했다. 실제로 맥도널드(Macdonald, 2011)는 인간의 삶과 활동에 대해 다양하고 상호작용적인 재현을 조력하는 박물관 환경에서 학습자가 더욱 의미 있고 오래 기억될만한 방문 경험을 지니게 된다고 주장했다.

이처럼 활동 중심 방법론은 오랜 시간 동안 점진적으로 뮤지엄 교육에서 그 위치를 공고히 해왔으며, 뮤지엄 교육에 학습자를 위한 다양한 활동이 도입되는 데 큰 영향을 미쳤다. 이에 다음에서는 뮤지엄에서 활동 중심 방법론이 도입되는 주요 한 학습자 활동의 예시를 알아보고, 그것이 뮤지엄 교육에서 가지는 의의를 알아보고자 한다.

2) 뮤지엄에서의 활동

활동 중심 뮤지엄 교육에서 학습자 중심 활동은 언어 및 인지적 활동뿐 아니라 신체, 예술, 테크놀로지 등 다양한 분야와 연관되어 있다. 이에 여기에서는 뮤지엄 활동의 대표적인 사례로 그림 그리기, 움직임, 메이킹, 드라마, 게임을 각각 살펴보고자 한다.

(1) 그림 그리기

그림 그리기drawing는 뮤지엄 설립 초기부터 이루어져온 활동이며, 오늘날의 뮤지엄에서도 주된 교육 활동 중 하나다. 그림 그리기는 실제로 학습자가 뮤지엄에 손쉽게 가져올 수 있는 첫 번째 기술이다. 대다수 학습자가 자신은 그림을 잘 그리지 못한다고 여기지만, 실제로 많은 학습자는 아주 어릴 때부터 그림을 그려왔기 때문이다(Kai-Kee et al., 2020). 그림 그리기는 창작을 통해 학습자의 추상적인 지식을 구체화하도록 도우며, 자기 자신과 세계를 표현할 수 있게 한다. 그 과정에서 학습자는 언어 활용 능력, 논리 능력, 예술적 표현 능력, 창의성, 사회성 등을 기를 수 있다(백령, 2005).

그림 그리기는 학습자들에게 전시물을 더욱 천천히 관찰하고, 집중하고, 전시물에 대해 생각하게 한다. 그리고 그리는 행위를 통해 전시에 더 깊이 참여할 수 있게 한다. 학습자들은 관람이 끝난 이후에도 그림 그리기를 통해 시각적 탐구를 수행하고, 새로운 것을 발견해나가기 때문이다(Kantrowitz et al., 2017). 이는 상당수 뮤지엄에서 에듀케이터들이 그림 그리기를 단순한 묘사 수단보다는 학습자의 발견 및 학습 수단으로 강조하는 이유이기도 하다. 따라서 에듀케이터는 학습자들이 그린 결과물만 보고 그들의 시각적 인지 수준이나 교육 효과를 평가해서는 안 된다. 그림 그리기를 통한 뮤지엄에서의 시각적 탐구 예로 미국 로스앤젤레스의 폴 게티 뮤지엄J. Paul Getty Museum에서 실행한 교육 프로그램이 바로 그 예가 될 수 있다(Kai-Kee et al., 2020). 복잡한 시각적 요소가 많은 미루나무 모양의 전시물을 중심으로 이루어진 이 교육은 초등학생들이 직접 전시물을 관찰하고 이를 그려볼 수 있도록 했다. 처음에는 전시물 앞에 앉아 관찰하고, 손을 들어 허공에 그 형태를 따라 그려보도록 했다. 그리고 두 번째에는 전시물을 이전보다 훨씬 천천히 감상하도록 했다. 그런 다음 연필과 종이를 제공하여 눈으로는 전시물을 관찰하며, 손으로는 천천히 연필을 떼지 않고 윤곽선을 따라 그리는 '종이 안 보고 윤곽 그리기blind contour drawing' 활동을 진행했다. 이를 통해 학습자들은 기존의 감상에서 발견하지 못한 전시물의 시각적 요소들을 쉽게 발견할 수 있었다. 이처럼 그림 그리기 활동은 학습자들이 기존의 뮤지엄 교육에서 배우지 못했던 관찰력을 증진하고, 시각과 촉각을 유기적으로 연결해줄 수 있다.

최성희(2015)는 뮤지엄에서의 그림 그리기 활동을 증진하기 위해 미술관 전시실 내에 늘 열려있는 미술관 경험 코너를 구조화할 것을 제안했다. 이를 통해 학습자가 작품에 대한 이해, 공간에 대한 이해, 다른 학습자들에 대한 이해, 그리고 활동의 주체로 참여하고 있는 자신에 대한 이해를 증진할 수 있기 때문이다. 그 대표적인 예가 바로 미국 오하이오의 콜럼버스 미술관Columbus Museum of Art이다. 이 미술관은 상설전과 특별전에 학습자들이 특별한 준비 없이도 즉각적으로 활동에 참여하며 감상할 수 있는 상호작용적 체험 활동을 전시장 곳곳에 구조화해놓았다. 학습자의 놀이를 변화의 핵심으로 꼽으며, 학습자들이 놀이처럼 다양한 테이블에서 다양한 재료와 도구를 가지고 작품을 창작하거나 전시물을 제작할 수 있도록 했다. 또한 한 테이블에는 정물화의 전시물 배치를 재구성할 수 있도록 투명한 OHP 필름 위에 외곽선만 그려진 이미지와 컬러 복사된 전시물의 OHP 필름들을 배치했다. 이는 사이먼(2010)이 제시한 제한적 참여 형태로, 학습자가 부담 없이 활동에 언제든 참여할 수 있도록 유도하는 효과를 거둘 수 있다. 또한 활동을 마친 후에는 결과물을 가져갈 수도 있지만,

테이블에 비치해둘 수도 있게 하는 나눔의 공간을 조성하여 다른 학습자의 결과물을 살펴보거나 자신의 결과물을 공유할 수도 있게 했다. 최성희(2015)에 따르면 관람자는 이러한 활동에 참여함으로써 개인의 관심사와 삶의 구체적인 면들이 자연스럽게 뮤지엄 교육 내에서 펼쳐지는 것을 목격할 수 있다.

한편, 디지털 그림 그리기 활동을 통해 학습자의 개인적 의미와 이야기를 담고자 하는 캘리포니아 오클랜드 박물관Oakland Museum의 시도 또한 이와 같은 맥락이라 할 수 있다. 오클랜드 박물관 종사자들은 학습자들이 자신의 모습을 박물관 안에서 마주하고 확인할 수 있기를 바란다는 점을 발견하고 나서 이러한 경험을 제공하기 위해 디지털 그림 그리기 활동 '당신은 여기에 있습니다You Are Here'를 도입했다. 이 활동에서 학습자들은 자신이 감상한 작품을 바탕으로 전자 스케치 패드에 자신의 자화상을 그릴 수 있다. 그리고 그들이 그린 자신의 모습은 곧바로 '캘리포니아의 초상'이라는 벽면에 전시되며, 이메일 등으로 전송하여 직접 소장하거나 타인과 공유할 수 있다. 그뿐만 아니라 다른 이들이 그린 자화상이나 직접 작성한 느낀 점을 열람하여 상호작용할 수도 있다. 이러한 시도는 다양성을 주된 가치로 꼽는 캘리포니아의 지역적 특성이자 뮤지엄의 설립 취지와도 일치했을 뿐 아니라 학습자들에게 가장 인기 있는 활동 중 하나가 되었다(Nelson, 2011).

최근에는 이러한 그림 그리기 활동을 예술치료art therapy와 접목하여 학습자를 위해 제공하는 뮤지엄들이 증가하고 있다. 뮤지엄 교육환경이 안전하고 공감적인 분위기에서 창의적으로 표현할 수 있는 공간이기 때문이다(Marxen, 2009). 미국 워싱턴 DC의 허쉬혼 뮤지엄과 조각 공원Hirshhorn Museum and Sculpture Garden의 교육 프로그램이 바로 예술치료 기반 그림 그리기 활동의 예다. 뮤지엄은 인근 조지워싱턴대학의 예술치료 인턴들과 협력하여 학습자들에게 탐구 기반 투어를 제공하고, 그 투어를 바탕으로 그림 그리기 활동을 했다. 유치원생부터 중 · 고등학생 및 청소년에게까지 폭넓게 제공되는 예술치료 프로그램은 뮤지엄 교육 프로그램 실행 시 요구되는 학습자에 대한 고려의 중요성뿐 아니라 뮤지엄과 심리치료의 혁신적인 파트너십 예시(Peacock, 2012)를 보여주었기에 큰 의의가 있다.

또한 이와 같은 예술치료 접목 활동은 단순히 미술관에만 적용되는 것이 아니라 역사박물관 등 다양한 뮤지엄에도 적용될 수 있다. 미국의 홀로코스트 기념 박물관Holocaust Memorial Museum에서 도입한 미술치료 교육 프로그램은 성인 학습자들이 직접 전시를 관람하고 그림 그리기 활동에 참여하여 예술치료 효과를 거둘 수 있도록 했다. 그 결과 학습자들은 관계적 공유와 학습이 가능했을 뿐 아니라 공감 능력이 향상되고 소수자에 대한 연대 의식이 신장되는 모습을 보였다(Betts et al., 2015). 이처럼 뮤지엄은 학습자의 심신 안정 및 행복을 증진시키는 치유적 환경으로, 예술치료를 통해 학습자들은 자신의 개인적 경험을 예술과 접목하고 삶 전반에 대한 다양한 이해 방식을 탐구할 수 있다(Ioannides, 2016).

그 외에도 예술치료를 접목한 그림 그리기 활동 프로그램은 어린이와 청소년 학습자뿐 아니라 성인(Betts et al., 2015), 노인(Rosenblatt, 2014), 장애인(Aguilar, 2019), 디아스포라 등의 이주민(Salom, 2011), 여성 거식증 환자(Thaler et al., 2017) 등 다양한 사회문화적 배경을 지닌 교육 대상에게 적용해오고 있으며, 교육 효과도 거두고 있다.

(2) 움직임

듀이(Dewey, 1896)에 따르면, 우리의 움직임, 즉 몸과 머리 그리고 눈 근육의 움직임들은 우리의 경험 질을 결정한다. 이처럼 뮤지엄 교육에서도 움직임movement은 뮤지엄 경험을 더욱 풍요롭게 할 수 있다는 점에서 중요한 역할을 한다. 움직임 기반 활동 중심 교육은 교육자이자 무용 이론가인 라반Rudolf von Laban, 1879~1958의 움직임 교육을 기반으로 한다. 그에게 움직임이란 사람들 간 의사소통을 가능하게 하는 인간의 언어 중 하나였다. 이에 그는 움직임의 구성요소와 원리를 연구하고, 움직임이란 사람의 몸이 특정 공간에 형태를 만들어 자신의 내적 상태effort를 표현하는 것이라고 정의 내렸다. 라반은 움직임 교육을 통해 학습자들의 움직임의 자발성을 회복하고, 예술적 표현력을 신장하고자 했다. 또한 학습자들이 움직임 원리를 이해하고, 인간의 활동에 대해 넓은 안목을 지닐 수 있도록 했다.

이러한 라반의 움직임 교육을 기반으로 1990년대부터 미국의 미술관들은 점차 뮤지엄 활동에 움직임을 도입했다. 이들은 학습자들이 직접 자신의 몸으로 작품에 대한 해석을 표현할 수 있다는 사실에 착안하여 움직임 교육을 적극적으로 도입했다(Weisberg, 2006). 이후 미술관뿐 아니라 박물관, 자연사박물관, 어린이박물관 등 다양한 뮤지엄에서 움직임을 활용한 활동 중심 뮤지엄 교육이 이루어지게 되었다.

그중 뮤지엄 에듀케이터 와이즈버그(Weisberg, 2006)는 미술관 감상교육에 움직

〈표 2-15〉 뮤지엄 무브먼트 기법(MMT)의 활동 내용

기법 명칭	활동 내용	감상 작품
그대로 멈추기 Mirror	• 단순하게 보이는 그대로 순간 포착하여 자신이 작품의 복제물이 된 것처럼 정지 동작을 취한다. • 크고 눈에 띄는 것을 중심으로 한 낮은 수준의 관찰력이 요구된다. • 선, 도형을 관찰하여 모사하는 활동은 학습자의 공간 이해력을 요구한다.	사실적 작품, 움직이는 작품Kinetic Art
실제로 해보기 Alive	• 사실적으로 표현된 전시물을 관찰하여 그와 연관되는 움직임을 표현한다. • 관찰을 통해 작품과 관련하여 어떤 움직임이 일어날 수 있을지 유추하는 활동이다. • 학습자들은 왜 그렇게 움직였는지 근거를 말할 수 있어야 하므로 의사소통 능력이 요구된다.	사실적 작품, 움직이는 작품Kinetic Art
따라 그리기 Map	• 조형 요소로만 이루어진 단순한 작품을 관찰하고 발견한 형태나 방향을 손가락, 팔, 발 등 신체를 이용해 그려보는 활동이다. • 학습자들은 따라 그리는 활동을 하면서 서로의 움직임을 관찰하고, 이를 통해 어떤 형태들이 발견될 수 있는지를 알게 된다. • 선 및 도형을 따라 그리기 위해서는 작품 요소 간의 거리감, 깊이감, 앞뒤 배치 등을 인식할 수 있어야 하므로 공간 이해력이 필요하다.	추상 작품, 정지 작품
감정/해석 표현하기 (의인화) Expressive	• 추상 작품의 조형 요소나 원리에서 오는 느낌, 감정을 표현하는 활동이다. • 학습자들은 자신의 표현에 대한 근거를 들어야 한다. 따라서 의사소통 기술이 필요하다. 또한 그 과정에서 해석의 다양성이 드러나기 때문에 작품 감상에 대한 열린 시각을 가질 수 있도록 한다.	추상 작품, 정지 작품
단체 움직임 Composition	• 감상하는 작품에서 발견한 요소나 작품의 주제와 관련하여 여러 사람이 일련의 움직임을 구성하여 표현하는 활동이다. • 공간적 개념(선, 도형)이나 표현적 특질(감정적, 서술적)을 묘사하는 움직임들을 구성하여 단체로 활동해야 하므로 공간 활용에 대한 능력이 요구된다. • 여러 사람이 주제에 맞는 움직임을 만들어내기 위해 협력해야 하므로 사회성이 요구된다. • 어떤 움직임을 만들어야 하는지 토의하기 위한 의사소통 기술이 필요하다.	거의 모든 유형의 작품

출처: 이현정, 2019, 31-33쪽.

임을 접목하는 교육 프로그램을 적극적으로 개발했다. 그는 11년 동안 움직임 교육 실행 결과를 통해 얻은 성찰을 '뮤지엄 무브먼트 기법Museum Movement Techniques: MMT'이라고 명명했다. 그는 학습자들이 뮤지엄에서 성취해야 할 학습 내용과 작품에 대한 이해에 적합한 무브먼트 활동들을 정리하여 그대로 멈추기, 실제로 해보기, 따라 그리기, 감정/해석 표현하기(의인화), 단체 움직임의 5개 기법을 산출했다. 5개 기법의 자세한 활동 내용은 〈표 2-15〉와 같다.

또한 이러한 기법들은 작품의 어떤 측면을 초점화하는지에 따라 여러 도입 방법entry으로 재분류될 수 있다. 이때, 도입은 학습자가 학습 내용 및 주제에 몰입하여 학습목표를 성취하도록 돕는 방법을 의미한다. 즉, 뮤지엄 에듀케이터의 교육 목표에 맞춰 학습자들이 어디에 초점을 두고 작품을 감상할 것인지에 따라 움직임 기

〈표 2-16〉 MMT 도입 방법

도입entry point	움직임 기법movement	내용
공간적 도입 spacial entry point	그대로 멈추기	• 사실적인 작품 속의 요소들을 단순하게 모방하는 활동을 통해 학습자들에게 작품에 대한 흥미를 가지게 함(예: 작품의 동물/인물의 자세를 정지 동작으로 표현하기)
	따라 그리기	• 추상적인 작품에서 발견되는 형태, 방향, 크기 등을 따라 움직이게 함으로써 학습자들에게 작품의 조형적 특성을 발견하도록 함(예: 나선형 작품을 보면서 손으로 나선형 따라 그려보기, 입체 작품의 그림자를 그대로 따라 걸어보기, 두 도형 사이의 거리감을 몸으로 표현해보기)
설명적 도입 expressive entry point	실제로 해보기	• 사실적인 작품을 보고 움직임을 연상하고 표현하는 활동을 통해 작품의 주제에 접근시킴(예: 1초 뒤에 일어날 일을 움직임으로 표현해보기, 작품 속 상황을 움직임으로 재현해보기)
	감정이나 해석 표현하기(의인화)	• 추상적인 작품을 보고 자신의 느낌이나 감정을 몸으로 표현하고 그 이유를 설명하게 함으로써 학습자들에게 작품의 주제 및 표현 방법 등에 대해 탐구하도록 함(예: 빨간 선이 주는 느낌을 '분노'의 표정으로 표현하기, 커다란 구 모양을 보고 폭발을 의미하는 움직임 표현하기. 그리고 그렇게 움직인 이유를 설명하기)
사회 협력적 도입 social-cooperative entry point	단체 움직임	• 작품의 조형적 특성과 연관되는 움직임들을 구성하고 표현하면서 학습자들의 의사소통 및 협력 기술을 발휘하도록 함(예: 여럿이 모여 사슬 모양 만들기, 점점 커지는 느낌의 도형 표현하기)

출처: Weisberg, 2006; 이현정, 2019, 33-34쪽에서 재인용.

법을 다양하게 활용할 수 있다는 것이다. 와이즈버그(2006)는 공간, 표현 그리고 협력이라는 도입 방법을 제시했다. 자세한 내용은 〈표 2-16〉과 같다.

와이즈버그(2011)는 이러한 MMT가 학생뿐 아니라 성인과 노인, 장애인에게도 폭넓게 적용될 수 있다고 주장했다. 특히 움직임은 보편적인 언어이기 때문에 청각장애인이나 자폐 스펙트럼을 지닌 사람들의 뮤지엄 학습에도 큰 도움이 된다는 의의가 있다.

MMT 프로그램의 예시로는 미국 크라이슬러 미술관의 에듀케이터인 딜라드 Channon Dillard가 개발하여 2003년부터 시작한 〈새플링스Students and Parents Learning Intellectual Growth Strategies: SAPLINGS〉 프로그램을 들 수 있다. 〈새플링스〉 프로그램은 학생과 부모의 인지적 성장을 위한 전략적 프로그램으로, 학생과 그들의 성인 보호자를 대상으로 한다. 이들은 미술관에서 개방형 질문과 관찰을 통해 전시를 관람하고, 이를 MMT 기법과 연관 지어 움직임으로 자신의 느낌을 표현하고 그 결과물을 상호 공유했다. 그 과정에서 '카우릭스Counting, Observation, Words, Letters, Imagination, Compare, and Contrast, Kinesthetics and Senses: COWLICKS' 활동지를 활용함으로써 새롭게 배운 학습전략들을 강화하도록 했다. 이 활동지는 학습자들이 전시물을 감상하며 숫자 세기, 관찰하기, 단어 찾기, 글자 찾기, 상상하여 표현하기, 비교하고 대조하기, 움직이기, 감각 예상하기 같은 총 일곱 가지 활동을 할 수 있도록 구현되어 있다. 또한 참여자들은 색상으로 표기된 뮤지엄 지도를 활용하여 움직임 전략과 활동에 대한 제안이나 질문들을 쉽게 확인하고 참여할 수 있었다. "만약 이 부엉이가 움직인다면 어떻게 움직일까요?" 같은 움직임 관련 질문이 바로 그 예다. 이 프로그램에 참여한 결과 상당수의 성인 보호자들은 MMT를 스스로 활용하여 뮤지엄에 재방문하게 되었으며, 한 학급에서 시작된 프로그램이 곧 16개의 학교와 두 학년으로 확대되는 결과를 보였다(Weisberg, 2011).

한편, 국내에는 MMT를 적용한 교육 프로그램은 없으나 움직임 관련 뮤지엄 교육은 일부 교육 프로그램의 요소로 꾸준히 실행되고 있다. 삼성미술관 리움Leeum이 2019년 실시한 청소년 대상 교육 프로그램 〈리움 크리에이티브: 움직이는 글, 말하는 움직임〉이 그 예다. 스토리텔링 강사와 무용 강사의 협업을 통해 학습자들이 전시물 감상 후 다양한 이야기를 창작하고, 그 과정에서 느낀 감각과 감정을 다양한 움직임으로 표현해보는 프로그램이다. 이 프로그램을 통해 미술관은 글/말과 움직임 간의 양분적 인식을 타파하고, 좀 더 유기적으로 다양한 감각을 연결 짓고 관람자가 이를 통해 전시물과 움직임, 그리고 자신의 감정과 관계를 맺을 기회를 제공했다. 한편, 국립중앙박물관 어린이박물관에서는 전시관 내 소활동으로 전통 입체조각상인 '반가사유상'의 자세를 몸으로 따라 해보는 활동을 운영하기도 했다. 이 과정에서 학습자들은 전시물에 집중할 수 있었을 뿐 아니라 도전 의식도 키울 수 있었다(이현정, 2019).

위와 같은 사례를 통해 우리는 움직임이나 춤은 학습자들에게 전시물 혹은 전시 주제와 더욱 긴밀히 연결될 수 있게끔 해주고, 학습자들의 유창성에 긍정적 영향을 미친다는 것을 알 수 있었다. 일례로 학습자들은 움직임을 통해 작품에 대한 느낌이나 연상되는 이미지를 창의적으로 표현하는 모습을 보였다(이현정, 2019). 이처럼 움직임 기법을 뮤지엄 교육에 적용하면 학습자들이 뮤지엄 전시 관람에 더욱 활발하게 참여할 수 있도록 독려할 뿐 아니라 작품에 집중하여 관찰하고 반응할 수 있도록 돕는다(Sternberg, 1989; Kelley, 2012: 25 재인용).

(3) 메이킹Making

뮤지엄 교육에서의 메이킹Making은 메이커 운동Maker Movement에 기반한다. 메이커 운동은 2011년 도허티Dale Dougherty와 토마스AnnMarie Thomas 등이 함께 '메이커 교육 계획Maker Education Initiative'을 수립하고 다양한 제작 기술과 메이커 설계 기술을 교육에 도입하며 시작되었다(Maker Education Initiative, 2016). 도허티는 메이커Maker를 기술을 배워 새로운 것을 창작하면서 삶을 풍부하게 하는 사람으로 지칭했다(Dougherty, 2012). 메이커는 소비자가 되기보다는 물건을 직접 제작하는 데 열정을 갖고 있으며, 새로운 기술과 디지털 도구를 활용한다. 메이커 운동의 특징은 "디지털 데스크톱 기술, 디자인을 공유하고 온라인으로 협력하는 문화 그리고 공유와 공통 디자인 설계 표준의 사용"이다(Anderson, 2012; Sheridan et al., 2014: 496 재인용). 사실 메이커 운동은 처음부터 교육에 초점을 맞추어 전개된 것은 아니다. 그러나 메이커 페어Maker Fair와 뮤지엄, 도서관 등 지역사회에서의 아웃리치 메이커 프로그램 운영을 통해 만들기의 교육적 가치가 인정받게 되었다. 이제는 뮤지엄에서도 메이커 교육이라는 하나의 새로운 교육 방법이자 패러다임으로 받아들여지고 있다(한국과학창의재단, 2016; Lang, 2013). 뮤지엄에서의 메이커 교육 활동 사례로는 뉴욕 과학관, 피츠버그 어린이박물관, 샌프란시스코 박물관의 사례를 예로 들 수 있다.

먼저 뉴욕 과학관New York Hall of Science: NYSCI은 메이커 교육의 하나로 과학관 내에 '메이커 스페이스Maker Space'를 상시 운영하고 있다. 메이커 스페이스에서는 도구, 자료, 재활용 재료를 제공하여 다양한 메이킹 활동을 하도록 한다. 목공, 플라스틱 캐스팅, 전자 작업, 3D 프린팅 등 다양한 실험 활동과 열린 탐구를 하면서 창의적 메이킹 활동을 하도록 한다. 이를 위해 다양한 재료를 활용한 메이킹 활동과 토요일과 일요일에는 워크숍을 진행한다. 특히 뉴욕 과학관은 메이커 교육의 도입에 앞서 과학관 고유의 '디자인-만들기-놀기Design-Make-Play: DMP' 페다고지를 개발하고, 이를 메이커 뮤지엄 교육의 기본 틀로 삼았다. 그 내용은 〈표 2-17〉과 같다.

〈표 2-17〉 DMP 페다고지

과정	내용	신장 능력
디자인Design	기본 원리의 반복적 신택과 정렬을 통해 문제를 해결하기 위한 구조, 시스템, 도구들을 창조하는 과정	비판적 사고력
만들기Make	오브제를 직접 손으로 창조하고, 접목함으로써 그것이 어떻게 운행되는지 알아가는 기쁨을 누리는 과정	문제 해결력
놀기Play	상상, 발명, 혁신 등을 도입하여 즐겁게 자발적으로 활동하는 과정	상상력

출처: Honey & Kanter, 2013 재구성.

이러한 DMP 페다고지 하에서 실시되는 메이커 교육을 통해 학생들은 과학적 상상력을 개발하고, 학습의 동기를 얻을 수 있다(Honey & Kanter, 2013). 또한 이와 동시에 뉴욕 과학관은 2011년 DMP 페다고지의 주요 신장능력을 위한 교육적 기준틀

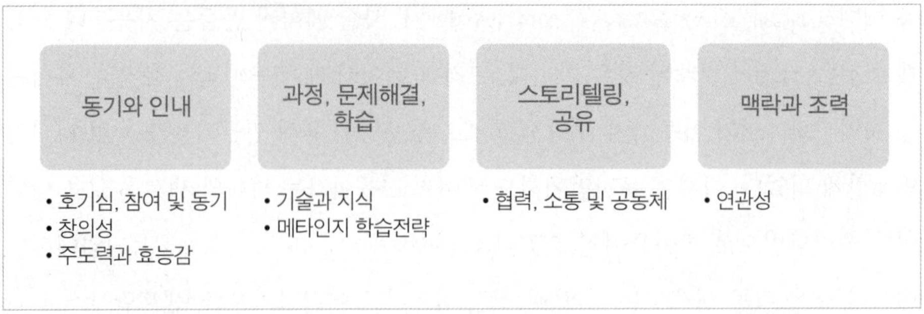

[그림 2-23] 새로운 DMP 초점을 위한 기준틀(Framework Mapped to Emergent DMP Focal points)

출처: NYSCI, 2018 재구성.

을 개발하기도 했다(그림 2-23). 이와 같은 교육적 기준틀의 마련으로, 뉴욕 과학관 내 메이커 교육은 명확한 교육적 지향점을 지녀 더욱 효율적으로 학습자들의 메이커 역량을 신장할 수 있을 것이다. 또한 이러한 기준틀은 뮤지엄에서의 비형식적 교육뿐 아니라 뮤지엄 바깥의 형식적 교육기관인 학교에서의 과학교육에도 분명한 교육적 비전을 제시한다는 점에서 두 교육 환경을 상호 연결하는 중요한 역할을 할 수 있다(Quinn & Bell, 2013).

한편, 뉴욕 과학관은 매년 세계 메이커 축제World Maker Faire, New york를 과학관 내외에 직접 개최하여 전 세계 메이커 및 메이커 교육자들이 자유롭게 자신의 경험을 공유하고, 메이커 교육에 관심 있는 전 연령 모든 이들이 체험(Maker Faire, 2018)하는 교육의 장으로서 기능한다. 이는 다른 뮤지엄들이 지역 내 메이커 축제에 일부 부스 형식으로 참여하는 것과는 대조적인 모습으로, 뮤지엄이 주체적으로 메이커 축제를 이끌어나가며 국가적 메이커 교육에 앞장선다는 데 의의가 있다. 그뿐만 아니라 매년 메이커 교육에 대한 포럼을 개최하여 메이커 교육에 대한 연구를 지속하고 있다(NYSCI, 2013). 또한 뉴욕 과학관은 톱, 줄, 사포, 글루건 등 도구 사용법에 대한 워크숍을 교실에 제공함으로써 학생 중심의 프로젝트를 진행할 수 있도록 하고, 컨설팅을 통해 메이커 교육 초기 단계의 목표 설정부터 전면적인 메이커 교육의 도입까지 메이커 쇼케이스 계획과 적용까지 교육한다. 또한 메이커 교육 시작 이후에도 매주 혹은 매달 이루어지는 메이커 코칭, 창의적 사고력을 위한 팀 워크숍 등을 꾸준히 제공하여 과학관 외부 기관들의 메이커 교육 지속성을 높이고자 한다.

둘째로, 피츠버그 어린이박물관Pittsburgh Children's Museum은 메이커 교육을 위한 전용 공간인 '메이크숍MAKESHOP®'을 상시 운영하고 있다. 메이크숍은 "진짜 물건 가지고 놀기Play with real stuff"를 모토로, 어린이박물관의 특성에 맞추어 가족 단위로 학습할 수 있도록 기획되었다. 이들은 매주 새로운 교육 테마를 적용하여 다양한 메이커 활동을 지원한다. 교육 테마는 학습자들이 사용하게 될 재료나 도구처럼 오브제를 중심으로 하기도 하고, 할로윈이나 명절 등 시의성, 레이저나 모형 등 박물관 전시물과의 연계성을 고려하기도 한다. 메이크숍 중 워크숍Work Shop 공간은 이전의 공간들보다 좀 더 학습에 집중할 수 있도록 구성되었으며, 특히 학습자들이 3D 프린터, 레이저 커팅기, 재봉틀처럼 사용법이 어려운 도구들을 사용할 때 박물관의 조력자들로부터 언제든지 도움을 받을 수 있도록 구성된 것이 특징이다. 이러한 메이크숍의 공간

[그림 2-24] 피츠버그 어린이박물관의 메이크숍

뮤지엄은 코너형 학습 공간을 다양하게 마련하여 학습자들이 에듀케이터의 도움을 받아 다양한 메이킹 활동에 참여할 수 있게 했다.

들은 대체로 언제나 사용할 수 있도록 열려 있으며, 학습자들도 그 공간에 있는 일상적인 오브제들을 원하는 대로 재구성하여 메이커 활동을 실행할 수 있다. 한편, 메이크숍에 상주하는 조력자들은 각각 전기, 디지털 미디어, 컴퓨터 프로그래밍 등 특정 분야에 특화된 전문가로서 학습자들의 비계가 되어 메이커 뮤지엄 교육을 촉진한다(Sheridan et al., 2014).

또한 피츠버그 어린이박물관은 '모바일 메이크숍Mobile Makeshop'이라는 지역 내 학교 연계 아웃리치 활동을 통하여 뮤지엄 밖에서도 메이커 교육이 이루어질 수 있도록 적극적으로 지원하고 있다. 모바일 메이크숍 프로젝트는 박물관이 특별히 구성한 자문기구를 통해 그 목표와 시행 방법 등을 고안했다. 특히 이 자문기구에는 뮤지엄 관계자들뿐 아니라 인근 지역의 교사, 지역 도서관 관계자, 교수 등 다양한 분야의 전문가들이 자문위원으로 참여하여 본 프로젝트의 잠재력과 한계를 폭넓게 논의했다. 그 결과 메이커 교육을 계획하는 학교를 위해 교육과정 개발도구Tool Kit를 개발하고, 지속적 메이커 교육을 위한 재정적 유지 방안 등을 제공할 수 있었다. 이에 모바일 메이크숍을 통해 선정된 학교들은 박물관과의 협업을 통해 고유의 비전과 메이커 교육과정 등을 설정하고, 단순히 교수법의 측면이 아닌 문화적 초점으로서의 메이커 교육을 실행했다(Maslyk, 2016). 이를 통해 어린이박물관이 단순히 지역 내의 사회학습 기관에 머무르는 것이 아니라 메이커 교육의 증진을 통한 문화 교육의 핵심적 중추로서 그 역할을 다함을 알 수 있다(손지현 · 황은경, 2018).

마지막으로 샌프란시스코 과학관Exploratorium은 메이커 교육공간인 '팅커링 스튜디오Tinkering Studio'를 상시 운영하고 있다. 팅커링 스튜디오는 '그들의 손으로 생각하기Think with their hands'를 목표로 과학관의 학습자들이 자신의 호기심에 따라 자유롭게 탐색하고, 다양한 예술가와 과학자, 교육자들과의 협업에 참여함으로써 더 깊은 창조의 경험을 할 수 있도록 돕는 공간이다. 이들은 팅커링 스튜디오를 통한 자유 참여 교실뿐 아니라 어린이, 가족, 성인, 에듀케이터 등 다양한 대상을 위한 메이커 교육 프로그램을 적극적으로 실시하고 있다. 특히 가장 대표적인 교육 프로그램은 '팅커링의 예술 워크숍The Art of Tinkering Workshop'이다. 이 교육 프로그램은 메이커 교육자 양성을 위해

[그림 2-25] 샌프란시스코 과학관의 팅커링 스튜디오

팅커링 스튜디오 내 다양한 만들기 도구를 확충하여 학습자들이 자유롭게 재료를 탐색하고 새로운 것을 창조할 수 있도록 했다.

개발된 3일간의 전문적 교육으로서 팅커링 과정을 학습자로서 경험하고, 그 경험을 에듀케이터로서 반영해볼 수 있다. 또한 궁극적으로 실제 교육현장에서 팅커링을 적극적으로 도입할 수 있도록 개별화된 전략을 개발하는 데 교육의 목표를 둔다.

또한, 샌프란시스코 과학관의 팅커링 스튜디오는 방과후 수업 연계 교육 프로그램으로서 '방과후 팅커링After School Tinkering' 프로그램을 지속적으로 시행하고 있다. 구체적인 내용은 〈표 2-18〉과 같다.

이처럼 샌프란시스코 과학관이 시행하는 방과후 팅커링 프로그램은 학습자

〈표 2-18〉 방과후 팅커링(After School Tinkering)

연계 기관	특징
라이트하우스 학교 Lighthouse Community Charter School	• 중학생을 대상으로 하는 방과후 STEM 메이커 교육 • 워싱턴 대학교와 샌프란시스코 과학관의 연구실천 협약 바탕 • 교사, 방과후 교사, 프로그램 계획자, 활동 디자이너, 연구자 등 다양한 인력의 협업을 통한 다양한 관점의 교육
샌프란시스코 소년소녀 클럽 팅커링 프로그램 SF Boys & Girls Club Tinkering Program	• 저소득층 이민자 초등학생 · 중학생을 위한 방과후 메이커 교육 • 주 단위 수업을 통한 지속적 메이커 교육 • 교육적 평등 개념을 바탕으로 한 메이커 교육의 연구 및 실행 • 메이커 교육을 통한 정체성의 변화를 지속적으로 관찰하는 교육
캘리포니아 방과후 팅커링 네트워크 California Tinkering Afterschool Network	• 캘리포니아의 저소득 및 소외계층 학생들을 위한 교육 네트워크 • 공동체 과학 워크숍 네트워크, 디스커버리 큐브, 테크 브리지와의 협업을 통한 교육 연구 및 실천 • 국립과학재단(NSF) 및 S. D. Bechtel, Jr. 재단의 후원

의 흥미 증진뿐 아니라 사회적 약자 및 소외 계층 학생들에게 우선적으로 교육 기회를 제공하여 교육적 평등의 실현을 꾀한다는 점에서 큰 의의가 있다. 사회적 소수자들에게는 메이커 교육에의 평등한 접근이 어렵다(Barton et al., 2016)는 비판을 고려할 때, 이와 같은 방과후 팅커링의 시도는 단순히 뮤지엄에서 뮤지엄 외부의 학교로의 공간적 전환뿐 아니라 사회적 정의의 실현까지도 내포하고 있다. 또한 소외계층 출신의 학생들이 놀이를 기반으로 한 STEM 교육 환경에서 그들의 정체성을 발전시켜 나간다는 점(Barton et al., 2016)을 고려할 때, 학습자의 정체성 변화를 지속적으로 관찰하는 방과후 팅커링의 시도는 교육적으로 큰 가치가 있다. 이러한 아웃리치 기반 메이커 교육은 소외된 지역 및 계층의 학습자에게 다가갈 수 있으며, 계층 간 교육 격차를 해소하고 나아가 메이커 교육 기회의 평등을 신장할 수 있을 것이다.

(4) 드라마

국내에서는 연극 혹은 교육연극이 폭넓은 의미로 사용되지만, 해외 교육에서 연극은 사실 연극theatre과 드라마drama로 나눌 수 있다. 연극은 그 자체로 연극으로, 배우와 관객이라는 요소가 반드시 들어 있어야 한다. 또한 관객에게 보여주는 것을 전제로 대본에 근거해 공연한다는 특징이 있다. 한편, 드라마는 일종의 연극놀이로, 교육 대상이 실제 연극놀이에 참여하는 것이다. 이때 참여자들은 자신이 아닌 다른 사람의 역할로 자신을 상상해 표현하도록 요구받거나 다른 참여자들과 함께 감정 이입을 통해 실제로 연기하는 시도를 하게 된다(민병욱 · 심상옥, 2001). 이와 같은 상황극은 학습자가 자신을 타자로 인식하거나 다른 시공간으로 이탈하도록 도와주고, 일종의 현실로부터의 해방감을 느끼게 해준다는 점에서 놀이와 교육을 접목한 효과적인 교육기법이라고 할 수 있다(유혜령, 2004). 따라서 여기에서는 뮤지엄 교육에서의 드라마를 활동 중심 뮤지엄 교육의 예시로서 조명하고자 한다.

교육 속 드라마는 참여와 협동, 기술과 태도 개발을 제안한다. 또한 배움을 일상생활의 문제들과 연관 지어 학습자들이 그 과정을 지적, 감정적 그리고 신체적으로 면밀히 조절하도록 한다(Ackroyd, 2006). 교육학자 크라코브스키(Pamela Krakowski, 2012)에 따르면, 역할극은 교육을 놀이화하기 때문에 학습자들의 상상력을 증진하는 데 효과적이다. 최근의 연구들에서는 학습자들이 드라마를 통해 자신의 개인적 의미와 정체성을 형성하고, 나아가 협력적 드라마의 활용이 자기이해를 증진시킨다는 점이 드러나고 있다(Fitzpatrick & Rubie-Davis, 2013). 이에 뮤지엄에서 탐구 드라마 등 다양한 형태를 도입하여 학습자들의 참여를 증진하고, 뮤지엄 경험을 확장하고자 하는 시도(Karagianni & Papadopoulos, 2019)들이 이어지고 있으며, 이와 관련된 연구들도 꾸준히 지속되고 있다.

뮤지엄 교육학자 포크(Falk, 2004: 73)에 따르면, 뮤지엄에서의 드라마 활용은 상호작용적인 특징이 있으며, 학습자들의 즐거운 협력, 실험적 학습, 그리고 동기부여와 큰 연관성이 있다. 브리달(Tessa Bridal, 2004) 또한 뮤지엄에서의 드라마가 전시와 학습자 간 대화와 의미 만들기를 흥미로운 방향으로 증진시킬 수 있다고 주장했다. 실제로 영국에서 수행된 〈퍼포먼스와 학습, 그리고 유산Performance, Learning and Heritage〉 프로젝트(2005~2008)는 뮤지엄과 전통적 장소에서 퍼포먼스와 드라마가 어떻게 학습자의 실험적 학습과 해석에 영향을 미칠 수 있는지 연구한 바 있다(Hughes et al., 2007). 이러한 맥락에서 뮤지엄 에듀케이터는 드라마를 통해 학습자들이 선지식에 대해 더욱 깊이 이해할 수 있도록 돕고자 한다. 그리고 그 과정에서 비판적 사고와 질문 능력, 사회적 학습을 신장할 기회를 제공하고자 한다(Kelley, 2012: 54).

한편, 대만에서는 드라마를 통한 뮤지엄 교육을 위해 〈드라마 보물상자Drama Treasure Chest〉라는 교육모델을 제시한 바 있다. 이 교육모델은 뮤지엄과 학교, 그리고 드라마 교육을 연계하기 위해 개발된 것으로 뮤지엄의 전시 내용과 연관이 있는 소재를 바탕으로 하는 갈등 상황 등을 제시하여 학습자들이 직접 등장인물이 되어 역할놀이를 해볼 수 있게 한다. 또한 앞서 연기한 드라마를 바탕으로 다음 활동에서 학습자들이 직접 교과서의 편집자가 되어 역사 속 인물을 인터뷰해보는 등 단순한 일회성의 표현에 그치는 것이 아니라 이를 다른 이의 관점에서 재조명할 수 있게 한다. 이 과정에서 학습자들은 전시물과 역사를 단순히 추상적 개념으로 인지하는 것이 아니라 좀 더 구체적이고 접근성이 높은 것으로 느끼게 된다. 만약 박물관에서 다양한 문화권의 역사적 전시물이 선정될 경우, 학습 과정에서 자신의 의견을 표현하기 위해 자신의 문화와 다른 문화를 고루 살펴보고 이에 대해 생각해봄으로써 다양한 문화에 대한 관용이 높아질 수 있다(Lin, 2019).

뮤지엄에서의 드라마 적용 사례로는 노르웨이 배랜저 뮤지엄Varanger Museum의 〈과정 드라마process drama〉를 들 수 있다. 배랜저 뮤지엄은 북부 노르웨이에 위치한 역사박물관으로 노르웨이 북부의 지역 역사와 생활상, 그리고 민주주의에 대한 전시를 해온 뮤지엄이다. 지난 2013년부터 지역 내 유적인 스타일니셋 기념관Steilneset Memorial을 배경으로 하여 '마녀사냥'이라는 역사적 사실과 그 배경을 교육하기 위해 뮤지엄 드라마 기반 교육을 개발했다(Tetlie, 2018). 이 교육은 8~10학년 학습자들을 대상으로 17세기 핀마크Finnmark에서 있었던 마녀사냥에 대해 드라마를 통해 고찰하고, 이로써 학습자들의 민주적 시민성을 신장하고자 했다. 특히 올스더터Gundell Olsdatter라는 노르웨이의 역사적 인물의 삶을 초점화하여 한 여성의 삶이 마녀사냥을 통해 어떻게 파괴되었는지를 학습자들이 실감 나게 경험할 수 있도록 했다. 이를 위해 뮤지엄 에듀케이터는 학습자들이 전시를 관람하고, 직접 유적을 방문한 경험을 바탕으로 인물의 삶에 대해 탐구하도록 촉진했다. 이 과정에서 그들은 드라마 교육 방법 중 역할 모델링, 역할 돌리기, 인물 인터뷰 등 참여적인 학습 방법을 다양하게 활용했다. 위와 같은 학습 방법들은 학습자들이 역사적 상상력을 발휘하여 직접 그 인물이 되어보는 경험을 할 수 있도록 조력했다. 이러한 활동에서 두드러진 모방 과정은 단순히 현실에 대한 흉내 내기 이상의 의미를 지닌다. 적극적인 의미화 과정, 즉 주어진 상황을 자기 입장에서 해석하고 이해하려는 과정을 거치기 때문이다. 이를 통해 학습자들은 특정한 역사나 상황 속의 여건을 분석하고 그에 따라 자신에게 맞는 역할을 찾아낼 수 있다(고동연, 2019). 또한 이 뮤지엄의 과정 드라마 활동은 문제해결 과정에서 학습자들이 인물에게 궁금했던 점들을 질문으로 산출하고 스스로 답을 찾아나감으로써 점차 역사적 사실들과 당시 사람들의 삶에 대해 깊이 이해하고 공감할 수 있었다. 이러한 타인의 삶에 대한 이해 및 드라마 활동으로 동료 학습자 간 민주적 결정 과정을 통해 민주적 시민성 또한 기를 수 있었다. 또한 교육의 마지막에는 창의적 글쓰기 활동을 촉진함으로써 학습자들 스스로 사전경험과 뮤지엄에서의 경험을 연결하고, 이를 창작활동으로 자유롭게 해석할 수 있게 했다(Tetlie, 2018). 위와 같은 배랜저 뮤지엄의 사례는 학습자의 자기주도적인 드라마 교육이 가지는 무한한 교육적 가능성을 보여준다.

한편, 국내 사례로는 경기도 오산 시립미술관의 꿈다락 토요문화학교에서 2013년부터 2014년까지 진행된 〈예쁜, 까칠까칠한〉이라는 교육 프로그램을 들 수 있다. 미술관의 예술가가 직접 참여하여 단계를 구성한 이 프로그램에서 학습자들은 가면 역할극을 통해 여성과 남성의 역할을 연기하고, 이를 반추함으로써 '성평등'이라는 주제를 인식했다. 또한 이를 바탕으로 미술작품을 산출하여 미술관에 전시하는 경험을 가짐으로써 미술관에서의 놀이와 해방감, 분석과 공감 과정을 함께 즐겼다(고동연, 2019). 그 외에도 오늘날 국내외 뮤지엄 교육에서 드라마는 미적 · 역사적 · 과학적 체험을 개인적 의미와 결합하고, 학습자 스스로 반성적 사고를 할 수 있도록 촉진하는 교육적 방법으로서 점차 그 활용이 늘어나고 있다.

(5) 게임

오늘날 뮤지엄은 전통적 기능인 수집과 전시에서 관람자 간 소통과 공유를 강조하며 점차 진화해왔다. 이러한 맥락에서 뮤지엄 기획자 월하이머(Mark Walhimer, 2016)는 오늘날 뮤지엄이 학습자 중심의 자기주도 학습을 수행하고 있으나 궁극적으로는 디지털 뮤지엄과 실제 뮤지엄의 체험을 개인화하여 학습자가 시공간에 구애받지 않고 체험할 수 있는 뮤지엄 4.0세대로까지 진화하고 있다고 강조했다. 게임은 이러한 개인화된 경험으로서의 활동 중 하나로, 뮤지엄 발달의 역사를 고려할 때 오늘날 늘어나고 있는 뮤지엄 교육 게이미피케이션은 주목할 만한 현상이다. 본래 게이미피케이션은 게임이 아닌 분야에 게임의 요소나 게임의 디자인적 사고를 적용하는 것을 이른다(Zichermann & Cunningham, 2011). 즉 게임 요소, 작용 원리 그리고 구조 등을 비게임적 상황에 통합하는 것으로, 이를 통해 지루하거나 재미없게 느껴왔던 것들을 게임처럼 재미있고 매력적인 것으로 만드는 것이다. 이를 통해 사용자는 즐거움과 몰입을 경험하고, 나아가 사용자의 적극적인 참여를 북돋울 수 있다.

그러나 최근에는 단순히 뮤지엄 교육 안에 적은 비중의 게임을 활용하는 것이 아니라 전체 뮤지엄 교육 프로그램을 하나의 게임처럼 구성함으로써 뮤지엄 교육의 실행뿐 아니라 평가 및 환류도 하나의 게임 활동처럼 흥미롭게 구성되고 있다는 특징이 있다. 특히 이러한 게이미피케이션은 뮤지엄 교육의 전 과정에서 학습자의 교육 참여 동기를 신장하고, 학습자의 개인적 의미 형성을 촉진시킨다는 장점이 있다. 이 과정에서 게임은 일종의 비유metaphor이자 그 자체로 내러티브 역할을 수행한다(Sanchez & Pierroux, 2015). 이와 같은 비유와 내러티브는 학습자들에게 뮤지엄 전시를 자신의 선경험과 자연스럽게 연결하도록 해줄 뿐 아니라 전시를 관람하는 동안 지식을 더욱 활발하게 공유하고 설명할 수 있도록 해준다. 이를 통해 학습자들은 전시물 및 뮤지엄을 적극적으로 탐험하고, 배경 내러티브에 몰입하여 학습에 지속적인 흥미를 느낀다.

오늘날 교육 영역에서의 게임 연구자들은 다양한 게임 구성요소와 원칙을 주장하고 있다. 디체바 외(Darina Dicheva et al., 2015)는 교육 분야의 게이미피케이션 사례 연구를 통해 게임의 메커닉, 디자인, 패턴 및 원칙을 구성요소로서 도출했다. 그들이 설정한 게이미피케이션 원칙들은 목표, 도전, 개인화, 캐릭터, 피드백, 상태, 열린 콘텐츠, 자유 선택, 실패의 자유, 스토리, 온보딩, 시간제한, 상호작용, 보상 등의 요소다(남정은 외, 2019: 10 재인용). 한편, 카프(Karl M. Kapp, 2016)는 게임 요소를 포인트, 레벨 및 스테이지, 배지, 리더보드, 보상, 진행 바, 스토리라인, 피드백으로 제시했다. 그에게 게임은 플레이어가 도전 과제에 참여하는 과정에서 규칙, 상호 활동, 피드백 등을 활용하고 이를 통해 감정적 반응을 도출하는 것이다. 따라서 전통적 학습 콘텐츠에 게이미피케이션의 적용 가능성을 주장했다. 시장조사 업체 가트너Gartner에서 발표한 버크(Brian Burke, 2011)의 보고서에 따르면, 게이미피케이션 구현을 위해서는 다음과 같은 원칙이 필요하다.

- *신속한 피드백을 제공해야 한다.*
- *명확한 목표와 규칙을 제시해야 한다.*
- *실제와 관계된 흥미로운 이야기가 있어야 한다.*
- *도전적이고도 달성 가능한 과제를 제시해야 한다.*

이러한 원칙을 기반으로 뮤지엄 교육의 게이미피케이션을 구현한다면, 게임의 본질적 특성을 효과적으로 반영할 수 있을 것이다. 그러나 명심해야 할 것은 게이미피케이션 과정에서 게이미피케이션의 방법과 결과는 문제 인식 및 정의에 따라 달라질 수 있어 개발 대상과 주제에 대한 목표를 수립하는 것이 가장 중요하며, 이후 콘텐츠의 시각적 구성이나 배경 그래픽, 레이아웃 등의 시각 요소를 구상해야 한다(한지애, 2019).

뮤지엄 교육 속 게임의 예시로는 미국 스미스소니언 미술관The Smithsonian American Art Museum의 〈유령이 나타났다Ghosts of a Chance〉 프로그램을 들 수 있다. 이 게임의 내러티브는 다음과 같다. 먼저, 가상의 박물관 보도자료를 통해 등장인물인 큐레이터가 두 유령의 극적인 순간을 해석하여 예술작품으로 표현해 달라고 도움을 요청한다. 게임 속에서 유령들은 자신들의 삶에서 가장 극적이었던 대목에 대한 정보를 주면서 어떤 예술작품이 그 순간을 가장 잘 표현해낼 수 있을지 유령들의 신비한 언어로 설명한다. 그 내용을 큐레이터들이 게임 참가자들에게 전달하고 그들은 현실 세계에서 실제로 예술작품으로 만들어 전시회에 출품한다. 만들어진 예술작품은 스미스소니언 미술관에 보내지고, 그것들은 모두 온라인 목록에 올라 루스재단 센터에 전시되었다. 이처럼 가상의 흥미로운 시나리오로 구성된 이 게임은 일반적인 교육 프로그램과 차별화되었을 뿐 아니라 참가자들이 부담 없이 쉽게 참여할 수 있다는 장점을 지닌다(최연정, 2017). 또한 이 프로그램은 단순히 박물관을 지식, 예술, 아이디어를 소비하는 공간이 아니라 그 공간을 의미 있게 사용하여 사회참여 공간으로 발전시키는 방법을 보여주고 있다(McGonigal, 2011)는 의의가 있다.

한편, 영국의 브리스톨 박물관 및 미술관Bristol Museum and Art Gallery은 〈숨겨진 뮤지엄Hidden Museum〉 프로젝트를 통해 학습자들에게 전시와 관련된 숨겨진 이야기를 탐색하고 즐길 수 있도록 했다. 2015년 개발된 이 프로그램은 학습자들이 뮤지엄 곳곳에 설치되어 있는 비콘beacon의 블루투스 신호를 모바일 기기로 감지하고(윤지영 · 고홍규, 2020), 뮤지엄이 개발한 앱을 통해 개인의 관심사에 알맞은 게임을 진행할 수 있었다. 이 게임은 특히 아이들과 그 가족들이 동료 학습자와 함께 자유롭게 학습할 수 있도록 하는 데 주안점을 두었다. 그리고 하나의 게임을 완수할 때마다 추가적인 정보, 전시물의 이미지와 장소 등 기존 뮤지엄이나 인터넷에는 공개되지 않은 새로운 정보들을 보상으로 제공함으로써 학습자들의 흥미와 성취감을 고취시켰다. 또한, 게임 과정에서 다양한 사진을 찍고, 이를 자신의 기기에 담아가거나 타인과 공유할 수 있게 하여 뮤지엄 학습이 끝난 이후에도 장기적으로 기억에 남는 학습을 지향했다. 뮤지엄은 이처럼 게이미피케이션된 교육 프로그램을 통해 평소 학습자들이 잘 들어가지 않던 전시관에 자발적으로 들어가 학습할 수 있도록 촉진했고, 전시물의 가치에 대해 효과적이고 흥미롭게 학습할 수 있었으며, 학습자들이 다양한 전시물과 소장품, 그리고 이야기들과 활발하게 상호작용할 수 있었다고 밝혔다(Bristol Museum,

2016).

국내의 예시로는 국립 대구과학관의 스마트워치를 활용한 교육용 게임을 들 수 있다. 이 게임은 학습자들이 전시물에 설치된 비콘과 통신하는 스마트워치를 활용하여 참여하는 팀별 게임이다. 과학관 내 전시물에 설치된 5개의 문제 중 하나를 무작위로 제공하며, 미션을 완료하면 게임에 참여한 플레이어들에게 수료증을 증정한다(손소희 · 민서윤 · 이동은, 2018). 이 게임은 학습자들이 직접 스마트워치를 착용하고 과학관을 자유롭게 관람하는 과정에서 퀴즈를 풀어내는 직접적 상호작용과 비선형적 게임의 구성이 돋보인다.

그러나 교육적 방법의 특성상 앞서 제시된 그림 그리기나 움직임, 드라마와 달리 게임을 기반으로 한 뮤지엄 교육 방법은 표준화된 교육 방법의 틀이 확립되어 있다기보다는 맥락에 따라 다양한 교육 양상을 보인다. 이에 최근 연구들에서는 표준화된 교육 과정을 제시하기보다는 뮤지엄 교육에서의 다양한 게이미피케이션을 위해 전반적인 게이미피케이션 교육 프로그램 설계 과정을 모듈화하려는 노력이 지속되고 있다. 최연정(2017)은 박물관 교육에서의 게이미피케이션 프로그램 설계를 위한 모형을 다음과 같이 제시했다. 이때 설계 단계에는 가트너사의 버크(Burke, 2011)의 게이미피케이션 원리 및 딕과 캐리의 체제적 수업 설계 모형(Dick et al., 2016)을 차용하여 모듈화했다. 다음 [그림 2-26]은 최연정(2017)의 설계 단계를 재구성하여 나타낸 것이다.

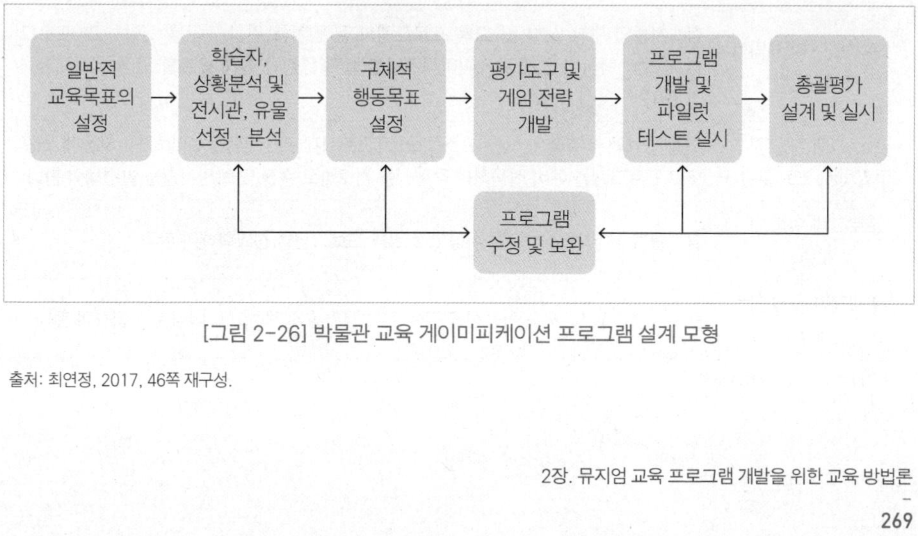

[그림 2-26] 박물관 교육 게이미피케이션 프로그램 설계 모형

출처: 최연정, 2017, 46쪽 재구성.

이러한 설계 모형은 순차적인 형태로 진행되지만, 파일럿 테스트 이후 끊임없이 각 단계로 회귀하여 프로그램을 수정 및 보완해나갈 수 있다는 장점이 있다. 좀 더 명확한 게임 규칙 및 전략, 유물 및 전시와의 연계성이 뮤지엄 교육의 게이미피케이션에 주요한 요소임을 고려할 때, 이와 같은 순환적 설계는 성공적인 뮤지엄 교육의 게이미피케이션을 도울 것이다. 한편, 각 단계를 설계할 때 에듀케이터가 알아두어야 할 주안점(최연정, 2017)을 바탕으로 재구성하여 정리해보면 〈표 2-19〉와 같다.

이와 같은 각 단계의 주안점에 맞게 박물관 교육 프로그램을 게이미피케이션하여 설계한다면, 학습자가 게임 활동에 더욱 자발적으로 참여하고 흥미를 느낌으로써 유물에 대해 이해하고 전시의 맥락 속에서 역사적 이해를 넓혀가는 효과적인 뮤지엄 학습이 될 수 있을 것이다.

한편, 윤지영과 고홍규(2020)는 미술관 전시 기반 교육에 더욱 특화된 게이미

〈표 2-19〉 게이미피케이션 프로그램 설계 단계의 주안점

설계 모형 단계	단계의 주안점
일반적 수업 목표 설정	게이미피케이션을 통한 교육 목표 및 학습자가 숙달하기를 원하는 정보와 기능을 결정해야 한다.
학습자, 상황 분석 및 전시관, 유물 선정·분석	학습자에게 적합한 교육 프로그램을 설계하기 위해 학습자의 특성과 환경을 고려하고, 박물관의 전시 환경 분석 및 핵심 유물을 선정하여 분석해야 한다.
구체적 행동 목표 설정	학습자의 행동 목표를 구체적으로 기술하여 일반적 수업 목표를 더욱 구체화해야 한다.
평가도구 및 게임 전략 개발	학습자들의 수행 성찰 및 교육 프로그램의 질 평가를 위한 도구를 개발하고, 프로그램 개발의 핵심적 단계로 게이미피케이션 설계 원칙과 설계 요소를 고려하여 개발해야 한다.
프로그램 개발 및 파일럿 테스트 실시	이전 단계에서 추출된 학습 요소들을 토대로 실제 프로그램을 개발하고, 사전에 소규모로 프로그램을 예비 적용하여 적절성을 검토하고 수정 및 보완사항을 발견해야 한다.
프로그램 수정 및 보완	발견된 수정 및 보완사항을 바탕으로 교육 프로그램을 정교화해야 한다.
총괄평가 실시 및 개발	프로그램 효과 및 지속 가능성 검증을 위한 평가를 설계하고 데이터를 수집해야 한다.

출처: 최연정, 2017, 47쪽 재구성.

피케이션 교육 설계 모형을 제시했다. 이들은 디체바 외(Dicheva et al., 2015), 카프(Kapp, 2016)가 각각 주장한 게이미피케이션 요소들을 토대로 게이미피케이션의 주안점 및 방향성을 제시하고, 미술관 전시 기반 게이미피케이션 모형의 가능성을 엿볼 수 있게 했다. 〈표 2-20〉은 윤지영과 고홍규가 제시한 미술관 교육 게이미피케이션의 단계 및 단계별 주안점과 방향성을 재구성하여 나타낸 것이다.

이와 같은 각 단계의 주안점에 맞게 미술관 교육 프로그램을 게임화하여 설계한다면, 학습자가 단순히 미술작품만 감상하는 것이 아니라 게임 과제에 참여함으로써 다양한 관찰력, 창의적 표현 능력을 기르고 나아가 미술관의 사회적 기능, 윤리적 학습에 대한 숙고도 할 수 있을 것으로 보인다.

〈표 2-20〉 미술관 교육 게이미피케이션의 단계 및 단계별 주안점과 방향성

단계	게이미피케이션 내용	학습 설계	게이미피케이션 요소
목표 인식	게임의 목표는 분명하게 의미를 부여하고, 달성을 위해서는 단계별 레벨을 거쳐야 한다.	미션에 대한 이해, 내용 소개, 정보나 단순 내용을 식별 및 분류하며 개념을 파악한다.	목표
이야기 설정 및 규칙 선정	스토리텔링을 만들어 설득력 있는 이야기 구조를 구축하며, 문제의 난이도 구성에 대한 규칙은 개발에 참여하는 참여자에게 목표를 달성할 수 있다는 확신과 의지를 심어준다.	미술관 전시 감상과 미션 획득을 위한 이야기 구조를 습득하면서 관람과 게임 시작을 준비한다. 또한 규칙을 통해 미술관의 사회적 기능을 인지하고 윤리적 사고 학습 개념을 숙지한다.	캐릭터, 목적, 규칙, 미션 수행, 스토리 경쟁
문제 분류	게임을 하는 상대가 도전하는 과제로, 주로 상대보다 점수를 많이 받는 방식으로 대립이 발생한다.	작품에서 파생된 개념, 주제, 전문용어, 학습개념 경험 등 이해력 증진(기초지식, 단답, 서술, 자유 형식 발문 제공)을 유도한다.	도전, 경쟁
문제해결 및 점수화	주어진 시간을 활용하여 집중하여 목표 달성에 학습을 수행한다. 짧은 기간 동안 달성할 수 있는 많은 목표와 과제를 제시하여 몰입도를 증가시킨다. 이를 통해 미션을 수행하면 레벨이 올라가고, 획득 점수로 자신의 순위를 확인할 수 있다.	작품을 세밀하게 감상한 후, 문제를 해결하며 관찰력과 감상 능력, 창의적 표현 능력을 배양한다. 또한 점수화를 통한 피드백으로 자기주도 학습 능력을 강화하도록 한다.	시간제한, 상호작용, 보상, 피드백

출처: 윤지영 · 고홍규, 2020, 238-239쪽 재구성.

3) 활동 중심 뮤지엄 교육의 전략

활동 중심 뮤지엄 교육의 지향점은 오감을 활용한 감상과 다양한 활동을 통한 예술 창작을 기반으로 한 교육인 링컨센터the Lincoln Center Institute: LCI 심미적 교육aesthetic education과도 유사하다. 링컨센터의 창안자이자 교육철학자인 그린(Maxine Greene, 2001)이 작품과의 직접적 대면과 다양한 활동을 통한 적극적 개입으로 학습자가 다양한 의미를 획득하고 작품에 자신의 삶을 대입할 수 있다고 주장했기 때문이다. 또한, LCI 심미적 교육의 주된 요소는 예술창작, 질문, 숙고, 그리고 맥락정보와 연구다. 이는 앞서 살펴본 그림 그리기, 움직임, 드라마, 게임 같은 활동 중심 뮤지엄 교육이 주로 포함하고 있는 핵심 요소와도 대체로 유사하다. 따라서 활동 중심 뮤지엄 교육의 전략을 수립하기 위해서는 그린(Greene, 2001)의 LCI 심미적 교육의 요소들과 다양한 활동 중심 교육에 실제로 적용되는 중점 요소들을 통합적으로 면밀하게 고려해야 할 것이다. 그 결과 도출된 활동 중심 뮤지엄 교육의 기본적인 전략은 아래와 같다.

(1) 시각뿐 아니라 다양한 오감을 활용하여 뮤지엄 교육에 참여하도록 촉진한다

활동 중심 교육은 시각적 요소만을 활용하는 것이 아니라 신체의 다양한 감각을 자유롭게 참여시키는 것이 특징이다. 오늘날의 교육 이론에서는 이처럼 다양한 감각, 그리고 그것이 가지는 신체성과 감정이 학습에 중요하다는 것이 점차 밝혀지고 있다. 따라서 더욱 자유로운 방식으로 뮤지엄 활동에 자신의 오감을 활용해 참여하도록 학습자를 북돋우고, 이를 기반으로 뮤지엄 전시물과 학습자가 연결될 수 있도록 해야 한다(Williams, 1976). 이를 통해 학습자들은 다양하고 가치 있는 앎의 방식을 깨우치고, 이를 통해 얻은 지식을 가치 있게 활용할 수 있을 것이다(Hubbard, 2007).

(2) 형식에 구애받지 않는 자유로운 활동과 창작, 새로운 시도들을 장려한다

앞서 제시된 다양한 활동 중심 뮤지엄 교육 방법들은 뮤지엄 에듀케이터 및 교사, 그리고 학습자의 새로운 시도를 기반으로 발전해왔다. 따라서 에듀케이터는 학습자들이 학습 과정에서 자유롭게 활동에 참여함으로써 새로운 것을 창조할 수 있도록 장려해야 한다(Kai-Kee et al., 2020). 모든 학습자가 정해진 가이드라인을 따라 활동하고 비슷한 결과물을 산출하는 정형화되고 획일적인 모듈 하에 지도하는 것은 지양해야 한다. 때로는 학습자가 바람직한 결과물을 산출하는 데 실패할지라도 학습자에게 적극적으로 활동하고 스스로 새로운 방향을 모색하여 창작을 시도해보는 몰입의 경험을 제공해야 한다(Csikszentmihalyi, 1990).

(3) 학습자들이 활동에서 얻은 역량을 촉진하고, 감정을 확산할 수 있도록 다각적 질문을 제시한다

학습자들은 활동 중심 뮤지엄 교육에서 직접 참여를 통해 단순히 활동 역량만을 습득하는 것이 아니라 다양한 범위의 감정과도 조우할 수 있다. 활동에 필요한 신체적 반응 또한 사실은 감정에 기반하기 때문이다(Kai-Kee et al., 2020). 이때, 에듀케이터는 학습자들이 역량과 감정을 습득해나가는 과정을 자연스럽게 인지할 수 있도록 다양한 관점의 질문을 학습 과정 전반에 제시해줄 필요가 있다(Weisberg, 2006). 질문의 범주로는 학습자가 직접 참여하고 있는 활동을 묘사하는 질문, 활동 과정 또는 결과를 분석하는 질문, 활동 전반에서 조우하는 역량 또는 감정을 해석하도록 구체화하는 질문 등이 있다. 이러한 질문들을 통해 학습자는 자신의 감정을 다시금 확인하고, 이를 확산해나가며 새로운 질문과 실험 가능성을 엿볼 수 있을 것이다.

(4) 학습자들에게 활동에 대한 숙고를 통해 그 의미를 재구성할 수 있도록 장려한다

때때로 뮤지엄에서의 활동은 학습자들이 참여하는 그 순간의 유희로만 그치는 일회성 경험이 되기도 한다. 따라서 에듀케이터는 반드시 학습자들이 자신이 참여한 활동에 대해 숙고하고 반성적으로 사고할 기회를 제공해야 한다(Kai-Kee et al., 2020). 학습자들은 이러한 숙고를 통해 뮤지엄 내에서 활동 의미를 인지할 수 있을 뿐 아니라 그 의미를 개인적으로 재구성할 수 있다. 이와 같은 경험의 재구성은 학습자가 뮤지엄에서의 학습을 내면화하고, 더 오랫동안 기억할 수 있게 한다.

(5) 활동과 전시물의 맥락적 상황에 대해 이해함으로써 뮤지엄 경험을 더욱 총체적으로 이해하도록 지도한다

뮤지엄이라는 장소적 맥락, 전시물과 활동의 내용적 맥락을 모두 이해할 수 있을 때 비로소 학습자는 더욱 총체적인 의미로서 뮤지엄 경험을 획득할 수 있다. 따라서 에듀케이터는 우선적으로 뮤지엄 전시 및 전시물이 학습자의 활동과 더욱 유기적으로 연결될 수 있도록 교육 및 활동 내용을 정선해야 한다(윤지영 · 고홍규, 2020). 또한, 활동 후에도 총체적 맥락을 이해하고 이를 기반으로 학습자가 자신의 활동 및 경험을 이해할 수 있도록 지도해야 한다.

6. 온라인 중심 방법론

온라인을 기반으로 한 테크놀로지적 요소가 뮤지엄과 연결되면서 뮤지엄 안팎에서 학습자들 사이의, 그리고 학습자와 소장품 사이의 상호작용과 소통이 더욱 활발해지고 있다. 자연스럽게 뮤지엄 교육자들의 관심도 뮤지엄을 바탕으로 한 온라인 학습으로 나아가고 있다. 온라인 학습*이란 오프라인 학습과 대비되는 용어로, 정보통신 테크놀로지를 기반으로 한 컴퓨터 네트워크를 매개로 학습자들이 시공을 초월해 상호작용하며 자기주도적으로 학습하도록 하는 시스템을 말한다(이충현, 2009). 여기서는 뮤지엄을 바탕으로 하는 온라인 학습의 배경으로서 가상 뮤지엄 기반 교육의 방법론적 패러다임과 뮤지엄 교육 관련 온라인 기반 매체의 종류, 온라인 중심 뮤지엄 교육의 방법론적 전략에 대해 살펴보도록 하자.

1) 배경

(1) 가상 뮤지엄 기반 교육

가상 뮤지엄**은 인터넷 혹은 웹을 기반으로 하는 가상공간 또는 온라인 공간에 존재하는 뮤지엄을 말한다. 가상 뮤지엄은 웹 1.0세대와 웹 2.0세대에 기반한 가상 뮤지엄을 아우른다. 웹 1.0세대는 사이트 운영자가 중앙 집중적 환경에서 정보를 주관하는 형태를 띤다. 그러므로 웹 1.0세대에서는 사이트 사용자의 개인적 취향이나 의도에 따라 정보를 조정하는 것이 불가능한 특징이 있다. 이에 반해 웹 2.0세대는 사용자가 자유롭게 정보를 생산 · 공유 · 소비할 수 있다. 웹 2.0 기반의 가상 뮤지엄은 사용자 중심이어서 태깅Tagging, 팟캐스트Podcast, 플리커Flicker, 유튜브Youtube 동영상, 트위터Twitter, RSS 등의 기술을 통해 사용자가 개인들에게 특화된 서비스를 바

* 온라인 학습은 종종 e-러닝e-learning과 혼용되는데, e-러닝이 학습을 보조하는 테크놀로지적 매체에 다소 초점을 두고 테크놀로지적 결과물에 좀 더 관심을 둔다면, 온라인 학습은 테크놀로지로 인해 생성되는 의사소통 방식에 더 관심을 둔다고 볼 수 있다(Rosenberg, 2001; 박민주, 2021: 4 재인용).

** 인터넷 기반 뮤지엄은 가상박물관Virtual Museum, 온라인 박물관Online Museum, 전자박물관Electronic Museum, 디지털박물관Digital Museum, 사이버박물관Cyber Museum, 웹박물관Web Museum, e-Museum, 박물관의 웹사이트 등으로 다양하게 불리고 있다(Schweibenz, 2004; 최종호 외, 2010: 172 재인용).

탕으로 사용자 간 정보 공유, 뮤지엄과 사용자 간 상호작용을 할 수 있다(강인애 · 설연경, 2009; 최종호 외, 2010: 180 재인용). 가상 뮤지엄은 포털 중심적인 웹 1.0세대의 가상 뮤지엄을 지나 현재보다 사용자 중심의 참여, 공유, 개방을 특징으로 하는 웹 2.0세대의 가상 뮤지엄으로 확장되었다. 〈표 2-21〉은 가상 뮤지엄이 발전해나간 단계와 단계별 주요 역할과 기능을 보여준다(강인애 · 설연경, 2010; 최종호 외, 2010).

웹의 진화에 따른 가상 뮤지엄은 3세대로 구분하기도 한다(최종호 외, 2010). 멀

〈표 2-21〉 가상 뮤지엄의 발전 단계별 역할과 기능

단계	역할	기능
1단계	전자 브로슈어	• 웹 1.0세대의 가상 뮤지엄 • 물리적 뮤지엄 홍보(뮤지엄, 위치, 전시 소개)
2단계	전시물 이미지 및 설명 저장소	• 물리적 뮤지엄의 전시물, 소장품을 디지털화해 가상 뮤지엄 내에서 제시 • 1단계의 전자 브로슈어 기능에 물리적 뮤지엄의 전시물, 소장품에 대한 폭넓은 정보를 보관하는 기능이 더해짐 • 디지털 아카이브화로 디지털화된 자료, 정보의 깊이와 양이 확대됨(예: 주제, 장르, 수업지도서 등 배너별 구체적 자료 업로드 가능)
3단계	상호작용성을 지닌 학습박물관	• 뮤지엄과 학습자 간, 학습자 간 상호작용성 기능(뮤지엄에서 제공하는 온라인 게시판, 이메일) 추가 • 학습자들의 학습 내용이나 활동이 가상 뮤지엄의 시스템에 의해 닫혀 있는 제한된 범위의 상호작용 기능 • 가상 뮤지엄을 활용한 학습 환경이라는 개념 촉발(학습자들이 애니메이션, 실사, 비디오, 오디오 등으로 디지털화된 전시물과 관련 연구물들의 디지털 아카이브를 활용해 탐구학습을 할 수 있도록 기회 부여)
4단계	벽을 넘어선 박물관	• 웹 2.0 기반 플랫폼으로 상호작용성의 확대 • 뮤지엄의 벽을 넘어 소셜 네트워킹과도 연결 • 뮤지엄 자체 포트폴리오 제공(예: 학습자가 테이트 뮤지엄Tate Museum의 전시물 이미지를 My Gallery에 저장) • 온라인 커뮤니티에서 학습자 간 참여와 상호작용(예: 관람 후 소감에 태깅Tagging 달기, 개인 갤러리를 구축한 후 가상 뮤지엄 내 혹은 여타 사이트 등과 연결해 공유)
5단계	학습 네트워크 박물관	• 뮤지엄과 이용자 간 상호 협력하여 자료를 축적 · 확장함으로써 뮤지엄 학습 네트워크 형성 • 학습자가 물리적 뮤지엄에서 수집한 자료 등을 가상 뮤지엄의 온라인 커뮤니티 내에서 보관, 운영, 관리
6단계	스마트 박물관	• 스마트폰 같은 모바일 기기를 활용하여 물리적 뮤지엄과 가상 뮤지엄을 연동해서 학습 환경 제공

티미디어 박물관 시대(1980년대 중반~1990년대 초반), 인터넷 박물관 시대(1990년대 중반~1990년대 말), 스마트 박물관 시대(2000년대~현재)가 그것이다. 멀티미디어 박물관은 컴퓨터 기반의 멀티미디어 활용부터 인터넷 등장 이전까지로, 물리적인 뮤지엄 내에서 관람자에게 전시와 관련된 내용을 전달하고 관람자가 전시를 이해할 수 있도록 지원하기 위해 멀티미디어 테크놀로지를 활용하는 뮤지엄을 말한다. 이 뮤지엄은 개별화 학습을 지원하여 학습자의 선택권과 뮤지엄 내에서 테크놀로지와 관람자의 상호작용성을 높인 특징을 지닌다. 인터넷 박물관은 가상공간 또는 온라인 공간에 존재하는 뮤지엄을 가리킨다. 인터넷 박물관은 온라인 공간을 통해 사회적 관계성을 고려하게 된 뮤지엄으로, 물리적인 뮤지엄과 구분한 개념으로 사용되었다. 인터넷 박물관은 기존의 멀티미디어 박물관이 가지고 있던 기술들을 포함하면서 사용자 중심의 선택권이 확장되는 특징을 띤다. 스마트 박물관은 모바일 기기가 온라인과 오프라인을 연결해서 언제 어디서든 학습이 이루어질 수 있게 하고, 개인의 개별적 학습과 개인 간 상호작용을 지원하는 스마트 러닝을 박물관에 적용한 뮤지엄을 말한다. 스마

〈표 2-22〉 물리적 뮤지엄과 가상 뮤지엄의 비교

기준	물리적 뮤지엄	가상 뮤지엄
내용	원본 전시물	디지털 전시물
정보의 성격	전문가에 의한 제한적 정보	대중과 공유 및 상호작용되는 방대한 정보
정보의 접근성 (공간, 시간, 비용)	제한적	용이함
업데이트	고비용 장시간 소요	저비용 단시간 소요
정보의 흐름	큐레이터 중심 라벨이나 도슨트 설명 선형적 일방적 고정적	관람자 중심 커뮤니티 참여(학습자, 교사, 부모, 전문가) 비선형적 선택적, 참여적 개방적
정보의 접근 환경	보는 것 중심 환경	상호작용을 돕는 다양한 학습환경 (예: 게임, 채팅룸, 블로그 등)

출처: 강인애 · 설연경, 2010; 최종호 외, 2010, 185쪽 재구성.

트 박물관은 인간과 매체, 공간의 통합적 관계를 지향하는 특징을 지닌다.

가상 뮤지엄은 물리적 뮤지엄과 여러 가지 차이점이 있다. 첫째, 가상 뮤지엄은 제공하는 정보나 자료가 디지털화되어 있으니만큼 '디지털 도서관'이라고 불릴 정도로 자료의 깊이, 양, 범주가 폭넓다. 둘째, 가상 뮤지엄은 시공을 초월하여 접근이 가능하므로 가상 뮤지엄의 정보나 자료에 접근할 수 있는 이용자의 폭이 넓다. 셋째, 물리적 뮤지엄에서는 정보나 자료의 선택권이 큐레이터나 전시 기획자에게 한정되어 있고, 정보나 자료의 전달방식이 전시물 라벨이나 설명으로 일방향적인 데 반해 가상 뮤지엄에서는 학습자가 큐레이터가 되어 개인적 의도나 수준에 따라 정보나 자료를 수집 · 선택 · 학습할 수 있다. 넷째, 가상 뮤지엄은 학습자들의 참여를 온라인 공간으로 확대해서 뮤지엄 학습자들이 물리적 뮤지엄 방문 이전과 이후에도 가상 뮤지엄을 방문할 수 있다. 다섯째, 가상 뮤지엄은 소셜 네트워킹을 접목함으로써 '커뮤니티' 관람자의 '참여', '상호작용성'이 확대된다. 이에 따라 디지털 아카이브의 풍

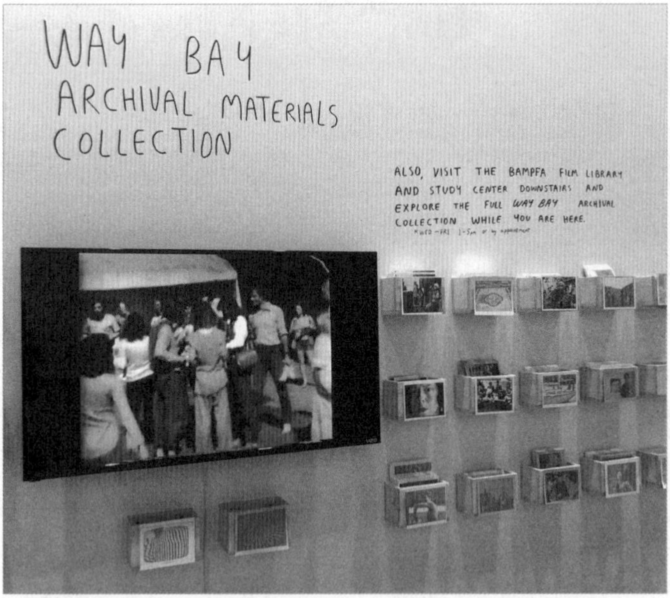

[그림 2-27] 물리적 뮤지엄 전시와 가상 뮤지엄의 연계 사례

뮤지엄 전시물의 스크린샷과 관련 아카이브 QR코드가 담긴 엽서들을 학습자가 자유롭게 선택하여 가져갈 수 있게끔 제공했다. 이러한 엽서는 관람 후에도 학습자의 참여를 통한 학습의 재구성을 도울 뿐 아니라 가상 뮤지엄의 온라인 아카이브와 학습자 간 연결성을 증진시킨다(미국 버클리 대학교 미술관 & 태평양 영화 아카이브-BAMPFA).

부화는 물론 뮤지엄 중심으로 커뮤니티가 다져진다(강인애 · 설연경, 2010; 최종호 외, 2010: 184-186).

가상 뮤지엄은 대체로 '박물관 소개', '전시물(소장품)', '게임', '교육자료', '연구자료', '커뮤니티'의 6개 영역을 구비하고 있다(강인애 · 설연경, 2010). [그림 2-28]의 '게임' 영역에서 가상 뮤지엄은 전시물과 관련하여 학습자들이 생각해볼 수 있도록 간단한 질문, 탐구 문제, 또는 이야기를 제공한다. 학습자들은 질문에 대해 탐구하고, 답변한다든가 그림이나 글로 표현하고, 전시물과 관련하여 정보를 재확인하는 과정을 거치면서 놀이 요소를 통해 학습한다. 이러한 게임을 통한 학습은 학습자들에게 흥미롭고 재미있게 전시물에 대한 관찰력과 이해력을 키우고, 자기주도적 학습과 탐구학습을 강화하는 쪽으로 나아가게 한다. '교육자료' 영역에서 가상 뮤지엄은 다양한 형태의 멀티미디어 자료들을 교사, 부모, 학습자에게 제공해서 학습자들이 개별적 기호와 수준에 맞게 학습할 수 있게 한다. '연구자료' 영역에서 가상 뮤지엄은 전시물에 대한 논문, 연구자료, 교사 · 부모 · 학습자용 교육자료 등을 구비해두고 '교육자료' 영역과 비슷하게 학습의 개별화를 충족시키고 있다. '커뮤니티' 영역에서 가

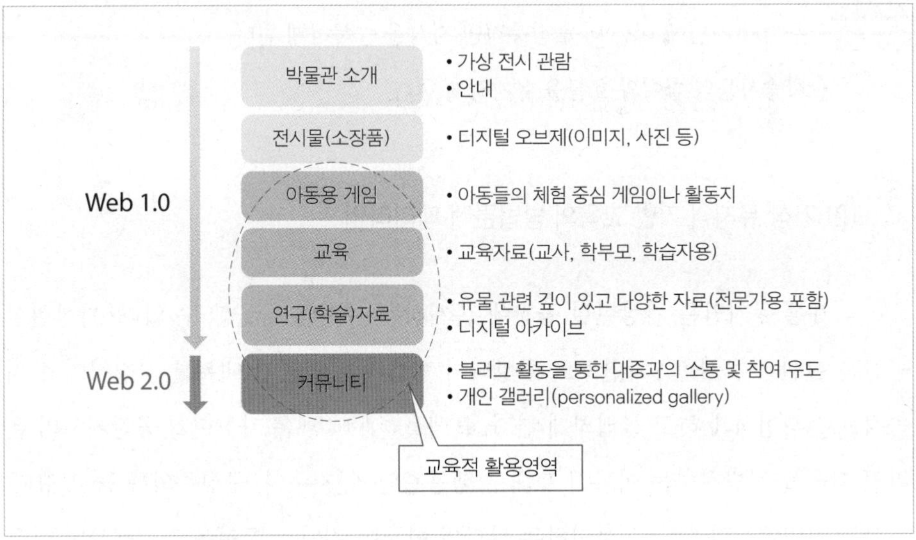

[그림 2-28] 가상 뮤지엄의 교육적 요소

출처: 강인애 · 설연경, 2010, 463쪽.

상 뮤지엄은 다양한 사람이 커뮤니티를 구성할 수 있도록 개별적인 포트폴리오 공간을 제공하고, 이 개별적 온라인 학습공간을 연결하여 학습조직을 이루게 함으로써 학습자들에게 관심 있는 전시물을 공유할 수 있게 하고 있다. 가상 뮤지엄은 이 커뮤니티를 가상 뮤지엄의 벽을 넘어 유튜브나 아이튠iTunes 등과도 연동되도록 하여 뮤지엄 전시물을 다른 사이트에서도 볼 수 있게 하고 있다. 비슷하게 트위터, 블로그, 팟캐스트 등과도 연동되어 전시물을 본 학습자들이 관람 소감을 적거나 태깅을 하고 이것들을 개인 블로그와 연결함으로써 이용자 간의 상호작용을 증대하고 있다.

앤토나치와 오트(Alessandra Antonaci & Michela Ott, 2016)는 가상 뮤지엄이 학습자들에게 학습 효과를 보장하고, 학습 혁신을 이루게 하는 원동력을 다음과 같은 이유들에서 찾는다.

- *학습자들에게 더 많은 새로운 개념과 아이디어뿐만 아니라 사고, 자료 관리에 대한 새로운 방식 등을 배우고 문제를 해결하기 위한 전략을 찾을 수 있게 한다.*
- *더 자신감 있고 더 쉽게 배우게 한다.*
- *주제와 개념에 대한 더욱 심층적인 지식을 습득하게 한다.*
- *학습자들의 참여와 흐름을 유지하게 한다.*

(2) 가상 뮤지엄 기반 교육의 방법론적 패러다임

가상 뮤지엄은 가상현실 공간에 존재하는 뮤지엄으로 볼 수 있다. 가상현실 공간은 현실과 유사한 3차원으로 구성되어 학습자에게 공간 내부를 직접적이고 지속적으로 경험하게 하고 몰입하게 한다. 블랙올Leigh Blackall은 가상현실 공간에서의 온라인 학습을 뒷받침하는 이론적 토대로 행동주의, 인지주의, 구성주의를 들고 있다. 가상 뮤지엄에서의 학습을 설명하는 각각의 이론이 지니는 특징을 정리해보면 다음과 같다(백영균, 2010: 57-75).

① 행동주의

행동주의 이론은 학습자가 백지와도 같은 상태에서 자극에 대해 반응한다고 보며, 학습이란 곧 행동의 변화를 의미한다고 본다. 이 이론은 행동을 형성하고 바람직한 행동의 반복률을 높이기 위해서는 정적 강화와 부적 강화를 활용하며, 바람직하지 않은 행동이 반복될 확률을 감소시키기 위해서는 벌을 사용할 필요가 있다고 본다. 행동주의적 관점에서 보았을 때 학습을 일구기 위한 방법으로 반복훈련과 연습, 프로그램 학습, 강화 및 효과의 법칙 활용을 생각할 수 있다. 첫 번째로 행동주의적 관점은 반복훈련과 연습을 신뢰한다. 행동주의자들은 학습자들이 복잡한 학습 과제에 대한 시뮬레이션을 반복훈련하고 연습할 때 실제감과 몰입감을 경험하여 결과적으로 학습할 수 있게 된다고 본다. 두 번째로 행동주의적 관점은 프로그램 학습을 신뢰한다. 프로그램 학습이란 학습자가 성취해야 할 학습목표에 점진적으로 다가갈 수 있도록 학습자의 학습경험을 체계적으로 절차화하는 방법을 말한다. 이 방법은 학습자의 행동을 통해 프로그램이 진행되어가도록 설계되는데, 학습자가 단계를 끝낼 때마다 성취도를 평가하는 것도 평가를 목적으로 하기 위해서일 뿐만 아니라 학습을 이어나가기 위한 하나의 전략이 된다. 학습자는 평가에 답하는 즉시 정답을 확인할 수 있고 추가 정보도 획득할 수 있다. 세 번째로 행동주의는 학습에 강화의 원리를 활용할 것을 주장한다. 강화란 자극과 반응을 결합하여 학습이 일어나도록 하는 것으로, 특정 반응의 빈도를 높이기 위해서는 자극물을 제공하는 정적 강화와 자극물을 제거하는 부적 강화가 필요하다. 네 번째로 행동주의는 학습에 효과의 법칙을 활용할 것을 주장한다. 효과의 법칙이란 학습자가 학습 활동에 대해 진전을 보이고 있다는 것을 자각하면 학습이 적극적으로 이루어진다는 것을 뜻한다. 그러므로 학습자가 결과에 대해 만족하도록 교수할 필요가 있다.

가상 뮤지엄에서는 전술한 행동주의적 특성을 반영하여 교육 방법을 고안할 수 있다. 첫째, 교수 목표를 구체적이면서도 명확하게 설정함으로써 목표-학습 내용-평가의 일관성과 연계성을 높인다. 둘째, 다양한 자극 자료를 제시함으로써 자극과 반응을 통한 상호작용이 활발히 일어날 수 있도록 유도한다. 셋째, 학습자의 행동 결과에 대해 칭찬과 동기를 부여할 수 있는 피드백을 즉각적으로 제공함으로써 학습 활동을 강화한다.

② 인지주의

행동주의가 인간의 마음속에서 일어나는 과정에 대해 간과하고 측정과 관찰이 가능한 사실에 집중한 데 비해 인지주의는 행동주의에서 강조되었던 자극과 반응의 사이, 즉 학습자의 선지식과 정신 과정에 관심을 둔다. 인지주의는 이러한 정신 과정에서 정보를 의미 있게 만들거나 범주화하거나 상호작용적인 정신적 이미지를 활용하면 기억력이 증진된다고 본다. 따라서 교육자는 학습자의 감각을 자극할 수 있도록 설계하는 것이 중요하다. 이럴 때 학습자는 스스로 지식을 찾고자 하는 동기와 의지가 유발되기 때문이다. 또한 학습자들이 의미 있는 방법으로 기존의 개념과 새 정보를 연결할 수 있도록 학습 환경을 조직해주어야 한다.

학습을 일구는 방법에 대한 시사점을 얻기 위해 베르트하이머Max Wertheimer의 이론, 쾰러Wolfgang Köhler의 통찰 이론, 정보처리 이론 같은 인지주의 이론을 참조할 필요가 있다. 베르트하이머의 이론이란 체제화가 정신 활동의 기초라고 보며, 베르트하이머가 주장한 이론이다. 인간은 생득적으로 지각 장을 체제화하려는 경향을 갖는데, 이런 지각 경향성을 '지각의 법칙law of perception'이라고 한다. 지각의 법칙에는 유사성의 법칙, 근접성의 법칙, 폐쇄성의 법칙, 연속성의 법칙이 있다.* 쾰러의 통찰 이론이란 쾰러가 침팬지를 통해 통찰이 문제를 해결해가는 요체임을 확인하고 수립한 이론이다. 이 이론에 따르면 학습자는 문제 장면에 봉착했을 때 인지 불균형을 겪게 되고, 이때 학습 동기가 유발되어 문제를 탐색하게 된다. 이때 목적-수단, 부분-부분, 부분-전체 간 관계에 대해 통찰하게 되면서 인지가 불균형 상태에서 균형 상태로 바

---

* 유사성의 법칙이란 "개개의 부분이 비슷한 것끼리 연결되어 하나의 형태나 색으로 지각되는 경향"을 말한다. 근접성의 법칙이란 "개개의 부분을 근접해 있는 것끼리 하나의 의미 있는 형태를 이루고 있는 것으로 지각하는 현상"을 말한다. 폐쇄성의 법칙이란 "불완전하거나 독립된 부분을 연결하여 완전한 것으로 지각하는 것"을 말한다. 연속성의 법칙이란 "처음 시작한 것을 동일한 형태로 계속해서 완성해가는 현상"을 말한다(백영균, 2010: 63).

꿔게 된다. 마지막으로 정보처리 이론이란 인간의 기억 과정을 컴퓨터의 정보처리 과정과 유사하다고 보고 정리한 이론이다. 인간은 감각기관을 통해 정보를 받아들이고 단기기억 및 장기기억에 저장하는데, 단기기억에 저장된 정보를 기억하기 위해 정보의 유의미화, 정보의 조직, 기억술 같은 전략이 사용될 수 있다.

웹을 기반으로 한 가상 뮤지엄 환경을 인지주의적으로 접근할 경우, 다음과 같은 인지주의적 특성을 뮤지엄 교육에 활용할 수 있다. 한 화면에 5~9개의 요소를 제공해 인지 과부하를 막고, 정보를 장기기억에 전달할 가능성이 있는 활동들로 묶어서 구성한다. 또한, 온라인 교육 자료와 교수 자료를 설계할 때, 개별 인지의 차이를 고려해 다양한 활동을 제공한다. 가상현실 공간에 적용될 수 있는 학습 모델로 콜브Kolb의 LSILearning Style Inventory, 켈러Keller의 ARCSAttention, Relevance, Confidence, Satisfaction 모델이 있다. 콜브는 구체적 경험, 추상적 개념화, 적극적 실험, 반성적 관찰로 학습이 일어난다고 본다. 가상현실 공간에 참여하여 얻게 되는 개인의 학습 결과는 학습목표를 실현하고자 참여하는 내재적 동기와 외부에서 주어지는 영향에 대한 학습자의 태도인 외재적 동기가 직접적으로 영향을 미친다. 켈러는 학습 과정에서 동기를 증진하고 지속시키기 위해 주의집중(A), 관련성(R), 자신감(C), 만족감(S)이 필요하다고 보았다. ARCS는 가상현실 공간에서 구현하고자 하는 학습 설계 시 전달 과정을 중요하게 고려해야 함을 시사한다.

③ 구성주의

구성주의에서는 학습자가 지식 구성의 주도적 역할자이며, 활동 과정을 곧 학습이라고 본다. 학습을 일구는 방법에 대한 시사점을 얻기 위해 인지적 구성주의, 사회적 발달이론, 발견학습 같은 구성주의 이론을 참조할 필요가 있다. 우선, 인지적 구성주의자로 분류될 수 있는 피아제Jean Piaget에 의하면, 학습자는 새롭게 만나는 지식에서 인지에 불균형이 오게 되고 자신의 인지 구조를 조절하게 된다. 교육자는 학습자의 기존 인지 구조를 바탕으로 확장하고 재조직할 수 있도록 학습자의 사전 지식을 토대로 새로운 지식을 구성해나갈 수 있게 문제를 부여하는 것이 좋다. 한편 비고츠키(Lev Semenovich Vygotsky, 1978)는 지식의 사회적 구성을 중시하며, 사회적 상호작용이 인지 발달에 영향을 미친다고 보았다. 그는 실제적인 지식 수준과 잠재적인 발달 수준의 차이를 근접발달영역ZDP이라고 본다. 곧 학습자 개인이 문제를 해결할 수준에서부터 능력 있는 동료와의 협력으로 문제를 해결할 수준까지의 차이인 이 영역에서 인지가 발달한다고 주장한다. 그러므로 이 영역을 증가시킬 수 있는 전략이 강구되어야 한다. 그리고 학습자들이 학습에 적극적으로 참여할 수 있도록 환경을 만들어주어야 한다. 마지막으로 구성주의에서 발전된 교수학습 이론인 발견학습 이론이 있다. 브루너(Jerome S. Bruner, 1966)는 지식의 개인적 발견을 중요시하며, 학습이란 학습자의 지식에 기반을 둔 개념에서 이루어지는 활동 과정이라고 보았다. 키어슬리Greg Kearsley는 준비성, 나선형 조직, 주어진 정보 넘어서기를 발견학습의 원리로 설정하면서 학습자들이 자신의 경험으로부터 자발적으로 학습할 수 있게 해야 하고, 이해하기 쉽도록 구조화되어야 하며, 주어진 정보를 넘어 추정이 쉽고 격차를 채울 수 있도록 설계되어야 한다고 주장했다(백영균, 2010: 69).

가상 뮤지엄에서의 학습을 구성주의적 방식으로 진행할 필요가 있다. 가상현실 공간에서 학습자는 개별적으로 가상 인공물을 직접 다뤄봄으로써 각기 다른 방식으로 개인적 지식을 구성한다. 그리고 상호작용을 이끄는 학습 시스템 환경을 제공받아 환경과 상호작용하면서 지식을 구성한다.

2) 뮤지엄 교육과 온라인

뮤지엄 교육에서 온라인 기반 매체의 종류에 대해 살펴보고 뮤지엄에서의 온라인 학습 양상에 대해 간단히 알아보고자 뮤지엄에서의 정보통신 테크놀로지를 역사 순으로 정리해보면 다음 네 범주로 분류할 수 있다.

(1) 초창기 기기

뮤지엄에서 사용된 초창기 기기들로 슬라이드 프로젝트, 사진, 전시해설 가이드를 꼽을 수 있다(구보경, 2020: 55-58). 슬라이드 프로젝트는 뮤지엄에서 테크놀로지가 도입된 이래 가장 오랜 역사적 전통을 지닌 기기 중의 하나다. 슬라이드 프로젝트는 전시가 시작되는 부분이나 마치는 부분에 설치되어 작가의 일생이나 인터뷰 내용을 보여주었다. 슬라이드 프로젝트는 사진과 함께 지금까지도 뮤지엄 교육에서 널리 사용되고 있다. 그러나 감상자들에게 수동적인 감상 기회를 제공한다는 점에서 취약점을 가지고 있다.

본격적으로 뮤지엄에 정보 기술이 등장하게 된 것은 휴대용 가이드, 작품설명 헤드셋, 오디오 가이드 같은 핸드-헬드 디바이스 덕분이었다. 이 기기들은 뮤지엄 내에만 있으면 뮤지엄에 설치되어 있는 기기로부터 전파를 수신받아 작품에 대한 설명을 출력할 수 있는 방식으로 작동했다. 학습자들은 이를테면 오디오 가이드를 통해 특정 소장품을 보면서 바로 설명을 듣는 방식으로 학습할 수 있었다. 이러한 핸드-헬드 디바이스는 몇 가지 장점을 지녔다. 이를테면 학습자들이 전시품을 감상하면서 동시에 설명을 들을 수 있게 했다. 그리고 저마다 다른 취향을 지닌 학습자들이 개별적 취향에 따라 학습할 수 있는 맞춤형 학습 기회를 부여했다. 또한, 학습 기억을 오랫동안 지속시켜주었다. 이 외에도 종래 뮤지엄 교육에서는 불가능했던 장애인의

〈표 2-23〉 초창기 뮤지엄 교육 기기의 특징

이름	특징
슬라이드 프로젝트	• 가장 오래된 시청각 자료 및 학습도구 • 작가의 생애, 역사적 배경, 작가 인터뷰 영상 등을 출력
사진	• 작가 및 시대적 배경에 대한 보충자료 및 학습도구
핸드-헬드 디바이스 hand-held devices	• 본격적인 뮤지엄 정보 기술품으로, 1952년 암스테르담 시립미술관에서 최초로 개발 • 휴대용 가이드, 작품설명 헤드셋, 오디오 가이드로 불림 • 특정 전시물을 관람하면서 설명을 들을 수 있음 • 장애를 가진 사람들의 뮤지엄 관람에 편리성을 증진함

학습을 돕고 이들의 뮤지엄 진입장벽을 낮춰주었다.

(2) 컴퓨터 기반 정보 시스템과 웹사이트

키오스크는 멀티미디어 스테이션multimedia station 혹은 셀프서비스 스테이션self service station으로 불린다. 뮤지엄 키오스크는 '전시 키오스크'라 불리며 학습자들에게 소장품의 위치나 정보를 제공하는 전시 보조 도구로 기능했다. 컴퓨터 기반 정보 시스템이 뒷받침된 컴퓨터 키오스크는 이전보다 확대된 정보를 제공했다. 학습자들은 컴퓨터 키오스크에서 마우스를 클릭하거나 컴퓨터 화면을 터치함으로써 키오스크를 통해 컴퓨터 하드디스크나 CD/DVD에 있는 정보를 손쉽게 얻어 학습할 수 있게 되었다.

1990년대부터 뮤지엄은 시공을 초월하는 웹World Wide Web에 사이트를 구축하고, 웹사이트를 통해 학습자들에게 작품 감상과 소통 기회를 주고 있다. 뮤지엄은 온라인 전시를 할 수 있는 웹사이트와 사이버 공간을 만들었다. 학습자들은 자신이 원할 때 언제든 시공을 초월한 이 뮤지엄에 들어가 뮤지엄의 전시품 및 관련 정보를 감상함으로써 학습할 수 있다. 또한, 큐레이터가 되어 뮤지엄이 제공한 디지털 이미지 작품들을 활용하여 전시 콘텐츠를 만들어 타인들과 공유하는 방식으로 학습할 수 있다. 웹사이트를 이용하는 학습은 다음과 같은 교육적 장점들이 있다. 학습자들은 시

〈표 2-24〉 컴퓨터 기반 정보 시스템과 웹사이트를 활용하는 뮤지엄 교육 기기의 특징

이름	특징
컴퓨터 기반 정보 시스템: 뮤지엄 (전시) 안내 시스템	• 뮤지엄 내부에서 제공되는 안내 시스템 • 컴퓨터 키오스크: 뮤지엄 및 전시공간 내부에서 콘텐츠 제공 • 뮤지엄 종합안내, 전시 정보, 소장품 DB, 관람자 서비스 등 정보 제공
웹사이트	• 웹 서버에서 종합적인 뮤지엄 정보 제공 • 시공간 제약 없이 접근 가능 • 뮤지엄 정보, 가상 뮤지엄, 전시 및 주요 행사, 프로그램, 디지털 아카이브, e-러닝 콘텐츠, 게임 등 총체적 뮤지엄 콘텐츠 제공

출처: 구보경, 2020, 56쪽.

공을 초월하여 뮤지엄의 전시품 및 관련 정보를 감상할 수 있다. 그리고 학습자들에게 자신만의 고유한 공간에서 자유롭게 검색할 수 있도록 하고, 원하는 작품에 쉽게 접근할 수 있게 한다(Sarraf, 2000; 구보경, 2007: 328 재인용). 또한 학습자들에게 새로운 미술관 경험을 해보게 하는 기회를 마련함으로써 이 새로운 경험을 지속시키고자 하는 기회를 제공하게 된다. 이 외에도 학습자들에게 웹을 통해 시공을 넘어 스크린상에서 전시물과 실시간 상호작용하고 새로운 방식의 상호작용을 경험하게 하는 기회를 마련했다.

(3) 디지털 기술과 모바일

2000년대 초반이 되면 모바일 PDAPersonal Digital Assistants가 등장한다. 모바일 PDA는 개별 학습자들에게 전시품에 대한 정보는 물론 소통의 통로를 마련했다. 학습자들은 모바일 PDA를 통해 전시된 작품에 대한 생생한 내레이션은 물론 작품에 대한 설명을 들으며 학습할 수 있게 되었다. 그리고 느낀 점을 메일이나 뮤지엄 홈페이지에 남길 수 있어 뮤지엄과 즉각적인 쌍방향 소통을 하게 되었다.

2010년을 전후로 뮤지엄에서 제공하던 모바일 가이드가 점차 그 기능을 학습자들의 스마트폰으로 옮겨주기 시작했다. 뮤지엄이 홈페이지, 팟캐스트, 소셜 미디어(트위터, 페이스북, 유튜브, 플리커) 등의 공식 채널을 열고 각 채널의 성격에 맞게 작품에 대한 설명 등을 담은 콘텐츠를 제작해서 자료를 올리면 학습자들이 스마트폰을 활용하여 이용할 수 있었다.

학습자들은 소셜 미디어의 등장으로 인해 새로운 정보 내용을 새로운 방식으로 학습하게 되었다. 뮤지엄 관계자들을 중심으로 한 일방적 콘텐츠만을 수용하는 것이 아니라 학습자들의 참여와 개입이 가미된 학습 내용을 접하게 된 것이다. 그리고 학습 내용이 소셜 미디어를 통한 온라인 전시, 교육/뮤지엄 서비스, 커뮤니케이션으로 확대되었다. 뮤지엄-학습자 간 상호작용이 더욱 활발해졌는데, 대표적인 매체가 위치기반 온라인 가이드다. 학습자들은 오디오 가이드를 손에 들고 다니지 않아

〈표 2-25〉 디지털 기술과 모바일을 활용하는 뮤지엄 교육 기기의 특징

이름	특징
모바일 PDA	• 2000년대 초반 뮤지엄에서 정보 제공 • 즉각적인 쌍방향 소통 기능
스마트폰 앱	• 모바일 PDA 기능 담당 • 스마트폰 운영체제에서 실행되는 소프트웨어 기반의 뮤지엄 정보 전시 • 설치 및 사용의 편의성 • 콘텐츠 활용 및 상호작용 가능
SNS	• 소셜 미디어를 통한 온라인 전시, 교육, 소통, 뮤지엄 서비스 • 뮤지엄과 개별 학습자 간, 또래집단 간 사회적 공동체 형성 및 뮤지엄 참여 가능

도 스마트폰 앱을 통해 뮤지엄과 더 활발한 소통과 다양한 콘텐츠를 경험할 수 있게 되었다. 이제까지 논의한 내용을 정리하면 〈표 2-25〉와 같다(구보경, 2020).

(4) 최근의 테크놀로지

최근 뮤지엄에서 가상현실, 빅데이터, 로봇 기술 등을 접목하여 새로운 교육을 도모하기 시작했다. 가상현실 기술은 컴퓨터그래픽 및 360° 카메라 등을 활용하여 상상의 세계와 사물을 가상으로 만든 것으로, 뮤지엄에 투입되어 학습자들이 입체 영상 속에서 자신들의 행위에 반응하는 사물들과 상호작용을 즐기면서 다각적 경험을 할 수 있도록 지원하고 있다. 학습자는 가상현실 기술의 도움으로 오감을 자극받으면서 학습을 수행하게 된다. 가상현실 기술을 활용한 교육은 여러 가지 장점이 있다. 이를테면 학습자들이 실제감과 몰입감을 경험하여 학습 효과를 높일 수 있다. 그리고 시공간적 · 물리적 한계로 인해 현실에서는 불가능한 주제나 상황에 대해 간접 체험할 수 있도록 도와줄 수 있다.

빅데이터 기술도 비콘beacon을 통해 학습자들의 행동 패턴이나 체류 시간 등을 분석하여 뮤지엄 교육에 활용되고 있다. 빅데이터 기술은 데이터를 축적하고 유의미한 자료를 추출하여 학습자의 취향에 맞춰 전시 콘텐츠를 개발하는 데 관여한다.

2018년을 전후로 사물인터넷과 비콘을 접목하여 자기주도형 관람 서비스가 가능해졌다. 스마트워치는 진화된 사물인터넷을 보여주는 대표적 기기로 뮤지엄 교육에서 활용되고 있다. 스마트워치는 기기 간 연결이 가능한 네트워크에 연결된 소형, 경량의 시계 모양 웨어러블 디바이스다. 뮤지엄 교육에서 스마트워치는 종종 위치기반 서비스와 퀘스트 게임형 프로그램과 결합되는 방식을 취한다. 이를테면 학습자가 물리적 뮤지엄 내 일정 장소에 도착하여 학습을 시작하면 해당 장소에 설치된 비콘이 스마트워치와 연동되어 학습자에게 전시물과 관련된 미션 문제를 제시하는 방식이다. 스마트워치를 이용하는 학습은 다음과 같은 교육적 장점들이 있다. 휴대가 용이하고 파손 위험과 분실 가능성이 덜하며, 학습자의 두 손을 자유롭게 하기 때문에 학습 도구로서 가능성이 크다. 그리고 연령별로 다른 학습자들의 작업기억이 지닌 용량의 한계성을 극복할 수 있고, 인지 부하를 감소시켜 정보를 빠르게 처리하는 등 학습자의 과제 해결 능력을 향상시킬 수 있다. 또한, 스마트워치는 학습자들에게 내비게이션 역할을 해주어 전시 순서를 정하는 데도 도움을 주게 된다. 빅데이터 기술이 뮤지엄 교육에 적용되는 데는 위치기반 서비스 기능이 중추적 역할을 담당한다고 해도 과언이 아닐 것이다. 뮤지엄 교육에 위치기반 서비스를 활용하는 경우에 대한 교육적 효과가 보고되고 있다(박남수 외, 2016). 위치기반 서비스는 뮤지엄 내 많은 소장품, 넓은 동선, 복잡성, 전문용어, 피로 같은 요소들로 인해 생기는 관람의 불편함을 줄여줄 수 있다. 그리고 학습자에게 위치를 알려주고, 갈 곳과 보아야 할 것 등에 대해 알려주어 정서상 편안함, 안정감 및 긍정적 정서를 안겨줄 수 있다. 그 결과 위치기반 서비스는 학습자들에게 전시물에 대한 집중도를 높여주고, 새로운 지식 습득 과정에서 생기는 일시적인 무능력에 대한 두려움, 학습과정상의 인지 부하 등으로 인해 생기는 방어적 기제를 보완해줄 수 있다.

로봇 기술 또한 뮤지엄 교육에 활용되는 경우가 늘고 있다. 독일 박물관의 라이노(Rhino, 1990), 미국 스미스소니언 연구소의 페퍼(Pepper, 2018), 국립중앙박물관의 큐아이(Qi, 2018) 등이 그것이다. 인공지능과 로보틱스 기술이 접목된 로봇을 뮤지엄 교육에 도입하면 소장품을 소개하는 투어가이드로서의 로봇, 학습자와의 커뮤니케이

〈표 2-26〉 최근의 테크놀로지를 활용하는 뮤지엄 교육 기기의 특징

이름	특징
가상현실 기술	• 상상의 세계와 사물을 가상으로 만들어 학습자들에게 실제처럼 체험할 수 있게 함 • 360° 입체 영상, 사용자 행위에 반응하는 인터랙션, 다각적 경험 지원 • 학습자의 실제감, 몰입감 자극 • 현실에서는 불가능한 상황 및 주제에 대한 간접 경험 제공
빅데이터 기술	• 비콘을 통해 학습자의 특정 행동 패턴이나 체류 시간 분석 • 학습자의 취향 분석을 통해 전시 및 프로그램 기획
로봇 기술	• 인공지능 및 로보틱스 기술 접목 • 지식 설명, 감정표현, 자율주행, 의사소통 가능

션은 물론 감정표현, 자율주행하는 로봇을 만나게 될 것으로 기대된다.

뮤지엄 교육자는 나날이 발전해가고 있는 정보통신 테크놀로지의 기능 및 교육적 강점을 인지하고 뮤지엄의 독특한 특성을 고려하면서 이들 디바이스를 활용하여 어떻게 인지적 · 정의적 · 행동적 전략을 활용할 것인지에 대해 고려해보는 것이 필요하다.

3) 온라인 중심 방법론의 전략

최근 뮤지엄은 융복합 콘텐츠를 발전시키고 있다. 콘텐츠는 기술발전과 인간 상호작용의 심화라는 두 가지 축이 상호작용하면서 발전해왔다. 가로축인 기술발전은 크게 재현-연결-인식기술의 발전에 따라 3단계로 구분되어 단일미디어, 통합미디어, 실감미디어의 발전으로 연결되고, 세로축인 인간 상호작용의 심화는 수용-참여-구성의 3단계로 구분된다. 이러한 기술발전과 인간 상호작용의 결과로 나타나는 콘텐츠 융복합은 "재현 기술에 기반한 단일미디어(대중매체)에서 이루어진 일방향적이고 수동적인 수용 방식", "연결 기술로 가능해진 쌍방향적인 참여적 수용", "새로운 시공간으로 데려가거나(VR), 눈앞의 현실에 새로운 것들을 가져다놓는(AR) 실

감 콘텐츠"의 특성을 띠게 된다(박찬욱, 2019: 78). 한편 콘텐츠는 감성, 지식, 체험을 주요 요소로 갖는다. 감성의 가치는 "흥미로운 이야기를 통한 감성적 충족"에 있고, 지식의 가치는 "유용한 정보를 통한 지적 충족"에 있으며, 체험의 가치는 "실감 나는 체험을 통한 감각적 충족"에 있다(박찬욱, 2019: 80). 이러한 콘텐츠의 3요소는 기술발전과 인간 상호작용의 심화를 통해 변화하게 되면서 콘텐츠 자체의 외연을 넓히는 콘텐츠 가치의 확장과 기술, 장르, 산업을 아우르는 콘텐츠 가치의 융합으로 발전하게 된다. 감성 · 지식 · 체험 영역에서 콘텐츠의 외연을 넓히고 가치를 확장하는 과정에서 융복합 콘텐츠가 만들어지게 된다. 융복합 콘텐츠란 "기존 콘텐츠의 감성 · 지식 · 체험 영역을 확장하고 각 영역의 융합을 통해 생산 및 수용 측면에서 새로운 가치를 창출하는 콘텐츠"를 말한다(박찬욱, 2019: 83).

가상 뮤지엄은 변화하는 가운데 학습과정을 혁신하고 있다. 학습과정에 새로운 요소를 도입해서 긍정적 변화를 일구고 게이미피케이션이라든가 스토리텔링, 발견학습 등 다양하게 진일보한 교육 전략을 구현할 수 있는 적절한 기반을 마련하고 있다. 온라인 중심 뮤지엄 교육의 방법론적 전략들을 소개하면 아래와 같다.

(1) 자기주도적 학습

온라인 중심 뮤지엄 교육의 방법론적 전략 첫 번째는 자기주도적 학습*이다. 자기주도적 학습이란 학습자가 스스로 학습을 주도하여 학습을 계획하고 자료나 자원을 동원하여 학습을 수행해가면서 그 결과를 스스로 평가해가는 학습을 말한다(Knowles, 1975). 치머만(Berry J. Zimmerman, 1989), 치머만과 마르티네즈-폰스(Zimmerman & Martinez-Pons, 1988)는 자기주도적 학습 능력을 '자신의 학습과정에 메타인지적이고 동기적이며 행동적 측면에서 능동적으로 참여하는 능력'이라고 보았다. 즉 자기주도

* 자기주도적 학습은 자율학습autonomous learning, 자기조절학습self regulated learning, 자기계획적 학습self-planned learning, 학습하는 방법의 학습, 자습self study, 자기교수self teaching, 자기교육self education, 자기지향성self direction in learning, 메타인지metacognition 등의 용어로 다양하게 불린다(양미경, 1997; 최유선 · 손은령, 2017).

적 학습자들은 학습하는 단계들에서 메타인지적으로 계획, 조직, 자기학습 및 평가를 한다. 그리고 자기효능감을 가지고 학습에 대한 내적 동기를 갖는다. 또한, 학습을 극대화할 수 있도록 사회적이고 물리적인 환경을 선택 · 조직 · 창조한다. 학습자들은 자기주도적 학습을 위해 '예상', '수행', '자기성찰'의 세 단계를 밟는다(Zimmerman & Campillo, 2003). '예상' 단계에서 학습자는 과제를 분석하고 동기를 유발한다. 과제 분석과 관련하여 학습자는 학습목표를 설정하고 성취를 위한 전략을 수립한다. 그리고 동기를 유발하기 위해 자기효능감, 성과에 대한 기대, 과제의 가치 및 가치에 대한 흥미, 학습목표에 대해 지향적 태도를 갖게 된다. '수행' 단계에서 학습자는 과제를 해결하기 위해 자기를 통제하고, 자기를 관찰한다. 자기통제를 위해 과제에 대한 전략, 학습에 대한 이미지, 자기교수, 시간관리, 학습 환경 구조화, 도움 요청 등의 전략을 사용한다. 자기관찰을 위해 메타인지적 자기 모니터링과 자기기록을 해나간다. '자기성찰' 단계에서 학습자는 자기판단과 자기반성을 한다. 자기판단을 위해 자기평가와 인과귀속을 수행한다. 그리고 자기반성을 위해 자기만족과 자기정서, 적응적 전략을 취한다.

(2) 발견학습

온라인 중심 뮤지엄 교육의 방법론적 전략 두 번째는 발견학습이다. 발견학습이란 학습자들이 사물을 탐색하고 조작하거나, 질문과 논쟁을 하거나, 실험을 수행함으로써 학습자 자신의 환경과 상호작용하게 하는 교육 방법을 말한다. 예를 들어 가상현실 응용 프로그램으로 학습자들에게 가상으로 재건된 기원전 7세기 레골리니 갈라시Regolini Galassi의 무덤을 탐색하게 하고, 사물을 선택해 무덤 안에 묻힌 사람들이 들려주는 관련 이야기들을 배울 수 있게 한다(Antonaci & Ott, 2016). 가상현실 응용 프로그램은 인터페이스를 기반으로 하여 상호작용하는 패러다임을 활용한다. 참여자는 마우스나 키보드, 조이스틱, 콘솔 없이 3D 공간 내에서 움직이며, 가상 무덤을 탐험하거나 인공물 근처에 가거나 내부에 묻혀있는 유명인의 목소리로 내용을 들을 수 있게 된다. 그 결과 학습자 스스로 개념을 발견하게 해서 개념을 기억하게 할 가능성을 높인다.

(3) 학습 커뮤니티 구축

온라인 중심 뮤지엄 교육의 방법론적 전략 세 번째는 학습 커뮤니티 구축이다. 뮤지엄은 온라인 환경을 구축할 때 종종 학습자 커뮤니티를 구축한다(Din, 2015). 온라인 학습은 학습자를 뮤지엄에 연결할 수 있다. 예를 들어 구글 아트 프로젝트 Google Art Project는 전 세계 문화 기관과 협력하여 원격 학습자가 고해상도 이미지를 사용하는 뮤지엄 및 유적지에 접근할 수 있도록 하고 있다. 그리고 개인에게 자신이 인식한 신체적 · 지리적 경계를 재검토할 기회를 제공함으로써 학습할 수 있게 한다. 예를 들어 미국 자연사박물관의 유료 온라인 전문 개발 프로그램인 〈과학에 대한 과학 Science on Science〉은 교사가 현장에서 일하는 연구원 및 과학자와 직접 상호작용할 수 있게 함으로써 학습 커뮤니티를 구축한다. 비슷하게 학령기 학습자들에게도 시공을 초월한 학습 커뮤니티 구축을 도모하여 학습자들에게 새로운 배움을 이끌어낼 수 있을 것이다.

(4) 상호작용성

온라인 중심 뮤지엄 교육의 방법론적 전략 네 번째는 상호작용성이다. 상호작용이란 “상호 간에 행동하는 것이고, 함께하거나 다른 사람들을 위해 하거나 혹은 다른 사람들과 행동하는 것”을 의미한다(백영균, 2010: 93). 상호작용은 인간-인간, 인간-기계, 인간-소프트웨어, 기계-기계 간에 일어난다. 스트레인(Strain, 1997; 백영균, 2010: 93-94 재인용)은 멀티미디어에서 상호작용성을 가정하면서 상호작용성을 “사용자가 어떤 콘텐츠를 어떻게 전달받을지를 능동적으로 결정하는 것”이라고 보았다. 그에 의하면 상호작용성에는 사용자의 필요와 기술적 세련도에 따라 3단계가 있다.

1단계는 사용자가 미디어의 콘텐츠에 접근할 수 있는 수준이다. 2단계는 사용자가 프로그램 안에서 필요에 따라 행로를 선택하거나 기존 자료의 순서를 조정하며 정보를 저장할 수 있는 수준이다. 3단계는 사용자가 콘텐츠를 자유자재로 바꿀 수 있는 제작자와도 같은 기능을 수행하는 수준이다. 스튜어(Steuer, 1992; 백영균, 2010)는 기계와 인간 사이의 상호작용을 가정하면서 상호작용을 '사용자가 실시간에 매개된 환경 안의 형태와 내용에 영향을 줄 수 있는 정도'라고 했다. 그에 의하면 사용자는 상호작용성이 높을수록 가상의 경험이 실재의 것이라고 생각하는 원격 현존감tele-presence을 느낀다고 한다.

온라인 환경을 구축할 때 상호작용성은 동시에 발생하도록 구안할 수도 있고, 비동시적으로 발생하도록 구안할 수도 있다. 동시에 발생하는 상호작용의 경우, 자발성과 응답성을 고려하도록 한다(Din, 2015). 뮤지엄 교육자는 모든 참가자가 동시에 온라인 상태에 있을 때 채팅, 쪽지 및 라이브 웨비나live webinar 기술을 통해 온라인 환경에서 상호작용을 동시에 발생하도록 할 수 있다. 교육자와 참가자는 웹캠과 마이크를 통해 서로 보고 들을 수 있으며, 파일 공유, 화이트보드 및 가상 회의실 같은 다양한 상호작용형 멀티미디어 도구를 활용할 수 있다. 동시에 발생하는 상호작용은 현장에서의 직접 경험과 유사하게 자발적인 상호작용을 이끌고, 아이디어와 질문에 실시간으로 반응할 기회를 제공한다는 장점이 있다. 교육자는 중재자 역할을 하고, 참가자는 실시간으로 상호작용하여 물리적 환경에서 발생할 수 있는 유사한 유대 및 연결을 개발할 수 있다. 다양한 음성을 들을 수 있도록 대화의 균형을 유지하면 세션을 상호작용적으로 유지할 수 있다. 드로잉, 쓰기 및 멀티미디어 도구 사용은 모든 참가자가 환영받고 존중받고 안전하다고 느낄 수 있는 이러한 환경에 통합되게 하는 전략이다. 한편, 상호작용을 동시에 발생하지 않게 해서 교육자와 참가자가 서로 다른 시간에 온라인 상태가 되도록 구성할 수도 있다(Din, 2015). 이 방식의 장점은 첫째, 문서와 대화가 발전하고 축적되는 동안 참가자는 재방문이 가능하고 추가의견을 제시하거나 수정된 의견을 제시할 수 있다. 둘째, 참가자가 댓글 달기, 블로그 또는 공동 작업 위키 프로젝트에 참여할 때 자신의 시간과 일정을 반영하여 작업할 수 있다.

셋째, 학습이 작성 및 편집되고 웹 링크 목록이 게시 및 공유되면 그룹의 모든 구성원이 액세스할 수 있도록 모든 정보가 수집, 컴파일 및 아카이브 된다.

(5) 협업

온라인 중심 뮤지엄 교육의 방법론적 전략 다섯 번째는 협업이다. 온라인 환경을 구축할 때 학습자들이 협업의 경험을 가질 수 있도록 고려한다(Din, 2015). 온라인 학습 환경에서 학습자는 아이디어를 편집, 수정 및 확장할 수 있기 때문에 협업을 위한 이상적인 환경이 마련되어 있다고 볼 수 있다. 학습자는 자신의 기고물을 입력, 재입력, 삭제, 복사 및 붙여 넣기 등을 할 수 있고 단일 문서에서 다른 사람과 공동 작업을 할 수 있다. 학습자가 공유하고 공동 작업할 때 최종 결과는 개인 학습자가 제공한 것보다 포괄적일 수 있다. 그리고 공통의 관심사와 목표를 가진 사람들이 모여 경험과 정보를 공유함에 따라 학습자 커뮤니티에 속한 개인은 전문적으로 발전할 수 있고, 학습자들은 문제를 집단으로 해결할 수 있다. 같은 생각을 가진 개인이나 조직을 모으는 것 외에도 온라인 협업 학습은 독특한 방식으로 서로 다른 사람들의 다양한 관점을 모을 수 있다는 것이 장점이다.

(6) 게이미피케이션

온라인 중심 뮤지엄 교육의 방법론적 전략 여섯 번째는 게이미피케이션이다. 게이미피케이션이란 게임이 아닌 상황에서 게임 메커니즘을 사용하는 것, 또는 게임적인 경험을 만드는 현상을 말한다. 게이미피케이션은 학습에 동기를 부여하고 학습을 향상시킬 수 있는 잠재력이 있어서 교육 소프트웨어 응용 프로그램에 게임 기술을 접목하는 사례가 늘어나고 있다. 뮤지엄 교육 배경에서 사용되는 게이미피케이션의 예를 들면 문화유산 분야에서 종종 발견할 수 있다. 학습자는 게이미피케이션이 적용된 교육 프로그램을 통해 어떤 역할을 부여받고 역할에 맞는 과거의 시공간으로 들어가게 된다. 일정한 역할을 부여받은 학습자는 역사적 장소의 곳곳을 여행하면서 탐구거리를 탐색하여 재미있고 교육적인 수수께끼를 해결한다. 학습자가 관심 있는 어떤 지점에 이르러 3D 도구나 센서, 위치추적 장치, 카메라와 컴퓨터의 시각 알고리즘 등을 활용하면 고대의 도시를 실제 세계로 느낄 수 있게 된다. 미션을 완수한 후 집으로 돌아갈 수 있도록 하는 일련의 교육 내용이 게임 같은 상황에서 표시되고 전달되므로 게임 혹은 학습을 수행하는 동안 학습에 대한 동기가 부여되고 적극적으로 참여하게 하는 효과를 가져올 수 있다.

(7) 스토리텔링

온라인 중심 뮤지엄 교육의 방법론적 전략 일곱 번째는 스토리텔링이다. 스토리텔링은 내러티브 환경을 결정하는 데 중요한 역할을 해서 학습자들에게 적절하고 효과적인 정보를 얻게 하고, 학습에 대한 동기를 갖게 하며, 강제적이지 않은 방식으로 교육 목표를 달성하게 한다. 브루너(Bruner, 1990)에 의하면 내러티브는 인간에게 내재된 사고 형식이어서 효과적으로 의사소통을 하게 하고, 사용자 경험에 의미를 부여하는 데 사용될 수 있다. 예를 들어 그리스에 있는 테르모필레 뮤지엄Thermopylae Museum은 테르모필레Thermopylae 전투를 가상 뮤지엄에 입혀서 학습자들에게 기원전 480년에 일어난 전투를 경험하게 했다(Antonaci & Ott, 2016). 테르모필레 전투는 그리스가 페르시아를 두 번째로 침공해서 스파르타가 이끄는 고대 그리스 도시국가들과 크세르크세스Xerxes 1세의 페르시아 제국의 동맹 사이에서 벌어진 전투다. 이 응용 프로그램은 시네마 기법을 채택하고, 전투와 관련된 주요한 내러티브를 중심으로 세 부분으로 나누어 구성되었다. 학습자들은 이 응용 프로그램에서 그리스와 페르시아의 영웅들이 전투를 준비할 수 있도록 도울 임무를 부여받았다. 학습자는 내레이션에 따라 해당 장비와 무기를 찾아서 주인공에게 하나씩 적용하는 과정에서 당시 있었던 일에 대해 배우게 되고, 다양한 관점을 볼 기회를 갖게 되며, 고대 전사의 문화, 전투 준비, 전술, 무기 등에 대해 유용한 정보를 얻게 된다. 내레이션을 수행하는 동안 학습자는 토론을 지원하고 협력 학습 과정을 돕는 데 중요한 역할을 하는 뮤지엄 가이드나 교사의 지원을 받을 수도 있다. 스토리텔링을 활용한 방식에 따라 학습자들은 주제에 더 깊이 들어가고 역사적인 핵심 개념을 파악하게 된다.

III

뮤지엄 교육 프로그램의 실제

1장

뮤지엄 교육 프로그램의 요소

뮤지엄 교육 프로그램은 전시, 교과, 학습자 및 온라인 요소의 선택과 결합을 통해 설계될 수 있다. 이 장에서는 뮤지엄 교육 프로그램을 구성하기 위해 고려해야 할 요소로 첫 번째, 전시 요소를 생각해본다. 여기서는 뮤지엄 유형, 전시 유형, 전시물, 그리고 해석 지원물로 분류하여 설명한다. 두 번째로는 교과 요소를 살펴본다. 여기에서는 국가 교육과정에서 목표로 하는 성취기준 중심의 백워드 교육과정 설계 방법과 사회 · 과학 · 미술교과에 대한 이해로 분류하여 설명한다. 세 번째로 학습자 요소에서는 뮤지엄 교육 프로그램 개발을 위해 학습자가 지닌 인지적 요소, 정의적 요소, 정체성의 요소를 설명한다. 마지막으로 교육구조 기획, 매체 담색, 교육 콘텐츠 제작 측면에서 활용될 수 있는 온라인 요소에 대해 논의한다. 이어 뮤지엄 교육 프로그램을 기획하고 설계할 때 고려해야 할 사항들을 알아본다.

1. 전시 요소

1) 뮤지엄 유형

본래 뮤지엄은 물건들을 모아두는 수집 활동에서 출발했다. 르네상스 시기에 접어들어 소장품의 수량이 많아지면서 물건의 종류와 관계없이 수집품을 가리키는 말로 '박물관'이라는 용어가 사용되었다. 소장품을 기반으로 미술관, 과학관처럼 유형별로 구분한 것은 한참 후의 일이다(Latham & Simmons, 2019). 그 결과 뮤지엄은 대체로 종합박물관과 그 외 소장품의 유형에 따라 분류될 수 있다. 미국의 경우 박물관 유형을 비율 순으로 정리해보면, 역사, 역사 유적historic site, 예술art, 종합박물관, 특수 박물관, 식물원 및 수목원, 자연센터nature centers, 자연사 및 인류학, 과학센터, 동물원, 어린이박물관, 천문관, 수족관이 있다(Latham & Simmons, 2019).

(1) 종합박물관

여러 분야의 유물을 수집하는 대규모 박물관은 '종합universal박물관' 혹은 '일반general 박물관'이라고 불린다. 대표적인 종합박물관은 대영박물관을 들 수 있다. 1753년 런던에 세워진 대영박물관은 도서관을 갖추었을 뿐만 아니라 인류학, 미술, 역사, 과학 관련 수집품들을 보여주기 위해 설립되었다. 후에 소장품 중 일부를 자연사박물관The Natural History Museum과 대영도서관British Library 등으로 분산시킬 정도로 큰 규모다(Latham & Simmons, 2019). 미국 펜실베이니아주의 독서공공박물관The Reading Public Museum은 순수 미술, 장식 미술, 인류학과 고고학적인 유물 2만 5천여 점을 비롯하여 미국에서 가장 큰 나비 컬렉션을 보유하고 있다(Kotler & Kotler, 2005). 이처럼 자연과 예술의 여러 양식을 보여줌으로써 관람자는 서로 다른 수집물의 차이를 비교하고 탐구할 수 있다.

종합박물관의 기능은 문화유산을 수집 · 보존 · 연구하여 전시 활동을 통해 문화 발전에 기여하고 대중을 교육하는 데 있다. 문화유산에 관한 인류학적 연구와 해석을 통해 전시의 의미를 드러낸다. 박물관은 이러한 활동을 통해 관람자에게 문화유산에 대한 새로운 해석을 경험하게 하는 소통의 장이 된다. 이를 통해 관람자는 문화적 의미를 이해하고, 궁극적으로 문화 형성에 이바지하게 된다(백령, 2005).

우리나라의 국립중앙박물관은 한국과 세계의 문화유산을 체계적으로 보존 · 연구 · 전시 · 교육하는 종합 문화기관을 표방한다는 비전을 갖고 미술품뿐 아니라 교통, 산업, 기술, 무기류, 의상, 가구 등 역사에 관계된 광대한 영역에 걸친 문명의 산물을 전시하고 있다. 역사와 민족 문화유산의 보고이며, 우리 민족의 역사와 문화적 정체성을 바탕으로 전시와 교류를 활성화하고 있다.

(2) 역사박물관

역사박물관은 보통 지역이나 어떤 특정 시기 혹은 사건(예: 국립 남북전쟁박물관)을 주제로 설립된다. 미국에서는 역사박물관과 역사 유적이 차지하는 비중이 가장 크다. 역사박물관은 지역민의 공동체 생활이나 자부심을 지키는 핵심적인 역할을 한다. 지역 주민이 중요하게 생각하는 역사성을 띤 역사 가옥historic house도 역사박물관에 속한다고 할 수 있다.

역사박물관의 소장품들은 보통 중요한 인물, 장소, 사건 등을 기록한 문서자료이거나 역사를 반영하는 물품들로 구성된다. 역사박물관의 소장품은 유일무이하며 중요한 정보가 담긴 원본일 수도 있지만, 문화를 더욱 폭넓고 포괄적으로 반영할 수 있는 표본들을 수집하는 추세다. 역사박물관의 소장품들은 전시와 기록을 위해 활용되며, 역사학자들은 유물뿐 아니라 관련 기록과 정보를 활용하여 연구하는 경우가 많다(Latham & Simmons, 2019).

대한민국역사박물관은 한국 근현대사를 중심으로 산업화와 경제 개발 역사뿐 아니라 어두운 역사까지 함께 조명하여 다양한 역사 인식을 다룬다. 특히 학생들이 교과서로 배운 것을 전시장에서 직접 체험하게 하여 전시 콘텐츠를 통한 대중적 관심을 높이고자 한다.

(3) 미술관

미술관은 미학적 가치를 가진 인공물을 수집 · 보존 · 연구하고, 대중을 위한 전시를 통해 교육한다. 뉴욕의 메트로폴리탄 미술관Metropolitan Museum of Art처럼 여러 장르의 미술품을 함께 다루는 일반 미술관도 있고, 노르웨이 오슬로에 있는 뭉크 미술관처럼 어느 특정 작가의 작품들로만 운영하거나 호주 아미데일의 뉴잉글랜드 지역 미술관New England Regional Art Museum처럼 지역성을 기반으로 세워진 미술관도 존재한다(Latham & Simmons, 2019).

우리나라의 국립현대미술관은 1969년 개관 이래 한국 현대미술의 역사와 현재를 보여주고 있다. 국립현대미술관은 1986년 과천, 1998년 덕수궁, 2013년 서울, 2018년 청주 개관으로 4관 체계를 유지하고 있다. 이 외에도 지방자치단체에서 운영하는 도립 · 시립 미술관이 있어서 미술사적으로 의미있는 전시뿐 아니라 동시대 작가의 전시를 통해 미술계의 동향을 파악할 수 있다.

(4) 과학관

과학관은 과학(산업/기술)박물관, 자연사박물관, 동물원, 수족관, 식물원, 자연보호구역으로 나누어볼 수 있다. 과학관은 물리, 화학, 수학의 원리를 모형과 그림, 기타 시청각 자료들을 활용하여 원리와 현상을 설명한다. 또한 자연사박물관은 자연환경과 생태학적 관계를 전시하여 동물학, 식물학, 지질학, 인류학의 분야로 분류하여 설명한다(백령, 2005).

세계 최초의 과학관은 1903년 개관한 뮌헨 독일박물관Deutsches Museum으로 세계 최대 규모의 과학과 기술에 관한 전시물을 전시하고 있다. 자연과학, 천문학, 재료, 에너지, 생산에서부터 커뮤니케이션, 정보, 미디어, 인간과 환경, 교통에 이르기까지 다양한 분야의 전시를 통해 과학기술의 발전과 생활의 관련성을 볼 수 있다. 과학관은 영구적으로 소장해야 할 소장 유물보다는 상호작용할 수 있는 전시물이 많다. 학교 밖 학습의 중요성이 강조되면서 지난 30년간 비약적으로 늘어났다.

대표적으로 캘리포니아주 샌프란시스코에 있는 익스플로라토리움Exploratorium, 펜실베이니아주와 필라델피아주의 프랭클린 박물관Franklin Institute 등이 있다. 또한 뉴욕에 있는 자연사박물관American Museum of Natural History의 로즈지구-우주센터The Fredrick Phineas & Sandra Priest Rose Center fo Earth and Space는 우주에 관한 과학적 연구와 교육 기능이 강화되어 있다.

우리나라의 국립과천과학관은 기초과학, 응용과학, 자연사 및 과학기술사 등에 관한 자료의 수집, 보존, 연구, 교육 및 전시를 하고 있다. 2008년 건립되었으며, 과학탐구관, 자연사관, 한국과학문명관, 첨단기술관, 미래상상SF관, 유아체험관, 천체관, 곤충생태관으로 이루어져 있다.

(5) 어린이박물관

세계 최초의 어린이박물관은 1899년 뉴욕 브루클린에 세워진 브루클린 어린이박물관Brooklyn Children's Museum이다. 어린이박물관은 아이들의 눈높이에 맞추어 밝고 화사한 공간과 아울러 상호작용이 가능한 전시물이 많다. 또한 신체 활동을 할 수 있는 공간을 갖추고 있다는 점이 특징이다. 어린이박물관은 전시와 교육 프로그램에 주력한다. 주로 역사와 과학에 초점을 맞추어 운영되는데, 주제가 무엇이건 간에 비정규 교육과 사물 기반의 학습을 강조한다. 인디애나주의 인디애나폴리스 어린이박물관Children's Museum of Indianapolis과 메릴랜드주 볼티모어에 있는 포트 디스커버리Port Discovery가 대표적이다.

2) 전시 유형

전시란 사람들에게 사물을 보이고 알리는 행위다. 관람자는 전시물에서 의미와 가치를 찾고자 하고, 전시의 중요성을 추론하기 위해 끊임없이 전시물을 해석한다. 전시는 이처럼 관람자와 전시물 사이에 소통 체계를 구축하여 의미의 해석을 중재하는 행위다. 미술작품, 유물, 표본 등의 전시물과 공간을 조직하여 관람자의 유기적인 작용으로 만들어지는 복합적인 활동의 결과물이다(이보아, 2006).

전시는 일반적으로 '개념' 단계, '개발' 단계, '기능' 단계, '평가' 단계를 거쳐 완성된다(이보아, 2018). '개념' 단계는 전시 기획 단계로, 도서, 잡지, 카탈로그, 인터넷 등 다양한 정보와 자료를 조사하여 전시의 목표, 기획 의도, 주제와 내용을 결정한다. 또한 관람자의 요구와 박물관의 설립 취지, 목표, 실천과제가 조화를 이루는지 등을 고려해 타당성을 연구하는 단계다. '개발' 단계는 전시를 기획 및 전개하는 과정으로 학예사와 전시 기획자의 협의하에 작가 및 작품 선정 및 수집, 소요 예산, 업무 분장에 따른 인력 구축 및 조직, 전시 일정, 홍보 등 행정 업무를 포함한다. 전시를 기획하기 위해서는 '빅 아이디어big idea'를 선정하는 것이 필요하다(Serrell, 2015). 빅 아이디어는 핵심을 이루는 하나의 단일한 개념으로, 전시의 주제가 무엇이고 어떤 내용을 담을 것인지를 결정한다. 빅 아이디어는 전시에 일관되게 소통하여 전시의 의미를 명료하게 제시한다. 이 단계에서는 전시회명title, 전시회의 부제subtitle or subheading, 소개, 라벨label, 기타 해석 자료를 결정한다. '기능' 단계는 전시가 개최되는 단계다. 관람자에게 전시가 공개되며, 교육 프로그램과 행사가 진행되어 실제로 전시가 운영된다. 이후 전시회가 종료되면 전시장을 철거하고 작품을 회수하여 수장고에 보관하거나 대여 기관이나 소유자에게 되돌려준다. '평가' 단계는 선제 평가front-end evaluation, 형성 평가formative evaluation, 최종 평가summative evaluation의 3단계로 나뉜다(Serrell, 2015). 선제 평가는 전시가 제작되기 전이나 전시 디자인이 기획되기 전에 잠재 관람자의 수요를 예측하는 데 목적이 있으며, 형성 평가는 전시 중에서 전시의 효율성을 조정하여 점진적으로 보완하기 위해 실시된다. 최종 평가는 전시가 개최된 후에 전시회에 대한 관람자의 의견을 조사하기 위해 실시된다.

뮤지엄의 전시는 대개 연대별chronological, 주제별thematic, 단독monographic, 국가별national 등으로 유형화할 수 있다(Mason, Robinson & Coffield, 2020). 연대별 전시는 유럽에서 공공 박물관이 형성된 이래 가장 보편적으로 행해져온 방식으로 합리적이고 체계적인 특징이 있다. 연대별 전시는 연대기적으로, 즉 유물의 제작 시기별로 전시함으로써 유물에 대한 더 넓은 시야의 맥락을 제공한다. 이 안에서 특정 사건이나 개념의 원인과 결과가 나타나게 된 맥락을 시간의 연속선에 두고, 유물들을 그 어딘가에 위치시킨다.

주제별 전시는 핵심적인 개념, 원칙, 질문 또는 특징에 따라 유물을 분류하고 정리하는 방식으로, 19세기 유럽에서 발전했다. 주제별 전시는 선택에 좀 더 융통성이 있어 자연사박물관의 경우에는 특정 과학적 원칙에 따라 보여줄 수 있는 수를 선정하여 전시할 수 있으며, 교육적 목표를 세울 수 있다. 따라서 전문가뿐 아니라 일반 관람자의 관심을 끌 수 있다.

단독 전시는 개인이나 어떤 집단에 관련된 유물의 컬렉션을 모아 보여주는 것이다. 개인의 경우 인지도가 높은 창작자나 지위가 높은 경우가 많다. 예를 들어 '단색화의 대가'라 불리는 박서보는 영국의 화이트큐브에서 개인전을 한 바 있다. 단독 전시를 통해 작품들 개개에 대한 재평가를 가져올 수 있다.

국가별 전시는 국가나 국가의 어떤 측면을 재현하기 위해 기획하는 전시로, 전시가 열리는 장소 때문에 국가를 대표하는 특징이 있다. 베니스 비엔날레처럼 박람회, 전시, 축제의 경우 참여 작가들은 국가의 대표가 되어 전시하거나 국가로부터 작품 전시를 위한 자금을 후원받는다. 이 경우 국가별 전시는 해당 국가의 정체성, 문화, 정치를 강조할 수 있다.

3) 전시물

(1) 전시물의 종류

전시물은 1차적 자료와 2차적 자료로 분류된다(윤병화, 2014). 1차적 자료인 실물 자료는 역사, 고고, 인류, 민속, 예술, 동물, 식물, 광물, 과학, 기술, 산업 등에 관한 자료들로 박물관이 구입, 기증, 기탁, 교환 등의 방법으로 소장하는 자료들을 일컫는다. 실물 자료는 물리적 특징에 따라 다음과 같이 분류할 수 있다(Burcaw, 2001).

- *오브제objet, 사물, 물건: 3차원의 형태를 가진 모든 종류의 물체*
- *유물artifact: 수공으로 제작된 오브제 혹은 인간이 의도적으로 선택하여 사용한 자연물*
- *표본specimen: 예증 또는 견본*
- *미술품, 아트 오브제: 미학적 가치를 가진 유물*

예술작품은 인간이 창조한 미학적 가치를 가진 것으로 오브제가 아닐 수도 있다. 예를 들어 음악작품은 예술작품이지만, 아트 오브제는 아니다.

2차적 자료인 평면 자료는 설명패널, 사진 등이 있다. 설명패널은 독자적으로 의미전달을 하거나, 실물자료와 기타 전시자료와의 관계에서 보조적 역할을 한다. 관람자가 쉽게 전시 내용을 파악할 수 있도록 세부적인 사항을 포함하면서도 전시의 중요성과 가치를 드러낸다. 보통 텍스트만 사용하거나 텍스트와 사진, 도해 등을 조합하여 이해를 돕는다. 사진은 전시의 직접적인 이해를 돕고 실물의 심층적 분석을 위해 사용하거나 별도로 사진을 주제로 한 사진전을 할 때 사용한다.

(2) 전시물의 배열 방식

전시는 '관람'과 '이동'이라는 기본적인 요소로 구조화된다. 시각적 경험의 주체자로서 관람자는 전시물이 배열된 방식을 따라 이동하면서 '전시물에 대한 지각'과 '공간에 대한 지각'을 동시에 경험한다. 전시물에 대한 지각은 전시물과의 상호작용을 통한 의미 형성과정이다. 공간에 대한 지각은 동선의 유도라는 개념도 포함된다. 관람자는 전시물을 관람하고, 레이블을 읽으면서 동반 관람자와 대화를 나누는 과정에서 사전경험과 선행 지식을 활용하여 새로운 지식과 정보를 합성한다(이보아, 2018). 이를 통해 궁극적으로 전시물에 내재된 의미를 학습하고, 관람 과정에서 몰입으로 나아갈 수 있다.

렘브루크(M. Lehmbruck, 1974)는 동선 패턴을 간선형, 빗형, 체인형, 별형, 블록형의 다섯 가지 기본 형태로 분류한다(Belcher, 2006: 166-168 재인용).

> ① 간선형은 직선적인 연결로, 반듯하거나 각지거나 둥글거나 상관없이 연속되는 통로를 가리킨다. 즉, 관람자에게 다른 동선을 주지 않는다. 관람자는 한 방향으로만 움직이고, 이미 본 것을 다시 보기 위해서는 동선이 꼬여서 다른 사람과 부딪칠 가능성이 있다. 만약 학생들과 체험학습을 한다면, 인기 있는 전시물 앞에는 관람자가 몰려있으므로 이를 사전에 염두에 두고 특정 전시물만 선택하게 한다. 또는 학생들은 전반적으로 전시를 쭉 훑어보고, 특정 전시물을 선택해서 깊이 있게 볼 수 있다.
>
> ② 빗형은 골방식 정렬 방식으로, 주요 통행로에서 떨어져 있어 관람자가 서로 부딪치지 않고 관람할 수 있는 장점이 있다. 또한 공간이 허락한다면 쌍방 통행도 가능하다. 각 골방은 각각의 주제를 담고 있으며, 필요에 따라 크기를 자유롭게 조정할 수 있다.
>
> ③ 체인형은 직선적인 특징을 띤다는 측면에서 간선형과 비슷하나, 서로 다른 전시물을 담고 있는 전시공간으로 되어 있으므로 복잡하며, 각각의

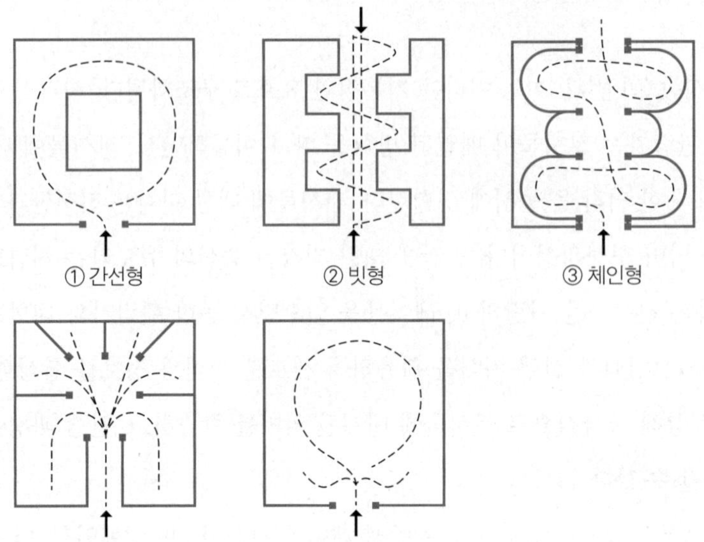

[그림 3-1] 전형적인 동선 패턴

공간에 변형된 통로가 많다는 측면에서 간선형과 다르다. 이런 식으로 서로 연결된 전시실은 미술관에서 자주 쓰이며, 전시실이 교차되는 문 쪽은 혼잡할 수 있으나, 각 공간 내에서의 동선은 매우 자유롭다.

④ 별 또는 부채형은 중앙에서 퍼져나가는 여러 통로가 있다. 이 형태의 좋은 점은 중앙의 혼잡만 피한다면 서로 다른 주제를 진열할 수 있다는 점이다. 중앙 지점이 너무 강조되지만 않는다면 관람하기에 쾌적한 동선 패턴이 될 수 있다.

⑤ 블록형은 이동이 자유로운 것으로 특정 체계가 없고, 관람자가 마음 내키는 대로 또는 각 전시 섹션의 특성에 따라 이동하는 것이다. 관람자 자신이 알아서 돌아다니는 공간은 입 · 출입구의 위치와 전시 섹션에 달려 있다.

이상의 다섯 가지 유형은 각기 이용될 수도 있고, 전체 전시 상황을 조정하기 위해 함께 쓰일 수도 있다. 뮤지엄 교육 프로그램을 기획하기 위해서는 이러한 전시물의 동선을 고려하여 관람자가 체험할 전시물을 선택할 수 있다.

4) 해석 지원물

(1) 해석 지원

뮤지엄 교육자는 관람자가 뮤지엄을 방문하여 전시물들을 보고 해석할 수 있도록 지원해줄 필요가 있다. 벨처는 커뮤니케이션으로서 전시물을 다루는 방식을 다음과 같이 세 가지로 분류한다(Belcher, 2006: 217).

- *전시물의 정체 확인해주기*
- *전시물의 정보 제공하기*
- *전시물 해석하기*

'전시물의 정체 확인해주기'란 전시물이 정보나 보조적 해석의 도움 없이 독립적으로 해당 전시물의 정체를 볼 수 있도록 하는 것이다. 관람자와 직접적인 소통을 할 수 있도록 전시물이 잘 보이게 하고, '저게 뭐지?' 하는 관람자의 기본 질문에 답할 수 있도록 전시물 자체에 대해 충분한 정보를 제공해야 한다. 극단적으로 화이트큐브white cube 스타일의 현대미술관은 예술작품을 독립된 상태로 전시하기 위해 작품의 액자 틀, 컬러 벽면, 가구 등을 제거하여 관람자가 다른 간섭없이 작품에 집중하도록 하고 있다(Mason, Robinson & Coffield, 2020). 이처럼 전시물 자체에 집중할 수 있게 된다면 미적 체험을 기대할 수도 있다.

'전시물의 정보 제공하기'란 전시 목표와 타깃 관람자를 염두에 두면서 관람자에게 필요한 정보를 전달하는 것이다. 이 과정에서는 전시물을 누가, 어디서, 어떻게 만들었는지 제조에 관한 특성을 설명하기도 한다. 또한 장식, 크기, 무게 등 물리적 특성을 설명하기도 하며, 기능이나 목적, 중요성, 관련된 역사, 사회, 경제적 여건 등 광범위한 정보를 제공하기도 한다. 정보는 라벨이나 텍스트 패널, 오디오 가이드의 형식을 취한다.

'전시물 해석하기'란 낯선 유물의 미스터리를 관람자에게 풀이해주는 것이다. 관람자는 전시물과 관계된다고 생각할 때 더 관심을 기울이므로 개인의 경험과 지식을 전시물에 연결 지어 이해할 수 있도록 개념과 아이디어를 전달해야 한다. 해석은 사실이나 정보 제공을 넘어서서 개인적인 견해와 평가까지 이어지므로 주관적인 측면을 갖고 있다. 해석은 적절한 라벨링 시스템을 통해 효과를 거둘 수 있다.

전시물에는 다양한 의미가 담겨 있다. 그리고 이 의미들은 문맥이나 상황에 따라 바뀔 수 있다. 또 유물의 의미는 보는 사람의 관점에 따라 달리 만들어질 때도 있다. 따라서 유물의 의미는 유물 스스로 말하기보다는 유물과 관람자 간 상호작용의 결과에 따라 다르다. 의미는 유물과의 소통을 통해 생성된다(Hooper-Greenhill, 2000).

(2) 해석적 라벨interpretive label

프리드먼 틸든은 전시 라벨과 전시를 기획하면서 '해석'에 대해 다음과 같이 정의하고 있다(Tilden, 1977; Serrell, 2015: 21 재인용). 첫째, 관람자의 개성이나 경험과 관련되지 않는 것을 전시하거나 묘사한다면 해석은 무익할 것이다. 둘째, 해석은 정보에 기반하여 이루어진다. 정보 자체는 해석이 아니다. 해석은 정보를 담고 있어야 한다. 셋째, 해석은 일종의 예술이다. 해석의 내용이 과학, 역사, 건축 등 무엇이든 간에 해석은 교육될 수 있다. 넷째, 해석의 주된 목표는 교수instruction하는 것이 아니라 일종의 자극이라 할 수 있다. 다섯째, 해석은 부분이 아니라 전체를 제시하며, 전체적으로 전시물의 의미 만들기를 촉진해야 한다. 여섯째, 아동에게 하는 해석은 성인을 대상으로 하는 것보다 단순히 쉽게 하는 것이 아니라 근본적으로 차별화된 접근을 취해야 한다. 따라서 별도의 프로그램으로 기획하는 것이 좋다.

해석은 교육적 가르침뿐 아니라 관람자를 자극하도록 설계된 아이디어와 개념을 전달한다(Belcher, 2006). 이처럼 해석은 전시의 근본적인 목적과 부합되어 관람자의 변화를 가져오고 사고와 태도 그리고 행동을 유발할 수 있다.

해석적 라벨은 "관람자에게 스토리를 말하는 내러티브다. 정보의 나열이 아니라 설명하고, 안내하며, 정보를 제공하고, 때로는 자극하기도 하여 관람자가 참여하도록 한다"(Serrell, 2015: 19). 스토리는 정서에 기반하여 관람자의 호기심과 상상력을 유발한다. 따라서 특정 관점을 취하며 스토리를 말하고, 때로는 어떤 이슈를 제기하여 관람자의 관점에 도전하기도 한다. 이를 통해 전시물과 관람자는 소통하고, 전시를 통해 개인적으로 의미 있는 관계성을 구축한다.

해석적 라벨은 '제목title', '소개introduction', '섹션 라벨section labels', '그룹 라벨group labels', '캡션caption'으로 구성된다(Serrell, 2015). '제목'은 전시의 이름으로, 전시가 어떤 내용인지 정보를 제공할 뿐 아니라 관람자의 호기심을 불러일으킬 수 있어야 한다. 예를 들어 〈유에민쥔, 한 시대를 웃다〉라는 예술의 전당 한가람미술관 전시는 제목으로 전시의 작가 이름과 아울러 작가가 많이 다룬 웃고 있는 인물들을 소재로 한 작품을 소개함으로써 관람자의 관심을 끈다.

'소개' 또는 '오리엔테이션' 라벨은 전체 전시의 구성을 소개하거나 전시의 규모나 주제 등을 소개한다. 〈유에민쥔, 한 시대를 웃다〉 전시의 '소개'에서는 작가의 배경과 아울러 작품을 이해하기 위한 '차이나 아방가르드'라는 미술사적 배경에 관한 설명이 나와 있다.

'섹션 라벨'은 전시를 구성하는 주제들을 알려준다. 〈유에민쥔, 한 시대를 웃다〉 전시의 경우는 6개의 '섹션 라벨'이 있다. 6개의 주제는 '01. 세상에서 가장 슬픈 웃음', '02. 한 시대를 웃다', '03. 死의 찬미: 죽음을 기억하고, 삶을 사랑하라!', '04. 조각 광대', '05. 일소개춘(一笑皆春): 한번 크게 웃으니 온 세상이 봄이다!', '06. Special Zone'이다. '섹션 라벨'은 각각의 주제 아래 작품이 어떻게 함께 구성되어 있는지를 소개한다.

'그룹 라벨'은 해당 작품들이 왜 각 섹션으로 묶여서 전시되는지 설명한다. 예를 들어 '세상에서 가장 슬픈 웃음'이라는 세션에는 작가의 출생과 아울러 활동 배경, 대표작인 〈1808년 5월 3일〉에 대한 해설과 전시의 주제인 웃음에 관한 해설이 간략히 서술되어 있다. 이처럼 전시를 구성하는 6개 섹션을 소개하여 작가와 웃음, 냉소적 사실주의, 인간성과 사회 · 정치적 배경을 설명하고 있다.

'캡션'은 각 작품에 대한 라벨로 구성되어 작품 바로 옆에 있다. 작품의 타이틀, 재료, 크기, 제작 연도로 이루어져 작품에 대한 설명이 제공된다. 라벨은 구체적으로 제시되어 모든 연령층에서 읽고 이해할 수 있도록 가독성 있게 해야 한다.

이처럼 라벨은 전시의 목적과 목표에 부합하면서도 전시물의 특성을 안내함으로써 관람자 스스로 의미를 발견할 기회를 제공한다. 그 밖에 라벨 외에도 한 페이지로 된 핸드아웃이나 브로슈어를 제공하기도 한다. 또한 관련 정보를 좀 더 깊이 있게 담은 도록을 판매하기도 한다. 비디오, 오디어 가이드 투어, 컴퓨터 데이터베이스, 웹사이트 등이 전시의 해석을 돕는 접근 방식이 된다. 전시를 위한 좋은 해석적 접근이란 관람자가 전시를 크게 통과하는 어떤 일관된 방식의 경험을 하여 빅 아이디어를 이해하는 것이다.

2. 교과 연계 요소

학교 연계 뮤지엄 교육 프로그램을 설계해보고자 하는 교육자들이 관심 있는 주제나 그 주제를 담고 있는 교과목에 대한 관심은 저마다 다르겠지만, 어떤 주제나 교과에 관심을 기울이든지 그들은 공통적으로 학습자들이 '이해'할 수 있는 뮤지엄 교육 프로그램을 기획하는 것을 궁극적인 목표로 할 것이다. 맥타이와 위긴스Jay McTighe & Grant Wiggins는 학습자들이 습득한 지식을 서로 연관 지어 맥락 속에서 의미를 파악하고 새로운 상황에 적용하게 되면 비로소 이해가 이루어진다고 말한 바 있다(온정덕 외, 2020). 학습자들이 습득한 사실, 개념 및 이들 간의 관련성, 그리고 사고/탐구 기능을 진작시켜 학습의 전이를 이끎으로써 학습자들이 진정한 이해를 이룰 수 있도록 하는 것을 지향하는 교육과정을 '이해중심 교육과정'이라고 부른다. 여기서는 이해중심 교육과정을 구안하는 과정으로서 백워드 설계모형Backward Design을 바탕으로 프로그램을 설계하는 방법에 대해 살펴보자. 그리고 사회/역사 교과, 과학/환경 교과, 미술 교과를 중심으로 각기 역사, 환경, 감상이라는 대주제를 반영하여 뮤지엄 교육 프로그램을 기획할 때 고려해야 할 요소들에 대해 살펴보도록 하자.

1) 백워드 교육과정 설계의 이해

백워드Backward 교육과정 설계는 기존의 교육과정 설계 순서를 거꾸로 취하여 목표를 설정한 후 평가를 계획한다. 백워드 교육과정 설계는 크게 '바라는 결과 확인', '수용 가능한 증거 결정', '학습경험과 수업계획'의 세 단계로 이루어진다(이혜령 · 손지현, 2016; Wiggins & McTighe, 2013).

1단계: 바라는 결과 확인 (목표설정)	→	2단계: 수용 가능한 증거 결정 (평가계획)	→	3단계: 학습경험과 수업 계획 (수업계획)

(1) 1단계: 바라는 결과 확인(목표설정)

목표설정	바라는 결과 확인하기				
1단계	교육과정 풀기 • 내용 체계 확인 • 성취기준 분석 • 교육과정 자료 검토	→	중요한 교육 내용 선정 • 지식(사실, 개념) 추출 • 일반화된 지식(이해) 추출 • 핵심 기능 추출	→	핵심질문 개발 • 포괄적 수준의 핵심질문 추출 • 단원 수준의 핵심질문 추출

[그림 3-2] 목표설정의 구조도

백워드 교육과정을 기획하고자 할 때 수행할 첫 번째 단계는 '바라는 결과 확인하기'다. 이를 위해 국가 수준에서 제시하고 있는 교육과정을 검토하고, 중요한 교육 내용을 선정한 후 핵심 질문을 개발하는 과정이 필요하다.

① 교육과정 풀기: 학습자들이 학습해야 하는 내용 알아내기

'내용 체계' 확인하기 → '성취기준' 분석하기 → 교육과정 자료 살펴보기

1단계: 목표설정 - '바라는 결과 확인하기'를 수행하기 위해 뮤지엄 교육 프로그램 기획자가 목표로 해야 할 첫 번째 과업은 학습자들이 교과와 관련해서 국가 수준의 교육과정에서 과연 무엇을 배우도록 밝히고 있는지를 파악하는 것이다. 이러한 '교육과정 풀기' 작업을 위해 뮤지엄 교육 프로그램 기획자는 현 2015 교육과정의 내용 체계를 확인하고, 성취기준을 분석하며, 교육과정 자료를 살펴보아야 한다. 내용 체계는 영역, 핵심 개념, 일반화된 지식, 학년(군)별 내용 요소, 기능으로 구성되어 있다.

다음으로 교육과정에서 학년(군)별로 제시하고 있는 성취기준을 분석해본다. 성취기준은 "학생들이 교과를 통해 배워야 할 내용과 이를 통해 수업 후 할 수 있거

〈표 3-1〉 2015 교육과정의 '내용 체계' 구성

영역	핵심 개념	일반화된 지식	학년(군)별 내용 요소	기능
• 교과의 성격을 가장 잘 나타내주는 최상위의 교과 내용 범주	• 교과의 세부 영역을 대표하는 아이디어 • 교과의 기초 개념이나 원리	• 핵심 개념을 배우기 위해 학생들이 학습해야 할 학교급을 관통하는 핵심적인 원리(일반화 또는 원리의 성격을 띠는 문장) • 학생들이 해당 영역에서 알아야 할 보편적인 지식	• 일반화된 지식을 습득할 수 있도록 도와주는 구체적인 내용 요소 • 학년(군)에서 배워야 할 필수 학습내용	• 지식 습득 시 활용되는 교과 고유의 탐구 과정 및 사고 기능 • 수업 후(학습의 결과) 학생들이 할 수 있거나 할 수 있기를 기대하는 능력 • 교과 역량과 관련됨

출처: 온정덕 외, 2020, 61쪽.

나 할 수 있기를 기대하는 능력을 결합하여 나타낸 수업 활동의 기준"을 말한다(교육부, 2015a: iii). 성취기준은 지식, 기능, 태도 및 가치의 통합적 성격을 포함하며, "알아야 할 것(일반화된 지식, 내용 요소)과 할 수 있어야 할 것(교과 고유의 사고 기능, 탐구 기능)"으로 진술되어 있다(온정덕 외, 2020: 65). 현 국가 수준의 교육과정에서는 성취기준을 코드로 제시하고 있으며, [학년/교과명/영역-순번]의 형식을 취하고 있다. 한편 백워드 교육

(가) 성취기준
- [6미03-03] 미술작품의 내용(소재, 주제 등)과 형식(재료와 용구, 표현 방법, 조형 요소와 원리 등)을 미술 용어를 활용하여 설명할 수 있다.

(나) 학습 요소
- 작품의 내용, 작품의 형식

(다) 성취기준 해설*
- 작품을 감상할 수 있는 기초 능력을 기르기 위해 작품의 내용과 형식을 탐구하고, 미술 용어를 활용하여 설명하게 한다.

↓

성취기준	동사	• 학습자들의 수행 확인 • 수행(평가)과제의 아이디어로 활용 가능함	• 활용한다 • 설명한다
	명사	• 주요 개념이나 지식을 확인하는 데 유용함 • 핵심 질문과 일반화된 지식을 작성하는 단서가 됨	• 미술작품의 내용(소재, 주제) • 미술작품의 형식(재료와 용구, 표현 방법, 조형요소와 원리) • 미술 용어
	형용사 & 부사	• 채점기준을 결정할 때 활용 가능함	
학습 요소 및 성취기준 해설		• 학습 요소: 학습 내용을 핵심어로 제시 • 성취기준 해설: 성취기준에 대한 부연 설명	• 작품의 내용과 형식 탐구 • 미술 용어로 작품의 내용 및 형식 설명

[그림 3-3] 성취기준 분석 방법

출처: 온정덕 외, 2020, 67쪽 재구성.

* 현 국가 수준 교육과정에서는 교과목에 따라 성취기준 해설이 없는 경우도 있다. 여기서는 성취기준 해설이 있는 경우를 가정하고 작성해보았다.

과정 설계를 위해 성취기준을 분석할 때는 '학습 요소'와 '성취기준 해설'을 읽어서 성취기준을 풀어보아야 한다. 성취기준과 관련하여 국가 수준 교육과정에서 밝히고 있는 '학습 요소'란 "성취기준에서 학생들이 배워야 할 학습 내용을 핵심어로 제시한 것"을 말하고, '성취기준 해설'이란 "제시한 성취기준 중 자세한 해설이 필요한 성취기준에 대한 부연 설명"을 말한다(교육부, 2015a: iii). 성취기준 분석은 성취기준을 동사, 명사, 형용사/부사로 나누어보는 과정과 학습 요소와 성취기준 해설을 통한 분석으로 이루어진다.

위 예에서 성취기준과 학습 요소/성취기준 해설을 분석해보는 과정을 통해 '미술작품의 내용과 형식', '미술 용어를 활용하여 작품의 내용과 형식 설명'이 중요함이 도출되었다. 다음으로 교육과정 자료를 살펴본다. 교육과정 자료에는 교과서와 교사용 지도서 등이 있다.

② 중요한 교육 내용 선정하기: 학습자들이 학습해야 할 것의 우선순위 정하기

지식 추출하기	→	일반화된 지식 추출하기	→	핵심 기능 추출하기

1단계: 목표설정 - '바라는 결과 확인하기'를 실현하기 위해 뮤지엄 교육 프로그램 기획자가 수행해야 할 두 번째 과업은 앞서 '교육과정 풀기' 작업에서 도출한 내용을 바탕으로 학습자들이 학습해야 할 일의 우선순위를 정하는 것이다. 이 '중요한 교육 내용 선정하기' 작업을 위해 뮤지엄 교육 프로그램 기획자는 '지식 추출하기', '일반화된 지식 추출하기', '핵심 기능 추출하기'의 과업을 수행하도록 한다.

'지식 추출하기'는 교육과정 문서(예: 2015 교육과정)와 교육과정 자료(예: 교사용 지도서 및 교과서, 해외 참고 자료 등)에서 각각 내용 체계(내용 요소, 핵심 개념)와 성취기준(성취기준, 학습 요소, 성취기준 해설)을 분석하여 개념적 지식과 사실적 지식을 도출해낸다. 사실은 개념의 예로서, 사실들 간의 관계를 구조화하면 개념이 된다.

<table>
<tr><td rowspan="5">교육 과정 문서</td><td rowspan="2">내용 체계</td><td>내용 요소</td><td>• 작품의 내용과 형식</td></tr>
<tr><td>핵심 개념</td><td>• 비평</td></tr>
<tr><td rowspan="3">성 취 기준</td><td>성취기준 (명사)</td><td>• 미술작품의 내용: 소재, 주제
• 미술작품의 형식: 재료와 용구, 표현 방법, 조형 요소와 원리
• 미술 용어</td></tr>
<tr><td>학습 요소</td><td>• 작품의 내용
• 작품의 형식</td></tr>
<tr><td>성취기준 해설</td><td>• 작품의 내용과 형식 탐구
• 미술 용어를 활용하여 작품의 내용 및 형식 설명</td></tr>
<tr><td>교육 과정 자료</td><td colspan="3">• 미술작품의 내용: 소재, 주제 탐구
• 미술작품의 형식: 재료와 용구, 표현 방법, 조형 요소와 원리 탐구
• 미술 용어로 미술작품의 내용과 형식 설명</td></tr>
</table>

→

지식	
개념적 지식	사실적 지식
• 활용 • 설명	• 미술작품의 내용(소재, 주제) • 미술작품의 형식(재료와 용구, 표현 방법, 조형 요소와 조형 원리) • 미술 용어

[그림 3-4] 지식 추출 과정

〈표 3-2〉 단원 수준의 소재적 이해 추출 과정

포괄적 이해(포괄적 수준)		소재적 이해(단원 수준)
• 포괄적 이해는 특정 단원을 넘어서서 학생들이 도달하기 바라는 일반적이고 전이 가능한 이해를 의미한다. • 학교급을 관통하여 반복된다.	→	• 소재적 이해는 교과의 단원이나 소재와 결합하여 구체적이다. • 소재적 이해는 다루는 내용의 범위를 보여주며, 학교 급별로 달라질 수 있다.
• 미술작품의 가치판단은 다양한 관점과 방법을 활용한 비평 활동으로 이루어진다(교육부, 2015c: 6).		• 미술 용어를 활용하여 미술작품의 내용을 설명한다. • 미술 용어를 활용하여 미술작품의 형식을 설명한다.

'일반화된 지식 추출하기'에서 일반화된 지식은 보통 한 단원에서 1~4개 정도를 설정하고, 능동형, 현재시제를 사용한다. 일반화된 지식은 일반화의 정도에 따라 포괄적 이해와 단원 수준의 소재적 이해로 나뉜다. 현 국가 수준 교육과정의 내용 체계에서 제시하는 '일반화된 지식'은 영속적 이해의 한 형태로 통합교과를 제외하고는 모두 '포괄적 이해'에 해당한다. 그리고 단원 수준에서 '소재적 이해'를 작성

하기 위해서는 성취기준, 내용 체계의 일반화된 지식, 미리 추출한 개념, 단원의 내용 요소를 고려하도록 한다.

'핵심 기능 추출하기'에서는 설계하고자 하는 단원의 내용과 관련하여 현 국가 수준 교육과정의 '기능' 과 '성취기준'을 분석하여 도출하도록 한다.

[그림 3-5] 핵심 기능 도출 과정

③ 핵심 질문 개발하기

1단계: 목표설정 - '바라는 결과 확인하기'를 실현하기 위해 뮤지엄 교육 프로그램 기획자가 수행해야 할 세 번째 과업은 핵심 질문을 개발하는 것이다. 핵심 질문은 포괄적인 핵심 질문과 소재적인 핵심 질문으로 나뉜다. 포괄적인 핵심 질문은 "전체 교육과정을 관통하는 질문"으로 "교과의 기반 학문들이 근거하고 있는 일반화들과 관련지어가며 광범위하고 일반적"이다. 소재적인 핵심 질문은 "일반화를 구체적인 소재와 결부"시키며, "학년 또는 수업 수준에서 사용되고, 내용을 더욱 구체화시키고 초점을 제공하는 역할"을 한다(온정덕 외, 2020: 74).

〈표 3-3〉 핵심 질문 개발과정

일반화된 지식의 포괄적 수준(포괄적 이해)	일반화된 지식의 단원 수준(소재적 이해)
• 미술작품의 가치판단은 다양한 관점과 방법을 활용한 비평 활동으로 이루어진다.	• 미술 용어를 활용하여 미술작품의 내용을 설명한다. • 미술 용어를 활용하여 미술작품의 형식을 설명한다.
↓	↓
포괄적 수준 핵심 질문	**단원 수준 핵심 질문**
• 미술작품의 가치판단은 어떤 관점을 활용한 비평 활동으로 이루어지나요? • 미술작품의 가치판단은 어떤 방법을 활용한 비평 활동으로 이루어지나요?	• 미술 용어를 활용하여 미술 작품의 내용을 설명하면? • 미술 용어를 활용하여 미술 작품의 형식을 설명하면?

1단계에서 프로그램 기획자가 수행한 작업은 아래와 같이 구조화될 수 있다.

<table>
<tr><td>⊙ 역량</td><td colspan="2">자기주도적 미술 학습 능력</td></tr>
<tr><td>⊙ 성취기준</td><td colspan="2">[6미03-03] 미술작품의 내용(소재, 주제 등)과 형식(재료와 용구, 표현 방법, 조형 요소와 원리 등)을 미술 용어를 활용하여 설명할 수 있다.</td></tr>
<tr><td colspan="2">⊙ 일반화된 지식/원리</td><td>⊙ 핵심 질문</td></tr>
<tr><td colspan="2">포괄적 수준
• 미술작품의 가치판단은 다양한 관점과 방법을 활용한 비평 활동으로 이루어진다.</td><td>포괄적 수준
• 미술작품의 가치판단은 어떤 관점을 활용한 비평 활동으로 이루어지나요?
• 미술작품의 가치판단은 어떤 방법을 활용한 비평 활동으로 이루어지나요?</td></tr>
<tr><td colspan="2">단원 수준
• 미술 용어를 활용하여 미술작품의 내용을 설명한다.
• 미술 용어를 활용하여 미술작품의 형식을 설명한다.</td><td>단원 수준
• 미술 용어를 활용하여 미술작품의 내용을 설명하면?
• 미술 용어를 활용하여 미술작품의 형식을 설명하면?</td></tr>
<tr><td colspan="2">⊙ 지식</td><td>⊙ 핵심 기능</td></tr>
<tr><td>개념적 지식
• 활용
• 설명</td><td>사실적 지식
• 미술작품의 내용
• 미술작품의 형식
• 미술 용어</td><td>• 선정하기 • 관찰하기
• 조사하기 • 연결하기
• 활용하기 • 설명하기</td></tr>
</table>

[그림 3-6] 1단계 템플릿 완성본(예시)

(2) 2단계: 수용 가능한 증거 결정(평가계획)

평가계획	수용 가능한 증거 결정하기	
	수행평가 계획하기	그 외의 평가 방법과 자기평가 및 반성
2단계	• 수행평가과제 요소 – GRASPS • 채점기준 – 평가 요소 – 평가 단계 – 서술적 용어	• 그 외의 평가 • 자기평가 및 반성

[그림 3-7] 평가계획의 구조도

출처: 온정덕 외, 2020, 57쪽.

학습자가 진정으로 '이해'할 수 있도록 돕는 교육과정을 기획하고자 할 때 수행할 두 번째 단계는 '수용 가능한 증거 결정하기'다. 이 단계는 "1단계에서 확인한 바람직한 학습 결과를 학생들이 성취하고 도달하는지를 알 수 있는 평가 방법을 결정하는 단계"라고 할 수 있다(온정덕 외, 2020: 83). 이를 위해 수행(평가)과제를 계획하고, 그 외의 평가 방법과 자기평가 및 반성을 계획하는 과정이 필요하다.

① 수행(평가)과제 계획하기

2단계: 평가계획 – '수용 가능한 증거 결정하기'를 수행하기 위해 뮤지엄 교육 프로그램 기획자가 목표로 해야 할 첫 번째 과업은 학습자들의 수행, 곧 "학습자가 중요한 교육 내용을 과정과 결과물을 통해 자신의 이해 정도를 드러내는 것"을 평가할 방안을 기획하는 것이다(온정덕 외, 2020: 85).

수행(평가)과제를 개발하기 위해 뮤지엄 교육자는 이해의 여섯 가지 측면을 고려할 필요가 있다. 이해의 여섯 가지 측면은 설명하기, 해석하기, 적용하기, 관점 가지기, 공감하기, 자기지식 가지기적 특성을 지닌다. 맥타이와 위긴스McTighe & Wiggins에 의하면 이 여섯 가지는 동등한 위계를 가지며, 하나의 과제는 반드시 1개 이상의 요소는 포함해야 한다(온정덕 외, 2020: 85).

〈표 3-4〉 이해의 여섯 가지 측면

설명	연결 짓기, 추론 도출, 근거나 정당화를 제시하며 자신의 말로 표현, 적절한 비유 사용, 다른 사람 지도
해석	아이디어와 데이터 및 사건에 대해 역사적이거나 개인적인 관점 제시, 이미지나 일화 그리고 비유와 이야기를 통해 자신의 것으로 만들거나 활용, 데이터를 정보로 전환, 설득력 있고 일관적인 이론 제공
적용	이미 학습한 것을 다양하고 독특한 상황에서 활용, 학습 발생 맥락을 넘어서 학교 밖에서 새로운 단원과 코스 및 상황에 적용
관점	큰 그림 보기, 다양한 관점을 알고 숙고하기, 비판적으로 공정한 입장 취하기, 처지가 언급되는 방식에서 편견의 인식 및 회피
공감	민감하게 지각하기, 타인의 입장 되어보기, 타인이 이상하면서도 믿기 어렵다고 여길 수 있는 것에 내재되어있는 가치 찾기
자기 지식	초인지적인 앎 보여주기, 새로운 학습과 경험의 의미 숙고하기, 자신의 이해를 형성하면서도 방해하는 선입견, 추정, 마음의 습관 인식하기, 이러한 맥락에서 자신이 이해하지 못하는 것 알기

출처: Wiggins & McTighe, 2013; 이해령 · 손지현, 2016, 102쪽 재인용.

〈표 3-5〉 수행(평가)과제 요소

GRASPS 모델	머리글자	평가 관련 활동
Goal(목표)	G	너의 과제는 ~이다./그 목적은 ~이다.
Role(역할)	R	너의 일/역할은 ~이다.
Audience(청중)	A	너는 ~를 설득해야 한다.
Situation(상황)	S	너 자신은 ~한 상황에 있다.
Performance(수행)/ Product(결과물)	P	너는 ~가 ~을 할 수 있도록 ~을 개발해야 한다.
Standard(준거)	S	너의 결과물은 반드시 다음의 기준들을 만족해야 한다.

출처: 온정덕 외, 2020, 87쪽 재구성.

수행(평가)과제를 개발할 때는 GRASPS 요소를 활용하여 시나리오 방식으로 설계하는 것이 좋다(Wiggins & McTighe, 2005; 손지현, 2021: 15 재인용). 이 작업은 실제 상황을 상정하고, 학습자들에게 역할 및 청중 부여, 학습자들이 목표를 향해 기준을 만족하는 작업을 수행하게 함으로써 학습이 의미 있고 현실적이 되게 하는 데 포인트가 있다.

수행평가과제: 전시 기획자가 되어 작품의 내용과 형식을 미술 용어로 기록한 전시 작품 선정서 작성하기	
수행평가과제 요소(GRASPS)	
목표(G)	당신의 과제는 전시 기획자가 되어 미술 용어로 작품의 내용과 형식을 기록한 전시 작품 선정서를 작성하는 것이다.
역할(R)	당신은 전시 기획자다.
청중(A)	대상은 초등학생들이다.
상황(S)	• 당신은 미술 전시회를 기획하는 전시 기획자다. • 당신은 여러 가지 미술작품을 살펴본 후 전시회에 전시될 작품을 고른다. • 당신은 전시될 작품들 각각의 소재와 주제, 재료와 용구, 표현 방법, 조형 요소와 원리를 관찰하고 관련 자료/정보들을 조사한다. • 당신은 각 작품의 내용(소재와 주제)과 형식(재료와 용구, 표현 방법, 조형 요소와 원리)을 이루는 특성들을 미술 용어를 활용하여 설명하는 작품 선정서를 작성해야 한다.
수행/ 결과물 (P)	• 작품의 내용에 대해 관심을 갖고 선정된 전시 작품들에 어떤 소재가 사용되었는지 살펴보고 내용을 정리한다. • 작품의 내용에 대해 관심을 갖고 작가가 해당 작품의 주제를 표현하게 된 일화나 작품에 얽힌 시 · 공간적 배경을 조사한다. • 작품의 내용을 이루는 소재와 주제 측면의 특성들을 미술 용어를 활용하여 설명하는 작품 선정서를 작성한다. • 작품의 형식에 대해 관심을 갖고 선정된 전시 작품들에 어떤 재료와 용구가 사용되었는지를 관찰 · 조사한다. • 작품의 형식에 대해 관심을 갖고 선정된 전시 작품들에 어떤 표현 방법이 사용되었는지를 관찰 · 조사한다. • 작품의 형식에 대해 관심을 갖고 선정된 전시 작품들에 어떤 조형 요소와 원리가 사용되었는지를 관찰 · 조사한다. • 작품의 형식을 이루는 재료와 용구, 표현 방법, 조형 요소와 원리 측면의 특성들을 미술 용어를 활용하여 설명하는 작품 선정서를 작성한다. • 전시회의 제목을 붙이고 작품들과 작품 선정서들을 전시한다.
기준(S)	당신의 전시 작품 선정서에는 다음이 포함되어야 한다. 1. 전시회에 전시될 작품들 각각에 대해 미술 용어를 활용하여 소재와 주제를 설명해야 한다. 2. 전시회에 전시될 작품들 각각에 대해 미술 용어를 활용하여 재료와 용구, 표현 방법, 조형 요소와 원리를 설명해야 한다.

설명 하기	○	해석 하기	○	적용 하기	○	관점 가지기	○	공감 하기	○	자기지식 가지기	○

[그림 3-8] 완성된 수행 평가 기획(예시)

시나리오를 기획할 때는 GRASPS를 모두 포함하고 학습자들이 이해하기 쉽도록 작성한다. 수행 시 참고할 수 있도록 필수내용과 체크리스트할 수 있는 공란을 만들어두는 것도 좋다.

수행(평가)과제를 기획한 후, 학습자들에게 수행과제에 대해 안내해줄 때 채점기준도 함께 알려주는 것이 좋다. 채점기준은 학습자들이 수행해야 할 과제에 대해 미리 인지할 수 있도록 하고, 자신의 학습과정과 사고를 반성할 수 있도록 한다. 채점기준을 작성할 때는 1단계에서 확인된 전체적인 목표를 점검해보도록 한다. 채점기준을 마련하기 위해 평가에 어떤 요소들을 넣을 것인지 그리고 어떤 단계를 거쳐 수행의 정도를 평가할 것인지를 생각하는 것이 필요하다. 평가요소는 평가목표와 수행의 중요한 측면을 고려하여 효과, 내용, 과정, 질의 범주들 중에 적절한 유형을 고르도

〈표 3-6〉 평가 범주의 유형

효과	활동이 효과적이었는가? 문제가 해결되었는가?
내용	내용이 과제에 적절하고 정확한가? 활동이 빈틈없었는가?
과정	접근이 적절한가? 모둠 활동이 협력적이고 효과적으로 되었는가?
질	수행이나 결과물의 질이 우수했는가? 과제물이 기술적으로 따라 하기 쉬운가?

출처: 강현석 외, 2015; 온정덕 외, 2020, 91쪽 재구성.

〈표 3-7〉 채점기준의 예시

수행평가과제: 전시 기획자가 되어 작품의 내용과 형식을 미술용어로 기록한 전시 작품 선정서 작성하기		
점수	미술 용어 활용	작품의 내용과 형식 설명
3	작품의 내용과 형식을 구성하는 요인들에 대한 사실/정보에 미술 용어를 연결 지을 수 있다.	전시회용 작품의 내용과 형식을 미술 용어를 사용하여 설명할 수 있다.
2	작품의 내용과 형식을 구성하는 요인들에 대한 사실/정보에 미술 용어를 연결 짓기는 하나 작은 오류를 포함한다.	전시회용 작품의 내용과 형식을 미술 용어를 사용하여 설명하긴 하나 작은 오류를 포함한다.
1	작품의 내용과 형식을 구성하는 요인들에 대한 사실/정보에 미술 용어를 연결 지을 수 없거나 중대한 오류를 담고 있다.	전시회용 작품의 내용과 형식을 미술 용어를 사용하여 설명할 수 없거나 중대한 오류를 담고 있다.

록 하고 다양한 정도에 대해 서술적 용어를 취하도록 한다. 매우 잘함, 잘함, 보통, 노력 요함 같은 평가단계를 정하기 위해서는 학교에서 정한 체계를 따르면 효율적이다.

채점기준의 유형에는 총체적 채점기준과 분석적 채점기준이 있다. 총체적 채점기준은 학습자의 수행과제 결과물이나 수행의 전체적 과정에 대해 평가하는 것으로서 학습자의 수행에 대해 전체적으로 평가할 수 있다는 장점이 있다. 분석적 채점기준은 학습자의 수행과제 결과물이나 수행과정을 범주별로 평가한 후 결과를 합산하는 것으로서 구체적으로 평가할 수 있다는 장점이 있다.

② 그 외의 평가 방법과 자기평가 및 반성 계획하기

수행평가 외에도 객관식 퀴즈, 서술형 평가, 관찰, 여타 학습지, 포트폴리오 등의 학습 결과물을 활용하여 단원에서 나왔던 지식이나 개념들에 대해 평가해볼 수 있다. 또한 학습자들이 과제 수행 후 스스로 이해한 정도를 자기평가해보거나 다른 학습자들과 상호 평가해보도록 기획한다. 2단계에서 프로그램 기획자가 수행한 작업을 구조화해보면 아래와 같다.

수행평가과제: 전시 기획자가 되어 작품의 내용과 형식을 미술 용어로 기록한 전시 작품 선정서 작성하기	
수행평가과제 요소(GRASPS)	
목표(G)	당신의 과제는 전시 기획자가 되어 미술 용어로 작품의 내용과 형식을 기록한 전시 작품 선정서를 작성하는 것이다.
역할(R)	당신은 전시 기획자다.
상황(S)	• 당신은 미술 전시회를 기획하는 전시 기획자다. • 당신은 여러 가지 미술작품을 살펴본 후 전시회에 전시될 작품을 고른다. • 당신은 전시될 작품들 각각의 소재와 주제, 재료와 용구, 표현 방법, 조형 요소와 원리를 관찰하고 관련 자료/정보들을 조사한다. • 당신은 각 작품의 내용(소재와 주제)과 형식(재료와 용구, 표현 방법, 조형 요소와 원리)을 이루는 특성들을 미술 용어를 활용하여 설명하는 작품 선정서를 작성해야 한다.
수행/결과물(P)	• 작품의 내용에 대해 관심을 갖고 선정된 전시 작품들에 어떤 소재가 사용되었는지 살펴보고 내용을 정리한다. • 작품의 내용에 대해 관심을 갖고 작가가 해당 작품의 주제를 표현하게 된 일화나 작품에 얽힌 시·공간적 배경을 조사한다.

	• 작품의 내용을 이루는 소재와 주제 측면의 특성들을 미술 용어를 활용하여 설명하는 작품 선정서를 작성한다. • 작품의 형식에 대해 관심을 갖고 선정된 전시 작품들에 어떤 재료와 용구가 사용되었는지를 관찰 · 조사한다. • 작품의 형식에 대해 관심을 갖고 선정된 전시 작품들에 어떤 표현 방법이 사용되었는지를 관찰 · 조사한다. • 작품의 형식에 대해 관심을 갖고 선정된 전시 작품들에 어떤 조형 요소와 원리가 사용되었는지를 관찰 · 조사한다. • 작품의 형식을 이루는 재료와 용구, 표현 방법, 조형 요소와 원리 측면의 특성들을 미술 용어를 활용하여 설명하는 작품 선정서를 작성한다. • 전시회의 제목을 붙이고 작품들과 작품 선정서들을 전시한다.
기준(S)	당신의 전시 작품 선정서들에는 다음이 포함되어야 한다. 1. 전시회에 전시될 작품들 각각에 대해 미술 용어를 활용하여 소재와 주제를 설명해야 한다. 2. 전시회에 전시될 작품들 각각에 대해 미술 용어를 활용하여 재료와 용구, 표현 방법, 조형 요소와 원리를 설명해야 한다.

설명하기	○	해석하기	○	적용하기	○	관점 가지기	○	공감하기	○	자기지식 가지기	○

채점기준표 교사 학생

단계 / 평가 요소	잘함	보통	노력 요함
미술 용어 활용	작품의 내용과 형식을 구성하는 요인들에 대한 사실/정보에 미술 용어를 연결 지을 수 있다.	작품의 내용과 형식을 구성하는 요인들에 대한 사실/정보에 미술 용어를 연결 짓기는 하나 작은 오류를 포함한다.	작품의 내용과 형식을 구성하는 요인들에 대한 사실/정보에 미술 용어를 연결 지을 수 없거나 중대한 오류를 담고 있다.
작품의 내용과 형식 설명	전시회용 작품의 내용과 형식을 미술 용어를 사용하여 설명할 수 있다.	전시회용 작품의 내용과 형식을 미술 용어를 사용하여 설명하긴 하나 작은 오류를 포함한다.	전시회용 작품의 내용과 형식을 미술 용어를 사용하여 설명할 수 없거나 중대한 오류를 담고 있다.

그 외의 평가 방법
• 지필, 퀴즈: 작품정보 확인능력, 미술의 내용과 형식 관련 지식 • 관찰과 태도: 미술의 내용과 형식에 대한 흥미와 관심, 적극적인 발표 태도

자기평가 및 반성
• 자기평가: 미술 용어를 활용하여 작품의 내용과 형식을 작성한 전시회 작품 선정서 되돌아보기

[그림 3-9] 2단계 템플릿 완성본(예시)

(3) 3단계: 학습경험과 수업계획(수업계획)

수업계획	학습경험과 수업계획하기 교수학습 활동 선정 · 조직하기
3단계	• 이해의 여섯 가지 측면 활용하기 • 핵심 질문 활용하기 • WHERETO 요소

[그림 3-10] 수업계획의 구조도

출처: 온정덕 외, 2020, 57쪽.

학습자가 진정으로 '이해'할 수 있도록 돕는 교육과정을 기획하고자 할 때 수행할 세 번째 단계는 앞선 1, 2단계를 바탕으로 구체적인 학습활동을 기획하는 '학습경험과 수업계획하기'다. 이를 위해 학습활동을 선정 · 조직하며, 학습자 맞춤형으로 수업하는 과정이 필요하다.

① 학습활동 선정하기

3단계: 수업계획 - '학습경험과 수업계획하기'를 수행하기 위해 뮤지엄 교육 프로그램 기획자가 목표로 해야 할 첫 번째 과업은 학습활동을 선정하는 것이다. 이 '학습활동 선정하기' 작업을 위해 뮤지엄 교육 프로그램 기획자는 핵심 질문을 활용하고, 이해의 여섯 가지 측면과 관련된 수행(평가)과제에 대해 생각하는 것이 필요하다. 이해의 여섯 가지 측면은 설명하기, 해석하기, 적용하기, 관점 가지기, 공감하기, 자기지식 가지기를 포함한다.

② 학습활동 조직하기

학습활동을 조직할 때 WHERETO 요소를 활용하도록 한다. WHERETO 요소는 "교수학습 활동의 질을 판단하기 위한 준거"들을 가리킨다(온정덕 외, 2020: 107). 'W: 목표 제시 및 필요성 안내' 단계에서는 학습자들이 답하게 될 핵심 질문, 구체적 수행과제, 평가 준거를 제시하고 학습자들이 단원의 목표를 명료화할 수 있게 한다.

'H: 관심 집중 및 동기 유발' 단계에서는 단원의 핵심 개념과 관련하여 교사가 학습자들에게 질문과 도덕적 문제들을 제시하여 학습자들의 학습 동기를 유발한다. 'E1: 수행을 위한 지식 및 기능 습득' 단계에서는 수행(평가)과제 해결을 위한 지식과 기능을 익히도록 한다. 'R: 학습자 반성 및 재점검' 단계에서는 학습자의 메타인지가 활성화될 수 있도록 학습자들이 반성과 재점검 기회를 가져보도록 한다. 'E2: 과제발표 및 평가' 단계에서는 백워드 설계 2단계의 평가 관련 활동들을 포함한다. 'T: 학생 개인의 필요와 요구 반영' 단계에서는 학습자들의 관심과 요구에 맞춰 학습을 기획한다. 'O: 수업 내용 조직 및 계열화'에서는 WHERET 요소를 계열화한다.

③ 학습자 맞춤형 수업 적용하기

뮤지엄 교육 프로그램 기획자는 학습자의 학업 준비도와 관심사 및 흥미에 따라 다양한 수업 전략을 활용하도록 한다. 3단계에서 프로그램 기획자가 수행한 작업을 구조화해보면 아래와 같다. 학교 연계 뮤지엄 교육 프로그램 기획자는 교육 프로그램 설계과정을 익힌 후 학교에서 이루어지는 활동과 뮤지엄에서 이루어지는 활동을 구분해보아야 한다.

차시	학습활동	WHERETO						
		W	H	E1	R	E2	T	O
1	• 단원에 대한 학습자들의 준비도 확인 - 미술작품, 미술작가 용어 퀴즈 - 미술관에서 미술작품과 작품 선정서를 본 경험 떠올리기 - 전시할 미술작품 선정하기		○	○			○	
2	• '작품 선정서' 단원에 대해 안내하기 - 핵심 질문 소개 - 수행과제 안내 - 평가준거 안내 • 자료 수집 방법에 대해 안내하기	○						

차시	학습활동	WHERETO						
		W	H	E1	R	E2	T	O
3~4	• 핵심 질문: 미술작품의 내용이 어떠한지 미술 용어를 활용하여 설명하면? - 미술 작품의 소재 살펴보기 - 작가가 해당 작품의 주제를 표현하게 된 일화나 작품이 제작되던 당시의 시 · 공간적 배경 조사하기			○	○		○	
5~6	• 핵심 질문: 미술작품의 형식이 어떠한지 미술 용어를 활용하여 설명하면? - 미술 작품의 재료와 용구, 표현 방법, 조형 요소와 원리 살펴보기			○	○		○	
7	• 수행평가과제: 미술 용어를 활용하여 전시될 작품의 내용과 형식을 설명하는 작품 선정서 작성하기			○		○	○	
8	• 전시 발표회 하기/평가하기 - 전시회 작품 선정서에 대해 자기평가하기				○	○		

W	H	E1	R	E2	T	O
Where Why What	Hook Hold	Explore Enable Equip	Reflect Rethink Revise	Evaluate Exhbit	Tailored	Organize Sequence
목표 제시 및 필요성 안내	관심 집중 및 동기 유발	수행을 위한 지식 및 기능 습득	학습자 반성 및 재점검	과제 발표 및 평가	학습자 개인의 필요와 요구 반영	수업 내용 조직 및 계열화

[그림 3-11] 3단계 템플릿 완성본(예시)

2) 교과의 이해

(1) 사회과 및 역사과

① 교과의 성격 및 교과 역량

'사회'과는 "학생들이 사회생활에 필요한 지식과 기능을 익혀 이를 토대로 사회현상을 정확하게 인식하고, 민주 사회 구성원에게 요구되는 가치와 태도를 지님으로써 민주시민으로서의 자질을 갖추도록 하는 교과"다(교육부, 2015a: 3). '사회'과는 민주시민으로서 갖추어야 할 자질을 함양하는 데 필요한 창의적 사고력, 비판적 사고력, 문제해결력 및 의사 결정력, 의사소통 및 협업 능력, 정보 활용 능력 같은 교과 역량을 육성하는 데 중점을 둔다(교육부, 2015a: 3).

- 창의적 사고력: 새롭고 가치 있는 아이디어를 생성하는 능력
- 비판적 사고력: 사태를 분석적으로 평가하는 능력
- 문제해결력 및 의사 결정력: 다양한 사회적 문제를 해결하기 위해 합리적으로 결정하는 능력
- 의사소통 및 협업 능력: 자신의 견해를 분명하게 표현하고 타인과 효과적으로 상호작용하는 능력
- 정보 활용 능력: 다양한 자료와 테크놀로지를 활용하여 정보를 수집 · 해석 · 활용 · 창조할 수 있는 능력

'역사'과는 "과거에 있었던 인류의 다양한 삶과 문화를 이해하고 현재의 생활과 앞으로 전망되는 미래 생활을 과거 생활과 연관 지어 살펴봄으로써 인간과 인간의 삶에 대한 폭넓은 이해력과 통찰력을 키우는 과목"이다(교육부, 2015a: 96). '역사'과는 역사 사실 이해, 역사 자료 분석과 해석, 역사 정보 활용 및 의사소통, 역사적 판단력과 문제해결 능력, 정체성과 상호 존중을 중요한 교과 역량으로 삼고 있다(교육부, 2015a: 96).

- 역사 사실 이해: 과거의 사건, 인물, 구조, 변화 등에 대한 지식을 습득하고 중요한 역사 용어나 개념을 이해하는 능력
- 역사 자료 분석과 해석: 역사 자료를 읽고 이를 비판적으로 검토하여 역사 지식을 구성하는 능력
- 역사 정보 활용 및 의사소통: 다양한 매체를 통해 얻은 역사 정보를 분석 ·

토론 · 종합 · 평가하는 능력

- *역사적 판단력과 문제해결 능력: 과거 사례에 비추어 오늘날의 문제를 해결하는 능력*
- *정체성과 상호 존중: 우리 역사와 세계 역사에 대한 이해를 바탕으로, 우리의 관점에서 오늘날 요구되는 역사의식을 함양하고 타인을 이해하고 존중하는 태도를 갖는 능력*

② 역사 주제

한국사 교육은 초등학교의 경우에는 '사회'과 역사영역에서, 중학교의 경우에는 '사회'과의 '역사' 과목에서, 고등학교의 경우에는 '사회'과의 '한국사' 과목에서 지도하고 있다. 현 국가 수준의 사회과 교육과정은 공통 교육과정으로 '사회'과와 '역사'과를 두고 있다. '사회'과는 초등학교 3학년 이상부터 중학생을 교육 대상으로 삼으며, '정치', '법', '경제', '사회 · 문화', '지리 인식', '장소와 지역', '자연환경과 인간 생활', '인문환경과 인간 생활', '지속 가능한 세계', '역사 일반', '정치 · 문화사', '사회 · 경제사' 영역으로 구성되어 있다. 초등학생은 '사회'과의 '역사 일반', '정치 · 문화사', '사회 · 경제사' 영역에서 역사에 대한 기초적 지식을 배우게 되어 있다. '역사'과는 중학생을 대상으로 삼아 과거와 현재, 우리나라와 세계의 역사를 연관시켜 이해할 수 있는 기본능력을 기르는 데 주안점을 두고 있다. '역사'과는 '문명의 발생과 동아시아 국가의 성립', '삼국 시대와 동아시아의 재편', '남북국 시대와 동아시아의 발전', '고려와 동아시아의 다원적 국제 질서', '조선과 동아시아 전통 사회의 성숙', '유럽과 아메리카 역사의 전개', '제국주의 침략과 근대 개혁 운동', '세계대전과 반제 민족 운동의 전개', '현대 세계의 전개'로 구성되었다. 고등학생은 '사회'과 선택중심 교육과정의 공통과목인 '한국사'를 통해 초등학교와 중학교에서 학습한 역사 지식을 바탕으로 한국사를 통사적으로 이해하고 그 특성을 심층적으로 학습하게 되어 있다. '한국사'를 선택한 고등학생들은 '우리 역사의 형성과 고조선의 성립', '고대 국가의 발전', '고려의 성립과 발전', '조선의 성립과 발전', '국제 질서의 변동과 근대 국가 수립 운동', '일제 강점과 민족 운동의 전개', '대한민국의 발전과 현대 세계의 변화'라는 주제를 공부하게 된다.

역사 관련 뮤지엄 교육 주제에 대해 교과와 연계하여 교육 프로그램을 설계하고자 하는 교육자는 교육 대상의 학교급을 고려하여 국가 수준 교육과정에서 밝히

〈표 3-8〉 2015 교육과정 기반 초등학교 '사회'과의 역사 관련 내용 체계

영역	핵심 개념	일반화된 지식	내용 요소		기능
			초등학교		
			3~4학년	5~6학년	
역사 일반	역사의 의미	역사학은 '기록으로서의 역사'와 '해석으로서의 역사'를 모두 다루는 학문으로서 과거의 사실을 바탕으로 현재의 우리를 이해하는 통로가 된다.	• 우리가 알아보는 고장 이야기(고장과 관련된 옛이야기, 고장의 문화유산, 고장의 지명)		역사 용어와 개념 이해하기
정치·문화사	선사시대와 고조선의 등장	한반도에는 구석기시대부터 사람이 살기 시작했으며, 신석기시대와 청동기시대를 거친 후 최초의 국가인 고조선이 등장했다.	• 시대마다 다른 생활 모습(옛사람들의 생활 도구와 주거 형태)		• 역사적 상황 파악하기 • 역사적 사실 탐구하기 • 시대적 배경 이해하기 • 추론하기
	여러 나라의 성장	고조선이 멸망한 후 부여, 고구려, 옥저, 동예, 삼한 등이 등장했다.			
	삼국의 성장과 통일	고구려, 백제, 신라는 중앙 집권화를 거쳐 국가로 발전했으며, 서로 간의 항쟁을 거쳐 신라가 통일을 이루었다.		• 고대 국가의 등장과 발전(삼국의 발전, 불국사와 석굴암)	
	통일신라와 발해	통일신라는 전제 왕권을 바탕으로 국가적 통합을 이루고자 했으며, 옛 고구려 땅에서 등장한 발해는 고구려 계승 의식을 내세우며 문화적으로 발전한 국가를 이루었다.		• 통일신라와 발해	
	고려 문벌귀족 사회의 형성과 변화	후삼국을 통일한 고려는 문벌귀족을 중심으로 정치가 발전했으며, 무신집권기를 거쳐 몽골의 간섭을 받았다.		• 독창적 문화를 발전시킨 고려(고려청자와 고려 문화, 금속 활자와 그 의의, 팔만대장경)	

영역	핵심 개념	일반화된 지식	내용 요소		기능
			초등학교		
			3~4학년	5~6학년	
	조선의 건국과 유교 문화의 성숙	성리학을 정치 이념으로 내세운 조선은 유교 정치를 표방했으며, 이를 바탕으로 문화를 발전시켰다.		• 민족 문화를 지켜나간 조선(이성계, 세종, 훈민정음)	
	전란과 조선 후기 사회의 변동	임진왜란과 병자호란을 거친 조선은 새로운 사회로 변화되었다.		• 새로운 사회를 향한 움직임(영·정조의 정치)	
	개항과 개화파	개항 이후 개화파의 등장으로 근대 개혁이 이루어졌으나 일제의 침략으로 좌절되었다.		• 새로운 사회를 향한 움직임(근대 개혁)	
	일제 식민 지배와 광복을 위한 노력	일제의 지배에 맞서 나라를 되찾기 위한 노력을 했다.		• 일제의 침략과 광복을 위한 노력	
	대한민국의 발전	광복 후 대한민국이 수립되었으며, 6.25전쟁을 거쳐 민주화와 산업화를 이룩했다.		• 대한민국의 수립과 6.25전쟁 • 자유민주주의 발전과 시민 참여	
	대한민국의 미래	우리나라는 남북통일과 주변국과의 역사 갈등 해소를 통해 평화롭고 번영하는 미래를 추구해나가야 한다.		• 통일을 위한 노력 • 역사 갈등 해소를 위한 노력과 독도	
사회·경제사	신분제의 변화	전근대 시대 신분제는 정치 변동과 함께 변화하다가 근대에 이르러 사라졌다.		• 인권 개선을 위한 노력	• 역사적 상황 파악하기 • 역사적 사실 탐구하기 • 시대적 배경 이해하기 • 추론하기
	경제적 변동	전근대 시기 농업 중심의 경제는 현대에 들어서 상공업 중심 경제로 변화했다.		• 경제생활의 변화와 우리나라 경제의 성장	
	가족 제도	우리나라의 가족 제도는 시대 변화에 따라 다양하게 변했다.	• 가족의 모습과 역할 변화		
	전통문화	우리나라의 전통문화는 시대 변화에 따라 변화 발전되어왔다.	• 세시풍속의 변화상		

출처: 교육부, 2015a, 282-285쪽.

고 있는 핵심 개념 및 내용 요소를 파악해둘 필요가 있다. 초등학교 '사회'과의 역사 영역에 해당하는 내용 체계와 중학교 '역사' 과목의 내용 체계를 소개하면 각각 〈표 3-8〉, 〈표 3-9〉와 같다(초 · 중 · 고등학교 한국사 내용 체계표, 고등학교 동아시아사 내용 체계표, 중 · 고등학교 세계사 내용 체계표는 부록 참조).

〈표 3-9〉 2015 개정 중학교 '역사' 교육과정 내용 체계

대주제	소주제
문명의 발생과 동아시아 국가의 성립	• 역사의 의미와 학습 목적 • 선사 시대의 생활과 문화 • 문명의 발생과 국가의 성립 • 춘추 · 전국 시대와 진 · 한 제국 • 고조선의 성립과 발전 • 여러 나라의 생활
삼국 시대와 동아시아의 재편	• 동아시아의 변화와 교류 • 삼국의 왕권 강화 • 삼국의 영토 확장과 대외 관계
남북국 시대와 동아시아의 발전	• 동아시아 문화권의 성립과 발전 • 신라의 삼국 통일 • 통일신라의 발전과 변화 • 발해의 문화
고려와 동아시아의 다원적 국제 질서	• 북방 민족의 성장과 동아시아 • 몽골 제국과 동서 교류 • 고려 문벌 귀족 사회의 형성과 변화 • 무신 정권의 성립과 대몽 항쟁 • 고려의 개혁과 신진 사대부의 등장
조선과 동아시아 전통 사회의 성숙	• 동아시아 세계의 변화와 대외 교류 • 조선의 건국과 통치 제도 • 사림의 성장 • 왜란과 호란 • 조세 제도의 개혁과 체제 정비 • 영 · 정조의 개혁 정치 • 세도 정치와 농민 봉기의 발생
유럽과 아메리카 역사의 전개	• 그리스 · 로마 세계 • 봉건 사회의 성립과 변화 • 시민혁명과 산업혁명

대주제	소주제
제국주의 침략과 근대 개혁 운동	• 중국과 일본의 개항과 근대화 운동 • 조선의 개항 • 조선의 근대화 운동 • 근대 국가 건설을 위한 노력 • 일본 제국주의 침략과 국권 수호 운동
세계대전과 반제 민족 운동의 전개	• 제1차 세계대전과 동아시아의 민족 운동 • 전체주의의 출현과 제2차 세계대전 • 일제의 식민지 지배 정책 • 전시 동원과 인권 유린 • 3.1운동과 대한민국 임시정부 • 민족 운동의 전개
현대 세계의 전개	• 냉전과 세계 질서의 변화 • 대한민국의 수립 • 대한민국의 발전 • 평화 통일을 위한 노력 • 공존을 위한 노력

출처: 교육부, 2015a, 98-99쪽.

③ 프로그램 기획 시 고려 요소

현재 우리나라 '사회'과에서 다루는 역사교육은 정체성 형성, 역사적 통찰력과 판단력 육성, 현대 사회의 역사적 이해, 민주주의에 대한 역사적 인식 등을 통해 민주시민의 자질 육성에 기여하고자 한다(진주교육대학교 국정도서편찬위원회, 2015). 이는 첫째, '사회'과 역사교육이 한국인으로서의 정체성이나 현대 사회와 민주주의에 대한 역사적 이해를 교육 내용으로 다루어야 함을 내포한다. 교육자는 민주시민의 자질과 직결될 이러한 역사 지도를 위해 역사와 관련된 기초지식을 학습자들의 인지 발달 정도에 맞추어 선정하고 조직하는 데 신중해야 한다. 둘째, '사회'과 역사교육을 통해 역사적 통찰력과 판단력을 육성해야 한다는 것을 함의한다. 교육자는 학습자들이 역사적 지식을 익히고, 이에 대해 암기하도록 하는 데 초점을 둘 것이 아니라 학습자들이 역사적 통찰력과 판단력을 기를 수 있도록 역사학습과 관련된 기능을 키워주어야 한다. 이러한 점을 염두에 두면서 여기서는 학교-뮤지엄 연계 역사교육 프로그램을 기획할 때 고려해야 할 요소를 학습주제 및 목표 선정 시 유의점, 유물지도법, 교수-학습 과정의 세 측면을 바탕으로 생각해보자.

⊙ 학습주제 및 목표 선정 시 유의점

역사 뮤지엄에서 역사 관련 학습주제를 선정하여 교육 내용을 구성하고자 할 때는 학습자가 맥락적으로 이해할 수 있는 주제를 설정해야 한다. 이를 위해 교육자는 첫째, 중심 유물의 특징, 박물관의 위치 · 규모, 전시 구성 기법, 관람 동선 등의 물리적 요소 살펴보기, 둘째, 교육과정을 분석하여 학습주제 추출하기, 셋째, 교육과정의 학습주제와 관계있는 중심 유물을 전시실별로 선정하기 같은 과정을 거칠 필요가 있다(임기환 · 김옥진, 2012: 126).

역사 연계 뮤지엄은 풍부하고 실제적인 역사적 자료를 제공함으로써 학습자들에게 생생한 학습의 장을 마련하지만, 역사 교과와 연계하여 뮤지엄 교육 프로그램을 기획하고자 하는 교육자는 교과교육이 목표하는 바나 지도의 범위가 있으므로 학교-뮤지엄 연계 교육 프로그램을 기획할 때 교육 내용의 선정과 조직을 재구성할 필요가 있다. 예를 들어 초등 '사회'과 역사교육과 연계하여 박물관 교육 프로그램 수업을 구성하기 위해 임기환 · 김옥진(2012: 118-125)은 아래 사항들을 고려해야 할 필요가 있다고 본다.

- *박물관의 전시 구성을 해체하여 수업 목적에 맞게 전시 유물을 선택적으로 재구성*

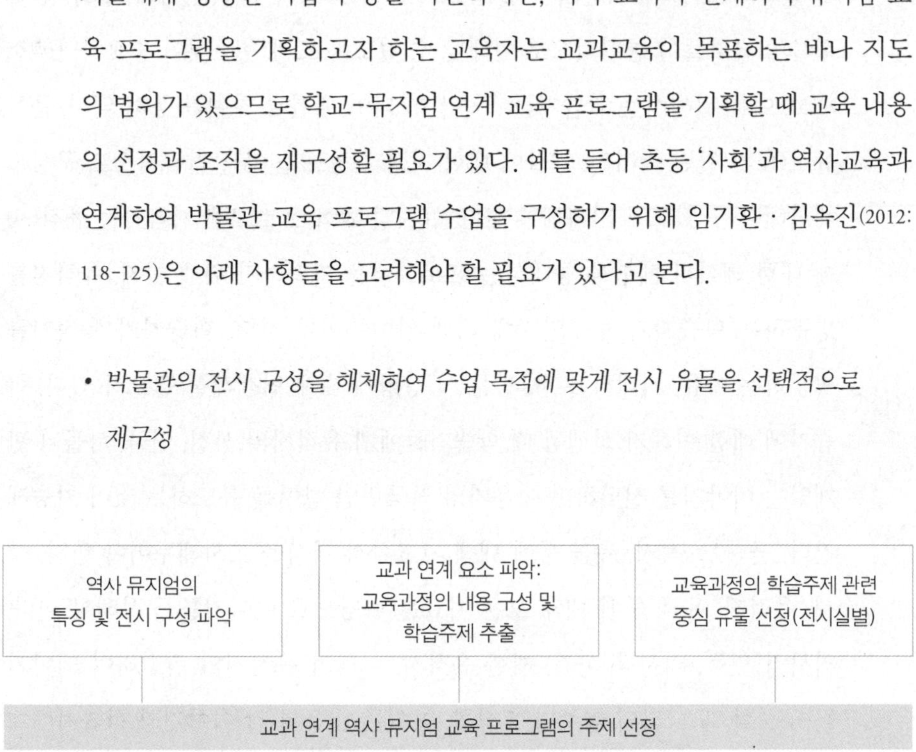

[그림 3-12] 교과 연계 역사 뮤지엄 교육 프로그램의 주제 선정 과정

- *박물관에서의 수업 목표가 교육과정상의 내용 요소와 연계한다고 하더라도 교과서의 수업목표 및 자료를 고려하여 선택적으로 설정*
- *박물관이라는 현장성을 극대화하기 위해 유물 중심으로 수업목표나 주제 선정*
- *사회 교과서나 기타 보조 자료에 기술된 편향된 문화상 또는 역사상을 바로잡기 위한 수업목표도 설정*
- *사회 교과서에서 누락된 역사상을 보완하는 자료로 박물관의 전시물 활용*

⊙ 유물/유적 지도법

역사/문화 유물/유적과 연계한 뮤지엄 교육 프로그램을 기획할 때는 첫째, 유적(지)에 얽힌 역사적 사건이나 인물에 대해 있는 그대로의 정보와 지식을 전달하고, 둘째, 사건이나 인물 그리고 이(것)들이 연루된 시대, 문화 및 사회를 학습자들이 통합적으로 이해할 수 있도록 도와주는 것이 중요하다(백령, 2005). 이를 위해서는 학습자들이 중심이 되어 체험과 참여를 통해 역사/문화 유적(지)과 관련된 사건, 인물에 대한 지식과 정보를 더욱 적극적으로 구성·해석해갈 수 있도록 기획해야 한다. 뮤지엄 교육 프로그램 기획자는 유적(지)에 대한 해석과 체험을 증대하는 프로그램을 기획하기 위해 첫째, 유적지를 방문하는 학습자가 누구인지에 대해 알아두어야 한다. 학습자가 유적지를 방문하는 이유, 기대하는 바, 방문 시 상황에 대해 탐색해둘 필요가 있다. 학습자에 대한 이해가 선행될 때 학습자들에게 유적지의 사건, 인물, 사물과 관계있는 이야기를 전달하며 이용자의 적극적인 참여를 유도하는 것이 가능해진다. 둘째, 유적지, 유물 등에 대해 고고학적 지식을 조사해두어야 한다. 셋째, 유적지, 유물 등에 대해 모은 자료를 바탕으로 이야기를 구성해야 한다. 역사적 인물, 역사적 사건, 재현 유적지, 미학적 유적지와 관련하여 이야기를 구성할 때 각각의 범주가 포함할 수 있는 내용과 각 이야기가 학습자에게 전해졌을 때 기대할 수 있는 효과를 정리해보면 다음 〈표 3-10〉과 같다(백령,

〈표 3-10〉 유적 관련 이야기 구성 내용 및 기대효과

이야기 주제	이야기 구성 내용	기대효과
역사적 인물	인물의 가족, 성장 과정, 교육적 배경, 직업, 업적을 이룰 수 있도록 영향을 준 사건과 사람, 삶의 성향과 취미, 사상과 영향 등을 중심으로 이야기 전개	역사 인물의 삶을 통해 인물의 인간성은 물론 그 인물로 인해 바뀐 역사와 영향에 대해 이해
역사적 사건	사건에 대한 다양한 관점, 사건이 일어난 발단의 과정, 사건 속의 인물, 동시대의 다른 지역과 문화, 사건으로 인한 역사의 변화, 이 사건이 오늘날까지 미치는 영향력과 파급효과	사건의 역사적 중요성, 오늘날의 관련 사건, 유적지를 보존하는 가치 등 이해
재현 유적지	가족생활, 교육, 종교, 취미 등 그 사회의 특징, 그 사회 속의 가장 일반적인 가옥이나 공공건물 속에서 발견되는 삶의 모습과 다른 지역과의 비교	환경에 따라 다양하게 표현된 인간의 기본적 욕구와 생존 모습, 재현된 사회와 우리 사회의 비교와 이해 체험
미학적 유적지	가구 스타일, 그릇, 직물, 금속물에 대한 이해, 구체적인 건축물에 대한 이해, 환경, 건축물	문화와 사회 속에 반영된 스타일과 장인 정신 이해

2005: 242).

후퍼그린힐은 유물을 다양한 관점에서 해석하고 이해할 수 있다고 보았다(Hooper-Greenhill, 1994; 백령, 2005: 92 재인용). 후퍼그린힐이 제시한 다양한 관점은 생산, 소재, 디자인, 사용, 의미, 연상, 다른 정보와의 비교 등 일곱 가지 관점이다. 후퍼그린힐이 제시한 유물 파악을 위한 통합적 접근법은 임의의 유물 내에서 취해질 수 있고, 유물 간 비교를 통해서도 취해질 수 있다. 전자의 경우, 이를테면 학습자는 임의의 유물이 지닌 디자인적 관점에 대해 살펴보면서도 해당 유물의 소재, 사용, 의미 같은 관점을 살펴볼 수 있다. 후자의 경우, 이를테면 학습자는 서로 다른 유물들을 요소별로 비교해볼 수 있다. 그 결과 후퍼그린힐이 제시한 유물 파악을 위한 통합적 접근법은 결국 개별 유물이 지니는 다양한 역사상과 의미를 통합적으로 도출해낼 수 있도록 지원할 수 있다.

뮤지엄 교육 프로그램 기획자가 후퍼그린힐의 유물 파악을 위한 통합적 접근법을 활용해 프로그램을 구안할 때는 학습자들의 발달단계나 수준, 국가수준 교육과정의 범위나 수준을 고려하여 관점 중 일부를 선택해야 한다. 초

등 '사회'과 역사영역의 경우는 다음 관점들이 활용될 수 있다(임기환 · 김옥진, 2012).

제1요소(생산의 관점): 언제, 어디서, 누가, 누구를 위하여, 어떻게, 왜 제작했는가?
제2요소(소재의 관점): 어디로부터 온 어떠한 재료(인공/자연)가 왜 이용되었는가?
제3요소(디자인의 관점): 어떠한 형태를 갖고 있는가? 장식과 기능 중 어떤 것이 더 강조되었는가? 어떠한 양식인가?
제4요소(사용의 관점): 어떤 용도로 사용했는가? 누가 사용했는가?
제5요소(의미의 관점): 생산 당시의 소비자와 소유자에게는 어떠한 의미가 있는가?
제6요소(연상의 관점): 개인적 · 사회적으로 연관된 유물은 무엇인가? 다른 시대에서 연관된 유물은 무엇인가?
제7요소(다른 정보와의 비교 관점): 관련된 책, 사진, 유물, 비디오와 영상물, 기타 설명 자료들을 활용하여 정보를 확장한다.

⊙ 교수-학습 과정

임기환 · 김옥진(2012: 122-123)은 후퍼그린힐이 제시한 유물 파악을 위한 통합적 접근법을 중심으로 뮤지엄에서 유물을 통해 교수-학습하는 과정을 아래 [그림 3-13]과 같이 모형화했다. 1단계는 학습자가 박물관에서 유물을 관찰하면서 최대한의 정보를 획득하는 단계다. 이때 적용할 수 있는 내용 요소는 제2요소(소재의 관점), 제3요소(디자인의 관점), 제4요소(사용의 관점)다. 2단계는 학습자가 1단계에서 관찰을 통해 획득한 정보, 유물 설명문, 교과서 등의 기초 자료에서 얻은 정보를 결합하여 추론하는 단계다. 이때 적용할 수 있는 내용 요소는 제1요소(생산의 관점), 제4요소(사용의 관점), 제5요소(의미의 관점), 제6요소(연상의 관점)다. 3단계는 학습자가 이제까지 취합한 정보를 기반으로 정보를 더 확장하는 단계다. 이용할 수 있는 내용 요소는 제7요소(다른 정보와의 비교 관점)다. 4단계는 학습자가 이전 세 단계를 통해 파악한 개별 유물 중 서로 연관되는 유물의 관계 파악을 통해 유물의 시대적 맥락 혹은 역사적 맥락을 이해하는 단계다. 이 모형의 특징은 3단계까지는 후퍼그린힐의 통합적 접근법을 적용하여 개별 유물들에 대해 점진적으로 이해를 진전시켜가는 방식으로 진

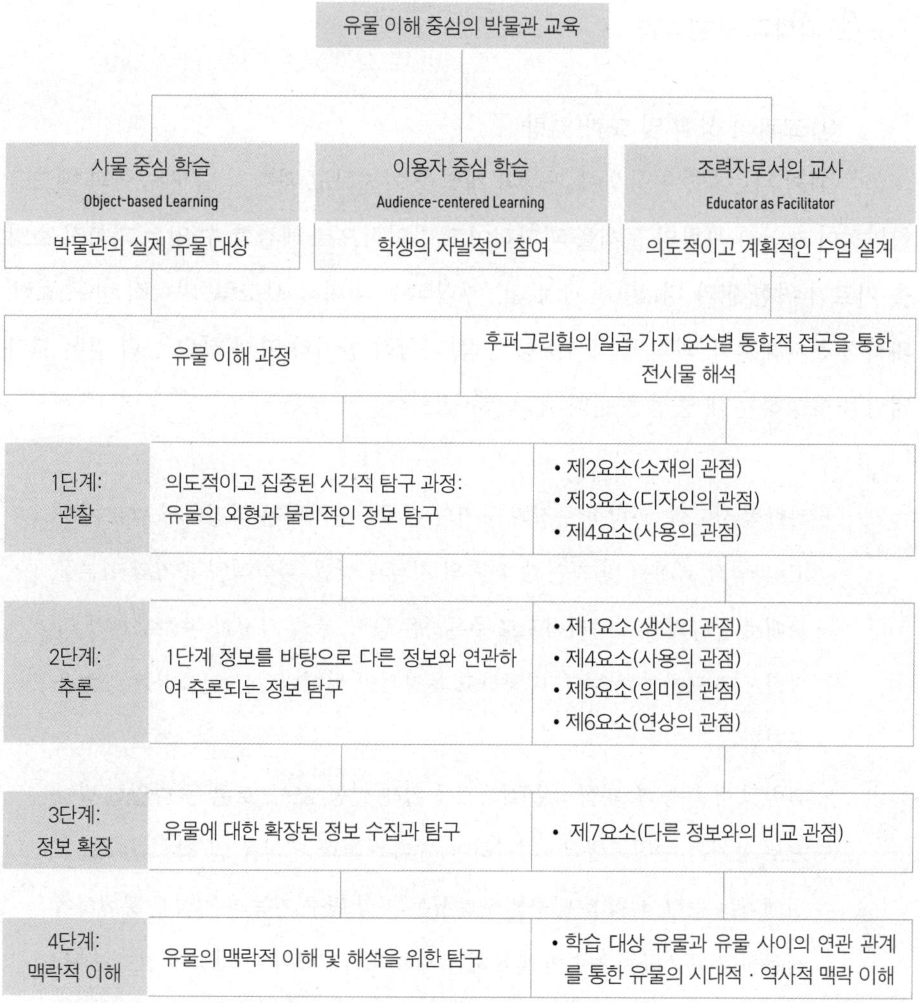

[그림 3-13] 후퍼그린힐의 유물 파악 접근을 활용한 뮤지엄 교육 교수-학습 모형

출처: 임기환 · 김옥진, 2012, 123쪽.

행되다가 4단계는 이전 단계들에서의 개별 유물들을 결합하여 각 유물의 맥락 파악을 시도했다는 점이다.

(2) 과학과 및 환경과

① 교과의 성격 및 교과 역량

'과학'과는 "모든 학생이 과학의 개념을 이해하고 과학적 탐구 능력과 태도를 함양하여 개인과 사회의 문제를 과학적이고 창의적으로 해결할 수 있는 과학적 소양을 기르기 위한 교과"다(교육부, 2015b: 3). '과학'과는 과학적 사고력, 과학적 탐구 능력, 과학적 문제해결력, 과학적 의사소통 능력, 과학적 참여와 평생 학습 능력 같은 교과 역량을 육성하는 데 중점을 둔다(교육부, 2015b: 3-4).

- 과학적 사고력: 과학적 주장과 증거의 관계를 탐색하는 과정에서 필요한 사고. 과학적 세계관 및 자연관, 과학의 지식과 방법, 과학적인 증거와 이론을 토대로 합리적이고 논리적으로 추론하는 능력, 추리 과정과 논증에 대해 비판적으로 고찰하는 능력, 다양하고 독창적인 아이디어를 산출하는 능력을 포함함
- 과학적 탐구 능력: 과학적 문제해결을 위해 실험, 조사, 토론 등 다양한 방법으로 증거를 수집·해석·평가하여 새로운 과학 지식을 얻거나 의미를 구성해가는 능력. 과학적 탐구를 위해서는 과학 탐구 기능과 지식을 통합하여 적용하고 활용하는 능력이 필요하며 과학적 사고력이 이 과정에 기초가 됨
- 과학적 문제해결력: 과학적 지식과 과학적 사고를 활용하여 개인적 혹은 공적 문제를 해결하는 능력. 일상생활의 문제를 해결하기 위해 문제와 관련 있는 과학적 사실, 원리, 개념 등의 지식을 생각해내고 활용하며 다양한 정보와 자료를 수집·분석·평가·선택·조직하여 가능한 해결 방안을 제시하고 실행하는 능력이 필요함. 문제해결력은 문제해결 과정에 대한 반성적 사고 능력과 문제해결 과정에서의 합리적 의사 결정 능력도 포함함
- 과학적 의사소통 능력: 과학적 문제해결 과정과 결과를 공동체 내에서 공유하고 발전시키기 위해 자기 생각을 주장하고 타인의 생각을 이해하며 조정

하는 능력. 말, 글, 그림, 기호 등 다양한 양식의 의사소통 방법과 컴퓨터, 시청각 기기 등 다양한 매체를 통해 제시되는 과학기술 정보를 이해하고 표현하는 능력, 증거에 근거하여 논증 활동을 하는 능력 등을 포함함

- 과학적 참여와 평생 학습 능력: 사회에서 공동체의 일원으로 합리적이고 책임 있게 행동하기 위해 과학기술의 사회적 문제에 대해 관심을 가지고 의사결정 과정에 참여하며, 새로운 과학기술 환경에 적응하기 위해 스스로 지속적으로 학습해나가는 능력

'환경'과는 "다른 사람들과 더불어 지구 생태계 내에서 조화로운 삶을 살아가는 데 요구되는 의지와 역량을 갖추어 기후 변화와 생물 다양성 감소 등 인류가 직면한 환경 문제를 해결하고 지속 가능한 사회를 만드는 데 기여하는 과목"이다(교육부, 2015d: 408). 2015 '환경'과 교육과정에서는 교과 역량으로 환경 감수성, 환경공동체 의식, 성찰 · 통찰 능력, 창의적 문제해결력, 의사소통 및 갈등 해결 능력, 환경정보 활용 능력을 설정하고, 환경 탐구 문제와 쟁점을 찾아내는 환경 프로젝트를 집중적으로 탐구하도록 강조하고 있다(윤진아 · 남윤경, 2020). '환경'과의 교과 역량은 다음과 같다(교육부, 2015d: 408-409).

- 환경 감수성: 환경의 변화에 민감하게 반응하며, 환경의 아름다움이나 고통에 대해 감정을 이입하거나 공감하는 능력
- 환경 공동체 의식: 지구 공동체의 구성원으로서 요구되는 환경적 가치와 태도를 함양 · 실천하고, 지구 공동체 구성원들과 원만한 관계를 형성 및 유지하며 자신의 역할과 책임을 다하는 능력
- 성찰 · 통찰 능력: 다양한 지식과 가치에 대한 반성적 · 통합적 사고를 통해 자신의 가치관과 행위가 자신, 타인, 자연의 원칙에 맞는지 지속적 · 의도적으로 생각하는 능력
- 창의적 문제해결력: 다양한 지식과 정보를 바탕으로 환경 문제에 대해 다양

하고 효과적 대안을 제시하고, 최선의 대안을 선택 · 적용할 수 있는 능력

- 의사소통 및 갈등 해결 능력: 언어, 상징, 텍스트, 매체를 활용하여 자신과 타인의 생각과 감정을 효율적으로 소통하고, 갈등 상황을 둘러싼 이해관계자들의 요구를 고려하여 의견을 조정하는 능력
- 환경정보 활용 능력: 환경 문제해결을 위해 다양한 정보와 자료를 수집 · 분석 · 평가하고 도구나 매체를 효과적으로 활용하는 능력

② 환경 주제

최근 환경 문제는 인류가 해결해야 할 가장 큰 문제 중의 하나로 떠오르며 사회과학적 쟁점Socio-Scientific Issues: SSI 교육의 하나로 학교 교육에서 중요하게 다루어져야 한다고 보는 시각이 늘고 있다. SSI 교육은 과학기술 관련 사회적 쟁점과 쟁점에 연루된 도덕적 가치에 대해 고찰해보도록 하는 교육을 말한다(Zeidler et al., 2005). 개념적으로 과학, 기술, 사회는 상호 연관되며, 이 연계성에 기반한 복잡다단한 관점들로 인해 논쟁적인 사회적 · 도덕적 문제 상황이 일어날 수 있다. SSI 교육은 바로 이러한 과학, 기술, 사회의 관계 속에서 형성되는 사회적 문제 상황을 다룬다. 예를 들어 초등학교 고학년을 대상으로 〈표 3-11〉과 같은 SSI 교육의 소재를 다룰 수 있다.

우리나라는 1980년대부터 국가 수준의 교육과정에 환경에 대한 교육의 기틀을 마련하고 공교육에서 환경 문제를 다루어오고 있다. 우리나라에서 환경교육에 대

〈표 3-11〉 초등 고학년을 대상으로 한 SSI 소재의 예

회차	SSI 소재	주제 제목
1	댐 건설	지리산 댐 건설, 필요한가?
2	열대림 개발	아마존강 유역 개발, 막아야 하는가?
3	미세먼지(황사)	중국발 미세먼지, 중국만의 몫인가?
4	동물 실험	동물 실험, 필요한가?
5	원자력발전소	원자력발전소, 계속 지어야 할까?

출처: 박은영, 2016, 27쪽.

한 이슈가 공교육기관에서 다루어지기 시작한 것은 1982년 제4차 교육과정 총론으로 거슬러 올라간다. 총론에서 환경교육을 초 · 중등 학교급 전반에서 시행할 것을 규정한 것이다. 한편 1987년 제5차 교육과정에서는 환경 주제가 실질적으로 교과목들에 등장하기 시작했다. 그리고 1992년 제6차 교육과정부터는 비록 선택교과목이긴 하지만 중등에서 '환경' 교과가 수립되었다. 중등에서 선택 교과로서 '환경' 교과를 두는 체제는 현재까지도 이어져오고 있다. 현 국가 수준에 의하면 '환경' 교과는 "학습자들이 각자가 처한 삶의 맥락에서 환경 및 환경 문제를 다루며, 그 과정에서 이론과 실천, 학교와 사회, 지성과 감성 등을 연계하여 환경과 사회 및 개인의 행복한 삶의 관계에 대해 통찰하고 지속 가능한 사회를 만드는 데 적극적으로 참여"하는 것을 목적으로 교육이 이루어져오고 있다(교육부, 2015d: 408).

그런데 '환경' 교과를 선택하지 않는다고 해서 학습자들이 환경에 대한 교육을 경험하지 못하고 있는 것은 아니다. 이를테면 2015 중등 '사회'과 교육과정에서도 환경 이슈를 다루고 있기 때문이다. 학습자들은 〈표 3-12〉와 같이 '사회' 교과를 통해서도 환경에 대해 관련 이슈들을 공부하고 관련 내용에 대해 성취기준을 만족시킬 것이 기대되고 있다.

국가 수준의 교육과정에서도 환경 문제를 다루는 데 있어 교과 통합적으로 접근할 것을 권고하고 있음을 볼 수 있다. 이를테면 2015 '환경'과 교육과정에 의하면 '환경' 과목의 영역 중 일부는 "사회나 과학 등 다른 교과의 학습 내용과도 관련이 있으므로 해당 내용을 자연과학적 · 인문학적 · 사회과학적 · 예술적 관점 등을 포

〈표 3-12〉 중학교 '사회'과의 환경 관련 성취기준

사회 '지리 영역'	
환경 문제와 지속 가능한 환경	[9사(지리)10-01] 전 지구적인 차원에서 발생하는 기후 변화의 원인과 그에 따른 지역 변화를 조사하고, 이를 해결하기 위한 지역적 · 국제적 노력을 평가한다. [9사(지리)10-02] 환경 문제를 유발하는 산업이 다른 국가로 이전한 사례를 조사하고, 해당 지역 환경에 미친 영향을 분석한다. [9사(지리)10-03] 생활 속의 환경 이슈를 둘러싼 다양한 의견을 비교하고, 환경 이슈에 대한 자신의 의견을 제시한다.

출처: 교육부, 2015a, 73쪽.

함한 환경교육의 관점에서 해석하는 통합적 접근을 권장"한다고 밝히고 있다(교육부, 2015b: 408). 한편, 초등의 경우는 환경 주제를 사회 · 과학 · 도덕 교과와 창의적 체험활동을 통해 수행하고 있다. 그러므로 환경 문제와 관련한 뮤지엄 교육 주제에 대해 교과와 연계하여 프로그램을 기획하고자 하는 교육자는 교육대상의 학교급을 고려하여 국가 수준 교육과정의 '환경'과는 물론 범교과적으로 환경에 대한 이슈에 대해 접근해볼 필요가 있다.

③ 프로그램 기획 시 고려 요소

여기서는 사회과학적 쟁점SSI 교육으로서 학교-뮤지엄 연계 환경교육 프로그램을 기획할 때 생각해볼 요소로서 SSI 교육 프로그램 기획 시 염두에 두어야 할 수업 원리와 수업모형을 소개해보고자 한다.

⊙ SSI 교육 프로그램의 수업 원리

자이들러 외(Zeidler et al., 2005)는 SSI 수업이 효과적으로 이루어지기 위해서는 다음 네 가지 측면을 강조해야 한다고 본다.

- *학습자들이 과학의 본성에 대한 이해를 바탕으로 이슈와 관련해서 과학적 증거를 평가하고 선택하도록 하기*
- *학습자들에게 토론의 기회를 부여해서 다양한 주장과 근거를 이해할 수 있도록 하기*
- *학습자들이 신념, 문화, 규범적 가치의 영향을 받으므로 이것들에 따라 의사를 표명하게 하기*
- *학습자들이 주변에서 실제 일어나는 사례를 통해 문제를 접하고 도덕적 감수성을 증진시킬 수 있도록 하기*

⊙ 수업모형

여기서는 환경 주제를 SSI 교육의 일환으로 다룰 때 취할 수 있는 수업모형으로 집단지성collective intelligence을 이용한 SSI 모형(이현주 외, 2014)과 환경 주제를 과학 교과 교육의 일환으로서 다룰 때 취할 수 있는 순환학습모형을 살펴보자.

○ SSI 교육 기반 수업 모형

SSI 교육 기반 수업 모형은 발산적 모형generative model 유형, 탐색적 모형exploratory model 유형, 의사결정 모형decision-making model 유형으로 분류할 수 있다. 발산적 모형 유형은 SSI에 대한 의견이나 해결 방안을 다양하게 산출해내는 데 초점을 둔다. 발산적 모형 유형에는 아이디어 생성 모형idea-generating model과 미래 상황 예측 모형predictive story-generating model이 있다. 아이디어 생성 모형은 세 단계로 이루어지는데, 첫 번째 '문제 상황의 명료화' 단계에서 학습자들은 주어진 문제에 대해 해결하는 것이 중요함을 인식하고 해결 방향에 대해 공동으로 설정하는 과제를 수행한다. 두 번째 '자료 탐색' 단계에서는 학습자들이 개별적으로 주어진 문제에 대해 해결책을 마련하기 위해 필요한 정보를 수집하고 정리한다. 마지막 '해결책의 발산적 제시와 공유' 단계에서는 개별적으로 생각한 해결책에 대해 공유하고 이를 바탕으로 더 다양하고 타당한 해결책을 만들어낸다. 또 다른 발산적 모형 유형인 미래 상황 예측 모형은 네 단계로 이루어져 있다. 첫 번째 '문제 상황 제시' 단계에서는 SSI 주제와 관련된 경험을 공유한다. 두 번째 '상황 연상하기' 단계에서는 문제 상황과 관련된 자료들을 신문이나 사진 등에서 수집하여 상황을 연상한다. 세 번째 '함께 이야기 형성하기' 단계에서는 개별적으로 수집한 자료들을 모아서 주제와 연상되는 이야기를 함께 만들어간다. 이를 통해 주제와 관련된 다양한 생각을 공유하고 발전해나가게 된다. 마지막 '미래 상황 예측하기' 단계에서는 주어진 SSI로 인해 야기될 수 있는 상황들에 대해 발산적으로 생각해본다.

탐색적 모형 유형은 SSI의 실제 사례들이나 사례들을 둘러싼 다양한 논점을 탐색하여 SSI의 복잡성을 이해하는 데 초점을 둔다. 탐색적 모형 유형에는 쟁점 탐색 모형perspective-exploring model과 실제 사례 탐색 모형case-exploring model이 있다. 쟁점 탐색 모형은 크게 네 단계로 이루어져 있다. 첫 번째 '문제 상황의 명료화' 단계에서는 주어진 주제가 논쟁적인 이유에 대해 서로 의견을 나누어본다. 두 번째 '문제와 관련된 주요 입장(찬반) 선정' 단계는 주어진 SSI를 둘러싼 입장들을 선정해보는 단계다. 세 번째로 '각 입장의 주요 논점 이해' 단계에서 각 입장의 주요 논점들을 이해하기 위해 개별적으로 자료를 수집하고 정리한다. 마지막 '논점의 타당성 평가 및 공유' 단계는 개별적으로 수집한 자료들을 모아 각 논점의 중요성, 타당성, 논리성 등에 대해 평가하는 단계다. 또 다른 탐색적 모형 유형인 실제 사례 탐색 모형도 네 단계로 구성되는데, 첫 번째 단계인 '문제 상황의 명료화' 단계에서는 주어진 SSI가 논쟁거리인 이유에 대해 서로 의견을 나누어본다. 두 번째 '실제 사례의 수집' 단계는 문제와 관련된 실제 사례들을 수집하여 정리하는 단계다. 세 번째 '사례 공유 및 사례 간 비교' 단계는 개별적으로 수집한 자료들을 공유하면서 사례 간의 공통점과 차이점들을 살펴보는 단계다. 마지막 '논쟁의 속성에 대한 평가' 단계는 사례 간의 분석을 기반으로 주어진 SSI가 지닌 논쟁적 속성에 대해 종합적으로 이야기해보는 단계다.

의사결정 모형 유형은 의사결정을 합리적으로 하도록 집단의 의견을 수렴하는 데 초점을 둔다. 의사결정 모형 유형에는 집단적 합의 모형consensus-making model과 대안 결정 모형alternative-making model이 있다. 집단적 합의 모형은 다섯 단계로 구성된다. 첫 번째 '문제 상황의 명료화' 단계에서는 주어진 SSI가 논쟁거리가 되는 이유와 문제를 해결해야 할 필요성이나 중요성을 명료화한다. 두 번째 '잠정적 가치판단' 단계에서는 문제 상황과 관련된 개인의 가치관, 경험을 고려하여 개인의 잠정적 입장을 생각해본다. 세 번째 '가치판단의 구체화' 단계에서는 다양한 찬반 관점에 대한 자료 탐색을 기반으로 주요 논점들을 이해하고, 자신의 가치관과 비교해봄으로써 가치판단을 더욱 구체화한다.

〈표 3-13〉 집단지성-SSI 기반 수업 모형의 유형 및 종류

유형	수업 모형의 목표	수업 모형	
		종류	절차
발산적 모형	SSI에 대한 의견이나 해결 방안을 다양하게 산출해내는 데 초점을 둠	아이디어 생성 모형	문제 상황의 명료화 → 자료 탐색 → 해결책의 발산적 제시와 공유
		미래 상황 예측 모형	문제 상황 제시 → 상황 연상하기 → 함께 이야기 형성하기 → 미래 상황 예측하기
탐색적 모형	SSI 실제 사례들이나 사례들을 둘러싼 다양한 논점을 탐색하여 SSI의 복잡성을 이해하는 데 초점을 둠	쟁점 탐색 모형	문제 상황의 명료화 → 문제와 관련된 주요 입장(찬반) 선정 → 각 입장의 주요 논점 이해 → 논점의 타당성 평가 및 공유
		실제 사례 탐색 모형	문제 상황의 명료화 → 실제 사례의 수집 → 사례 공유 및 사례 간 비교 → 논쟁의 속성에 대한 평가
의사결정 모형	의사결정을 합리적으로 하도록 집단의 의견을 수렴하는 데 초점을 둠	집단적 합의 모형	문제 상황의 명료화 → 잠정적 가치 판단 → 가치판단의 구체화 → 교류와 조정 → 합의된 해결책의 제시
		대안 결정 모형	문제 상황의 명료화 → 정보 탐색 → 대안 생성 → 대안의 평가기준 설정 → 대안 결정

네 번째 '교류와 조정' 단계에서는 다른 사람들과 의견을 나누어보고 갈등을 해결하기 위해 수렴과 조정 과정을 거친다. 마지막 '합의된 해결책의 제시' 단계에서는 가장 합리적인 집단의 입장을 결정한다. 또 다른 의사결정 모형 유형인 대안 결정 모형에서는 첫 번째 '문제 상황의 명료화' 단계에서 문제의 논쟁점이 무엇인지를 확인하고 문제를 해결해야 할 필요성과 문제를 해결할 방향에 대해 함께 이야기를 나누어본다. 두 번째 '정보 탐색' 단계에서는 대안을 마련하기 위해 필요한 정보를 탐색한다. 세 번째 '대안 생성' 단계에서는 다양한 대안을 발산적으로 제안하고 생각을 나눈다. 네 번째 '대안의 평가 기준 설정' 단계에서는 대안의 타당성을 평가하기 위한 기준을 함께 마련하고, 각 대안이 가져올 수 있는 결과에 대해 예측해본다. 마지막으로 '대안 결정' 단계에서는 가장 합리적이고 타당한 대안에 대해 결정을 내린다.

○ 순환학습 모형

과학학습에 자주 사용되는 학습 모형으로 순환학습 모형이 있다. 순환학습 모형은 탐색-개념 도입-개념 적용의 3단계로 구성된다(이다정 외, 2012: 54-56). '탐색' 단계에서는 학습목표, 주제, 장소 등 수업에 대해 전반적으로 안내하는 활동이 이루어진다. 탐색할 대상 및 주제는 학교 현장에 적용이 가능한지 여부와 과학관에 해당 자료나 표본 등이 있는지 여부를 사전 조사한 후 선택하는 것이 좋다. 주제의 범위 내에서 학습자가 개별적으로 더 알고 싶고 탐색하고 싶은 소주제를 세분화하여 모둠을 구성해서 모둠별로 탐구할 수 있도록 하는 것도 좋다. 또한 '탐색' 단계에서는 학습자의 인지 불균형을 확인하게 해야 한다. 과학교육에서 중요한 목표 중의 하나는 학습자들이 올바른 과학적 개념을 가지는 것이다. 학습자들은 간접체험이나 개인적 경험 속에서 종종 오개념을 가지게 되기 쉬운데, '탐색' 단계에서는 교사가 제시하는 학습주제에 따라 학습자들이 선지식을 이야기하는 과정에서 오개념을 찾아내게 해야 한다. 이런 측면에서 '탐색' 단계는 오개념과 학습주제 사이에서 경험하게 될 인지 불균형을 해결하기 위해 탐색을 시작하는 단계라고 할 수 있다. 이 단계에서 교육자는 모둠별로 탐색할 소주제를 세분화하고 학습자들이 탐색할 수 있도록 시각적 자료들을 제공해줄 수 있는데, 너무 많은 자료를 제공해주어 자칫 이후 과학관 체험학습을 할 때 흥미를 잃지 않도록 주의할 필요가 있다.

'개념 도입' 단계에서는 자연사박물관이나 과학관 체험학습을 하기 전에 교실에서 개념을 파악하고, 이후 뮤지엄을 방문하여 체험학습을 한다. 학습자들은 자신이 속한 모둠에 부과된 소주제를 탐색하고 탐색한 내용을 중심으로 다른 모둠과 차이점을 토론하고 그 내용을 바탕으로 학습지를 작성한다. 그런 다음 자연사박물관 체험학습을 진행한다. 전시물의 설명문, 음성 설명 시스템, 도슨트의 설명, 그리고 교사의 안내에 따른 체험학습을 통해 과학적인 이해를 심화하고 다양한 지식을 학습하게 된다. 프로그램을 진행하는 교육자는 학습자들의 개별 체험활동 시간에 부여되는 활동지에 작성할 내용을 과도하게 기획하여 학습자들이 흥미를 잃어버리게 되거나 자기주도적 학습 기회를 잃어버리지 않도록 주의할 필요가 있다. 그리고 학습자들이 모든 전시물

체험 전 학습	탐색 1차시	• 학습목표, 주제, 장소 등 수업에 대한 전반적인 안내 • 대상/주제 탐색
체험학습 1	개념 도입 2차시	• 개념학습 • 모둠별 소주제 학습 및 학습한 내용 논의
체험학습 2	개념 도입 3차시	• 자연사박물관 체험학습 - 설명문, 도슨트, 교사의 안내에 따라 주제에 대한 체험학습 • 차시 예고(발표 내용 및 평가기준 안내)
체험 후 학습 (심화)	개념 적용 4차시	• 발표 • 평가 및 반성

[그림 3-14] 순환학습 모형

출처: 이다정 외, 2012, 54쪽 재구성.

을 보고 체험하도록 안내하기보다는 개인이 속한 모둠의 소주제를 중심으로 관찰하도록 유도하고, 필요한 부분은 뮤지엄이 허락하는 범위 내에서 사진을 찍어 뮤지엄을 최대한 느낄 수 있도록 해야 한다. 뮤지엄 체험을 마칠 때는 다음 시간에 이루어질 발표 내용 및 평가기준을 알려주어 학습자들이 준비할 수 있도록 예고한다.

'개념 적용' 단계에서는 학습자들이 탐구한 내용을 직접 발표하고 발표한 내용에 대해 서로 평가한다. 학습자들은 컴퓨터를 사용한 동영상, 파워포인트, 역할극, 신문 만들기 등 자유로운 형태로 발표를 진행한다. 그리고 자신의 모둠이 발표한 것에 대해 자기평가표를 작성하고 다른 모둠의 발표에 대해 동료평가를 수행한다.

(3) 미술과

① 교과의 성격 및 교과 역량

'미술'과는 "느낌과 생각을 시각적으로 표현하여 다른 사람과 소통하고 자신과 세계를 이해하는 인간 활동"으로서 "삶의 질을 향상"시키고, "미술 문화를 통해 과거와 현재를 이해"하게 하며, "문화의 창조와 발전에 공헌"하는 교과다(교육부, 2015c: 3). '미술'과에서는 미적 감수성, 시각적 소통 능력, 창의 · 융합 능력, 미술 문화 이해 능력, 자기주도적 미술 학습 능력 같은 교과 역량을 육성하는 데 중점을 둔다(교육부, 2015c: 3-4).

- *미적 감수성: 다양한 대상 및 현상에 대한 지각을 통해 자신의 느낌과 생각을 이해하고 표현하며, 미적 경험에 반응하면서 미적 가치를 느끼고 내면화할 수 있는 능력*
- *시각적 소통 능력: 변화하는 시각 문화 속에서 이미지와 정보, 시각 매체를 이해하고 비판적으로 해석하며, 이를 활용한 미술 활동을 통해 소통할 수*

있는 능력

- *창의 · 융합 능력: 자신의 느낌과 생각을 다양한 매체를 활용하여 창의적으로 표현하고 미술 활동 과정에 타 분야의 지식, 기술, 경험 등을 연계 · 융합하여 새로운 가능성을 발견할 수 있는 능력*
- *미술 문화 이해 능력: 우리 미술 문화에 대한 이해를 바탕으로 정체성을 확립하고, 유연하고 개방적인 태도로 세계 미술 문화의 다원적 가치를 이해하고 존중하며 공동체의 발전에 참여할 수 있는 능력*
- *자기주도적 미술 학습 능력: 미술 활동에 자발적이고 주도적으로 참여하면서 자기를 계발 · 성찰하며, 그 과정에서 타인의 생각과 느낌을 이해하고 존중 · 배려하며 협력할 수 있는 능력*

② 감상 주제

감상appreciation은 예술작품의 형식과 내용을 즐기는 미적 체험 활동이며(박휘락, 2003), 예술작품 등을 이해하고 즐기는 것은 물론 가치나 질에 대해 판단하고 평가하는 또 다른 형태의 창조다(한국조형교육학회, 2016). 현 국가 수준의 '미술'과 교육과정은 체계상 체험, 표현, 감상의 세 영역으로 구성되어 있다. 감상 영역은 학교에서 미술교육이 시행된 이래 교육의 방향은 변화되었을지언정 계속 이어져온 영역으로서 미술교육에서 중요한 영역 중 하나다. 현 국가 수준의 '미술'과 교육과정에서는 감상 영역을 '이해'와 '비평'의 두 핵심 개념으로 구성하고 있다. 학습자들은 '이해'를 위해 미술작품이 시대와 지역의 배경을 반영하고 있으므로 미술작품을 이해하기 위해서는 시대적 변천과 맥락 등을 바탕으로 작품의 특징을 파악하는 활동을 해야 함을 알고 경험할 필요가 있다. 이와 관련하여 초등 3~4학년에서는 작품과 미술가를, 5~6학년에서는 작품과 배경을, 그리고 중학교에서는 미술의 변천과 맥락에 대해 배우게 된다. 감상 영역을 구성하는 또 다른 핵심 개념인 '비평'을 위해 학습자들은 미술작품의 가치판단이 다양한 관점과 방법을 활용한 비평 활동으로 이루어짐을 알고 경험할 필요가 있다. 이와 관련하여 초등 3~4학년에서는 작품에 대한 느낌과 생각, 감상 태도를,

〈표 3-14〉 2015 '미술'과 초 · 중등 교육과정 감상 영역 내용 체계

영역	핵심 개념	일반화된 지식	내용 요소		기능	내용 요소	기능
			3~4학년	5~6학년		7~9학년	
감상	이해	미술작품은 시대와 지역 배경을 반영하고 있어 미술작품에 대한 이해는 시대적 변천, 맥락 등을 바탕으로 작품의 특징을 파악하는 활동으로 이루어진다.	작품과 미술가	작품과 배경	이해하기 설명하기 비교하기 분석하기 존중하기	미술의 변천과 맥락	설명하기 이해하기 해석하기 활용하기 전시 기획하기
	비평	미술작품의 가치판단은 다양한 관점과 방법을 활용한 비평 활동으로 이루어진다.	작품에 대한 느낌과 생각	작품의 내용과 형식		작품 해석	
			감상 태도	감상 방법		작품 전시	

출처: 교육부, 2015c, 6-7쪽 재구성.

5~6학년에서는 작품의 내용과 형식, 감상 방법을, 중학교에서는 작품 해석과 작품 전시에 대해 배우게 된다.

③ 프로그램 기획 시 고려 요소

작품을 감상하도록 조력하기 위해 학습자들을 미술관으로 이끄는 것은 학습자들이 작품을 이해하고 비평할 수 있도록 하는 방안을 마련한다는 것을 의미한다. 예술작품에는 작가가 작품을 제작하던 당시 사회적 현상에 대해 가진 다양한 인지적 · 정서적 정보와 당시의 사회 현실이 압축 · 합성 · 변형되어 있고, 상징화 · 추상화되어 있다(류재만 · 손지현, 2017: 308). 미술작품은 이와 같이 작가가 속한 사회적 요인에 의해 영향을 받거나 사회적 요인에 의해 결정되는 사회적인 성격을 띠므로 미술관 교육을 통해 작품감상을 교육하고자 하는 교육자는 학습자가 작품을 이해하도록 돕기 위해 작품을 둘러싼 작가나 배경을 이해하도록 하는 경험을 갖게 해야 한다. 한편 비평은 곧 미술작품의 가치를 판단하는 것으로, 미적 가치란 주체가 미적 대상을 만나면서 갖게 되는 미적 태도나 미의식, 미적 대상의 이미지나 형태라는 양자 간의

〈표 3-15〉 미술관 기반 감상 지도 요소

지도 요소	내용
작품 보기	• 감상 워크시트 준비 • 감상 대상 선정하기 • 작품에 대한 첫 느낌이나 인상에 대해 생각해보기 • 작품에 대해 궁금한 점 생각해보기
미적 요소 찾기	• 선정한 작품을 주의 깊게 관찰하기 • 재료, 형태, 색, 무늬, 질감, 크기, 움직임 등에 대해 자세히 관찰하고 특징을 그림과 글로 감상 워크시트에 기록하기
작품 읽기	• 작가의 표현 의도 읽기 • 작품의 의미 찾아내기 • 작품의 주제 찾기 • 작품의 제목 붙여보기
미의 발견	• 작품에서 잘된 점 찾기 • 전체적으로 조화를 이루는지 찾아보기 • 고치고 싶은 점 찾아보기
내면화하기	• 자신의 느낌이나 감동에 대해 생각해보기 • 그림과 어울리는 음악 생각해보기 • 그림을 시로 표현해보기/작가에게 편지 쓰기 • 작품이 마음에 드는 이유 생각해보기
생각 넓히기	• 원 작가에 대해 알아보기 • 작품 이름은? • 작가는? • 작품의 사회문화적 배경에 대해 알아보기 • 작가가 작품을 제작한 동기에 대해 알아보기 • 작가의 다른 작품에 대해 알아보기 • 작가에 대해 조사하기

출처: 류재만 · 손지현, 2017, 337-339쪽.

상호 관계 속에서 성립한다(류재만 · 손지현, 2017). 미적 판단은 감상자와 작품 사이의 상호작용 속에서 이루어지고, 특히 감상자의 사회문화적 배경에 따라 미적 대상을 보는 관점이 달라지므로 교육자는 이를 염두에 두면서 다양한 관점과 방법을 활용해야 한다. 학교-뮤지엄 연계 감상 교육 프로그램을 기획할 때 생각해볼 요소로서 미술관에서 할 수 있는 감상 지도 요소 및 학교-미술관 연계 감상 지도 계획에 대해 정리해 보면 다음과 같다.

〈표 3-16〉 학교-미술관 연계 감상 지도 계획 및 내용

설계 단계			내용
사전계획 (미술관과의 사전협의)	① 미술관 자료의 입수		• 교수-학습을 전개하기 위한 미술관 관련 자료수집 및 미술관 담당자와의 협의
	② 감상 교수-학습 계획		• 미술관을 통해 수집한 정보를 바탕으로 한 감상 교수-학습 계획 차시별 수립 - 교사와 학생의 대화에 의한 학습 전개 구성 - 주체적 감상을 위한 감상 과제와 자료 그룹별 부여
	③ 미술관 방문계획		• 계획된 일정에 따른 행정적 처리 단계 - 관계자와의 정식 협조 요청, 지도 준비 - 학생에게 미술관 방문 학습 안내
감상학습	④ 사전학습 (1차시) 감상	학교	• 감상 학습의 목표와 내용에 따른 교내학습 - 전체 학습과 미술관 감상 활동에 대한 기대 및 이해 - 미술관 자료를 이용한 감상 내용 사전 안내 - 미술관 학습의 구체적 활동과 감상 과제 설정 - 감상 목표와 과제에 따른 그룹별 사전조사 활동 - 미술관 이용 학습 방법 및 시설 이용 예절 이해
	⑤ 미술관 학습 (2차시)	미술관	• 계획된 활동 방법에 따른 미술관 감상 학습 - 교사와 학생의 상호작용에 의한 전체 학습/감상 과제에 따른 그룹별 감상 학습 - 감상 목표와 관점에 따른 감상 · 비평 · 조사 - 감상 과제에 따른 그룹별 감상 학습 - 감상 도구에 의한 감상 학습 - 포스터, 교과서 등에서 본 것과 원작과의 비교 감상 - 미술관 학습 정리로서 감상 결과 보고 방법 전달, 사후 학습을 위한 그룹별 활동 전개 안내
	⑥ 후속 학습 (3차시) 감상 · 표현	학교	• 미술관 감상 학습을 중심으로 단원 전체 정리 및 마무리 활동 전개 - 개인/그룹별 보고서, 감상문 작성 및 발표 - 감상작품 만들기/그리기/상상하여 글쓰기 - 그룹보고서 활용 전시회 열기 - 미술관 학습에 기초한 연극, 무용, 음악 등의 학습 - 미술관 작품에 기초한 표현 · 제작 활동

출처: 박휘락, 2003; 이채원 · 김효정, 2020, 120쪽 재인용.

현 국가 수준의 교육과정은 핵심역량을 육성하여 미래형 인재를 길러내고자 기획되었다고 해도 과언이 아닐 것이다. 미래형 인재는 바른 인성을 갖추고 창의 융합적 능력을 갖춘 사람을 말한다. 바른 인성을 갖춘 창의 융합형 인재는 의사소통 능

력, 창의 융합적 사고 능력, 공동체 의식, 자기관리 능력, 정보처리 능력, 심미적 감성 능력의 핵심역량을 겸비할 때 길러질 수 있다. 이상으로 논의한 사회/역사, 과학/환경, 미술 연계 뮤지엄에서 역사, 환경, 감상을 주제로 교과교육과 관계지어 교육하는 일련의 뮤지엄 교육은 핵심역량적 요소를 기저에 두고 내용상 인문 · 사회 · 과학기술의 기초 소양을 균형 있게 함양하고, 형식상 교과의 핵심 개념을 중심으로 학습량을 적정화할 수 있을 것으로 기대된다. 이는 곧 미래형 인재를 키우기 위해 현 국가 수준의 교육과정이 취하는 교육 전략과 통한다. 그러므로 교과교육과 관련하여 역사, 과학, 미술 연계 뮤지엄 교육 프로그램을 기획하는 것은 현 국가 수준 교육과정이 지향하는 바에 부응하며, 미래형 인재를 육성하는 과업에 한 걸음 더 다가갈 수 있을 것으로 기대된다.

3. 학습자 요소

오늘날의 뮤지엄 교육은 구성주의적 인식론을 기반으로 학습자들이 관련 지식을 스스로 구성하도록 촉진하고 있다. 이에 뮤지엄 교육학자 후퍼그린힐(1999)은 능동적인 학습자의 중요성을 강조한다. 이들은 자신의 지식을 자발적으로 구성하는 학습자로서 포스트모던 시대 구성주의 뮤지엄 교육에 빠질 수 없는 중요한 요소이기 때문이다. 따라서 뮤지엄 에듀케이터는 뮤지엄 교육의 질을 향상하기 위해 학습자들이 무엇을, 어떻게 배우는지에 대해 발전적으로 이해해야 한다(Falk et al., 1992). 이에 여기에서는 뮤지엄 교육에서 고려해야 할 학습자 요소를 인지적 요소, 정의적 요소, 그리고 정체성 요소로 나누어 상술하고자 한다.

1) 인지적 요소

전통적 뮤지엄 교육의 맥락에서 학습자의 인지적 요소는 다른 요소들보다 우선적으로 고려되곤 했다. 이러한 인지적 요소에는 지능, 기억, 인지 양식, 창의력, 리터러시literacy 등이 포함된다. 기존에는 주로 지능이나 기억이 중시되었다면, 오늘날에는 다양한 인지적 요소가 주요한 교육 변인으로서 세분화되어 논의되고 있다. 따라서 뮤지엄 교육 프로그램을 계획할 때는 다양한 인지적 요소를 고루 고려해야 한다. 특히 이 책에서는 이들 중 오늘날 뮤지엄 교육에서 활발하게 고려되고 있는 인지적 요소들에 대해 논의하고자 한다.

(1) 다중 리터러시

이 책의 2부 1장 '전시물 기반 뮤지엄 교육의 설계'에서 살펴본 바와 같이 리터러시는 뮤지엄 교육에서 매우 중요한 요소다. 관람자는 뮤지엄의 전시와 전시물이라는 텍스트를 읽음으로써 자신만의 새로운 의미를 구성해나가기 때문이다. 오늘날의 뮤지엄들은 이러한 리터러시를 학습자의 주요한 인지적 요소 중 하나로 받아들이며, 학습자의 리터러시를 고려하여 교육 프로그램을 다층화하여 계획할 뿐 아니라 나아가 교육 프로그램을 통해 리터러시를 증진하고자 노력해왔다. 비주얼 리터러시visual literacy를 강조하며 최근 다양한 미술관 및 박물관에서 실행되고 있는 VTSVisual Thinking Strategy 교육(Hailey et al., 2015; Yenawine, 2013, 2019), 과학적 리터러시를 강조하며 과학관에서 실행되고 있는 교육들이 그 예다(Maarschalk, 1988; Spitzer & Fraser, 2020). 그런 한편, 최근에는 리터러시 개념의 영역을 확장하여 언어 같은 기능적 리터러시뿐 아니라 학문적 · 문화적 · 과학적 · 비판적 리터러시 등을 고루 포함하며 동시적으로 활용하는 다중 리터러시multiliteracies 개념이 학습자의 주요한 인지적 요소로서 고려되고 있다(Cole & Pullen, 2009; Cope & Kalantzis, 2016; Unsworth, 2006).

다중 리터러시는 1996년 신 런던그룹The New London Group이라는 학자들에 의해 고안된 용어로, 단순히 읽기와 쓰기를 주된 영역으로 하는 기능적 리터러시의 한계를 넘어 오늘날 급변하는 미디어 환경에 알맞게 구술적, 시각적, 청각적, 몸짓, 촉각, 공간적 및 문화적 의미 등을 고루 강조하는 리터러시라 할 수 있다(The New London Group, 1996). 특히 이들은 오늘날의 다문화 세계에서 사회문화적 리터러시의 중요성을 적극적으로 강조하고 있으며, 사회의 불공정성과 불평등의 구조를 파악하고 그들이 내포하는 사회적 의미에 대해 비판적으로 사유하는 '비판적 리터러시critical literacy'의 필요성(Hull, 2000)을 주장했다. 미술교육학자 던컴(Duncum, 2004)에 따르면 이러한 다중 리터러시는 학습자가 다양한 관점과 위치에서 해득한 텍스트를 기반으로 다양한 문화적 맥락을 면밀히 살펴볼 수 있게 한다. 그는 특히 모든 문화적 맥락이 필연적으로 이미지뿐 아니라 다양한 사회문화에서 비롯된 해석적 패러다임들을 내포하고 있음을 지적하며 다중 리터러시 교육의 필요성을 역설했다.

오늘날의 뮤지엄 또한 전시와 전시물, 그리고 뮤지엄 교육 속에 다양한 문화적 맥락들과 의미들을 내포하고 있다. 이에 뮤지엄 교육학자들 또한 뮤지엄 교육 속 학습자의 다중 리터러시 역량을 점차 학습자의 새로운 인지적 요소로서 주목하고 있

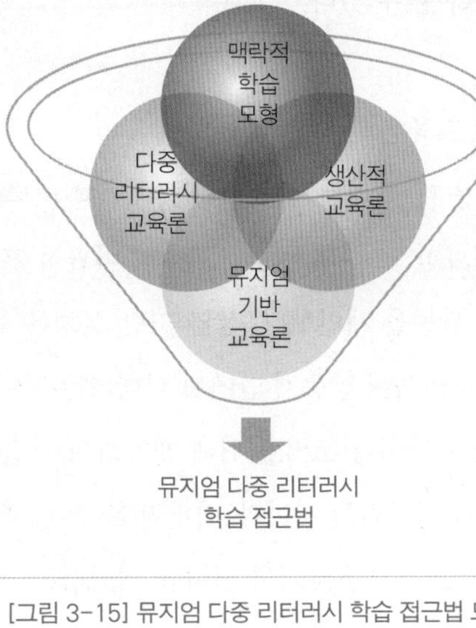

[그림 3-15] 뮤지엄 다중 리터러시 학습 접근법 모델

출처: Savva, 2016, p. 119.

다. 영국의 뮤지엄 교육학자 사바(Stefania Savva, 2013)는 다중 리터러시의 이론 및 실행 관련 연구들(New London Group, 1996, 2000; Kalantzis & Cope, 2005, 2006, 2012)을 기반으로 뮤지엄 다중 리터러시 학습 접근법 모델The Museum Multiliteracies-Dynamic Learning Approach Model: The MMDLA Model을 제시했다. [그림 3-15]에서 볼 수 있듯, 이 모델은 포크와 디어킹(Falk & Dierking, 2000)의 맥락적 학습 모형, 뮤지엄 기반 교육론, 생산적 교육론, 그리고 다중 리터러시 교육론이 서로 중첩되어 구성되어 있다. 즉, 위 네 가지 요소가 뮤지엄 교육의 전 과정에서 지속적으로 상호작용하며 학습자의 학습을 조력해야 한다는 것이다.

① 맥락적 학습 모형

사바(Savva, 2016)는 다중 리터러시를 위한 뮤지엄 교육에서 맥락적 학습 모형(Falk & Dierking, 2000)의 중요성을 강조했다. 특히 그는 맥락적 학습 모형의 세 가지(개인적 · 사회문화적 · 물리적) 맥락이 모두 복합적으로 작용한다는 점에 집중했다. 이에 맥락적 학습 모형을 다중 리터러시 뮤지엄 교육에 적용한다면, 학습자 개인의 다양한 관점과 정체성을 아우르는 개인적 연결성을 새롭게 창조할 수 있다고 주장했다. 따라서 세 가지 맥락 중 특히 개인적 맥락으로서 관람자 정체성에 대한 고려는 다중 리터러시 뮤지엄 교육에 필수라 할 수 있다.

② 다중 리터러시 교육론

신 런던그룹(1996)은 다중 리터러시 교육론multiliteracies pedagogy의 예시로서 상황 기반 실행situated practice, 명료한 교수 활동overt instruction, 비판적 프레이밍critical framing, 변형된 실행transformed practice 활동을 제안했다. 상황 기반 실행은 학습자의 현재와 사전의 경험들을 복합적으로 고려하여 공동체 안에서 실행하는 것이다. 명료한 교수 활동은 교사나 전문가가 비계 설정이나 조력을 위해 개입하여 학습자의 학습을 돕고, 학습에 대한 학습자의 의식을 신장하는 것이다. 비판적 프레이밍은 학습자가 학습의 역사적, 문화적, 정치적 그리고 이데올로기적 맥락을 해석하는 것이다. 마지막으로 변형된 실행은 다른 맥락에서의 반성적 활동을 통해 새로운 이해를 증진하는 것이다.

③ 생산적 교육론

생산적 교육론productive pedagogies은 학습자들의 학습 능력 향상을 위한 인지적 추론의 증진을 강조하면서도 교육 내용에 학습자들의 실제적 삶에 도움이 될 수 있는 다양한 가치와 사회적 요소들을 반영해야 한다는 교육론이다(Lingard et al., 2003a; Lingard et al., 2003b). 이러한 생산적 교육론의 요소는 총 네 가지로, 지적 특성intellectual quality, 연결성connectedness, 힘을 주는 교실환경supportive classroom environment, 차이에 대한 인정recognition of difference이다. 이와 같은 생산적 교육론은 학습자의 사회문화적 맥락들을 학습에 두루 반영한다는 점에서 리터러시의 사회적 해석을 강조하는 다중 리터러시와 여러 접점이 있다. 따라서 사바(2016)는 생산적 교육론이 강조하는 요소들을 두루 고려한다면 다중 리터러시의 신장이 더욱 활성화될 수 있다고 강조한다.

④ 뮤지엄 기반 교육론

뮤지엄 및 영문학 연구자인 슈워츠(John Pedro Schwartz, 2008)는 다중 리터러시를 기반으로 한 뮤지엄 기반 교육론museum based pedagogy을 전통적 뮤지엄 교육의 대안으로 제시했다. 그는 뮤지엄 리터러시(Stapp, 1992) 증진만을 목표로 하는 전통적 방식의 뮤지엄 교육과 달리 뮤지엄 기반 교육론은 뮤지엄 전시와 전시물과의 상호작용을 증진할 뿐 아니라 오늘날의 포스트모던 뮤지엄과 그들의 전시가 어떠한 내러티브로 관람자를 설득하고 있으며, 그것이 사회적 맥락에서 어떠한 함의를 지니는지도 분석할 수 있는 능력을 증진할 수 있다고 주장한다. 따라서 그는 뮤지엄 교육 환경에서의 언어적 · 시각적 · 기술적 · 비판적 리터러시의 동시적 활용 및 증진의 중요성을 강조했다.

특히 사바(2016)는 뮤지엄 다중 리터러시 학습 접근법 모델에서 뮤지엄에 오는 학습자들이 이미 그들 스스로 리터러시 정체성을 지니고 있음을 강조한다. 실제로 뮤지엄 학습자는 뮤지엄에서 자신의 다중 리터러시를 복합적으로 활용하여 다양한 정보와 자료, 의사소통, 그리고 뮤지엄 담론을 이루는 다양한 역사, 문화적 맥락과 뮤지엄 학습의 지식을 해득한다. 뛰어난 역량의 다중 리터러시를 지닌 학습자들은 또한 뮤지엄 내 지식 생성의 구조들을 끊임없이 살펴보고 자신의 사전 지식이나 선경험 등을 기반으로 해석하여 자신만의 관점을 구축해나가기도 한다. 그러나 만약 뮤지엄 학습 과정에서 관람자가 자신이 지닌 다중 리터러시 역량을 수월하게 활용하지 못한다면 필연적으로 뮤지엄 전시와 전시물, 교육 프로그램과 적절하게 이해 및 소통하지 못할 것이고, 효과적인 뮤지엄 교육이 저해될 수밖에 없다. 따라서 뮤지엄은 다중 리터러시를 단순히 뮤지엄 교육의 궁극적 목적으로만 다룰 것이 아니라 실질적으로 교육 프로그램을 계획할 때 고려할 학습자의 인지적 요소로 고려해야 한다(Savva, 2016). 특히 교육 프로그램을 계획할 때 대상 학습자들이 모두 저마다 다른 역량의 다중 리터러시를 지니고 있다는 점을 바탕으로 개인의 리터러시 역량에 알맞은 교육 목표를 설정하거나 낮은 리터러시의 학습자를 조력해줄 수 있는 비계를 설정하는 것이 그 예가 될 수 있다.

(2) 미적 발달 단계

인지심리학자 하우젠(Abigail Housen, 1983)과 미술교육학자 파슨스(Michael J. Parsons, 1987)는 학습자가 미적 요소를 인지하는 미적 발달 단계를 제시함으로써 학습자의 미적 지각과 이해 수준에 두드러진 차이가 존재함을 밝혔다. 하우젠(Housen, 1983)의 미적 발달 단계는 미술관을 맥락으로 하여 미술관 교육 프로그램과 관람자를 평가하기 위해 개발되었다. 그는 미적 발달 단계가 학습자의 미적 인식 능력을 이해하고 예상하게 하는 기준이 될 수 있다고 주장했다. 한편, 파슨스(Parsons, 1987)는 발달 단계가 사람을 지칭하기보다 특정한 경우에 보이는 특정한 사고 체계를 보여주는 것이라 주장했다. 또한 그에게 미적 발달은 점진적이고 연속적이며 개인의 연령에 따라 발달하기보다는 개인의 미적 경험 차이에 따라 발달하는 것이다. 그러나 공통적으로 둘은 집단의 평균적인 혹은 주도적인 미적 발달 단계를 파악하는 차원에서 미적 발달 단계의 이해가 개인의 정확한 단계 진단을 넘어서 사회적인 환경에서도 큰 시사점을 지닐 수 있다는 데 동의한다.

〈표 3-17〉 하우젠과 파슨스의 미적 발달 단계 비교

	하우젠의 미적 발달 단계	파슨스의 미적 발달 단계
1단계	설명accountive	개인적 선호favoritism
	• 무작위적 관찰과 나열 • 감정 표현 • 개인적 호불호, 연관성에 기초한 평가 • 스토리텔러storyteller, 목록작성자listmaker	• 주관적 · 무작위적 지각 • 자기중심적 반응 • 개인적 경험과 호불호에 따른 선호
2단계	구성constructive	미beauty와 사실주의realism
	• 작품을 보는 틀 구성, 자신의 지각(자신이 알고 있는 세계, 사회적 가치와 인습이 준거의 틀) • 소재, 기법, 사실주의에 대한 관습적 판단 • 미술작품의 기능과 실용적 가치 중시	• 아름다운 소재와 밝은 표현에 높은 가치 부여 • 사실주의적 표현과 기량 선호 • 판단의 주관성 객관성에 대한 인식 미흡 • 느낌과 반응을 강하고 즉각적으로 표현
3단계	분류classifying	표현expressionism
	• 미술사가 같은 분석적 · 비평적 분류 시도 • 개인적 감정과 경험 제어 • 다양한 정보 추구, 주의 깊은 관찰과 토론 시도	• 작품의 의미 해석 • 소재에서 다양한 형식의 상호 연관성과 적절성 관찰, 인지 • 주관성과 객관성의 구분 및 반추 능력 형성
4단계	해석interpretative	양식style과 형태form
	• 작품으로부터 의미 있는 메시지와 상징 해독 • 주관과 객관의 혼합 • 작품의 형식과 기법에 대한 다층적 감식	• 작품의 의미와 해석은 사회적 · 공적 성격을 지님을 인지 • 미적 판단은 객관적 논의 영역 • 작품의 다양한 내외적 요소가 질에 기여하는 바 탐색
5단계	창조적 재구성re-creative	자율성autonomy
	• 개인적 관점과 보편적 관점을 혼합한 다양한 각도와 열린 시각에서 접근 • 작품을 오래된 친구이자 유기체로 간주 • 지각, 인지, 감성을 모두 동원하여 스스로 재구성	• 주관과 객관, 전통과 새로움의 긴장을 조정하며 주체적으로 판단 • 끊임없는 반추와 자문 • 미술은 여러 겹의 해석을 드러낼 수 있음을 인식 • 해석과 판단은 옳고 그른 문제가 아닌 이성적인 행위임을 인식

출처: 양지연, 2011, 14-15쪽.

이들의 미적 인지 발달론에 의하면 미술작품에 대한 학습자의 인지 능력은 미술에 대한 경험과 노출 시간, 교육적 환경에 의해 촉진된다. 비록 일정 수준까지는 학습자의 생물학적 연령에 따른 인지 발달과 연동하여 발달하지만, 고차원적인 미적

인지 능력의 개발에서는 미술에 대한 경험과 환경이 더 중요한 요인으로 작용한다. 또한 미적 발달 단계는 다른 인지 발달 이론과 마찬가지로 적절한 환경에 의해 학습자의 미적 인지 발달이 촉진될 수 있음을 의미한다(양지연, 2011). 따라서 교육 프로그램 개발에 학습자의 미적 발달 단계가 점차 증진될 수 있도록 하는 효과적인 뮤지엄 교육 내용과 방법을 고안하는 것이 중요하다. 미술관 교육자 예나윈(Yenawine, 2003) 또한 미적 발달을 촉진하기 위해서는 학습자의 미술 경험과 이들의 미적 발달 단계를 고려하여 미술작품을 단계에 적합하게 선택해야 함을 주장한 바 있다. 따라서 인지적 요소로서 미적 발달 단계는 미술관 같은 뮤지엄 학습의 계획에서 충분히 고려되어야 할 것이다.

2) 정의적 요소

학습자의 정의적 요소는 오래전부터 학습의 영역에서 그 중요성이 강조되어 왔다. 특히 뮤지엄 교육이 학습자의 흥미와 동기를 기반으로 한 비형식적 교육기관으로서 발전해왔다는 역사적 배경을 고려한다면, 학습자의 동기와 흥미, 심리, 정체성 등으로 대변되는 학습자의 정의적 요소는 뮤지엄 교육과 불가분의 관계라 할 수 있다.

(1) 흥미와 동기

학습자의 흥미와 동기는 뮤지엄 교육 프로그램 개발에 반드시 고려해야 하는 주된 정의적 요소다. 교육학자 듀이(1913)에 따르면, 흥미란 자아와 대상체계가 상호작용적 관계로 맞물린 상황 안에서 개인이 대상 속 자아를 발견하여 다가가는 활동이다. 따라서 흥미는 개인의 주관적인 심리 상태만을 이르는 것이 아니라 감각 · 지각적 요소와 지적 요소가 함께 작용하는 활동이다. 이런 활동 속에서 필연적으로 학습자는 지적인 관심 상태를 가지게 된다는 것이다. 이에 흥미는 자아의 능동적 활동성, 지성적 노력과의 결합, 총체적 자아의 표현을 중심 특성으로 가진다(양은주, 2003). 따라서 교육적 맥락 속에서 흥미는 학습자가 학습 대상과 더욱 생생하고 살아있는 결합vital union을 맺을 수 있게 한다는 의의를 가진다. 이러한 결합을 용이하게 하고 나아가 그 결합을 지속하기 위해서는 학습자에게 익숙한 것과 낯선 것을 균형 있게 조절하여 학습 상황에 제시할 필요가 있다. 이처럼 뮤지엄 교육 프로그램에서도 학습자의 기존 경험이나 사전 지식과 관련된 전시 주제나 전시물을 매개로 교육 내용을 구성하되, 그 속에서 낯선 학습 내용과 방법, 환경 등을 균형 있게 제시해야 한다. 이를 통해 학습자가 흥미를 지속해야 함을 시사한다. 또한 듀이는 학습자의 흥미가 연속적으로 발달할 수 있다는 점을 제시했다. 이에 교육자는 즉각적이고 감각적인 흥미 유발에만 그칠 것이 아니라 지적인 흥미가 지속적으로 발달하여 정신적 · 도덕적 성장을 수행할 수 있도록 환경을 조성해주어야 함을 주장했다.

한편, 동기는 학습자에게 학습 내용을 학습하게 하는 힘이나 경향성으로, 내재적 학습 동기와 외재적 학습 동기로 구분한다. 켈러와 송상호(John Keller & 송상호, 1999)의 ARCS 모델에 따르면, 학습의 동기는 주의집중, 관련성, 자신감 그리고 만족감이라는 네 가지 측면으로 설명할 수 있다. 먼저 '주의집중'은 학습자의 동기 유발을 위해 학습자의 주의를 끌어올 방안을 이른다. 둘째, '관련성'은 학습자의 동기 유발을 위해 실제 학습 내용을 학습자의 선경험이나 흥미, 목적, 환경 등과 연결하는 것을 이른다. 셋째, '자신감'은 학습자가 자신의 능력에 대한 통제를 할 수 있다는 효능감을 가짐으로써 동기 유발을 이끌어내고자 하는 방안을 이른다. 마지막으로 '만족감'은 학습자가 자신의 노력을 통해 결과를 성취했을 때 얻는 경험을 이르는 것으로, 지속적인 동기 유발 요소다. 또한 위의 네 가지 측면은 각각의 하위요소를 지님으로써 이를 유발하기 위한 구체적인 교수 방법을 필요로 한다. 존 켈러와 송상호(1999)가 주장한 ARCS 동기 이론의 구성요소 및 하위 전략은 다음 〈표 3-18〉과 같이 정리해볼 수 있다.

뮤지엄 교육학자 남정은 외(2018)에 따르면, 이와 같은 ARCS 동기 이론은 학

〈표 3-18〉 ARCS 동기 이론의 구성요소 및 하위 전략

요소	하위 범주	하위 전략
주의집중 attention	지각적 각성	예상치 못한 소리나 움직임을 통해 학습자의 기제 및 감각 자극하기
	탐구적 각성	질문, 도전적 사고, 역설 등을 통해 학습자의 호기심 및 학습 욕구 발현시키기
	변화성	구체적 비유, 자료 제시 형식, 흥미 있는 실례, 사건의 변화를 통한 학습자의 흥미 지속시키기
관련성 relevance	모티프 일치	학습자의 학습 양식 및 개인적 흥미와 가치에 연결하기 위해 개인적 성공 기회, 긍정적 역할모델, 협동학습 등을 제공하기
	목적 지향성	수업 목적의 명확한 정의 및 수업의 유용함에 대한 진술을 통해 학습자에게 교수 목적 명시하기
	친밀성	구체적 실례 및 학습과 관련된 다양한 비유를 통해 학습자들이 직접 자신의 경험과 지식을 연결하도록 촉진하기
자신감 confidence	성공 기회	학습자에게 다양한 도전적 경험을 제공하여 자신의 역량에 대한 확신 신장하기
	학습 요건	평가 준거, 성공 요건 등에 대한 명확한 설명을 통해 학습자의 긍정적 기대감 신장하기
	개인적 통제	외부적 요인이 아닌 개인적 노력에 의해 성공했다는 확신을 제공하기 위해 개인적 통제가 가능한 환경 제공 및 통제를 통한 학습자의 성공에 대한 구체적 피드백 제공하기
만족감 satisfaction	내재적 강화	개인의 노력과 성취에 대한 긍정적 기대감을 가질 수 있도록 구체적인 피드백 및 정보 제공하기
	외재적 강화	실제적인 외부 보상, 언어적 칭찬, 인센티브 같은 학습자의 성공에 대한 보상 제공하기
	공정성	학습 과정 및 결과의 공정성을 학습자가 인식할 수 있도록 수행요건과 기대를 일치시키고, 전 과정에서 일관성 있는 측정기준 사용하기

출처: Keller & 송상호, 1999.

습자 중심의 뮤지엄 교육을 실천하고 있는 구성주의 박물관 교육 프로그램에 다양하게 적용될 수 있다. 특히 이들은 ARCS 동기 이론과 구성주의 박물관에서의 재미학습 간의 긴밀한 관계에 대해 강조하며, 동기 이론의 다양한 구성요소가 고루 반영되었을 때 학습자들이 흥미와 재미를 느끼고 계속적인 학습 동기를 느낄 수 있다고 주장했다.

이처럼 흥미와 동기를 고려하여 뮤지엄 교육 프로그램을 계획하면, 학습자의

자연스러운 몰입flow을 이끌어낼 수 있다. 심리학자 칙센트미하이(Csikzentmihalyi, 1997, 2021)에 따르면, 인간이 현재 경험을 가장 긍정적으로 해석하며 자신이 최적의 경험을 하고 있다고 느끼는 상태를 '몰입'이라 한다. 이러한 몰입은 주로 주어진 환경과 인간 내면이 최적의 상호작용을 할 때 발생하며, 학습의 재미와 흥미를 유발하는 주된 요인으로 작용한다. 이를 통해 즐거움, 행복감 같은 긍정적 정서를 유발함으로써 몰입에서 배움으로 이어지는 학습효과를 산출한다(탁정화, 2019). 또한 몰입 이론에서는 내적 동기를 중요시하며, 학습자가 자발적으로 학습할 때 비로소 내적 동기화가 이루어진다고 주장한다. 칙센트미하이와 허먼슨(Csikzentmihalyi & Hermanson, 1995)은 몰입 환경으로서 뮤지엄의 가능성에 주목하며, 뮤지엄 환경에서 내재적 동기를 활용한 학습의 발전 단계를 모델화하여 제시했다. 그 모델의 자세한 흐름은 [그림 3-16]과 같다.

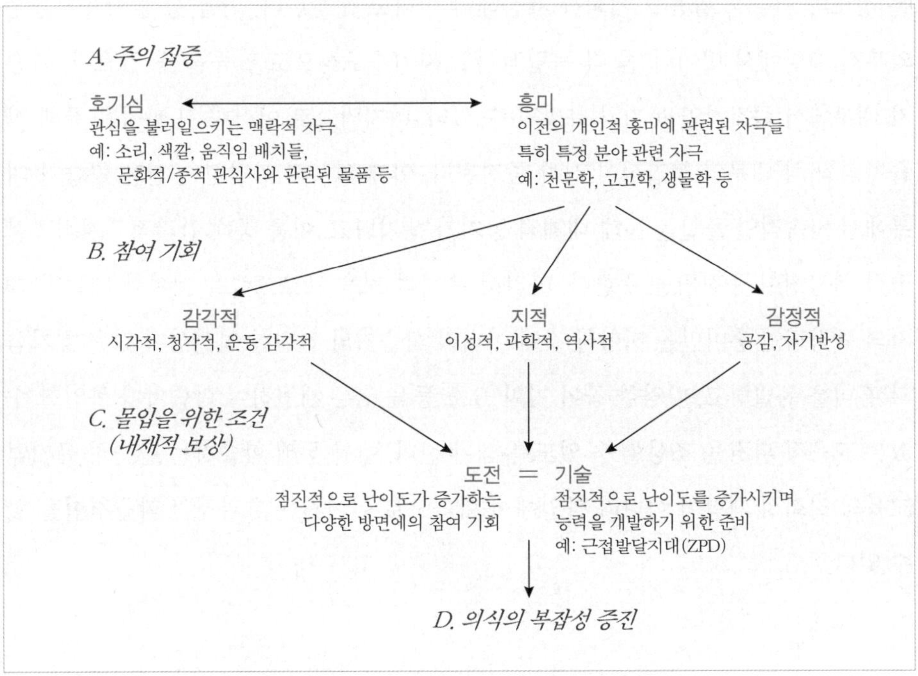

[그림 3-16] 내재적 동기를 활용한 학습의 발전 단계

출처: Csikzentmihalyi & Hermanson, 1995, p. 72.

이 모델은 관람자의 몰입을 위해서는 그들의 활동 동기와 흥미를 고려하고, 이를 기반으로 도전과 기술 사이에 균형을 이룬 학습 과제를 제시함으로써 이루어질 수 있음을 보여준다. 먼저 '초기집중' 단계에서는 호기심을 불러일으키고 흥미를 느낄 기회를 제공함으로써 관람자의 내적 동기를 북돋우고 관람자 스스로 학습자가 될 수 있도록 유도한다. 칙센트미하이와 허먼슨은 더욱 효과적으로 흥미를 유발하기 위해 뮤지엄이 학습자의 삶의 경험과 뮤지엄 전시 및 전시물이 긴밀한 관계가 있음을 명확하게 드러낼 수 있어야 한다고 설명한다. 이를 통해 관람자는 의식의 복잡성을 증진할 수 있게 된다. 둘째로, '참여 기회'에서는 학습자들에게 주어진 정보를 새로운 관점을 바탕으로 다양하게 조사해볼 기회를 제공해야 한다는 것이다. 이를 통해 학습자들은 전시에 깊이 참여하고 경험하게 되며, 점차 내재적 동기를 가질 수 있게 된다. 세 번째로 '몰입을 위한 조건'에서는 뮤지엄이 관람자에게 학습 기회를 제공할 때, 학습자가 도전적으로 참여해볼 기회와 자신의 수준과 근접하거나 약간 높은 정도의 기술을 활용할 기회를 제공해야 한다고 주장한다. 이를 통해 학습자들은 외부적 제한에서 벗어나 좀 더 독립적이고 자기주도적으로 활동할 수 있으며, 학습자 내부에서 즉각적인 동기가 유발될 수 있다. 마지막으로 이러한 전 과정을 통해 학습자의 의식 내부의 복잡성이 점차 증진된다. 이때 의식의 복잡성 증진은 학습자 내부에서 지속적인 몰입을 통해 내재적 동기가 생겨나고, 이를 통해 감각적 · 지적 · 감정적 복잡성이 증진됨을 뜻한다. 따라서 뮤지엄 교육 프로그램을 계획할 때는 학습자의 즉각적인 흥미만을 지향할 것이 아니라 학습자와 긴밀한 연관성이 있는 호기심과 흥미를 유발하고, 다양한 참여 기회 요소 등을 고루 제공하여 학습자가 몰입할 수 있는 교육적 환경을 조성할 수 있도록 해야 한다. 이를 통해 학습자는 단순히 뮤지엄 교육의 일회성 체험이 아니라 몰입에서 학습으로 이어지는 효과적인 학습경험을 할 수 있다.

(2) 심리

관람자의 과거 기억이나 상처, 질병으로 인한 심리 상태 또한 최근 뮤지엄 교육 프로그램이 고려해야 할 중요한 정의적 요소로 새롭게 주목받고 있다. 이에 오늘날 학습자의 심리 상태를 고려한 뮤지엄 교육 프로그램들은 전시물이 관람자에게 기억에 대한 단서를 제공하여 이를 관람자 스스로 정보를 인출하도록 의도함으로써 감동적 체험을 할 수 있게 한다. 그러나 이러한 심리 상태를 전시에 반영하는 소극적 방식 외에도 적극적으로 뮤지엄 교육을 통해 학습자의 심리를 치료해나가고자 하는 치유적 뮤지엄 교육 프로그램도 꾸준히 개발되고 있다. 심리학적 영역에서 심리치료란 한 개인이 자신의 삶에 적응하고, 잘 영위할 수 있도록 개인의 생각, 느낌, 행동을 점차 수정할 수 있게 하는 의도적이고 전문적인 치유 과정이라고 정의할 수 있다(Lambert & Vermeersch, 1994). 비록 뮤지엄에서는 일반적인 심리치료와 같이 고도로 개인화, 전문화, 그리고 지속화된 심리치료를 제공하기에는 어려움이 있으나, 심리치료적 요소가 도입된 뮤지엄 교육 프로그램을 통해 관람자는 자기고백을 통한 치유의 경험을 할 수 있다(오선애, 2013).

특히 미술관은 관람자의 과거를 기억하고 공유함으로써 의미 있는 연결을 촉진할 수 있기 때문에 미술치료를 위한 비전통적인 공간을 대표할 수 있다(Ioannides, 2016). 이는 미술관이 인간의 상황과 감정, 성공과 어려움 같은 인간의 공통점들을 미적 형태로 전시하기 때문이다(Salom, 2011). 또한 전시물 또는 예술작품에 둘러싸인 비의료적 환경은 기존의 흰 가운과 기계들로 대변되는 정신과의 이미지와 상이하기 때문에 관람자가 더욱 우호적이고 친숙한 환경에서 영감을 갖게 한다(Ioannides, 2016). 미술치료학자 로치포드(Jessie S. Rochford, 2017)에 따르면, 미술관과 미술치료가 관람자를 중심으로 협업할 때의 장점을 다음과 같이 설명했다.

- *사회적 발달 및 학습을 촉진할 수 있다.*
- *민감한 주제들의 탐구 기회를 확장할 수 있다.*

- *지역사회의 참여를 촉진할 수 있다.*
- *다양한 학습자를 위한 포용적 뮤지엄이 될 수 있다.*

이와 같은 장점을 기반으로, 치유적 뮤지엄 교육 프로그램은 '안전한 공간, 기쁨 그리고 반성과 연대를 위한 시간'을 제공함으로써 활발한 관계를 증진한다(Silverman, 2010). 따라서 관람자의 심리를 고려한 뮤지엄의 교육 프로그램은 정서적 안정과 발전에 중요한 역할을 할 수 있을 것이다.

미국 시카고 미술관Art Institute of Chicago의 〈순간 속의 예술Art in the Moment〉 프로그램이 학습자의 심리를 고려한 바람직한 예다. 평생교육의 일환으로 노인 교육을 강조해온 시카고 미술관은 2008년 'CJE 시니어라이프SeniorLife'라는 노인 관련 비영리 사회단체와의 협업을 통해 알츠하이머 및 기타 치매 환자들을 위한 치유적 뮤지엄 교육 프로그램인 〈순간 속의 예술〉을 개발했다. 이들은 프로그램 개발 과정에서 뉴욕 현대미술관Museum of Modern Art, 미국 일리노이주 내 알츠하이머협회와도 협업하여 워크숍 등을 주최하는 등 내실을 다지기 위해 노력했다(Livingstone et al., 2016). 이 프로그램은 60분 동안의 뮤지엄 전시실 내 대화 및 60~90분에 걸친 스튜디오 기반의 예술창작으로 이루어졌다. 이들은 다양한 주제를 바탕으로 한 5~6개의 작품을 감상하고, 촉진자와 함께 전시실에서 대화를 나눈다. 이때 촉진자는 최대한 열린 질문을 활용하여 친화적인 분위기를 조성한다. 열린 질문은 뉴욕 현대미술관이 주로 사용하는 방식을 활용하는데, "작품 속에서 무엇이 보이나요?" 또는 "무엇이 그렇게 생각하게 했나요?" 같은 질문이다(Mangione, 2018). 이를 통해 VTS 교육과의 연관성도 엿볼 수 있다. 이 프로그램은 평소 가족이나 친구들과의 교류가 뜸해진 알츠하이머 환자들의 사회적 상호작용을 증진하기 위해 노력한다. 이후 전문적인 미술치료사의 안내하에 전시 주제 및 전시물과 직접적인 연관을 가지는 미술 창작활동에 임한다. 미술치료사는 창작을 위한 재료들을 선정하고, 창작 과정에서 교육 참여자들의 반응을 확인하여 이를 과정에 반영함으로써 치유 과정이 원활히 이루어지도록 돕는다. 특히 다양한 연령과 수준의 참여자 모두가 창작할 수 있도록 적절한 난이도의 과제를 제시했다. 이를 통해 자신의 질병 때문에 평소 일상생활에서 소외되고 배제되었던 참여자 모두가 성취감을 얻을 수 있도록 했다. 프로그램의 마지막 단계에서는 활동 결과물을 모두 수집하여 전시회를 열어 참여자들의 성취를 축하할 뿐 아니라 뮤지엄과 사회기관의 협업 성공을 널리 알리고자 했다(Livingstone et al., 2016).

호주 국립미술관the National Gallery of Austrailia의 〈건강을 위한 미술Arts for Health〉 프로그램 또한 이와 비슷한 사례다. 이 프로그램은 미술관 전시를 기반으로 한 미술치료 프로그램으로 크론병 환자들을 돕고, 생활습관과 건강 간의 관계를 인식시키고자 개발되었다. 그 과정에서 창의적 표현과 학습을 통해 관람자는 전시물에 대한 해석뿐 아니라 자신의 강인함에 대해서도 인식할 수 있었다(Winn, 2001). 이 프로그램은 8주 동안 매 4시간의 학습으로 이루어져 있으며, 예술 창작활동을 통해 한 주 동안 자신에게 있었던 일을 되돌아볼 수 있도록 했다. 그리고 참가자들은 자신의 창작 과정과 그 외 주제에 대해 대화하고, 자신이 창작한 작품과 전시물을 연관 지었다. 이를 통해 관람자는 작품의 작가나 주제 의식과 자신의 경험 간에 잠재적 공통점을 찾고 연결할 수 있었다(Ioannides, 2016). 이러한 미술치료와 미술관 교육 프로그램의 연계를 통해 관람자가 소속감, 자아존중감, 자기실현 욕구의 필요성을 인식할 수 있었다는 점에 큰 의의가 있다(Winn, 2001).

한편, 미국의 보스턴 현대미술관Museum of Fine Arts, Boston은 2010년 〈여기가 아닌 곳Out of Here〉이라는 전시에서 아티스트 워디츠코Wodiczko 및 퇴역 군인들 간 협업을 통해 뮤지엄 내에 트라우마 클리닉을 개설하고, 워크숍 교육 프로그램을 제공했다. 그 워크숍에서 아티스트와 교육 참여자들은 전쟁과 그 의미에 대해 깊이 있게 대화하고 숙고했다. 이를 통해 전쟁을 경험하고 외상 후 스트레스 장애Post-traumatic stress disorder: PTSD를 겪고 있는 퇴역 군인들의 심리를 치유하고, 나아가 그들이 지역 공동체의 훌륭한 일원이 될 수 있도록 도울 수 있었다(Ruehrwein, 2013).

또한 이러한 교육 프로그램들은 소외된 계층의 청소년을 대상으로도 점차 확대되고 있다. 스페인 바르셀로나 현대미술관Museu d'art Contemporani de Barcelona의 교육 프로그램 사례가 바로 그 예다. 막센(Marxen, 2009)에 따르면, 바르셀로나 현대미술관의 교육 프로그램은 이민자, 학교 부적응 학생 등 기존의 교육에서 소외당한 청소년을 교육대상으로 했다. 이들은 바르셀로나 현대미술관이 선정한 작품 및 아티스트와 조우하여 뮤지엄 교육 프로그램에 참여했다. 그 결과 학생들은 사회적 포용을 경험할 수 있었을 뿐 아니라 자아존중감, 자기표현력 증진 등으로 대변되는 심리적 성장을 보였다. 이를 통해 우리는 공동체의 대화를 여는 장으로서 뮤지엄의 중대한 역할과 뮤지엄 교육에 미술치료 도입의 중요성을 느낄 수 있다.

오늘날 우리나라의 미술관에도 이러한 학습자의 심리를 주요 요소로 고려한 교육 프로그램들이 점차 시행되고 있다. 2016년 아라리오 뮤지엄에서 이루어진 〈실연 테라피〉 교육이 그 예다. 이 프로그램은 성인과 초등학교 저학년 어린이를 각각 교육대상으로 하여 뮤지엄에서 실연의 경험을 공유하고, 이를 통해 학습자들의 심리를 치유하고자 했다는 데 의의가 있다(권종술, 2016). 이러한 시도는 기존 뮤지엄들이 성인 학습자의 심리에 주로 집중했던 것과 달리, 어린이 학습자 또한 뮤지엄과 전시를 통해 치유해야 하는 마음의 상처가 있다는 폭넓은 인식이 돋보인다. 또한 본 교육은 대한임상미술협회와 연계하여 더욱 전문적인 미술치료 프로그램으로서 뮤지엄에서 실행하고자 노력한 점이 좋은 평가를 받았다. 그러나 이러한 치유적 미술관 교육 프로그램이 뮤지엄에서 지속적으로 이루어지지 못하고 일회성 교육 프로그램에 그쳤다는 점은 보통 미술치료 등의 심리 치유활동이 내담자와 지속적으로 이루어진다는 점을 고려할 때, 다소 아쉬운 점이라 할 수 있다.

한편, 치매 노인과 그 가족들의 심리 치유를 위해 2015년부터 매년 이루어지는 국립현대미술관의 〈치매 환자와 가족을 위한 미술관 교육〉 프로그램은 지속적 · 치유적 교육 프로그램의 바람직한 사례라 할 수 있다. 이 프로그램은 매주 1회씩 총 4회 과정을 통해 치매 환자와 가족들이 현대미술품 전시를 접하고, 가족의 기억을 회상하며, 일상에서 예술을 새롭게 발견하도록 조력했다(국립현대미술관, 2019). 최근 2020년에는 코로나19 및 건강상의 이유로 뮤지엄 접근이 어려운 치매 노인과 그 가족을 위해 〈일상예찬: 집에서 만나는 미술관〉이라는 원격 미술관 교육 프로그램을 개발하여 국립현대미술관의 웹사이트를 통해 제공하고 있다(국립현대미술관, 2020). 이 교육 프로그램은 대면 활동이 어려워진 치매 환자들의 사회적 고립을 방지하고, 정서 안정 및 일상생활 수행 능력을 유지할 수 있도록 하는 데 목적이 있다. 이러한 원격 교육 프로그램을 통해 미술관 접근성이 낮은 취약 계층의 환우 및 그 가족들도 치유적 미술관 교육에 한 걸음 더 가까이 다가갈 수 있다는 의의가 있다.

이처럼 국내외의 다양한 뮤지엄에서 오늘날 다양한 학습자의 심리를 고려한 교육 프로그램이 개발 및 시행되고 있음을 알 수 있다. 따라서 앞으로도 점차 다양한 연령과 사회 계층의 학습자 심리와 그 치유를 주요한 요인으로 고려한 뮤지엄 교육 프로그램을 개발하고, 학습자들이 쉽게 참여할 수 있도록 접근성을 향상시킴으로써 모든 학습자가 치유 받을 수 있는 포용적 뮤지엄 교육으로 발전시켜나가야 할 것이다.

3) 정체성 요소

뮤지엄은 관람자 스스로 자신의 정체성을 구축하는 공간이다. 관람자는 뮤지엄에서 자신의 기존 정체성을 확인할 뿐 아니라 새로운 정체성을 찾아 가상적으로 모험을 떠날 수 있다(Rounds, 2006). 전통적인 뮤지엄 교육에서는 이러한 관람자의 내면적 요소인 정체성이 간과되었으나, 오늘날 뮤지엄 교육에서 관람자의 정체성 요소* 에 대한 중요성은 점차 부각되고 있다. 뮤지엄 교육학자 포크(Falk, 2006, 2008)는 개인의 정체성이 관람자의 학습 동기와도 밀접하게 연관되어 있음을 지적하며, 관람자의 경험을 이해하기 위해 그들의 정체성에 대해 고찰해야 함을 주장했다. 관람자는 뮤지엄의 전시물을 일종의 기억 단서로 활용하여 이후 회상 과정을 통해 관람자 정체성을 형성한다(Newman & Mclean, 2006). 교육학자 라인하트 외(Gaea Leinhardt et al., 2003) 또한 관람자의 정체성을 기반으로 한 뮤지엄에서의 해석적 참여는 결과적으로 효과적인

* 일반적인 교육 영역에서 학습자의 정체성은 정의적 영역에 속하곤 한다. 그러나 이 책에서는 정의적 요소와 정체성 요소를 분리하여 개별적으로 상술했다. 이는 최근 뮤지엄 교육에서 특히 중요하게 고려되고 있는 학습자의 다양한 정체성을 사례와 함께 설명하기 위함이다.

사회적 학습을 촉진한다고 주장한 바 있다. 따라서 뮤지엄 교육을 계획할 때는 관람자의 정체성 요소들을 면밀히 고려해야 한다.

이와 같이 학습자의 정체성을 고려한 교육은 최근 국내에서 대두된 문화다양성 교육의 실천과도 그 접점이 있다. 김종아(2014)에 따르면, 2010년 이전에는 뮤지엄 및 일반적인 교육 영역에서 '다문화 교육'이라는 용어를 통해 다문화가정을 대상으로 교육을 한정 지었다면, 최근에는 '문화다양성 교육'이라는 용어를 도입하여 교육 대상 및 교육 내용을 다양한 정체성 요소와 일반 대중으로 점차 확대하는 추세다. 따라서 단순히 민족이나 나라 개념을 넘어 지역, 세대, 계층, 성별 등 다양한 문화와 그 다양성을 교육 전반에 도입하고 교육의 외연을 확장하는 것이 바람직하다. 이와 같은 문화다양성 교육은 '문화적으로 적합한 교수법culturally relevent pedagogy'을 근간으로 할 수 있다. 이 교수법은 교육학자 래드슨빌링스(Gloria Ladson-Billings, 2014)가 제시한 실천법으로, 기존의 교육 현장에서 되풀이되고 있는 불평등을 비판하고 도전하며, 나아가 학생들이 자신의 문화적 정체성을 인정하고 긍정할 수 있도록 돕는 교수법이다. 오늘날 학습자의 정체성에 해당하는 인종, 젠더, 장애, 지역공동체 등의 요소 또한 사회적 불평등 문제를 논의할 때 반드시 언급되는 요소인 만큼 뮤지엄 교육의 맥락에서 이러한 교수법의 적절한 도입이 반드시 필요하다.

(1) 인종

미국을 비롯한 유럽 등 서양의 뮤지엄들은 아직 많은 비율의 백인 종사자와 책임자로 이루어진 기관이 많다. 이는 서양의 뮤지엄들이 주로 당대 지배층인 백인의 식민주의 이데올로기를 기반으로 설립되어 전시를 통해 이를 강화하고 교육해왔다는 역사적 배경을 근간으로 한다. 뮤지엄 교육학자 샌델(Richard Sandell, 2003)에 따르면, 뮤지엄은 주류 사회의 내러티브만을 구축하고 분석한다는 점에서 필연적으로 불평등과 권력관계를 수반할 수밖에 없다. 의문스러운 미술작품 선정, 문화 연계적 커리큘럼 거부, 인종차별적 폭력의 역사가 대변되지 않는 현실 등이 그 예다. 그러나 오늘날 사회학습기관으로서 뮤지엄은 사회적 정의, 평등 그리고 포용을 학습자들에게 적극적으로 교육하고 환기시켜야 한다는 책임에서 벗어날 수 없다. 이는 교육 영역에서도 마찬가지다. 뮤지엄은 학습자들이 다양한 인종과 거기에서 비롯하는 문화를 지녔다는 것을 인지하고, 이를 교육 내용에 전반적으로 반영하여 포용적 뮤지엄 교육을 이끌어나가야 할 것이다. 또한 단순히 관람자의 인종만을 고려할 것이 아니라 실질적으로 오늘날의 인종차별주의를 전시물을 통해 비판적으로 관찰하고, 그 불합리성을 관람자가 인지하고 느낄 수 있도록 적절한 교육 프로그램을 제공해야 한다.

미술교육학자 듀허스트와 뮤지엄 에듀케이터 헨드릭(Marit Dewhurst & Keonna Hendrik, 2018)은 인종차별주의를 타파하는 첫걸음으로 뮤지엄 교육을 분석하고 계획하는 틀로서 비판적 인종 이론critical race theory: CRT을 제시했다. 비판적 인종 이론은 사회의 체계, 상호작용, 태도, 그리고 행동을 인종의 관점으로 분석하는 것을 이른다. 또한 비판적 인종 이론의 주요 요소 중 하나는 바로 교육의 도구로서 대안적인 내러티브를 창작하고 활용하는 것이다. 이처럼 사회 내 인종차별 및 관람자의 인종을 고려한 교육을 통해 뮤지엄 에듀케이터가 사회적 변화의 중심이 될 수 있음을 인지하고, 뮤지엄 내 다양성과 포용성을 위해 연대하며 인종차별에 대해 비판적으로 교육해야 한다(Ng et al., 2017). 이러한 교육은 '비판적 다문화 교육critical multiculturalism education'으로 명명될 수 있으며, 뮤지엄의 교육적 역할을 더욱 강화하여 우리 사회에 유의미한 변화를 가져올 수 있다(Acuff & Evans, 2014).

남아프리카공화국 케이프타운의 6지역 박물관District Six Museum은 인종을 고려한 좋은 교육 프로그램의 예시가 될 수 있다. 6지역 박물관은 관람자의 인종을 고려할 뿐 아니라 뮤지엄의 설립 취지를 비롯하여 교육 프로그램 또한 인종차별을 타파하고자 하는 목표를 기반으로 하고 있다(Soudien, 2006). 남아프리카공화국이라는 뮤지엄의 공간적 맥락은 1948년부터 오랜 기간 동안 인종 분리 정책인 아파르트헤이트Apartheid가 시행되어왔다는 특징이 있다. 또한 이러한 인종 분리를 기반으로 식민지 시대부터 지속되어온 불평등이 여전히 남아 있어 소수의 백인과 다수의 흑인 간 계층 격차가 크다(Bennett, 2012). 이에 뮤지엄은 교육 프로그램에서 학습자들이 인종주의 관련 사진 전시물이나 구술 역사 등을 통해 인종주의의 비인간성을 인지하고, 이를 통해 공감의 감정을 발전시켜나갈 수 있도록 촉진한다. 특히 이러한 인종주의의 혹독한 측면을 드러내는 내러티브를 적극적으로 활용하여 학습자에게 유색인종이 사회에서 배제된 역사를 다시금 생생하게 제시한다. 이를 통해 학습자들은 자신의 유사한 억압 경험을 떠올리며 점차 공감을 통해 적극적으로 뮤지엄 교육에 참여하고 학습하게 된다. 또한 자아인식을 기반으로 한 교육 프로그램을 통해 점차 타인들과 관계를 맺으며 살아가고 있음을 깨닫고, 이를 통해 진정한 의미의 공동체에 대해 알아갈 수 있도록 했다(Soudien, 2006). 이러한 교육 프로그램은 단순히 유색인종 관람자만을 고려한 것이 아니라 실질적으로 남아프리카공화국 사회 내에서 백인이라는 특권을 가지고 있었다는 점을 인지하지 못하던 학습자 및 외국인 학습자도 고려하여 교육 프로그램을 구성했다는 의의가 있다. 이러한 뮤지엄 교육은 학습자들에게 "과연 인간의 존엄성보다 더 중요한 것이 있는가?"라는 물음을 던진다(Bennett, 2012). 이를 통해 학습자들은 자신도 인지하지 못한 자신의 특권의식이나 사회의 억압 구조를 점차 인지하고 반성하며 발전적으로 나아갈 방향을 고민할 수 있을 것이다.

한편, 흑인 외에도 소수 계층에 해당하는 유색인종 학습자를 고려한 뮤지엄 교육 프로그램 또한 각국에서 점차 개발되어 실행되고 있다. 특히 미국의 덴버 미술관Denver Art Museum은 라틴아메리카계 이민자Latinx를 중점으로 관람자 연구 및 교육 프로그램 개발에 앞장서고 있다. 라틴계 이민자는 미국 내에서 사회적으로 차별받는 유색인종 중 하나로, 오늘날 미국의 계급 격차와 인종차별 문제의 피해 집단 중 하나다. 이에 덴버 미술관은 1990년대 중반부터 이들의 언어인 스페인어 이중언어 프로그램을 개발하여 관람자에게 다가가려고 노력해왔으며, 2000년대 초에는 공동체 조력을 위한 아웃리치위원회Latino Outreach Committee를 설립하여 라틴계 관람자를 꾸준히 조력해왔다. 이러한 노력의 하나로 2011년에는 라틴계 관람자의 더욱 깊고 넓은 전시 이해를 위한 프로그램을 개발하여 현재까지 운영하고 있다. 〈셀러브레이트 CelebrARTE〉는 그중 한 프로그램으로, 라틴계 가족 단위 관람자를 조력하기 위한 프로그램이다. 이 프로그램은 다양한 연령대의 가족 단위 참가자들이 스페인어와 영어라는 이중언어를 자유롭게 사용하면서 참여할 수 있도록 했으며, 그들의 문화에서 비롯된 예술작품을 관람하고 이에 대해 학습할 수 있도록 했다. 이러한 교육 프로그램 도입으로 라틴계 학습자들은 자신들이 더 이상 미술관에서 배제되는 것이 아니라 환영받는 존재임을 깨닫고, 뮤지엄에 대한 인식을 발전적인 방향으로 개선할 수 있었다(Betancourt & Salazar, 2014). 그 외에도 미국의 산호세 어린이과학관에서 개발된 라틴계 학습자 및 베트남계 학습자들을 위한 각각의 뮤지엄 교육 프로그램들(Martin & Jennings, 2015), 미국의 스미스소니언 뮤지엄을 기반으로 다양한 인종의 학생들이 자기 가족의 역사와 내러티브를 서술하는 책 만들기 뮤지엄 교육 프로그램 〈나는 오늘 여기에 있어요Today I am Here〉 등 다양한 프로그램이 학습자들의 인종과 문화를 고려하여 실행되고 있다(Rappoport, 2014).

(2) 젠더

개인이 속한 문화권의 기준에 따라 규정되는 사회적인 성인 젠더gender는 개인의 정체성에서 중요한 요소다(Olembo & Kebaya, 2013). 이는 누구나 태어나서부터 획득하는 생물학적인 성sex과는 다른 개념이다. 각 개인은 규정된 젠더를 바탕으로 자신이 속한 문화와 사회집단에서 남성 혹은 여성적인 것으로 인정되는 행동과 반응, 가치관들을 점차 습득해나갈 뿐이다. 젠더의 수행성을 강조하는 철학자 버틀러(Judith Butler, 1990)에 따르면, 젠더는 안정적인 정체성으로 구성되는 것이 아니라 양식화된 행위의 반복을 통해 구성된다. 즉, 여성과 남성의 이상적인 양식은 존재하지 않으며 개인의 자의적인 행위들로서 스스로 정체성을 의도하여 구성할 수 있다는 것이다. 그러나 역사적으로 성과 젠더 모두 남성과 여성이라는 양분적 관점으로서만 표현되어왔으며, 남성과 남성적인 특질들은 여성과 여성적 특질에 비해 사회 내에서 우위를 지녀왔다(Levin, 2012). 또한 개인이 자신의 생물학적인 성과 일치하는 젠더를 갖게 된다면 정신적으로 건강하고 바람직하다고 간주하며, 사회문화적으로 규정된 성역할 특성에서 벗어날수록 사회에 적응하지 못한 것이거나 바람직하지 못한 것으로 보왔다(김혜래, 2003).

따라서 뮤지엄 교육을 계획할 때는 학습자의 젠더 정체성이 시각 문화의 젠더 담론에 종속되어 있음을 이해하고, 동시에 현재의 정체성에 언제든 변화 가능성이 있다는 점을 반드시 고려하여 계획해야 한다. 또한 지배문화에 의해 젠더 고정관념이 고착화되고, 이에 따라 젠더 간 대립과 사회적 불평등, 차별이 늘 존재해왔음을 역사적인 맥락을 바탕으로 이해하여 이를 개선하기 위해 노력해야 할 것이다(Keifer-Boyd, 2010). 특히 비판적 교육론critical pedagogy을 기반으로 뮤지엄 교육을 계획하여 학습자 주변의 시각 문화에 대해 학습자 스스로 비판하고 주체적으로 해석해나가며, 자신의 젠더 고정관념을 타파할 기회를 제공해야 한다.

미국의 브루클린 미술관Brooklyn Museum은 '페미니즘 미술을 위한 엘리자베스 새클러 센터Elizabeth A. Sackler Center for Feminist Art' 및 웹사이트를 구심점으로 젠더와 페미니즘에 대한 전시와 교육, 사회적 활동들을 적극적으로 진행하고 있다. 특히, 미술관 교육부서에서는 주요 교육 프로그램 중 하나로 〈디지털 예술시민: 페미니스트 프로젝트BkM Digital Artizens: Feminist Project〉를 운영했다(Brooklyn Museum, 2021). 고등학교 학생들을 대상으로 하는 이 프로그램은 〈표 3-19〉와 같은 활동의 전 과정으로 정리해볼 수 있다.

이와 같은 교육 프로그램은 학생들이 페미니즘 미술과 젠더, 사회적 정의, 대중문화 등에 대해 깨달을 수 있을 뿐 아니라 자신과 페미니즘을 연관 짓는 것을 목표로 개발되었다. 이에 학생들은 에듀케이터와 학예사의 안내를 받아 페미니즘 미술작품을 관람하고, 이 작품을 바탕으로 자신과 작가, 나아가 세상의 많은 사람들을 함께 연결 짓는다. 학생들은 이렇게 발견한 연결성을 통해 미술관 속 작품들을 구체적으로 우리 사회와 연결 지을 수 있게 된다.

특히 이 교육 프로그램이 다른 미술관의 교육과 차별성을 지니는 지점은 컴퓨터와 인터넷, 스마트폰 같은 디지털 매체를 적극적으로 활용하고 있다는 점이다. 학생들은 교육 프로그램 과정에서 작품창작을 위한 디지털 도구와 업로딩을 위한 매체들에 대해 익히고, 교육 프로그램의 산출물을 소셜 네트워크 서비스SNS 중 하나인 텀블러Tumblr에 업로드한다. 이들은 '10대 페미니스트들의 예술 가져오기Teen Feminist Art

〈표 3-19〉 브루클린 미술관의 디지털 예술시민: 페미니스트 프로젝트 활동

활동명	내용
전시 관람 및 학습하기	에듀케이터와 학예사를 만나 브루클린 미술관 전시 속 페미니즘 미술작품 관람
⇩	
연결 짓기	작품과 작가, 청소년 그리고 그 외 직업들을 연결 지음
⇩	
토론하기	페미니즘, 대중문화, 사회정의 등을 토론하며 예술과 우리 사회의 연결성 탐구
⇩	
연구하기	디지털 도구와 플랫폼에 대해 연구
⇩	
분석하기	페미니즘 미술에 대한 현재의 청소년 가이드 분석
⇩	
웹페이지 만들기	'10대 페미니스트들의 예술 가져오기(Teen Feminist Art Takeover)' SNS를 바탕으로 새로운 내용 업로드
⇩	
창작하기	소셜미디어 플랫폼, 비디오 아트, 상호작용적 디자인을 활용하여 창작

출처: Brooklyn Museum (n, d).

Takeover' 계정을 따로 개설하여 지속적으로 작품 및 의견들을 업로드하고 있다. 이처럼 디지털 매체를 활용한 공유 과정을 통해 학생들은 더욱 실제적으로 자신의 정체감을 세상과 연결 짓고 자유롭게 표현할 수 있다(황은경 · 손지현, 2017). 뮤지엄 교육학자 에를리히(Cheri Ehrlich, 2015)에 따르면, 학습자의 젠더를 고려한 뮤지엄 교육 커리큘럼은 다양한 젠더가 페미니즘 미술에 대해 함께 이야기를 나누며 상호보완적으로 학습해나갈 환경을 조성할 수 있다는 의의가 있다.

(3) 장애

오늘날 뮤지엄에서 중요하게 고려해야 할 또 다른 요소는 바로 학습자의 장애다. 뮤지엄이 사회교육기관으로서의 역할을 다하기 위해서는 기존의 비장애인 중

심주의 사회에서 배제되었던 장애인 학습자의 뮤지엄 교육 접근성을 높여 모두를 위한 뮤지엄 교육을 실현해나가야 하기 때문이다. 이 과정에서 뮤지엄은 장애인 학습자의 수동적 참여가 점차 능동적 참여로 확장(최병진, 2018)될 수 있도록 전시와 교육을 관람자의 필요에 맞게 구성하여 참여적 뮤지엄으로 거듭나야 한다.

뮤지엄 큐레이터 마젭스키와 번치(Janice Majewski & Lonnie Bunch, 1998)는 뮤지엄이 전시를 개발할 때 고려해야 할 장애 정도를 세 가지로 나누어 설명했다. 첫 번째는 장애인 관람자가 물리적인 뮤지엄 빌딩과 전시관을 성공적으로 접근할 수 있는 정도를 말한다. 두 번째는 전시 내용, 즉 전시물과 이에 대한 설명, 미디어 재현, 인터랙티브에 접근할 수 있게 하는 정도를 말한다. 세 번째는 장애인 및 그에 관련된 내러티브와 해석이 전시에 포함되는 것을 이른다. 이들은 특히 세 번째 요소가 상당수 뮤지엄에서 간과되고 있음을 지적한 바 있다. 이처럼 장애가 있는 관람자를 고려하는 요소들은 단순히 뮤지엄 전시뿐 아니라 뮤지엄 전시와 연계된 교육에도 큰 시사점을 준다. 샌델(Sandell, 2007) 또한 뮤지엄에서 장애인의 존재와 그들의 내러티브가 부재하거나 간과된다는 점을 강조하며, 뮤지엄이 이상적인 인간의 모습을 상정하고 있을 뿐 아니라 이를 통해 과거의 비장애 중심주의적 관점을 계속해서 재현하고 있다고 주장했다.

미국 댈러스 미술관Dallas Museum의 시각장애인을 대상으로 한 〈터치 투어Touch Tour〉는 전시 내용과 재현, 다양한 상호작용에 접근할 수 있게 한 교육 프로그램의 예시다. 댈러스 미술관은 2014년부터 문화포용성 관점에서 터치 투어를 실행해오고 있다. 학습자가 손으로 직접 전시물을 만질 수 있도록 하고, 실제 작품을 만질 수 없는 경우에는 직접 만져볼 수 있는 캔버스 자료를 별도로 제공하여 시각장애인이 작가의 표현을 더욱 생생하게 경험할 수 있도록 했다. 또한 촉각 외에도 소리, 맛, 냄새 등의 다중 감각을 이용하여 전시를 운영하기도 한다(안금희, 2020). 구체적인 터치 투어 단계는 〈표 3-20〉과 같다.

한편, 최근에는 다양한 뮤지엄에서 시각장애뿐 아니라 자폐성 장애, 지적 장애 등을 지닌 발달장애인을 고려한 교육 프로그램도 이루어지고 있다. 그 대표적인

〈표 3-20〉 댈러스 미술관의 터치 투어 단계별 활동

<table>
<tr><th>단계</th><th>내용</th></tr>
<tr><td>사전 계획 단계</td><td>• 여러 부서의 담당자가 함께 한 공간에서 작품을 보며 질문하고 아이디어 생성
- 촉각적 경험에 가장 적합한 작품은 무엇인가?
- 보존 담당자는 장갑을 끼지 않고 작품을 만질 수 있다고 제안
- 여러 사람이 만질 수 있는 작품을 선택하여 각자 작품에 대해 느끼는 점을 이야기할 것을 제안
- 해당 작품을 세척하여 준비</td></tr>
<tr><td>교육 계획 단계</td><td>• 6~13세에 해당하는 학생 25명의 시각장애 정도 확인
- 대부분 학생은 잔존시력이 있었으며, 2명은 전맹이고, 2명은 광(光)공포증이 있음을 인지
- 터치 투어 외에도 전시실의 다양한 미술작품에 대한 자세한 설명과 체험 활동 그리고 다양한 촉각 전시물을 사용할 계획 수립</td></tr>
<tr><td rowspan="2">전시 관람 단계</td><td>• 조각공원에서 현대미술 조각작품 2점, 추상표현주의 작품 2점, 아프리카 갤러리에서 마스크 작품 1점을 선정하여 관람함
- 학습자의 다양한 학습 양식을 반영하기 위해 다양한 감각을 활용하는 것을 목표로 함
- 소리 자극을 위해 오디오 클립, 촉각 재료와 터치용 복제품, 미각을 위해 젤리빈, 후각 자극을 위해 에센셜오일과 향기 색연필을 사용하여 다중감각 경험을 제공함
- 특정 작품과 관련된 촉각적 활동을 하며 질감과 형태에 대한 대화를 나눔</td></tr>
<tr><td>〈예시 사례〉
• 재스퍼 존스Jasper Johnes의 〈장치Device〉
- 캔버스 앞뒷면에 그려진 물감층을 느낄 수 있도록 터치용 복제품을 활용하여 학습자가 직접 만져봄
• 아프리카의 쿠바kuba 헬멧 마스크
- 아프리카 갤러리 내 쿠바 헬멧 마스크에 사용된 여러 가지 재료, 깃털, 조개 등의 재료를 학습자가 만져봄
- 학습자가 마스크와 관련된 동물 소리 클립 청취함
• 디벵콘Diebenkorn의 〈바다공원 29번Ocean Park No.29〉
• 미술가가 소리와 냄새 그리고 맛으로 장소를 묘사하는 방법에 대해 토의
• 학습자들은 젤리빈을 먹고 그 맛을 나타내는 색을 상상함
• 향기 색연필로 그 냄새와 관련하여 한 장소 묘사
• 이 작품에 영감을 준 산타모니카 지역을 재현하기 위해 학습자가 파도 소리와 보트 소리 등의 오디오 클립을 청취함</td></tr>
<tr><td>정리 단계</td><td>• 미술관 입구의 큰 분수에서 감각 활용 드로잉 활동으로 마무리함
• 분수의 물소리를 듣고 물의 색과 형태가 어떻게 보이는지, 어떤 냄새가 나는지 생각
• 분수 표현 활동을 위해 학생들에게 얇은 스티로폼과 연필을 주어서 스티로폼에 연필로 줄을 그어 움푹 들어간 것을 느낌
• 학생들의 작품 공유</td></tr>
</table>

출처: 안금희, 2020, 155-157쪽 재구성.

사례는 바로 미국 캘리포니아의 샌디에이고 자연사박물관San Diego Natural History Museum 이다. 샌디에이고 자연사박물관은 〈스펙트럼: 사회적 이야기 프로젝트SPECTRUM: Social Stories Project〉를 통해 자폐성 장애 혹은 자폐 스펙트럼 장애를 가진 청년들을 위한 교육 프로그램을 진행했다. 이는 자폐성 장애를 지닌 청년들의 사회공동체 참여율이 낮다는 점에 착안한 프로젝트로, 자폐성 장애를 지닌 학습자의 박물관에 대한 이해 증진을 목표로 한다. 이 프로그램의 특징은 단순히 전시와 연계된 교육 프로그램이 아니라 관람자와 뮤지엄 종사자들의 지속적인 상호작용을 통해 사회적 이야기를 함께 구성해나간다는 점이다. 이를 통해 박물관은 자폐성 장애를 지닌 관람자를 이해하고 이들을 뮤지엄에 참여시키는 방안에 대한 뮤지엄의 종사자들의 이해 또한 증진하고자 한다(Theriault & Jones, 2018). 2017년 프로젝트에서는 3주마다 한 번씩 총 16회의 모임을 통해 자폐성 장애 학습자와 뮤지엄 종사자가 함께 소통했다. 자폐성 장애 학습자들이 뮤지엄을 방문하고 사진을 찍어 그들의 사회적 이야기를 기록하는 방식으로 점차 서로를 이해하게 되었다. 특히 소통에 익숙하지 않은 이들이 점차 박물관 종사자들과의 상호작용을 통해 점차 소통을 발전시키는 과정을 포함한다. 이 프로젝트의 마지막 단계에서는 자폐성 장애를 지닌 학습자들이 동료 학습자들과 함께 사진을 모으고, 새로운 공동의 이야기를 창작하게 된다. 이러한 전 과정에서 관람자와 뮤지엄 종사자는 서로에 대해 이해하고, 사회적 협력이 증진된다. 이와 같은 상호 이해와 협력의 증진은 궁극적으로 장애를 지닌 학습자의 학습을 발달시킬 수 있을 뿐 아니라 뮤지엄 교육 프로그램에도 장애를 고려한 교육 프로그램 요소들을 지속적으로 도입하는 결과를 이끌어낼 수 있을 것이다.

배제 없는 참여 가운데 사회적 관계성을 구성하는 도구로서의 박물관 사례는 이탈리아의 호메로스 국립 촉각박물관Homer State Tactile Museum 교육 프로그램을 통해 다시 확인할 수 있다. 이 박물관은 기존의 뮤지엄에서 시각장애인이 배제되었던 현실에 대한 문제의식을 기반으로 학습자에게 유물을 통한 촉각적 경험을 전달해주고자 한다. 이를 위해 비시각장애인 학습자들은 뮤지엄에서 안대를 한 채 다양한 종류의 고대 그리스 조각 모조품 및 현대 조각품들을 직접 만지며 감상한다. 이러한 체험을 통해 비장애인 학습자들은 조각에 대해 촉각적인 이해를 증진할 수 있을 뿐 아니라 시각장애인의 입장을 더 쉽게 이해할 수 있게 된다. 이와 같이 호메로스 국립 촉각박물관의 혁신적인 교육적 시도는 시각장애인과 비시각장애인 간 상호 이해를 돕고, 관계를 개선한다. 이는 또한 사회적 합의를 통해 변화된 제도에 대한 생각이 사회를 변화시킬 수 있다는 점을 보여준다(최병진, 2018).

이처럼 뮤지엄은 단순히 장애를 가진 학습자들만을 고려하는 것이 아니라 사회적 교육기관으로서 비장애인에게도 교육 프로그램을 통해 장애에 대한 새로운 관점을 열어주고, 이를 통해 장애인과 비장애인의 사회적 대화와 연대가 가능하도록 할 필요가 있다.

(4) 지역 공동체

학습자의 공동체 정체성을 고려한 사례로는 각 지역을 기반으로 조성된 커뮤니티 박물관을 들 수 있다. 커뮤니티 박물관은 1960년대 이후에 등장한 개념으로, 초기에는 지역 공동체를 기반으로 하여 마을 박물관과 유사한 개념으로 사용되었다. 그러나 오늘날에는 그 범주가 확대되어 지역, 인종, 이데올로기, 종교, 직업 등 비지리적 범주의 정체성까지 포괄하기도 한다(배은석, 2013). 따라서 뮤지엄 교육에서 고려하는 학습자의 공동체 요소는 단순히 한 공간에 한정되는 것이 아니라 사람들 간 다양한 정체성 범주와 그것이 공통의 경험으로 구성되는 방식을 두루 고려해야 한다(Crooke, 2006).

이러한 공동체 기반의 뮤지엄 프로그램의 예로 헝가리 오픈에어 뮤지엄The Hungarian Open Air Museum을 들 수 있다. 유럽오픈에어뮤지엄협회Association of European Open-Air Museums: AEOM에 따르면, 오픈에어 뮤지엄이란 한정된 야외지역에 건물, 생활, 경제 패턴에 대한 수집품들을 계획하고 운영하는 뮤지엄이다. 이러한 오픈에어 뮤지엄은 일반적인 뮤지엄처럼 전시와 체험, 생활공간이 뚜렷하게 구분되기보다는 좀 더 유기적으로 연결되어 실제 삶의 모습을 체험할 수 있게 구성되어 있다. 이에 헝가리 오픈에어 뮤지엄은 문화유산으로서의 건축물을 옮기고, 18세기 후반부터 20세기까지의 실내장식을 재현했다. 특히 헝가리 오픈에어 뮤지엄의 스칸젠Skansen 관련 전시는 당시 사람들의 삶의 양식뿐 아니라 다양한 계층의 삶의 모습과 소수자로서의 고충을 학습자들이 느낄 수 있도록 했다. 또한 이 전시를 기반으로 한 뮤지엄 교육 프로그램은 학습자가 이러한 소수자 공동체의 역사적 의미를 알 뿐 아니라 그들의 심정에 공감하고, 이에 대한 사회적 책임을 느낄 수 있도록 개발되었다. 즉, 이러한 교육 프로그램에서는 단순히 학습자의 공동체 정체성만을 고려하는 것이 아니라 일종의 트라우마 치료적 요소를 함께 결합하여 민족적이고도 이방인과 연관된 충돌을 완화하고자 한 것이라 할 수 있다. 이러한 충돌 완화는 결과적으로 지역 공동체를 조력하는 데 그치지 않고 그들 스스로 자신의 공동체를 건강하게 재건해나갈 수 있게 도울 수 있다(Sári, 2016). 이 외에도 프랑스의 크뢰조-몽소 에코뮤지엄Creusot-Montceau Ecomuseum은 지역 주민의 자기이해를 심화시킴으로써 기억을 치유하고, 이를 통해 그 지역을 창조적인 힘으로 이끄는 원동력으로 자리 잡았다. 즉 이처럼 뮤지엄 교육과 공동체의 연계는 주민 스스로 지역의 어려움을 극복하려고 자발적으로 노력함으로써 스스로 치유 과정을 겪고, 자존감을 회복할 수 있도록 돕는다(배은석, 2013). 또한 이처럼 '지역'이라는 총체적 개념을 바탕으로 하여 지역을 활성화하기 때문에 오픈에어 뮤지엄은 지역 주민의 적극적 참여를 통해 일자리를 창출하고 외부 수익을 창출하는 효과를 거두기도 한다. 그 결과 오픈에어 뮤지엄에서 실행되는 교육은 산업화로 인한 도시문제를 해결하는 방안의 한 갈래로서 인정받기도 한다(최병식, 2009).

또한 미술관에서의 공동체 기반 미술창작 교육 역시 주목할 만한 사례다. 미국 유타주의 스프링빌 미술관Springville Museum of Art은 놀이기반 교육 철학을 바탕으로 실험적이고 다면화된 뮤지엄 교육을 실행하고 있다. 이들은 스프링빌의 지역적 기반을 바탕으로 지역의 역사와 내러티브, 그리고 지역 내 학습자의 다수인 몰몬교Mormonism와 관련된 역사적 사실들을 한데 엮어내며 지역적 공동체를 발전시키고자 한다. 이들은 뮤지엄 내에서의 교육뿐 아니라 어린이 미술 축제 같은 다양한 가족 및 지역사회 기반 행사까지 주도함으로써 지역사회 교육기관으로서의 모범을 보이고 있다(Gray & Graham, 2007). 한편, 미국 위스콘신주 밀워키 미술관Milwaukee Art Museum의 〈십대 청소년의 예술표현Teen ArtXpress〉 프로그램은 지역 청소년이 지역의 사회 문제를 다룬 벽화를 만들어 전시한다. 이 프로그램을 통해 청소년은 자신이 인식한 사회 문제를 지역사회 구성원과의 협력을 바탕으로 예술을 창작하고, 나아가 이를 통해 긍정적 메시지로 전환한다. 이러한 전 과정에서 청소년이 직접 지역사회의 문제를 탐색하고, 그 변화를 모색하는 경험을 하게 된다. 나아가 예술작품을 공개함으로써 박물관을 넘어 다양한 지역사회 구성원과 함께 당면한 문제를 담론화하여 실천적 변화를 이끌어내는 의의가 있다. 이를 통해 청소년 관람자는 지역사회의 변화를 이끌어나가는 주체적 역할을 수행할 수 있다(서진선 외, 2019).

한편 한국의 대표적인 지역 공동체 연관 사례로는 속초시립박물관의 교육 프로그램을 들 수 있다. 속초시립박물관은 강원도 속초시라는 지리적 위치와 분단 현실이라는 역사적 맥락을 기반으로 지역의 정체성을 통한 분단 현대사 교육으로 역사의식을 함양하고, 현재 지역사회 내 실향민의 애환을 청소년이 함께 간접적으로 체험하며 단절된 남과 북의 대화 및 통일 분위기를 고양하고자 한다. 특히 속초시 청호동 아바이마을의 현장 답사를 통해 현재도 진행되고 있는 실향민의 삶의 모습과 음식, 언어, 주거 등을 체험하고 그 문화가 원활히 지역 내에서 전승될 수 있도록 하는 것을 목적으로 한다. 특히 실향민의 다양한 문화를 체험할 때 북청사자놀음, 실향민 문화촌, 아바이마을, 젓갈 박물관, 속초 문화원, 갯배 아트 플랫폼 등 다양한 지역사회 행사와 교육 기관들을 연계하여 더욱 폭넓은 형태의 지역 정체성 체험이 이루어질 수 있도록 돕는다는 점이 이 교육 프로그램의 큰 장점이라 할 수 있다.

위의 사례들처럼 지역 정체성을 중심으로 한 뮤지엄 교육 프로그램들을 실행하기 위해 앞으로도 뮤지엄은 더욱 다양한 지역사회 기관들과의 협업이 원활히 이루어질 수 있는 공간적 매개뿐 아니라 사회적 소통의 매개가 되어야 할 것이다. 이를 위해서는 뮤지엄 또한 지역사회의 일부로서 스스로의 정체성을 인식해야 할 것이다(서진선 외, 2019).

(5) 이민자 정체성

최근 서구에서는 다문화 사회의 변화에 발맞추어 학습자가 속한 개별 국적, 문화권 및 이민자 공동체를 대변하는 뮤지엄이 점차 늘고 있다. 또한, 커뮤니티 뮤지엄이 아닌 다른 일반 뮤지엄에서도 점차 학습자의 국적 및 이민자 신분을 고려하여 뮤지엄 교육 프로그램을 개발하여 실시하고 있다. 이러한 사례들은 동시대적 사회의 다양한 시각과 관점을 교육 프로그램에 반영하여 교육의 효과를 높일 뿐 아니라 뮤지엄의 사회적 역할도 수행하고자 하는 것으로 볼 수 있다. 이에 이 항목에서는 이민자 관련 커뮤니티 뮤지엄의 교육 프로그램 사례와 일반 뮤지엄의 이민자 관련 교육 프로그램 사례를 함께 다루고자 한다. 커뮤니티 뮤지엄은 위의 지역 공동체 항목에도 속한다고 볼 수 있으나 특정한 이민자 공동체를 대변한다는 점에서 이 항목에서 함께 다루고자 한다.

먼저 미국 시애틀의 윙루크 뮤지엄Wing Luke Museum of the Asian Pacific American Experience: WLM은 이민자 중심의 커뮤니티 박물관의 예다. WLM은 미국의 아시아-태평양계 이민자 공동체를 대변하는 박물관이자 '커뮤니티 과정community process'이라는 방법론을 통해 공동체의 참여를 극대화하면서도 박물관으로서 높은 전문성을 보유한 기관이다. 또한, 박물관이 몸담고 있는 지역사회의 변천뿐만 아니라 박물관 및 공동체 관련 담론의 시대적 변화에 적극적으로 대응하는 유연함을 보여주는 기관으로, 동시대적 커뮤니티 박물관의 모델이 되는 사례로 평가받고 있다(신자은, 2019). WLM은 전시 및 교육 프로그램의 개발 과정에서 핵심 공동체 자문단Community Advisory Committee을 전시의 큐레이터이자 에듀케이터로 임명하여 이들이 전시 개발의 전 과정에서 주도적 역할을 할 수 있게 한다(Utt & Olsen, 2007). 이들은 이민자로서 자신의 경험과 지식을 전달하여 관람자가 생생하고 현장감 있는 학습을 할 수 있도록 도울 뿐 아니라 정보와 자료를 취합하고 홍보하여 전시를 이민자 공동체와 연계하는 일종의 연결고리 역할도 담당한다(신자은, 2019). 윙루크 뮤지엄은 단순히 아시아-태평양계 미국인의 문화 예술 전시뿐 아니라 문화적 정체성, 가정폭력, 지역적 빈곤 등 사회 내 다양한 현존 문제에 대해 전시함으로써 사회적 정의에 대한 공론화의 장으로 자리매김하고 있다.

미국 뉴욕 로워 이스트 사이드 테너먼트 뮤지엄Lower East Side Tenement Museum의 교육 프로그램 또한 이러한 이민자의 내러티브를 담은 사례다. 테너먼트 뮤지엄은 공유된 여행 프로그램을 지역 내 이민자의 영어 학습을 위해 마련된 에솔English for Speakers of Other Languages: ESOL 교실들과 함께한다. 에솔 교실의 학생들이 뮤지엄에 와서 미국의 이민, 이민자의 주거 환경, 고용 그리고 건강 문제 등을 전시의 내러티브를 통해 경험한다. 또한 과거와 현재의 이민 관련 주제들과 이야기들을 시대적으로 비교한다. 이러한 프로그램은 학습자들의 경험 공유를 통해 영어 학습을 증진하고, 자신도 큰 범위의 미국 이야기 안에 속해있다는 경험을 제공해준다. 테너먼트 뮤지엄 관장에 따르면, 이와 같은 프로그램이 시민적 대화를 가능하게 할 뿐 아니라 서로 간의 생각을 공유하며 상호 교수하고, 나아가 그들 스스로 역사의 중요성과 뮤지엄 전반의 문화에 대해 숙고할 기회를 선사한다(Russell-Ciardi, 2008).

한편 이민과 관련된 국내 교육 프로그램으로는 국립민속박물관의 다문화꾸러미를 대표적인 예로 들 수 있다. 국립민속박물관은 한국인의 생활사 전시와 교육을 목표로 하고 있지만, 동시에 다양한 문화와의 공존을 추구하며 다양한 문화 다양성 전시와 교육 프로그램, 교육 자료들을 기획·운영하고 있다. 그중 다문화꾸러미는 2009년 12월부터 베트남, 몽골 그리고 2011년에는 필리핀, 2012년 한국, 2013년 우즈베키스탄 꾸러미 순으로 개발되었다(정혜연, 2014). 각 꾸러미에는 다양한 아시아 국가들의 생활사를 담은 의복, 유물의 복제품, 시청각 교재 등이 포함되어 있다. 이를 통해 학습자들은 각 국가의 문화를 소개하는 동영상 감상, 의복 체험, 유물 체험, 게임 등을 즐길 수 있다. 특히 대형 꾸러미와 소형 꾸러미로 구분하여 대형 꾸러미는 실제 박물관에 비치하고, 소형 꾸러미는 개별 학교나 지역사회에 대여하도록 했다. 이를 통해 박물관에 방문한 학습자는 실제 박물관에서 다문화 교육을 체험하고, 박물관에 방문할 수 없는 학습자는 소형 꾸러미를 통해 공간적 맥락과 관계없이 다문화 교육을 체험할 수 있도록 구성되었다. 이와 같은 시도는 그동안 '우리 문화'에 좀 더 집중해온 박물관 교육의 맥락에서 벗어나 다양한 이민자 정체성의 어린이 관람자 및 일반 관람자의 상호 정체성 이해를 도모한다는 점에서 큰 의의가 있다.

또한 국립현대미술관에서는 이러한 관람자의 이민자 정체성과 관련된 문화 다양성 교육의 범위 안에서 다문화가정, 북한 이탈 학습자 등으로 교육 대상을 세분화하여 다양한 교육 프로그램을 실행하고 있다. 일례로 2019년 〈어떤 시작: 미술관 구석구석〉이라는 프로그램은 미술관을 처음 방문하거나 현대미술이 낯선 북한 이탈 청소년과 이들의 남한 내 학급 친구들인 비이탈 청소년들이 함께 현대 미술작품과 미술관 공간을 탐색해보는 기회를 제공한다. 또한 프로그램 전반의 과정에서 학생들이 전시 공간과 전시물 등을 감상하고 소통하며 다양한 가치와 문화 다양성을 발견해볼 수 있도록 구성되어 있다. 특히 교육 프로그램이 무료로 이루어진다는 점과 북한 이탈 청소년이 참여 인원의 10% 이상일 경우 중국어 통역사와 왕복 차량을 지원하는 점은 소외된 학습자 집단의 뮤지엄 교육 프로그램 접근성을 높이는 의의가 있다. 이러한 물적 지원의 확대는 실질적인 접근성의 한계를 보완할 수 있다는 점에서 좋은 뮤지엄 교육 프로그램의 확립과 더불어 고려되어야 할 가치 있는 요소라 할 수 있다.

이처럼 이민자인 관람자의 정체성을 고려한 뮤지엄 교육 프로그램들은 뮤지엄 전시에 대한 관람자의 이해를 높일 뿐 아니라 나아가 관람자에게 자신의 정체성과 문화, 그리고 현재의 사회에 대해 숙고할 기회를 선사한다. 또한 이를 통해 관람자 간 상호 교수를 증진하고, 사회적 정의에 대한 공론화의 장으로서 뮤지엄의 역할을 다할 수 있다. 그러나 국내의 일부 뮤지엄들이 주로 이민자로 대변되는 소수자를 한국 사회에 동화 · 적응시키기 위한 목적과 형태의 다문화 뮤지엄 교육만을 고수하고 있으며, 일반 학습자 다수를 위한 소수자의 정체성 이해 교육 및 다문화, 공동체 교육 등은 다소 부족하다는 한계 또한 엿볼 수 있다. 따라서 좀 더 성숙한 다문화 뮤지엄 교육을 위해서는 동화주의나 자민족 중심주의를 탈피하고, 다양한 문화가 함께 공존하고 소통하고자 하는 목적을 지향해야 한다(정호범, 2013). 이를 위해서는 뮤지엄의 전시 기획 및 실행에서 문화 다양성을 실천할 뿐 아니라 교육의 영역에서도 "뮤지엄 에듀케이터의 다문화 역량을 강화하고, 타문화 전시 연계 다문화 교육 프로그램을 분석 · 기획 · 개발 · 실행 · 평가 · 환류할 수 있는 역량을 갖추도록 지구촌 문화에 대한 이해와 다국어 사용에 대한 직무 교육이 지속적으로 실시되어야 한다"(최종호, 2011: 65).

덧붙여, 비판적 다문화 뮤지엄 교육의 도입 역시 뮤지엄 교육에서 모색해볼 수 있는 새로운 방향성이다. 비판적 다문화 뮤지엄 교육은 비판적 사고를 바탕으로 다문화 뮤지엄 교육을 실천하며, 타인과 함께 지식과 공동체를 형성하고자 하는 교육이다(남영림, 2020). 이러한 비판적 다문화 뮤지엄 교육은 단순히 표면적으로 사회 정의나 교육적 평등을 주제로 한 전시 또는 교육을 실행하는 것을 넘어서 교육의 영역에서 뮤지엄이 기반하고 있는 불평등한 사회 위계에 대해 끊임없이 비판하고, 소외된 이들의 내러티브를 통해 사회 내 불의injustice를 가시화하는 실천적 다문화 교육이라 할 수 있다(Acuff & Evans, 2014). 이러한 교육적 실천들을 통한 학습자의 이민자 정체성과 관련된 뮤지엄 교육은 오늘날 다문화 사회에서 뮤지엄이 수행해야 할 사회적 역할에 대한 많은 시사점을 도출해줄 수 있을 것이다.

4. 온라인 요소

딘(Din, 2015: 103)은 뮤지엄에서의 온라인 학습이 다음과 같은 이점이 있다고 정리한 바 있다. 첫째, 학습자가 직접적으로 접근할 수 있고, 지원을 받을 수 있다. 둘째, 고해상도 이미지, 보존 X-rays, 역사적 사진, 지도, 차트, 다이어그램, 타임라인과 같이 활용도가 낮았던 리소스의 사용을 확대함으로써 복잡한 주제를 밝힐 수 있다. 셋째, 정보, 데이터 및 디자인을 즉시 변경할 수 있고 업데이트할 수 있다. 넷째, 참가자의 상호작용과 소견을 문서화할 수 있다. 다섯째, 관람자가 뮤지엄에서 경험하는 것들에 대해 확인하고 소통할 수 있다. 이러한 장점들로 인해 최근 뮤지엄 기반 온라인 학습에 대한 관심이 높아지고 있다. 여기서는 뮤지엄 교육자가 정보통신 테크놀로지를 기반으로 한 컴퓨터 네트워크를 매개로 학습자들이 시공을 초월해 자기주도적이고 상호작용하며 학습하도록 뮤지엄 교육 프로그램을 구안하고자 할 때 고려해야 할 요소들을 교육구조, 매체 및 교육 콘텐츠 제작 측면에서 살펴보도록 하자.

1) 교육구조 기획

학교 연계 뮤지엄 교육자는 온라인 요소를 고려함에 있어 일단 학교와 뮤지엄을 어떻게 구조화할 것인가에 대해 고려할 필요가 있다. 여기서는 '학교-박물관 연계 모바일 러닝 모형'과 '온라인 및 현장의 순환적 학습 모델'을 소개하고자 한다. 우선 '학교-박물관 연계 모바일 러닝 모형'과 관련하여 모바일 러닝이라는 기술적 측면에 초점을 맞추어 "PDA, 모바일폰, 노트북 컴퓨터, 태블릿PC 같은 모바일 기기와 휴대용 IT 기기를 활용하는 이-러닝e-learning" 또는 "모바일 기술을 사용하는 휴대용 기기를 활용해 학습자원에 접속하여 이루어지는 학습"을 의미한다(강인애 외, 2017: 31). 그리고 기술적 측면과 페다고지적 측면에 초점을 맞추어 "공간적 측면, 시간적 측면, 그리고 일상의 다양한 영역에서 이동성이 보장되는 학습" 또는 "무선 인터넷 환경을 전제로 휴대폰, 태블릿PC, PDA 등과 같은 이동성, 개별적 휴대성, 상황인지 기능이 지원되는 모바일 기기를 활용하여 시간이나 공간적 제약을 극복하고 개별성, 상황성, 상시성, 상호작용성 등을 지원하는 학습 형태"로 정의되기도 한다(강인애 외, 2017: 32). 뮤지엄 모바일 러닝은 〈표 3-21〉과 같은 특징을 띤다.

〈표 3-21〉 뮤지엄 모바일 러닝의 특징

분류	구성요소	내용
기술적 측면	모바일 기기와 앱	무선 인터넷 기술을 기반으로 휴대 가능한 모바일 기기(휴대폰, 태블릿PC, 노트북 등)를 사용하여 사진, 영상 촬영, 메시지, 박물관 앱, 제작 애플리케이션 등을 활용
	멀티플랫폼	PC, 모바일 기기 등 다양한 플랫폼multi-platform을 통해 접근. 또한 블로그, 페이스북, 인스타그램, 유튜브 등 SNS를 활용하여 학습자와 연결하고 참여 기회 제공
	e-포트폴리오	개인의 학습관리 차원에서 온라인 e-포트폴리오에 자료를 수집, 관리, 활용. 학교교육과 연계하여 활용

분류	구성요소	내용
	전시물 관련 기술	전시물 정보와 관련된 경험을 제공하기 위해 디지털 기술 사용. 예를 들어 QR코드, RFID 태그, NFC, AR(증강현실), VR(가상현실), web 3D, Beacon, GBC Gesture-based computing, NUI Natural user interface가 있다.
	가상박물관 virtual museum	박물관 웹사이트이자 독립적인 온라인상의 박물관. 디지털화된 정보를 다양한 매체 형태(이미지, 사진, 문서, 동영상)로 제공, 교수학습자료, 박물관과 관람자와의 소통을 위한 상호작용 도구(SNS, 소셜 미디어) 제공, 박물관 사전-사후 활동과 연계
페다고지적 측면	프로젝트 기반 학습	모바일 기기나 모바일 학습환경은 무선 인터넷에 의해 여러 가지 앱을 활용할 수 있게 함으로써 박물관 내에서도 전시물에 대한 다양한 탐색활동과 상호작용이 즉각적으로 이루어질 수 있다.
	모둠 학습	무선 인터넷 기반의 모바일 기기 및 앱을 활용할 수 있게 함으로써 소그룹 학습이 가능하다.
	개별 맞춤형	모바일 기기 및 위치기반 기술을 활용하여 자신의 관심과 흥미에 따라 전시물을 선택하고, 자신이 선택한 전시물과 상호작용할 수 있다.
	전시물 기반	전시물에 대해 모바일 기기, 앱 등의 다양한 디지털 테크놀로지를 활용하여 다양한 사회문화적 · 맥락적 정보를 제공함으로써 구체적이고 실질적인 학습경험을 제공할 수 있다.
	상시적 학습	박물관 웹사이트를 활용하거나 박물관에서 개발한 스마트 모바일 앱을 통해 사전 활동, 방문, 사후 활동이 지속적으로 이어질 수 있는 학습체계를 제공할 수 있다.

출처: 강인애 · 이소현 · 손정은, 2017, 40쪽.

뮤지엄 모바일 러닝은 [그림 3-17]에서 볼 수 있듯 개별적인 학습환경을 제공하고, 가상 뮤지엄과 연계한 멀티플랫폼을 활용하며, 전시물과 연계한 다양한 디지털 테크놀로지를 접목해서 학습환경을 참여적으로 만든다는 점에서 일반적인 모바일 러닝과 차별적 특성을 보인다.

〈학교-박물관 연계 모바일 러닝 모형〉은 뮤지엄 모바일 러닝이 지닌 특장점인 휴대 가능성, 가상 뮤지엄, 전시물을 활용하면서 학교 모바일 러닝이 지닌 현실적 어려움을 극복하고자 개발되었다(강인애 외, 2017).

'학교-박물관 연계 모바일 러닝 모형'은 학교 내 사전학습 → 박물관에서의 학습 → 학교 내 사후 학습의 3단계 구성을 취한다. 첫 번째 '학교 내 사전학습' 단계에서 학습자들은 교과 단원의 내용을 가상 뮤지엄이나 모바일 가상 뮤지엄에 접속해 디지털 리소스(사진, 3D 이미지, 시뮬레이션, 동영상, 기타 텍스트 자료 등)를 통해 학습한다. 두 번

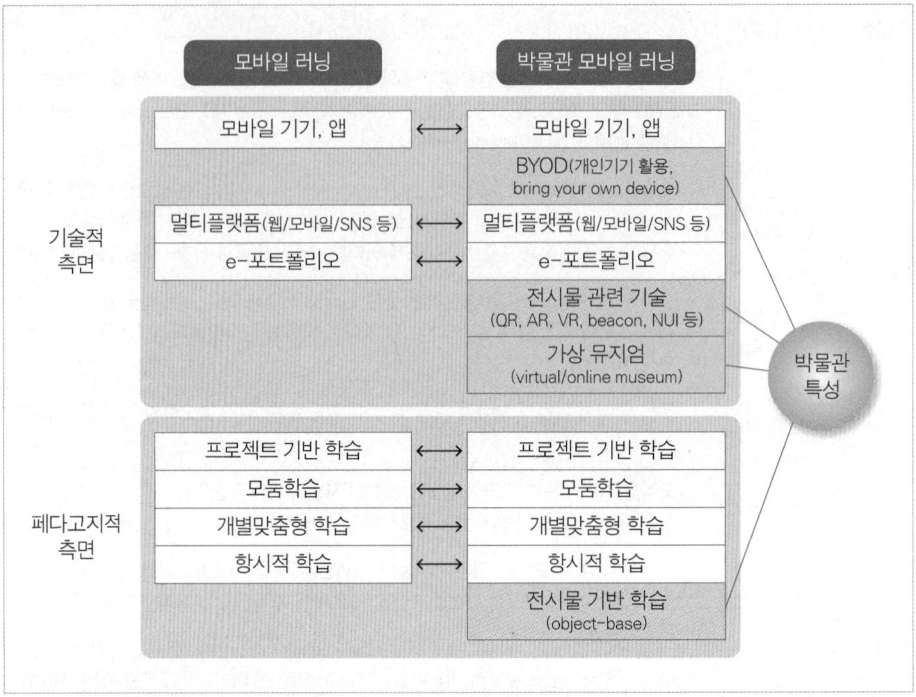

[그림 3-17] 일반적 모바일 러닝과 뮤지엄 모바일 러닝의 비교

출처: 강인애 · 이소현 · 손정은, 2017, 56쪽.

째 '박물관에서의 학습' 단계에서 학습자들은 가상 뮤지엄에서 행한 사전학습 내용을 실제 전시물에 기반하여 확인하고, 뮤지엄 교육 활동에 참여한다. 개인적으로 휴대하는 모바일 기기를 적극적으로 활용하거나 뮤지엄에서 제공하는 앱을 통해 전시물에 대한 정보를 얻고, 앱에 연동되는 소셜 미디어를 활용해 정보저장 및 공유를 한다. 마지막 '학교 내 사후 학습' 단계에서 학습자들은 방문한 뮤지엄이 제공하는 가상 뮤지엄에 접속하여 교과와 관련해 개개인이 뮤지엄에서 얻은 결과를 확인하거나 학습을 마무리하고 결과를 공유 · 평가하며 학습을 마친다.

다음으로 '온라인 및 현장의 순환적 학습 모델online and on-site cyclical learning model'은 슈와 리앵(Hsu & Liang, 2017: 335-339)이 맥락적 학습 모델을 활용하여 제안한 모델이다. 맥락적 학습 모델contextual model of learning은 뮤지엄 학습이 개인적 맥락(Falk & Storksdieck, 2005), 사회문화적 맥락(Falk & Dierking, 2013) 및 물리적 맥락의 영향을 많이 받음에 주목

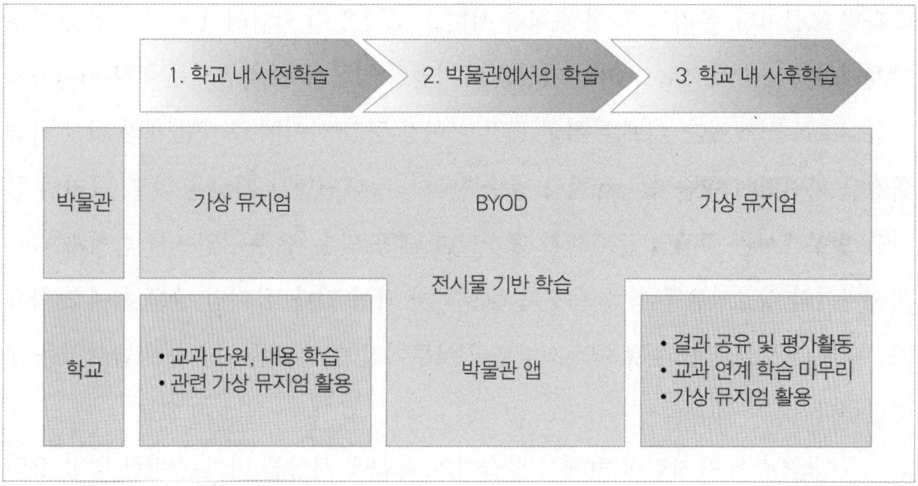

[그림 3-18] 학교-박물관 연계 모바일 러닝 모형

출처: 강인애 · 이소현 · 손정은, 2017, 45쪽.

한다. 그리고 시간이 지남에 따라 개인적 · 사회문화적 · 물리적 맥락 간에 지속적인 상호작용이 일어나 학습자의 뮤지엄 경험이 확장됨에 따라 디어킹(Dierking, 2002)은 맥락적 학습 모델에 시간 요소를 추가하고 뮤지엄 학습을 학습자의 뮤지엄 방문 전, 현장 학습, 뮤지엄 방문 후의 장기적 학습 과정으로 간주했다. 슈와 리앵(2017)은 온라인 공간과 현장 공간 사이에 가상적 · 물리적 상호작용이 포함된다고 보았다. 그 결과 맥락적 학습 모델에서의 물리적 맥락을 가상적 맥락과 물리적 맥락의 혼합으로 수정하고, 시간 요소를 넣어 '온라인 및 현장의 순환적 학습 모델'을 완성했다. 이 모델은 뮤지엄의 맥락에 디지털 응용 프로그램을 통합하여 뮤지엄 방문 전, 현장 방문, 방문 후의 순환적 학습 과정을 설정함으로써 장기적으로 일어날 수 있는 뮤지엄의 가상적 학습 순환을 보여주는 모델이라고 할 수 있다.

'온라인 및 현장의 순환적 학습 모델'은 3개의 층으로 구성되고, 맥락별 요소를 효과적으로 이행하기 위해 네 가지 맥락별 모듈이 마련되었다. 뮤지엄의 가상적 자원과 물리적 자원이 효과적으로 통합되도록 하기 위해 주제별 게임 기반 학습GBL 퀘스트와 소셜 서비스가 활용되었다([그림 3-19] 참조). 제일 상위의 층은 순환적인 학습자원 포털이다. 온라인 및 현장 학습 서비스 포털은 각 학습자가 뮤지엄 방문 전후 단계에서 제공받게 되는 온라인 자원을 뮤지엄을 방문할 때 제공되는 현장 서비스와 통합되도록 설계했다. 이때 온라인 공간과 현장 공간 사이에 주제별 게임 기반 학습 환경을 마련하여 학습자는 뮤지엄 방문 전에 에듀테인먼트 게임을 하고, 뮤지엄 현장을 방문해서는 주제별 문제해결 퀘스트를 제공 받은 후 뮤지엄에서 탐험과 다른 학습자와의 상호작용을 통해 문제를 해결하게 되어 있다. 뮤지엄 방문 후에도 학습자는 지속적으로 학습과 뮤지엄 재방문이 이루어질 수 있도록 맞춤형 학습환경을 제공받는다.

다음 층은 뮤지엄 맥락에서 학습자의 학습에 영향을 미치는 관련 영향 요인을 고려하도록 하는 맥락별 학습 서비스를 보여준다. '온라인 및 현장의 순환적 학습 모델'을 기반으로 개인적 맥락, 사회문화적 맥락, 혼합된 가상적 · 물리적 맥락, 뮤지엄의 가상적 학습 순환을 포함한 네 가지 모듈이 있다. 첫째, 개인적 맥락 모듈은 학습자를 위한 개인화 서비스, 개인화된 추천 서비스, 맞춤 서비스를 포함한다. 학습자는 개인화 서비스를 통해 재미있는 상호작용과 직관적인 탐색 활동을 할 수 있게 된다. 다음으로, 개인화된 추천 서비스를 통해 각자의 행동 패턴에 따라 관련 학습자원과 활동을 즐길 수 있게 된다. 마지막으로, 맞춤 서비스를 통해 개별적으로 선호하는 것을 선택할 수 있게 된다. 둘째, 사회문화적 맥락 모듈은 학습자를 위해 온라인 및 현장 소셜 서비스를 제공한다. 학습자는 대화방 서비스를 통해 다른 사람들과 직접 대화할 수 있게 된다. 다음으로, 소셜 네트워킹 서비스를 통해 뮤지엄에서 경험한 것을 온라인 소셜 경험에 연결하여 소셜 커뮤니티에서 자신의 경험을 공유할 수 있게 된다. 마지막으로, 소셜 커뮤니티 서비스를 통해 뮤지엄의 커뮤니티와 장기적인 관계를 즐길 수 있게 된다. 셋째, 가상적 · 물리적 맥락의 혼합 모듈은 가상적 자원과 물리적 자원을 통합하며 주제별 게임 기반 학습 서비스와 물리적 전시 탐색 서비스를 포함한다. 주제별 게임 기반 학습 서비스는 뮤지엄 맥락에서 학습자가 학습에 참여하도록 돕는 일련의 주제별 게임 기반 학습 퀘스트를 제공한다. 물리적 전시 탐색 서비스는 학습자에게 흥미로운 전시회와 탐험 공간을 제공한다. 넷째, 뮤지엄의 가상적 학습 순환 모듈은 학습자의 순환적 학습에 동기를 부여하고 온라인 서비스와 현장 서비스를 연결하기 위한 긍정적인 피드백을 보장한다. 이 모듈에는 기념품 교환 서비스, 가상 보상 서비스, 창의적인 제품 서비스 및 이벤트 및 활동 홍보 서비스가 포함된다. 학습자는 사전 방문 게임 및 현장 방문 퀘스트를 통한 반복 학습으로 가상 보상 및 기념품을 포함하면서 보상을 교환하고 수집할 수 있으며, 방문 후 주제별 게임 기반 학습 둘러보기와 관련된 제품을 구입할 수 있다. 행사 및 활동 홍보 서비스는 다가오는 전시회 및 학습활동과 관련된 정보를 제공하여 학습자의 재방문 및 지속적인 학습을 장려한다.

마지막으로 통합적 학습자원 관리층이 있다. 이 층에는 전체 학습 과정에 대해 학습자원과 각 학습자의 개별 학습 정보를 각각 관리하기 위한 학습 내용 관리 시스템learning content management system 및 학습자 관리 시스템learner management system이 포함된다. 온톨로지는 학습자의 선호도와 포트폴리오뿐만 아니라 글로벌 가상적 · 물리적 학습자원을 각각 설명하기 위해 학습 내용 라이브러리와 학습자 관리 라이브러리에 공통 지식을 제공한다. 우선, 학습 내용 관리 시스템은 가상적 내용 라이브러리Virtual Content Library와 물리적 내용 라이브러리Physical Content Library로 구성된 학습 내용 라이브러리를 관리한다. 가상적 내용 라이브러리는 게임 기반 학습 템플릿, 게임 기반 학습 탐구, 상호작용형 자료, 학습 자료 및 가상 보상의 다섯 가지 유형의 가상 콘텐츠로 구성된다. 가상적 내용 라이브러리의 각 항목은 감식identification, 이름, 유형 및 설명을 포함한 가상 콘텐츠 프로파일로 나타난다. 게임 기반 학습 템플릿은 학습자가 게임 과정을 통해 배울 수 있는 게임 기반 학습 퀘스트, 상호작용적 자료, 학습 자료 및 가상 보상을 통합하기 위한 다양한 상호작용적 패턴을 제공한다. 물리적 내용 라이브러리는 전시 단위, 교육 단위, 판촉 단위, 창의적인 제품 및 기념품의 다섯 가지 유형의 물리적 콘텐츠로 구성된다. 물리적 내용 라이브러리의 각 항목도 감식, 이름, 유형 및 설명을 포함하면서 물리적인 내용 프로파일에 의해 나타난다. 전시 단위에는 전시 관련 전시장, 물건, 여행안내 및 주제별 정보가 포함된다. 교육적 단위에는 학습 시설 및 장치, 교육적 활동 및 학습 자료가 포함된다. 홍보적 단위에는 자료와 활동이 포함된다. 창의적인 제품 및 기념품에는 문구 및 장난감과 같이 판매 또는 교환될 다양한 유형의 품목이 포함된다. 다음으로 학습자 관리 시스템은 학습자 관리 라이브러리를 관리한다. 학습자 관리 라이브러리는 학습자 프로필, 학습 포트폴리오, 개인이 만든 콘텐츠 및 사용자 행동 패턴의 네 부분으로 구성된다. 학습자 프로필은 신원,

순환적 학습 서비스 포털층	온라인 & 현장 학습 서비스 포털			
	방문 전 서비스	장소 방문 서비스		방문 후 서비스
맥락적 학습 서비스층	개인적 맥락 모듈	사회문화적 맥락 모듈	가상적 · 물리적 맥락의 혼합 모듈	뮤지엄의 가상적 학습 순환 모듈
	• 개인화 서비스 • 개인화된 추천 서비스 • 맞춤 서비스	• 채팅룸 서비스 • 사회적 네트워킹 서비스SNS • 사회적 커뮤니티 서비스	• 주제별 게임 기반 학습 서비스 • 물리적 전시 탐험 서비스	• 기념품 교환 서비스 • 창의적 제품 서비스 • 가상적 리워드 서비스 • 행사 및 활동 홍보 서비스
통합적 학습자원 관리층	학습 내용 관리 시스템			학습자 관리 시스템
	학습 내용 라이브러리			학습자 관리 라이브러리
	가상적 내용 라이브러리 • 가상적 내용 라이브러리 프로파일 - GBL 템플릿 - GBL 탐구 - 상호작용적 자료 - 학습 자료 - 가상적 리워드	물리적 내용 라이브러리 • 물리적 내용 라이브러리 프로파일 - 전시 단위 - 교육적 단위 - 홍보적 단위 - 창의적 제품 - 기념품	← 온톨로지 → Ontology	• 행동 패턴 • 학습자 프로필 • 학습 포트폴리오 • 개인적으로 제작된 내용들

[그림 3-19] '온라인 및 현장의 순환적 학습 모델' 시스템 개요

출처: Hsu & Liang, 2017, p. 338.

이름, 나이, 주소 및 관심사를 포함하여 각 학습자에 대한 개인 정보를 나타낸다. 학습 포트폴리오는 학습활동 및 사회 활동을 포함하여 학습자의 온라인 및 현장 학습 행동을 기록한다. 개인이 만든 콘텐츠는 그림, 사진 및 소셜 커뮤니티와 공유된 콘텐츠를 포함하여 각 학습자의 개별 뮤지엄 경험에 대한 기록으로 구성된다. 행동 패턴은 학습 포트폴리오에서 추론된 일련의 학습 패턴으로 구성되어 각 학습자의 전반적인 학습 행동을 나타낸다. 이상의 논의를 시각화하면 [그림 3-19]와 같다.

2) 매체 탐색

뮤지엄 교육자는 디지털 콘텐츠를 활용하여 뮤지엄 교육 프로그램을 구안해 볼 수 있다. 디지털 콘텐츠란 "유무선 전기통신망에서 사용하기 위해 부호, 문자, 음성, 음향, 이미지 영상 등을 디지털 방식으로 제작 · 처리 · 유통하는 자료 혹은 정보 등"을 말한다(한국교육학술정보원, 2009; 이현민 · 김미수, 2020: 84 재인용). 디지털 콘텐츠는 크게 협의의 디지털 콘텐츠와 광의의 디지털 콘텐츠로 분류되는데, 협의의 의미는 기존 콘텐츠를 디지털미디어에 적합하게 전환하거나 이를 아카이빙한 것을 가리키고, 광의의 의미는 모바일 콘텐츠, 스마트 콘텐츠 등 디지털미디어에서 통용되는 모든 콘텐츠를 가리킨다(한국소프트웨어진흥원, 2008; 이현민 · 김미수, 2020: 84 재인용). 디지털 콘텐츠는 아날로그 콘텐츠와 달리 인터넷 환경을 기반으로 한다. 그러므로 실시간으로 정보가 생성되는 동시에 저장되는 특징이 있고, 사용자의 접근성이 용이하며, 콘텐츠 사이의 융합은 물론 신기술과의 접목이 자유롭다(Tsai et al., 2008; 이현민 · 김미수, 2020: 84 재인용).

최근 뮤지엄에서 스마트워치smartwatch나 가상현실 같은 혁신적인 디지털 기술이 교육에 활용되고 있다. 스마트워치는 시계 형태의 웨어러블 디바이스의 일종으로서 인간, 사물, 기기의 연결을 담당하며 컴퓨터 기능을 수행한다. 스마트워치는 음성인식, 터치스크린, 플랙서블 스크린 기능을 갖추어 기기 간 연결과 인터넷 접속은 물

〈표 3-22〉 디지털 콘텐츠의 특성적 관점에서 본 가상 뮤지엄의 교육적 활용 가능성

디지털 콘텐츠의 특징	가상 뮤지엄에서의 교육적 활용 가능성
네트워크 기반 빠른 생산과 전달, 공유, 축적을 통한 디지털 아카이브	다양하고 풍부한 전문성 있는 디지털 전시물을 디지털 아카이브 형태로 제공함으로써 사용자가 관심에 따라 다양하고 심도 깊은 학습을 할 수 있음
	가상 뮤지엄 내 소셜 미디어를 기반으로 한 개별 사용자의 콘텐츠를 공유함으로써 다양한 디지털 콘텐츠 생성 및 제공
접근성 및 편의성	사용자가 필요에 따라 네트워크 기반 웹 혹은 모바일을 통해 디지털 오브제에 언제 어디서든지 쉽고 편리하게 접근하고, 자유롭고 적극적으로 탐색할 수 있음
혁신기술과의 접목	증강현실, 위치기반 기술, GBS 같은 다양한 디지털 매체가 접목되어 효율적인 전시 정보를 제공함
	사용자 맞춤형 전시 정보 제공을 통한 자기주도적 개별 학습 가능
사용자와 매체/사용자 간 상호작용 촉진	다양한 수요가 반영된 디지털 전시물을 제공함으로써 학습자의 적극적인 정보 습득과 소통, 지식 구성을 독려함
	가상 뮤지엄 SNS, 팟캐스트, 유튜브, RSS 지원 등의 기능을 이용하여 사용자 간에 정보 공유와 협력이 가능하도록 하는 환경을 제공함

출처: 이현민 · 김미수, 2020, 85쪽.

론 사용자의 위치추적, 전화, 음성인식 문자 작성 같은 양방향 커뮤니케이션 도구로서의 기능을 담당한다. 스마트워치는 알림 같은 정보를 획득하는 시간을 2초 정도로 대폭 줄이고, 1.3~2인치 정도 되는 화면 디스플레이를 통해 제한된 텍스트로 필요한 정보만 제공할 수 있기 때문에 학습자가 집중도 있게 정보를 획득할 수 있다. 스마트워치는 위치기반서비스location-based sercice를 바탕으로 한다. 위치기반서비스는 물리적 뮤지엄 내에서 스마트폰 네트워크, RFID, 비콘의 와이파이Wi-Fi를 통해 전시물과 개인의 물리적 공간을 연결하는 역할을 한다. 위치기반서비스는 사용자의 지리적 위치와 해당 지리적 위치에 머문 시간을 바탕으로 사용자의 요구 및 관심을 도출해낼 수 있어 사용자 맞춤형 서비스를 지원할 수 있다.

가상현실/증강현실에 기반한 뮤지엄 교육 프로그램도 증가하고 있다. 가상현실virtual reality: VR은 가상 세계virtual worlds, 사이버 공간cyber space, 인공 현실artificial reality 등과 혼용된다. 가상현실VR은 종종 증강현실augmented reality: AR과 혼동되기도 하는데, 엄밀히

〈표 3-23〉 가상현실의 특징

몰입감immersion	사용자가 가상현실에 깊이 빠져듦
자율성autonomy	사용자가 주체적으로 행동함
현존성presence	사용자가 가상 공간에서 실제 존재하는 듯이 느낌
상호작용interaction	사용자가 가상 공간의 대상과 소통하며 관계를 맺음

말하면 두 개념은 구분된다. 가상현실VR은 사용자가 HMDHead Mounted Display를 착용하고 현실과 차단된 상태에서 가상의 공간을 체험하는 데 반해 증강현실AR은 사용자가 현실 세계에 두어진 가상의 물체나 대상을 매개로 현실과 가상이 결합된 공간에서 체험한다. 그러나 두 개념은 가상의 공간에서 상호작용하고 체험한다는 점에서 공통적이다.

VR을 이루는 주요 기술로는 몰입 가시화 기술, 실감 상호작용 기술, 가상현실 환경 생성 및 시뮬레이션 기술이 있다(이길행 외, 2018). 우선, 몰입 가시화 기술에는 HMD 기술, 완전 몰입형 프로젝션 디스플레이 기술이 있다. HMD 기술은 1968년 유타 대학교의 서덜랜드Ivan Sutherland가 기초한 것으로 사용자가 머리에 장착하고 가상현실의 콘텐츠를 체험하는 것과 관계있다. HMD는 안경처럼 생겼는데, 장치 내부에 작은 LCD 패널이 있고 이 패널을 통해 랜더링된 화면을 볼 수 있다. 현재 HMD는 해상도는 물론 기술력이 꾸준히 향상되고 있어 2010년대 초반까지만 해도 단안(單眼) 모듈당 시야각Field Of View: FOV이 40° 내외였으나 최근에는 100° 이상으로 업그레이드되고 있다. 완전 몰입형 프로젝션 디스플레이 기술은 여러 사람이 여러 대의 프로젝터를 통해 동시에 가상현실을 체험할 수 있도록 한다. 시카고 대학교에서 개발된 'CAVE'는 방 같은 큐브 형태의 디스플레이 장치로 관람자에게 가상현실감을 체험할 수 있도록 한다. 일반적으로 몰입형 프로젝션 디스플레이는 5면으로 스크린을 구성하는데, 관람자가 이 장치에 들어가면 사용자 위치추적 장치가 사용자의 위치와 시점을 맞추어 각 스크린에 이미지를 실시간으로 투사하고, 이를 통해 사용자는 입체적인 체험을 할 수 있게 된다.

〈표 3-24〉 VR의 주요 요소 기술

몰입 가시화 기술	HMD 기술
	몰입형 프로젝션 디스플레이 기술
실감 상호작용 기술	모션 기반 시뮬레이터 기술
	위치추적 기술
	햅틱 기술
가상현실 환경 생성 및 시뮬레이션 기술	VR 저작 기술
	실 환경 공간 복원 기술
	360° 파노라마 VR 환경 생성 기술
	체험형 사용자 추출 및 가상 아바타 생성 기술

다음으로 실감 상호작용 기술에는 모션 기반 시뮬레이터 기술, 위치추적 기술, 햅틱 기술이 있다. 실감 상호작용 기술이란 사용자의 오감과 관련된 입출력 장치를 통해 가상현실을 실시간으로 제어하는 것을 말한다. 모션 기반 시뮬레이터 기술은 사용자가 실제로 움직이는 장치에 있는 것 같은 느낌을 제공하는 기술을 말한다. 이를테면 사용자가 마치 자동차를 타고 레이싱을 하는 것처럼 느끼며 운전하는 운전 시뮬레이터나 스포츠를 하는 것과 같이 느끼게 하는 스포츠 시뮬레이터 등이 여기에 속한다. 모션 기반 시뮬레이터 기술은 6 자유도Degree Of Freedom: DOF 기술과 워시아웃washout 기술을 보유해야 한다. 6 자유도란 앞뒤, 상하, 좌우의 선형 운동축(x, y, z)과 이 선형 운동축을 중심으로 회전하는 3개의 회전 운동을 말한다. 그리고 워시아웃이란 공간 속에서 가속도를 느끼게 하는 장치로, 가속 반대 방향으로 사용자를 기울여 중력에 의해 지속적으로 가속되는 느낌을 경험하도록 하는 장치를 사용한다. 한편, 위치추적 기술은 사용자가 위치하는 곳과 바라보는 방향에 맞춰 콘텐츠를 제공하기 위해 사용자의 위치와 방향을 추적하는 기술로, 가상현실이나 증강현실을 구현하고자 할 때 필수적으로 요구되는 기술이다. 그러므로 HTC 바이브나 오큘러스 리프트 혹은 인체 모션 인식 기술 모두 위치추적 기술을 탑재하고 있다. 마지막으로 햅틱haptic 기술은 가상현실에서 가시화된 3D 객체를 촉각적으로 느낄 수 있도록 하는 기술을

말한다. 이를 위해 햅틱 기술은 물리적 힘을 가상의 사물에 전달해서 그 힘을 전달받은 물체가 가상 공간 내에서 변형되거나 조작되면서 사용자와 상호작용하게 한다. 햅틱 기술이 투입된 장치로 글로브 방식이나 모션 슈트, 컨트롤러가 개발되고 있다. 글로브 방식은 사용자가 손에 착용하고 손의 힘과 동작을 기기가 인지하도록 함으로써 결과적으로는 사용자가 가상 세계나 현실 세계에 있는 대상을 촉각할 수 있게 한다. 모션 슈트는 사용자가 바람, 열, 액체 같은 물체와 상호작용한 결과 느낀 감각 정보를 전기 신호로 변환하여 발생시켜서 촉각할 수 있게 한다. 컨트롤러는 사용자가 양손에 쥐고 이를 통해 가상현실 속 물체와 상호작용하게 한다.

마지막으로 가상현실 환경 생성 및 시뮬레이션 기술에는 VR 저작 기술, 실 환경 공간 복원 기술, 360° 파노라마 VR 환경 생성 기술, 체험형 사용자 추출 및 가상 아바타 생성 기술이 있다. VR 저작 기술은 이를테면 게임엔진을 활용해 공간을 만들고, 사용자가 가상 공간에서 체험하는 데 필요한 리소스들과 시나리오를 입혀 구성한다. 실 환경 공간 복원 기술은 3차원 레이저 스캐너로 실제 공간을 센싱한 결과 원격지에서 다른 사용자가 실제 같은 공간을 가상현실 체험 공간으로서 경험할 수 있게 하는 것을 말한다. 360° 파노라마 VR 환경 생성 기술은 시야각*이 확장될수록 실제성을 느낀다는 성격을 활용해 여러 카메라로 영상을 촬영한 후 이어 붙이는 기술을 말한다. 여러 영상을 하나의 영상으로 보이도록 이어 붙일 때 각 카메라가 촬영한 영상을 시야각과 화면 크기를 고려하면서 초점 거리, 왜곡률을 보정하며 이어 붙이는 것이 중요하다. 마지막으로 체험형 사용자 추출 및 가상 아바타 생성 기술은 사용자 영상 분할image segmentation 기술을 활용한다.

한편, VR을 실현하기 위해서는 플랫폼이라든가 네트워크를 확인해야 한다(편석준 외, 2017). 우선, 콘텐츠를 공유하거나 저장하고 유통하기 위해서는 플랫폼이 필요하다. 대표적인 VR 플랫폼으로 페이스북 같은 소셜 서비스나 유튜브 같은 콘텐츠 포

* 시야각FOV이란 머리를 고정한 상태에서 볼 수 있는 시야 범위를 말한다. 사람은 대략 120°×120°의 양안 시야각을 갖게 되고, 양안이 공동으로 작용해 물체의 입체감을 느낄 수 있는 양안 공동 시야stereoscopic는 수평 120~124°, 수직 120°다. 그러므로 이 시야각에 맞는 영상을 제공했을 때 몰입감을 느낄 수 있다(편석준 외, 2017: 45).

털이 있다. 페이스북 같은 소셜 서비스는 영상물 게시, 공유, 360° 영상의 생방송 등을 지원한다. 그리고 구글의 유튜브는 실시간 방송 기능과 360° 영상에 대한 자동변환 게시 및 공유, 실시간 생방송 기능 등을 지원한다. 한편, VR을 실제화하기 위해서는 네트워크도 확인해야 한다. VR을 제작하기 위해서는 화질이 HD 수준(2K)이 되어야 한다. 이를 위해 콘텐츠 원본의 해상도는 8K(7,680×4,320) 정도다(편석준 외, 2017). 이를 처리하고 전송하는 데는 큰 저장 공간과 영상 처리 용량을 지닌 GPU와 통신 속도가 필요하다. 통신 속도는 50~90Mbps 수준이어야 하고, 광대역 유선 인터넷이나 와이파이를 사용해야 한다.

또한, VR을 실현하기 위해서는 디바이스도 확인해두어야 한다. 머리에 쓰는 VR 기기는 크게 모바일 기반 기기와 PC 기반 기기가 있다. 모바일 기반 기기는 사용자의 스마트폰을 사용하므로 스마트폰 디스플레이의 해상도가 적어도 FHD(1920×1080) 이상이고, QHD(2560×1440)일 것이 권장되고 있다. 모바일 기반 기기는 PC 기반 기기에 비해 무선이고 설치가 어렵지 않다는 점이 장점이지만, 그래픽 성능이 PC 기반 VR보다 떨어진다는 점이 취약점이다. 모바일 기반 기기는 종이나 플라스틱으로 만들며, 삼성의 기어 VR이 대표적이다. PC 기반 VR 기기로는 오큘러스 리프트, HTC 바이브, 소니 PS VR이 대표적이다. 세 기종은 모두 사용자가 가상 공간에서 팔을 움직여 가상현실에 참여할 수 있도록 모션 컨트롤러를 제공한다. 그 외에 가상현실 영상(360° 영상)을 촬영하기 위한 기기로서 360° 영상과 사진을 찍을 수 있는 카메라들을 구비해두어야 한다.

이 외에도 VR을 실현하기 위한 여러 기타 장치를 알아두어야 한다. 전시에서 자주 사용되는 기기로 립모션Leap Motion이 있다. 이 기기는 기존에 PC에서 손을 인식하는 장비였는데, VR 기기에 대한 지원을 추가한다. 이 장비를 활용하면 가상의 물체를 사용자의 손으로 잡거나 물체의 촉감을 느낄 수 있게 된다. 다음으로 발을 인식하는 보행 시뮬레이터locomotion simulator가 있다. 기기 위에서 발을 구르거나 표면을 슬라이딩하면서 이동하도록 만들어져 있다. 또한, 'VR 어트랙션'이라는 탑승 시뮬레이터가 있다. 이 기기를 통해 탑승자는 놀이기구, 자동차나 로봇, 우주선 탑승은 물론 외나무다리 건너기, 하늘 날기 등 가상현실에서의 시나리오에 맞추어 4D 체험을 할 수 있다. 마지막으로 프리롬Free Roam VR로 알려진 기기는 가로세로 5m 이상 되는 넓은 공간에서 걸어 다닐 수 있게 하는 장치다. 보행 시뮬레이터가 고정된 위치에서 걷게 하는 것과 달리 공간에서 이동하도록 지원할 수 있다. 이를 위해 모션 캡처 장비인 옵티트랙Opti Track을 장착하고 있다.

3) 뮤지엄 교육 콘텐츠 제작

가상현실은 학습자에게 특별한 체험을 안긴다. 가상현실이나 증강현실 기술이 적용된 뮤지엄 교육은 대체로 관람자가 적극적으로 참여하고 몰입할 수 있도록 체험의 장을 마련하는 경향이 있다. 시공간의 경계가 사라진 현실 속에서 관람자는 감각을 통해 감정적 · 감성적 · 지적으로 자극받게 되고, 이를 통해 전시에 몰입하며 지적 호기심을 키우게 된다. 그 결과 정보 습득은 물론 이를 넘어선 특별한 체험을 하게 된다. 증강현실이 주는 체험적 요소를 정리해보면 〈표 3-25〉와 같다.

〈표 3-25〉 증강현실의 체험 요소

구분	내용
사실적 감각 체험	• 시각 · 청각 · 촉각 등 감각을 통한 증강현실 경험이 사실적 현실 세계에서의 경험과 거의 동일하게 인식
참여적 행동 체험	• 증강현실을 통해 전시물 관련 정보 등을 습득하기 위한 적극적 참여로 자발적 동선 이동이나 직접 조작 등 활동성 유도
감성적 몰입 체험	• 증강현실을 통해 전시물에서 느끼는 감정이나 감성으로 인해 몰입 유발 촉진
유희적 체험	• 증강현실에 대한 관심이 유발되고, 재미있고 흥미로운 경험으로 만족감 향상
지각적 체험	• 감각 등을 통해 전시물에 대한 의미 인식 • 직접 움직임, 조작 등으로 전시물을 느끼고 이해 고취
인터랙티브 체험	• 전시물과 관람자 간의 현실 세계에서 가상의 콘텐츠와 직접적이고 직관적인 상호 소통의 관계 형성

출처: 이종기, 2016, 45쪽.

가상현실 콘텐츠는 대체로 몰입감, 상호작용, 상상력을 북돋운다(편석준 외, 2017: 122). 몰입감은 가상현실의 가장 큰 시각적 특징이다. 상호작용은 현실 세계에 있는 사용자가 몸짓이나 컨트롤러를 통해 가상 세계의 주인공과 연결되어 명령하고, 그 결과에 따라 가상 세계와 상호작용한다. 상상력은 사용자가 가상 세계 속에서 콘텐츠의 주인공으로서 시나리오를 경험하고 맥락, 재미, 의미를 느끼는 것과 관련된다.

가상현실 기반 뮤지엄 교육 콘텐츠의 교육적 의의를 확인했다면 이제 할 일은 가상현실 기반 뮤지엄 교육 콘텐츠를 만드는 것이다. 가상현실 콘텐츠는 만드는 방법에 따라 컴퓨터그래픽CG과 실사 기반 영상(360° 영상)으로 나뉜다(편석준 외, 2017). CG의 경우, 개발자는 가상 공간을 만들고 다양한 HCI 기술을 통해 사용자 위치를 정한 뒤 위치에 맞는 영상과 명령을 입히는 방식으로 진행된다. 이때 제작자는 GPU 같은 그래픽용 칩셋을 활용하여 3차원에서 이동할 수 있도록 연산 처리를 해두어야 한다. 실사(촬영) 기반 영상은 다수의 카메라로 360°의 영상을 찍은 뒤 각 카메라 영상을 이어붙이는 스티칭 작업 후 360° 포맷 영상을 만드는 것이다. 실사 기반 영상은 CG 영상에 비해 3D 모델링 과정이 없어 비용이 저렴하고 실제 영상을 사용하므로 몰입감이 우수하다. 360° 영상은 페이스북이나 유튜브 등의 SNS에 업로드할 수 있고, 손가락으로 360° 영상을 감상할 수 있다. 그러나 실사 기반 영상은 화면 내 물체를 건드릴 수 없으므로 상호작용하는 데 취약한 면이 있다. 그러므로 이를 보완하기 위해 CG와 실사 기반 영상을 혼합하여 혼합현실Mixed Reality: MR을 만든다. CG와 실사 기반 영상을 연결하기 위해서는 영상 분석 기술이 요구된다. 이러한 분석을 위해 실사 영상 분야에서는 스테레오스코픽 카메라Stereoscopic Camera를 이용한 뎁스맵Depth map이 사용된다.

뮤지엄 교육자들은 VR에서 학습자의 체험을 극대화하기 위한 방편의 하나로 특히 스토리텔링 기법을 활용한다. 완벽하고 구체적인 VR 스토리텔링 방법은 아직 없지만, 대체로 정리해보면 다음과 같다(이민화 외, 2018). VR 스토리텔링을 위해 우선 염두에 두어야 할 것은 학습자에게 필요한 재미와 정보를 효과적으로 제공한다는 원칙일 것이다. 그리고 제작자는 VR 상황을 학습자에게 빠르고 정확하게 전달하는 것과 학습자 스스로 체험하면서 주제를 이해하도록 하는 방안에 대해 고려해야 한다. VR의 특성상 이는 그리 쉽지 않은 작업이 될 수 있는데, 그 이유는 학습자가 종종 주위를 둘러보는 데 집중해 정작 중요하게 보아야 할 것을 놓치게 되는 경우가 많기 때문이다. 이에 대한 대안으로서 VR 제작 시 앞쪽에 쿠키 영상을 넣어 학습자들이 일단 주변 상황을 충분히 인식한 후 스토리를 전개해나가 새로운 환경에 적응한 후 스토리에 몰입해 들어갈 수 있도록 하는 것이 좋다. 한편 VR 콘텐츠는 사용자가 관찰자의 위치를 갖게 하는 3인칭 시점과 가상현실에 있는 캐릭터들과 상호작용하는 1인칭 시점이 있다. 1인칭 시점이라면 가상현실 속 캐릭터들과 상호작용할 수 있도록 시선, 말 걸기, 동작 등에 대한 장치를 마련해야 한다. 덧붙여 시청자가 VR에서 배경을 인식했다면 사건에 참여하여 자신은 가상현실에서 어떤 존재인지를 찾은 후 자신의 존재감을 잊고 사건에 몰입하도록 해주어야 한다. 이때부터 시선 집중을 유도하는 움직임, 조명, 음향 등의 연출 기법을 극대화해야 한다. 사건의 위기가 해소되면 학습자가 다시 자신의 위치를 찾도록 유도한다. 한편 소요 시간은 5분 정도인 경우가 많은데, 이는 학습자의 몰입감을 극대화하면서도 장시간 시청 시 느껴질 수 있는 어지러움을 방지하기 위함이다.

VR 콘텐츠를 영상으로 구현하기 위해서는 일종의 영상 문법이 필요하다. 이를 위해 우선 세트를 실제 공간과 같게 해서 생활감과 공간감을 살리도록 해야 한다. 그리고 밝고 어두운 곳을 모두 표현할 수 있는 카메라, 360° 전체를 촬영하기 위한 다수의 카메라, 작고 성능 좋은 마이크를 준비한다. 어안이나 광각 렌즈를 장착한 VR 카메라를 준비하고, 카메라를 세팅한다. 광각 렌즈는 피사체와 카메라가 조금만 떨어져도 멀리 떨어진 느낌을 내므로 될 수 있는 한 피사체와 카메라 사이를 가까이한다. 그리고 현실감을 높이고 어지러움을 방지하기 위해 시청자의 눈높이에 맞추어 카메라를 설치한다. 자연스러운 시선을 유도하기 위해 상황을 설명하는 캐릭터나 사물들을 이동시키면서 가상현실을 체험하게 할 수 있다. 피사체를 360° 전체에 분산시키기보다 사용자가 중요한 사건에 집중할 수 있도록 배치한다. 인간의 시야각은 평균 120° 정도이나 눈을 움직이면 180° 이상도 가능하고, 물체를 자세히 볼 수 있는 각도는 약 50° 정도이므로 이러한 인간의 시각적 특징을 잘 이용하여 정면 120° 정도를 주요 공간으로 설정하고 이 공간에서 중요한 사건이 발생하게 하여 집중도를 높일 필요가 있다. 220°, 즉 120° 양옆으로 50°씩 돌아볼 정도에 피사체를 놓으면 감상할 수 있을 것이다. 그 외에 스토리를 매끄럽게 연결해갈 수 있도록 사용자 시선의 앞쪽 공간을 주요 공간으로 삼도록 하고, 시선의 방향을 통해 스토리가 전개되도록 기획한다.

이 외에도 VR 촬영을 위해 조명, 색, 소리, 피사체의 움직임, 카메라의 움직임, 질량감을 고려해야 한다. 우선 조명으로 인물의 표정, 사물의 형태 등을 파악할 수 있게 한다. VR 촬영은 전체 공간이 노출되기 때문에 조명기기를 설치할 수 없는데, 근접한 인물을 조명하기 위해서는 렌즈와 렌즈 사이 사각 위치나 카메라 리그 밑에 조명기기를 설치하도록 한다. 그리고 대형 조명기구가 필요한 경우에는 촬영 후 후반 작업에서 조명기구가 보이지 않는 화면으로 합성하도록 한다. 다음으로 색이 우리의 지각과 감정에 주는 영향력을 고려하면서 색의 성격을 이용해 캐릭터의 성격이나 직업, 심리 등을 표현하도록 한다. 한편, 소리는 VR에서 영상만큼이나 중요하다. 현장음을 위해 카메라 내장 마이크나 별도의 마이크를 보이지 않게 설치해두고 시선이 움직이는 방향에 소리를 맞추도록 한다. 때로는 시선을 유도하고 관심을 돌리기 위해 소리를 활용할 수도 있다. 다음으로 피사체의 움직임은 시선을 유도하고 집중하는 기능을 한다. 배경과 피사체 간 이동 및 정지 유무를 역으로 하면 특히 시선을 집중시킬 수 있으므로 이를 활용하도록 한다. 한편 카메라의 움직임은 사용자가 어지러움을 느끼는 현상과 직접적으로 연결된다. 이를테면 카메라를 수직으로 움직이거나 빨리 움직일수록 사용자는 어지럼증을 많이 느끼게 된다. 따라서 VR 촬영 기획 단계에서부터 이에 대해 고려할 수 있도록 촬영 대본에 반영하고 기획해야 한다. 마지막으로 질량감mass을 고려해야 한다. 질량감은 이미지가 가지는 부피나 채도와 관계되는 것으로 부피가 크고 채도가 높은 것이 화면에 배치될수록 이미지의 질량값이 올라가고 안정감을 느끼게 해준다. 피사체를 이미지 질량이 큰 곳에 배치하면 시선이 안정감을 느낄 수 있다.

온라인 요소 기반 뮤지엄 교육 콘텐츠의 양상은 다양하게 계발될 수 있다. 이를테면 뮤지엄 교육자는 본인은 물론 학습자들이 가상 전시를 해보도록 교육 프로그램을 설계해볼 수 있다. 가상 뮤지엄에서 전시하는 형태는 재현형, 보완형, 단독형이 있다(박남진, 2007). '재현형'이란 물리적 뮤지엄에서 전시하고 있는 전시물을 3D 공간에서 재현하는 형태를 말한다. 주로 아바타가 가상 공간을 둘러보는 방식으로 구현되고, 전시물이 2D 혹은 3D 사진과 내레이션 설명과 함께 등장한다. '보완형'이란 물리적 전시를 보조하기 위한 목적으로 전시 정보에 대해 간략히 소개하는 방식으로 구현하여 주로 관람자가 물리적 뮤지엄을 방문하기 전 이해를 돕는 데 유용하다. 마지막으로 '단독형'은 물리적 뮤지엄 전시와 관련성이 있지만, 물리적 전시관에는 없는 내용을 전시하는 형태다. 인터랙티브 스토리텔링, 콘텐츠 배치, 내비게이션 등이 발휘되는 공간을 생각할 수 있다.

뮤지엄 교육 프로그램을 구안할 때 자칫 첨단 테크놀러지를 활용하는 방안에만 초점을 맞추어 전시의 목적이나 방향성에 대해 놓치거나 혹은 일반 홈페이지를 만드는 작업과 구분되지 않게 하는 우를 범하기 쉽다. 이를 해소하기 위해 뮤지엄 교육자는 학습자들이 가상 전시를 디자인할 때 전시에 이야기 구조를 입히고, 아래 절차에 따라 전시를 디자인해보도록 기획할 수 있다.

〈표 3-26〉 이야기 구조를 씌운 가상 전시 공간 구축

서막	가상 전시의 인트로 화면, 전시의 주제 표현
발단	인트로에서 자동으로 이어지는 메인화면. 충격이나 흥미를 유발하는 콘텐츠 배치
전개	배치된 메뉴와 전시를 둘러보는 행위를 통해 관람자가 전시 이야기를 느끼려는 상태
전환	관람자가 핵심 전시를 찾기 위해 메인화면에 주의를 기울이는 행위. 반복되는 행위
가속	핵심 전시를 찾아서 들어간 상태. VR 기법의 활용
절정	핵심 전시에 몰입하고, 체험하고, 감상하는 상태. VR을 컨트롤하고, 미디어들과 상호작용하는 상태
결말	가상 전시의 부수적 전시를 둘러보고, 가상 전시에서 빠져나오는 행위

출처: 김희경, 2006, 74쪽.

가상 전시 공간이 구축되면 학습자는 전시의 내용적 · 도구적 요소들을 고려해야 한다. 내용적 · 도구적 요소들에는 [그림 3-20]과 같은 내용이 포함될 수 있다(박남진, 2007). 이 요소들은 이후 가상 전시 디자인에 대해 평가하고자 할 때 분석 준거로도 활용될 수 있을 것이다.

전시의 내용적 요소
전시 작품과 주제의 전달성
가상 관람자와의 상호작용
의미 있는 가상체험
주의나 흥미를 끄는 정도

전시의 도구적 요소
멀티미디어 포맷: 오디오, 비디오, 사운드
원활한 내비게이션
접근성
최소한의 기술적 문제
작품이나 대상물의 확대 · 축소 감상
깊이 있는 정보검색
그래픽의 질: 프레임, 포맷, 글씨체, 색상, 레이아웃

[그림 3-20] 가상 전시 디자인 시 고려 요소

뮤지엄 교육자는 학습자들에게 가상 뮤지엄 전시를 기획하고 실제로 제작해 보게 하는 수업을 설계할 수도 있을 것이다. 이는 전술한 가상 전시보다 포괄적이고 장기적인 프로젝트형 수업의 하나로 전개될 수 있다. 가상 뮤지엄 전시 기획 및 구축 절차를 적어보면, 〈표 3-27〉과 같다(이종욱, 2019). 학습자들은 각 절차에서 중요하게 생각해야 하는 내용을 염두에 두면서 뮤지엄 교육 프로그램을 수행해볼 수 있다.

학습자들의 가상 뮤지엄 전시 구축은 온라인 전시*의 하나로, 이 활동을 통해 학습자들은 온라인 네트워크 기술을 기반으로 한 컴퓨터 가상 공간에서 학습자들 간의 상호작용 경험을 하게 된다.

뮤지엄 교육자는 학습자들의 가상 뮤지엄 전시 구축에 대해 전시의 적절성 여부를 판단하기 위해 아카이브Archive, 전시Exhibit, 경험Experience, 연계Connection, 접근경

* 온라인 전시는 디지털 전시Digital Exhibition, 사이버 전시Cyber Exhibition, 스마트 전시Smart Exhibition와 혼용되고 있다.

〈표 3-27〉 가상 뮤지엄 전시 기획 및 구축 과정과 과정별 주요 내용

과정	내용		비고
전시 기획	전시 타이틀 및 개요 작성	• 전시의 주제를 드러낼 수 있는 제목 설정 • 전시 개요 설정	
	전시 포스터 디자인	전시의 주제 및 성격을 드러낼 수 있는 2D 이미지 제작	
	전시 스토리텔링 기획	시공간의 변화에 어울리는 스토리텔링을 기획하여 전시를 통해 드러내고자 하는 메시지 구현	
	전시 정보 수집 및 관리	메타데이터 형식에 기반하여 가상 오브제에 대한 정보 수집 및 관리	
전시 구축	가상박물관 구축 소프트웨어 계정 생성 및 사용법 학습	3D 가상 뮤지엄을 개발하는 애플리케이션 선택 및 계정 생성	• 소프트웨어의 인터페이스 학습 • 가상 뮤지엄용 콘텐츠 수집 및 관리법 학습
	전시 공간 디자인	가상 전시를 위한 가상환경 제작	
	작품 배치	디지털 형식의 텍스트, 이미지, 영상, 3D 가상 작품을 가상 공간에 배치	관람자의 동선 디자인 (전시 스토리텔링을 기반으로 가상 오브제의 관람 순서 결정)
	전시 설명 입력	가상 오브제에 대한 설명 입력	가상 오브제에 대한 메타데이터 활용
	가이드 투어 디자인	전시 관람 동선 디자인	텍스트나 음성 삽입

〈표 3-28〉 온라인 전시 분석 기준

온라인 전시 분석 기준	
아카이브Archive	① 다양한 정보의 디지털 아카이브가 구축되어 있는가? ② 검색을 통한 비선형적 접근이 가능한가? ③ 관람자만의 개별 컬렉션 구성이 가능한가?
전시Exhibit	① 전시 주제나 테마에 따른 선택적 관람이 가능한가? ② 다양한 온라인 전시 콘텐츠를 제공하고 있는가?
경험Experience	① 온라인상에서 디지털 기술을 통한 전시 경험이 가능한가? ② 온라인상에서 상호작용을 통한 동작이나 작동이 가능한가?
연계Connection	① 각각의 정보층이 문맥적으로 상호 연결되어 있는가? ② 다른 정보층으로 이동이 가능한가?
접근경로Entry	① 각각의 정보층에 대해 다양한 접근경로가 구성되어 있는가? ② 다양한 접근경로가 한눈에 쉽게 알아볼 수 있게 디자인되어 있는가?

출처: 육지현 · 이제규, 2018, 76쪽 재구성.

로Entry를 분석할 수 있을 것이다(육지현 · 이제규, 2018).

뮤지엄 교육자는 온라인 요소 기반 교육자료의 하나로 온라인 워크시트를 제작 · 활용할 수 있다. 일반 워크시트가 낱장으로 구성된 워크북 형식인 데 비해 온라인 워크시트는 파워포인트Powerpoint나 프레지Prezi 같은 프레젠테이션 형식이나 플래시Flash 같은 애니메이션 형식, 각종 텍스트 문서 형식 등 다양한 형태를 취한다. 온라인 워크시트를 고안하기 위해서는 일반적인 워크시트 방법을 활용하거나 온라인의 특색에 맞게 새로운 방법을 적용하여 개발할 수 있을 것이다. 가능한 예시를 몇 가지 제시해보면 다음과 같다.

〈표 3-29〉 온라인 워크시트 종류 예시

온라인 워크시트 종류	
• 스케치해보기, 혹은 만들기	• 사이버 갤러리 주소 및 이용 방법
• 만화 이용하기	• 사이버 갤러리 전시실 도면
• 줌업(zoom up) 효과 이용하기	• 동영상 자료로 보여주기
• 작품의 부분을 제시하고 찾기	• 3D 이미지로 보여주기
• 더 잘, 더 많이 볼 수 있도록 비교하기	• 사이버 갤러리와 연동하기
• 끄집어내어 설명하기	• 소셜 네트워크 서비스로 공유
• 시각적 효과를 위한 사용 문자의 크기 변화	• 링크 걸기
• 퀴즈식으로 풀어가기	• 팝업창 이용하기
• 감상 작품의 양식과 같이 표현해보기	• 피드백을 위한 이메일 연동하기
• 블라인드 게임(blind game)	• 방대한 사진 및 설명자료 첨부하기
• 스티커 붙이기	• 소장처 바로 가기

출처: 민수지, 2015, 50-51쪽 재구성.

2장

뮤지엄 교육 프로그램 설계 절차

뮤지엄 교육 프로그램을 개발하기 위해서는 관련되는 주요 요소들과 요소 간의 관계를 중심으로 개발 절차가 필요하다. 교육 프로그램 개발에서는 이를 교수체제 개발Instructional Systems Development이라고 하는데, 교수체제를 개발하는 '과정process' 자체를 체제적 관점에서 본다. 교수체제 개발 모형은 상호의존적이고, 상호작용하는 구성요소들로 이루어져 있다. 여기에서는 ADDIE 모형, 딕과 캐리Dick & Carey의 교수체제 설계 모형, PBL을 살펴보기로 한다.

1. ADDIE 모형

ADDIE 모형은 기본 과정인 분석Analysis, 설계Design, 개발Development, 실행Implementation, 평가Evaluation의 머리글자를 따서 부르는 교수체제 개발 모형이다. 이 모형의 다섯 가지 절차는 대부분의 교수체제 개발 모형에서 핵심이 되는 요소를 담고 있다(이화여자대학교 교육공학과, 2001).

① 분석Analysis 단계

교수설계 초기에 설계를 위한 조직적인 계획을 결정해야 하는 단계다. 요구분석, 학습자 분석, 환경분석, 직무 및 과제분석 등이 수행된다. 설계를 위한 임무, 비전, 내용, 가능성은 이 단계에서 결정되어야 한다. 이 단계에서는 현 상황과 프로그램 개발의 요구를 분석해야 한다. 이 프로그램은 전시, 관람자 적합성뿐 아니라 프로그램에서 다루고자 하는 관심사와 아울러 뮤지엄 환경, 자원 등을 분석한다.

② 설계Design 단계

효과적이고 효율적인 교육훈련 프로그램을 개발하기 위해 분석과정에서 나온 산출물을 창조적으로 종합하는 단계다. 이때 수행목표 명세화, 평가도구 개발, 계열화, 교수전략 및 매체를 선정하여 교육훈련의 전체 모습, 즉 청사진 또는 설계명세서를 만들어낸다.

③ 개발Development 단계

분석과 설계 단계에서 만들어진 청사진에 따라 실제로 교수 자료를 개발하고 제작한다. 설계 단계의 산출물은 이 단계에서 수정 · 보완된다.

④ 실행Implementation 단계

개발된 프로그램을 실제 현장에서 사용하고, 이를 교육과정에 반영하며, 계속 유지하고 변화를 관리하는 활동이다. 교수 내용의 효과적 · 효율적 전달이 목적이다.

⑤ 평가Evaluation 단계

이 단계는 교수설계 과정의 효율성을 평가하고, 교수 내용이 효과적으로 전

〈표 3-30〉 ADDIE 모형의 단계별 특징

교수설계 과정	요구분석	학습자 분석	환경분석	직무 및 과제분석
Analysis 분석	• 개발 목적, 학습 내용, 개발 범위, 콘텐츠 유형, 사용대상, 기대효과 분석	• 학습자의 기본적인 특성 및 학습 양식 분석	• 학습자의 학습환경 특성 분석 • 뮤지엄의 교육환경 및 자원 활용 여건 분석	• 하부 과제 (교수학습 목표 및 방향) 도출

↑↓

	수행목표 명세화	평가도구 설계	계열화	교수전략 및 매체 설정
Design 설계	• 교육 프로그램 성취 행동목표 진술	• 평가목적 설정 • 평가영역 확인 • 평가도구 개발 - 학습자용 - 전문가용	• 교육전략에 맞는 교육 프로그램 설계 • 세부 교수 · 학습 절차 및 활동 설계	• 교육 프로그램에 적합한 교육 전략 및 교육 매체 선정

↑↓

	교수 자료 개발	형성평가 및 수정	제작
Development 개발	• 교수학습 과정안 개발 • 교육용 온라인 콘텐츠 개발 • 교수 · 학습 자료 개발	• 전문가 평가를 통한 교수학습용 콘텐츠 및 자료의 수정	• 최종 확정된 교수학습용 콘텐츠 및 자료 제작

↑↓

	프로그램 활용	교수 · 학습자 관리	교육 자료 및 환경 관리
Implementation 실행	• 개발된 프로그램 실행	• 교육 프로그램 참여자들의 각종 활동 관리	• 교수학습 콘텐츠 및 자료 유지 및 관리 • 각 기관의 시설 및 공간 관리

↑↓

	평가 실행	수정 및 보완
Evaluation 평가	• 실제 평가를 통해 교육 프로그램의 효용성 및 문제점 파악 • 전문가 평가를 통한 타당도 및 개선사항 확인	• 평가 결과에 기초한 교육 프로그램 최종 수정 · 보완 및 개선

달되었는지 평가한다. 평가에는 형성평가와 총괄평가가 있다.

ADDIE 모형에서 제시된 각 단계의 기능, 세부적인 활동과 산출 결과의 관계는 앞의 〈표 3-30〉과 같다(한희정 외, 2014).

2. 딕과 캐리Dick& Carey의 교수체제 설계 모형

딕과 캐리의 교수체제 설계 모형은 체제 접근에 입각하여 교수 설계, 교수 개발, 교수 실행, 교수 평가 과정을 제시하는 대표적인 모형이다. 절차적 모형이며, 효과적인 교수 프로그램을 개발하는 데 필요한 일련의 단계들과 단계 간의 역동적인 관련성에 초점을 맞추고 있다. 1978년 최초 모형이 개발되었으며, 이후 수정을 거듭하여 여덟 차례 개정되었다(박성익 · 임철일 · 이재경 · 최정임, 2015).

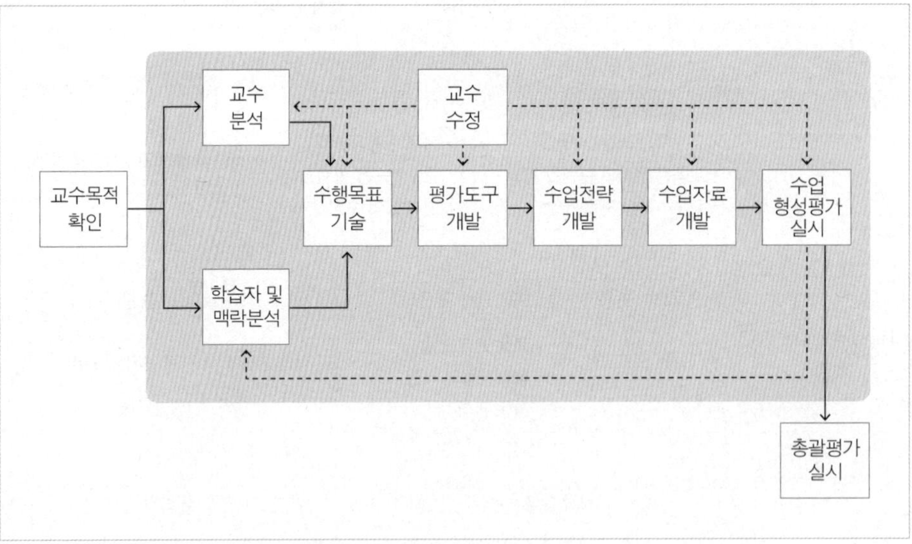

[그림 3-21] 딕과 캐리의 체제적 교수설계 모형(Dick, Carey & Carey, 2015)

① 교수목적 확인

이 단계는 '학습을 마친 후에 학습자가 무엇을 할 수 있게 되기를 원하는가'를 결정하는 것이다. 교수목적은 교과 학습목표 혹은 요구분석 결과 등에서 추출되며, 수행목표보다는 좀 더 포괄적인 목적이다.

② 교수분석

교수목적이 설정되면, 학습자가 그 목적에 도달하기 위해 단계별로 무엇을 어떻게 수행할 것인가를 결정해야 한다. 교수 분석instructional analysis이란 일종의 교수 내용 및 절차 분석에 해당하며, 교수목적을 성공적으로 달성하기 위해 학습자가 학습해야 하는 하위 기능들을 분석하고, 그 기능들이 어떤 절차로 학습되어야 하는가를 규명하는 것이다. 수업을 시작하기 전에 학생들에게 어떤 출발점 행동(지식, 기능, 태도)이 요구되는지도 결정한다. 그리고 이들 간의 관계를 일목요연하게 정리해서 제시한다.

③ 학습자 및 맥락 분석

이 단계에서는 학습자 특성과 학습 상황, 학습자가 학습한 것을 활용하게 될 맥락을 분석한다. 이 단계에서 수집된 학습자의 현재 수준 기능, 선호하는 취향, 태도 등을 포함한 정보들은 이후 교수전략을 수립하는 데 영향을 준다.

④ 수행목표 기술

수행목표performance objective 기술이란 교수분석 및 출발점 행동 진술에 입각하여 '학습이 종결되었을 때 학습자가 무엇을 할 수 있을지를 구체적으로 진술하는 것'이다. 이 수행목표는 학습될 '성취 행동(기능)', 그 성취 행동이 실행될 '조건', 수행의 성공 여부를 판단하는 '준거'의 세 요소로 구성된다.

⑤ 평가도구 개발

목표에서 가르치고자 한 기능을 학습자가 성취했는가를 확인할 수 있는 검사 문항을 개발하는 것이다. 이때, 문항에서 측정하고 있는 것과 목표의 성취 행동은 반드시 일치해야 한다.

⑥ 수업전략 개발

교수 프로그램의 최종 목표를 성취하기 위해 활용하고자 하는 전략을 설정하는 것이다. 교수 전 활동, 정보 제시, 연습 및 피드백, 시험, 후속 활동 등의 교수전략이 나와야 한다. 이런 전략들은 현대 학습이론, 학습 연구 결과, 교수 매체 특성, 가르칠 내용의 특성, 학습자 특성에 바탕을 두어야 한다. 이 특성들은 자료를 개발 혹은 선정하거나 상호작용적 교실 수업을 위한 전략 개발에 활용된다.

⑦ 수업자료 개발 및 선정

앞서 수립한 교수 전략에 의거하여 교수에 관련되는 모든 형태의 자료를 만드는 단계다. 교수 자료는 워크시트, 컴퓨터 기반 멀티미디어, 체험 자료, 원격 학습용 콘텐츠 등 다양한 형태로 개발할 수 있다. 교수 자료를 새로 개발하는 대신에 기존 자료를 선택해서 수정하여 사용할 수도 있다.

⑧ 수업 형성평가

교수 프로그램의 초안이 완성된 후 프로그램의 질을 개선하는 데 필요한 자료를 수집하는 평가를 의미한다. 여기에는 일대일 평가, 소집단 평가, 현장 평가가 있다.

⑨ 교수 프로그램의 수정

형성평가의 결과를 바탕으로 하여 교수 프로그램의 결점을 수정 · 보완한다. 또한 교수 분석의 타당성, 학습자의 출발점 행동 및 특성 분석의 정확성, 성취 목표 진술의 적절성, 검사 문항의 타당성, 절약의 효과 등을 검토하여 수정한다.

⑩ 총괄평가 실행

교수 프로그램의 절대적 혹은 상대적 가치를 평가하기 위한 것이며, 형성평가가 완료되고 충분한 수정이 이루어진 후에 수행된다. 보통 외부 평가자에게 의뢰한다.

딕과 캐리의 모형에 나타난 아홉 가지 교수 설계 단계는 투입과 산출 관계로 서로 밀접히 관련되어 있으며, 효과적이고 효율적인 교수 프로그램을 만들기 위해 역동적으로 상호작용한다. 즉, 계획 · 실행 · 평가 · 수정 과정이 하나의 통합된 체제 속에서 파악된다. 이 모형은 요구 분석과 직무 분석을 포함하지 않기 때문에 교수목적을 정할 수 있는 단계가 준비된 이후에 사용하는 것이 더 바람직하다.

3. 문제중심학습PBL 모형

문제중심학습은 기존의 강의법을 지양하고, 문제를 중심으로 학습을 시작하는 교수설계 모형이다(Barrows, 1985). 이 모형은 1950년대 중반 캐나다의 한 의과대학에서 개발한 것으로, 이 방법을 창시한 배로즈는 의과대학 학생들이 오랜 시간 동안 매우 힘든 교육을 받으면서도 인턴이 되어서는 실제 환자들을 진단하는 데 어려움을 겪는 것을 보고 고안했다. 단순히 정보를 기억하는 것뿐 아니라 고차원의 다양한 문제해결 기능이 요구된다. 환자의 상태에 대해 정확한 진단을 내리기 위해서는 기본적인 지식뿐 아니라 가설의 설정, 가설 검토를 위한 자료 수집, 자료 분석, 종합, 최종 진단과 처방 제시 같은 복잡한 문제해결을 위한 추론 능력이 필요하다(박성익 외, 2015).

문제중심학습은 자기주도적 학습 기능을 중시한다. 뮤지엄은 학생들이 다양한 자원을 바탕으로 스스로 학습을 선택하기에 학습자의 능동적인 태도를 중요시한다. 주어진 문제는 실생활과 밀접하며, 복합적이고 비구조화된 문제들이다. 학습자는 문제를 해결하는 데 학습에 대한 주인 의식을 갖고 임하며, 문제를 해결하는 과정에서 관련된 개념과 원리를 학습하고, 필요한 정보를 수집하고 분석하며, 정보를 종합하여 문제를 해결하는 과정에서 자기주도적 학습능력을 키우게 된다. 또한 학습자 중심의 학습은 소그룹을 통한 협동학습과 자기주도적 학습을 병행해서 사용하는 실제적인 학습 과정을 거치게 된다(조연순 · 우재경, 2003).

예컨대 첫째, 문제 제시 단계에서는 자연사박물관에서 실시하는 '디자이너 대회' 공모전이라는 형식이 제안되었다. 박물관에 있는 다양한 동물 문양 등을 활용하여 디자인하는 것이 '문제'라는 학습과제를 이해하도록 한다. 모둠별로 구성원을 조직하여 역할을 분담하고, 박물관을 관람할 때의 안내와 주의사항을 설명한다. 둘째, 문제해결책 모색 단계에서는 구성원이 각자 동물 문양 디자인 도안을 위해 전시관 표본을 관찰하는 학습으로 구성된다. 또한 박물관의 도감 등 다양한 자원을 활용하여 문제에 대한 해결책을 탐색하게 된다. 셋째, 해결책 고안 단계에서는 전시관의 표본을 보면서 각자 동물 문양 의상 아이디어를 스케치하고 모둠별로 다시 모여 최종

〈표 3-31〉 박물관 교육을 위한 PBL 교수-학습과정 모형

1. 문제 제시		2. 문제해결책 모색		3. 전시물 활용 해결책 고안		4. 해결책 실행		5. 결과물 제시 및 평가
동기유발		학습목표 설정		팀별 문제해결 모색		학습 결과물 완성하기		발표를 통한 지식 공유
문제 이해하기	→	과제 수행 계획 세우기	→	팀 토론 결과 정리하기	→	구체적 실천방안에 대해 논의	→	공유된 해결안 정리
박물관 주의사항		알아두어야 할 사항과 더 알아두어야 할 사항 정리하기		해결을 위한 지식과 정보의 종합		확인된 자료를 중심으로 학습 결과물 완성하기		문제해결안과 관련된 주요 개념 요약 정리
조 구성 및 역할 분담		해결책 모색		문제해결책 고민하기				학습자의 개별평가나 동료평가

출처: 강인애 · 홍혜주, 2009, 12쪽 부분 추가.

해결책을 고안하는 과정을 거친다. 이 과정에서 구체적인 밑그림을 그려보도록 한다. 넷째, 해결책 실행 단계는 모둠별 밑그림이 결정되어 마무리되면 이를 다양한 재료를 활용하여 동물무늬 의상을 제작하는 활동으로 이어진다. 이 과정에서 박물관의 표본이나 도감을 다시 관찰할 수 있고, 직접 재료를 활용하여 만드는 과정에서 모둠의 아이디어를 실행하게 된다. 마지막으로 다섯째, 결과물 제시 및 평가 단계에서는 역할 분담에서 맡은 대로 발표자가 모둠의 의상디자인 안을 발표하게 된다. 이 과정에서 설문지와 자기평가 또는 팀 간 평가를 하고, 박물관에서 알게 된 학습 내용을 교강사가 정리하거나 학생들이 공유하게 된다.

4. 설계 시 유의점

한편 뮤지엄 교육 프로그램 단계에서 유의점은 다음과 같이 7단계(백령, 2005: 176-179)를 기초로 살펴보자. 기획 1단계는 전시 개념과 전시물을 이해해야 한다. 교육 프로그램 기획자는 상설전과 특별/기획전의 빅 아이디어를 파악하고, 전시물을 해석하는 것이 중요하다. 전시 기획자의 의도와 주제를 이해하는 것을 포함하여 전시의 내용을 이해하여 자신의 언어로 풀어서 이해할 수 있어야 한다. 이 과정에서 지금까지 다룬 다양한 교육의 이론과 적용 방법을 생각해보고, 다른 뮤지엄 교육 프로그램을 체계적으로 조사하여 비교 · 분석해보아야 한다.

2단계는 전시 개념을 중심으로 한 교육 목표를 설정해야 한다. 뮤지엄 교육 프로그램 담당자는 해당 박물관의 포괄적인 교육 철학을 고려한다. 해당 뮤지엄이 어떤 연령층이나 전시를 주된 목표로 하는지를 바탕으로 두 가지 방향을 세운다. 전시 중심의 프로그램으로 진행할 것인지, 전시 관련 부가적 프로그램으로 진행할 것인지를 결정하면, 기획과 설계 방향이 정해진다. 특별/기획전의 경우 설명문, 배포자료, 전시/안내 도슨트 프로그램의 시행 여부와 아울러 어떤 교육 프로그램이 있는지 조사해야 한다. 전시 중심의 경우에는 제목title, 소개introduction, 섹션 라벨section labels, 그룹 라벨group labels 등의 전시관별 설명문, 배포 자료 등을 분석한다. 전시 안내 프로그램이나 도슨트뿐 아니라 오디오 가이드 내용을 고려해야 한다. 다음으로 전시 관련 프로그램의 경우에는 감상과 제작, 강의, 강연, 세미나, 심포지엄을 고려한다. 만약 상설전을 포함하여 새로운 프로그램을 개발한다면, 전시관을 포괄적으로 소개하는 주제를 선정하는 프로그램 기획이 된다.

3단계는 교육 프로그램을 구상하는 단계로, 대상을 정하여 프로그램을 현실화한다. 이 과정을 통해 프로그램의 내용과 형식이 결정된다. 만약 메이커 교육 프로그램을 기획한다면, 해당 5~6학년 학생들이 배우는 학교 교육과정을 분석하여 미술, 실과, 과학 교과를 고려한다. '나만의 조명 만들기' 주제 프로그램을 위해 뮤지엄 작품을 감상하고 해당 원리를 관찰하며, 과학과 실과 학습 내용으로 조명의 원리를 분석한다. 학생들이 관찰할 전시물을 정하고, 도슨트 프로그램이 있다면 이를 직접 듣거나 오디오 가이드를 활용한다. 도스트 프로그램의 경우라면, 설명 대상에 포함할 전시물을 정하고, 전시 안내를 통해 이용객에게 전달하고자 하는 이야기를 설정한다. 이에 따라 시나리오 작업, 교재 준비 작업과 교육 시간 등 준비도 단계적으로 이루어져야 한다. 만약 전시 관련 프로그램을 기획한다면, 초청 강사를 섭외하고 수집된 강의 원고를 편집 및 인쇄하는 등 관련된 모든 것이 결정된다.

4단계는 앞서 수립된 교육 목표를 구체화하고, 세분화된 실행안을 개발한다. 3단계에서 결정된 내용을 토대로, 활동지 및 에듀케이터의 교재를 포함한 교육 매체를 고려한다. 워크시트를 제작한다면 교육할 작품을 선정하고 이를 중심으로 질문의 형태, 즉 강의식 질문인지 개방적 질문을 할 것인지를 결정한다.

5단계는 실행과 수정을 통한 프로그램 확정 단계다. 테스트 프로그램이나 파일럿 프로그램, 다른 교육 프로그램 담당자와의 실험을 통해 프로그램을 점검한다. 이에 따라 프로그램의 실효성뿐 아니라 준비도를 체크하고, 지금까지의 단계별 결정 사항을 확정한다. 이에 따라 결정된 모든 활동지와 교재가 인쇄되고 에듀케이터는 수업 준비를 마친다.

6단계는 프로그램 실행 단계로 에듀케이터에 의한 수업 진행 과정이다.

7단계는 평가 단계다. 기획한 교육 프로그램이 목표를 달성했는지, 관람자가 전시를 이해했는지, 만족도는 어떤지를 확인한다. 각 프로그램 단계에서 에듀케이터와 관람자 간의 충분한 소통이 이루어졌는지를 평가한다. 프로그램이 대상의 흥미와 관심을 반영했는지, 교재와 활동지 등 출판물은 전시와 교육의 내용을 반영했는지 등을 평가한다.

상설전을 중심으로 한 교육 프로그램 기획의 경우, 진행하고자 하는 프로그램의 유형을 정하고 이에 따른 교재와 프로그램 개발이 진행되어야 한다. 앞서 언급한 ADDIE 모형을 적용한 프로그램의 경우 프로그램을 왜 기획하는지에 관한 질문에서 출발한 요구를 살펴보는 '분석'이 이루어진다. 뮤지엄 교육 담당자는 해당 뮤지엄의 미션, 방향을 고려하여 프로그램의 방향과 가능성을 결정하고, 과거 프로그램을 분석한다. '설계' 단계는 분석과정을 기초로 프로그램 목표, 평가, 교수 전략을 수립한다. 감상 중심인지 활동 중심인지 아니면 이를 병행할 것인지 고려하고, 학교 교육과정과 연계시킨다. '개발' 단계에서는 앞서 설계를 기초로 실제 프로그램 자료를 제작한다. 워크시트, 활동 자료 준비, 교구재 및 평가 방법으로 설문이나 만족도 조사 방법과 형식을 결정하여 개발한다. '실행' 단계는 실제로 프로그램을 운영하고, '평가' 단계에서는 교육 내용이 잘 전달되었는지 관람자로부터 피드백을 받는다. 소감문이나 설문지, 워크시트 등을 분석하여 프로그램 적용 및 결과를 평가한다.

이상으로 뮤지엄 교육 프로그램 설계의 일반적인 절차를 알아보았다. 교육 프로그램을 개발하기 위해 하위 요소들을 분석해보고, 이를 본인의 교육 프로그램 목표에 따라 단계적으로 설계해나갈 수 있다. 이러한 요소들은 사실 상호 관련되기에 교육 프로그램 설계자는 거시적인 시각으로 뮤지엄의 설립 미션을 고려하면서 본인이 추구하는 프로그램의 대상과 과정을 좀 더 섬세하게 상상해보아야 한다. 관람자의 흥미, 요구, 방문 동기를 생각하면서 다양한 변인을 고려할 수 있을 것이다. 또한 학교 연계 프로그램을 위해서는 뮤지엄과 학교의 입장이나 수요를 분석하면서 학습자를 비롯한 다양한 요소를 교사와 함께 협의하는 과정이 선행되면 좋을 것이다.

3장

뮤지엄 교육 프로그램의 유형과 사례

1. PBL 적용 교육 프로그램

1) PBL 모형의 이해

PBL(문제중심학습)은 문제를 중심으로 학습을 시작하는 교수설계 모형이다(Barrows, 1985). 단순히 정보를 기억하는 것뿐 아니라 적용, 분석, 평가 등 고차적인 문제해결 기능이 요구된다. PBL의 특징은 다음과 같이 정리할 수 있다(최정임 · 장경원, 2015).

첫째, PBL은 '문제problem'에서 시작된다. 학습자들에게 문제를 제시하여 그 문제를 해결하기 위한 활동으로부터 학습이 시작된다. 문제는 실생활에서 경험할 수 있는 실제적인 문제를 활용한다. 실제적 문제를 해결하면서 다양한 주제 및 개념을 탐색할 수 있다.

둘째, PBL은 학습자 중심의 학습환경이다. 학생들은 스스로 자신이 해결해야 할 문제를 이해하고 관리하기 위해 무엇을 알아야 하는지 확인하고, 필요한 정보를 어디서 얻어야 하는지 결정해야 한다. 특히 뮤지엄의 전시물과 자료를 관찰하여 관련된 정보를 수집 · 분석 · 종합 · 정리하는 능력을 기르게 된다.

셋째, PBL에서는 모둠 활동을 중심으로 학습이 진행된다. 일반적으로 모둠 활동으로 문제를 분석하고, 문제해결에 필요한 절차와 방법을 논의하며, 문제해결을 위한 역할을 분담한다. 역할 분담에 따라 주어진 학습과제를 학습한 후에는 다시 모둠으로 모여 학습한 내용을 발표하고, 논의하여 최종해결안을 마련한다.

넷째, PBL에서는 자기주도적 학습을 통해 새로운 지식을 습득한다. PBL에서의 학습자들은 스스로 학습과 연구를 통해 새로운 지식을 습득한다. 학습자들은 자기주도학습 과정에서 새로운 정보를 얻고, 자신의 학습 방법에 대한 전문성을 지니게 된다. 단순 정보나 지식의 암기가 아니라 정보나 지식을 활용하여 실제적 문제를 활용하기 위해 다른 구성원들과 공유하고, 논의하고, 비교하고, 논쟁하면서 자신의 학습 내용을 수정 · 보완한다.

2) PBL 모형의 뮤지엄 교육 프로그램 적용 사례

다음은 PBL 모형이 적용된 사례로 다문화 교육을 주제로 미술관과 박물관 관람을 연계한 것이다. PBL 모형이 뮤지엄 교육 프로그램에 적용된 사례로는 김효진(2015)의 '다문화 의식 증진을 위한 박물관 문제중심학습 교육 프로그램'에서 개발된 미술관 교육 프로그램의 일부를 살펴본다. 이 프로그램에서는 다문화 교육의 주제를 크게 여성, 인종, 장애로 선정하고, 각 주제에 대한 문제 상황을 제시했다. 이 중 '여

〈표 3-32〉 박물관 교육을 위한 PBL 교수-학습과정 모형

1. 문제 제시	2. 문제해결책 모색	3. 전시물 활용 해결책 고안	4. 해결책 실행	5. 결과물 제시 및 평가
동기유발 (여성에 대한 텔레비전 프로그램)	학습목표 설정	팀별 문제해결 모색	학습 결과물 완성하기	발표를 통한 지식 공유
문제 이해하기	과제 수행 계획 세우기	작품 감상을 통해 인물과 상황, 사회적 배경에 관한 조사	구체적 실천방안에 대해 논의	역할극 공연
미술관 주의 사항	알아두어야 할 사항과 더 알아두어야 할 사항 정리하기	해결을 위한 지식과 정보의 종합	전시 작품에 등장하는 가상 인물을 토대로 역할극을 구성함	여성과 사회적 문제의 해결책에 관한 내용 정리
조 구성 및 역할 분담	해결책 모색	문제해결책 고민하기	학습 결과물 완성하기	학습자의 개별평가나 모둠 평가

출처: 강인애 · 홍혜주, 2009, 12쪽.

성'이라는 주제를 시작하기 위해 텔레비전 프로그램에서 여성의 육아 편을 보면서 여성의 사회 진출 및 역할 분담을 둔 갈등 상황 문제를 제시한다. 이어 학생들은 서울시립미술관에 전시된 페미니스트 윤석남 작가의 〈윤석남: 심장〉 전에서 화가의 아이디어와 가치가 담긴 전시를 감상한다. '손이 열이라도', '어머니 5: 가족을 위하여',

〈표 3-33〉 인권 의식 증진을 위한 박물관 다문화 PBL 교육 프로그램 개발 방안

박물관 다문화 PBL 학습목표	인지	다양한 인종과 성별, 특징과 장애, 가정과 배경을 가진 사람들의 생활 모습을 알고, 그들이 우리와 똑같은 인권과 감정을 가진 사람들임을 알 수 있다.
	정의	차별과 어려움을 겪고 있는 사람들의 심정을 이해하고 그들과 함께 살아가려는 의지를 다짐할 수 있다.
	행동	다양한 문화의 사람들과 함께 어울려 살아가는 구체적인 방법을 알고 이를 적극적으로 실천할 수 있다.

여성	제목	'우리 모두의 어머니'	
	내용	양성평등 의식	
	교육 과정	사회 6-2 1. 우리나라의 민주 정치 4) 인권과 인권보호: 인권의 의미와 발달 과정 알기	
	전시	〈윤석남 개인전: 심장(Heart)〉	
	사전 (1~4차시)	• 문제 제시(동기 유발) → 문제 이해하기 • 문제해결책 모색(학습목표 설정) → 과제 수행, 계획 세우기	• 뮤지엄 학습과 PBL 이해 • 남성과 여성에 대한 사전 마인드 맵 하기 • 비정상회담: 워킹맘의 육아 편을 보며 여성의 사회 진출 및 여성 인권에 대해 토의하기 • '남성과 여성에 대한 역할극 제작하기'라는 문제 상황 이해
	전시 (5~6차시)	• 전시물 활용 해결책 고안(팀별 문제해결 모색) → 작품 감상을 통한 인물과 상황, 배경 조사 • 해결책 실행(학습 결과물 완성하기) → 구체적 실천 방안 논의	• 다양한 작품을 감상하며 어머니와 여성에 대해 생각 나누기 • 작품 속 어머니를 보고 떠오르는 단어와 대화 나누기 • 조사한 내용을 토의함
	사후 (7~10차시)	• 해결책 실행(학습 결과물 완성하기) • 결과물 제시 및 평가(발표를 통한 지식 공유) → 역할극 공연	• 역할극 작성하기 • 대본에 따라 그림 속 어머니와 가족들 역할극 하기 • 모둠별로 역할극 공연하기 • 소감 및 남성과 여성에 대한 성찰 일지 쓰기

뮤지엄 사전 학습으로 뮤지엄 방문 주의점과 학습할 문제 상황 이해

사회과 양성 평등이라는 주제에서 관련 사전 지식을 확인함

동기유발로 문제와 관련된 상황 이해

윤석남의 작품에 나타난 이야기를 역할극의 대본으로 작성함

'3장. 뮤지엄 교육 프로그램의 유형과 사례'에서는 뮤지엄 교육 방법론의 개념이나 절차 등이 프로그램에 적용된 사례에 대한 설명을 말풍선을 이용해 삽입했다.

'어시장', '김만덕의 심장은 눈물이고 사랑이다'라는 전시를 통해 당시의 사회상과 여성의 삶을 이해한다. 또한 전시를 관람하면서 여성의 가사, 육아, 참정권, 성범죄 등에 대한 사회적 문제와 해결책을 고민한다.

다음은 양성평등에 관한 교육 프로그램으로, 교수학습 과정안은 다음과 같다.

〈표 3-34〉 양성평등 교육 프로그램 교수 · 학습 과정안

단원명	사회 6-2 1. 우리나라의 민주 정치	장소	교실 및 서울시립 미술관
학습주제	여성 인권의 의미와 중요성 알아보기		
단계	학습과정	교수 · 학습 활동	자료 및 유의점
도입	동기유발	• 마음 열기 – 사전학습 동영상 상기하기 – 전시실의 작품 감상 방법 상기하기	
	학습목표 확인	• 학습목표 확인 인지: 전시물에 담긴 여성들의 삶의 모습을 파악하고 의미를 찾을 수 있다. 정의: 여성들이 가지는 인권의 가치를 알고 이를 소중히 하며, 그들의 심정에 공감하려는 태도를 가질 수 있다. 행동: 여성을 향한 차별과 인권에 대한 개념을 바탕으로 여성들의 삶을 주제로 하는 역할극을 할 수 있다.	• 전시실 관람 방법 지도자료 • 전시 감상에 들어가기 전 지켜야 할 일을 인지한다.
전개	활동 1	• 활동 1. 작품 찾아 관찰하기 – 작품을 감상 · 관찰하고 작품의 의미 생각해보기 – 주인공의 일생과 작품 설명 들으며 주제 파악하기 – 떠오르는 단어와 문장 생각하여 나누기	• 포스트잇, 학습지, 보드판, 필기구
	활동 2	• 활동 2. 발전시켜 생각하기 – 주인공과 가상의 등장인물의 대화 상상하기 – 여러 상황에 놓인 작품 속 주인공과 등장인물의 대화를 꾸며 극본 만들기	• 학습지, 필기구
	활동 3	• 활동 3. 역할극 하기 – 각자 역할을 맡아 역할극 연습하기 – 친구들 앞에서 역할극 해보기	• 연극 소품(앞치마, 주걱, 빨랫감 등)
정리	정리하기	• 정리학습 – 친구들의 역할극에서 잘한 점 찾아 칭찬하기 – 새롭게 알게 된 여성들의 어려움과 희생 발표하기	
	차시 예고	• 차시 예고 – 여성 인권에 대해 다양한 의견을 가지고 토의하기	
평가 관점	• 여성들이 겪는 생활 속 어려움에 대해 아는가? • 어머니의 심정에 공감하고 희생에 감사하는 태도를 가졌는가? • 여성의 인권에 대해 스스로 생각을 가지고 역할극에 참여하는가?	평가 방법	관찰평가 상호평가

모둠 별로 역할을 나누어 감상할 작품과 의미를 생각하기

작품에서 역할극 극본 작성을 위한 요소를 상상하면서 문제해결안 정리

본 학습의 문제인 역할극에 대한 구체적 실천방안이 적용된 상태로 역할극을 수행하여 학습 결과물 완성함

평가의 과정으로 학습자의 개별 평가와 모둠별 평가가 이루어짐

2. 메이커 TMSI 모형 적용 교육 프로그램

1) 메이커 TMSI 모형의 이해

메이커maker는 상상력과 창의적 아이디어를 바탕으로 기존에 없던 것을 창조 및 혁신하는 사람을 말한다(Dougherty, 2012). 메이커 교육은 메이커를 기르기 위한 교육으로, 학습자들이 스스로 문제해결 방법을 찾아가며 새로운 것을 만드는 활동을 중시한다. 특히 메이커 교육은 자유롭게 다양한 재료와 도구를 활용하여 만들거나 개조해보는 실험적 만들기 활동인 '팅커링tinkering'을 강조한다(Resnick & Rosenbaum, 2013). 이는 별다른 목적이나 유용한 효과 없이 무엇인가를 가볍게 고치거나 개선해본다는 뜻의 영어단어 팅커링에서 비롯된 것이다. 메이커 교육에서는 학습자가 팅커링 활동을 자유롭게 하는 공간을 메이커스페이스makerspace라고 부르며, 뮤지엄 또한 이러한 메이커스페이스가 될 수 있다.

메이커 TMSI 모형은 메이커 교육의 정신인 자기주도 학습, 창의성, 실천적 참여 등을 반영한 순환적 학습 모형이다. 기존의 서구에서는 메이커 교육 교수학습 모형으로 디자인 사고 모형(Blikstein et al., 2016), uTEC 모형(Loertscher et al., 2013), TMI 모형(Martinez & Stager, 2013) 등을 제시했으나, 이러한 모형들은 메이커 교육의 핵심인 공유와 개방의 정신을 드러내지 못한다는 한계가 있다. 메이커 TMSI 모형은 이러한 단점을 극복하기 위한 것으로, 기존의 메이커 교육 단계에 '공유하기' 단계를 추가하여 공유와 개방의 정신을 드러내고자 했다(황중원 외, 2016). 그 결과, 메이커 TMSI 모형은 팅커링Tinkering, 만들기Making, 공유하기Sharing, 개선하기Improving의 총 네 단계가 지속적으로 순환 · 반복되는 형태가 되었다(강인애 · 김명기, 2017). 모형의 각 단계는 [그림 3-22]와 같이 구체화될 수 있다.

학습자들은 먼저 '팅커링' 단계에서 다양한 재료와 부품 및 기성품들을 자유롭게 해체 · 조합 · 수리하고 꾸미는 일련의 목적 없는 활동, 즉 팅커링을 시작한다.

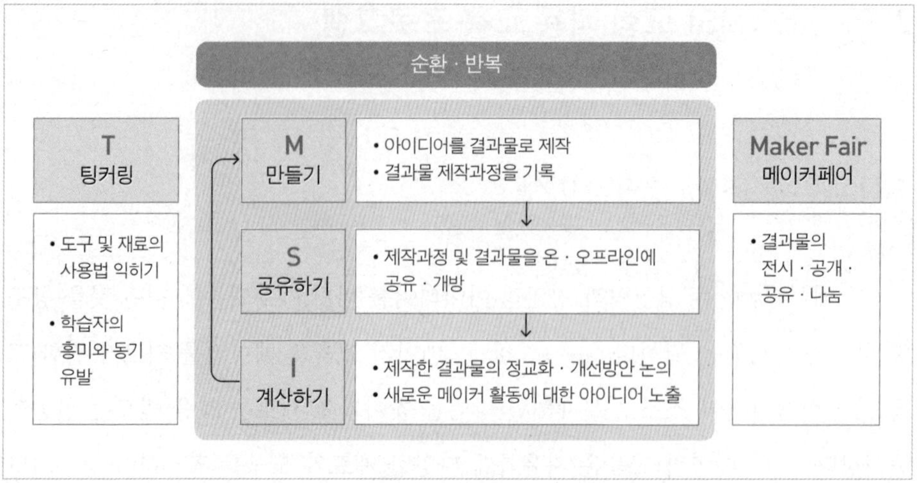

[그림 3-22] 메이커 TMSI 모형

출처: 강인애 · 김명기, 2017, 494쪽.

이 단계는 학습자들이 만들기의 결과에 연연하지 않으면서 자기주도적이고 자유롭게 수행하기 때문에 흥미와 동기를 유발한다. 또한 이처럼 가벼운 활동은 학습자들이 본격적인 활동인 만들기 활동에 앞서 재료를 탐색하고, 도구 및 재료의 사용법을 자연스럽게 익힐 수 있다. 나아가 자신이 만들고자 하는 바를 점진적으로 개념화하기도 한다.

둘째로 '만들기' 단계에서는 학습자들이 본격적인 메이커 활동을 시작한다. 이전 단계인 '팅커링' 단계에서 받은 영감을 바탕으로 아이디어를 구체화하고 결과물을 제작한다. 이 단계는 기존의 디자인 사고에서 강조하는 실험하기, 시제품prototype 만들기 등의 과정 등을 포함한다. 또한 이 단계에서 종종 이루어지는 사진, 동영상, 만들기 일지, 포트폴리오 등의 과정 기록물documentation을 통해 학습자는 자신의 메이킹 과정 공유하기 단계에서 동료 학습자와 공유할 수 있다.

세 번째는 '공유하기'로, 학습자가 자신의 제작과정 및 결과물을 온라인과 오프라인에 공유하는 단계다. 이는 서구에서 창안된 기존의 메이커 교육 모형에는 잘 드러나지 않는 단계로, 메이커 교육이 강조하는 공유 및 개방의 정신을 담고 있다(황중원 외, 2016). 학습자들은 이러한 공유와 개방 단계를 통해 만들기 과정 전반에 관한 정보를 얻을 수 있으며, 이를 바탕으로 다른 학습자가 겪은 시행착오를 미리 피하거나 줄일 수 있다. 이렇게 공유된 경험은 새롭게 만들기를 시작하는 다른 학습자에게 영감을 줄 수도 있다. 한편, 자신의 만들기 과정을 공유한 학습자 또한 자발적 피드백을 통해 자신의 개발 단계를 되돌아볼 수 있다(Tseng, 2016). 더욱 중요한 것은 이러한 반성적 사고가 시행착오를 딛고 다시 새로운 아이디어를 창안하게 한다는 점이다. 따라서 에듀케이터는 '공유하기' 단계가 원활하게 이루어질 수 있도록 '만들기' 단계에서 학습자들에게 제작과정을 자세히 기록하는 법을 안내하고 격려해야 한다(황중원 외, 2016).

네 번째는 '개선하기'로, 그동안의 제작과정과 결과를 되돌아보고 새로운 메이킹에 대한 아이디어를 도출하는 단계다. 이 단계에서 학습자들은 상호 간에 좀 더 구체적인 피드백을 주고받으며, 자신의 결과물을 정교화하거나 개선할 방안 등을 논의한다.

메이커 TMSI 모형은 '개선하기' 단계에서 교육을 종료하는 것이 아니라 순환을 통해 다시 '만들기', '공유하기', '개선하기'의 세 단계가 계속 반복된다. 이후 메이커 교육을 최종적으로 마무리할 때, 마무리 개념으로 메이커 페어Maker Fair라는 축제 활동으로 결과물을 전시하여 참여자들과 공유한다.

따라서 메이커 TMSI 모형을 실제 뮤지엄 교육에 적용할 때는 이 모형이 순환적 형태라는 것을 인지할 뿐 아니라 그 순환을 통해 학습자들의 학습이 구체화될 수 있도록 지도해야 한다. 또한, 메이커 정신의 함양이 뮤지엄 교육의 목적이므로 개인

〈표 3-35〉 개인적 · 사회적 차원의 메이커 정신

개인적 차원	사회적 차원
• 학습에 대한 자발성 • 학습에 대한 책임감과 주인의식 • 창의적 문제해결력 • 생산적 실패 • 학습에 대한 지속성과 인내력 • 다양한 자료, 도구 활용 능력	• 개인과 사회의 상호작용 • 지식의 공유와 개방으로 민주사회 구현 • 협력, 소통, 공감

출처: 강인애 · 김홍순, 2017, 254쪽.

적 · 사회적 차원의 메이커 정신이 프로그램의 전 과정에서 적절하게 반영될 수 있도록 활동을 계획해야 한다(강인애 · 김홍순, 2017).

2) 메이커 TMSI 모형의 뮤지엄 교육 프로그램 적용 사례

메이커 TMSI 모형이 뮤지엄 교육 프로그램에 적용된 사례로는 정혜미(2018)의 박물관미술관교육학 석사학위논문 〈뮤지엄을 활용한 메이커 교육Maker Education 프로그램 개발〉에서 소개된 미술관 교육 프로그램을 들 수 있다. 이 교육 프로그램은 총 35차시의 뮤지엄 교육에 메이커 TMSI 모형을 적용한 것으로, 뮤지엄 연계 메이커 교육 프로그램의 좋은 사례다.

① 교육 프로그램 실행 기관

정혜미(2018)는 국립현대미술관 서울관, 디뮤지엄D Museum, 롯데뮤지엄 총 세 곳의 미술관에서 교육 프로그램을 실행했다. 특히 국립현대미술관 서울관의 경우 미술관 내에 '아트 팹 랩Art Fab Lab'이라는 메이커 교육 전용 공간을 설치하고, 이와 관련된 학교 연계 교육을 지속적으로 펼치고 있다. 아트 팹 랩은 3D 프린터, 3D 스캐너, 레이저 커터 등 평소 학습자들이 생활 속에서 자주 접하기 어려운 디지털 제작 기기들을 직접 보고, 다양한 교육활동을 통해 체험할 수 있도록 제공하고 있다. 학습자들은 이와 같은 뮤지엄 공간에서의 교육 경험을 통해 메이커 교육의 과정과 메이커스페이스에 대해 구체적으로 이해할 수 있을 것이다. 이에 정혜미(2018)의 교육 프로그램 또한 프로그램 준비 및 실행을 위한 사전학습으로서 '아트 팹 랩'의 학급 단체 프로그램에 참여했다. 이처럼 다양한 뮤지엄에서 모듈module로 만들어 제공하는 뮤지엄 교육 프로그램에 학습자들과 사전에 참여해보는 것은 교육 프로그램의 계획 및 실행을 더욱 정교화할 가능성이 있다는 점에서 좋은 방법이라 할 수 있다.

한편, 본격적인 프로그램 실행 과정에서 학습자들이 방문하여 전시를 관람하는 디뮤지엄과 롯데뮤지엄은 모두 사립 뮤지엄으로 별도의 메이커스페이스는 설치되어 있지 않았다. 이에 정혜미(2018)는 교육 프로그램의 주제와 연관이 깊은 전시를 관람하고, 관련된 것을 만들고자 하는 학습자들의 흥미와 동기를 자극하는 동기유발의 장소로서 뮤지엄을 활용했다. 국내의 뮤지엄에 아직 메이커스페이스가 많이 설치되어 있지 않은 점을 감안할 때, 에듀케이터는 단순히 메이커스페이스로만 뮤지엄에 접근할 것이 아니라 학습자에게 메이커 활동 영감을 주는 장소로서 뮤지엄의 의미를 재인식해볼 필요도 있다.

② 교육 프로그램 실행 대상

본 뮤지엄 교육 프로그램은 서울 송파구에 위치한 T초등학교 6학년 1개 학급(남학생 8명, 여학생 12명으로 총 20명)을 대상으로 프로그램을 적용했다. 이들은 평소 수업에서 협동수업에 대한 경험이 많은 학생들로, 스마트 기기에 대한 관심 및 생활 속 활용도가 높다는 특징이 있다.

③ 교육 프로그램의 목적

본 교육 프로그램은 뮤지엄을 활용한 메이커 교육 프로그램을 개발하여 뮤지엄 경험이 메이커 교육에 어떠한 영향을 미치는지, 메이커 교육 프로그램이 어떤 교육적 효과가 있는지를 분석한 뮤지엄 교육 논문의 한 요소다. 이에 본 교육 프로그램의 목적은 메이커 교육과 뮤지엄 교육을 유기적으로 연결하여 학습자의 뮤지엄 교육을 증진하고자 함이라 볼 수 있다.

또한 본 교육 프로그램은 '창의적인 조명 만들기' 메이커 활동을 통해 초등학교 6학년 과학 '2. 전기의 작용'과 실과 '생활과 전기 · 전자'의 내용 요소를 통합적으로 교육하고자 하는 목적도 지니고 있다.

④ 교육 프로그램의 주제 및 교육과정 연계 요소

본 교육 프로그램 전반에서 활용되는 주제는 '나에게 필요한 조명 만들기'다.

〈표 3-36〉 과학 '전기와 자기' 관련 교육 프로그램 연계 요소 및 내용 체계

<table>
<tr><th colspan="4">과학 5, 6학년군 '전기와 자기' 영역</th></tr>
<tr><th>영역</th><th>핵심 개념</th><th>일반화된 지식</th><th>5~6학년군 내용 요소</th></tr>
<tr><td rowspan="4">전기와 자기</td><td rowspan="2">전기</td><td>두 전하 사이에는 전기력이 작용한다.</td><td rowspan="2">전기회로
전기절약
전기안전</td></tr>
<tr><td>전기회로에서는 기전력에 의해 전류가 형성된다.</td></tr>
<tr><td rowspan="2">자기</td><td>전류는 자기장을 형성한다.</td><td rowspan="2">전자석</td></tr>
<tr><td>물질은 자기적 성질에 따라 자성체와 비자성체로 구분된다.</td></tr>
<tr><th colspan="4">과학 6학년 2학기 '2단원. 전기의 작용' 내용 체계</th></tr>
<tr><td>단원명</td><td colspan="3">2. 전기의 작용</td></tr>
<tr><td rowspan="3">단원의 학습목표</td><td>지식</td><td colspan="2">• 전지, 전구, 전선을 연결하여 전구에 불이 켜지는 조건을 말할 수 있다.
• 전기회로에서 전류가 흐르는 방향을 말할 수 있다.
• 전류가 흐르는 전선 주위에 자석의 성질이 나타남을 설명할 수 있다.</td></tr>
<tr><td>탐구</td><td colspan="2">• 전지, 전구, 전선을 연결하여 전구를 불을 켤 수 있다.
• 전지의 연결 방법에 따른 전구의 밝기를 비교할 수 있다.
• 전구의 연결 방법에 따른 전구의 밝기를 비교할 수 있다.
• 전선에 전류가 흐를 때 전선 주위에서 나타나는 현상을 이용하여 전자석을 만들 수 있다.</td></tr>
<tr><td>태도</td><td colspan="2">• 일상생활에서 전자석을 이용한 전기 기구에 대하여 흥미와 호기심을 가진다.
• 전기 절약과 전기 안전의 필요성을 인식하고 일상생활에서 이를 습관화하려는 태도를 가진다.</td></tr>
<tr><td rowspan="10">차시별 활동</td><td>1</td><td colspan="2">똑똑한 전기 박사에 여러 가지 물체 연결하기</td></tr>
<tr><td>2</td><td colspan="2">전지, 전구, 전선을 연결하여 전구에 불을 켜고, 전구에 불이 켜지는 조건 알기</td></tr>
<tr><td>3</td><td colspan="2">전지를 직렬이나 병렬로 연결하여 전구에 불을 켜고 전지의 연결 방법에 따른 전구의 밝기 비교하기</td></tr>
<tr><td>4</td><td colspan="2">전구를 직렬이나 병렬로 연결하여 전구에 불을 켜고 전구의 연결 방법에 따른 전구의 밝기 비교하기</td></tr>
<tr><td>5</td><td colspan="2">전기회로에서 전류가 흐르는 방향을 알고 화살표로 표시하기</td></tr>
<tr><td>6</td><td colspan="2">전류가 흐르는 전선 주위에 자석의 성질이 나타남을 알기</td></tr>
<tr><td>7~8</td><td colspan="2">전자석을 만들고 전자석의 성질 설명하기</td></tr>
<tr><td>9</td><td colspan="2">전기를 절약하는 방법을 조사하여 발표하고 전기를 안전하게 이용하는 방법을 조사하여 발표하기</td></tr>
<tr><td>10~11</td><td colspan="2">전자석의 원리를 이용하여 발명품 설계하기</td></tr>
<tr><td>12</td><td colspan="2">전기의 용어에 대한 개념 정리하기</td></tr>
</table>

위 주제는 교사와 학습자들이 함께 결정한 주제로, 초등학교 6학년 교육과정 중 '과학', '실과', '수학', '미술' 과목과 연관이 있다. 본 교육 프로그램은 특히 '과학', '실과'

〈표 3-37〉 실과 '전기전자' 관련 교육 프로그램 연계 요소 및 내용 체계

<table>
<tr><th colspan="4">실과 교육과정 '전기전자 관련 부분'</th></tr>
<tr><td>생활과 전기전자</td><td colspan="3">(4) 생활과 전기전자
여러 가지 형태로 사용하고 있는 전기전자의 원리를 이해하여 간단한 제품을 만들고, 일상생활에서 사용되는 로봇을 탐구하고 체험한다.
(가) 일상생활에서 열, 빛, 동력 등의 형태로 이용되는 전기전자 제품의 기본 원리를 이해하고, 전기전자 제품에 사용되는 주요 전자 부품을 이용하여 일상생활에 유용한 간단한 제품을 만들 수 있다.
(나) 일상생활에서 많이 사용되는 로봇의 간단한 작동 원리를 이해하고, 여러 가지 센서를 장착한 간단한 로봇을 체험할 수 있다.</td></tr>
<tr><td>영역 체계</td><td>기술의 세계</td><td>• 생활과 기술
- 기술과 발명의 기초
- 창의적인 제품 만들기</td><td>• 생활과 전기전자
- 전기전자의 이용
- 로봇의 이해</td></tr>
<tr><th colspan="4">실과 6학년 비상교육 '4단원. 생활과 전기전자' 내용 체계</th></tr>
<tr><td>단원명</td><td colspan="3">4. 생활과 전기전자</td></tr>
<tr><td rowspan="3">단원의 학습목표</td><td>지식</td><td colspan="2">• 일상생활에서 열, 빛, 동력 등의 형태로 이용되는 전기전자의 기본 원리를 설명할 수 있다.
• 일상생활에서 많이 사용되는 간단한 로봇의 작동 원리를 설명할 수 있다.</td></tr>
<tr><td>기능</td><td colspan="2">• 전기전자 제품에 사용되는 주요 전자 부품을 이용하여 일상생활에 유용한 간단한 제품을 만들 수 있다.
• 여러 가지 센서를 장착한 간단한 로봇을 작동시킬 수 있다.</td></tr>
<tr><td>태도</td><td colspan="2">• 가정에서 사용되는 다양한 전기전자 제품을 올바르게 사용하고자 하는 태도를 기를 수 있다.
• 로봇에 대한 올바른 인식을 통해 로봇을 올바르게 사용하는 태도를 기를 수 있다.</td></tr>
<tr><td rowspan="4">전기전자의 이용</td><td rowspan="2">(1) 전기전자 제품의 종류와 원리</td><td colspan="2">• 전기전자 제품의 종류에 대해 말할 수 있다.
• 전기전자 제품의 구조와 간단한 원리를 이해할 수 있다.</td></tr>
<tr><td colspan="2">• 전자 부품이 하는 일에 대해 설명할 수 있다.
• 간단한 전기전자 제품을 만들 수 있다.</td></tr>
<tr><td rowspan="2">(2) 간단한 전기전자 제품 만들기</td><td colspan="2">• 우리 주변의 전기전자 제품을 결합하여 새로운 기능의 미래형 전기전자 제품을 구상해볼 수 있다.</td></tr>
<tr><td colspan="2">• 전기가 만들어지는 다양한 방법에 대해 알 수 있다.</td></tr>
</table>

와의 연관성에 중점을 두어 교육 프로그램을 계획 및 수행했다. 이처럼 미술관을 교육 프로그램 연계 장소로 선정했다고 하더라도 '미술'이 아닌 '과학', '실과' 같은 다양한 교과와 깊은 연계를 이루는 교육 프로그램을 조직할 수 있다는 점은 뮤지엄 교육의 개방성과 확장성을 드러낸다고 할 수 있다. 구체적인 초등학교 6학년 교육과정과 교육 프로그램의 연계 요소는 앞의 〈표 3-36〉, 〈표 3-37〉과 같다.

⑤ 교육 프로그램의 전반적 지도 계획

본 교육 프로그램은 총 35차시로 메이커 TMSI 모형을 각각 팅커링(17차시), 만들기(7차시), 공유하기(9차시), 개선하기(2차시)로 활용했다. 황중원 외(2016)가 제시한 메이커 TMSI 모형은 순환적인 학습 모형이지만, 본 교육 프로그램은 교육 단계가 순환되고 있지 않다. 그러나 마지막 '개선하기' 단계에서 다음 활동 계획을 세움으로써 이후에도 계속적으로 순환적 학습이 이루어질 것을 간략히 보여주었다. 또한 학습 전반에서는 '팅커링'에서 많은 차시를 할애하여 학습자들이 다양한 아이디어를 발산하도록 구성하고, '메이커 페어'를 '공유하기' 단계에 포함하는 등 메이커 TMSI 모형을 창의적으로 변형하여 활용했다. 자세한 내용은 〈표 3-38〉과 같다.

〈표 3-38〉 메이커 TMSI 기반 교육 프로그램 지도 계획

단계	차시	주제	활동 내용	장소
T 팅커링 Tinkering	1	사전 준비	• 뮤지엄과 메이커 교육에 대한 이해 • 프로그램 이해 및 사전 교육 실시	교실
	2~5	뮤지엄 관람 (1) 메이커 교육의 이해	• 구체적인 메이커 교육 이해를 위한 국립현대미술관 서울관 아트 랩 방문 및 교육 프로그램 수행 • 메이커 교육 이해 및 공학 기기 사용법 익히기	국립 현대미술관 서울관
	6~7	과제 제시 및 문제해결	• 협력 모둠 조직 • 문제 탐색 및 문제해결 방법 탐색 • 아이디어 생성하기	교실

뮤지엄과 메이커 교육의 관계 짓기를 통해 학생들에게 교육적 맥락을 제공

기존의 전시공간이 아닌 열린 사회 교육기관인 '메이커 스페이스'로서의 뮤지엄을 체험

미술관에서 제공하는 학교 연계 교육프로그램을 사전교육으로 활용함

메이커교육과 관련된 3D 프린터, 레이저 커터 등을 뮤지엄에서 체험

교육 단계에서 보다 긴밀하게 소통하는 학습단위로서의 모둠 도입

비구조화된 형태의 대략적인 아이디어 생성

단계	차시	주제	활동 내용	장소
	8~10	뮤지엄 관람 (2)	• 한남동 디뮤지엄 전시 〈플라스틱 판타스틱Plastic Fantastic: 빛 · 컬러 · 판타지〉 관람하기 • 전시 도슨트 프로그램과 함께 자세히 관람하기 • 모둠별로 이야기 나누며 전시 다시 한번 관람하기 • 관람 후 감상 및 아이디어 나누기	한남동 디뮤지엄
	11~13	뮤지엄 관람 (3)	• 잠실 롯데뮤지엄 전시 〈댄 플래빈Dan Flavin: 위대한 빛〉 관람하기 • 전시 도슨트 프로그램과 함께 관람하기 • 모둠별로 이야기 나누며 전시 다시 한번 관람하기 • 관람 후 감상 및 아이디어 나누기	신천동 롯데뮤지엄
	14~17	재료 탐색 및 실험하기	• 뮤지엄 관람 후 학급 친구들과 아이디어 및 의견 나누기 • 다양한 재료를 이용하여 빛, 조명과 관련한 실험해보기 • 3D 펜 사용 방법을 배우고 여러 가지 모양 만들어보기	교실
M 만들기 Making	18~24	메이커 활동 수행	• 나의 아이디어 구상하기 • 모둠별 아이디어 정리 및 구체화하기 • 메이커 활동하기(3D 펜 및 재활용 플라스틱 등 다양한 재료 활용) • 메이커 활동 기록 남기기(타임라인 만들기, 동영상 촬영 및 인터뷰)	교실
S 공유하기 Sharing	25~26	정보 및 과정 공유	• 메이커 활동 과정 발표하고 의견 공유하기 • 메이커 활동 과정 영상 제작 및 편집하기 • 메이커 활동 과정 오픈소스로 공유하기 (학교 홈페이지, 유튜브, 카카오스토리 등)	교실
	27~33	메이커 페어	• 메이커 페어를 위한 전체 회의 및 준비하기 (장소 선정 및 예약, 이름 만들기, 메이커 페어 프로그램 및 부스 준비, 포스터 제작하기, 학교 안에서 홍보하기) • 모둠별로 만든 창작품으로 학교 학생들을 대상으로 메이커 페어 실시하기 • 메이커 페어 참가 학생들 대상으로 설문지 받기 • 메이커 페어 정리 및 마무리하기	학교
I 개선하기 Improving	34~35	활동 성찰 및 개선점 파악	• 개별 · 팀별 인터뷰 및 설문지 작성 및 자기평가지 작성하기 • 다음 활동 계획 세우기	학교

- 뮤지엄 관람 길잡이 질문을 활용하여 아이디어를 스스로 정리하는 기회 제공
- 전시 및 전시물과 연관하여 모둠별 아이디어 구상 및 탐색
- 다양한 뮤지엄 전시 관람 방법을 도입하여 주제에 관한 학습자의 이해를 높이고 학습자의 뮤지엄 경험을 다양화함
- 구체적인 팅커링이 드러나는 차시로 학습자들이 직접 다양한 재료와 기기로 자유롭게 주제를 탐색함
- 뮤지엄이 아닌 교실에 열린 공간으로서 메이커스페이스 구축함
- 조명 제작 뿐 아니라 조명을 전시할 공간을 디자인 및 구성함. 이를 통해 전시의 미적 구성에 대해서도 간접적으로 학습.
- 이 과정에서 학습자들이 자신의 만들기 과정에 대하여 스스로 되돌아보는 경험이 반드시 필요함
- 온라인을 활용한 공유
- 학교라는 오프라인 공간을 활용한 공유함
- 학습자들이 뮤지엄 전시관람 경험을 바탕으로 주도적으로 전시 공간을 준비하여 실시함
- 메이커 교육활동 과정 및 결과에 대한 여러 학년 학습자들의 피드백
- 교육의 결과 뿐 아니라 과정에 대해서도 반성 및 성찰함
- 순환적 학습모형의 특징

출처: 정혜미, 2018, 44-46쪽을 기반으로 재구성.

⑥ 교육 프로그램의 대표 교수-학습 과정안

다음은 본 교육 프로그램의 35차시 중 뮤지엄에서 교육이 이루어지는 8~10차시 교수-학습 과정안이다. 본 교수-학습 과정안에는 메이커 TMSI 모형의 전 단계가 제시된 것이 아니라 그중 팅커링 단계만 드러나 있다. 특히 본 교수-학습 과정안에서의 교육활동은 아래의 활동 보조도구인 관람 길잡이 질문지를 적극적으로 활용하고 있다. 자세한 교육 내용은 〈표 3-39〉와 같다.

〈표 3-39〉 아트 팹 랩 투어 교수-학습 과정안

<table>
<tr><td colspan="2">학습주제</td><td colspan="4">〈플라스틱 판타스틱: 빛 · 컬러 · 판타지〉 관람</td></tr>
<tr><td colspan="2">메이커 교육 단계</td><td>팅커링</td><td>만들기</td><td>공유하기</td><td>개선하기</td></tr>
<tr><td colspan="2">학습목표</td><td colspan="4">• 뮤지엄 관람을 통해 메이커 활동에 대한 아이디어를 얻을 수 있다.
• 새로운 경험을 하며 자유로운 상상을 할 수 있다.
• 일상생활과 예술을 연결하여 생각할 수 있다.
• 모둠 친구들과 함께 생각을 공유하며 감상할 수 있다.</td></tr>
<tr><td>학습 순서</td><td>팅커링 요소</td><td colspan="2">세부 지도 방안 및 주요 발문</td><td colspan="2">준비물(△) 및 유의사항(※)</td></tr>
<tr><td>도입</td><td>학습자 흥미, 동기 유발</td><td colspan="2">• 전시에 대한 소개
- 디뮤지엄의 〈플라스틱 판타스틱: 빛 · 컬러 · 판타지〉는 세계적인 디자이너들의 예술적 상상력과 플라스틱의 무한한 가능성이 만나 탄생한 디자인을 소개하는 전시이며, 평소 일상생활에서 사용하는 플라스틱제품에 대해 새롭게 해석하는 경험을 할 수 있는 전시다.
• 배경지식 탐구
- 전시 관람 전 주제별 배경지식 정리하기
◦ 빛, 플라스틱, 색에 대한 배경지식을 마인드맵 형식으로 정리해봅시다.
• 관람목표 세우기
- 학습자가 뮤지엄 관람의 목표를 세워본다.
◦ '나는 이 전시를 통해 ( )할 것이다'에 알맞은 말을 채워 목표를 설정해봅시다.
• 모둠별 계획 세우기
- 모둠별로 어떠한 계획으로 뮤지엄을 관람하고 메이커 활동에 도움이 되게 할 것인지 의견을 나눈다.

[전시 주제 및 메이커교육 주제에 관련된 학습자의 배경지식 점검]
[메이커교육 문제해결을 위한 자발적 전시 감상 관점을 미리 계획함
개인적 차원의 메이커 정신: 학습에 대한 자발성]</td><td colspan="2">[사진, 동영상 등을 활용해 감상한 전시물을 기록하고, 이들 중 인상깊은 전시물을 메이킹 활동에 반영할 수 있도록 함.
개인적 차원의 메이커 정신: 다양한 도구 활용 능력]
뮤지엄 감상학습지, 개인별 기록도구(스마트폰, 디지털카메라 등)

※관람 전 배경지식을 정리하여 내가 알고 있는 것에 대해 정리하고, 전시에 대한 관람 목표를 세워 학습자에게 유의미한 관람이 되도록 한다.
※모둠별 메이커 활동을 목표로 관람하는 것이기 때문에 모둠 계획을 세워 감상 관점을 만든다.</td></tr>
</table>

전개	학습자 흥미, 동기 유발 아이디어와 영감 얻기	• 도슨트와 함께 관람하기 - 전시에 대한 이해를 돕기 위해 도슨트의 투어 프로그램에 따라 전체적으로 관람한다. - 수동적으로 듣고만 있기보다 질문하면서 관람한다. 질문은 학습지의 길잡이 질문들을 참고하여 핵심을 파악하도록 한다. • 주요 질문들을 생각하여 관람하기 - 뮤지엄의 오브제를 관찰할 때 네 가지 감상 관점을 제시하고, 최종적으로 나의 아이디어를 떠올릴 수 있게 하는 길잡이 학습지를 제공한다. - 도슨트 해설로 알게 된 내용과 내 생각과 상상력을 더하여 오브제를 이해하도록 한다. - 디자이너가 어떻게 작품을 만들게 되었는지 생각해보고 여러 관점에서 오브제를 감상한다. • 모둠 친구들과 자유롭게 관람하기 - 모둠 친구들과 함께 감상할 오브제나 전시 공간을 선정해 관람한다. - 자신의 생각과 감상, 떠오른 아이디어 등을 적극적으로 이야기하며 소통하게 한다. - 뮤지엄에서 경험한 것들을 메이커 활동에서 어떻게 활용할 것인지 의견을 나눈다. - 뮤지엄 관람을 하지 못한 모둠 친구들을 위해 SNS를 통해 사진이나 동영상을 공유한다.	뮤지엄 감상 학습지, 개인별 기록도구(스마트폰, 디지털카메라 등) ※도슨트와 함께 관람할 때는 일방적으로 도슨트의 설명을 듣고 있기보다 학습자가 궁금한 것을 적극적으로 질문하도록 하여 능동적인 감상이 되도록 한다. ※뮤지엄 감상 학습지에 무리하게 내용을 기록하게 되면 원래 관람 목적을 벗어날 가능성이 있어 스트레스 없이 자유롭게 기록하도록 하고, 동료 학습자와 충분히 대화를 나누도록 한다. ※뮤지엄의 관람 동선을 반드시 따라야 하는 것은 아니지만, 다른 관람자가 불편해할 수도 있으므로 뮤지엄 예절을 지키면서 관람하도록 지도한다.
정리	아이디어와 영감 얻기	• 전체적인 관람 이야기 나누기 - 뮤지엄 관람에 대한 전체적인 감상과 즐거웠던 점, 새롭게 알게 된 점 등 이야기를 나누어본다. • 세부적인 관람 이야기 나누기 - 가장 인상적이었던 작품, 공간에 대한 이야기를 나눈다. • 뮤지엄 활용 계획 세우기 - 뮤지엄에서 본 것 중에 직접 만들어보고 싶었던 것이나 만들기 아이디어를 떠올리며 이야기를 나눈다. - 뮤지엄에서 떠올린 아이디어를 바탕으로 팅커링 활동에서 하고 싶은 실험을 이야기한다. - 모둠별로 메이커 활동에서 하고 싶은 것을 공유하며 계획을 세워본다. - 팅커링과 작품 제작에 대한 아이디어와 재료는 SNS를 통해 모둠별로 공유한다.	뮤지엄 학습지, 개인별 기록도구 ※뮤지엄에서 한 경험들과 인상적인 오브제를 메이커 활동에 어떻게 활용할 것인지 의견을 나누고 앞으로 할 메이커 활동 계획에 반영될 수 있도록 한다. 이때 다소 엉뚱한 사고라도 학습자가 경험을 통해 도출한 내용이라면 적극적으로 격려하며 허용적인 분위기를 조성한다.

뮤지엄에서 제공하는 전시 감상 형태를 적극적으로 도입함.

학습자들의 자기주도적 뮤지엄 전시 감상을 위한 비계로서 길잡이 질문들을 미리 제공함.

본 프로그램에 알맞게 개발한 학습지의 활용함.

개인적 차원의 메이커 정신: 학습에 대한 자발성, 책임감, 주인의식

전시물과 아티스트의 의도의 연결짓기를 통하여 학습자들이 메이킹 단계에 적용할 요소를 탐색하도록 함.

협력적 감상을 통해 메이킹 활동에 대한 공동의 구상으로 이어질 수 있도록 함.

소란스러운 모둠활동이 되지 않도록 반드시 사전에 안내해야 함.

뮤지엄 학습에 대해 성찰함. 개인적 차원의 메이커 정신: 학습에 대한 책임감

전시물 및 전시를 기록하여 자신의 활동계획에 활용할 뿐 아니라 다른 학습자들에게 전시경험 및 메이킹 활동 의견을 공유하는 매개로서 활용함.

전시주제 및 전시물, 메이커활동과 관련된 주제에 대한 뮤지엄 경험을 성찰함. 개인적 차원의 메이커 정신: 학습에 대한 책임감과 주인의식

뮤지엄 교육에서 산출한 아이디어와 개인의 상상력을 결합하여 자유롭게 실험적 팅커링을 떠올려보도록 지도함. 개인적 차원의 메이커정신: 생산적 실패

개인적 차원의 메이커 정신: 창의적 문제해결력

목적이 없는 실험적 성격의 팅커링 단계 계획 의도에 알맞음.

지속적인 동료 학습자들과의 공유를 통해 상호 피드백이 가능하도록 함. 사회적 차원의 메이커정신: 협력, 소통, 공감

출처: 정혜미, 2018, 54-55쪽.

⑦ 교육 프로그램의 활동 보조도구 및 학습지

본 교육 프로그램에서는 각각의 뮤지엄 전시를 관람할 때 활동 보조도구로서 '길잡이 질문'을 활용한다. 길잡이 질문지는 [그림 3-23]과 같이 네 가지로 분류한 질문들을 나열하고 있으며, 이러한 질문들을 통해 학습자가 스스로 자기 생각을 구체적으로 점검할 수 있도록 했다. 정혜미(2018)는 일반적인 전시물 감상을 위한 질문이 아니라 메이커 활동에 영감을 얻기에 알맞은 질문들로 질문지를 구성했다. 특히 전시물에 대한 아이디어를 얻고, 그 작품을 만든 디자이너 또는 예술가의 사고를 예상하며, 나아가 전시물의 활용 방안을 다양하게 생각하여 추후의 메이커 활동과 연관 지을 수 있도록 했다.

한편 이 교육 프로그램에서는 뮤지엄 교육 초반부터 후반에 걸쳐 두루 활용할 수 있도록 학습지를 개발했다. 먼저 첫 장(그림 3-23)에서는 활동지 질문을 통해 학습자의 전시에 대한 개인적 맥락을 점검하고, 개인의 목표를 세울 수 있게 했다. 이후 두 번째 장(그림 3-24)에서는 위의 길잡이 질문을 수록하여 학생들이 감상 보조도구로서 활용할 수 있게 했다. 세 번째 장에서는 자신이 감상한 전시를 돌아보고, 이를 자

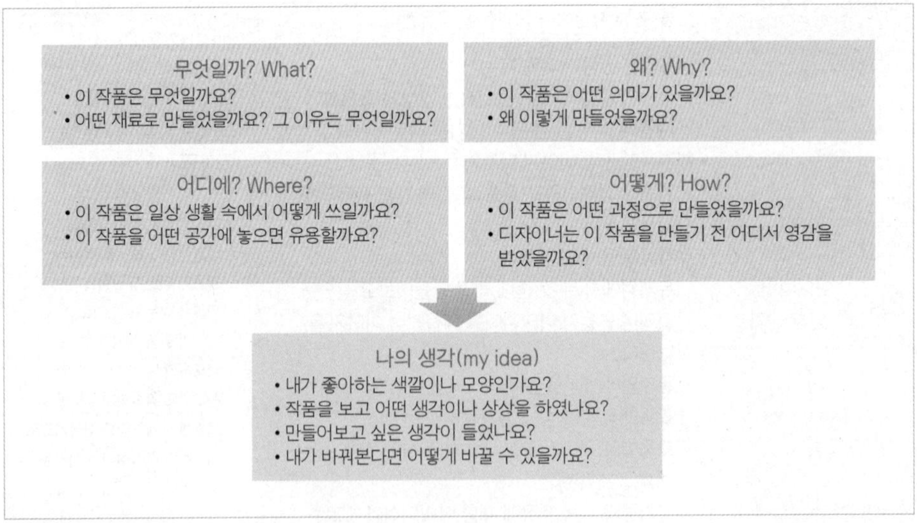

[그림 3-23] 메이커 활동을 위한 뮤지엄 관람 길잡이 질문

출처: 정혜미, 2018, 59쪽.

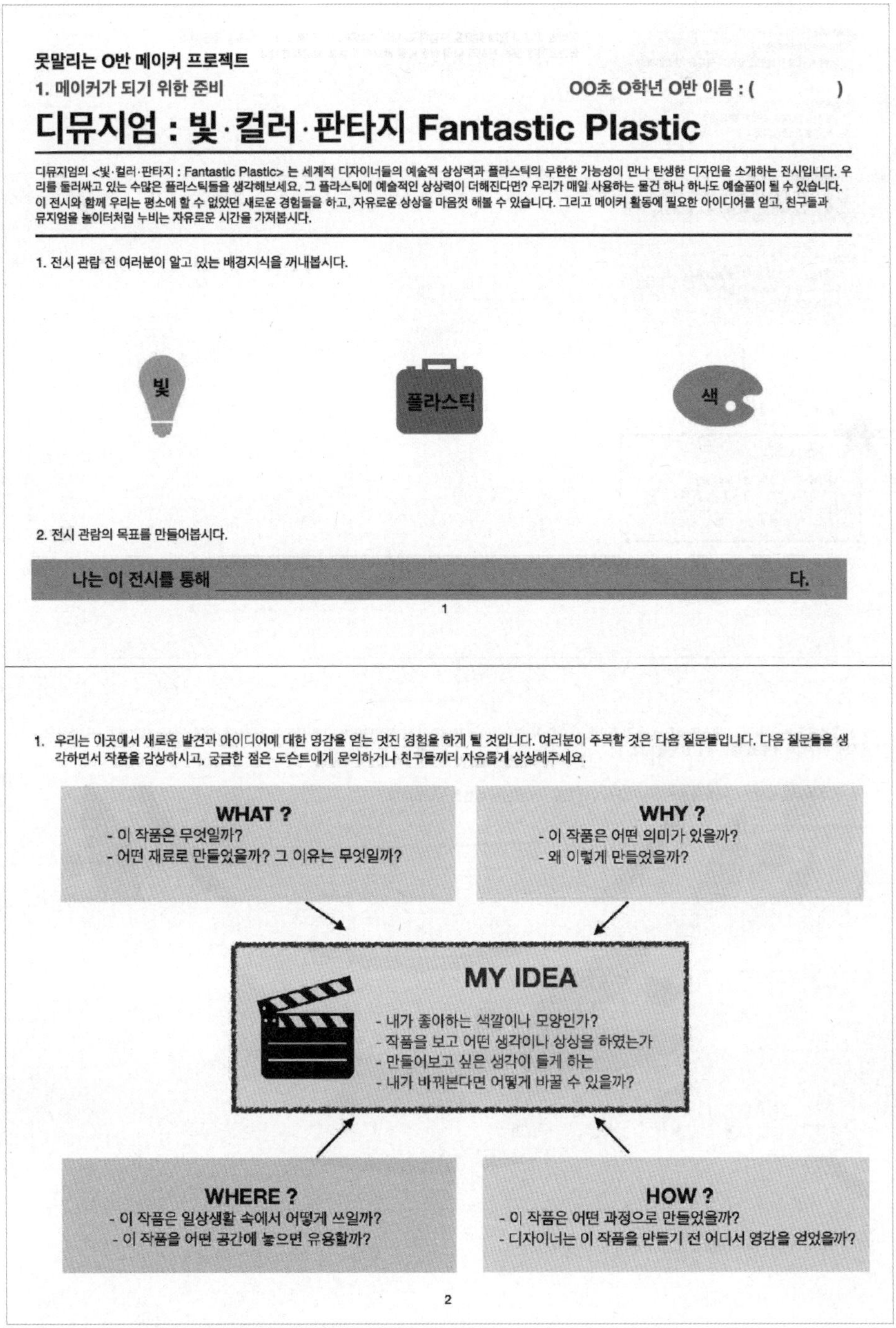
못말리는 O반 메이커 프로젝트

1. 메이커가 되기 위한 준비　　OO초 O학년 O반 이름 : (　　　　)

디뮤지엄 : 빛·컬러·판타지 Fantastic Plastic

디뮤지엄의 <빛·컬러·판타지 : Fantastic Plastic> 는 세계적 디자이너들의 예술적 상상력과 플라스틱의 무한한 가능성이 만나 탄생한 디자인을 소개하는 전시입니다. 우리를 둘러싸고 있는 수많은 플라스틱들을 생각해보세요. 그 플라스틱에 예술적인 상상력이 더해진다면? 우리가 매일 사용하는 물건 하나 하나도 예술품이 될 수 있습니다. 이 전시와 함께 우리는 평소에 할 수 없었던 새로운 경험들을 하고, 자유로운 상상을 마음껏 해볼 수 있습니다. 그리고 메이커 활동에 필요한 아이디어를 얻고, 친구들과 뮤지엄을 놀이터처럼 누비는 자유로운 시간을 가져봅시다.

1. 전시 관람 전 여러분이 알고 있는 배경지식을 꺼내봅시다.

빛　　플라스틱　　색

2. 전시 관람의 목표를 만들어봅시다.

나는 이 전시를 통해 ______________________ 다.

1

1. 우리는 이곳에서 새로운 발견과 아이디어에 대한 영감을 얻는 멋진 경험을 하게 될 것입니다. 여러분이 주목할 것은 다음 질문들입니다. 다음 질문들을 생각하면서 작품을 감상하시고, 궁금한 점은 도슨트에게 문의하거나 친구들끼리 자유롭게 상상해주세요.

WHAT ?
- 이 작품은 무엇일까?
- 어떤 재료로 만들었을까? 그 이유는 무엇일까?

WHY ?
- 이 작품은 어떤 의미가 있을까?
- 왜 이렇게 만들었을까?

MY IDEA
- 내가 좋아하는 색깔이나 모양인가?
- 작품을 보고 어떤 생각이나 상상을 하였는가
- 만들어보고 싶은 생각이 들게 하는
- 내가 바꿔본다면 어떻게 바꿀 수 있을까?

WHERE ?
- 이 작품은 일상생활 속에서 어떻게 쓰일까?
- 이 작품을 어떤 공간에 놓으면 유용할까?

HOW ?
- 이 작품은 어떤 과정으로 만들었을까?
- 디자이너는 이 작품을 만들기 전 어디서 영감을 얻었을까?

2

[그림 3-24] 팅커링 단계: 디뮤지엄 관람 학습지 1

출처: 정혜미, 2018, 122쪽.

WHAT ?
- 이 작품은 무엇일까?
- 어떤 재료로 만들었을까? 그 이유는 무엇일까?

WHY ?
- 이 작품은 어떤 의미가 있을까?
- 왜 이렇게 만들었을까?

WHERE ?
- 이 작품은 일상생활 속에서 어떻게 쓰일까?
- 이 작품을 어떤 공간에 놓으면 유용할까?

HOW ?
- 이 작품은 어떤 과정으로 만들었을까?
- 디자이너는 이 작품을 만들기 전 어디서 영감을 얻었을까?

MY IDEA

- 내가 좋아하는 색깔이나 모양인가?
- 작품을 보고 어떤 생각이나 상상을 하였는가?
- 만들어보고 싶은 생각이 들게 하는가?
- 내가 바꿔본다면 어떻게 바꿀 수 있을까?

*** 이러한 질문과 함께 작품을 감상하고, 나의 마음에 드는 작품 2가지에 대해 써봅시다. 도슨트에게 들은 사실과 나의 상상력을 합쳐서 작품을 설명해봅시다.**

3

2. 마음에 드는 작품이 있거나 만들고 싶은 것에 대한 아이디어, 친구들에게 보여주고 싶은 장면이 있다면 사진이나 영상을 찍어서 모둠 채팅방에 보내주세요. 모둠 친구들과 소통을 하면서 감상해봅시다.

3. 전시 해설을 들으면서 작품을 스케치하거나 중요한 점을 기록하면서 설명을 들어봅시다.

4

[그림 3-25] 팅커링 단계: 디뮤지엄 관람 학습지 2

출처: 정혜미, 2018, 123쪽.

신의 개인적 맥락과 연관 지어 재맥락화할 수 있게 구성했다. 이때 최대한 학습지의 빈칸을 많이 남겨두어 학습자들이 그림이나 글 등 자유롭게 적을 수 있도록 구성한 점이 돋보인다. 마지막 장 또한 많은 여백을 남겨두어 학생들이 도슨트와의 전시 관람에서 자유롭게 메모장처럼 활용할 수 있도록 했다.

3. 내러티브 중심 방법론 적용 교육 프로그램

1) 내러티브 중심 방법론의 이해

우리는 내러티브에서 내러티브를 통해 생각하고, 내러티브에서 기억하며, 내러티브를 통해 리얼리티를 구성한다(Sitzia, 2016). 그러므로 내러티브를 중심으로 뮤지엄 교육 프로그램을 설계할 필요가 있다. 내러티브 중심 방법론은 내러티브를 수업의 소재, 전달 수단, 수업내용, 인식의 도구로 삼아 학습을 하도록 설계하는 교수-학습 방법론이다(손지현, 2021). 내러티브 중심 방법론으로 교육 프로그램을 기획할 때 뮤지엄 교육가는 다음 세 가지 원리를 염두에 둘 수 있다(손지현, 2021). 첫째, 학습자가 삶의 맥락에서 해석하고 의미를 구성할 수 있도록 교육을 계열화한다. 교수자와 학습자 간에 내러티브적 사고나 대화를 통해 의미를 구성하게 함으로써 학습자들이 리얼리티를 경험할 수 있게 한다. 둘째, 의미를 구성하는 사고 양식인 내러티브를 활용하여 교육 프로그램을 기획할 때 스토리를 구성하는 사건들 사이의 관련성에 초점을 두도록 한다. 셋째, 학습자가 내러티브를 통해 개인적으로 가진 경험과 지식을 바탕으로 학습 내용과 탐구 방향을 결정하게 한다.

2) 내러티브 중심 방법론의 뮤지엄 교육 프로그램 적용 사례

(1) 뮤지엄 내러티브 중심

내러티브 중심 뮤지엄 교육 방법론이 적용된 첫 번째 사례로 소개할 뮤지엄 교육 프로그램은 스토리스코프Storyscope 인터페이스를 통해 뮤지엄 내러티브를 전달하고자 한 경우다(Mulholland et al., 2016). 여기서는 뮤지엄이 온라인을 통해 내러티브를 전달함으로써 관람자에게 의미를 만들도록 돕는 구조에 대해 살펴보도록 하자. 온라인 환경에 개설된 주요 요소들을 통해 내러티브가 전달되는 방식에 대해서는 메모란을 통해 확인할 수 있다.

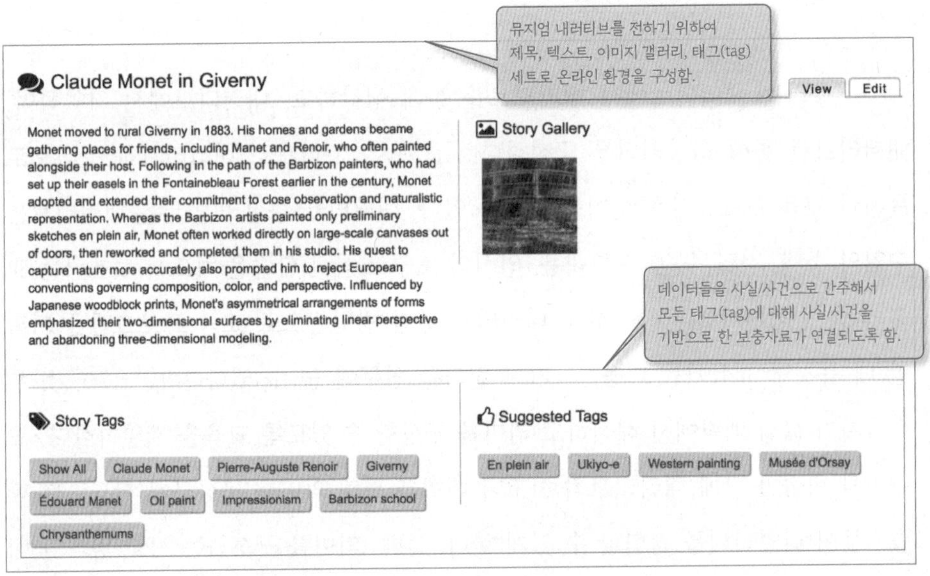

[그림 3-26] 뮤지엄의 온라인 환경 1

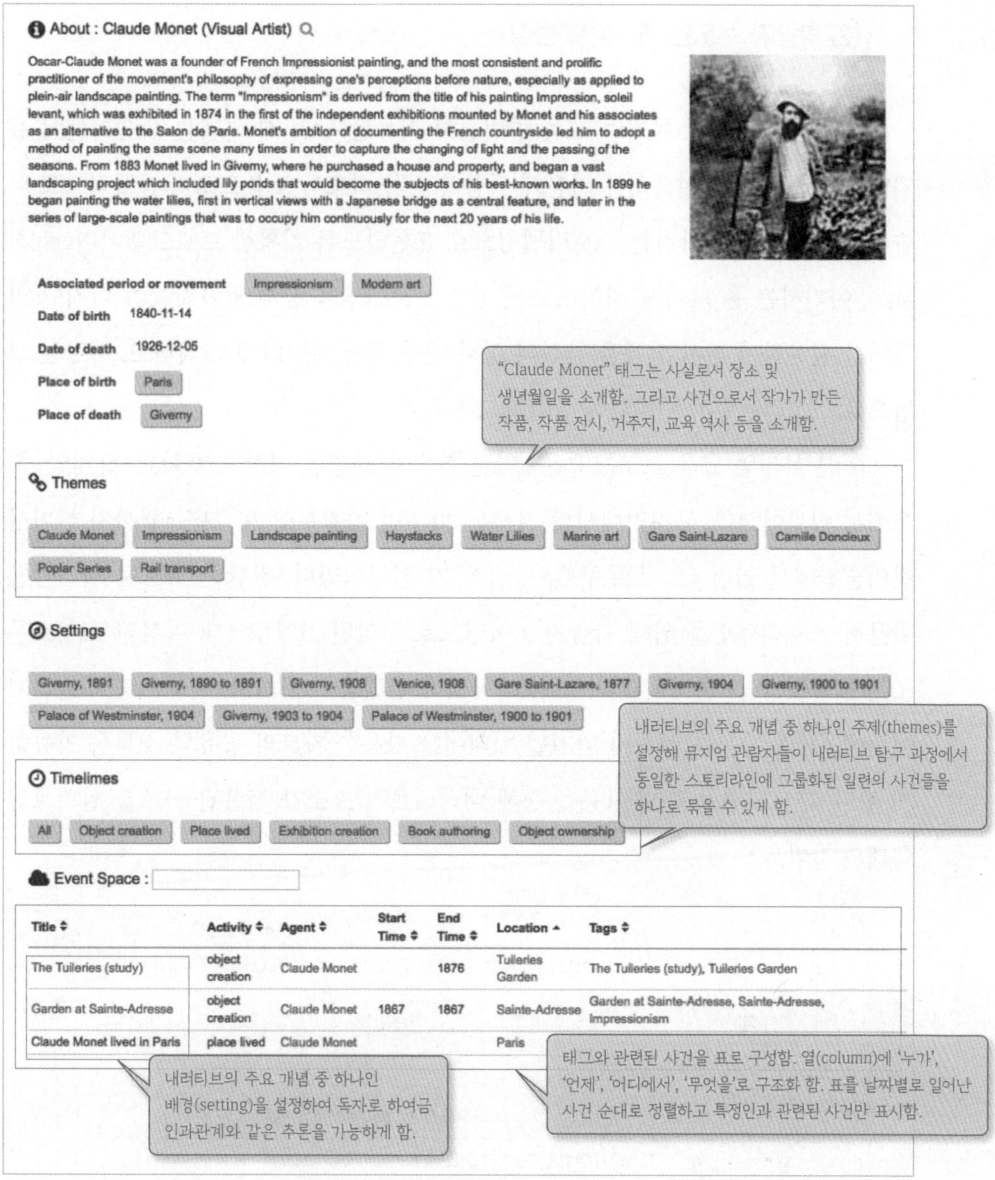

[그림 3-27] 뮤지엄의 온라인 환경 2

(2) 학습자 주도형 내러티브 중심

내러티브 중심 뮤지엄 교육 방법론이 적용된 두 번째 사례는 학습자들이 뮤지엄의 작품을 읽고 이해하는 가운데 작품 창작을 하도록 도움으로써 궁극적으로 학습자들이 개별적 이야기를 스토리텔링으로 표현하도록 기획한 프로그램이다(양지은, 2017). 여기서는 총 11차시 시리즈로 구성된 프로그램을 통해 학습자들이 디지털 미디어를 활용하여 전시 작품을 자신의 삶과 연관 지어 다양하게 해석하고, 다양한 방법으로 스토리텔링하는 방식을 살펴보도록 하자.

본 뮤지엄 교육 프로그램은 5학년 학습자 20명을 대상으로 학교-뮤지엄-학교에서 이루어졌다. 뮤지엄에서의 전시는 2016년 12월부터 2017년 4월까지 한미사진미술관에서 열린 〈요세프 쿠델카, 집시〉가 선정되었다. 원활한 디지털 미디어를 활용한 스토리텔링을 위해 학습자 2~4명으로 구성된 그룹당 1대 이상의 스마트폰 또는 태블릿PC가 준비되었다. 그리고 물리적 환경을 조성하고, 클래스팅 애플리케이션에 〈클래스〉를 개설하여 디지털 미디어를 활용한 자료의 공유와 소통을 가능하게 했다. 프로그램의 주요 활동을 통해 내러티브적 요소가 적용된 사례를 살펴보면 아래와 같다.

〈표 3-40〉 디지털 스토리텔링을 적용한 미술관 교육 프로그램의 전개

절차	학습주제	학습활동	차시
사전 교실 학습 (표현 중심)	오리엔테이션: 〈요즘 너 말야〉 뮤직비디오 만들기	• 스토리텔링 **교사-학생 참여 스토리텔링 내용(부분)** T: 철수와 영희는 초등학교 5학년 같은 반 친구입니다. 갑자기 소나기가 내리던 어느 날, 영희는 우산이 없어 어쩔 줄 몰라하며 학교 현관에 서 있었습니다. 그 모습을 본 철수, 무심한 듯 다정하게 영희에게 우산을 건네주고 빗속으로 뛰어가 버렸습니다. 심쿵. 영희는 하루 종일 심장이 두근거렸습니다. 밤이 되어 자려고 누운 영희, 평소 좋아하는 〈요즘 너 말야〉 노래를 들으며 마음을 진정시키려 했지만 빗속을 뛰어가던 철수의 모습이 눈앞에 아른거렸습니다. 두근두근. 두 사람에게 첫사랑이 찾아오는 걸까요? 3월이 되어 철수와 영희처럼 새로운 친구들을 사귀게 된 여러분에게는 무슨 일이 일어나고 있나요? 〈요즘 너 말야〉 노래를 듣고 가사에 알맞은 사진을 찍어 뮤직비디오를 만들어봅시다.	1~2

이야기가 지닌 성격을 활용하여 학습문제에 자연스럽게 접근하도록 하는 내러티브 기반 교수-학습의 전형을 보여주는 사례임. 내러티브 기반 교수-학습의 이야기는 다음과 같은 성격을 띰; '주목할 만한 주제', '흥미롭거나 실제로 있을법한 장면', '독자의 관심을 끄는 등장인물', '해결해야 할 딜레마나 갈등', '독자의 관심을 끄는 행위', '독자가 등장인물과 함께 참여하게 하기'

절차	학습주제	학습활동	차시
		• 학습 문제 확인하기 디지털 미디어를 사용할 때 주의할 점을 알고, 노래 가사에 어울리는 사진을 찍어 뮤직비디오를 만들 수 있다. [활동 1] 노래 가사에 알맞은 사진 구상하기 [활동 2] 스마트폰 사용 규칙 알아보기 [활동 3] 노래 가사에 어울리는 사진 찍어 뮤직비디오 만들기  	1~2
	프레이밍: '너'를 보여줘 (셀프 포트레이트 찍기)	• 스토리텔링 T: 아침 일찍, 영희는 고마운 마음을 표현하고 싶어서 우산과 함께 작은 선물과 쪽지 편지를 철수의 사물함에 넣어두었습니다. 잠시 뒤, 교실에 들어 온 철수는 교과서를 꺼내기 위해 사물함 문을 열었다가 눈이 휘둥그레졌습니다. 사물함 안에 예쁘게 포장되어 있는 선물이 놓여 있었던 것입니다. 철수는 재빨리 사물함 문을 닫았습니다. 철수는 하루 종일 선물의 정체가 궁금하여 공부가 제대로 되지 않았습니다. 그렇지만 선물을 꺼내서 확인하다가 친구들에게 들키면 괜한 놀림을 받을까 봐 수업을 마친 뒤 아무도 없을 때 사물함 문을 열고 후다닥 선물을 꺼내 가방에 넣었습니다. 집에 와서 선물을 확인한 철수는 얼굴이 빨개졌습니다. S: 선물이 뭐예요? 혹시 선물이 사탕이에요? 오늘이 화이트데이니까요!! T: 사랑은 오해에서 시작된다고 하죠. 하필 그날은 3월 14일 화이트데이였고, 영희의 선물은 달콤한 사탕과 젤리였습니다. 다음날, 철수는 영희도 자기를 마음에 두고 있다고 오해하고 영희에게 고백하였습니다. 그러나 영희는 "나는 철수 네가 어떤 사람인지 잘 몰라서 너의 고백을 받아줄 수가 없어. 네가 어떤 사람인지 보여줘"라고 대답하였습니다. 철수는 고민에 빠지고 말았습니다. • 학습 문제 확인하기 프레이밍을 생각하여 계획을 세워 자신을 잘 드러내는 셀프 포트레이트를 찍을 수 있다.	3~4

스토리텔링이 지닌 복합성의 성격을 보여주는 사례임. 스토리텔링은 언어적 표현과 비언어적 표현을 포괄하는 복합적 정보를 담음. 여기서는 복합적 정보로서 뮤직비디오의 형태를 취함.

맥락을 선정할 때는 초점 목표와 탐구내용을 염두에 두어야 함을 보여주는 사례임. 학습자들이 탐구해야 하는 내용으로서 셀프 포트레이트 촬영이 계획되어 있었음.

디지털 스토리텔링에서 사용되는 매체의 다양함을 보여주는 사례임. 본 프로그램에서는 스마트폰, 태블릿PC, 사진/카메라 관련 어플리케이션, 클래스팅(Classting) 등이 사용되었음.

내러티브 기반 교수-학습에서 학습자들이 탐구조사를 하게 되는 경우 탐구조사의 주안점이 문제해결에 있다기보다는 문제를 해결해 나가는 과정과 학습자들의 발견 및 구성에 있음을 보여주는 사례임.

- 내러티브를 통해 자신에 대해 이해하게 됨을 보여주는 사례임. 자신을 나타내는 것들을 떠올리며 배경이나 표정에 유의하면서 사진을 찍고, 그 결과물을 SNS의 프로필 사진에 올림으로써 학습자가 자신에 대해 생각해 보고 자신에 대해 다른 학우들과 소통해 볼 수 있게 함.
- 내러티브를 통해 공동체에 대해 이해하게 됨을 보여주는 사례임. 이야기를 공유함으로써 급우가 어떤 환경에서 무엇을 경험하는지, 그들이 생각하는 것이나 그들에게 중요한 것은 무엇이고 왜 중요한지에 대해 알게 해 주므로 개인의 자아감은 물론 공동체 의식에 영향을 주게 됨을 기대할 수 있음.

절차	학습주제	학습활동	차시
		[활동 1] 사진 작품 감상하기 [활동 2] 종이 구멍 놀이하기 [활동 3] 셀프 포트레이트 찍기 - 자화상 사진을 찍어 SNS 프로필 사진으로 올리기 **'나'는 어떤 사람인가요?** '나'를 보여주는 셀프 포트레이트의 프레임 안에 들어가야 할 것들을 적어봅시다. (글로 적거나 간단한 그림으로 그려도 됩니다. 사진에 찍을 것들을 모두 생각해서 써보세요.) 사진 찍을 준비가 되었나요? 프레이밍을 생각하며 사진을 찍고 래스팅의 프로필 사진으로 지정해봅시다. 친구들의 클래스팅 페이지를 방문하여 멋진 사진엔 빛내기와 댓글로 소통해주세요.	3~4
미술관 학습 (감상 중심)	타이밍과 상징: '누구에게나 ○○한 날은 있다'	• 스토리텔링 S: 선생님, 철수 어떻게 됐어요? 고백에 성공했어요? T: 철수는 어떻게 되었을까요? 영희가 철수의 마음을 받아주었을까요? S: 아니요!! 안 받아줬을 것 같아요. 이렇게 빨리 이야기가 끝나면 재미없어요! T: 그래요. 그럼 영희가 철수를 조금 더 애태우는 쪽으로 이야기를 전개해보겠습니다. 철수는 셀프 포트레이트를 찍어서 영희에게 보여주었지만 영희는 시큰둥한 반응을 보였습니다. 영희는 철수에게 호감이 없던 건 아니었지만 조금 더 지켜보기로 하였던 것이었습니다. 철수는 속으로 '대체 좋다는 거야 싫다는 거야?'라는 생각이 들고 조바심이 났습니다. 그러던 어느 날. S: 사랑의 방해꾼이 나타나나요!? T: 그렇죠. 사랑의 방해꾼이 나타났습니다. S: 헉! 진짜로요?!! T: 유리라는 여학생이 전학을 온 것입니다. 철수에게 한눈에 반한 유리는 철수에게 좋아한다고 적극적으로 고백하였고, 이 모습을 본 영희는 질투로 화가 났지만 겉으로는 괜찮은 척하는 한편, 철수에게 자주 짜증을 내게 되었습니다. 철수는 두 사람 사이에서 어떻게 해야 할지 몰라 마음이 복잡하고 우울해지기까지 하였습니다.	5~6

유의미한 맥락을 보여주는 사례임. 내러티브 교육과정에서 유의미한 맥락은 단원의 목표, 탐구질문, 탐구조사와 상호 연결되어야 함. 본 프로그램의 맥락은 '나를 보여주기'라는 목표와 이후 학습자들로 하여금 자신에 대해 탐구하도록 하는 탐구질문 및 탐구조사와 연결되어있음.

맥락의 요건을 보여주는 사례임. 맥락은 학습자들이 이야기에 나오는 인물, 장소, 해결책 등에 대해 더 알고 싶도록 유도하는 마음을 끄는 드라마를 가지고 있어야 함.

스토리텔링이 지닌 상호작용성의 성격을 보여주는 사례임. 스토리텔링은 청자의 반응에 따라 화자가 이야기의 내용이나 전달방식을 변화시키게 되는 성격이 있음.

<table>
<tr><th>절차</th><th>학습주제</th><th>학습활동</th><th>차시</th></tr>
<tr><td></td><td></td><td>

• 학습 문제 확인하기

타이밍과 상징의 의미를 알고 사진을 찍어 이야기로 꾸밀 수 있다.

[활동 1] "The blue day book" 책 함께 읽기

[활동 2] 여러 가지 감정 알아보기

[활동 3] '누구에게나 ㅇㅇ한 날은 있다' 사진 찍기

</td><td>5~6</td></tr>
<tr><td></td><td>미술관 체험 학습</td><td>

• 스토리텔링

T: 미술관에서 작품 감상을 하기 전에 선생님과 함께 이 작품을 같이 보면서 이야기를 하겠습니다. 이 사진을 보면 수갑을 차고 걸어가고 있는 남자가 보입니다. 요세프 쿠델카는 사람들이 자신의 작품을 보고 마음껏 이야기를 상상하며 감상하기를 바랐기 때문에 자신이 찍은 사진에 대한 구체적인 정보를 알려주지 않았다고 합니다. 그래서 사람들은 이 사진을 보고 다양한 이야기를 만들어냈는데, 요세프 쿠델카도 다섯 가지가 넘는 이야기가 떠돈다는 말을 들은 적이 있다고 합니다. 여러분은 이 사진에 어떤 이야기가 담겨 있을 것 같나요?

• 학습 문제 확인하기

전시를 관람하고 디지털 스토리텔링으로 이야기를 꾸밀 수 있다.

[활동 1] 전시 관람하기

- Behind Story: 사진에 숨겨진 이야기 상상하기

오세프 쿠델카 **'집시'**

(중략) Behind Story: 사진에 숨겨진 이야기 상상하기

요세프 쿠델카는 사람들이 자신의 작품을 보고 마음껏 이야기를 상상하며 감상하기를 바랐기 때문에 자신이 찍은 사진에 대해 구체적으로 알려주지 않았다고 합니다. … 여러분도 작품에 대한 이야기를 자유롭게 상상하여 이야기를 꾸며봅시다.

</td><td>7~9</td></tr>
</table>

학습자들이 이미지와 텍스트를 결합한 내러티브를 통하여 자신을 표현할 수 있음을 보여주는 사례임.

내러티브적 사고가 발휘되는 경우를 보여주는 사례임. 내러티브적 사고는 상상력을 발휘해 사건들 간의 특별한 연결고리를 찾고자 함. 내러티브적 모드를 상상력 있게 적용하면 좋은 이야기, 흥미진진한 드라마가 창조됨.

절차	학습주제	학습활동	차시
		- 사진 속 인물 가상 인터뷰하기 **Inside out: 인터뷰하기** 꽃을 들고 있는 소녀를 찾아보세요. 소녀에게 무슨 일이 일어났을까요? 사진을 자세히 보고 오른쪽 칸에 그려보세요. 친구와 역할을 나누어 소녀를 가상 인터뷰하고 클래스팅에 인터뷰 영상을 올려주세요. - 사진으로 릴레이 이야기 만들기 **미션!!! 릴레이 사진 이야기** 사진으로 릴레이를 해보자!! 선생님이 만든 이야기에 이어서 이야기를 만들어주세요. 사진과 이야기를 들려주세요. - 음악을 들으며 사진으로 4컷 만화 만들기 **리듬 속으로: 음악을 들으며 만화 만들기** 영상 전시실에서 집시 음악을 들어봅시다. 전시실에서 '악기'가 있는 사진들을 찾아서 3~4작품을 선택하여 4컷 만화를 만들어봅시다. ① ② ③ ④ - 나를 나타내는 사진 찾기 마지막으로 오늘 본 작품 중에서 나의 상황이나 기분을 나타낼 수 있는 작품 하나를 골라봅시다. 왜 그 사진을 선택했는지 이유도 생각해보세요. [활동 2] 전시 관람 소감문 쓰기	7~9
후속 교실 학습 (표현 중심)	작품 제작: 꿈으로 픽실레이션 만들기	• 스토리텔링 T: 화창한 봄날, 벚꽃이 흩날리는 공원을 철수와 영희가 함께 걷고 있습니다. 바람에 살랑살랑 나풀거리는 꽃잎 사이를 두 사람이 다정히 걸어가고 있습니다. 저 멀리 솜사탕을 파는 아저씨가 보였습니다. 철수는 얼른 달려가 알록달록 예쁜 솜사탕을 사서 영희에게 주었습니다. 달콤한 솜사탕을 영희 한 입, 철 수 한 입. 철수는 너무 행복해서 이게 꿈인가 생시인가? 하며 볼을 꼬집어보았습니다.	10~11

- 내러티브적 앎을 활용하는 교육의 사례를 보여줌. 내러티브적 앎을 활용하는 교육은 학습자들이 자신의 경험, 지식을 토대로 작품을 해석하고 이야기를 덧붙여가면서 이야기의 힘과 진실성을 배가함.
- 이야기로서의 내러티브를 보여주는 사례임. 이야기로서의 내러티브는 인물, 사건, 배경으로 구성되고 구성상 일련의 체계를 통해 주제를 전달함. 학습자들이 본 활동을 통해 임의의 상황에 대한 해석을 바탕으로 사건들을 의미체계속에서 구성해 냄으로써 내러티브를 만들어 감을 보여줌.
- 앞 사람 이야기에 이어 다음 사람이 뒷이야기를 만들어보게 함으로써 스토리텔링이 지닌 상호작용성의 성격을 보여줌.

내레이션에 의한 치유에 대해 보여주는 사례임. 미술관 전시 감상의 마무리에서 학습자 개인의 상황이나 기분을 나타내는 작품을 고르고 그 작품을 고른 이유를 이야기하게 하였음. 작품 속 인물의 정서를 인식하고 자신의 정서와 비교하여 표현하는 것은 감정이입에 의한 치유의 경험을 제공함.

절차	학습주제	학습활동	차시
		(아래 참조)	10~11

S: 으악, 설마!! 안 돼요!! 선생님 그러지 말아주세요!!

T: 아… 이럴 수가… 철수는 불이 하나도 아프지 않았습니다. 이 모든 게 꿈이었던 것입니다. 철수는 다시 눈을 감았습니다. 꿈을 이어서 꾸고 싶었지만 아쉬운 마음만 커질 뿐, 꿈은 거기서 끝나고 말았습니다.

S: 아…

T: 아쉽죠. 철수의 꿈이 정말로 이루어지면 좋을 텐데… 그런데 여러분은 어떤 꿈을 꾸나요?

• 학습 문제 확인하기

> 이야기를 꾸며 사진을 찍고 애플리케이션을 이용하여 픽실레이션을 만들 수 있다.

[활동 1] 사진 작품 감상하기

[활동 2] 픽실레이션 알아보기

[활동 3] 픽실레이션 만들기

– 꿈 사진 찍어 픽실레이션 만들기

> 네러티브 교육과정은 학습자들이 이야기의 맥락으로부터 학문(미술교과)의 지식 및 방법에 접근할 수 있도록 하는 것임을 보여주는 사례임.

> 내러티브를 통해 학습자들에게 권한을 부여할 수 있음을 보여주는 사례임. 학습자들이 개인적인 역사, 경험, 믿음이 반영된 자신의 이야기로 디지털 스토리텔링을 창작함으로써 자신의 권한을 강화함.

> 내러티브는 현실과 허구를 아우를 수 있고, 특히 디지털 스토리텔링은 초현실적 이야기를 만들기에도 적합함을 보여주는 사례임.

줄거리와 소품, 음악을 생각해보세요.

등장인물	
장소	
소품	
음악	
줄거리	

픽실레이션 스토리보드

	사진	설명		사진	설명
1			6		
2			7		

– SNS에 사진 에세이 쓰기

4. 게이미피케이션 적용 교육 프로그램

1) 뮤지엄 교육 속 게이미피케이션의 이해

게이미피케이션gamification은 게임이 아닌 분야에 게임 요소나 게임의 디자인적 사고를 적용하는 것(Zichermann & Cunningham, 2011)이다. 실제로 오늘날 뮤지엄 에듀케이터들은 교육 프로그램에 이러한 게이미피케이션을 통해 게임의 많은 요소를 적용하고 있을 뿐 아니라 뮤지엄 교육 프로그램 전체를 하나의 게임으로 구성하는 다양한 시도를 하고 있다. 그러나 아직 이와 관련된 구체적인 뮤지엄 교육 모형이 다양하게 개발되지 못했다는 한계가 있다. 이는 게이미피케이션을 접목한 교육활동이 일관적이고 선형적인 형태를 유지하기 어렵고, 뮤지엄, 전시, 그리고 전시물의 특성 및 연구자의 개성에 따라 매우 다양한 형태로 실행되고 있기 때문이다. 따라서 실질적으로 이상적인 교육 모형을 일반화하여 제시하기가 어려우며, 개별 교육자가 자신의 교육 프로그램 개발 목표와 뮤지엄 특성을 고려하여 독창적인 교육 프로그램을 개발해야 한다. 따라서 여기에서는 게이미피케이션 기반 뮤지엄 교육 프로그램의 교수-학습 단계를 일반화하여 제시하기보다 구체적 사례 속 특정 게임 설계 단계 및 실행 단계를 제시하고 설명하고자 한다.

2) 게이미피케이션의 뮤지엄 교육 프로그램 적용 사례

게이미피케이션의 뮤지엄 교육 프로그램 적용 사례로 초등교사 최연정(2017)의 박물관미술관교육학 석사학위논문 〈게임화를 활용한 박물관 교육 프로그램 개발 및 효과 연구: 국립민속박물관 제2전시실을 중심으로〉에서 개발된 박물관 교육 프로그램을 살펴보고자 한다. 본 교육 프로그램은 총 7차시로 구성되어 있으며, 박물관 전시실에서의 게이미피케이션 계획과 실행을 고루 보여주는 좋은 사례다.

(1) 교육 프로그램 실행 기관

본 뮤지엄 교육 프로그램은 한국인의 생활과 민속 문화를 전시 · 체험 · 교육하는 국립민속박물관에서 수행했다. 특히 본 프로그램의 연구자는 학습의 주제에 알맞은 제2전시관을 중점 감상 전시실로 선정했다. 제2전시관에는 마을의 형성/봄/여름/가을/겨울/시장/상업/전통가옥이라는 소주제들이 있으며, 1년을 주기로 하여 반복되는 농경생활과 계절의 변화에 따라 삶을 살아온 조선 시대 사람들의 생활상을 보여주고 있다. 최연정(2017)은 게임의 요소에 알맞게 제2전시관을 '던전'으로 활용하여 주된 게임 활동이 제2전시관에서 이루어질 수 있도록 했다.

(2) 교육 프로그램 실행 대상

본 뮤지엄 교육 프로그램은 서울 은평구에 위치한 J초등학교 5학년 1개 학급 중 참여를 원하는 학생 26명(남학생 14명, 여학생 12명으로 총 26명)을 대상으로 프로그램을 적용했다. 최연정(2017)은 학습자를 각 2명씩 한 팀으로 조직하여 총 13팀을 교육활동에 참여시켰다.

(3) 교육 프로그램의 목적

최연정(2017)은 게이미피케이션의 원칙과 구성요소를 적용하여 박물관 교육 프로그램을 설계 및 개발하고 적용한 뒤, 게이미피케이션이 학생들에게 어떠한 재미 요소와 학습 결과를 가져오는지 살펴보았다. 본 교육 프로그램 〈경직도를 완성하라!〉의 주된 목적은 게이미피케이션과 뮤지엄 교육을 유기적으로 연결하여 학습자의 뮤지엄 교육 효과를 증진하고자 하는 것이다. 또한 박물관에서의 전시 감상 및 게임 활동을 통해 학습자들이 계절에 따른 조상들의 삶을 이해하고, 게임 활동을 통해 자기주도성과 흥미, 의사소통 능력, 협동심을 증진할 수 있도록 하고자 한다.

(4) 교육 프로그램의 주제 및 교육과정 연계 요소

본 교육 프로그램의 주제는 '옛날 농기구들을 살펴보고 계절에 따른 조상들의 삶을 이해하기'다. 최연정(2017)은 구체적인 교육과정 연계 요소를 선정하여 제시

〈표 3-41〉 2015 개정 교육과정 3 · 4학년 사회과 성취기준

성취기준	〈시대마다 다른 삶의 모습〉 [4사02-03] 옛사람들의 생활 도구나 주거 형태를 알아보고, 오늘날의 생활 모습과 비교하여 그 변화상을 탐색한다. [4사02-04] 옛날의 세시풍속을 알아보고, 오늘날의 변화상을 탐색하여 공통점과 차이점을 분석한다.
학습요소	옛사람들의 생활 도구와 주거 형태, 생활 모습의 변화, 옛날과 오늘날의 세시풍속
성취기준 해설	• 이 단원은 생활 도구와 주거 형태 및 세시풍속을 중심으로 옛날과 오늘날 고장 사람들의 생활 모습을 탐색하여 고장 사람들의 생활 모습이 시대에 따라 변화한다는 점을 파악하는 데 주안점을 둔다. • [4사02-03]에서는 생활 도구(농경 도구, 조리 도구, 의복을 만드는 도구 등)나 주거 형태(동굴, 움집, 초가집, 기와집, 아파트 등)가 어떻게 변화했는지를 파악하도록 한다. • [4사02-04]에서는 옛날의 세시풍속을 조사하고 오늘날의 세시풍속과 비교하여 공통점과 차이점을 찾고 그 변화상을 파악하도록 한다.
교수-학습 방법 및 유의사항	• 학교와 고장의 여건 등을 고려하여 박물관 또는 민속촌과 같이 옛사람들의 생활을 재현한 공간이나 장소 등을 견학하는 현장학습을 통해 옛사람들의 생활 모습을 파악할 수 있고, 사진과 동영상 등의 자료를 활용할 수 있다. • 옛사람들의 모습을 재현해놓은 그림을 통해 옛사람들의 생활 도구와 주거 형태, 생활 모습 등을 파악할 수 있다. • 옛사람들의 생활 모습이 잘 드러나는 사진, 동영상, 옛사람들이 사용했던 생활 도구 모형 등의 구체적인 자료를 제시하여 당시 사람들의 생활 모습을 오늘날의 생활 모습과 비교하여 상상할 수 있도록 한다. • 옛사람들이 사용했던 생활 도구를 만들어보는 문화유산 모형 제작 활동과 생활 도구들을 직접 사용해보는 활동을 통해 옛사람들의 생활 모습을 파악할 수 있도록 한다. • 옛사람들의 생활 도구와 주거 형태를 오늘날과 비교하여 불편했다거나 좋지 않다는 등과 같이 부정적으로 평가하기보다는 당시 사람들이 왜 그런 도구와 주거를 만들어 사용하게 되었는지를 이해하도록 한다. • 학생들이 직접 경험했던 세시풍속을 중심으로 흥미와 관심을 이끌어낸다.

평가 방법 및 유의사항	① 평가 방법 • 옛날과 오늘날의 생활 도구와 주거 형태의 공통점과 차이점을 설명하는 능력을 서술형으로 평가할 수 있다. • 체크리스트법을 활용하여 문화유산 모형 제작 활동 및 주거 형태에 대한 조사 활동 과정(준비도, 참여도, 완성도 등)을 평가할 수 있다. ② 유의사항 • 서술형 평가 문항은 단순 사실에 대한 지식을 평가하기보다는 생활 도구와 주거 형태의 변화 양상을 파악하는 사고를 촉진하는 질문으로 구성한다.

하기보다는 3~6학년의 폭넓은 교육 대상 학생들이 자신의 눈높이에서 계절에 따른 조상들의 삶을 자연스럽게 이해할 수 있도록 교육 프로그램을 구성했다. 내용적 측면에서 교육 프로그램의 주제와 비슷한 연계 요소는 〈표 3-41〉 2015 개정 교육과정 3 · 4학년 사회과 성취기준에서 살펴볼 수 있다.

(5) 교육 프로그램의 대표 교수-학습 과정안

교육 프로그램을 좀 더 자세히 분석하기 위해 〈표 3-42〉, 〈표 3-43〉, 〈표 3-44〉와 같이 차시별 교수-학습 과정안을 참고하여 각 단계의 주안점을 살펴보고자 한다.

〈표 3-42〉 〈경직도를 완성하라!〉 1~2차시 교수-학습 과정안

프로그램명	경직도를 완성하라!
중심교과	사회
대상 학년	3~6학년
학습 장소	국립민속박물관 제2전시실
차시	총 7차시
학습목표	- 옛날 농기구들을 살펴보고 계절에 따른 조상들의 삶을 이해할 수 있다. - 게임 활동을 통해 자기주도적으로 문제를 해결하고 학습활동에서 재미를 찾을 수 있다. - 모둠 활동을 통해 의사소통 능력과 협동심을 기를 수 있다.

차시	학습단계	주요 내용	게이미피케이션 요소
1~2	시나리오 제시	• 수업 전 설문지 작성 및 사전 마인드맵 활동 • 동기유발 – 문제 시나리오 제시 및 상황 설명 – 경직도를 완성할 화원을 찾는 주문의뢰서 제시	– 이야기/스토리텔링 – 캐릭터
	게임 익히기	• 박물관 게임 설명 – 프로그램 소개 본 프로그램은 국립민속박물관 제2전시실에서 진행되는 초등학교 4~6학년을 대상으로 하는 전시물 연계 프로그램입니다. 한 팀은 2명으로 구성되어 참여 가능합니다. – 2인 1조로 팀 구성하기, 준비물 확인하기 – 게임의 규칙 설명 듣기 1. 미션은 모두 12개입니다. 미션을 모두 해결한다면 30개의 별을 획득할 수 있습니다. 2. 미션의 난이도에 따라 포인트인 별이 지급됩니다. 별의 개수는 미션카드 오른쪽 아래를 확인하세요. 3. 별이 10개가 될 때마다 '레벨업'이 됩니다. 레벨업 시 추가 아이템 획득! 4. 획득한 별은 경직도를 완성하기 위한 아이템과 바꿀 수 있어요! 아이템을 많이 가지고 있는 팀이 유리하겠지요^^ 5. 미션카드를 확인하고 미션을 해결한 후 사진을 찍어 모바일메신저(카카오톡)를 이용하여 서화사 주인(선생님)에게로 전송합니다. 6. 미션을 순서대로 해결할 필요는 없습니다. 7. 힌트가 필요한 경우는 서화사 주인인 선생님에게 도움을 요청하세요. 단, 별 1개가 차감됩니다. 8. 최종적으로 가장 많은 별을 모은 팀과 높은 퀄리티의 경직도를 완성한 팀의 경직도를 한양 최고의 갑부에게 판매합니다. – 카카오톡 채팅방 만들기 ◦ 전시실 미션 수행 이전에 교사 + 각 팀으로 구성된 개인 채팅방과 교사와 각 팀 전체가 모두 소속된 단체 채팅방을 미리 구성한다. • 박물관에 가기 전 – 안전교육 실시 – 공공장소 및 박물관 예절 교육 실시	–커뮤니티

게임에 학습자들이 몰입할 수 있는 맥락과 환경을 조성함.

시나리오상 인물의 역할을 확인함으로서 게임 참여자로서의 역할과 위치를 숙지함.

게임 활동 수행의 기본 단위이자 협력적 자세를 기를 수 있는 동료 학습자로서의 커뮤니티 제시함.

점수(포인트)의 기준 제시함.

각 팀의 진행 상황과 순위를 실시간으로 확인하는 리더보드로서의 역할. 학습 참여자들에게 경쟁심 유발 가능한 요소임.

매니지먼트의 공간적 배경 및 사진 촬영을 통한 학습과제 수행 확인의 도구임.

배지와 보상의 제시 특히 포인트인 배지는 추후 학습자의 뮤지엄 학습 평가에도 쓰일 수 있음.

비선형적 게임운영을 명시함. 위와 같은 게임 운영은 학생들의 자기 주도적 학습을 돕고, 자기 효능감을 증진시킬 수 있음.

게임의 매니지먼트를 맡은 교사의 역할을 명시해주어야 함. 이 때, 교사에게 시나리오상 역할 배분을 통해 학생들의 몰입감을 증진했음.

매니지먼트의 공간적 배경 및 사진 촬영을 통한 학습과제 수행 확인의 도구임.

각 팀의 진행 상황과 순위를 실시간으로 확인하는 리더보드로서의 역할. 학습 참여자들에게 경쟁심 유발 가능한 요소임.

〈표 3-43〉에서 볼 수 있듯이 1~2차시는 박물관에서 게임에 참여하기 앞서 미리 교실 환경에서 게임의 기본 요소 및 규칙을 확인하고, 커뮤니티를 조성하는 단계다. 뮤지엄에서의 게임 활동은 교사의 인솔 없이 팀원과 함께 자기주도적으로 해

결해야 하는 과업임을 고려할 때, 명확한 규칙의 제시 및 반복 학습을 통한 규칙 인지는 이 단계에서 매우 중요하다.

〈표 3-43〉〈경직도를 완성하라!〉 3~6차시 교수-학습 과정안

차시	학습단계	주요 내용	게이미피케이션 요소
3~4	본게임 (던전)	• 활동 1: 미션을 해결하라! - 국립민속박물관 제2전시실에서 미션 수행하기 - 전시실 구조 익히기 ◦ 전시실을 방문하기 전에 미리 전시관 안내도를 배부하여 전시실의 구조를 익힌다. 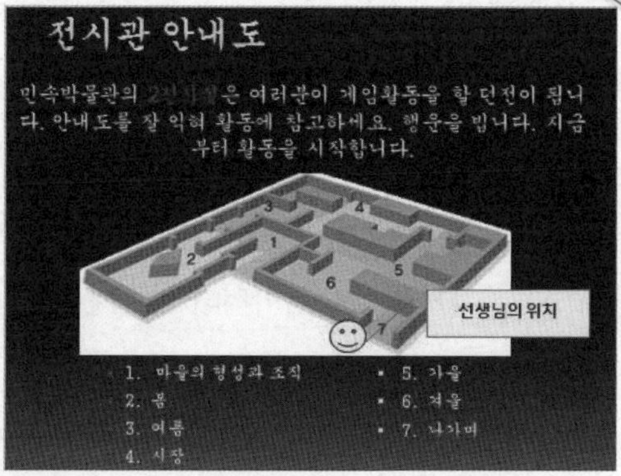	- 던전
	아이템 획득	- 미션카드를 배부받고 팀끼리 미션 수행 활동하기 • 활동 2: 아이템을 획득하라! - 활동 2에서 미션 수행을 통해 획득한 포인트 별을 가지고 활동 3에서 경직도를 완성할 때 필요한 아이템을 교환한다. - 미션을 해결할 때마다 포인트인 별을 얻게 되는데, 이렇게 별이 10개씩 누적될 때마다 레벨이 올라간다. 〈획득한 별 개수에 따른 레벨〉 레벨 1: 별 0~9까지 레벨 2: 별 10~19까지 레벨 3: 별 20~29까지 레벨 4: 미션을 모두 성공 시(별 30개) - 레벨 상승이 이루어질 때마다 추가 아이템을 획득할 수 있다. - 전시관에서 얻은 포인트를 바탕으로 아이템을 획득할 수 있으며 이를 통해 경직도를 완성한다. - 아이템은 경직도를 꾸밀 때 붙일 수 있도록 제작된 농기구 사진이며, 아이템과 획득한 별을 교환한다.	- 미션 수행 - 포인트 - 레벨 - 시간제한

학생들의 미션수행에 다양한 스마트 기기와 콘텐츠의 활용을 고려해보는 것도 바람직함.

게임 활동의 성공적 수행을 위한 던전의 사전 이해는 필수적. 이 과정에서 뮤지엄 환경에 대해 자연스럽게 이해하게 됨. 뮤지엄 환경을 고려하여 게임 중에도 전시관람 에티켓이 지켜질 수 있도록 반드시 안내해야 함.

원활한 미션수행을 위해 학습자들이 휴대할 수 있는 미션카드를 배부함. 스마트폰 어플이나 스마트 워치 등을 활용할 수도 있음.

레벨의 세분화를 통해 레벨이 상승할 때마다 학습자의 성취감을 고취시킬 수 있음. 또한 본 표에서는 자세히 드러나지 않았으나 레벨의 상승을 리더보드에 교사가 기록함으로서 경쟁의 요소를 더할 수 있음.

미션 수행에 도움이 되는 추가적 아이템을 도입하여 레벨의 상승에 따른 일종의 중간 보상으로서 활용함.

본 지도계획에는 정확하게 드러나지 않았으나, 교사는 뮤지엄 전시관에서의 구체적인 게임 활동의 시간을 분명하게 고지해야 함.

차시	학습단계	주요 내용	게이미피케이션 요소
5~6	결과물 제작	• 활동 3: 경직도를 완성하라! - 활동 2에서 획득한 아이템을 바탕으로 봄, 여름, 가을, 겨울의 농사짓는 모습을 담은 경직도를 제작한다. - 많은 별을 획득한 팀이 많은 아이템(농기구 사진)을 가져갈 수 있으므로 유리하다. - 농기구의 모습과 용도가 잘 드러나도록 작품을 완성한다. - 경직도의 완성도에 따라 게임에 참여한 학생들의 순위가 정해지며 이에 따라 상품이 수여된다.	- 미션 수행 - 아이템

게임의 승부를 결정짓는 평가의 기준이 다소 모호할 수 있음. 구체적인 평가의 기준과 평가자에 대한 학습자들과의 사전 합의가 반드시 요구됨.

〈표 3-43〉의 상단에서 볼 수 있는 3~4차시는 실제 뮤지엄 전시를 관람하고 게임 활동을 실행하는 단계다. 사전/사후학습 단계에 비해 비교적 많은 시간을 할애하되, 각 게임의 단계가 적절한 시간 내에 이루어지도록 사전에 명확한 시간 구분을 정해두어야 한다. 또한 학습자들이 사전에 학습한 게임의 시나리오와 규칙, 보상 등이 적절하게 이루어질 수 있도록 교사의 매니지먼트 역량이 매우 중요한 부분이다. 본 교육 프로그램에서 스마트 기기는 에듀케이터와 학습자 간 의사소통 도구로만 활용했다.*

한편, 〈표 3-43〉의 하단에서 볼 수 있는 5~6차시에서는 학습자들이 게임 활동 중 획득한 아이템으로 실제 경직도를 완성해보며 게임을 통해 학습한 내용을 창작활동으로 산출하도록 했다. 이때 중요한 점은 경직도의 완성도를 어떻게 평가할 것인지에 대한 평가 기준과 방법 등이 미리 명확하게 정해져 있어야 한다는 점이다. 따라서 교육 프로그램 실행 전 학습자들과 함께 민주적인 방식으로 평가 기준과 방법을 정해보는 것도 바람직한 교육과정이 될 것이다. 또한 에듀케이터는 학습자들이 정해진 평가 기준과 방식을 이해하고, 이를 경직도를 만들 때 참고할 수 있도록 사전에 기준과 방식을 명확하게 제시해야 한다.

아래 7차시는 게임 활동을 마무리하는 단계다. 이 단계를 수행하는 공간적 배

* 게이미피케이션 기반 뮤지엄 교육 프로그램 중 일부는 뮤지엄에서 제공하는 스마트폰 애플리케이션이나 비콘, 웹사이트 등의 매체 등을 활용하여 게임 활동을 진행하기도 한다. 그러나 이 책의 교육 프로그램에서는 스마트폰 애플리케이션 대신 학습자의 실제적 미션 수행에 좀 더 중점을 두어 게임을 계획 및 실행했다.

차시	학습단계	주요 내용	게이미피케이션 요소
7	결과물 전시 시상 활동 정리	• 작품 감상 및 평가 – 각 팀의 경직도를 교실 내에 전시하고 미리 공지된 심사 기준에 따라 상호 간 평가한다. • 게임 우승자 발표 – 평가점수 발표 및 우승자 시상 • 성찰일기 및 사후 마인드맵 작성 – 본 프로그램을 수행하면서 참가자 자신의 학습과정을 되돌아보는 성찰일기를 작성하고 수업을 마무리 짓는다.	– 리더보드 – 배지와 보상

상호 평가시 경쟁심으로 인하여 평가의 결과가 왜곡될 수 있음.
게임의 과정과 결과를 보다 보편타당하고 공정하게 평가할 수 있는 방법들에 대한 모색이 필요함. (예: 자기평가의 도입, 제 3의 인물에 의한 평가 등)

승자의 성취를 칭찬하되, 우승하지 않은 학습자들의 페어플레이 정신과 협력 등에 대해서도 반드시 언급하고 독려해야 함.

단순히 경쟁의 종료에서 활동이 마감되는 것이 아니라 자신의 전시 감상 및 게임 활동에 대한 자기 성찰이 이루어질 수 있도록 함.
본 교육프로그램에서는 드러나지 않지만 게임을 함께 진행한 동료 학습자 및 교사와의 소통과 반성적 평가도 필요함.

경이 반드시 뮤지엄일 필요는 없으며, 평가와 소통이 용이한 시간과 공간에서 이루어지는 것이 바람직하다. 또한 단순히 점수와 보상에만 치우쳐 학습 활동을 마무리하는 것이 아니라 다 함께 박물관의 전시에서 새롭게 알게 된 것이나 재미있었던 것들을 떠올리며 소통하는 시간을 가지는 것이 더욱 중요하다. 특히 학습자는 이 단계에서 성찰일기와 사후 마인드맵을 작성하여 메타인지를 활용해 자신이 학습한 것을 되돌아본다. 학습자들은 이러한 반성적 사고를 통해 얻게 된 생각과 느낌들을 훗날의 학습에 반영할 수 있을 것이다.

부록

1. 2015 '사회'과 교육과정 기반 학교급별 역사 내용 체계표
2. 2015 '과학'과 교육과정 내용 체계표(초등학교 · 중학교용)
3. 2015 '환경'과 교육과정 내용 체계표(중학교용)

부록 1.
2015 '사회'과 교육과정 기반 학교급별 역사 내용 체계표

1) 초·중·고등학교 한국사 학교급별 내용 체계표

영역	핵심 개념	일반화된 지식	내용 요소				기능
			초등학교		중학교	고등학교	
			3~4학년	5~6학년	1~3학년	1~3학년	
역사 일반	역사	역사를 배운다는 것은 역사 자체를 배운다는 의미와 역사를 통해 배운다는 의미가 동시에 담겨 있다.	• 우리가 알아보는 고장 이야기 – 고장과 관련된 옛이야기, 고장의 문화유산, 고장의 지명		• 역사의 의미와 학습 목적 – 사료의 개념, 역사 학습의 목적	• 역사의 의미, 역사의 현재성, 역사 학습의 목적	① 역사 학습에 필요한 중요한 사실 기억하기 ② 역사 용어와 개념, 사실 간의 관계 이해하기 ③ 역사의 연속성과 변화 및 발전 이해하기 ④ 역사 사건이나 상황의 시간 순서 및 인과관계 파악하기
						• 과거 · 현재 · 미래의 과제	
정치사	국가(왕조)/통치 체제	우리 민족은 고조선 이래 삼국 시대, 남북국 시대, 고려와 조선 왕조 시기를 거치며 역사 발전을 이룩해왔고, 일제 강점기를 극복하고 오늘날의 대한민국으로 성장했다.	• 시대마다 다른 생활 모습 – 옛사람들의 생활 도구와 주거 형태		• 고조선의 성립과 발전 – 고인돌, 비파형 동검, 단군 왕검, 고조선, 위만 조선, 철기 문화, 8조법	• 고조선의 성립과 발전 – 단군 신화, 청동기 문화 기반, 위만 조선, 철기 문화 본격 수용, 8조법	
					• 여러 나라의 생활 – 부여, 고구려, 옥저, 동예, 삼한 – 제천 행사, 결혼 풍습	• 여러 나라의 성립과 발전 – 부여: 사출도, 순장, 영고 – 고구려: 서옥제, 동맹 – 옥저: 민며느리제, 가족 공동 무덤 – 동예: 족외혼, 책화 – 삼한: 제정 분리, 벼농사, 계절제	

영역	핵심 개념	일반화된 지식	내용 요소				기능
			초등학교		중학교	고등학교	
			3~4학년	5~6학년	1~3학년	1~3학년	
				• 고대 국가의 등장과 발전 – 삼국의 발전, 불국사와 석굴암	• 삼국의 왕권 강화 – 불교 수용, 율령 반포, 관등제 • 삼국의 영토 확장과 대외 관계 – 근초고왕, 광개토대왕, 장수왕, 진흥왕, 성왕, 한강 쟁탈전	• 고대 국가의 성장과 발전 – 고구려: 태조왕, 소수림왕, 광개토대왕, 장수왕 – 백제: 고이왕, 근초고왕, 침류왕, 무령왕, 성왕 – 신라: 내물왕, 지증왕, 법흥왕, 진흥왕	⑤ 역사 자료의 분석을 통한 역사 사실 추론하기 ⑥ 복합적인 역사 사실이나 역사적 상황 인식하기 ⑦ 역사 자료에 담겨 있는 주요 내용 분석하기 ⑧ 다양한 매체를 통해 얻은 역사 정보를 비판적으로 분석하기 ⑨ 역사 탐구의 절차 제시와 적합한 사료 수집 및 방법 선택하기 ⑩ 역사 자료의 시대적 배경과 사회적 의미 해석하기
						• 가야의 성장과 발전 – 전기 가야 연맹 – 후기 가야 연맹	
				• 통일신라와 발해	• 신라의 삼국 통일 – 고구려와 수 · 당의 전쟁, 나 · 당 연합, 나 · 당 전쟁	• 신라의 삼국 통일 – 백제 멸망, 고구려 멸망, 나 · 당 전쟁, 삼국 통일	
					• 통일신라의 발전 – 신문왕의 개혁	• 통일신라의 발전 – 문무왕, 신문왕	
					• 발해의 건국 – 대조영	• 발해의 건국과 발전 – 대조영, 무왕, 문왕, 선왕	
						• 후삼국의 성립 – 후백제, 후고구려	
					• 고려 문벌 귀족 사회의 형성과 변화 – 중서문하성, 상서성	• 고려의 건국과 통치 체제의 정비 – 태조, 광종, 성종, 중앙 정치 조직, 지방 행정 조직	
				• 민족 문화를 지켜나간 조선 – 이성계, 세종	• 조선의 건국과 통치 제도 – 위화도 회군, 과전법, 경국대전, 의정부와 6조, 삼사, 훈민정음	• 조선의 통치 체제 정비 – 태조, 태종, 세종, 세조, 성종	

영역	핵심 개념	일반화된 지식	내용 요소				기능
			초등학교		중학교	고등학교	
			3~4학년	5~6학년	1~3학년	1~3학년	
						• 정치 운영의 변화 – 비변사 – 5군영, 속오군 – 수취 제도 개편	⑪ 역사적인 갈등 관계 속에 내재된 주장이나 쟁점 인식하기 ⑫ 역사 문제의 해결을 위한 질문 선정하기 ⑬ 주어진 사실이나 자료를 토대로 역사적 상황 추론하기 ⑭ 당시의 상황을 고려하여 역사적 사실이나 행위의 적절성 판단하기 ⑮ 우리 역사에 대한 자긍심을 기르고, 주인의식과 책임의식 가지기
						• 대한제국 – 대한제국 선포, 광무개혁	
				• 대한민국의 수립과 6 · 25전쟁	• 대한민국의 수립 – 대한민국 수립, 제주 4 · 3사건, 분단, 6 · 25전쟁	• 대한민국의 수립 – 38도선과 미 · 소군의 진주, 모스크바 3국 외무장관 회의, 좌 · 우 합작 운동, 대한민국 수립, 북한 정권 수립	
					• 6 · 25전쟁	• 6 · 25전쟁 – 애치슨 선언, 인천 상륙 작전, 서울 수복과 38도선 돌파, 1 · 4 후퇴, 정전 협상과 정전 협정	
				• 자유민주주의의 발전과 시민 참여	• 대한민국의 발전 – 4 · 19혁명, 5 · 16 군사정변, 10월 유신, 5 · 18 민주화 운동, 6월 민주 항쟁	• 대한민국의 발전 – 4 · 19혁명, 장면 내각 수립, 5 · 16 군사정변과 박정희 정부 수립, 유신 체제, 전두환 정부, 노태우 정부, 김영삼 정부, 김대중 정부, 노무현 정부, 이명박 정부, 박근혜 정부	
				• 통일을 위한 노력	• 평화 통일을 위한 노력 – 7 · 4 남북 공동 성명, 남북 기본 합의서, 6 · 15 남북 공동 선언	• 평화 통일을 위한 노력 – 7 · 4 남북 공동 성명, 남북한 동시 유엔 가입, 남북 기본 합의서 채택, 6 · 15 남북 공동 선언, 남북 정상 회담	

영역	핵심 개념	일반화된 지식	내용 요소				기능
			초등학교		중학교	고등학교	
			3~4학년	5~6학년	1~3학년	1~3학년	
	정치 세력	정치 세력의 성격 변화는 시기별 지배 체제뿐만 아니라 사회 구조 전반을 이해하는 데 중요한 요소다.				• 고대 국가의 성장과 발전 – 고구려: 소수림왕 – 백제: 고이왕 – 신라: 내물왕, 법흥왕	⑯ 우리 역사와 세계 역사의 이해를 통해 특수성과 보편성을 인정하고 상호 존중하는 태도 갖기
					• 통일신라의 변화 – 왕위 쟁탈전, 호족, 후삼국	• 통일신라의 발전 – 진골 귀족, 6두품, 호족	
					• 고려 문벌 귀족 사회의 형성과 변화 – 과거제, 음서, 공음전, 이자겸의 난, 묘청의 서경 천도 운동	• 문벌 귀족 사회의 성립	
					• 무신 정권의 성립과 대몽 항쟁 – 무신 정변, 최씨 무신 정권	• 무신 정권의 성립 – 무신 집권, 최씨 무신 정권	
					• 고려의 개혁과 신진 사대부의 등장 – 공민왕의 반원 자주 정책, 정동행성, 쌍성총관부, 권문세족, 신진 사대부	• 권문세족의 등장	
						• 신진 사대부의 성장 – 신진 사대부, 신흥 무인 세력	
					• 사림의 성장 – 사림, 서원, 향약	• 훈구 • 사림	
						• 붕당 정치와 탕평책 – 붕당 형성, 붕당 정치의 전개, 탕평책	
						• 개화 세력 – 온건 개화파, 급진 개화파 • 위정척사 세력 – 척화주전론, 왜양일체론, 영남 만인소, 항일 의병 운동	

영역	핵심 개념	일반화된 지식	내용 요소				기능
			초등학교		중학교	고등학교	
			3~4학년	5~6학년	1~3학년	1~3학년	
	대외 관계 (항쟁과 교류)	우리 민족은 외세의 침략에 대항하며 역사적 발전을 이루었고, 활발한 대외 교류를 통해 성장했다.				• 고조선과 한의 대립	
						• 삼국의 대외 교류	
					• 고구려와 수 · 당의 전쟁 – 살수 대첩, 안시성 싸움	• 고구려와 수 · 당의 전쟁 – 살수 대첩, 을지문덕, 안시성 싸움, 연개소문	
						• 신라의 삼국 통일	
					• 고려의 대외 교류와 항쟁 – 벽란도, 강동 6주, 동북 9성	• 고려와 거란 · 여진과의 관계 – 거란의 침입과 격퇴, 여진 정벌과 9성 축조	
					• 대몽 항쟁 – 팔만대장경, 강화 천도, 처인성 전투, 충주성 전투, 삼별초	• 고려의 대몽 항쟁 – 강화 천도와 대몽 항쟁, 삼별초 항쟁	
						• 공민왕의 반원 개혁 정치 – 몽골풍 금지, 친원 세력 숙청, 관제 복구, 철령 이북 수복	
						• 조선 초 명 · 여진 · 일본과의 관계 – 사대 외교, 교린 정책	
					• 왜란과 호란 – 의병, 이순신, 후금의 성장, 광해군의 중립 외교, 인조반정	• 왜란과 그 영향 – 임진왜란, 수군과 의병의 활약, 전란의 극복	
						• 호란과 북벌 운동 – 정묘호란, 병자호란 – 북벌 운동	

영역	핵심 개념	일반화된 지식	내용 요소				기능
			초등학교		중학교	고등학교	
			3~4학년	5~6학년	1~3학년	1~3학년	
					• 조선의 개항 – 통상 개화론. 운요호 사건, 강화도 조약, 치외 법권, 해안 측량권	• 개항과 개화 정책의 실시 – 병인양요, 신미양요 – 개항: 강화도 조약	
				• 역사 갈등 해소를 위한 노력과 독도	• 공존을 위한 노력 – 독도, 일본의 역사 교과서 왜곡, 동북공정	• 역사 갈등과 공존을 위한 노력 – 독도: 샌프란시스코 강화 조약, 연합국 최고 사령관 각서(1946) – 역사 갈등: 일본의 일본군 '위안부'와 강제징용 사과 회피, 동북공정	
	개혁	우리 민족은 사회 모순을 개혁하기 위한 노력을 끊임없이 추진했다.				• 삼국의 성장과 가야 – 고구려 진대법 • 통일신라와 발해 – 관료전 지급, 녹읍 폐지, 독서삼품과 실시	
						• 고려의 건국과 통치 체제의 정비 – 태조: 세율 1/10 – 광종: 노비안검법, 과거제 – 성종: 시무 28조, 지방관 파견	
				• 새로운 사회를 향한 움직임 – 영 · 정조의 정치	• 조세 제도의 개혁 – 대동법, 균역법 • 영 · 정조의 개혁 – 탕평책, 규장각, 장용영, 화성 건설	• 조선의 통치 체제 변화 – 대동법, 영정법, 균역법 – 영조: 탕평책, 서원 정리 – 정조: 탕평책, 초계 문신제, 장용영, 규장각, 화성 건설, 통공 정책	

영역	핵심 개념	일반화된 지식	내용 요소				기능
			초등학교		중학교	고등학교	
			3~4학년	5~6학년	1~3학년	1~3학년	
						• 개항과 개화 정책 실시 – 개화 정책, 외교 사절과 시찰단 파견	
				• 새로운 사회를 향한 움직임 – 근대 개혁	• 조선의 근대화 운동 – 14개조 개혁 정강, 홍범 14조 • 근대 국가 건설을 위한 노력 – 독립협회, 헌의 6조, 광무개혁, 대한국 국제	• 근대 국가 수립 노력 – 갑신정변: 급진 개화파, 14개조 정강 – 갑오개혁: 1차 개혁, 2차 개혁 – 을미개혁: 연호, 태양력, 단발령 – 독립협회: 독립신문, 독립문, 만민 공동회 · 관민 공동회 – 대한제국: 광무개혁	
	국권 수호 운동 (독립 운동)	외세의 침략에 맞서 우리 민족은 근대화를 위한 노력과 국권 수호 운동을 전개했으며, 일제 강점기 아래에서 독립을 쟁취하기 위해 끊임없이 항쟁했다.			• 일본 제국주의의 침략과 국권 수호 운동 – 의병 운동, 애국 계몽 운동, 을사늑약, 헤이그 특사, 독도	• 일제의 침략과 국권 수호 운동의 전개 – 을사늑약, 헤이그 특사 파견, 고종 강제 퇴위, 한 · 일 신협약, 국권 강탈 – 을미의병, 을사의병, 정미의병 – 헌정 연구회, 대한 자강회, 신민회	
				• 일제의 침략과 광복을 위한 노력	• 일제의 식민지 지배 정책 – 무단 통치, 민족 분열 통치, 토지 조사 사업, 산미 증식 계획, 민족 말살 통치, 병참 기지화 정책 • 전시 동원과 인권 유린 – 징병, 징용, 일본군 '위안부' 강제 동원	• 1910년대 일제의 식민 통치와 국내외 민족 운동 – 무단 통치(헌병 경찰 통치), 토지 조사 사업, 3 · 1운동, 대한민국 임시정부 수립 • 1920년대 일제의 식민 통치와 국내외 민족 운동	

영역	핵심 개념	일반화된 지식	내용 요소				기능
			초등학교		중학교	고등학교	
			3~4학년	5~6학년	1~3학년	1~3학년	
					• 3 · 1운동과 대한민국 임시정부 – 민족 자결주의, 3 · 1운동, 대한민국 임시정부 • 민족 운동의 전개 – 실력 양성 운동, 민족 유일당 운동, 사회 · 경제적 민족 운동, 무장 독립 투쟁, 의열 투쟁	– 민족 분열 통치, 산미 증식 계획, 봉오동 전투, 청산리 전투, 3부 통합 운동, 물산 장려 운동, 민립 대학 설립 운동, 6 · 10 만세 운동, 신간회, 광주 학생 항일 운동 – 1930년대 이후 일제의 식민 통치와 국내외 민족 운동 – 민족 말살 통치, 병참 기지화 정책, 전시 동원, 대한민국 임시정부의 재정비	
경제사	생산력	도구의 발전과 생산력의 증대는 인류의 역사를 발전시킨 원동력 중 하나다.		• 경제생활의 변화와 우리나라 경제의 성장		• 한반도와 동북아시아의 선사 문화 – 구석기 문화, 뗀석기, 주먹도끼 – 신석기 문화, 간석기, 빗살무늬 토기	
						• 고조선의 성립과 발전 – 청동기 시대, 고조선의 성립, 고조선의 발전 • 삼국과 가야의 발전	
						• 고려의 경제 제도와 산업 – 농업 기술의 발달	
						• 조선의 건국과 제도 정비 –《농사직설》편찬, 2년 3작 확대, 모내기법 확대 • 조선 후기의 경제적 변동 – 모내기법의 전국적 확산	

영역	핵심 개념	일반화된 지식	내용 요소				기능
			초등학교		중학교	고등학교	
			3~4학년	5~6학년	1~3학년	1~3학년	
					• 대한민국의 경제 성장 – 경제개발 5개년 계획, 사회 양극화	• 경제 발전과 성장 – 이승만 정부: 미국의 경제 원조, 삼백 산업 – 박정희 정부: 1960년대 수출 주도 성장, 1970년대 중화학 공업 육성 – 전두환 정부: 3저 호황 – 김영삼 정부: OECD 가입, 외환 위기 – 김대중 정부: 금융 기관과 대기업 구조 조정, IMF 지원 자금 조기 상환	
	토지 제도/수취 체제	토지와 노동력에 대한 국가의 수취는 국가 재정의 토대를 이루었으며, 사회 변화에 따라 수취체제의 개편이 이루어졌다.				• 삼국의 성장과 가야 – 조세, 공납, 역 부과 • 남북국의 성립과 발전 – 관료전 지급, 녹읍 폐지, 정전 지급 • 고려의 건국과 통치 체제의 정비 – 전시과 제도 • 조선의 통치 체제 정비 – 과전법 시행 • 조선 후기 통치 체제 개편 – 영정법, 대동법, 균역법 • 근대 국가 수립 노력 – 양전 지계 사업 • 농지 개혁 – 농지 개혁법	

영역	핵심 개념	일반화된 지식	내용 요소				기능
			초등학교		중학교	고등학교	
			3~4학년	5~6학년	1~3학년	1~3학년	
사회사	신분 제도	정치적 · 경제적 변화는 다양한 사회 계층의 등장과 사회구조의 변화를 초래했다.	• 가족의 모습과 역할 변화	• 인권 개선을 위한 노력		• 삼국의 성장과 가야 – 귀족, 평민, 천민 • 고려의 건국과 통치 체제의 정비 – 귀족, 중류층, 양민, 천민 • 조선의 통치 체제 정비 – 양천제, 양반 · 중인 · 상민 · 천민 • 근대 국가 수립 운동 – 신분 제도 폐지	
	피지배층의 저항	사회적 모순의 증가와 지배 체제의 동요는 피지배층의 저항과 봉기로 이어졌다.				• 신라 말 사회 모순과 농민 봉기 – 원종과 애노의 난	
					• 무신 집권기 농민과 천민의 봉기	• 무신 집권기 농민과 천민의 봉기 – 망이 · 망소이의 봉기, 김사미 · 효심의 봉기, 만적의 봉기	
					• 세도 정치기 농민 봉기의 발생 – 홍경래의 난, 임술 농민 봉기	• 홍경래의 난 – 정감록 – 평안도 지역 차별과 지배층 수탈	
						• 임술 농민 봉기 – 삼정 문란, 전국으로 확대	
					• 동학 농민 운동 – 동학 농민군 개혁 요구	• 동학 농민 운동 – 고부 봉기, 제1차 봉기, 제2차 봉기	

영역	핵심 개념	일반화된 지식	내용 요소				기능
			초등학교		중학교	고등학교	
			3~4학년	5~6학년	1~3학년	1~3학년	
	민주화	대한민국은 자유와 평등과 같은 헌법적 가치의 실현을 통해 민주 사회로 나아가고 있다.		• 자유민주주의의 발전과 시민 참여	• 대한민국의 발전 – 4 · 19혁명 – 5 · 18 민주화 운동 – 6월 민주 항쟁		
문화사	학문 · 사상 · 종교	다양한 사상과 종교의 발달은 사회 변화에 큰 영향을 끼쳤으며, 나아가 통치의 기본 원리로 작용하기도 했다.	• 시대마다 다른 생활 모습 – 옛사람들의 생활 도구와 주거 형태 • 세시풍속의 변화상	• 독창적 문화를 발전시킨 고려 – 고려청자와 고려 문화, 금속 활자와 그 의의, 팔만대장경 • 민족 문화를 지켜나간 조선 – 훈민정음	• 삼국의 왕권 강화 – 불교 수용 • 통일신라의 변화 – 선종	• 신석기시대의 원시 신앙 • 유교의 도입과 발달 • 불교의 도입과 발달 • 풍수지리설 • 도교 • 실학 • 천주교 • 동학 • 역사서와 역사 인식	
	과학기술	우리 민족은 나라를 부강하게 하고 민생을 안정시키고자 과학기술 발전에 힘썼다.				• 천문 · 역법 • 의학 • 무기 • 서양의 과학기술 • 근대 문물	
	예술	우리 역사 속의 조상이 남긴 예술작품 등은 그 시대의 정신세계와 삶의 방식을 보여준다.			• 발해의 문화 – 발해의 고분 양식, 온돌	• 고분 · 고분 벽화 • 불교 미술 • 도자기 • 회화 • 문화 교류 및 전파 • 대중문화	

출처: 교육부, 2015a, 286-303쪽.

2) 고등학교 동아시아사 내용 체계표

영역	핵심 개념	일반화된 지식	내용 요소	기능
역사 일반	동아시아사	동아시아사는 한국, 중국, 일본, 베트남 일부의 역사를 포함한다.	• 동아시아 세계의 범위 • 동아시아사 학습의 목적	① 역사 학습에 필요한 중요한 사실 기억하기 ② 역사 용어와 개념, 사실 간의 관계 이해하기 ③ 역사의 연속성과 변화 및 발전 이해하기 ④ 역사 사건이나 상황의 시간 순서 및 인과관계 파악하기 ⑤ 역사 자료의 분석을 통한 역사 사실 추론하기 ⑥ 복합적인 역사 사실이나 역사적 상황 인식하기 ⑦ 역사 자료에 담겨 있는 주요 내용 분석하기 ⑧ 다양한 매체를 통해 얻은 역사 정보를 비판적으로 분석하기 ⑨ 역사 탐구의 절차 제시와 적합한 사료 수집 및 방법 선택하기 ⑩ 역사 자료의 시대적 배경과 사회적 의미 해석하기 ⑪ 역사적인 갈등 관계 속에 내재된 주장이나 쟁점 인식하기 ⑫ 역사 문제의 해결을 위한 질문 선정하기 ⑬ 주어진 사실이나 자료를 토대로 역사적 상황 추론하기 ⑭ 당시의 상황을 고려하여 역사적 사실이나 행위의 적절성 판단하기 ⑮ 우리 역사에 대한 자긍심을 기르고, 주인의식과 책임의식 가지기 ⑯ 우리 역사와 세계 역사의 이해를 통해 특수성과 보편성을 인정하고 상호 존중하는 태도 갖기
	선사문화	각 지역의 자연환경에 따라 다양한 선사 문화가 발전했다.	• 자연환경과 생업 • 구석기 문화의 형성 • 중국의 신석기 문화 • 한국의 신석기 문화 • 일본의 신석기 문화	
정치사	국가 및 외교	한국, 중국, 일본은 분열과 통합을 통해 국가를 형성하고 발전했다.	• 얼리터우 문화, 비파형 동검과 고인돌, 야요이 문화 • 하 · 상 · 주 • 춘추 · 전국 시대 • 진 · 한 • 흉노 • 고조선, 부여, 삼한 • 야마타이국 • 조공 · 책봉 관계 • 남면관 · 북면관제, 맹안 · 모극제, 연운 16주 • 고려 · 송 · 북방 민족 간의 관계, 화번 공주 • 몽골의 정복 전쟁, 역참 제도 • 난징 조약, 베이징 조약 • 미 · 일 화친 조약, 미 · 일 수호 통상 조약 • 강화도 조약 • 사이공 조약 • 태평천국 운동, 양무 운동, 변법자강 운동, 신해혁명 • 존왕양이, 메이지 유신, 자유 민권 운동 • 갑신정변, 갑오개혁	
	갈등과 분쟁	동아시아 국가 간 갈등과 분쟁을 통해 화해 방안을 모색해오고 있다.	• 왜란, 호란, 명 · 청 교체 • 에도 막부 • 연행사, 통신사	

영역	핵심 개념	일반화된 지식	내용 요소	기능
			• 각국의 중화의식 변화 • 제국주의, 청 · 일 전쟁, 러 · 일 전쟁 • 을사늑약, 조선의 국권 피탈 • 21개조 요구 • 베르사유 조약, 워싱턴 체제 • 만주 사변, 중 · 일 전쟁, 난징 대학살 • 추축국, 태평양 전쟁 • 의화단 사건, 5 · 4운동, 국 · 공 합작 • 동학 농민 운동, 독립협회, 대한제국 • 3 · 1운동, 대한민국 임시정부 • 한인 애국단, 의열단, 한 · 중 연합 작전 • 조선 의용대, 한국 광복군 • 반제 · 반전 사상, 일본 반제 동맹, 무정부주의 • 카이로 회담, 얄타 회담, 포츠담 회담 • 샌프란시스코 강화 조약, 도쿄 재판 • 38도선, 한반도 분단 • 국공 내전, 중화인민공화국 • 톈안먼 사건, 타이완 • 일본의 55년 체제 • 6 · 25전쟁 • 신헌법(평화헌법), 미 · 일 안보 조약 • 한 · 일 기본 조약 • 베트남 전쟁, 파리 평화 협정 • 닉슨 독트린, 중 · 일 수교, 미 · 중 수교, 한 · 중 수교 • 독도 • 센카쿠(다오위다오), 북방 도서, 난샤군도, 시샤군도 • 일본의 식민 지배 미화, 야스쿠니 신사 참배, 교과서 왜곡, 고노 담화 • 동북공정	
경제사	교류	동아시아 각국은 다양한 교류를 통해 경제적 성장을 이루었다.	• 문물 전파와 상호 교류의 증대 • 명의 해금 정책, 정화의 원정, 감합 무역, 밀무역, 화교 • 천계령, 공행 • 류큐의 중계 무역, 믈라카	

영역	핵심 개념	일반화된 지식	내용 요소	기능
			• 조선의 중계 무역, 왜관 • 슈인장, 데지마 • 회취법, 이와미 은광, 멕시코 은, 갈레온 무역 • 조세 은납화, 삼각 무역 • 중국의 사회주의 계획 경제, 인민공사, 대약진 운동 • 문화 대혁명, 덩샤오핑의 개혁·개방 • 1980년대 호황 • 경제개발 5개년 계획, 베트남 특수 • 북한의 사회주의 경제 체제 • 베트남의 도이머이	
사회사	전통 사회	동아시아 문화권 속에서 각국의 독자적 전통 사회가 형성되었다.	• 북방 민족의 이동 • 한족의 이동 • 부여족의 이동 • 도왜인 • 동아시아 문화권, 동아시아의 문화 교류 • 경극, 소설, 판소리, 한글소설, 풍속화, 우키요에, 가부키 • 고증학, 공양학 • 실학, 서학 • 난학, 국학 • 사회 진화론 • 신문, 근대 도시, 근대 교육, 태양력, 철도, 여성 교육	
문화사	사상과 문화	율령과 유학, 불교는 각국의 체제 정비와 공통의 문화권을 형성하는 데 기여했다.	• 율령의 의미, 율령의 전파 • 다이호 율령 • 문묘, 유학 교육 기관 • 독서삼품과, 과거제 • 대승 불교, 불교의 토착화 • 불교 미술 • 성리학의 특징, 성리학의 전파, 사대부 • 양명학	

출처: 교육부, 2015a: 304-307쪽.

3) 중·고등학교 세계사 학교급별 내용 체계표

영역	핵심 개념	일반화된 지식	내용 요소		기능
			중학교 1~3학년	고등학교 1~3학년	
역사 일반	세계사 학습의 의의	세계사 학습은 각 지역의 역사가 다양하게 발전해나간 과정을 폭넓은 관점에서 이해하는 것을 지향한다.		• 세계사의 의미 • 세계화의 현상 • 세계사 학습의 필요성	① 역사 학습에 필요한 중요한 사실 기억하기 ② 역사 용어와 개념, 사실 간의 관계 이해하기 ③ 역사의 연속성과 변화 및 발전 이해하기 ④ 역사 사건이나 상황의 시간 순서 및 인과관계 파악하기 ⑤ 역사 자료의 분석을 통한 역사 사실 추론하기 ⑥ 복합적인 역사 사실이나 역사적 상황 인식하기 ⑦ 역사 자료에 담겨 있는 주요 내용 분석하기 ⑧ 다양한 매체를 통해 얻은 역사 정보를 비판적으로 분석하기 ⑨ 역사 탐구의 절차 제시와 적합한 사료 수집 및 방법 선택하기 ⑩ 역사 자료의 시대적 배경과 사회적 의미 해석하기 ⑪ 역사적인 갈등 관계 속에 내재된 주장이나 쟁점 인식하기 ⑫ 역사 문제의 해결을 위한 질문 선정하기 ⑬ 주어진 사실이나 자료를 토대로 역사적 상황 추론하기
	문명	선사 시대를 거쳐 역사 시대에 이르러 큰 강 유역에서 문명이 발생했다.		• 인류의 진화 과정	
			• 선사 시대의 생활과 문화 • 구석기(뗀석기), 신석기(간석기), 토기, 신석기 혁명	• 구석기 시대와 신석기 시대 • 도구, 농경, 신앙	
			• 문명의 발생과 국가의 성립 • 문명 발생 과정의 공통점, 국가의 성립	• 문명 발생의 조건과 문명의 공통 요소 • 청동기, 문자, 도시, 국가	
				• 문명의 형성과 인류 사회의 발전 • 4대 문명	
정치사	국가(왕조)/ 통일·전쟁	지역별로 수많은 국가(왕조)가 성립과 발전, 멸망을 거듭해왔다.	• 춘추 · 전국 시대와 진 · 한 제국 • 제자백가, 진의 통일정책, 유학의 통치이념 채택 • 동아시아의 변화와 교류 • 5호16국, 남북조 • 수 · 당 제국 • 송과 요 · 금 • 몽골제국 • 칭기즈칸, 몽골 제국의 성립 • 명 · 청 제국 • 에도 막부 • 프랑크 왕국 • 제1차 세계대전 • 제국주의, 제1차 세계대전	• 춘추 · 전국 시대 • 진의 통일과 한 제국 • 진시황, 한 무제 • 위 · 진 · 남북조 시대 • 수 · 당 제국 • 송과 북방민족 • 거란, 여진, 서하 • 몽골의 팽창 • 칭기즈칸 • 명 · 청 제국 • 왜구, 북로 • 야마토 정권 • 나라 · 헤이안 시대 • 막부 정권의 성립과 에도 막부	

영역	핵심 개념	일반화된 지식	내용 요소		기능
			중학교 1~3학년	고등학교 1~3학년	
			• 전체주의의 출현과 제2차 세계대전 • 경제공황, 파시즘, 나치즘, 군국주의, 중 · 일 전쟁, 제2차 세계대전, 국제연합 • 냉전과 세계 질서의 변화 • 냉전 체제, 독일 통일, 사회주의 진영의 붕괴, 세계화	• 마우리아 왕조 • 쿠샨 왕조 • 굽타 왕조 • 무굴 제국의 팽창 • 무함마드의 통일 전쟁 • 우마이야 왕조와 아바스 왕조 • 셀주크 튀르크와 오스만 제국 • 그리스 세계 • 페르시아 전쟁, 펠로폰네소스 전쟁 • 헬레니즘 세계 • 로마 제국 • 포에니 전쟁 • 게르만족의 이동과 프랑크 왕국 • 십자군 전쟁 • 나폴레옹 시대 • 이탈리아와 독일 통일 • 미국의 남북전쟁 • 제1차 세계대전 • 제2차 세계대전 • 냉전의 전개 • 탈냉전 • 세계화	⑭ 당시의 상황을 고려하여 역사적 사실이나 행위의 적절성 판단하기 ⑮ 우리 역사에 대한 자긍심을 기르고, 주인의식과 책임의식 가지기 ⑯ 우리 역사와 세계 역사의 이해를 통해 특수성과 보편성을 인정하고 상호 존중하는 태도 갖기
	통치정책/제도	각국에서는 통치체제와 제도의 정비를 통해 국가 발전과 민생 안정을 추구했다.	• 진의 통일정책 • 한화 정책 • 수 · 당 제국 • 3성 6부제, 과거제 • 송의 문치주의 • 명의 정치 제도 • 청의 정치 제도 • 에도 막부의 막번 체제 • 아테네의 민주정치	• 진 · 한의 군현제 • 수의 과거제 • 당의 3성 6부제, 율령 체제 • 북방 민족의 이원적 통치정책 • 명의 유교적 통치 질서 회복 • 청의 강경책과 회유책 • 만한 병용제 • 에도 막부의 막번 체제 • 산킨고타이, 쇄국	

영역	핵심 개념	일반화된 지식	내용 요소		기능
			중학교 1~3학년	고등학교 1~3학년	
			• 로마 공화정과 제정 • 로마의 법률 • 봉건제, 장원제 • 절대왕정의 성립	• 아테네의 민주 정치 • 로마의 공화정과 제정 • 비잔티움 제국의 군관구제, 둔전병제 • 중세 유럽의 봉건제 • 절대왕정의 관료제, 중상주의 정책 • 유럽의 빈 체제 • 자유주의 체제의 발전 • 민주 정치 체제의 발전	
경제사	생산력 증대/ 산업 발달	생산력의 증대는 인류의 역사를 발전시킨 원동력 중 하나다.	• 송의 강남 개발 • 산업혁명	• 춘추 · 전국 시대 철기의 보급 • 수의 대운하 건설 • 송대 농업 기술 발전 • 중세 유럽의 농업 기술 발달 • 가격혁명, 상업혁명 • 산업혁명의 전개와 영향	
	대외 교류	인류는 주변국과의 상호 교류를 통해 경제와 문화를 발전시켜왔다.	• 동아시아 문화권의 성립 • 몽골 제국의 동서 교류 • 역참제 • 조공체제, 해금정책 • 명 · 청대 서양과의 교역과 은 • 신항로의 개척	• 초원길, 비단길, 바닷길 • 동아시아 문화권의 형성 • 몽골의 역참제 • 명대 정화의 원정 • 청의 공행 무역 체제 • 명 · 청대 은 유통의 활성화 • 지중해 무역 발달과 도시의 성장 • 신항로의 개척 • 이슬람 상인의 활동	
사회사	신분/ 계층 · 세력	각 지역의 역사 발전 과정에서 시기별로 다양한 신분과 계층이 출현했다.		• 남북조 시대의 문벌 귀족 • 송대 사대부 • 명 · 청대의 신사층 • 일본의 무사 계급과 조닌 계층 • 인도의 카스트 제도 • 중세 유럽의 기사, 성직자, 평민 • 근대 시민 계급의 형성	

영역	핵심 개념	일반화된 지식	내용 요소		기능
			중학교 1~3학년	고등학교 1~3학년	
	개혁/혁명	사회적 모순이 증가하면 개혁을 추구하거나 혁명을 통해 체제를 변화시키기도 했다.	• 유럽의 종교 개혁 • 시민혁명과 산업혁명 • 영국 혁명, 미국 혁명, 프랑스 혁명, 국민국가, 산업혁명 • 중국과 일본의 근대화 운동 • 양무운동, 메이지 유신, 변법자강 운동, 신해혁명 • 러시아 혁명 • 5 · 4운동	• 송대 왕안석의 신법 • 명대 장거정의 개혁 • 일조편법 • 청말 민족운동 • 태평 천국 운동, 양무 운동, 변법 자강 운동, 의화단운동, 신해혁명 • 일본의 다이카 개신, 메이지 유신 • 인도의 세포이 항쟁, 비폭력 운동, 스와라지, 스와데시 • 오스만 제국의 탄지마트 • 이슬람의 와하브 운동 • 유럽의 종교개혁 • 시민혁명(영국, 프랑스, 미국) • 러시아 혁명	
문화사	사상 · 종교	다양한 사상과 종교의 발달은 사회 변화에 큰 영향을 끼쳤으며, 나아가 통치의 기본 원리로 작용하기도 했다.	• 제자백가(유가, 법가, 도가, 묵가) • 유교의 국교화 • 위 · 진 · 남북조 시대 불교와 도교 • 로마, 크리스트교의 국교화 • 교황권의 변화, 십자군 전쟁 • 자유주의, 민족주의 • 사회주의	• 제자백가(유가, 법가, 도가, 묵가) • 중국 유교 연구 경향의 변화 • 성리학 • 인도의 불교와 힌두교 • 조로아스터교의 성립과 영향 • 이슬람교의 성립과 전파 • 크리스트교의 성립과 발전, 전파 • 크리스트교 세계의 분열 • 계몽사상 • 자유주의, 민족주의	

영역	핵심 개념	일반화된 지식	내용 요소		기능
			중학교 1~3학년	고등학교 1~3학년	
	과학기술/예술	역사 속의 과학과 기술의 발전 및 인류가 남긴 예술작품 등은 그 시대의 정신세계와 삶의 방식을 보여준다.	• 동아시아 문화권의 특징 • 당대 귀족적 · 국제적 문화 • 장안성의 구조, 귀족적 · 국제적 문화 • 헬레니즘 문화 • 르네상스	• 한대 유교적 문화 형성 • 당대 귀족적 · 국제적 문화 • 동아시아 문화권의 특징 • 송대 과학기술의 발달 • 인도의 불교 문화 • 인도 문화와 이슬람 문화의 융합 • 그리스 문화와 헬레니즘 문화 • 로마 문화 • 중세 크리스트교 문화 • 르네상스 • 과학혁명	

출처: 교육부, 2015a, 308-314쪽.

부록 2.

2015 '과학'과 교육과정 내용 체계표(초등학교 · 중학교용)

영역	핵심 개념	일반화된 지식	내용 요소		
			초등학교		중학교
			3~4학년	5~6학년	1~3학년
생명과학과 인간의 생활	생명공학 기술	생명공학 기술은 질병 치료, 식량 생산 등 인간의 삶에 기여한다.	• 생활 속 동 · 식물 모방 사례	• 균류, 원생생물, 세균의 이용 • 첨단 생명과학과 우리 생활	
생물의 구조와 에너지	생명의 구성 단위	생명체는 세포로 구성되어 있다.		• 현미경 사용법 • 세포	
		세포는 세포막으로 둘러싸여 있고, 세포 소기관을 가진다.		• 핵 • 세포막 • 세포벽	• 생물의 구성 단계
	동물의 구조와 기능	뼈와 근육은 몸을 지탱하거나 움직이는 기능을 한다.		• 뼈와 근육의 구조와 기능	
		소화 기관을 통해 영양소를 흡수하고, 배설 기관을 통해 노폐물을 배출한다.		• 소화 · 순환 · 호흡 · 배설 기관의 구조와 기능	• 영양소 • 소화 효소 • 소화계, 배설계의 구조와 기능
		호흡 기관과 순환 기관을 통해 산소와 이산화탄소를 교환한다.			• 순환계, 호흡계의 구조와 기능 • 소화 · 순환 · 호흡 · 배설의 관계

영역	핵심 개념	일반화된 지식	내용 요소		
			초등학교		중학교
			3~4학년	5~6학년	1~3학년
	식물의 구조와 기능	식물은 뿌리, 줄기, 잎으로 구성되어 있다.		• 뿌리, 줄기, 잎의 기능	
		뿌리에서 흡수된 물은 줄기를 통해 잎으로 이동한다.		• 증산 작용	• 물의 이동과 증산 작용
		잎에서 만들어진 양분은 줄기를 통해 식물체의 각 부분으로 이동하고 저장된다.			• 광합성 산물의 생성 · 저장 · 사용 과정
	광합성과 호흡	광합성을 통해 빛에너지가 화학에너지로 전환된다.		• 광합성	• 광합성에 필요한 물질 • 광합성 산물 • 광합성에 영향을 미치는 요인
		호흡을 통해 생명 활동에 필요한 에너지를 얻는다.			• 식물의 호흡과 광합성의 관계
항상성과 몸의 조절	자극과 반응	감각 기관과 신경계의 작용으로 다양한 자극에 반응한다.		• 감각 기관의 종류와 역할 • 자극 전달 과정	• 눈, 귀, 코, 혀의 구조와 기능 • 피부 감각과 감각점 • 뉴런과 신경계의 구조와 기능 • 중추 신경계와 말초 신경계 • 자극에서 반응하기까지의 경로
		내분비계와 신경계의 작용으로 항상성을 유지한다.			• 자극에 대한 반응에 관여하는 호르몬의 역할
생명의 연속성	생식	생물은 유성 생식 또는 무성 생식을 통해 종족을 유지한다.	• 동물의 한살이 • 완전 · 불완전 탈바꿈 • 식물의 한살이 • 씨가 싹트는 조건	• 씨가 퍼지는 방법	• 생식 • 염색체 • 체세포 분열 • 생식 세포 형성 과정

영역	핵심 개념	일반화된 지식	내용 요소		
			초등학교		중학교
			3~4학년	5~6학년	1~3학년
		다세포 생물은 배우자를 생성하고 수정과 발생 과정을 거쳐 개체를 만든다.	• 동물의 암 · 수 • 동물의 암 · 수 역할		• 동물의 발생 과정
	유전	생물의 형질은 유전 원리에 의해 자손에게 전달된다.			• 멘델 유전 실험의 의의 • 멘델 유전 원리
		생물의 형질은 유전자에 저장된 정보가 발현되어 나타난다.			• 사람의 유전 형질 • 가계도 조사 방법
	진화와 다양성	생물은 환경 변화에 적응하여 진화한다.	• 다양한 환경에 사는 동물과 식물 • 동물과 식물의 생김새	• 균류, 원생생물, 세균의 특징과 사는 곳	• 생물다양성의 중요성
		진화를 통해 다양한 생물이 출현한다.			• 변이
		다양한 생물은 분류 체계에 따라 분류한다.	• 특징에 따른 동물 분류 • 특징에 따른 식물 분류		• 생물 분류 목적과 방법 • 종의 개념과 분류 체계
환경과 생태계	생태계와 상호작용	생태계의 구성요소는 서로 밀접한 관계를 맺고 있으며, 서로 영향을 주고받는다.		• 생물 요소와 비생물 요소 • 환경 요인이 생물에 미치는 영향	
		생태계 내에서 물질은 순환하고, 에너지는 흐른다.		• 생태계의 구조와 기능 • 환경 오염이 생물에 미치는 영향 • 생태계 보전을 위한 노력 • 먹이 사슬과 먹이 그물 • 생태계 평형	
고체 지구	지구계와 역장	지구계는 지권, 수권, 기권, 생물권, 외권으로 구성되고, 각 권은 상호작용한다.	• 지구의 환경		• 지구계의 구성요소

영역	핵심 개념	일반화된 지식	내용 요소		
			초등학교		중학교
			3~4학년	5~6학년	1~3학년
		지구 내부의 구조와 상태는 지진파, 중력, 자기장 연구를 통해 알아낸다.			• 지권의 층상 구조 • 지각 • 맨틀 • 핵
	판구조론	지구의 표면은 여러 개의 판으로 구성되어 있고, 판의 경계에서 화산과 지진 등 다양한 지각 변동이 발생한다.	• 화산 활동 • 지진 • 지진 대처 방법		• 지진대 • 화산대 • 진도와 규모 • 판 • 베게너의 대륙이동설
	지구 구성 물질	지각은 다양한 광물과 암석으로 구성되어 있고, 이 중 일부는 자원으로 활용된다.	• 흙의 생성과 보존 • 풍화와 침식 • 화강암과 현무암 • 퇴적암		• 광물 • 암석 • 암석의 순환 • 풍화 작용 • 토양
	지구의 역사	지구의 역사는 지층의 기록을 통해 연구한다.	• 지층의 형성과 특성		
		지질 시대를 통해 지구의 환경과 생물은 끊임없이 변해왔다.	• 화석의 생성 • 과거 생물과 환경		
대기와 해양	해수의 성질과 순환	수권은 해수와 담수로 구성되며, 수온과 염분 등에 따라 해수의 성질이 달라진다.	• 바다의 특징 • 물의 순환		• 수권 • 해수의 층상 구조 • 염분비 일정 법칙
		해수는 바람, 밀도 차 등 다양한 요인들에 의해 운동하고 순환한다.			• 우리나라 주변 해류 • 조석 현상
	대기의 운동과 순환	기권은 성층구조를 이루고 있으며, 위도에 따른 열수지 차이로 인해 대기의 순환이 일어난다.			• 기권의 층상 구조 • 복사 평형 • 온실 효과 • 지구 온난화

영역	핵심 개념	일반화된 지식	내용 요소		
			초등학교		중학교
			3~4학년	5~6학년	1~3학년
		대기의 온도, 습도, 기압 차 등에 의해 다양한 기상 현상이 나타난다.		• 습도 • 이슬과 구름 • 저기압과 고기압 • 계절별 날씨	• 상대 습도 • 단열 팽창 • 강수 과정 • 기압과 바람 • 기단과 전선 • 저기압과 고기압 • 일기도

출처: 교육부, 2015b, 261-270쪽 재구성.

부록 3.

2015 '환경'과 교육과정 내용 체계표(중학교용)

영역	핵심 개념	일반화된 지식	내용 요소	기능
환경과 인간	환경의 의미	환경은 다양한 의미가 있으며, 환경관은 환경을 바라보는 자신의 관점을 갖는 데 도움을 준다.	• 환경의 다양한 의미 • 환경관과 나의 관점	• 다양한 관점과 의견 비교하기 • 자신의 경험과 느낌 표현하기 • 조사하고 해석하기 • 타인 의견 경청하기 • 탐구를 계획하고 수행하기
	인간의 환경 영향	인간 활동은 환경에 영향을 미친다.	• 우리 생활이 환경에 미치는 영향 • 환경에 대한 배려와 책임	
	환경 체험	우리는 체험을 통해 자신이 살아가는 환경에 의미를 부여하고 관계를 맺는다.	• 체험과 공감 • 학교 환경 탐사	
환경의 체계	생태계의 구성과 상호작용	생태계는 인간을 포함한 물, 공기, 흙, 생물 등으로 구성되며 이들은 서로 영향을 주고받는다.	• 생태계의 의미와 구성요소 • 물, 공기, 흙, 생물 등의 역할과 소중함 • 물, 공기, 흙, 생물 등과 인간과의 관계	• 상호영향 분석하기 • 해결방안 도출하기
	환경 문제 및 보전	환경 문제는 생태계 내의 복합적인 관계 속에서 발생하며, 환경 문제해결과 개선을 위해 우리의 다양한 노력이 필요하다.	• 환경 문제와 물, 공기, 흙, 생물, 인간 등의 상호작용 • 환경 문제와 환경 보전의 사회적 · 문화적 · 경제적 측면 • 환경 문제해결과 환경 개선을 위한 노력	• 사례에서 의미 도출하기 • 실천방안 구상하기 • 타인 의견 경청하기
지역 환경과 지구 환경	지역 환경 탐구	각 지역은 환경적 특성을 갖고 있으며, 우리는 자신의 지역 환경 안에서 살아간다.	• 자신이 사는 지역의 환경 이해 • 지역 환경 개선을 위한 참여 방식 • 지역 환경 탐구 수행	• (현황, 역할, 특징 등) 조사하기 • 탐구를 계획하고 수행하기 • 자료 분석하고 설명하기 • 해결방안 설계하기 • 해결방안과 영향 평가하기 • 사례에서 의미 도출하기 • 해결 방안 토의, 토론하기
	자원과 에너지	인간이 이용한 자원과 에너지는 시대에 따라 변화해왔고, 이러한 자원과 에너지의 이용은 환경에 영향을 미친다.	• 자원의 의미와 우리 지역의 자원순환 체계 • 에너지 이용의 변천과 환경 영향 • 에너지 이용에 관한 쟁점	

영역	핵심 개념	일반화된 지식	내용 요소	기능
	지구 환경과 환경 문제	지구의 환경 변화는 넓은 시공간에 영향을 미치고 있으며, 환경 문제해결을 위해 개인과 사회가 참여할 수 있다.	• 지구 환경과 지구 환경 문제의 특성 • 지구 환경 문제의 해결 방식	
	기후 변화	지구의 기후는 변화해왔고 현재도 변하고 있으며, 인간 활동은 기후를 변화시키고 기후 변화의 영향을 받기도 한다.	• 기후 변화의 원인과 영향 • 기후 변화 대응을 위한 노력	
지속 가능한 사회	지속가능발전	지속가능발전은 환경 · 경제 · 사회적 측면에서 우리 사회의 방향을 제시한다.	• 지속가능발전의 의미 • 지속가능발전의 해석과 적용	• (의미와 중요성, 필요성 등) 설명하기 • 조사하기 • 타인 의견 경청하기 • 다양한 관점과 의견 비교하기 • 소통을 통해 합의하기
	지속 가능한 사회와 삶	지속 가능한 사회를 위해 바람직한 현재와 미래 사회의 모습에 대한 소통과 합의 과정이 중요하다.	• 지속 가능한 생활양식과 사회 체제 • 함께 그리는 지속 가능한 사회의 모습	
	환경정의와 참여	지속 가능한 사회를 위한 개인의 생활양식과 사회 체제의 변화를 이루려면 환경정의의 추구와 시민의 참여가 필요하다.	• 환경정의와 참여 방식 • 사회 변화를 위한 우리의 참여	

출처: 교육부, 2015d, 409-411쪽.

참고문헌

국내문헌

강인애(2010). 〈박물관(미술관)교육의 이론과 학습환경. 한국박물관교육학회(편),《한국박물관교육학》. 서울: 한국박물관교육학회. 117-157.

강인애 · 김명기(2017). 〈메이커 활동(Maker Activity)의 초등학교 수업적용 가능성 및 교육적 가치 탐색〉. 《학습자중심교과교육연구》 17, 487-515.

강인애 · 김홍순(2017). 〈메이커 교육(Maker education)을 통한 메이커 정신(Maker mindset)의 가치 탐색〉. 《한국콘텐츠학회논문지》 17(10), 250-267.

강인애 · 박정영(2014). 〈구성주의 박물관 교육프로그램 개발 및 운영을 위한 평가지표 개발연구〉. 《열린교육연구》 22(1), 65-88.

강인애 · 서세민 · 조우리 · 한송이 · 이리재 · 유지선 · 엄후진(2011). 《가상박물관의 교육적 활용》. 서울: 문음사.

강인애 · 설연경(2009). 〈전시연계 교육프로그램의 개발을 위한 학습이론으로서 '전시물 기반 학습(Object-based learning)'에 대한 사례연구〉. 《조형교육》 33, 1-38.

______(2009). 〈전시연계 교육프로그램의 개발을 위한 학습이론으로서 '전시물 기반 학습(object-based learning)'에 대한 사례연구〉. 《조형교육》 (33), 1-38.

______(2010). 〈온라인 학습환경으로서 가상박물관(Virtual Museum)의 가능성에 대한 탐구〉. 《한국콘텐츠학회논문지》 10(4), 458-470.

강인애 · 이소현 · 손정은(2017). 〈박물관 모바일 러닝 분석에 기반한 학교 모바일 러닝 활성화 방안: 학교-박물관 연계 모바일 러닝 모형〉. 《교육정보미디어연구》 23(1), 29-56.

강인애 · 홍혜주(2009). 〈PBL에 의한 박물관 교육프로그램 개발 및 적용: 경희대학교 자연사박물관의 사례연구〉. 《조형교육》 34(0). 1-38.

강현석 · 이지은(2010). 〈백워드 설계의 초등 수업 적용 가능성 탐색〉. 《초등교육연구》 23(2). 383-409.

고동연(2019). 〈초등학생을 위한 관객참여적인 예술가의 미술관 교육〉. 《미술교육논총》 33(2), 285-312.

교육부(2015a). 「사회」과 교육과정. 교육부 고시 제2015-74호[별책 7].

______(2015b). 「과학」과 교육과정. 교육부 고시 제2015-74호[별책 9].

______(2015c). 「미술」과 교육과정. 교육부 고시 제2015-74호[별책 13].

______(2015d). 중학교「환경」과 교육과정. 교육부 고시 제2018-162호[별책 3].

구보경(2007). 〈디지털 테크놀로지를 이용한 미술관 체험〉. 《미술교육논총》 21(2), 323-340.

______(2020). 〈뮤지엄에서의 IT기술 활용의 발전과 의미〉. 《예술교육연구》 18(1), 47-68.

국립현대미술관(2020.12.10). 공통 국립현대미술관: 대한치매학회, 〈일상예찬: 집에서 만나는 미술관〉 개최. 국립현대미술관. https://www.mmca.go.kr/pr/pressDetail.do?menuId=6020000000&bdCId=202012100007463&searchBmCid=200903020000010

______(n.d.). 2019년 치매환자와 가족을 위한 미술관교육 프로그램. 국립현대미술관.https://www.mmca.go.kr/learn/learnDetailCulture.do?edId=201904160001764

권종술(2016.04.18). 아트 처방전으로 이별의 아픔을 치유하세요, 아라리오뮤지엄 '실연 테라피'. 민중의 소리. http://www.vop.co.kr/A00001013550.html

김경미 · 김봉석(2020). 〈가다머의 대화와 지평융합에 기반한 역사 체험학습의 개념화와 방향 설정〉. 《사회과교육》 59(3), 283-307.

김수진(2019). 〈질문을 기반으로 한 미술관 교육의 교수법 비교 연구〉. 《미술교육논총》 33, 32-62.

김연희(2012). 〈스토리텔링을 적용한 박물관 전시에 관한 연구〉. 중앙대학교 석사학위논문.

김은형(2017). 〈홍보가 스토리텔링을 활용한 전통 의식주 학습 프로그램 개발: 국립민속박물관 제2전시실 중심으로〉. 서울교육대학교 교육전문대학원 석사학위논문.

김종아(2014). 《다문화사회 박물관의 문화다양성교육 실천에 관한 질적 연구》. 한양대학교 박사학위논문.

김판수(1999). 《급진적 구성주의》. 원미사.

______(2000). 《구성주의와 교과교육》. 서울: 학지사.

김혜래(2003). 《중, 고등학생이 지각한 성역할 정체성과 우울에 관한 연구》. 서울대학교 박사학위논문.

김효진(2015). 〈다문화 의식 증진을 위한 박물관 문제중심학습교육프로그램〉. 서울교육대학교 석사학위논문.

김희경(2006). 〈가상 전시의 설계와 구현에 관한 연구〉. 《인문콘텐츠》 7, 51-72.

남영림(2015). 〈사회정의를 위한 비판적 다문화 미술교육 탐색〉. 《미술과교육》 16(2), 29-50.

______(2015). 〈파랑새를 찾아서: 시각문화에서 한센인에 대한 지식구축 탐구하기〉. 《미술과교육》 16(3), 39-57.

______(2020). 〈SI 모델 기반 비판적 다문화 뮤지엄 교육의 의미〉. 《미술과 교육》 21(2), 93-113.

남정은(2018). 《박물관 교육》. 서울: 커뮤니케이션북스.

남정은 · 박종욱 · 우성주(2018). 〈구성주의 박물관 교육 프로그램의 동기 영역 평가지표 개발을 위한 토대 연구: ARCS 동기 이론을 중심으로〉. 《글로벌문화콘텐츠》 34(1), 43-65.

류은영(2009). 〈내러티브와 스토리텔링: 문학에서 문화콘텐츠로〉. 《인문콘텐츠》 14, 3-34.

류재만 · 손지현(2017). 《미술과 교재 연구 및 교수법》. 교육과학사.

민병욱 · 심상교(2000). 《교육연극의 이론과 실제》. 서울: 연극과 인간.

민수지(2015). 〈사이버 갤러리에서 온라인 워크시트 제작 및 감상 지도방안 연구〉. 경북대학교 석사학위논문.

박남수 · 김동심 · 이은율(2016). 〈스마트워치를 활용한 박물관교육 프로그램의 과학태도, 과학흥미, 만족도 및 과학성취도에 대한 효과성 검증〉. 《교육정보미디어연구》 22(2), 249-272.

박남진(2007). 〈가상전시디자인의 유형별 분류와 내용분석에 관한 연구〉. 《전시디자인연구》 21-28.

박물관 및 미술관 진흥법(2007). 〈개정 2007. 7. 27., 2009. 3. 5., 2016. 2. 3.〉 [시행 2021. 1. 1.] [법률 제17007호, 2020. 2. 18., 타법개정]. 문화체육관광부(문화기반과).

박민주(2021). 〈코로나19 상황에서 온라인 수업을 실시한 중등 영어 교사의 경험에 대한 이해〉. 한국교원대학교 석사학위논문.

박성익(2015). 《교육방법의 교육공학적 이해》. 파주: 교육과학사.

박성익 · 임철일 · 이재경 · 최정임(2015). 《교육방법의 교육공학적 이해》. 파주: 교육과학사.

박소현(2011). 〈신박물관학 이후, 박물관과 사회의 관계론〉. 《현대미술사연구》 29, 211-237.

박은영(2016). 〈과학 관련 사회적 문제(SSI)를 이용한 과학의 본성 이해 및 도덕적 민감성 발달 프로그램 개발 및 적용〉. 한국교원대학교 석사학위논문.

박지연 · 이병준(2009). 〈학습의 관점에서 바라본 미술관 전시내러티브 탐구〉. 《문화예술교육연구》 4, 1-13.

박진호(2016). 《현대박물관의 전시내러티브 구조에 따른 의미전달 특성에 관한 연구》. 홍익대학교 박사학위논문.

박찬욱(2019). 〈신기술 융복합 콘텐츠 관련 법제도 개선방안연구〉. 문화체육관광부.

박휘락(2003). 《미술 감상과 미술비평교육》. 서울: 시공사.

배은석(2013). 〈박물관 고을 영월의 지역자원 현황과 영월 에코뮤지엄 가능성〉. 《글로벌문화콘텐츠》 13, 91-115.

백령(2005). 《멀티미디어 시대의 박물관 교육》. 경기: 예경.

백영균(2010). 《가상현실공간에서의 교수-학습》. 학지사.

삼성미술관 리움(2019. 10). "리움 크리에이티브: 움직이는 글, 말하는 움직임". Leeum. http://www.leeum.org/html/education/lecture_view.asp

서진선 · 강인애 · 최지혜(2019). 〈지역기반 박물관에서의 참여적 교육 프로그램 사례연구〉. 《박물관학보》 37, 105-138.

손소희 · 민서윤 · 이동은(2018). 〈국내외 박물관의 게이미피케이션 사례 연구〉. 《한국게임학회 논문지》 18(2), 109-120.

손지현(2021). 〈학교 연계 뮤지엄 교육 프로그램 설계를 위한 교육과정 모형 연구〉. 《조형교육》 77. 119-139.

손지현 · 김수진(2012). 〈미술 비평 교수 · 학습 모델적용을 위한 발문 연구〉. 《미술교육연구논총》 25(3), 181-206.

손지현 · 황은경(2018). 〈미국 메이커 교육 사례 분석을 통한 뮤지엄 교육에의 시사점 연구〉.

《미술교육논총》 32, 186-221.

신응철(2008). 〈해석학적 관점에서 본 도슨트(Docent)의 위상: 박물관 · 미술관에서의 예술작품 해석의 문제를 중심으로〉. 《철학탐구》 24, 221-244.

신자은(2019). 〈박물관 클러스터의 관점으로 본 베를린 박물관섬의 특성과 전망〉. 《글로벌문화콘텐츠》 41, 131-156.

안금희(2020). 〈미술관에서 시각장애학생을 위한 스토리텔링 기반 터치 투어(Touch Tour)에 관한 연구〉. 《미술교육연구논총》 63, 149-178.

양미경(1997). 〈자기주도적 학습의 이론적 기초〉. 《중원인문논총》 16, 219-234.

양은주(2003). 〈듀이의 흥미 개념과 학생중심 교육과정〉. 《교육과정연구》 21(1), 179-202.

양지연(2006). 〈박물관 전시물의 개념 변화와 전시물 기반 학습의 적용〉. 《미술교육논총》 20, 285-309.

______(2011). 〈미술관과 소통: 미적발달 단계의 이론적 탐색과 적용〉. 《문화예술교육연구》 6, 1-21.

양지영(2015). 〈스토리텔링을 활용한 유적 연계 박물관 교육프로그램 개발: 수원화성박물관을 중심으로〉. 서울교육대학교 교육전문대학원 석사학위논문.

양지은(2017). 〈디지털 스토리텔링을 활용한 표현활동 중심의 미술관 사진 교육 프로그램 개발〉. 서울교육대학교 교육전문대학원 석사학위논문.

오명숙 · 윤여각(2019). 《박물관 교육론 쟁점과 과제》. 서울: 민속원.

오선애(2013). 〈박물관의 시뮬라시옹 표출의 재현전시에 관한 연구: 역사적 사건 및 트라우마의 치유를 중심으로〉. 《디지털디자인학연구》 13(4), 437-444.

온정덕 · 변영임 · 안나 · 유수정(2020). 《교실 속으로 간 이해중심 교육과정》. 살림터.

유혜령(2004). 〈유아의 역할 놀이에 나타난 모방과 창조의 미학〉. 《유아교육연구》 24(3), 277-303.

육지현 · 이제규(2018). 〈온라인 전시 통합모델 구축에 관한 연구〉. 《한국공간디자인학회논문집》 13(4), 71-80.

윤병화(2014). 《학예사를 위한 박물관학》. 파주: 예문사.

______(2015). 《신박물관학》. 신광문화사.

윤지영 · 고홍규(2020). 〈게이미피케이션을 활용한 디지털 미술관 교육프로그램 개발 연구〉. 《조형교육》 74, 229-249.

윤진아 · 남윤경(2020). 〈환경교육 활성화를 위한 과학과 교육과정과 환경과 교육과정 비교〉. 《한국지구과학회》 41(2), 155-175.

이길행 외(2018). 《가상현실 증강현실의 미래》. 서울: 콘텐츠하다.

이다정 · 이준호 · 문두호(2012). 〈학교 현장에 적용 가능한 자연사박물관 교육 프로그램 개발: 어류를 중심으로〉. 《과학교육연구》 33(2), 49-68.

이민화 외(2018). 《가상현실을 말하다》. 클라우드박스.

이보아(2018). 〈초연결성의 박물관(Hyper-connected Museum): 테크놀로지 기반의 해외 박물관 서비스 혁신 사례 고찰〉. 《박물관학보》 35, 89-111.

이승용(2018). 《박물관의 전시체계 및 내러티브 구조분석에 관한 연구》. 홍익대학교 박사학위논문.

이윤아(2006). 〈미술비평의 해석학적 본질: '가다머의 '놀이'개념을 중심으로〉. 《철학연구》 97, 215-241.

이정은(2014). 《2009 개정 중학교 미술교과서의 감상영역 학습 목표 분석: Bloom의 신교육목표분류학에 근거하여》. 서울대학교 박사학위논문.

이종기(2016). 〈증강현실기술을 활용한 체험형 디지털박물관 활성화 방안 연구: 대한민구역사박물관을 중심으로〉. 한양대학교 석사학위논문.

이종욱(2019). 〈가상박물관 저작을 통한 문화유산 교육에 관한 연구〉. 《디지털콘텐츠학회논문지》 20(10), 1979-1986.

이주영(2018). 《현대미학 특강》. 경기도 고양: 미술문화.

이채원 · 김효정(2020). 〈학습자 중심의 전시 감상 수업을 통한 미술관과 학교연계교육 방안 연구〉. 《미술교육연구논총》 61, 111-148.

이충현(2009). 〈온라인 멀티미디어 영어교육 수업을 위한 효율적인 콘텐츠 유형과 교수 학습 방안〉. 《외국어교육연구》 23(1), 103-134.

이현민 · 강인애(2016). 〈시각문화미술교육에 의한 4 ONs 기반 융복합수업 사례 연구: 대학 교양미술을 중심으로〉. 《조형교육》 60, 277-308.

이현민 · 김미수(2020). 〈온라인 교육을 위한 디지털콘텐츠 활용 수업 개발 및 운영 사례: 가상박물관을 중심으로〉. 《교양교육연구》 14(4), 81-96.

이현정(2019). 〈움직임 기법을 활용한 미술 감상 교육이 초등학생의 창의적 표현력에 미치는 영향〉. 서울교육대학교 교육전문대학원 석사학위논문.

이현주 · 최윤희 · 고연주(2014). 〈집단지성 원리를 적용한 과학 관련 사회 · 윤리적 쟁점 수업 모형의 개발〉. 《한국과학교육학회지》 34(6), 523-534.

이혜령 · 손지현(2016). 〈백워드 설계모형을 적용한 감상 단원 개발〉. 《미술교육연구논총》 30(2), 85-118.

이화여자대학교 교육공학과(2001). 《(21세기) 교육방법 및 교육공학》. 서울: 교육과학사.

임기환 · 김옥진(2012). 〈초등 사회과 역사영역 교육과정과 연계한 박물관교육 프로그램 구성 방안: 국립중앙박물관, 국립고궁박물관의 사례를 중심으로〉. 《한국초등교육》 23(2), 111-137.

정영근(2012). 〈페스탈로치의 방법원리(Methode)에 대한 교육학적 평가와 의미〉. 《교육의 이론과 실천》 17(2), 105-124.

정혜미(2018). 〈뮤지엄을 활용한 메이커 교육(Maker Education) 프로그램 개발〉. 서울교육대학교 교육전문대학원 석사학위논문.

정혜연(2014). 〈다름에서 다양으로: 아동의문화적 포용력 증진을 위한 박물관/미술관 교육〉. 《예술교육연구》 12(4), 33-46.

정호범(2013). 〈다문화교육박물관 활용 타문화이해교육 프로그램 개발 방안〉. 《학습자중심교과교육연구》 13, 1-22.

J. M. 켈러 · 송상호(1999). 《매력적인 수업설계: 주의집중, 관련성, 자신감 그리고 만족감》. 경기: 교육과학사.

조연순 · 우재경(2003). 〈문제중심학습(PBL)의 이론적 기초〉. 《교육학 연구》 41(3), 571-600.

조연지(2018). 〈몰입 이론을 적용한 디지털 미디어 전시 교육 프로그램 개발과 교육적 효과〉. 서울교육대학교 교육전문대학원 석사학위논문.

조인숙(2013). 〈Bruner의 내러티브 이론에 기초한 교육과정 개발 방향 탐색〉. 경북대학교 박사학위논문.

진주교육대학교국정도서편찬위원회(2015). 《교사용 지도서 사회 5-2》. 서울: 천재교육.

최병식(2009). 〈오픈에어뮤지움, 에코뮤지움의 지역유산 활용과 지역사회 연계 사례〉. 《조형교육》 34, 201-228.

______(2010). 《뉴 뮤지엄의 탄생》. 동문선.

______(2018). 〈박물관 문화의 변화와 시각장애인을 위한 미술: 호메로스 국립 촉각 박물관을 중심으로〉. 《현대미술사연구》 43, 225-247.

최성희(2006). 〈학습자 중심의 박물관에서 미술작품의 해석과 교육방법〉. 《미술과 교육》 7(2), 121-137.

______(2015). 〈미술관 전시 공간 내 체험적 요소를 구조화하기: 관계미학의 교육적 의미〉. 《미술과 교육》 16(2), 51-74.

최연정(2017). 〈게임화를 활용한 박물관 교육 프로그램 개발 및 효과 연구: 국립민속박물관 제2전시실을 중심으로〉. 서울교육대학교 교육전문대학원 석사학위논문.

최유선 · 손은령(2017). 〈자기주도학습의 의미 이해를 통한 실천적 방향 탐색〉. 《학습자중심교과교육연구》 17(23), 355-374.

최정임 · 장경원(2015). 《PBL로 수업하기(2판)》. 서울: 학지사.

최종호(2011). 〈박물관 에듀케이터의 다문화 역량 강화〉. 《문화예술교육연구》 6, 43-69.

최종호 외(2010). 《한국박물관교육학》. 한국박물관교육학회.

편석준 · 김선민 · 우장훈 · 김광집(2017). 《가상현실》. 서울: 미래의 창.

한국과학창의재단(2016). 《지속가능발전교육 연차 보고서 발간을 위한 국내외 자료 조사분석연구》. 서울: 한국과학창의재단.

한국조형교육학회(2016). 《미술교육의 기초》. 서울: 교육과학사.

한지애(2019). 〈게이미피케이션을 적용한 디지털 교육 콘텐츠 개발 프로세스: 정보중심 콘텐츠 제작 교육과정 중심으로〉. 《한국과학예술융합학회》 37(1), 343-354.

한희정 · 육혜인 · 오유진 · 김용(2014). 〈문화유산기관의 협업을 통한 교육서비스 개발에 관한 연구〉. 《한국기록관리학회지》 14(2), 31-60.

홍보라매(2015). 《박물관학》. 서울: 시대고시기획.

황가원(2014). 〈박물관 연극을 활용한 전시 이해 지도: 초등학생을 대상으로〉. 서울교육대학교 교육전문대학원 석사학위논문.

황연주(2001). 〈영상 정보화 시대에 대처하는 미술교육에서의 '비주얼 리터러시(Visual Literacy)' 교육〉. 《미술교육논총》 12, 137-156.

황은경 · 손지현(2017). 〈초등학생의 성역할 정체감 탐구를 위한 사례 연구: 미술관 교육 프로그램을 중심으로〉. 《조형교육》 64, 217-253.

황중원 · 강인애 · 김홍순(2016). 〈메이커 페다고지(Maker Pedagogy)로서 TMSI 모형의 가능성 탐색: 고등학교 사례를 중심으로〉. 《한국교육공학회 학술대회발표자료집》 2016(2), 166-176.

국외문헌

Abu-Shumays, M., & Leinhardt, G. (2003). Two docents in three museums: Central and peripheral participation. In G. Leinhardt, K. Crowley & K. Knutson (Eds.), *Learning Conversations in Museums* (pp. 45-80). Mawha: NJ: Lawrence Erlbaum Associates.

Ackroyd, J. (Ed.). (2006). *Research Methodologies for Drama Education*. Sterling, VA: Trentham Books.

Acuff, J. B., & Evans, L. (Eds.). (2014). *Multiculturalism in Art Museums Today*. London, UK: Rowman & Littlefield.

Adler, M. (1982). *The Paideia Proposal*. New York: Macmillan.

Aguilar, S. (2019). *Art Therapy in a Museum Setting for Adults with Intellectual and Developmental Disabilities: A Literature Review* [Master's thesis. Lesley University].

Alexander, E. P. (1988). The American museum chooses education. *Curator: The Museum Journal, 31*(1), 61-80.

Allen, G. (2000). *Intertextuality*. New York: Routledge.

Allen, S. (2002). Looking for learning in visitor talk: A methodological exploration. In Leinhardt, G., Crowley, K., & Knutson, K., (Eds.), *Learning Conversations in Museums* (pp. 259-303). Mahwah, NJ: Erlbaum.

______ (2015). Student Development through Arts and Cultural Partnerships. In H. J. Chatterjee & L. Hannan (Eds.), *Engaging the Senses: Object-Based Learning in Higher Education* (pp. 191 – 205). Surrey, UK: Ashgate Publishing Limited.

American Association of Museums (1992). *Excellence and Equity: Education and the Public Dimension of Museums*. A report from American Association of Museums. Washington, DC: AAM.

Anderson, L. W. et al. (2015). *A Taxonomy for Learning, Teaching, and Assessment*. 강현석 역. 《교육과정 수업 평가를 위한 새로운 분류학》. 파주: 아카데미프레스.

Anderson, T. & Milbrandt, M. (2007). *Art for Life: Authentic Instruction in Art*. 김정희 외 3인 공역. 《삶을 위한 미술교육》. 예경. (원서 출판 2005).

Ansbacher, T. (1998). John Dewey's experience and education: Lessons for museums. *Curator: The Museum Journal, 41*(1), 36-50.

Anstey, M., & Bull, G. (2006). *Teaching and Learning Multiliteracies: Changing Times, Changing Literacies*. Newark, DE: International Reading Association.

Antonaci, A. & Ott, M. (2016). Exploiting innovative learning strategies with virtual museums. *Journal of Advanced Distributed Learning Technology*.

Ausburn, L. J., & Ausburn, F. B. (1978). Visual literacy: Background, theory and practice. *Programmed Learning and Educational Technology, 15*(4), 291-297.

Bakhtin, M. M. (1981). *The Dialogic Imagination: Four Essays (Vol. 1)*. Austin, TX: University of texas Press.

Banks, J. A. (1993), Multicultural education: Historical development, dimensions, and practice. In L. Darling-Hammond (Ed.), *Review of Research in Education, 19*(3).

______ (2004). Multicultural education: Historical development, dimensions, and practice. In J. A. Banks & C. A. McGee Banks (Eds.), *Handbook of Research on Multicultural Education* (2nd.) (pp. 3-49). San Francisco, CA: Jossey-Bass.

Barrows. H. (1985). *How to Design a Problem-based Curriculum for the Preclinical Years*. New York: Springer Publishing Company.

Barthes, R. (1999). My today. In J. Evans & S. Hall (Eds.), *Visual Culture: The Reader* (pp. 51-58). London: Sage Publication.

Barton, A. C., Tan, E., & Greenberg, D. (2016). The makerspace movement: Sites of possibilities for equitable opportunities to engage underrepresented youth in STEM. *Teachers College Record, 119*(6), 11-44.

Belcher, M. (2006). *Exhibitions in Museums*. 신지은 · 박윤옥 공역.《박물관 전시의 기획과 디자인》. 서울: 예경.

Bennett, B. (2012). Encounters in the District Six Museum. *Curator: The Museum Journal, 55*(3), 319-325.

Bennett, T. (1995). *The Birth of the Museum: History, Theory, politics*. Routledge.

______ (2003). Representation and Exhibition?, *The Journal of Education in Museums, 24*, 3-8.

Berkeley, G. (1881). *A Treatise Concerning the Principles of Human Knowledge*. Philadelphia, PA: JB Lippincott & Company.

Bernsten, D., & Rubin, D. C. (2004) Cultural life scripts structure recall from autobiographical memory. *Memory & Cognition, 32*, 427 – 442.

Betancourt, V., & Salazar, M. (2014). Engaging Latino audiences. In J. B. Acuff & L. Evans. (Eds.), *Multiculturalism in Art Museums Today* (pp. 181-196). London, UK: Rowman & Littlefield.

Betts, D. J., Potash, J. S., Luke, J. J., & Kelso, M. (2015). An art therapy study of visitor reactions to the United States Holocaust Memorial Museum. *Museum Management and Curatorship, 30*(1), 21-43.

Biddulph, F., Symington, D., & Osborne, R. (1986). The place of children's questions in primary science education. *Research in Science & Technological Education, 4*(1), 77-88.

Bishop, C. (2005). *But is it Installation Art?* Tate Museum. https://www.tate.org.uk/tate-etc/issue-3-spring-2005/it-installation-art

Black, G. (2005). *The Engaging Museum: Developing Museums for Visitor Involvement*. New York: Routledge.

______ (2012). *Transforming Museums in the Twenty-first Century*. New York: Routledge.

Blikstein, P., Martinez, S. L., & Pang, H. A. (Eds.). (2016). *Meaningful Making: Projects and Inspirations for Fab Labs and Makerspaces (1)*. Torrance, CA: Constructing Modern Knowledge Press.

Borun, M. (2002). Object-based learning and family groups. In S. G. Paris (Ed.), *Perspectives on Object-centered Learning in Museums* (pp. 245-260). New York: Routledge.

Borun, M., Chambers, M., & Cleghorn, A. (1996). Families are learning in science museums. *Curator: The Museum Journal, 39*(2), 123-138.

Bourdieu, P. (1989). Social space and symbolic power. *Sociological Theory, 7*(1), 14-25.

Bransford, J., Brown, A., & Cocking, R. R. (Eds.). (2003). *How People Learn: Brain, Mind, Experience and School*. Washington, DC: National Academy Press.

Bridal, T. (2004). *Exploring Museum Theatre*. Walnut Creek, CA: Altamira.

Bristol Museum (2016). *Innovation Insight: Gamification Adds Fun and Innovation to Inspire Engagement*. Bristol Museum. https://webarchive.nationalarchives.gov.uk/20161104003006uo_/http://artsdigitalrnd.org.uk/wp-content/uploads/2014/09/Bristol-Museum-Final-Report.pdf

Brooklyn Museum. (n.d.). Teen Public Programs. Brooklyn Museum. https://www.brooklynmuseum.org/education/teens/teen_events

Broudy, H. (1994). Aesthetic scanning. Readings in Discipline-Based Art Education: A Literature of Educational Reform. 188.

Brown, A. L. (1980). Metacognitive development and reading. In Rumelhart, D. E., Spiro, R. J., Bruce, B., & Brewer, W. (Eds.), *Theoretical Issues in Reading Comprehension* (pp. 453-482). Routledge.

Brown, A. L., Palincsar, A. S., & Armbruster, B. B. (1984). Instructing comprehension-fostering activities in interactive learning situations. *Learning and Comprehension of Text*, 255-286.

Brubaker, E. R., Maturi, V., Karanian, B., Sheppard, S., & Beach, D. (2019). *Integrating Mind, Hand, and Heart: How Students Are Transformed by Hands-On Designing and Making*. ASEE Annual Conference. Tampa, AZ.

Bruner, J. S. (1960) *The Process of Education*. Cambridge, MA: Harvard University Press.

______ (1966). *Toward a theory of instruction*. Cambridge, MA: Harvard University Press.

______ (1986). *Actual Minds, Possible Worlds (Vol. 1)*. Cambridge, MA: Harvard University Press.

______ (1990). *Acts of Meaning*. Harvard University Press.

______ (2004). Life as narrative. *Social Research, 71*(3), 691-710.

Buffington, M. (2007). Six themes in the history of art museum education. In P. Villeneuve (Ed.), *From Periphery to Center: Art Museum Education in the 21st Century* (pp. 12-20). Reston, VA: NAEA.

Bunce, L. (2016). Appreciation of authenticity promotes curiosity: Implications for object-based learning in museums. *Journal of Museum Education, 41*(3), 230-239.

Burbules, N. C. (1993). *Dialogue in Teaching: Theory and Practice*. Teachers College Press.

Burcaw, G. E. (2001). *Introduction to Museum Work*. 양지연 역. 《큐레이터를 위한 박물관학》. 서울: 김영사.

Burchenal, M., & Grohe, M. (2007). Thinking through art: Transforming museum curriculum. *Journal of Museum Education, 32*(2), 111-122.

Burda, P. (1996). Something for Everyone. *Museum News, 75*(6). 24-27.

Burke, B. (2011). *Innovation Insight: Gamification Adds Fun and Innovation to Inspire Engagement*. (Report No. G00226393). Gartner. https://www.gartner.com/en/documents/1879916/innovation-insight-gamification-adds-fun-and-innovation-

Burnham, R., & Kai-Kee, E. (2005). The art of teaching in the museum. *Journal of Aesthetic Education, 39*(1), 65-76.

Burnham, R., & Kai-Kee, E. (2011). *Teaching in the Art Museum: Interpretation as Experience*. Getty Publications.

Butler, J. (1990). *Gender Trouble: Feminism and the Subversion of Identity*. New York: Routledge.

Cañas, K. A., & Sondak, H. (2014). *Opportunities and Challenges of Workplace Diversity: Theory, Cases and Exercises*. Boston: Pearson.

Chalmers, F. G. (1996). *Celebrating Pluralism: Art, education, and cultural diversity.* Santa Monica, CA; Getty Center for Education in the Arts.

Champagne, A. B., Kouba, V. L., & Hurley, M. (2000). Assessing inquiry. *Inquiring into Inquiry Learning and Teaching in Science*, 447-470.

Chatterjee, H. J., & Hannan, L. (2015). *Engaging the senses: Object-based learning in higher education*. Surrey, UK: Ashgate Publishing Limited.

Clandinin, D. J. (2013). *Engaging in Narrative Inquiry*. Walnut Creek, CA: Left Coast Press.

Cole, D. R., & Pullen, D. L. (Eds.), (2009). *Multiliteracies in Motion: Current Theory and Practice*. New York: Routledge.

Coleman, L. V. (1939). *The Museum in America: A Critical Study (vol, 1)*. Washington, DC: American Association of Museums.

Collins, A., Brown, J. S., & Newman, S. E. (1989). Cognitive apprenticeship: Teaching the craft of reading, writing, and mathematics. In Resnick, L. B. (Ed.), *Knowing, Learning, and Instruction: Essays in Honor of Robert Glaser*. Hillsdale, NJ: Lawrence Erlbaum.

Conn, S. (1998). *Museums and American Intellectual Life, 1876-1926*. University of Chicago Press.

Considine, D. M. (1986). Visual literacy and children's books: An integrated approach. *School Library Journal, 33*(1), 38-42.

Cope, B., & Kalantzis, M. (Eds.), (2016). *A Pedagogy of Multiliteracies: Learning by Design*. Palgrave Macmillan.

Crooke, E. (2008). *Museums and Community: Ideas, Issues and Challenges*. New York: Routledge.

Csikszentmihalyi, M. (1990). *Flow: The Psychology of Optimal Experience*. New York: Harper Perennial.

______ (1995). Intrinsic motivation in museums: Why does one want to learn. In J. Falk & L. Dierking (Eds.), *Public Institution for Personal Learning: Establishing a Research Agenda* (pp. 67-78). Washington DC: American Association of Museums.

_____ (2021). *Finding Flow: The Psychology of Engagement with Everyday Life*. 이희재 역.《몰입의 즐거움》. 서울: 해냄. (원서 출판 1997).

Csikszentmihalyi, M., & Hermanson, K. (1995). What makes visitors want to learn? Intrinsic motivation in museums. *Museum News, 74*(3), 34-37.

Curtiss, D. (1987). *Introduction to Visual Literacy: A Guide to the Visual Arts and Communication*. Englewood Cliffs, NJ: Prentice Hall.

Czajkowski, J. W., & Hill, S. H. (2008). Transformation and interpretation: What is the museums educator's role? *Journal of Museum Education, 33*(3), 255-263.

D'Alleva, A. (2015). *Methods & Theories of Art History*. 안영진 역.《미술사 방법론과 이론》. 서울: 비즈앤비즈.

Dana, J. C. (1917/2004). The gloom of the museum. In G. Anderson (Ed.), *Reinventing the Museum: Historical and Contemporary Perspectives on the Paradigm Shift* (pp. 13 – 29). Walnut Creek, CA: Alta Mira Press.

Davidson, A., & Smith, M. C. (2014). Enabling access: An ongoing journey to inclusivity at the Meadows Museum. In J. Acuff & L. Evans (Eds.), *Multiculturalism in Art Museums Today* (pp. 95-110). Maryland: Rowman & Littlefield.

De Beaugrande, R. A., & Dressler, W. U. (1995). *Introduction to Text Linguistics*. 김태옥 · 이현호 공역.《텍스트 언어학 입문》. 서울: 한신문화사. (원서 출판 1981).

Debes, J. L. (1969). The loom of visual literacy: An overview. *Audiovisual Instr, 14*(8). 25-27.

Dewdney, A., Dibosa, D., & Walsh, V. (2013). *Post Critical Museology: Theory and Practice in the Art Museum*. Routledge.

Dewdney, A., Dibosa, D., Walsh, V. (2013). *Postcritical Museology*. New York: Routledge.

Dewey, J. (1913). *Interest and Effort in Education*. Boston, MA: Houghton Mifflin.

_____ (1934). *Art as Experience*. New York: Capricorn Books.

_____ (1938). *Experience and Education*. New York: Macmillan.

Dewhurst, M., & Hendrick, K. (2018). Decentering whiteness and undoing racism in art museum education. In A. M. Krahe, R. Gaztambide-Fernández, & B. S. Carpenter II. *The Palgrave Handbook of Race and the Arts in Education* (pp. 451-467). Cham, Switzerland: Palgrave Macmillan.

Diamond, J. (1986). The behavior of family groups in science museums. *Curator, 29*(2), 139-154.

Dicheva, D., Dichev, C., Agre, G., & Angelova, G. (2015). Gamification in education: A systematic mapping study. *Journal of Educational Technology & Society, 18*(3), 75-88.

Dick, W., Carey, L., & Carey, J. O. (2016). *The Systemic Design of Instruction*. 김동식 역.《체제적 교수설계》. 아카데미프레스. (원서 출판 2005).

Dierking, L. (2002), The role of context in children's learning from objects and experiences, In S. G. Paris, (Ed.), *Perspectives on Object-Centered Learning in Museums* (pp. 3-18), Mahwah, NJ: Lawrence Erlbaum Associates.

Dierking, L. D., & Falk, J. H. (1992). *The Museum Experience*. Washington, DC: Whalesback Books.

Din, H. (2015). Pedagogy and practice in museum online learning. *Journal of Museum Education. 40*(2), 102-109.

Dobbs, S. M., & Eisner, E. W. (1987). The uncertain profession: Educators in American art museums. *Journal of Aesthetic Education, 21*(4), 77-86.

Dougherty, D. (2012). The maker movement. *Innovations: Technology, governance, globalization, 7*(3), 11-14.

______ (2012). The maker movement. Innovations: Technology, Governance, Globalization. *MIT Press, 7*(3), 11-14.

Dudley, S. (Ed.). (2013). *Museum Materialities: Objects, Engagements, Interpretations*. New York: Routledge.

Duhs, R. (2010). Learning from university museums and collections in higher education: University College London (UCL). *University Museums and Collections Journal, 3*, 183 – 186.

Duncum, P. (2004). Visual culture isn't just visual: Multiliteracy, multimodality and meaning. *Studies in Art Education, 45*, 252-264.

Eco, U. (1989). *The open work*. Cambridge, MA: Harvard University Press.

______ (1990). Interpretation and overinterpretation: world, history, texts. The Tanner lectures on human values.

Edelson, D. C., Gordin, D. N., & Pea, R. D. (1999). Addressing the challenges of inquiry-based learning through technology and curriculum design. *Journal of the Learning Sciences, 8*(3-4), 391-450.

Edwards, E., Gosden, C., & Phillips, R. (Eds.). (2006). *Sensible Objects: Colonialism, Museums and Material Culture (Vol. 5)*. New York: Routledge.

Ehrlich, C. E. (2015). *Learning together: Exploring the educational potential of a co-educational program on feminist art at the Brooklyn Museum*. Doctoral dissertation, Teachers College, Columbia University.

Eichstedt, J. (2006). Museums and (in)justice. In H. H. Genoways (Ed.), *Museum Philosophy for the Twenty-first Century* (pp. 127-138). AltaMira Press.

Eiserman, J. (2001). Being in and among: Understanding through conversation in the art museum. *Visual Arts Research, 27*(2), 16-26. Retrieved May 7, 2020, from www.jstor.org/stable/20716033

Erickson, M. (2005). *Art Making and Meaning: Understanding Art through Questions*. Tuscon, AZ: Crizmac.

Evans, C. (2014). The impact of the participatory, visitor-centered model on curatorial practice. *Journal of Museum Education, 39*(2), 152-161.

Evans, E. M., Mull, M. S., & Poling, D. A. (2002). The authentic object? A child's-eye view. In S. G. Paris (Ed.), *Perspectives on Object-centered Learning in Museums* (pp. 55-77). New York: Routledge.

Falk, J. (2004). The director's cut: Toward an improved understanding of learning from museums. *Science Education, 88*(S1), pp. 83-96.

Falk, J. & Storksdieck, M. (2005), Using the contextual model of learning to understand visitor learning from a science center exhibition. *Science Education, 89*(5), 744-778.

Falk, J. H. (2006). An identity-centered approach to understanding museum learning. *Curator, 49*(2), 151-166.

______ (2008). Viewing art museum visitors through the lens of identity. *Visual Arts Research, 34*(2), 25-34.

Falk, J. H., & Dierking, L. D. (1992). *Learning from museums: Vistor experience and making of meaning*. Lanham, MD: Altamira Press.

______ (1992). *The Museum Experience*. Washington, DC: Howells House.

______ (1995). Recalling the museum experience. *Journal of Museum Education, 20*(2), 10-13.

______ (2000). *Learning from Museums: Visitor Experiences and the Making of Meaning*. Lanham, MD: AltaMira Press.

______ (2000). *Learning from Museums: Visitor Experiences and the Making of Meaning*. Walnut Creek: AltaMira Press.

______ (2007). *Learning from Museums*. 노용 외 3인 공역. 《박물관교육의 기본》. 서울: 미진사.

______ (2008). *The Museum Experience*. 이보아 역. 《관람객과 박물관》. 서울: 북코리아.

______ (2013). *Museum Experience Revisited*. Walnut Creek, CA: Left Coast Press.

Feldman, E. B. (1973). The teacher as model critic. *Journal of Aesthetic Education, 7*(1), 50-57.

Ferdman, B. M., & Deane, B. R. (Eds.). (2014). *Diversity at Work: The Practice of Inclusion*. San Francisco, Calif: Jossey Bass.

Fisher, R. (2005). *Teaching Children to Think*. Nelson Thornes.

Fitzpatrick, E., & Rubie-Davis, C. (2013). Entangled identities: Drama as a method of inquiry. *The Journal of Drama and Theatre Education in Asia, 4*(1), 25-48.

Fivush, R. (2008). Remembering and reminiscing: How individual lives are constructed in family narratives. *Memory Studies, 1*(1), 49-58.

Fleming, D. (2002). Positinoaling the museum for social inclusion. In R. Sandell (Ed.), *Museums, Soiety, Inequality* (pp. 213-224). London: Routledge.

Frykman, S. G. (2009). Stories to tell? Narrative tools in museum education texts. *Educational Research, 51*(3), 299-319.

Gadamer, H. G. (1986). *The Relevance of the Beautiful and Other Essays*. Cambridge University Press.

______ (1989). *Truth and Method*. J. Weinsheimer, D. G. Marshall Trans. New York: Crossroads.

Gardner, R. P. (2017). Discussing racial trauma using visual thinking strategies. *Language Arts, 94*(5), 338.

Genovesi, J. S. (2011). *An exploratory study of a new educational method using live animals and visual thinking strategies for natural science teaching in museums*. Doctoral Dissertation, Drexel University.

Gilbert, L. (2016). Valuing Critical Inquiry Skills in Museum Literacy. *Social Studies Research & Practice (Board of Trustees of the University of Alabama), 11*(3), 51-66.

Gough, S. N. (2002). Five reasons for nonprofit organizations to be inclusive, In J. G. Petty (Ed.), *Diversity in the Fundrasing Profession* (pp. 101-117). San Francisco, CA: Wiley Periodicals, Inc.

Gray, S. R., & Graham, M. A. (2007). This is the right place: Community-based art education at Utah's

Springville Museum of Art. *Journal of Museum Education, 32*(3), 301-310.

Greene, M. (2001). *Variations on a blue guitar: The Lincoln Center Institute lectures on aesthetic education*. New York: Teachers College Press.

Gurian, E. H. (1999). What is the object of this exercise? A meandering exploration of the many meanings of objects in museums. *Daedalus, 128*(3), 163-183.

Gutwill, J. P. (2005). Observing APE. In Humphrey, T., & Gutwill, J. (Eds.), *Fostering Active Prolonged Engagement: The Art of Creating APE Exhibits*. San Francisco: Left Coast Press.

Gutwill, J. P., & Allen, S. (2010). Facilitating family group inquiry at science museum exhibits. *Science Education, 94*(4), 710-742.

Hailey, D., Miller, A., & Yenawine, P. (2015). Understanding visual literacy: The visual thinking strategies approach. In D. M. Baylen & A. D'Alba (Eds.), *Essentials of Teaching and Integrating Visual and Media Literacy* (pp. 49-73). Cham, Switzerland: Springer.

Ham, S. H., & Hooper-Greenhill, E. (1994). Cognitive psychology and interpretation. In E. Hooper-Greenhill (Ed.), *The Educational Role of The Museum* (pp. 107-117). New York: Routledge.

Hannan, L., Duhs, R. & Chatterjee, H. J. (2013). Object-based learning: A powerful pedagogy for higher education. In A. Boddington, J. Boys, & C. Speight (Eds.). *Museums and Higher Education Working Together: Challenges and Opportunities* (pp. 159 – 168). New York: Routledge.

Harré, R. (1986). Mind as a social formation. In J. Margolis, A. S. Krausz, & R. Burian (Eds.), *Rationality, Relativism and the Human Sciences* (pp. 91-106). Netherlands: Springer.

Hayes, J. F., & Schindel, D. N. (1994). *Pioneer Journeys: Drama in Museum Education*. New Plays Books.

Hein, G. E. (1991). *Constructivist Learning Theory*. Institute for Inquiry. http://www.exploratorium.edu/ifi/resources/constructivistlearning.html

______ (1994). Evaluation of museum programmes and exhibits. In Hooper-Greenhill, E. (Ed.), *The Educational Role of the Museum* (pp. 306-312). Psychology Press.

______ (1998). *Learning in the Museum*. London: Routledge.

______ (2000). *The Museum in Transition*. Washington, DC: Smithosonian Institution Press.

______ (2004). John Dewey and museum education. *Curator: The Museum Journal, 47*(4), 413-427.

______ (2006). Museum education. In S. Macdonald (Ed.), *A Companion to Museum Studies* (pp. 340-352). Singapore: Blackwell Publishing Ltd.

______ (2012). *Progressive Museum Practice: John Dewey and Democracy*. Routledge.

______ (2015). *Learning in the Museum*. 안금희 외 3인 공역.《박물관 교육론》. 서울: 학지사. (원서 출판 1998).

______ (2016). *Progressive Museum Practice*. New York: Routledge.

Heinich, R., Molenda, M., & Russell, J. D. (1989). *Instructional Media and the New Technologies of Instruction*. Macmillan.

Hellin-Hobbs, Y. (2010). *The constructivist museum and the web*. EVA'10: Proceedings of the 2010 international conference on Electronic Visualisation and the Arts, 72-78.

Henderlong, J., & Paris, S. G. (1996). Children's motivation to explore partially completed exhibits in hands-on museums. *Contemporary Educational Psychology, 21*(2), 111-128.

Hennes, T. (2002). Rethinking the visitor experience: Transforming obstacle into purpose. *Curator: The Museum Journal, 45*(2), 109-121.

Hewett, G. (1985). A questioning strategy for aesthetic scanning. *Marilyn Zurmuehlen Working Papers in Art Education, 4*(1), 49-53.

Honey, M., & Kanter, D. E. (Eds.). (2013). *Design, Make, Play: Growing the Next Generation of STEM Innovators* (p. 3-5). New York: Routledge.

Hooper-Greenhill, E. (1999). *The educational role of the museum*. New York: Routledge.

______ (2000). *Museums and the interpretation of visual culture*. London & New York: Routledge.

______ (2007). *Museums and education: Purpose, pedagogy, performance*. New York: Routledge.

Hooper-Greenhill, E. (Ed.). (1999). *The Educational Role of the Museum*. New York: Routledge.

Housen, A. (1983). *The Eye of the Beholder: Measuring Aesthetic Development*. Boston, MA: Harvard University.

Housen, A. C. (2002). Aesthetic thought, critical thinking and transfer. *Arts and Learning Research, 18*(1), 2001-2002.

Housen, A., & Yenawine, P. (2001). *Understanding the basics*. New York: Visual Understanding in Education (VUE). Retrieved from https://www.artsintegration.net/uploads/1/2/2/6/12265539/bp_understanding_the_basics_.pdf

Hsu, T., & Liang, H. (2017). A cyclical learning model to promote children's online and on-site museum learning. *The Electronic Library, 35*(2), 333-347.

Hubbard, O. M. (2007). Productive information: Contextual knowledge in art museum education. *Art Education, 60*(4), 17-23.

______ (2007). Complete engagement: Embodied response in art museum education. *Art Education, 60*(6), 46-56.

______ (2010). Three modes of dialogue about works of art. *Art Education, 63*(3), 40-45.

______ (2015). *Art Museum Education: Facilitating Gallery Experiences*. New York: Palgrave Macmillan.

Hughes, C. (1993). *Perspectives on Museum Theatre*. Washington, DC: American Association of Museums.

Hughes, C., Jackson, A., & Kidd, J. (2007). The role of theater in museums and historic sites: Visitors, audiences, and learners. In Bresler, L. (Ed.), *International Handbook of Research in Arts Education* (pp. 679-699). Dordrecht, Netherlands: Springer.

Huizinga, J. (2018). *Homo Ludens*. 이종인 역.《호모 루덴스: 놀이하는 인간(개정판)》. 연암서가. (원서 출판 1938).

Hull, G. (2000). Critical literacy at work. *Journal of Adolescent and Adult Literacy, 43*(7), 648-652.

Hyslop-Margison, E. J., & Strobel, J. (2007). Constructivism and education: Misunderstandings and pedagogical implications. *The Teacher Educator, 43*(1), 72-86.

ICOM(2007). *Museum Definition*. International Council of Museums. https://icom.museum/en/resources/standards-guidelines/museum-definition/

Inan, H. Z., & Inan, T. (2015). 3Hs Education: Examining hands-on, heads-on and hearts-on early childhood science education. *International Journal of Science Education, 37*(12), 1974-1991.

Ioannides, E. (2016). Museums as therapeutic environments and the contribution of art therapy. *Museum International, 68*(3-4), 98-109.

Kalantzis, M., & Cope, B. (2005). *Learning by Design*. Melbourn, Austrailia: Common Ground Publishing.

Jeffery-Clay, K. R. (1998). Constructivism in museums: How museums create meaningful learning environments. *Journal of Museum Education, 23*(1), 3-7.

Jung, Y. (2010). The ignorant museum: Transforming the elitist museum into an inclusive learning place. In N. Avery (Ed.), *The New Museum Community: Audiences, Challenges, Benefits* (pp. 319-339). Edinburgh, UK: Museums Etc.

Kai-Kee, E., Latina, L., & Sadoyan, L. (2020). *Activity-based Teaching in the Art Museum: Movement, Embodiment, Emotion*. Los Angeles, CA: Getty Publications.

Kalantzis, M., & Cope, B. (2006). *The Learning by Design Guide*. Melbourn, Austrailia: Common Ground Publishing.

______ (2012). *Literacies*. Cambridge, UK: Cambridge University Press.

Kantrowitz, A., Fava, M., & Brew, A. (2017). Drawing together research and pedagogy. *Art Education, 70*(3), 50-60.

Kapp, K. M. (2016). *The Gamification of Learning and Instruction: Game-based Methods and Strategies for Training and Education*. 권혜정 역. 《게이미피케이션, 교육에 게임을 더하다》. 서울: 에이콘. (원서 출판 2012).

Karagianni, A. L., & Papadopoulos, S. (2019). Museum experience through inquiry drama. *Drama Research, 10*(1), 2-23.

Keifer-Boyd, K. (2010). Visual culture and gender constructions. *The International Journal of Arts Education, 8*(1), 1-24.

Keifer-Boyd, K., & Maitland-Gholson, J. (2010). *Engaging Visual Culture*. 류재만 외 3인 공역. 《시각 문화와 미술 교육》. 파주: 교육과학사. (원서 출판 2007).

Keller, G. D., Erickson, M., & Villeneuve, P. (2004). *Chicano Art for Our Millennium*. Tempe, AZ: Bilingual Press.

Keller, J. M. (1987). Development and use of the ARCS model of instructional design. *Journal of Instructional Development, 10*(3), 2-10.

Kelley, K. J. (2012). Movement and theater in the art museum: Professional development practices for K-12 classroom teachers. Master's thesis, University of Oregon.

Kletchka, D. C. (2018). Toward postcritical museologies in U. S. art museums. *Studies in Art Education: A Journal of Issues and Research, 59*(4), 297-310.

Knowles, M. S. (1975). *Self-directed Learning: A Guide for Learners and Teachers.* New York: Association Press.

Kotler, N. & Kotler, P. (2005). *Museum Marketing and Strategy*. 신미주 역.《박물관 미술관학: 뮤지엄 경영과 전략》. 서울: 박영사.

Krakowski, P. (2012). Museum superheroes: The role of play in young children's lives. *The Journal of Museum Education, 37*(1), 49-58.

Kristeva, J. (1986). *The Kristeva Reader*. New York: Columbia University Press.

Labedzki, A. (2009). *Divisionism: An Unusual painting technique.*

Labudde, P., Reif, F., & Quinn, L. (1988). Facilitation of scientific concept learning by interpretation procedures and diagnosis. *International Journal of Science Education, 10*(1), 81-98.

Lacy, L. (1987). An interdisciplinary approach for students K-12 using visuals of all kinds. *Visible & Viable: The Role of Images in Instruction and Communication*, 45-59.

Ladson-Billings, G. (2014). Culturally relevant pedagogy 2.0: aka the remix. *Harvard Educational Review, 84*(1), 74-84.

Lambert, M. J., Bergin, A. E., & Garfield, S. L. (1994). The effectiveness of psychotherapy. In M. Hersen & W. H. Sledge (Eds.), *Encyclopedia of Psychotherapy* (pp. 709-714). New York: Academic Press.

Lang, C., Reeve, J., & Woollard, V. (2011). *The Responsive Museum*. 임연철 · 주명진 공역.《뮤지엄 매니지먼트, 관람객에게 응답하는 박물관 경영 전략》. 커뮤니케이션북스. (원서 출판 2006).

Lang, D. (2013). *Zero to Maker: Learn (Just Enough) to Make (Just About) Anything.* Sebastapol, CA: Maker Media.

Lankford, E. L. (2002). Aesthetic experience in constructivist museums. *Journal of Aesthetic Education, 36*(2), 140-153.

______ (2019). *Foundations of Museum Studies: Evolving Systems of Knowledge*. 배기동 역.《박물관학의 기초: 진화하는 지식의 시스템》. 서울: 주류성. (원서 출판 2014).

Lauritzen, C., & Jaeger, M. (2007). *Integrating Learning through Story: The Narrative Curriculum*. 강현석 외 5인 역.《내러티브 교육과정의 이론과 실제》. 도서출판 학이당. (원서 출판 1997).

Leinhardt, G., & Crowley, K. (1998). Museum learning as conversational elaboration: A proposal to capture, code, and analyze talk in museums. Museum Learning Collaborative Technical Report.

Leinhardt, G., & Knutson, K. (2004). *Listening in on Museum Conversations*. Rowman Altamira.

Leinhardt, G., & Young, K. (1996). Two texts, three readers: Distance and expertise in reading history. *Cognition and Instruction, 14*(4), 441-486.

Leinhardt, G., Knutson, K., & Crowley, K. (2003). Museum learning colloborative redux. *Journal of Museum Education, 28*(1), 23-31.

Levin, A. K. (2012). Unpacking gender: Creating complex models for gender inclusivity in museums. In R. Sandell & E, Nightingale (Eds.), *Museums, Equality, and Social Justice* (pp. 156-168). New York:

Routledge.

Lin, M. C. (2019). "Who is the true man?" Exploring cultural identity and diversity through an educational drama project in the Taiwanese History Museum. In Lum, C. & Wagner, E., (Eds.), *Arts Education and Cultural Diversity* (pp. 151-159). Singapore: Springer.

Lindauer, M. (2006). The critical museum visitor. In J. Marstine (Ed.), *New Museum Theory and Practice: An Introduction* (pp. 203-225). Malden, MA: Black well Publishing.

Lingard, B., Hayes, D., & Mills, M. (2003). Teachers and productive pedagogies: Contextualising, conceptualising, utilising. *Pedagogy, Culture and Society, 11*(3), 399-424.

Lingard, B., Hayes, D., Mills, M., & Christie, P. (2003). *Leading Learning: Making Hope Practical in Schools: Making Hope Practical in Schools*. Philadelphia, PA: Open University Press.

Livingston, L., Fiterman Persin, G., & Del Signore, D. (2016). Art in the moment: evaluating a therapeutic wellness program for people with dementia and their care partners. *Journal of Museum Education, 41*(2), 100-109.

Loertscher, D. V., Preddy, L., & Derry, B. (2013). Makerspaces in the school library learning commons and the uTEC maker model. *Teacher Librarian, 41*(2), 48.

Lotman, Y. M. (1988). Text within a text. *Soviet psychology, 26*(3), 32-51.

Love, A. R. (2018). Resolving betwixt and between: Curriculum, curation and an emerging model for exhibition development with teachers. In D. C. Kletchka, & B. S. Carpenter (Eds.), *Professional Development in Art Museums: Strategies of Engagement through Contemporary Art* (pp. 172-182). Alexandria: VA: National Art Education Association.

Lovoie, C., & Blanchet, P. (2018). Teaching life narratives in the classroom: Strategies based on indigenous traditions. *Diaspora, Indigenous, And Minority Education, 12*(3), 155-166.

Low, T. (1917/2004). What is a museum?(1942). In G. Anderson (Ed.), *Reinventing the Museums: Historical and Contemporary Perspectives on the Paradigm Shift* (pp. 30-43). Lanham, MD: Altamira Press.

Maarschalk, J. (1988). Scientific literacy and informal science teaching. *Journal of Research in Science Teaching, 25*(2), 135-146.

Macdonald, S. (Ed.). (2011). *A Companion to Museum Studies (Vol. 39)*. West sussex, UK: John Wiley & Sons.

Majewski, J., & Bunch, L. (1998). The expanding definition of diversity: Accessibility and disability culture issues in museum exhibitions. *Curator: The Museum Journal, 41*(3), 153-160.

Make Education Initiative (2016). Maker Education. https://makered.org/

Maker Faire (2018). *Make Faire New York.* Retrieved from https://makerfaire.com/new-york/

Mangione, G. (2018). The art and nature of health: A study of therapeutic practice in museums. *Sociology of Health & Illness, 40*(2), 283-296.

Martin, J., & Jennings, M. (2015). Tomorrow's museum: Multilingual audiences and the learning Institution. *Museums & Social Issues, 10*(1), 83-94.

Martinez, S. L., & Stager, G. (2013). *Invent to Learn. Making, Tinkering, and Engineering in the Classroom.*

Torrance, CA: Construting Modern Knowledge.

Marxen, E. (2009). Therapeutic thinking in contemporary art: Or psychotherapy in the arts. *The Arts in Psychotherapy, 36*(3), 131-139.

Marzano, R. J., & Simms, J. A. (2017). *Questioning Sequences in the Classroom*. 정혜승 · 정선영 공역. 《(학생 탐구 중심 수업과) 질문 연속체》. 서울: 사회평론.

Maslyk, J. (2016). *STEAM Makers: Fostering Creativity and Innovation in the Elementary Classroom*. California: Corwin Press.

Mason, R., Robinson, A., & Coffield, E. (2020). *Museum and Gallery Studies: The Basics*. 오영찬 역. 《한 권으로 읽는 박물관학》. 서울: 사회평론아카데미.

Mayer, M. M. (2005). A postmodern puzzle: Rewriting the place of the visitor in art museum education. *Studies in Art Education, 46*(4), 356-368.

McGonigal, J. (2011). *Reality is Broken: Why Games Make Us Better and How They Can Change the World*. New York: Penguin.

Mensch, P. M. (1990). Methodological museology; or, towards a theory of museum practice. In S. M. Pearce (Ed.), *Objects of knowledge* (pp. 141-157). London, UK: The Athlone Press.

Mittler, G. A. (1980). Learning to look/looking to learn: A proposed approach to art appreciation at the secondary school level. *Art Education, 33*(3), 17-21.

Moorman, M., & Hensel, D. (2016). Using visual thinking strategies in nursing education. *Nurse Educator, 41*(1), 5-6.

Morrissey, K. A. (2002). Pathways among objects and museum. In S. G. Paris (Ed.), *Perspectives on Object-centered Learning in Museums* (pp. 258-272). New York: Routledge.

Moussouri, T. (1997). *Family agendas and family learning in Hands-on Museums*. Doctoral dissertation, University of Leicester.

Mulholland, P., Wolff, A., Kilfeather, E., Maguire, M., & O'Donovan, D. (2016). Modeling museum narratives to support visitor interpretation. In L. Bordoni,, F. Mele, & A. Sorgente (Eds.), *Artificial Intelligence for Cultural Heritage* (pp. 3-22). Cambridge Scholars Publishing.

Mullet, J. H. Akerson, N. M. K., & Turman, A. (2013). Healing the past through story. *Adult Learning*, 72-78.

National Endowment for the Arts (1974). *Museums USA*. US Government Printing Office.

Nelson, K. G. (2011). From analog prototypes to digital drawing in the gallery. *Journal of Museum Education, 36*(3). 269-277.

Newman, A., & McLean, F. (2006). The impact of museums upon identity. *International Journal of Heritage Studies, 12*(1), 49-68.

Newsom, B. Y. (1975). On understanding art museums. *Studies in Art Education, 16*(2), 46-57.

Newsom, B. Y., & Silver, A. Z. (1978). *The Art Museum as Educator: A Collection of Studies as Guides to Practice and Policy*. Berkeley, CA: University of California Press.

Ng, W., Ware, S. M., & Greenberg, A. (2017). Activating diversity and inclusion: A blueprint for museum educators as allies and change makers. *Journal of Museum Education, 42*(2), 142-154.

Noë, A. (2009). *Out of Our Heads: Why You are Not Your Brain, and Other Lessons from the Biology of Consciousness*. New York: Hill and Wang.

NYSCI (2013). *Making Meaning 2013 Report*. Universities Space Research Association.

Okpadah, S. O., & Ogunmekan, D. (2019). Transculturalism and culinary fiesta in Adeola Osunkojo's the life of a Nigerian couple. *An Interdisciplinary Journal of Literary Studies*, 166-175.

Olembo, W., & Kebaya, C (2013). Power and gendered identities: (Re) Configuring the gendered self in Kenyan drama. *Research on Humanities and Social Sciences, 3*(9). 96-105.

Osborne, J. F. (1996). Beyond constructivism. *Science Education, 80*(1), 53-82.

Paris, S. G. (1997). Situated motivation and informal learning. *Journal of Museum Education, 22*(2-3), 22-27.

______ (Ed.). (2002). *Perspectives on Object-centered Learning in Museums*. New York: Routledge.

Parsons, M. J. (1987). *How we Understand Art: A Cognitive Developmental Account of Aesthetic Experience*. Cambridge, UK: Cambridge University Press.

Peacock, K. (2012). Museum education and art therapy: Exploring an innovative partnership. *Art Therapy, 29*(3), 133-137.

Perry, D. L. (2012). *What Makes Learning Fun?: Principles for the Design of Intrinsically Motivating Museum Exhibits*. Rowman Altamira.

Quinn, H., & Bell, P. (2013). How designing, making, and playing relate to the learning goals of K-12 science education. In Honey, M., & Kanter, D. E. (Eds.). *Design, Make, Play* (pp. 17-33). London: Routledge.

Randol, S. M. (2005). *The nature of inquiry in science centers: Describing and assessing inquiry at exhibits*. Doctoral Dissertation, Berkeley: University of California.

Rappoport, P. (2014). Today I am Here. A Smithsonian heritage outreach initiative. In J. B. Acuff & L. Evans (Eds.), *Multiculturalism in Art Museums Today* (pp. 197-211). London, UK: Rowman & Littlefield.

Reid, N. S. (2014) Stimulating change through story-telling. In J. B. Acuff & L. Evans (Eds.), *Multiculturalism in Art Museums Today* (pp. 19-35). Maryland: Rowman & Littlefield.

Reilly, J. M., Ring, J., & Duke, L. (2005). Visual thinking strategies: A new role for art in medical education. *Fam Med, 37*(4), 250-252.

Resnick, L. B. (1983). Mathematics and science learning: A new conception. *Science, 220*(4596), 477-478.

Resnick, M., & Rosenbaum, E. (2013). Designing for tinkerability. In M. Honey & D. E. Kanter (Eds.), *Design, Make, Play: Growing the Next Generation of STEM Innovators* (pp. 163-181). New York: Routledge.

Roberts, L. C. (1992). *From knowledge to narrative: Educators and the changing museums*. The University of Chicago Doctoral Dissertation.

______ (2014). *From Knowledge to Narrative: Educators and the Changing Museum*. Washington, DC: Smithsonian Institution.

Rochford, J. S. (2017). Art therapy and art museum education: A visitor-focused collaboration. *Art Therapy, 34*(4), 209-214.

Rogoff, B. (1990). *Apprenticeship in Thinking: Cognitive Development in Social Context*. Oxford university press.

______ (2008). Observing sociocultural activity on three planes: Participatory appropriation, guided participation, and apprenticeship. *Pedagogy and Practice: Culture and Identities*, 58-74.

Roschelle, J. (1997). Learning in interactive environments: Prior knowledge and new experience. *Exploratorium Institute for Inquiry*, 37-54.

Rosenblatt, B. (2014). Museum education and art therapy: Promoting wellness in older adults. *Journal of Museum Education, 39*(3), 293-301.

Rounds, J. (2006). Doing identity work in museums. *Curator: The Museum Journal, 49*(2), 133-150.

Rowe, S. (2002). The role of objects in active, distributed meaning-making. In S. G. Paris (Ed.), *Perspectives on Object-centered Learning in Museums* (pp. 19-35). New York: Routledge.

Ruehrwein, B. J. (2013). The art museum as Trauma Clinic: A veteran's story. *Museums & Social Issues, 8*(1-2), 36-46.

Russell-Ciardi, M. (2008). The museum as a democracy-building institution: Reflections on the shared journeys program at the lower East Side Tenement Museum. *The Public Historian, 30*(1), 39-52.

Salom, A. (2011). Reinventing the setting: Art therapy in museums. *The Arts in Psychotherapy, 38*(2), 81-85.

Samarapungavan, A. L. A., Mantzicopoulos, P., & Patrick, H. (2008). Learning science through inquiry in kindergarten. *Science Education, 92*(5), 868-908.

Samis, P., & Michaelson, M. (2016). *Creating the Visitor-centered Museum*. New York: Routledge.

Sanchez, E., & Pierroux, P. (2015). *Gamifying the Museum: A Case for Teaching for Games Based Learning*. In Proceedings of the 9th European Conference on Games Based Learning (ECGBL 2015). Steinkjer, Norway.

Sandell, R. (2007). *Museums, Prejudice and the Reframing of Difference*. London, UK: Routledge.

______ (2020). *Museums, Prejudice and the Reframing of Difference*. 고현수 · 박정언 공역. 《편견과 싸우는 박물관》. 경기: 연암서가. (원서 출판 2007).

Sandell, R. (Ed.). (2003). *Museums, Society, Inequality*. London, UK: Routledge.

Sári, Z. (2016). Social traumas, community building, ecological thinking, solidarity: The social functions of the Hungarian Open Air Museum. *Acta Ethnographica Hungarica, 61*(2), 419-430.

Savenije, G. M., & De Bruijn, P. (2017). Historical empathy in a museum: uniting contextualisation and emotional engagement. *International Journal of Heritage Studies, 23*(9), 832-845.

Savva, S. (2013). Museum-based multiliteracies and learning for 21st century skills: A preliminary study. *The International Journal of the Inclusive Museum, 6*(2), 117-130.

______ (2016). *The potential of a museum-school partnership to support diversity and multiliteracies-based pedagogy for the 21st century*. Doctoral dissertation, University of Leicester.

Schlereth, T. J. (1984). Object knowledge: Every museum visitor an interpreter. *Roundtable Reports, 9*(1), 5-9.

Schmidt, L. J. (2004). *Classroom Confidential: The 12 Secrets of Great Teachers*. Heinemann Educational Books.

Schultz, L. (2018) Object-based learning, or learning from objects in the anthropology museum, Review of Education. *Pedagogy, and Cultural Studies, 40*(4), 282-304.

Schwab, J. J. (1960). Inquiry, the science teacher, and the educator. *The school Review, 68*(2), 176-195.

Schwartz, J. P. (2008). Object lessons: Teaching multiliteracies through the museum. *College English, 71*(1), 27-47.

Seels, B. (1994). Visual literacy: The definition problem. In D. M. Moore & F. M. Dwyer (Eds.), *Visual Literacy: A Spectrum of Visual Learning* (pp. 97 – 112). Englewood Cliffs, NJ: Educational Technology Publications.

Serrell, B. (2015). *Exhibit Labels: An Interpretive Approach*. Lanham, Maryland: Rowman & Littlefield.

Sharp, A., Thomson, L., Chatterjee, H. J., & Hannan, L. (2015). The value of object-based learning within and between higher education disciplines. In H. J. Chatterjee & L. Hannan (Eds.), *Engaging the Senses: Object-based Learning in Higher Education* (pp. 97-116). Burlington, VT: Ashgate Publishing Company.

Sheridan, K. et al. (2014). Learning in the making: A comparative case study of three makerspaces. *Harvard Educational Review, 84*(4), 505-531.

Silverman, L. H. (1995). Visitor meaning making in museums for a new age. *Curator: The Museum Journal, 38*(3), 161-170.

Silverman, L. H. (2010). *The Social Work of Museums*. London, UK: Routledge.

Simon, N. (2015). *The Participatory Museum*. 이홍관 · 안대웅 공역.《참여적 박물관》. 경기: 연암서가. (원서 출판 2010).

Sipos, Y., Battisti, B., & Grimm, K. (2008). Achieving transformative sustainability learning: Engaging head, hands and heart. *International Journal of Sustainability in Higher Education, 9*(1), 68-86.

Sitzia, E. (2016). Narrative Theories and Learning in Contemporary Art Museums: A Theoretical Exploration. Stedelijkstudies.com. https://stedelijkstudies.com/journal/narrative-theories-learning-contemporary-art-museums-theoretical-exploration/

Skamp, K. (2007). Conceptual learning in the primary and middle years: The interplay of heads, hearts and hands-on science. *Teaching Science, 53*(3), 18-22.

Sleeter, C. E., & Grant, C. A. (1989). Race, class, gender, exceptionality, and educational reform. In J. Banks, & C. Banks (Eds.), *Multicultural Education: Isues and Perspectives*. Boston, MA: Allyn and Bacon.

______ (1994). *Making Choices for Multicultural Education: Five Approaches to Race, Class, and Gender*. New York: Merrill Publishing Company.

______ (2007). *Doing Multicultural Education for Achievement and Equity*. New York: CRC Press.

Sollins, S. (1972). Games children play: In museums. *Art Journal, 31*(3), 271-275.

Songer, N. B. (2004). *Persistence of Inquiry: Evidence of Complex Reasoning Among Inner City Middle School*

Students. In annual meeting of the American Educational Research Association, San Diego, CA.

Soudien, C. (2006). Memory and critical education: Approaches in the District Six Museum. *Africa Education Review, 3*(1-2), 1-12.

Spalding, N. (2012). *Learning to remember slavery at the museum*. Doctoral dissertation, Newcastle University.

Spitzer, W., & Fraser, J. (2020). Advancing community science literacy. *Journal of Museum Education, 45*(1), 5-15.

Stapp, C. B. (1984). Defining museum literacy. *Roundtable Reports, 9*(1), 3-4.

______ (1992). Defining museum literacy. In S. K. Nichols (Ed.), *Patterns in Practice: Selections from the Journal of Museum Education* (pp. 112-117). Walnut Creek, CA: Left Coast Press, Inc.

Sternberg, S. (1989). The art of participation. *Museum Education: History, Theory, and Practice*, 154-171.

Steuer, J. (1992). Defining virtual reality: Dimensions determining telepresence. *Journal of Communication, 42*(4), 73-93.

Strommen, E. F., & Lincoln, B. (1992). Constructivism, technology, and the future of classroom learning. *Education and Urban Society, 24*(4), 466-476.

Taunton, M. (1983). Questioning strategies to encourage young children to talk about art. *Art Education, 36*(4), 40-43.

Tetlie, O. (2018). Process drama and co-creation: Democratic participation in museum education. *Applied Theatre Research, 6*(2), 167-179.

Thaler, L. et al., (2017). An adjunctive, museum-based art therapy experience in the treatment of women with severe eating disorders. *The Arts in Psychotherapy, 56*, 1-6.

The New London Group (1996). A pedagogy of multiliteracies: Designing social futures. *Harvard Educational Review, 66*(1), 60-93.

Theriault, S., & Jones, B. R. (2018). Constructing knowledge together: Collaborating with and understanding young adults with autism. *Journal of Museum Education, 43*(4), 365-374.

Tiballi, A. (2015). Engaging the past: Haptics and object-based learning in multiple dimensions. In H. J. Chatterjee & L. Hannan (Eds.), *Engaging the Senses: Object-Based Learning in Higher Education* (pp. 57-75). Burlington, VT: Ashgate Publishing Company.

Tishman, S., & Palmer, P. (2006). Artful thinking final report. Artful Thinking Project at Project Zero, Harvard Graduate School of Education.

Tobin, K. G. (1993). *The Practice of Constructivism in Science Education*. Psychology Press.

Tseng, T. (2016). *Making make-throughs: Documentation as stories of design process*. Doctoral dissertation, Massachusetts Institute of Technology.

Unsworth, L. (2006). Towards a metalanguage for multiliteracies education: Describing the meaning-making resources of language-image interaction. *English Teaching: Practice and Critique, 5*(1), 55-76.

Utt, E., & Olsen, S. L. (2007). A sense of place in museum public programming: Three case studies. *Journal of Museum Education, 32*(3), 293-300.

Vatsky, S. (2018). *Museum Gallery Activities*. Lanham: MD: Rowman & Littlefield.

Villeneuve, P., & Erickson, M. (2012). Beyond the constructivist museum: Guided interaction through an exhibition interface. *International Journal of the Inclusive Museum, 4*(2). 49-64.

Villeneuve, P., & Love, A. R. (2007). Rethinking the gallery learning experience through inquiry. In Villeneuve, P. (Ed.), *From Periphery to Center: Art Museum Education in the 21st Century*, National Art Education Association. 194-204.

______ (2017). *Visitor-centered Exhibitions and Edu-curation in Art Museums*. Rowman & Littlefield.

von Glasersfeld, E. (2013). *Radical constructivism (Vol. 6)*. New York: Routledge.

Vygotsky, L. S. (1978). Interaction between learning and development. *Readings on the Development of Children, 23*(3), 34-41.

______ (1978). *Mind and society: The development of higher mental processes*. Cambridge, MA: Harvard University Press.

______ (1978). *Mind in society: The psychology of higher mental functions.* Cambridge, MA: Harvard University Press.

Walhimer, M. (2016). Museum 4.0 as the future of STEAM in museums. *The STEAM Journal, 2*(2), 14.

Watson, B., & Werb, S. R. (2013). One hundred strong: A colloquium on transforming natural history museums in the twenty-first century. *Curator: The Museum Journal, 56*(2), 255-265.

Weil, S. E. (1999). From being about something to being for somebody: The ongoing transformation of the American museum. *Daedalus, 128*(3), 229-258.

Weisberg, S. K. (2006). *Museum Movement Techniques: How to Craft a Moving Museum*. Walnut Creek, CA: Altamira.

______ (2011). Moving Museum Experiences. *Journal of Museum Education, 36*(2), 199-208.

Wells, M., Butler, B. H., Koke, J., & Koke, J. (2013). *Interpretive Planning for Museums: Integrating Visitor Perspectives in Decision Making*. Walnut Creek: Taylor & Francis Group.

Wertsch, J. V. (1997). Narrative tools of history and identity. *Culture & Psychology, 3*(1), 5-20.

White, B. Y., & Frederiksen, J. R. (1998). Inquiry, modeling, and metacognition: Making science accessible to all students. *Cognition and Instruction, 16*(1), 3-118.

Wiggins, G, & McTighe, J. (2005). *Understanding by Design*. (2nd Ed.). Alexandria, Virginia: Association for Supervision and Curriculum Development.

Willcocks, J. (2015) The power of concrete experience: Museum collections, touch and meaning making in art and design pedagogy. In H. J. Chatterjee & L. Hannan (Eds.), *Engaging the Senses: Object-based Learning in Higher Education* (pp. 97-116). Burlington, VT: Ashgate Publishing Company.

Williams, B. L. (1996). An examination of art museum education practices since 1984. *Studies in Art Education, 38*(1), 34-48.

______ (2001). Recent developments in the policy of american museums from 1960 to 2000: Where do we go from here? *The Journal of Arts Management, Law, and Society, 30*(4), 316-326.

Williams, P. (1976). Teaching or touring?. *Roundtable Reports, 1*(3), 1-3.

______ (1985). Educational Excellence in Art Museums: An Agenda for Reform. *Journal of Aesthetic Education, 19*(2), 105-123.

Williams, P. B. (1984). Object contemplation: Theory into practice. *Roundtable Reports, 9*(1), 10-12.

Willis, J. (2000). The maturing of constructivist instructional design: Some basic principles that can guide practice. *Educational Technology, 40*(1), 5-16.

Winn, P. (2001). *The National Gallery of Australia, Art Therapy and Health Country Communities* [conference session]. 6th National Rural Health Conference, Canberra, Austrailia.

Witcomb, A. (2006). Interactivity: Thinking beyond. *A Companion to Museum Studies, 39*, 353-361.

Wood, D. (2001). Scaffolding, contingent tutoring, and computer-supported learning. *International Journal of Artificial Intelligence in Education, 12*(3), 280-293.

Wood, T. (2012). From alternative epistemologies to practice in education: Rethinking what it means to teach and learn. In L. P. Steffe & J. Gale (Eds.), *Constructivism in Education* (pp. 349-358). New York: Routledge.

Yenawine, P. (1998). Visual art and student-centered discussions. *Theory into Practice, 37*(4), 314-321.

______ (2003). Jump starting visual literacy: Thoughts on image selection. *Art Education, 56*(1), 6-12.

______ (2019). *Visual Thinking Strategies: Using Art to Deepen Learning Across School Disciplines*. 손지현 외 3인 공역. 《이미지로 키우는 사고력, VTS: 새로운 시대가 원하는 융합형 인재교육법》. 경기: 미술문화. (원서 출판 2013).

Zeidler, D. L., Sadler, T. D., Simmons, M. L., & Howes, E. V. (2005). Beyond STS: A research-based framework for socioscientific issues education. *Science Education, 89*(3), 357-377.

Zeller, T. (1989). The historical and philosophical foundations of art museum education in america. In N. W. Berry (Ed.), *Museum Education: History, Theory, and Practice* (pp. 10-89). Reston, VA: National Art Education Association.

Zichermann, G., & Cunningham, C. (2011). *Gamification by Design: Implementing Game Mechanics in Web and Mobile Apps*. Sebastopol, CA: O'Reilly Media, Inc.

Zimmerman, B. J. (1989). A social cognitive view of self-regulated academic learning. *Journal of Educational Psychology, 81*, 329-339.

Zimmerman, B. J., & Campillo, N. (2003). Motivating self-regulated problem solvers. In J. E. Davidson & R. J. Sternberg (Eds.). *The Psychology of Problem Solving*. New York: Cambridge University Press.

Zimmerman, B. J., & Martinez-Pons, M. (1988). Construct validation of a strategy model of students self-regulated learning. *Journal of Educational Psychology, 80*, 3284-290.

찾아보기

ㄹ

ㅁ

ㅂ

ㅅ

ㅇ

ㅈ

ㅊ